L'Europe des citoyens et la citoyenneté européenne

07 **DYNAMIQUES CITOYENNES EN EUROPE**

★★★★★★★★★★★★★★★★★★★★★★★★★★★★

PETER LANG
Bern • Berlin • Bruxelles • Frankfurt am Main • New York • Oxford • Wien

Michel Catala, Stanislas Jeannesson &
Anne-Sophie Lamblin-Gourdin (éd.)

L'Europe des citoyens et la citoyenneté européenne

Évolutions, limites et perspectives

PETER LANG
Bern • Berlin • Bruxelles • Frankfurt am Main • New York • Oxford • Wien

Information bibliographique publiée par «Die Deutsche Nationalbibliothek»
«Die Deutsche Nationalbibliothek» répertorie cette publication dans la «Deutsche Nationalbibliografie»; les données bibliographiques détaillées sont disponibles sur Internet sous ‹http://dnb.d-nb.de›.

Cet ouvrage constitue les Actes du colloque de Nantes organisé du 14 au 16 novembre 2013 à l'Université de Nantes et au Lieu Unique par le Centre de recherches en histoire internationale et atlantique (CRHIA), avec le soutien de l'UMR Droit et changement social (DCS), du Conseil régional des Pays de la Loire, de Nantes métropole et de la Maison de l'Europe à Nantes.

Réalisation de la couverture : Didier Studer, Peter Lang SA

ISBN 978-3-0343-2007-8 br.
ISSN 2235-6231 br.
ISBN 978-3-0352-0333-2 eBook
ISSN 2235-624X eBook

Cette publication a fait l'objet d'une évaluation par les pairs.

Table des matières

Troisième partie : Les politiques publiques au service de la citoyenneté

Quatrième partie : Citoyens et participation politique

Introduction

En novembre 2013, soit vingt ans après l'entrée en vigueur du traité de Maastricht qui a institué l'Union européenne, dans le cadre du programme de recherche DCIE (Dynamiques citoyennes en Europe), l'université de Nantes a rassemblé des chercheurs et enseignants-chercheurs issus de plusieurs disciplines lors d'un colloque dédié à l'Europe des citoyens et à la citoyenneté européenne. Le moment était particulièrement approprié pour tenter de dresser un état des lieux de la citoyenneté de l'Union, instituée par le traité de Maastricht et alors porteuse de grands espoirs, malgré les ambiguïtés qui entourent la notion et ce qui en était attendu. Mais il s'agissait également de revenir sur la question citoyenne dans la construction européenne et sur l'association des peuples au projet politique européen depuis 1945.

Lors du Congrès de La Haye de mai 1948 qui lance véritablement la construction européenne après la fin de la Deuxième Guerre mondiale et l'ouverture de la guerre froide, seuls les Fédéralistes sont convaincus que l'adhésion des peuples assurera une légitimité démocratique à un processus politique qui doit dépasser l'État-nation. Henri Brugmans, l'un des dirigeants de l'Union européenne des Fédéralistes, l'exprime clairement lors du Congrès de La Haye de mai 1948 : « Nous sommes d'accord pour dire qu'il faut organiser une volonté politique européenne, qui seule permettra à la démocratie fédérale de fonctionner. Et cette opinion politique européenne ne sera pas faite de la somme des opinions nationales additionnées. Elle sera un élément *sui generis*, un phénomène nouveau dans l'histoire, une prise de conscience durable des Européens en tant que tels, la découverte d'une citoyenneté commune »[1]. Pour les congressistes de La Haye, une future assemblée européenne devait contribuer « à créer et exprimer l'opinion publique européenne », et l'unité devait reposer sur l'héritage, l'éducation, la culture, source d'une conscience européenne. Toutes les nouvelles organisations, le Conseil de l'Europe en 1949, la CECA en 1951 et la CEE en 1957 mettent en place des assemblées, mais composées de

---

1 Discours d'Henri Brugmans à la session d'ouverture du Congrès de la Haye, 7 mai 1948, in *Congrès de l'Europe mai 1948, Verbatim reports*, La Haye, 1949, reproduction publiée par le Parlement européen, Bruxelles, 1999, p. 21.

délégués des Parlements nationaux. Le traité de Rome va plus loin et prévoit que « l'Assemblée élaborera des projets en vue de permettre l'élection au suffrage universel direct selon une procédure uniforme dans tous les États membres », espérant ainsi lui donner une légitimité démocratique[2]. Ni le Conseil de l'Europe, ni la CECA, ni la CEE ne prévoient de dispositions particulières sur les questions d'identités ou de citoyenneté. Pour les fondateurs du système communautaire, la création de nouveaux droits économiques permettra l'émergence progressive d'une identité commune, dans le cadre d'« une union sans cesse plus étroite entre les peuples » telle que le déclare le préambule du traité de Rome. En attendant, l'Européen est perçu comme un acteur du processus communautaire, non comme un citoyen européen à part entière. Dans les traités de Rome, les personnes physiques sont envisagées comme des travailleurs et des consommateurs[3], avec des droits liés à cette double condition : le plus important car le plus lourd de symboles politiques, la libre circulation des travailleurs, est perçu comme un vecteur de rapprochement entre les peuples européens, un « facilitateur » du futur projet politique…

En 1973, le contexte économique et politique difficile impose une nouvelle réflexion sur l'avenir du projet européen, après les déceptions de la relance de 1969. La méthode de l'acquisition progressive de droits économiques dans un cadre communautaire s'avère fort décevante plus de vingt ans après la naissance de la première communauté. La solidarité tant attendue n'est pas au rendez-vous, il faut réaffirmer un projet politique après le premier élargissement et l'entrée du Royaume-Uni, de l'Irlande et du Danemark. La déclaration sur l'identité européenne du sommet de Copenhague des 14 et 15 décembre 1973 est une première lettre d'intention. L'arrivée d'une nouvelle génération de dirigeants européens en France et en RFA (Valéry Giscard d'Estaing et Helmut Schmidt) relance un véritable processus politique fondé sur la participation citoyenne. La déclaration finale du Sommet de Paris du 10 décembre 1974 propose deux mesures concrètes : le

2 Mais la crise entre les Six sur l'avenir du projet politique et l'opposition du général de Gaulle empêchent toute évolution significative sur ces questions dans les années soixante.

3 Paul Magnette a très bien montré comment cette conception de l'Européen correspondait fort bien à la vision de l'après-guerre de l'homme dans sa situation sociale, membre d'une société fondée sur le travail. Paul Magnette, « La mobilité des

lancement d'une réflexion sur « les droits spéciaux qui pourraient être attribués aux citoyens européens dans un espace juridique communautaire »[4], et surtout l'élection au suffrage universel de « représentants des peuples des États unis dans la Communauté »[5]. Dans un rapport de juin 1975, la Commission, en réponse à la sollicitation des États, propose le droit de vote et d'éligibilité au niveau local dans toute la Communauté pour tous les citoyens[6]. Dans une résolution du 6 août 1975, le Parlement européen croise les problématiques citoyenne et identitaire, en souhaitant, « pour donner aux citoyens de la Communauté le sentiment de leur Communauté de destin », la rédaction d'une « charte des droits des citoyens de la Communauté européenne » accompagnée par « des mesures pratiques, depuis longtemps demandées, propres à contribuer à la formation de la conscience communautaire européenne ». Mais le rapport du 29 décembre 1975 sur l'Union européenne présenté par Leo Tindemans reste très en retrait par rapport à ces propositions, non seulement sur l'idée d'une charte des droits, mais également sur les propositions plus techniques de la Commission[7]. Le premier ministre belge propose bien la construction « d'une Europe des citoyens », mais ses propositions restent très classiques, renforçant essentiellement les droits économiques communautaires, se contentant de proposer d'élargir et de renforcer l'acquis de 1957[8]. Les Neuf seront encore plus prudents, sous l'influence des États les plus hésitants sur la question mais aussi face aux divisions gouvernementales françaises et à la résistance des Gaullistes. La déclaration à l'issue du Conseil européen de La Haye du 30 novembre 1976 admet la nécessité de « l'adhésion des peuples » à la construction communautaire par des avancées pratiques mais sans jamais parler des citoyens :

4 Un comité d'experts doit réfléchir à « une uniformisation des passeports avant la mise en œuvre d'une union des passeports, de l'abolition du contrôle des passeports à l'intérieur de la Communauté et de l'harmonisation des conditions d'admission et de séjour dans chacun des États membres ». Cette question des passeports n'aboutira pas avant 1984.

5 Communiqué de la réunion des chefs de gouvernement de la Communauté, Paris, 9 et 10 décembre 1974, *Bulletin des Communautés européennes*, décembre 1974, n° 12, p. 7–13.

6 Commission des Communautés européennes, *Rapport de la Commission sur l'Union européenne*, COM (75) 400, Bruxelles, 25 juin 1975.

7 Rapport sur l'Union européenne, 29 décembre 1975, *Bulletin des Communautés européennes*, 1976, n° suppl. 1/76, p. 11–36.

8 Entre autres la disparition des contrôles des personnes aux frontières, l'amélioration des transports, des remboursements de sécurité sociale harmonisés.

« L'Union européenne devait se traduire effectivement dans la vie quotidienne des individus, en concourant à la protection de leurs droits et à l'amélioration de leur cadre de vie »[9]. Aucune décision concrète ne sera finalement adoptée. Parallèlement, le traité du 22 juillet 1975 donne au Parlement européen quelques pouvoirs supplémentaires, notamment dans le domaine du contrôle budgétaire, mais sans véritables avancées législatives importantes. L'acte du 20 septembre 1976, qui organise les élections au suffrage universel, confirme le maintien d'un cadre électoral strictement national, ce qui bien entendu limite considérablement la portée de l'élection en donnant la primauté aux débats nationaux entre citoyens des États participants.

La première élection du Parlement européen au suffrage universel en 1979 soulève beaucoup d'espoirs, vite déçus par l'impuissance de l'institution et par la panne de la construction européenne au début des années quatre-vingt. La Communauté s'enlise dans les questions techniques et la crise agro-budgétaire, en privilégiant la défense des intérêts nationaux au détriment de la solidarité européenne, en est l'illustration la plus éclatante[10]. Les partisans de l'idée européenne souhaitent relancer l'Union politique en s'appuyant sur la participation des peuples. Le projet de traité sur l'Union européenne initié en 1983 au Parlement européen par le fédéraliste Altiero Spinelli défend la création d'une véritable citoyenneté européenne[11]. L'article 3 y fait spécifiquement référence : « Les citoyens des États membres sont par la même des citoyens de l'Union. La citoyenneté de l'Union est liée à la qualité de citoyen d'un État membre ; elle ne peut être acquise ou perdue séparément »[12]. Elle s'appuie sur la participation à la vie politique, le traité prévoyant par ailleurs « une procédure électorale uniforme » pour l'élection du Parlement européen et un droit de pétition des citoyens,

9 Déclaration du Conseil européen sur le rapport Tindemans, La Haye, 29–30 novembre 1976, extrait cité par Pierre Gerbet, Françoise de la Serre, Gérard Nafilyan, *L'Union politique de l'Europe, jalons et textes*, Paris, La Documentation française, 1998, p. 212–213.

10 La fameuse phrase de Margaret Thatcher, « I want my money back », symbolise (un peu trop facilement certainement) ces années de crise et le retour des égoïsmes nationaux.

11 Altiero Spinelli, député européen depuis 1979, commissaire européen italien de 1970 à 1976, est l'un des fondateurs de l'Union des fédéralistes européens en 1946.

12 Projet de Traité du Parlement européen sur l'Union européenne du 14 février 1984, cité par Pierre Gerbet, Françoise de la Serre, Gérard Nafilyan, *L'Union politique de l'Europe*, *op. cit.*, p. 235–245.

et sur la jouissance des droits « reconnus par l'ordre juridique de l'Union ». La France prend la présidence du Conseil au premier semestre 1984, avec la ferme intention de relancer la construction européenne en trouvant des solutions techniques aux différents blocages, notamment ceux liés au problème de la contribution britannique. Mais lors de son discours prononcé devant le Parlement de Strasbourg le 24 mai 1984, François Mitterrand ne donne qu'un soutien de principe au projet Spinelli, et ne fait aucune référence à la citoyenneté européenne. Le président français, avec le soutien du chancelier Kohl, souhaite une avancée plus pragmatique. La déclaration finale du Conseil européen de Fontainebleau du 26 juin 1984 reprend explicitement l'idée d'une Europe des citoyens, une Communauté apte à répondre à « l'attente des peuples européens » avec des mesures concrètes « propres à renforcer et à promouvoir son identité auprès de ses citoyens et dans le monde », dans la droite ligne des intentions affichées dix ans plus tôt. Le Conseil en fait l'un des deux axes majeurs de la relance politique, avec la réforme des questions institutionnelles. Deux comités sont créés, l'un sur l'Europe des citoyens, présidé par l'italien Adonnino[13], l'autre sur la réforme des institutions, présidé par l'irlandais Dooge[14].

Mais ces objectifs politiques passent rapidement au second plan de la relance. Le nouveau président de la Commission, Jacques Delors, adopte une méthode pragmatique : après un tour des capitales européennes à l'automne 1984, il est convaincu que seules des propositions ciblées bénéficiant d'un soutien général des États peuvent aboutir[15]. Plutôt que d'insister sur une réforme institutionnelle trop ambitieuse, il propose l'établissement

13 Pietro Adonnino est un professeur de droit de l'université de Naples, député européen chrétien démocrate de 1979 à 1984. Le représentant français au Comité, Max Gallo, romancier et historien, vient d'être élu député européen le 17 juin 1984 sur la liste socialiste et démissionne aussitôt de son poste de secrétaire d'État et de porte-parole du gouvernement Mauroy ; il s'opposera au traité de Maastricht en 1992 avec Jean-Pierre Chevènement.

14 James Clement Dooge est un universitaire irlandais, président du Sénat entre 1973 et 1977 et ministre des Affaires étrangères en 1981–1982. Le mandat de son comité est limité : « l'amélioration du fonctionnement de la coopération européenne, dans le domaine communautaire comme dans celui de la coopération politique », bien loin des ambitions constitutionnelles de Spinelli.

15 Sur l'action de Jacques Delors, voir la synthèse de Marie-Thérèse Bitsch, « Jacques Delors, président de la Commission 1985–1995 », in Marie-Thérèse Bitsch (dir.), *La construction européenne, enjeux politiques et choix institutionnels*, Bruxelles, Peter Lang, 2007.

d'un grand marché intérieur fondé sur les principes du traité de Rome, qui bénéficie de l'accord des Britanniques, et qui satisfait les Français et les Allemands[16]. Les comités s'adaptent. Le comité Dooge préconise l'achèvement du grand marché intérieur comme objectif politique prioritaire, et insiste ensuite sur l'élargissement des compétences des Communautés et « la recherche d'une identité extérieure », la réforme institutionnelle n'étant que le moyen de réaliser cette triple ambition. L'importance du développement d'une identité européenne est mentionnée, notamment par la promotion de valeurs culturelles communes, et par l'extension et l'affirmation des droits des « citoyens européens », cette notion n'étant pas plus définie[17]. Le comité Adonnino remet successivement deux rapports au Conseil européen : le premier, le 29 mars 1985, est consacré au problème de la libre-circulation des personnes, de la suppression des contrôles aux frontières et prépare lui aussi le Marché unique. Le second rapport est présenté au Conseil européen de Milan le 28 juin 1985. Beaucoup plus long, il expose de manière minutieuse l'ensemble des dispositions concrètes pour promouvoir l'identité des citoyens[18]. Il énonce l'ensemble des « droits spéciaux » souhaitables pour les « citoyens » dans le processus politique communautaire et dans celui des États membres, mais sans utiliser explicitement le terme « citoyenneté européenne » : l'institution d'une procédure électorale uniforme pour les élections européennes, ou « à défaut », le droit de vote dans le pays de résidence ; le renforcement du droit de pétition et la création d'un « médiateur » chargé d'instruire les plaintes des citoyens auprès du Parlement ; le droit de vote et d'éligibilité aux élections locales pour tous les résidants citoyens d'un autre État membre ; l'assistance et la représentation consulaire des citoyens des États membres en voyage hors Communauté quand ils ne bénéficient pas de la présence d'une représentation de leur État d'origine. Enfin, le Comité préconise d'adopter des symboles communs pour renforcer le sentiment d'identité et d'appartenance : un drapeau et un hymne (choisis depuis 1951 et 1955 par

16 Jacques Delors, *Mémoires*, Paris, Plon, 2004.

17 Rapport du Comité *ad hoc* pour les questions institutionnelles adressé au Conseil européen de Bruxelles (29–30 mars 1985), *Bulletin des Communautés européennes*, mars 1985, n° 3, p. 111–119.

18 Pour le détail de l'ensemble de ces propositions, voir Michel Catala, « La Communauté à la recherche de son identité. De l'Europe des citoyens à la citoyenneté européenne, 1957–1992 », *Relations internationales*, n° 140, 2009, p. 83–101.

le Conseil de l'Europe), sans oublier l'établissement d'une fête de l'Europe le 9 mai, date anniversaire de la déclaration Schuman[19].

Les symboles comme le drapeau, l'hymne, le passeport et le permis de conduire sont très rapidement une réalité, après l'accord du Conseil de Milan. Mais l'Acte unique européen de février 1986 est finalement très décevant sur l'union politique. Les pouvoirs du Parlement européen restent peu importants, et les élections européennes gardent un impact politique limité dans le cadre d'un système électoral purement national, sans extension du droit de vote pour les résidants. La citoyenneté européenne n'y est pas évoquée, ni d'ailleurs les droits des citoyens, et l'union politique est le parent pauvre de l'Acte unique, dont la grande avancée est avant tout économique dans le cadre du Marché unique.

L'accélération de la construction européenne en 1990 après le bouleversement géopolitique de l'Europe et pour accompagner la réunification allemande peut s'appuyer sur la dynamique impulsée à partir de 1984 autour du Marché unique et du projet d'Union économique et monétaire. La volonté franco-allemande d'accompagner l'UEM d'une véritable Union politique est déterminante. Dans un premier temps, les propositions franco-allemandes s'attachent seulement à « renforcer la légitimité démocratique de l'union »[20]. Felipe Gonzalez, le président du gouvernement espagnol, s'engage alors fortement pour intégrer dans la future Union politique une véritable citoyenneté européenne. Il l'explique dans une lettre adressée au président du Conseil européen et à ses homologues le 4 mai 1990 : « À mon avis, l'Union politique consiste de façon primordiale à transformer un espace de caractère essentiellement économique, pensé pour garantir la libre circulation de travailleurs, de services, de capitaux, et de marchandises, en espace commun intégré, dont le citoyen serait le protagoniste »[21]. La résolution du second Conseil européen de Dublin des 25 et 26 juin 1990, qui lance véritablement l'Union politique, pose clairement la question de l'extension de la « notion de citoyenneté communautaire avec les droits spécifiques

---

19 Le texte complet du second rapport est disponible dans le *Bulletin des Communautés européennes*, 1985, n° suppl. 7/85, p. 19–32.

20 Message de François Mitterrand et d'Helmut Kohl au président du Conseil européen, 19 avril 1990, cité par Pierre Gerbet, Françoise de la Serre, Gérard Nafilyan, *L'Union politique de l'Europe*, *op. cit.*, p. 289–290. L'expression est reprise intégralement dans la résolution finale du Conseil européen de Dublin du 28 avril 1990.

21 Lettre de Felipe Gonzalez au président du Conseil européen, 4 mai 1990. Felipe Gonzalez avait déjà réclamé une accélération de la mise en place de l'Europe des citoyens lors de la première présidence espagnole du Conseil au premier semestre 1989.

qui s'y attachent [...] en faveur des citoyens des États membres au titre de l'appartenance de ces derniers à l'Union »[22]. Les termes restent prudents pour ne pas empêcher le démarrage des Conférences intergouvernementales (CIG) et pour ne pas mécontenter les gouvernements les plus récalcitrants, le Royaume-Uni par exemple. Un mémorandum du gouvernement espagnol de septembre 1990 intitulé *Vers une citoyenneté européenne* la place comme l'outil servant à combler le déficit démocratique, et propose un véritable contenu au concept. Ces propositions sont largement reprises par la Commission européenne dans son avis du 23 octobre 1990 qui fait de la « citoyenneté européenne » un élément essentiel du renforcement de la légitimité démocratique de l'Union : « Celle-ci devrait prendre corps progressivement sans entamer en rien la citoyenneté nationale dont elle serait un complément et non un substitut. En un mot, il s'agit de développer le sentiment d'appartenance à la construction européenne »[23]. Ces textes servent de principes de base pour les travaux de la Conférence intergouvernementale de 1991 qui prépare le nouveau traité. L'engagement déterminé d'un nouvel État membre, l'Espagne, le soutien franco-allemand mais aussi l'assouplissement de la position britannique avec l'arrivée de John Major au pouvoir en novembre 1990 permettent de conclure les négociations en intégrant la citoyenneté européenne dans le nouveau traité.

Les États membres ont affirmé, dans le traité de Maastricht, leur résolution « à établir une citoyenneté commune aux ressortissants de leurs pays ». Le statut des individus fut ainsi significativement enrichi ; de simples ressortissants des États membres, ceux-ci sont devenus des citoyens de l'Union. La citoyenneté de l'Union répond ainsi à la volonté de rapprocher l'Europe des citoyens, et s'inscrit dans un mouvement plus global de démocratisation de l'Europe. À cet égard, les dispositions communes du traité sur l'Union européenne disposent expressément que « les décisions sont prises dans le plus grand respect du principe d'ouverture et le plus près possible des citoyens »[24].

---

22 Conclusions de la Présidence du Conseil européen de Dublin, 25–26 juin 1990, cité par Pierre Gerbet, Françoise de la Serre, Gérard Nafilyan, *L'Union politique de l'Europe*, *op. cit.*, p. 295–298.

23 Commission des Communautés européennes, *Avis de la Commission du 21 octobre 1990 relatif au projet de révision du traité instituant la Communauté économique européenne concernant l'Union politique*, COM (90) 600 final, Bruxelles, 23 octobre 1990.

24 Art. 1 Traité sur l'Union européenne (TUE).

Conformément à la méthode de l'intégration préconisée par les Pères fondateurs et subordonnant l'intégration politique ou finalité fédérale à la réalisation de l'intégration économique, la création de la citoyenneté de l'Union traduisait l'intention des États membres d'opérer un saut qualitatif dans la construction communautaire. Les trois communautés économiques européennes furent ainsi insérées dans l'Union européenne, nouvelle entité dont la nature juridique a suscité de nombreuses interrogations mais investie d'objectifs politiques ambitieux puisqu'il s'agissait, outre la promotion d'un progrès économique et social durable, d'affirmer son identité sur la scène nationale, de renforcer la protection des droits et des intérêts des ressortissants des États membres et de développer une coopération étroite dans le domaine de la justice et des affaires intérieures. La citoyenneté de l'Union a donc été instituée pour contribuer à la réalisation d'une union politique en formation, ce qui a fait d'elle un défi politique mais aussi une singularité juridique.

La citoyenneté européenne constitue un défi politique dans la mesure où les auteurs du traité de Maastricht ont placé en elle des attentes considérables. Elle devait favoriser l'émergence d'un sentiment d'appartenance à une entité commune en formation qu'elle contribuait à légitimer. En effet, les transferts croissants de droits souverains de la part des États membres au profit de l'Union européenne dans des domaines de plus en plus variés, caractéristiques de l'intégration européenne, doivent recevoir l'assentiment – direct ou indirect – des peuples d'Europe. L'adhésion de ceux-ci au projet européen est indispensable ; et le développement d'une identité européenne par la perception que les Européens ont des droits fondés sur des valeurs communes que leur confère l'Europe peut y contribuer. À ce défi politique s'est ajoutée la singularité juridique. En effet, juridiquement, est citoyen le national d'un État titulaire de droits civils et politiques[25]. Traditionnellement subordonnée à la nationalité, la citoyenneté renvoie aux relations qui unissent un individu à l'État dont il est ressortissant, qu'il s'agisse des droits dont il dispose mais aussi des devoirs qu'il a envers celui-ci. La citoyenneté de l'Union constitue donc une véritable singularité juridique puisque l'Union n'est pas un État, et n'a pas vocation à le devenir, mais s'apparente plutôt à un rassemblement d'États qui, malgré sa spécificité issue de l'intégration et la perspective fédérale, emprunte certaines caractéristiques des

25 Rémy Cabrillac (dir.), *Dictionnaire du vocabulaire juridique*, Paris, Litec, 2002, p. 68.

organisations internationales. Singulière, la citoyenneté de l'Union constitue un défi juridique bousculant la signification juridique traditionnelle de la citoyenneté. Invitant à repenser la notion de citoyen, cette singularité explique la nature et le contenu de la citoyenneté de l'Union.

L'Union européenne étant un rassemblement d'États, la citoyenneté de l'Union ne peut s'affranchir de l'intermédiaire étatique. Elle ne peut donc être qu'une citoyenneté de superposition. En conséquence, « est citoyen de l'Union toute personne ayant la nationalité d'un État membre »[26]. Le lien juridique qui unit l'individu à l'État dont il est ressortissant détermine la relation à l'Union européenne, la citoyenneté de l'Union étant déduite de la nationalité. Ainsi, malgré l'ambition politique d'instaurer une relation directe entre les individus et l'Union, la citoyenneté de l'Union demeure dépendante de la nationalité souverainement attribuée par chaque État membre, ceux-ci constituant un intermédiaire que la nature juridique de l'Union empêche de contourner. En résulte une hiérarchie entre citoyenneté nationale et citoyenneté de l'Union, la première primant sur la seconde. Issue de la condition de national d'un État membre, la citoyenneté de l'Union doit respecter les citoyennetés nationales, ce que le traité souligne expressément en indiquant que la citoyenneté de l'Union « s'ajoute à la citoyenneté nationale et ne la remplace pas »[27]. Rassurante pour les États membres quant à la préservation des citoyennetés nationales, la formule retenue permet de présenter la citoyenneté de l'Union comme constitutive d'une plus-value au bénéfice des ressortissants des États membres. Il ne s'agit pas pour eux de privilégier un rattachement à l'Union au détriment du lien préexistant avec l'État, mais bien de compléter ce dernier par une relation supplémentaire. Citoyennetés des États membres et citoyenneté de l'Union ne sont donc pas alternatives mais cumulatives, la seconde se superposant à la première. Cette nature rend particulièrement importante le contenu de la citoyenneté de l'Union. En effet, son appropriation par les Européens dépend largement de son apport à leur condition politique et juridique ; à défaut, la citoyenneté de l'Union peut n'être qu'un concept vide de sens.

Dotée d'ambitions politiques, la citoyenneté de l'Union se matérialise par un ensemble de droits limitativement énumérés par le traité. Ceux-ci ont été affirmés par le traité de Maastricht et la liste n'a guère été enrichie

---

26 Art. 20, § 1 TUE.
27 *Id.*

à l'occasion des traités de révision ultérieurs, mise à part l'initiative citoyenne européenne établie par le traité de Lisbonne.

Envisagés d'abord dans leur globalité, le constat s'impose que les droits conférés par l'Union aux citoyens européens ne sont accompagnés d'aucun devoir, qu'il s'agisse du devoir fiscal, devoir le plus tangible, ou du devoir de défense. Si l'absence de devoir des Européens vis à vis de l'Union permet de conforter le sentiment que l'Union n'est source que de plus-value, elle conduit à une relation strictement unilatérale ; rien ne permet de matérialiser un possible apport des citoyens à l'Union, ce qui est susceptible d'entraver le développement de l'identité européenne auquel la citoyenneté de l'Union est censée contribuer.

Envisagés ensuite successivement, les droits des citoyens de l'Union européenne sont des droits civils et politiques assez hétérogènes quant à leur origine et à leur portée, l'un d'entre eux ne s'exerçant même qu'en-dehors de l'Union européenne[28]. Mais tous procèdent du principe de non-discrimination à raison de la nationalité qui irradie l'ensemble du droit de l'Union européenne.

Le droit de circuler et de séjourner librement sur le territoire des États membres est le premier des droits énumérés par le traité sur le fonctionnement de l'Union européenne et probablement le moins méconnu des Européens. Présenté comme découlant immédiatement de la citoyenneté de l'Union, ce droit lui est, en réalité, bien antérieur. Les traités fondateurs avaient en effet consacré la libre circulation et le droit de séjour des travailleurs dans un autre État membre, droit que la Cour de justice avait progressivement étendu aux autres catégories de personnes. Bien qu'elle ne crée pas le droit de circuler et de séjourner librement, la citoyenneté de l'Union permet, cependant, de dépasser le caractère catégoriel d'un droit qui est désormais reconnu à tout citoyen, indépendamment de son activité. La force du symbole est, néanmoins, tempérée par la soumission de ce droit « aux conditions et limites fixées par le traité et par les dispositions prises pour son application »[29], de sorte que le droit de circuler et de séjourner librement sur le territoire d'un autre État membre n'est pas un droit absolu. Il est subordonné au respect des exigences traditionnelles que sont l'ordre public, la sécurité publique et la santé publique, mais aussi à la condition

28 Les droits du citoyen de l'Union européenne sont exposés aux articles 20 à 23 inclus du traité sur le fonctionnement de l'Union européenne (TFUE).

29 Art. 21 TFUE.

que le migrant non actif ne devienne pas « une charge pour le système d'assistance sociale de l'État membre d'accueil »[30] ; et ce n'est qu'à l'issue d'une résidence ininterrompue de cinq ans dans le pays d'accueil que tombe cette condition financière.

Mentionné ensuite, le droit de vote et d'éligibilité au Parlement européen n'est pas non plus nouveau puisque le principe de l'élection des députés européens au suffrage universel direct est acté depuis le 20 septembre 1976 et mis en œuvre depuis juin 1979. Mais, privilégiant la résidence à la nationalité, la citoyenneté européenne permet l'exercice de ce droit de vote dans un autre État membre, et généralise ainsi un dispositif que plusieurs États membres avaient déjà introduit dans leur ordre juridique interne de manière spontanée. Plus novateur est le droit reconnu au citoyen de l'Union de voter et d'être éligible aux élections municipales dans l'État dans lequel il réside. Au-delà de la portée symbolique, tant fut et est encore controversée la question du droit de vote des non nationaux, ce droit complète utilement celui de résider librement dans un autre État membre en permettant au migrant de s'impliquer pleinement dans les affaires locales de son pays d'accueil. Il complète donc utilement le droit au séjour dans un autre État membre.

Enfin, est prévu un dernier type de droit susceptible d'être exercé sur le territoire des États membres, permettant au citoyen de s'adresser directement aux institutions et organes de l'Union européenne et participant à la volonté de démocratisation de l'Union et au principe de transparence. Citoyenneté de superposition, c'est sur la scène internationale que la citoyenneté de l'Union acquiert un caractère réellement subsidiaire au bénéfice des Européens. En effet, dans les États tiers où l'État dont il a la nationalité n'est pas représenté, le citoyen de l'Union peut bénéficier de la protection diplomatique et consulaire d'un autre État membre. Quoique l'Union n'offre pas elle-même la protection diplomatique et consulaire, cette projection externe de la citoyenneté de l'Union permet de pallier l'absence de l'État ; les Européens à l'étranger peuvent alors percevoir la

---

30 Art. 7 b et c de la directive 2004/38/CE du Parlement européen et du Conseil du 29 avril 2004 relative au droit des citoyens de l'Union et des membres de leurs familles de circuler et de séjourner librement sur le territoire des États membres, modifiant le règlement (CEE) n° 1612/68 et abrogeant les directives 64/221/CEE, 68/360/CEE, 72/194/CEE, 73/148/CEE, 75/34/CEE, 75/35/CEE, 90/364/CEE, 90/365/CEE et 93/96/CEE ; *Journal officiel de l'Union européenne* (*JOUE*), n° L158, 30 avril 2004, p. 77.

plus-value apportée par l'Union à leur statut, car une telle protection n'aurait pu être consacrée sans son entremise.

Lors de son établissement, la portée relative voire la pauvreté des droits conférés par la citoyenneté de l'Union a pu être relevée. Mais il faut souligner qu'elle a été compensée par leur interprétation et leur application par la Cour de justice de l'Union européenne. Garante du respect des dispositions des traités et du droit qui en découle, celle-ci a veillé à ce que les droits issus de la citoyenneté de l'Union soient effectivement respectés, notamment par les États membres. Elle a d'abord considéré que « le statut de citoyen de l'Union a vocation à être le statut fondamental des ressortissants des États membres », et qualifié la liberté de circuler et de séjourner dans un autre État membre de « droit personnel et fondamental » du citoyen européen[31] ; cela est d'autant plus important que l'exercice du droit à la mobilité est la condition du bénéfice des autres droits issus de la citoyenneté, dont le droit de vote et d'éligibilité aux élections européennes et municipales. Elle a ensuite reconnu au droit de circuler et de séjourner librement dans un autre État membre un effet direct[32] qui permet aux justiciables de l'invoquer devant une juridiction nationale aux fins, notamment, d'empêcher l'utilisation abusive des conditions et limites qui peuvent lui être opposées. Enfin, par une jurisprudence audacieuse, voire volontariste, elle a déduit de la citoyenneté de l'Union un ensemble de droits, dont des droits sociaux, afin de garantir « la jouissance effective de l'essentiel des droits attachés au statut de citoyen européen »[33].

Les dispositions actuelles des traités sur l'Union européenne et sur le fonctionnement de l'Union européenne témoignent de cette évolution de la condition des individus au sein de l'Union européenne. De ressortissants des États membres, ils sont devenus de véritables citoyens de l'Union et les formulations des traités expriment cet intérêt croissant de l'Union à leur égard et le souci d'établir une relation de proximité avec ceux-ci. Ainsi les objectifs assignés à l'Union européenne et le cadre

31 Cour de justice des Communautés européennes (CJCE), 20 septembre 2001, *Rudy Grzelczyk c/Centre public d'aide sociale d'Ottignies-Louvain-la-Neuve,* aff. C 184 / 99, Rec. CJCE 2001, p. 6193.

32 CJCE, 17 septembre 2002, aff. 413/99, *Baumbast R c/ Secretary of state for the Home Department,* Rec. 2002, p. I-7091.

33 Cour de justice de l'Union européenne (CJUE), 8 mars 2011, *Gerardo Ruiz Zambrano c/ Office national de l'emploi*, aff. C – 34/09, Rec. 2011 p. I-01177.

institutionnel sont-ils désormais au service de « ses citoyens »[34]. Et la Charte des droits fondamentaux adoptée en 2000 et dotée, depuis l'entrée en vigueur du traité de Lisbonne, d'une portée juridique contraignante équivalente à celle des traités réunit l'ensemble des droits, libertés et principes reconnus par l'Union et souligne que l'Union « place la personne au cœur de son action en instituant la citoyenneté de l'Union et en créant un espace de liberté, de sécurité et de justice ». Cette formule exprime ce que l'Union souhaite incarner pour ses citoyens ; non plus seulement une zone de libre-échange économique, mais un espace de liberté, de sécurité et de justice fondé sur des principes et valeurs communes dont le respect est contrôlé[35].

La construction d'une Europe unie repose sur un processus dynamique, gouverné par les États membres. Mais c'est un projet qui ne peut se dispenser de l'adhésion des peuples d'Europe, autrement dit des individus intimement convaincus de leur citoyenneté européenne. La difficile construction d'une Europe des citoyens puis la création de la citoyenneté de l'Union ont-t-elles permis ce rapprochement entre l'Europe et ses citoyens ? Il est incontestable que les textes ne peuvent suffire à développer un sentiment d'appartenance à une communauté humaine partageant un même destin. Les Européens se sont-ils appropriés la citoyenneté européenne ? Comment s'exprime-t-elle ? Autant de questions et réflexions intéressant plusieurs disciplines des sciences humaines qui ont été réunies lors du colloque « L'Europe des citoyens et la citoyenneté européenne : évolutions, limites et perspectives » qui s'est tenu à Nantes en novembre 2013. Dans un premier temps, ces actes reviennent sur la citoyenneté dans l'histoire de l'idée européenne et de son unification, de l'entre-deux-guerres au début

34 L'article 3 TUE indique que : « L'Union offre à ses citoyens un espace de liberté, de sécurité et de justice sans frontières intérieures », tandis que : « Dans ses relations avec le reste du monde, l'Union affirme et promeut ses valeurs et ses intérêts et contribue à la protection de ses citoyens ». L'article 13 TUE relatif au système institutionnel de l'Union précise que celui-ci vise à « promouvoir ses valeurs, poursuivre ses objectifs, servir ses intérêts, ceux de ses citoyens, et ceux des États membres … ».

35 Art. 2 TUE : « L'Union est fondée sur les valeurs de respect de la dignité humaine, de liberté, de démocratie, d'égalité, de l'État de droit, ainsi que de respect des droits de l'homme, y compris des droits des personnes appartenant à des minorités. Ces valeurs sont communes aux États membres dans une société caractérisée par le pluralisme, la non-discrimination, la tolérance, la justice, la solidarité et l'égalité entre les hommes et les femmes ».

des années 1990, avant d'aborder la constitution d'une citoyenneté européenne, ses réussites et ses limites, sous plusieurs angles : par le droit, par les politiques publiques, par la participation politique, par l'espace et le débat public. Pour terminer, nous avons choisi de retranscrire la table ronde intitulée : *Quelle(s) citoyenneté(s) pour quelle Europe ?* qui concluait le colloque universitaire et introduisait une journée de débats citoyens sur l'Europe. Autant de contributions qui interrogent la citoyenneté européenne et la place des individus au sein de l'Union et alimentent la réflexion sur l'avenir de l'Europe.

Michel Catala, Université de Nantes et Anne-Sophie Lamblin-Gourdin,
Université de Bretagne-Sud et Université de Nantes

Première partie

Penser et construire la citoyenneté européenne

Stanislas JEANNESSON, Université de Nantes

Nation et citoyenneté dans la pensée européiste de l'entre-deux-guerres

Lorsqu'on considère l'histoire de l'idée européenne au XXe siècle, il est indispensable d'interroger la période de l'entre-deux-guerres pour se persuader – si cela est encore nécessaire – que cette histoire ne se confond pas avec celle de la construction de l'Europe communautaire et pour sonder l'extrême richesse d'une pensée foisonnante et multiple, aux résonances souvent étonnamment actuelles, à tel point que Robert Frank évoque à son sujet un « premier âge d'or de l'engagement européen »[1]. Avant d'aborder les interactions complexes qui, dans la pensée européiste des années 1920 et 1930, mettent aux prises les concepts et les réalités de nation et de citoyenneté, il nous semble nécessaire de faire trois remarques préliminaires :

- Durant ce que, bien entendu, l'on n'appelle pas encore « l'entre-deux-guerres », et alors qu'il n'est pas totalement absurde de croire à l'affermissement d'une paix solide et durable sur le Vieux Continent, on pense, on imagine l'Europe, sans que cette construction intellectuelle ne conduise à des réalisations concrètes qui viendraient distinguer un projet parmi d'autres et donner à l'européisme un visage aux contours bien définis. Rien n'interdit ni ne bride encore les rêves les plus extravagants ni les conceptions les plus audacieuses.
- L'européisme est un terme pratique, un peu fourre-tout, pour regrouper l'ensemble des projets qui visent à unir, avec leur assentiment, les peuples et les pays d'Europe. Le mot recouvre en réalité des pensées, des mouvements, des stratégies et des acteurs très divers, aux objectifs parfois radicalement opposés. Même s'il emprunte une grande part de son inspiration, de sa pensée et de son vocabulaire à plusieurs courants de nature politique ou idéologique – le socialisme, le libéralisme, l'humanisme, le pacifisme, etc. –, l'européisme en soi n'est pas

1 Robert Frank, « Les contretemps de l'aventure européenne », *Vingtième Siècle. Revue d'histoire*, n° 60, 1998, p. 82–101.

une idéologie et ne cherche d'ailleurs pas à se présenter comme telle[2]. Il ne se réduit pas à un parti et nulle force politique n'en fait le cœur de son programme. D'où sa grande richesse conceptuelle, mais aussi sa faiblesse doctrinale et, d'une certaine façon, sa faible capacité mobilisatrice.

– L'historien, par nature, a toujours tendance, en faisant la généalogie d'une idée ou d'un concept, à penser au terme de son analyse que l'on peut – que l'on doit – toujours remonter plus loin dans le temps pour comprendre des phénomènes et éclairer des débats que le non-spécialiste considère comme actuels et novateurs. Il ne doit pas pour autant forcer le passé pour y dénicher à tout prix les prémisses du présent et discerner des continuités où il n'y en a pas. Qu'il se contente d'examiner chaque période pour elle-même, en tenant compte du contexte qui lui est propre, à rebours de tout déterminisme et de toute vision téléologique – auxquels il est pourtant facile et encore fréquent de succomber lorsqu'on aborde l'histoire de l'idée européenne.

La période de l'entre-deux-guerres est suffisamment connue pour qu'on se dispense ici d'en évoquer ne fût-ce que ses traits principaux. Rappelons seulement que son extrême densité événementielle et sa grande complexité, tant structurelle que conceptuelle, empêchent qu'on puisse la considérer d'un bloc ou n'y voir que de simples années de transition, comme si l'issue du premier conflit mondial constituait déjà l'origine du second. Il s'agit de vingt années où l'on n'a cessé de découvrir, d'interroger, de penser et d'une certaine manière, d'expérimenter l'Europe[3]. Durant toute cette période profondément marquée par les conséquences et la mémoire de la Grande Guerre, la recherche de la paix et la volonté de s'opposer à ce que l'on perçoit comme le déclin de l'Europe, sont les deux principaux moteurs de la conscience européenne[4]. Mais cette dernière, aussi dynamique soit-elle, se

---

2 Jean-Luc Chabot, *Aux origines intellectuelles de l'Union européenne. L'idée d'Europe unie de 1919 à 1939*, Grenoble, Presses universitaires de Grenoble, 2005.

3 Sylvain Schirmann, *Quel ordre européen ? De Versailles à la chute du IIIe Reich*, Paris, Armand Colin, 2006 ; Bernard Bruneteau, *Histoire de l'idée européenne au XXe siècle à travers les textes*, vol. 1 : *1900–1950*, Paris, Armand Colin, 2006 ; Élisabeth du Réau, *L'idée d'Europe au XXe siècle. Des mythes aux réalités*, Bruxelles, Éditions Complexe, 2008.

4 Robert Frank, « Une histoire problématique, une histoire du temps présent », *Vingtième Siècle. Revue d'histoire*, n° 71, 2001, p. 79–89.

heurte de plein fouet à d'autres discours et représentations politiques, bien plus suggestifs et immédiats, qui privilégient le cadre national. La confrontation est particulièrement vive lorsqu'il s'agit d'aborder la notion de citoyenneté, indissolublement liée, dans la culture politique de l'époque, à celles d'État et de nation. Comment l'idée même de citoyenneté européenne peut-elle trouver à s'exprimer sur un continent où l'État-nation exerce alors une domination sans partage et dans un contexte d'affirmation continue des nationalismes et des régimes totalitaires ?

Partons d'un constat : quand on se plonge dans la littérature de l'entre-deux-guerres sur l'idée européenne – encore que, nous y reviendrons, les choses évoluent vers la fin de la période – le citoyen semble étrangement absent, et la citoyenneté l'est encore plus. Les mots n'apparaissent ni dans le célèbre discours qu'Aristide Briand prononce le 5 septembre 1929 à Genève, à l'assemblée générale de la SDN, dans lequel il évoque de façon très vague un projet d'Union fédérale européenne, ni dans le mémorandum adressé le 1er mai 1930 par le Quai d'Orsay à 26 gouvernements européens pour préciser les termes de cette initiative. Ils ne figurent non plus quasiment pas, ce qui est plus surprenant, dans ces grands classiques de l'européisme que sont, par exemple, *Pan-Europe* de Richard Coudenhove-Kalergi (1923), *Une Europe nouvelle : premier essai* du Danois Christian Heerfordt (1926), *Europe, ma patrie* de Gaston Riou (1928) ou *Discours à la nation européenne* de Julien Benda (1933). Cela dit, si ces ouvrages font rarement référence au « citoyen » en tant que tel, ils ne cessent en revanche d'en appeler aux « peuples », considérés comme le ciment de la future Europe unie. C'est le cas du discours de Briand, dont la phrase clé est très explicite : « Entre des peuples qui sont géographiquement groupés comme les peuples d'Europe, il doit exister une sorte de lien fédéral »[5] ; ou celui du *Pan-Europe* de Coudenhove, dont les premières lignes sont tout aussi parlantes : « Ce livre est destiné à éveiller un grand mouvement qui sommeille encore chez tous les peuples d'Europe »[6]. Pour ces promoteurs d'une Europe politique, contrairement à ceux qui se contentent de simples réalisations économiques ou d'ordre commercial, c'est bien l'Europe des peuples qu'il faut construire, et pas seulement celle des producteurs, des industriels, des techniciens ou

5 On trouvera l'intégralité du discours, que l'on réduit souvent à tort aux seuls paragraphes sur l'Europe, dans Aristide Briand, *Discours et écrits de politique étrangère*, Achille Elisha éd., Paris, Plon, 1965.

6 Richard de Coudenhove-Kalergi, *Pan-Europe*, Genève, Pan-Europe Suisse, 1997 [1re éd. 1923], p. 9.

des marchands. On peut ici rappeler que le préambule du traité de Rome, qui parle d'une « union entre les peuples d'Europe », s'inscrit sur ce point dans une tradition déjà bien ancrée. Puisqu'il n'existe ni peuple européen, au singulier, et encore moins de nation européenne, l'objectif, dans les années 1920 comme en 1957, est de créer une fédération *des* peuples. La vision de la citoyenneté, qui transparaît en filigrane, est alors celle d'une citoyenneté populaire, bien plus que strictement juridique, qui passe par l'implication active de chaque individu dans la bonne marche de l'État[7].

L'usage du terme « peuples » n'est évidemment pas anodin. Autant le citoyen renvoie à l'État, aux droits et aux devoirs afférents à chaque individu dans un cadre juridico-politique déterminé, autant la notion de peuple renvoie à la nation, comprise ici, au sens large, en tant que forme culturelle (une langue, une histoire, des manières de vivre, tout un ensemble de représentations communes). À vrai dire, en l'espèce, cette distinction théorique classique entre l'État et la nation, ou, pour reprendre les termes d'Habermas, entre le *demos* et l'*ethnos*, n'est guère pertinente dans une Europe où le modèle de l'État-nation, qui identifie parfaitement ces deux dimensions, s'est progressivement imposé depuis le XIXe siècle. Les traités de paix de 1919–1920, dont l'un des objectifs affichés consistait à faire coïncider autant que possible frontières ethniques et politiques, ont achevé de faire de l'Europe le continent des États-nations, même si bien entendu le résultat est loin de satisfaire l'ensemble de ses peuples. Quant à l'organisation internationale sur laquelle est censé reposer le nouvel ordre mondial désormais fondé sur le droit, la Société des Nations, elle instaure, sur le mode de la coopération, tout un ensemble de relations reposant sur le principe de l'absolue souveraineté de chacun de ses membres. Ainsi, entre le national et l'universel, entre la nation et la Société des Nations, il n'y a guère de place, dans ce système, ni pour une échelle intermédiaire qui serait celle de l'Europe, ni pour une conception de l'État qui échapperait à des logiques strictement nationales.

Pour sortir de l'impasse et dépasser le stade de l'État-nation, les partisans de l'Europe unie disposent de deux solutions : la première consiste simplement à transposer à l'échelle du continent le modèle dominant et à créer une sorte de super État-nation européen ; la seconde s'attaque à l'essence même du concept et propose de découpler l'État et la nation en

7 Bertrand Vayssière, « La citoyenneté européenne face aux nations. D'une souveraineté à l'autre ? », in Laure Clément-Wilz, Sylvaine Poillot-Peruzzetto (dir.), *Construire la citoyenneté européenne*, Bruxelles, PIE-Peter Lang, 2014, p. 57–74.

procédant à une nouvelle répartition des attributions et des compétences. Voyons ce que chacun de ces modèles implique pour le futur et encore bien hypothétique citoyen européen.

« La France a été faite du sacrifice de ses provinces, l'Europe sera faite du sacrifice de ses nations », écrit Jean Guéhenno[8]. Dans cette vision très française qui consiste à étendre au continent entier, par un simple jeu d'échelles, l'archétype de la nation jacobine érigé en modèle indépassable, l'Europe se construit à la fois contre *les* nations (existantes) et sur le modèle de *la* nation (idéalisée). « L'idée d'Europe », précise Bertrand de Jouvenel, appartient « à l'universalité du genre national dans sa forme continentale »[9]. Au régionalisme a succédé le nationalisme, au nationalisme doit de la même façon succéder l'européisme. Julien Benda pousse plus loin le raisonnement et ses conséquences ; le *Discours à la nation européenne*, dont le titre paraphrase évidemment, tant pour s'en inspirer que pour s'en démarquer, le célèbre *Discours à la nation allemande* de Fichte, annonce d'emblée la couleur : « L'Europe se fera comme s'est faite la nation »[10]. Benda ancre sa conviction dans une vision hégélienne de l'histoire : le XIXe siècle était pour lui celui de l'État-nation, revendiqué et assumé par les peuples d'Europe. Il correspondait à un moment, une étape du processus, appelée désormais à être dépassée, mais qui reflétait alors une réalité, un certain degré de maturation politique. L'Europe ne s'est pas faite au XIXe siècle, écrit-il, parce que ses peuples ne voulaient pas qu'elle s'unisse, et même parce qu'ils voulaient qu'elle ne s'unisse pas ; ils « subissaient la communauté de leurs intérêts, vivaient l'identité de leurs sentiments, mais ne la pensaient pas ». L'Europe existait, dans ses dimensions géographiques et civilisationnelles, mais pas l'idée d'Europe comme projet politique. Rien ne justifiait que l'État-nation dominant, et qui n'avait pas encore épuisé son potentiel, puisse être dépassé. C'est la Première Guerre mondiale, en dévalorisant l'État-nation, rendu responsable de la catastrophe, qui introduit une rupture décisive dans les esprits, dans ce domaine comme en tant d'autres ; c'est elle qui fait véritablement

8 Cité par Yannick Muet, *Le débat européen dans l'entre-deux-guerres*, Paris, Economica, 1997, p. 103.

9 Cité par Jean-Luc Chabot, *Aux origines intellectuelles de l'Union européenne*, *op. cit.*, p. 252.

10 Julien Benda, *Discours à la nation européenne*, Paris, Gallimard, coll. « Folio-essais », 1997 [1re éd. 1933], p. 15.

naître l'idée d'Europe et permet à ce qui jusqu'alors ne relevait que d'un discours élitiste et isolé d'entrer en résonance avec les aspirations profondément renouvelées des peuples. C'est une nouvelle ruse de la raison : « Le principe hégélien a joué : la désunion de l'Europe lui a maintenant fait assez de mal pour que l'idée d'union se lève contre elle »[11]. On pourra toutefois objecter qu'en ce début des années 1930 – le *Discours à la nation européenne* paraît en 1933, l'année même où Hitler devient chancelier –, le nationalisme fait plus que jamais preuve de vigueur et ne semble pas prêt à céder la main. Mais l'essentiel, pour Benda, est qu'il ne s'impose plus avec la tranquille évidence qui était la sienne avant 1914, qu'il est désormais discuté, contesté et contraint de réagir en démontrant à quel point sa nature profonde est inadaptée aux évolutions récentes des sociétés. Le nationalisme paroxystique des régimes fascistes révèle ainsi l'épuisement d'un système à bout de souffle qui pour subsister ne trouve plus à s'exprimer que sous une forme extrême et dévoyée.

La nation européenne ne sera toutefois pas l'exact décalque des États-nations du XIXe siècle. D'abord parce que, dans le double mouvement propre à l'expression du sentiment national, celui qui rassemble les uns, tous ceux qui répondent à certains critères, et celui qui exclut les autres, tous ceux qui n'y répondent pas, l'européisme se distingue du nationalisme en ce qu'il privilégie le premier sur le second et qu'il « considère la frontière européenne comme n'étant qu'une immobilité illusoire dans une évolution qui ne saurait s'interrompre » – l'européisme, au fond, est essentiellement un humanisme[12]. Ensuite parce que l'idée d'Europe est encore abstraite et lointaine pour les peuples du Vieux Continent : le « patriotisme européen » que Benda appelle de ses vœux ne reproduira pas le type de relation quasi charnelle qui unit les hommes à leur terre ou leur pays ; le sentiment s'affadit à mesure que s'élargit l'objet. Ce patriotisme devra donc reposer sur une adhésion intellectuelle et idéalisée, sans doute moins immédiatement séduisante mais dont la beauté, au sens platonicien du terme, finira par s'imposer aux esprits :

> L'Europe sera sérieuse ou ne sera pas [...]. Les nations auront été de belles Clorindes, heureuses d'être des objets sensibles et charnellement aimés. L'Europe devra ressembler à cette jeune savante du XIIIe siècle qui enseignait la mathématique à l'université

11 *Ibid.*, p. 37.

12 *Ibid.*, p. 118–126. L'Europe, ajoute Benda, « ne doit pas s'arrêter à elle-même, s'enclore dans un nationalisme à la deuxième puissance ».

de Bologne, et se montrait voilée devant ses auditeurs pour ne les point troubler par sa beauté[13].

De là une conception particulièrement radicale et exigeante du citoyen et de la citoyenneté. L'avènement d'un État-nation européen en lieu et place des États existants implique naturellement la substitution des citoyennetés nationales au profit d'une seule et unique citoyenneté européenne. Celle-ci s'exerçant désormais dans le cadre du continent suppose l'émergence d'une identité européenne et la construction d'un espace public partagé où trouverait à s'exprimer ce patriotisme d'un nouveau style, relevant plus de l'intellect que de l'affect, mais qui continue de s'alimenter de valeurs et de représentations partagées : créer des mythes communs et des héros qui ne soient ni des princes ni des chefs de guerre, mais qui suscitent l'adhésion, et même la passion – une passion raisonnable –, voilà la tâche ardue que Benda assigne aux éducateurs, chargés de former les générations futures, pacifiques et tolérantes[14]. Et de citer Érasme en exemple, « parfait symbole du citoyen de l'Europe, transcendant à ses divisions »[15]. On conçoit tout ce que cette pensée, certes élevée et généreuse, peut avoir d'utopique et même de contradictoire. La nation allemande s'est largement construite autour de la langue ; quelle langue saurait être celle de la future nation européenne ? Benda n'élude pas la question mais y apporte, faute de mieux, une réponse pour le moins peu satisfaisante qui montre combien la simple transposition du national au continental ne peut s'opérer dans tous les domaines : le français, selon lui, la « langue de la raison », devrait naturellement s'imposer par la précision de son vocabulaire et la clarté de sa syntaxe[16]. Il n'est pas certain que l'on pense la même chose outre-Rhin…

Toute autre est la manière dont Coudenhove envisage ce qu'il appelle « le problème de la nation »[17]. Tournant résolument le dos au modèle même

13 *Ibid.*, p. 51.

14 « Il ne s'agit nullement d'opposer au "pragmatisme" nationaliste la pure raison ; à des idoles la vérité. La pure raison n'a jamais rien fondé dans l'ordre terrestre. Il s'agit d'opposer au pragmatisme nationaliste un autre pragmatisme, à des idoles d'autres idoles, à des mythes d'autres mythes, à une mystique une autre mystique. […] Vous ne vaincrez la passion nationaliste que par une autre passion. Celle-ci peut être, d'ailleurs, la passion de la raison. Mais la passion de la raison est une passion, et tout autre chose que la raison » (*ibid.*, p. 20–21).

15 *Ibid.*, p. 47.

16 *Ibid.*, p. 78–79.

17 Richard de Coudenhove-Kalergi, *Pan-Europe*, *op. cit.*, chapitre 10, p. 115–126.

de l'État-nation, considérant le rapprochement réalisé entre les deux notions depuis la Révolution française comme historiquement conjoncturel (et donc appelé à être dépassé), il préconise un découplage de la nation – envisagée comme seule entité culturelle – et de l'État – entité politique. Constatant qu'il n'existe plus en Europe de « races pures » mais que les nations sont désormais le fruit d'un mélange de peuples souvent très divers, il ne considère plus la nation comme une « communauté de sang » mais comme « une communauté d'esprit ». Il s'agit alors de distinguer ce qui relève désormais de la sphère privée (la nation) de ce qui relève de la sphère publique (l'État), et donc de différencier l'homme du citoyen[18]. « Tout homme civilisé doit œuvrer pour que la nation devienne demain, pour chacun, une *question privée*, comme l'est aujourd'hui la religion »[19]. Cela n'empêche pas, puisque nombreux sont les éléments qui rapprochent les différentes cultures nationales européennes, l'émergence à terme d'un patriotisme européen, que Coudenhove conçoit, contrairement à Benda qui demeurait dans une logique antagonique de substitution, « comme couronnement et complément du sentiment national »[20]. L'identité européenne n'est pas exclusive des identités nationales.

La démarche de Coudenhove lui permet de résoudre au passage – du moins sur le papier – l'un des principaux problèmes de l'Europe de

18 Anne-Marie Saint-Gille, *La « Paneurope ». Un débat d'idées dans l'entre-deux-guerres*, Paris, PUPS, 2003, p. 32–34. On retrouve, 70 ans plus tard, dans le découplage que Jürgen Habermas ou Jean-Marc Ferry opèrent entre nationalité et citoyenneté, pour construire les bases d'une citoyenneté européenne post-étatique, et dans la nouvelle répartition des tâches qu'implique une telle distinction entre la nation (le domaine de l'affect) et l'État (le domaine de la loi), une réflexion assez proche de celle de Coudenhove, bien que s'inscrivant évidemment dans un contexte radicalement différent ; il est clair également que pour Habermas, le *demos* européen ne doit être défini qu'en termes civiques et politiques, alors que Coudenhove conçoit l'affirmation d'un véritable patriotisme européen en termes ethno-culturels ; voir Jürgen Habermas, *Après l'État nation. Une nouvelle constellation politique*, Paris, Fayard, 2000 ; Jean-Marc Ferry, *La Question de l'État européen*, Paris, Gallimard, 2000. Voir aussi, pour une présentation synthétique des termes et des enjeux du débat, Bruno Cautrès (dir.), « La citoyenneté européenne », *Problèmes politiques et sociaux*, n° 901, 2004, et Sylvie Strudel, « Citoyennetés », in Céline Belot, Paul Magnette, Sabine Saurugger (dir.), *Sciences politiques de l'Union européenne*, Paris, Economica, 2008, p. 175–196.

19 Richard de Coudenhove-Kalergi, *Pan-Europe*, *op. cit.*, p. 124 (en italique dans le texte).

20 *Ibid.*, p. 138.

l'entre-deux-guerres, celui des minorités : celles-ci pourront ainsi, à partir du moment où elles entrent dans la logique du découplage, remplir leurs devoirs de citoyen envers l'État dont elles dépendent, sans pour autant renier leur identité culturelle, c'est-à-dire nationale. Il prend l'exemple particulièrement sensible, et qui le deviendra de plus en plus, des Allemands des Sudètes :

> Conscient de cette différence foncière entre la nation et l'État, un Allemand de Tchécoslovaquie, par exemple, doit se conduire selon le principe "rendez à César ce qui est à César et à Dieu ce qui est à Dieu". Ainsi, s'il exige d'être reconnu par son État comme un citoyen à part entière, il lui faut remplir ses devoirs de citoyen envers cet État sans pour autant renier son appartenance culturelle à sa propre nation. Il doit tenter d'être en même temps un bon Tchécoslovaque en tant que citoyen et un bon Allemand en tant qu'homme[21].

Encore faut-il que ces minorités puissent bénéficier de droits spécifiques permettant l'expression de leur spécificité culturelle (pratique d'une langue, d'une religion, de coutumes propres) : ce qui conduit Coudenhove à préconiser « la promulgation générale d'un Édit de tolérance pour les nations qui constituerait la *Magna Charta* de toutes les nations européennes », permettant notamment à chacun d'user de sa langue maternelle devant les tribunaux et les administrations, ainsi que d'élever ses enfants dans le cadre de sa communauté[22].

Cette distinction établie par Coudenhove dès 1923 est reprise et systématisée par les fédéralistes des années 1930. C'est vrai – pour reprendre la terminologie établie par Bertrand Vayssière[23] – pour les « fédéralistes intégraux » qui font du paradigme fédéral un principe organisateur de la société, à tous les échelons de la gouvernance : Alexandre Marc soutient ainsi que la séparation de la nation et de l'État est un préalable nécessaire à toute refondation politique et sociale du continent. La nation est « un nœud de culture, une tradition vivante ; c'est l'avilir que de la confondre avec des fonctions administratives ; c'est la trahir que de l'asservir à un

21 *Ibid.*, p. 125.

22 *Ibid.*, p. 124. Rappelons – mais Coudenhove n'en fait pas état – que la protection des minorités fait explicitement partie des principales missions de la Société des Nations.

23 Bertrand Vayssière, *Vers une Europe fédérale ? Les espoirs et les actions des Fédéralistes au sortir de la Seconde Guerre mondiale*, Bruxelles, Peter Lang, 2007, p. 34–37.

territoire », écrit-il dès 1934[24]. Soulignons toutefois qu'avant la Seconde Guerre mondiale, le fédéralisme intégral, que représentent les personnalistes, la revue *Esprit* ou le mouvement Ordre nouveau, n'est pas particulièrement tourné vers l'européisme et privilégie plutôt l'échelle de la région ou du « pays », au sens traditionnel et « Ancien Régime » du terme – un fédéralisme infra-national plus que supra-national[25]. Ce n'est pas le cas des « fédéralistes constitutionnels » qui, tout en reprenant la distinction État/nation, préconisent à l'échelle continentale la création immédiate d'un cadre institutionnel – un État européen doté d'une constitution – comme condition nécessaire à l'évolution des mentalités, et mettent en avant, contre le modèle jacobin de l'État-nation à la française, le modèle fédéral des États-Unis d'Amérique ; les références à la constitution américaine, à Hamilton et à Madison sont ainsi omniprésentes dans les ouvrages de Gaston Riou[26], dans ceux des fédéralistes anglais de la fin des années 1930 (Layton, Beveridge), et dans la réflexion des fédéralistes italiens des années 1930 et 1940 (Rosselli, Spinelli).

Dans ce schéma, la citoyenneté européenne relevant de droits fédéraux est conçue, de façon très moderne, comme cumulative, venant se superposer aux citoyennetés nationales sans pour autant s'y substituer. Clarence Streit, journaliste américain correspondant du *New York Times* auprès de la SDN, qui publie en 1938 *Union Now*, un ouvrage qui connaît d'emblée un grand succès en Europe occidentale, appelle ainsi à la constitution d'une grande République fédérale rassemblant contre le nazisme les démocraties d'Europe et d'Amérique du Nord : « Nous restons citoyens de notre nation en devenant citoyens de l'Union, nous ne perdons rien et ne faisons que gagner »[27]. Quant à Walter Layton, rédacteur en chef de

24 Cité par Bertrand Vayssière, *Vers une Europe fédérale ?*, *op. cit.*, p. 55–56.

25 *Ibid.*, p. 41–46 et 53–60 ; Jean-Louis Loubet del Bayle, *Les non-conformistes des années trente. Une tentative de renouvellement de la pensée politique française*, Paris, Le Seuil, 1969, p. 355–361. C'est la guerre qui permet aux personnalistes d'intégrer véritablement la dimension européenne à leur réflexion.

26 Gaston Riou, *Europe, ma patrie*, Paris, Baudinière, 1928, p. 95 *sq*.

27 Clarence K. Streit, *Union ou chaos ? Proposition américaine en vue de réaliser une fédération des grandes démocraties*, Paris, Medicis, 1939, p. 240. L'Union conçue par Streit comprend 15 pays qu'il juge démocratiques : États-Unis, Commonwealth britannique (Royaume-Uni, Afrique du Sud, Australie, Nouvelle-Zélande, Canada, Irlande), France, Pays-Bas, Belgique, Suisse, Danemark, Suède, Norvège, Finlande. Cet ensemble de 300 millions d'habitants exercera, selon Streit, une attraction suffisamment forte sur les populations des régimes autoritaires que ces dernières se

The Economist de 1922 à 1938, ancien directeur de la section économique et financière de la SDN et l'un des fondateurs en 1937 de *Federal Union*, il parle en 1944, toujours dans la perspective de résoudre le problème des minorités, identifié comme l'une des causes principales de tension en Europe, de « conférer à chaque citoyen, en plus de ses droits nationaux, *des droits définis en tant qu'Européen* » et envisage la proclamation d'une Déclaration des droits européens (droits politiques et sociaux) ainsi que la création d'une Cour suprême européenne chargée de la faire appliquer[28]. On connaît par ailleurs l'importance des fédéralistes britanniques, mais aussi de Clarence Streit, des économistes de la London School of Economics et du Comité paneuropéen, dans la genèse du projet d'union franco-britannique élaboré par Jean Monnet et Arthur Salter et présenté le 16 juin 1940 à Churchill et Paul Reynaud[29]. Rappelons que ce projet prévoit, et c'est peut-être en cela qu'il est le plus révolutionnaire, que « tout citoyen français jouira immédiatement de la citoyenneté en Grande-Bretagne, tout sujet britannique deviendra un citoyen de la France ». On peut discuter longuement de la dimension réellement européenne d'un projet qui se comprend avant tout dans un contexte de crise et qui reste cantonné aux deux grandes démocraties d'Europe occidentale, mais la présence même de cette disposition, qui ne se justifie pas immédiatement en termes de gouvernance ou d'efficacité décisionnelle, l'inscrit dans une dynamique qui libère la citoyenneté du cadre exclusif de la nation.

Si l'on tente maintenant d'examiner d'un peu plus près de quels droits et de quels devoirs ces auteurs habillent leur citoyenneté européenne, on risque d'être déçu tant ils sont évasifs sur la question. Ni Coudenhove, ni Heerfordt n'envisagent par exemple l'élection au suffrage universel

---

dresseront contre eux et les renverseront de façon à instaurer la démocratie et intégrer l'Union. Le gouvernement des démocraties ainsi constitué préfigurera le futur gouvernement mondial.

28 Walter Layton, « Le Commonwealth britannique et l'ordre mondial », conférence donnée à Oxford le 3 mars 1944, reprise dans Centre d'action pour la Fédération européenne, *L'Europe de demain. Documents pour servir à l'étude de la Fédération européenne*, Neuchâtel, Éditions de la Baconnière, 1945, p. 115–145 (en italique dans le texte). Layton est le futur président adjoint du Conseil de l'Europe.

29 Christophe Le Dréau, « Quelle Europe ? L'Europe franco-britannique. Les projets d'union franco-britannique (1938–1940) », in Katrin Rücker, Laurent Warlouzet (dir.), *Quelle(s) Europe(s) ? Nouvelles approches en histoire de l'intégration européenne*, Bruxelles, Peter Lang, 2006, p. 39–50.

direct d'un président ou de députés européens – ces derniers étant chez Coudenhove des délégués élus pour quatre ans par les parlements nationaux ; Benda, qui se place d'emblée sur le terrain intellectuel et moral, ne cherche à aucun moment à donner un contenu politique à sa nation européenne. Riou ou Streit, en revanche, qui s'inspirent directement du modèle américain, veulent un président de l'Europe et une chambre des représentants élus au suffrage universel[30]. La plupart des projets parlent d'une armée unique, mais ne s'appesantissent pas sur le devoir militaire qui incomberait aux citoyens européens ; lorsqu'ils mentionnent l'existence d'un impôt fédéral, ils n'en indiquent ni la teneur, ni le montant. Seul Streit, qui clôt *Union Now* par un projet de constitution, aborde de front la question de la citoyenneté et tente d'en formaliser l'expression : « Tout individu né ou naturalisé dans les États autonomes qui composent l'Union est citoyen de l'Union et de l'État où il réside. Tous les citoyens âgés de plus de 21 ans [hommes et femmes] ont le droit de voter dans toutes les élections de l'Union et de remplir tout emploi à l'intérieur de l'Union pour lequel les qualifie leur âge »[31]. On notera que pour Streit, la citoyenneté d'État à proprement parler a cédé la place, aux côtés de la citoyenneté fédérale, à une citoyenneté interétatique relevant du lieu de résidence – et donc sujette à changement – et non du lieu de naissance[32]. Droit de vote, droit de libre circulation pour les travailleurs, droit de libre résidence, tout cela implique en tous les cas l'existence d'institutions démocratiques.

30 Gaston Riou, par exemple, souhaite pour l'Europe qu'il conçoit un président élu pour quatre ans, au suffrage universel de l'Europe tout entière et rééligible ; un Sénat composé des délégués des États (deux par État), une Chambre des représentants élue au suffrage universel (chaque représentant étant le mandataire de 2 millions d'électeurs) ; une Cour suprême avec droit de veto. Genève en serait la capitale. Il évoque par ailleurs une armée unique, une monnaie unique, mais ne dit rien de la nationalité ou de la citoyenneté (*Europe, ma patrie*, *op. cit.*, p. 120–121).

31 Clarence K. Streit, *Union ou chaos ?*, *op. cit.*, p. 317.

32 « La citoyenneté fédérale doit impliquer la citoyenneté interétatique en ce sens qu'un citoyen, en se transposant d'un État à un autre, garde tous ses droits fédéraux, mais peut changer facilement de nationalité ou de citoyenneté d'État » (*ibid.*, p. 240). Les effets de cette disposition en termes de flux migratoires – les populations de l'Union risquant d'affluer massivement dans les pays où la citoyenneté paraît être la plus avantageuse – sont perçus par Streit mais considérés comme secondaires (*ibid.*, p. 326–327).

C'est là le dernier point sur lequel nous voudrions insister. Ce n'est pas par hasard que le citoyen se fait plus présent dans les projets des années 1930, lorsque la pensée européiste se trouve directement confrontée à l'essor du fascisme et à l'affirmation des régimes totalitaires. En appeler à l'Europe des citoyens revient alors à vouloir construire une Europe démocratique et fondée sur l'adhésion des masses, de façon à pouvoir faire face au fascisme sur le double terrain de l'idéologie et du militantisme. Ce tournant nécessaire, Coudenhove le perçoit bien au début des années 1930, quand il décide, d'ailleurs sans grand succès, de fonder un parti européen susceptible de mobiliser les foules, et qu'il écrit dans *La lutte pour l'Europe* (1931) – titre ô combien significatif : « Au cours des sept dernières années, nous avons réussi à convaincre les gouvernements européens de la nécessité de l'union. Au cours des sept années qui commencent, il nous faut en convaincre les peuples »[33]. Poussant la logique jusqu'à l'absurde, Coudenhove va jusqu'à vouloir faire porter à ses militants paneuropéens une chemise bleue affublée d'un insigne à la manche…

Plus qu'à travers l'expression de droits et de devoirs civils et politiques, la citoyenneté européenne, dans ce contexte, doit avant tout s'exprimer par une participation active et de tous les instants à la vie collective, pour assurer sur le terrain le triomphe de la démocratie face au fascisme. Privilégier la dimension participative et solidaire de la citoyenneté conduit à devoir donner à l'européisme la vigueur militante qui lui fait défaut et dont il a bien besoin s'il ambitionne de se dresser contre les idéologies totalitaires. Faire l'Europe en s'appuyant sur les masses, ne pas l'abandonner aux élites, combattre le nazisme en usant de ses propres armes, convoquer au plus vite une assemblée européenne composée de délégués élus par les peuples et chargée élaborer une constitution fédérale, voilà les thèmes que Carlo Rosselli martèle en 1935 dans la revue *Giustizia e Liberta*, l'organe des antifascistes en exil :

> La passion se vainc par une autre passion plus puissante, juste et lucide. Seul nous sauvera un mouvement de révolte de la conscience européenne. Révolte sociale et politique ; ligue des révolutionnaires européens et, dans les pays encore relativement indemnes, effort d'idéalistes pratiques pour porter cette passion, avec un langage simple et humain qui exprime les aspirations confuses de millions et millions [de gens][34].

---

33 Cité par Jean-Luc Chabot, *Aux origines intellectuelles de l'Union européenne*, *op. cit.*, p. 108–110.

34 Carlo Rosselli, « Europeismo o fascismo », *Giustizia e Liberta*, 17 mai 1935 (reproduit dans Bernard Bruneteau, *Histoire de l'idée européenne au premier XXe siècle*,

Le manifeste de Ventotene de 1941, dans lequel le terme « citoyens » apparaît à huit reprises, développera, en les systématisant des thèmes identiques. On voit le chemin parcouru depuis le mémorandum français de mai 1930, et à quel point Robert Frank a raison lorsqu'il écrit qu'Hitler et Staline ont plus compté que Charlemagne, Kant et Hugo pour pousser à l'unité européenne[35]. Mais dans le contexte des années 1930, et face à la capacité mobilisatrice du fascisme, sur les plans idéologique et politique, l'européisme livre un combat perdu d'avance, du moins à court terme. Un écrivain aussi lucide que Thomas Mann en a bien conscience lorsqu'il concède que la faiblesse de l'européisme, qui reste malgré tout une construction intellectuelle, un horizon lointain, et qui ne peut proposer de solutions immédiates à la crise économique, sociale et politique qui frappe les démocraties, constitue précisément ce qui fait sa grandeur : « Dans tout humanisme, il y a un élément de faiblesse qui vient de sa répugnance pour tout fanatisme, de sa tolérance et de son penchant pour un scepticisme indulgent, en un mot de sa bonté naturelle. Et cela peut, en certaines circonstances, lui devenir fatal. » Mais il ajoute aussitôt, concluant ainsi de façon magnifiquement désespérée son *Avertissement à l'Europe* :

> Ce dont nous aurions besoin aujourd'hui, ce serait un humanisme militant, un humanisme qui affirmerait sa virilité et qui serait convaincu que le principe de la liberté, de la tolérance et du libre examen n'a pas le droit de se laisser exploiter par le fanatisme sans vergogne de ses ennemis. L'humanisme européen est-il devenu incapable d'une résurrection qui rendrait à ses principes leur valeur de combat ? S'il n'est plus capable de prendre conscience de lui-même, de se préparer à la lutte dans un renouveau de ses forces vitales, alors il périra et avec lui l'Europe, dont le nom ne sera plus qu'une expression purement géographique et historique. Et il ne nous restera plus qu'à chercher dès maintenant un refuge hors du temps et de l'espace[36].

Ces dernières phrases nous rappellent combien la guerre – et les guerres, les deux guerres mondiales – ont été décisives dans l'émergence de l'idée

op. cit., p. 133–134). Voir aussi Veronika Heyde, *De l'esprit de la Résistance jusqu'à l'idée de l'Europe. Projets européens et américains pour l'Europe de l'après-guerre (1940–1950)*, Bruxelles, Peter Lang, 2010, p. 110–111.

35 Robert Frank, « Une histoire problématique, une histoire du temps présent », *op. cit.*, p. 88.

36 Thomas Mann, *Avertissement à l'Europe*, avec une préface d'André Gide, Paris, Gallimard, 1937 [édition allemande originale, 1935], p. 44–45.

européenne au premier XXe siècle[37]. Cet appel au militantisme, à une citoyenneté européenne vécue et affirmée dans une lutte permanente contre le fanatisme idéologique peut aujourd'hui nous sembler anachronique, à une époque de dépolitisation et de désenchantement du rêve européen. Ce n'est pas ainsi que s'est construite depuis 1992 la citoyenneté de l'Union européenne : question de contexte et de génération. Sur un continent pour l'essentiel sécurisé et qui semble à l'abri de toute rechute totalitaire, la paix, la démocratie sont des concepts et des idéaux qui, même si l'on continue, de façon un peu rhétorique, de s'y rattacher dans les moments de crise comme à des références obligées, ont perdu de leur capacité mobilisatrice. Faut-il s'en réjouir ? Faut-il le déplorer ? Il n'est pas interdit, mais pour des raisons différentes, de répondre à ces deux questions par l'affirmative.

37 Antoine Fleury, Robert Frank (dir.), *Le rôle des guerres dans la mémoire des Européens : leur effet sur la conscience d'être européen*, Bern, Peter Lang, 1997.

Joël MOURIC, Université de Bretagne occidentale

Une citoyenneté européenne est-elle possible ? Raymond Aron face à la construction européenne (1948–1983)

Le Congrès de La Haye illustre les apparentes contradictions de Raymond Aron face à la construction européenne. Le 28 avril 1975, commençant la première de trois conférences à Bruxelles, Aron rappelait sa présence à La Haye aux côtés de Churchill pour revendiquer le statut d'« ancien combattant » du mouvement européen[1]. D'après les *Mémoires*, en revanche, l'éditorialiste du *Figaro* fut surtout frappé, à La Haye, par le désordre des débats, mais aussi par le manque de légitimité politique de l'assemblée. Contrairement à son ami Bertrand de Jouvenel, qui se réjouissait d'y retrouver les grands noms de l'Europe intellectuelle et politique[2], Raymond Aron, qui s'incluait parmi les militants de l'unité européenne, remarquait : « Nous n'étions mandatés par personne »[3].

Ce jugement fait écho à d'autres assertions du journaliste-philosophe. Fin 1946 devant les élèves de l'ENA[4], et de nouveau l'année suivante devant des étudiants allemands, il avait dit que, s'il existe une Europe *en soi*, il n'y a jamais eu d'Europe *pour soi*[5]. Deux ans plus tard, le scepticisme aronien culminait dans les formules les plus dures qu'il ait jamais écrites à propos du mouvement européen : « L'idée européenne est vide, elle n'a ni la transcendance des idéologies messianiques, ni l'immanence des patries

1 Raymond Aron, « L'Europe face à la crise des sociétés industrielles », in *L'Europe des crises*, Bruxelles, Bruylant, Bibliothèque de la Fondation Paul-Henri Spaak, 1976, p. 77–42.

2 Bertrand de Jouvenel, « Au premier Congrès de l'Europe, 7 au 10 mai 1948 », *La Revue de Paris*, juin 1948, rééd. in *Commentaire*, n° 133, printemps 2011, p. 199–202.

3 Raymond Aron, *Mémoires*, Paris, Robert Laffont, 2003, p. 273.

4 Bibliothèque nationale, fonds Raymond Aron, NAF 28060, boîte 1, *Perspectives sur l'avenir de l'Europe* (26–27 novembre 1946).

5 Raymond Aron, « Discours à des étudiants allemands sur l'avenir de l'Europe », in *La Table Ronde*, n° 1, janvier 1948, p. 63–86.

charnelles. Elle est une création d'intellectuels, ce qui en révèle à la fois l'opportunité au regard de la raison et la faible résonance dans les cœurs »[6].

On proposera ici une explication de la sévérité de ces propos, à partir de la philosophie politique d'Aron, fondée sur une perspective civique. On montrera ensuite comment, face aux développements historiques des années soixante à quatre-vingt, Aron a été soucieux de défendre l'héritage de la construction européenne, tout en constatant, avec inquiétude, l'absence d'une authentique citoyenneté européenne.

Fasciné par l'idée européenne, mais en marge du mouvement européen

Raymond Aron, alors qu'il était jeune normalien, avait été imprégné par le pacifisme ambiant, renforcé par l'influence d'Alain. La Grande Guerre avait été une boucherie. L'Europe, c'était la paix. Il avait assisté en 1925 à une session de l'assemblée de la SDN à Genève, lors de laquelle il fit la connaissance de Bertrand de Jouvenel[7]. Les décades de Pontigny[8], auxquelles il participa régulièrement à partir de 1928, exaltaient l'entente des élites intellectuelles européennes en vue de la réconciliation franco-allemande. Aron fut aussi un admirateur de Briand et des accords de Locarno[9]. Mais ce premier européisme d'Aron fut balayé par l'expérience de la montée du nazisme lors de son séjour en Allemagne. En septembre 1930, 107 députés nazis entraient au Reichstag, où ils n'étaient auparavant que 12. Dès 1931, Aron s'exprimait en des termes qui annonçaient ceux de 1950 : « L'idée européenne n'est qu'une idée d'économistes ou de quelques littérateurs. Elle ne vit pas dans l'âme des foules. Elle ne représente qu'un mot, à peine un concept, à aucun degré un mythe »[10].

---

6 Raymond Aron, *Les Guerres en chaîne*, Paris, Gallimard, 1951, p. 415.

7 Raymond Aron, *Mémoires*, *op. cit.*, p. 46.

8 François Chaubet, *Paul Desjardins et les décades de Pontigny*, Lille, Presses universitaires du Septentrion, 2009.

9 Archives INA, émission « 1925 : Les vingt ans de Raymond Aron », présentée par Anne Sinclair, le 5 août 1981, [<http://www.ina.fr/video/CPB81053699>].

10 Raymond Aron, « Révision des traités, Lettre d'Allemagne », *Libres Propos*, mai 1931, p. 222–223.

Le terme de mythe désigne ici, à la suite de Georges Sorel[11], une idée mobilisatrice. Aron insistait sur la force de l'idée nationale comparée à la faiblesse de l'idée européenne. Face à la menace nazie, l'Europe n'était pas la solution. Dès lors, Aron a choisi d'orienter sa pensée vers la compréhension du politique, dans le but de défendre la démocratie libérale. C'est le cheminement qui le conduisit au sujet de sa thèse soutenue en 1938, *L'introduction à la philosophie de l'histoire,* où il critique les philosophies de l'histoire, mais aussi la tradition universitaire française incapable, à ses yeux, de reconnaître les dangers inhérents aux idéologies totalitaires. Le sujet aronien, tel qu'il est présenté dans l'*Introduction,* est un citoyen, solidaire de sa cité, héritier d'une tradition dont dépend la liberté politique[12]. C'est un point commun entre la pensée de Raymond Aron et celle d'Edmund Burke[13]. Le libéralisme d'Aron n'est pas individualiste, c'est un libéralisme civique[14].

Or, le devoir civique s'exprime en dernier ressort dans la participation à la défense de la cité. Lorsqu'Aron avait fait son service militaire, il avait, selon toute vraisemblance, délibérément échoué aux épreuves de sélection des élèves officiers de réserve. Mais en 1934, après être revenu d'Allemagne, il condamna sans hésiter l'objection de conscience : « On ne peut pas être citoyen jusqu'à la guerre exclusivement »[15]. Comme l'Allemagne nazie se préparait à la guerre et multipliait les faits accomplis, Aron, dans

---

11 Georges Sorel, *Réflexions sur la violence*, Paris, Rivière, 1908, p. 164 *sq.*

12 Raymond Aron, *Introduction à la philosophie de l'histoire*, Paris, Gallimard, 1938, p. 76 : « L'homme vit entouré des restes du passé qui restituent une sorte de présence à ceux qui ne sont plus. Il vit dans une communauté à la fois sociale et spirituelle, intérieure à chacun puisqu'elle se manifeste par l'assimilation partielle des consciences, extérieure à tous, puisque personne n'est l'origine des pratiques communes, que personne n'a choisi l'état de savoir et la hiérarchie des valeurs qu'il a reçus et acceptés ».

13 Voir Matthias Oppermann, « Burkeanischer Liberalismus », in Tobias Bevc, Matthias Oppermann (dir.), *Der souveräne Nationalstaat. Das politische Denken Raymond Arons*, Stuttgart, Steiner, 2012, p. 157–179.

14 Philippe Raynaud, « Raison critique et raison dialectique. À propos d'*Histoire et dialectique de la violence* », conférence à l'École normale supérieure, le 26 novembre 2005, [<http://www.diffusion.ens.fr/en/index.php?res=conf&idconf=968>].

15 Raymond Aron, « De l'objection de conscience », *Revue de métaphysique et de morale*, vol. XLI, p. 133–145, rééd. in *Études politiques*, Paris, Gallimard, 1972, p. 342 *sq.*

la séance du 17 juin 1939 de la Société française de philosophie, exhorta les citoyens des démocraties à « être capable[s] des mêmes vertus »[16] – dévouement et abnégation – que ceux des États totalitaires. Aron, qui avait voté pour le Front populaire aux législatives de 1936, suscita l'indignation d'intellectuels de gauche comme Victor Basch en disant que les valeurs universalistes de la Révolution française ne suffisaient plus pour sauver les démocraties libérales. Il était en fait exaspéré par le pacifisme des antifascistes. On ne pourrait sauver la République qu'en assumant la guerre, en répondant au défi des nazis. Quelques semaines plus tard, la guerre éclatait et le sergent Aron assista en mai-juin 1940 à l'effondrement national qu'il redoutait[17]. « Il est clair aujourd'hui, écrivait-il à Gaston Fessard quelques semaines après Munich, que si la France n'arrive pas à triompher de sa désunion et à se redresser, dans dix ans elle n'existera plus, avec ou sans guerre, par hitlérisation venue de l'intérieur ou de l'extérieur »[18]. Pris dans la déroute et dans l'exode, Aron réussit à rejoindre l'Angleterre où il devint, sous le pseudonyme de René Avord, chroniqueur de *La France Libre*. Et ce furent les Britanniques qui, en 1940, poursuivant seuls le combat contre la tyrannie nazie, donnèrent l'exemple du sursaut civique qu'il avait appelé de ses vœux en 1939. « L'authentique morale des démocraties, écrivait Aron en juin 1941, est une morale de l'héroïsme, non de la jouissance »[19]. Des deux formes de liberté que distinguait Benjamin Constant, la liberté des anciens fondée sur le dévouement à la cité, celle des modernes constituée des bonheurs privés[20], c'était donc celle-là plutôt que celle-ci qui l'emportait aux yeux d'Aron, ou qui en tout cas avait la plus haute signification politique. À l'opposé du pacifisme de sa jeunesse, Aron pensait désormais que la guerre menée contre l'Allemagne nazie

16 Raymond Aron, « États démocratiques et États totalitaires », communication du 17 juin 1939 à La Société française de philosophie, rééd. in *Penser la liberté, penser la démocratie*, Gallimard, Quarto, 2005, p. 55–106.

17 Voir Christian Malis, *Raymond Aron et le débat stratégique français 1930–1966*, Paris, Economica, 2005.

18 NAF 28060, boîte 206, lettre de Raymond Aron à Gaston Fessard du 28 octobre 1938.

19 « Naissance des tyrannies », *La France Libre*, II, 8, juin 1941, rééd. in *Chroniques de guerre, La France Libre 1940–1945*, Paris, Gallimard, 1990, p. 518.

20 Benjamin Constant, *De la liberté des anciens comparée à celle des modernes*, 1819, rééd. Mille et une nuits, 2010.

était « une guerre juste »[21], menée pour la liberté des nations européennes opprimées par un État totalitaire qui usurpait le nom d'Europe.

En effet, Aron n'attribuait pas au nationalisme en tant que tel le déclenchement de la guerre. Les nationalismes étaient les ferments les plus puissants de la résistance à l'Europe nouvelle de Goebbels et Hitler[22]. Raymond Aron se distingue donc d'autres intellectuels, dans la mesure où il ne considère pas que la nation serait dépassée comme forme politique. Il n'incrimine pas non plus le nationalisme et, dans *La France Libre*, il s'est appuyé sur Barrès, Lorrain comme lui, pour combattre les collaborateurs[23]. Après Stalingrad alors qu'il commençait à réfléchir à l'avenir de l'Europe, Raymond Aron a dit qu'il était convaincu que l'Europe resterait constituée d'États nationaux. Certes, il comprenait bien que les nations européennes devraient s'entendre pour préserver la paix ; pour conserver un minimum de puissance, elles devraient mettre en commun leurs ressources, et ne plus considérer la souveraineté comme un absolu, mais Aron ne pensait pas que l'ère des nations européennes était révolue[24].

En 1945, il pouvait sembler que les sinistres prophéties de Spengler s'étaient réalisées. L'Europe était en ruines, les parties centrale et orientale du Vieux Continent étaient soumises à l'influence soviétique, tandis que le sort de la frange occidentale paraissait incertain. L'inquiétude d'Aron sur le destin de l'Europe apparaît dans les titres des derniers chapitres des *Guerres en chaîne*[25] : l'Europe est-elle capable de vivre ? Est-elle capable de se

21 Raymond Aron, « Philosophie du pacifisme », *La France Libre*, janvier 1941, in *Chroniques de guerre*, *op. cit.*, p. 485 : « Une guerre qui vise à sauver l'indépendance des petites nations, l'égalité des races et des peuples, les principes mêmes d'un ordre humain est juste par excellence. Ce n'est pas même assez dire : la notion que nous avons du juste et de l'injuste est l'enjeu même du conflit ». Voir aussi Matthias Oppermann, *Raymond Aron und Deutschland. Das Problem des Totalitarismus und die Verteidigung der Freiheit*, Ostfildern, Thorbecke, 2008, p. 252.

22 Raymond Aron, « Bataille des propagandes », *La France Libre*, IV, 23, septembre 1942, rééd. in *Chroniques de guerre*, *op. cit.*, p. 583. Voir aussi Bernard Bruneteau, *"L'Europe nouvelle" de Hitler : une illusion des intellectuels de la France de Vichy*, Paris, Éditions du Rocher, 2003.

23 Raymond Aron, « De la liberté politique : Montesquieu et Jean-Jacques Rousseau », *La France Libre*, III, 17, 1942, rééd. in *Chroniques de guerre*, *op. cit.*, p. 635–648. Voir aussi Olivier Dard, Michel Grunewald, Michel Leymarie, Jean-Michel Wittmann (dir.), *Maurice Barrès, la Lorraine, la France et l'Étranger*, Berne, Peter Lang, 2011.

24 Raymond Aron, « Destin des nationalités », *La France Libre*, V, 29, 16 mars 1943, rééd. in *Chroniques de guerre*, *op. cit.*, p. 608–620.

25 Raymond Aron, *Les Guerres en chaîne*, *op. cit.*

défendre ? Est-elle capable de s'unir ? Aron estimait que l'effort de relèvement devrait d'abord être entrepris dans le cadre national, ce qui éclaire son adhésion au RPF en 1947. Le relèvement économique allait être accompli dans le cadre du Plan Marshall et de l'OECE, de même que le Pacte Atlantique assurerait la sécurité de l'Europe occidentale. L'unité européenne était un objectif politique distinct des enjeux économiques ou stratégiques, dont elle ne découlait pas nécessairement. Aron évoquait comme un âge d'or l'économie européenne d'avant 1914, dans laquelle la liberté des changes coïncidait avec la prospérité. Ses réserves envers le Plan Schuman résidaient dans le sentiment qu'il avait qu'on voulait justifier par des raisons économiques une entreprise dont la finalité était avant tout politique[26].

Simultanément, Aron a constamment milité pour la réconciliation franco-allemande. Après l'échec des années vingt, l'histoire donnait une « deuxième occasion ». « Il ne fallait pas la manquer »[27]. Contrairement à beaucoup de Français, notamment au RPF, Aron était un partisan de l'unité allemande. Mais la situation de la guerre froide repoussait une éventuelle réunification à un avenir indéterminé, probablement lointain. Avant tout, la réconciliation franco-allemande conditionnait la défense de l'Europe occidentale :

> L'Europe occidentale doit se donner une force militaire, et celle-ci ne peut surgir que d'une réconciliation de la France et de l'Allemagne. Alors que nos hommes politiques y ont vu trop souvent une manière de ne pas entreprendre le dialogue franco-allemand, l'idée européenne est inutile, stérile, si elle ne favorise pas ce dialogue[28].

L'idée centrale d'Aron était, dans son rôle d'éditorialiste et de propagandiste – puisqu'il assumait le conflit idéologique de la guerre froide – de servir la cohésion de l'alliance occidentale, donc d'aider la politique d'intégration à l'ouest de la RFA menée par le chancelier Adenauer, que ses adversaires appelaient « le chancelier des Alliés ». C'est ainsi que le célèbre discours de Raymond Aron à des étudiants allemands de Francfort en juin 1952, souvent cité pour la ferveur européiste de sa conclusion, était

26 Raymond Aron, « L'unité économique de l'Europe », *La Revue Libre*, n° 2, octobre 1952, p. 3–22.

27 Raymond Aron, *Mémoires*, *op. cit.*, p. 251.

28 Raymond Aron, *Les Guerres en chaîne*, *op. cit.*, p. 413.

avant tout motivé par le souci de soustraire les Allemands à la tentation des notes de Staline, qui avaient proposé la réunification en échange d'un abandon de l'intégration occidentale[29].

Avec la guerre froide, la question de la citoyenneté revenait au premier plan. Aron mit en question la loyauté des communistes français : irait-elle à leur patrie, ou à leur patrie idéologique[30] ? Cette attitude était caractéristique des positions du RPF, comme le fut son jugement sur la CED. Aron estimait qu'on mettait la charrue avant les bœufs en créant une armée européenne avant un gouvernement européen. Il attirait l'attention sur les divergences stratégiques entre Paris et Bonn : la France avait encore d'importantes responsabilités impériales, en Asie du Sud-Est et en Afrique du Nord ; l'Allemagne ne pouvait pas renoncer à l'espoir d'une réunification. Si le Plan Schuman avait au moins le mérite de favoriser la réconciliation franco-allemande, la CED risquait d'affaiblir ou de retarder la défense de l'Europe. Contre la méthode de Jean Monnet, Aron énonça, en des termes du plus pur gaullisme, sa propre vision de l'Europe :

> La méthode du transfert de souveraineté à une haute autorité ou un commissariat est redoutable pour l'idée européenne elle-même : ce n'est pas en "fusionnant" les souverainetés au bénéfice de technocrates, en prétendant ignorer la réalité séculaire des nations que l'on construira l'Europe. Celle-ci ne sortira pas de la fusion, elle sera l'accord des souverainetés[31].

Au réquisitoire contre la méthode Monnet (« Trop souvent, le bavardage sur l'unité européenne sert d'alibi à l'inaction »), Aron ajoutait un rappel de la division du Vieux Continent :

> L'unité des Six ne serait qu'une caricature de l'unité européenne parce que l'Europe ne peut pas s'arrêter au milieu de l'Allemagne. Je crains que trop souvent on parle de l'unité européenne, Europe de l'OECE, ou Europe du Plan Schuman, pour oublier la division de l'Allemagne et de l'Europe. Tant que subsistera le rideau de fer, il n'y aura que des expédients[32].

29 Raymond Aron, « Discours aux étudiants allemands », *Preuves*, n° 18–19, août-septembre 1952, p. 3–9.

30 Raymond Aron, préface à André Thérive, *Essai sur les trahisons,* Paris, Calmann-Lévy, Liberté de l'Esprit, 1951.

31 Raymond Aron, « Le réarmement de l'Allemagne, III. La possible révision », *Le Figaro*, 24 novembre 1952.

32 Raymond Aron, « L'unité économique de l'Europe », *op. cit.*

L'échec de la CED ne le surprit donc pas. Il y vit « l'acte de décès »[33] de l'idée européenne, et il fut soulagé par l'accord de Londres du 3 octobre 1954, qui préservait l'essentiel – la contribution ouest-allemande à la défense de l'Europe occidentale – en créant la *Bundeswehr* intégrée à l'OTAN[34].

L'année 1955 marque une étape importante dans la vie d'Aron. Elle coïncide avec son retour à l'Université, différé par la tentation de la politique en réaction à la crise nationale et européenne ressentie en 1945. L'achèvement de la querelle de la CED concluait les débats qui avaient commencé au lendemain de la guerre. Aron devait ensuite considérer que l'accord de Londres scellait la réconciliation franco-allemande. La création d'une armée ouest-allemande dans l'Alliance atlantique résolvait aussi la question de la défense de l'Europe qui le hantait depuis 1947. *Les Guerres en chaîne*, écrit au début de la guerre de Corée, était une réflexion sur la succession des conflits et leur ascension aux extrêmes, depuis 1914 jusqu'au risque d'une troisième guerre mondiale. À partir de 1953, Aron, qui avait approfondi sa réflexion stratégique, envisagea la possibilité d'user le conflit, faute de pouvoir le trancher[35]. La dissuasion nucléaire, associée à un effort conventionnel suffisant pour manifester la volonté des Européens de l'Ouest de se défendre, autrement dit d'être des citoyens, éviterait probablement le déclenchement d'une guerre, à laquelle aucun des deux camps n'aurait à gagner. Aron étaya sa pensée sur la lecture de Clausewitz, et notamment sur l'interprétation modératrice qu'en avait fait Hans Delbrück en 1889[36]. À la stratégie consistant à terrasser l'ennemi, version la plus connue de la pensée de Clausewitz, il fallait ajouter une deuxième sorte de stratégie, celle qui vise à user la volonté de vaincre de l'adversaire, à le harasser, stratégie oubliée à partir de 1870, mais qui pouvait, dans l'intérêt des Européens, redevenir pertinente dans le contexte de la guerre froide. Cette interprétation inspira la formule d'Aron, « survivre, c'est vaincre », dans *Paix et guerre entre les nations*[37]. La question

---

33 Raymond Aron, Daniel Lerner (dir.), *La querelle de la CED, Essais d'analyse sociologique*, Cahiers de la Fondation nationale des sciences politiques, Paris, Armand Colin, 1956. Voir p. 209 et 212.

34 Raymond Aron, « L'accord de Londres », *Le Figaro*, 4 octobre 1954.

35 Raymond Aron, postface à James Burnham, *Contenir ou libérer*, Paris, Calmann-Lévy, 1953.

36 Hans Delbrück, *Die Strategie des Perikles, erläutert durch die Strategie Friedrichs des Großen*, Berlin, Reimer, 1890.

37 Raymond Aron, *Paix et guerre entre les nations*, Paris, Calmann-Lévy, 1962, ch. XXII.

européenne était ainsi dominée, dans la pensée d'Aron, par l'analyse de la situation stratégique. Intellectuel européen, Aron concevait la défense de la liberté en Europe de manière réaliste, avec d'une part la dissuasion américaine, et la présence de divisions américaines qui la rendait crédible, d'autre part la volonté de défense des citoyens européens, fondée sur des armées nationales alliées dans l'OTAN.

La relance européenne à la conférence de Messine en 1955 ne lui parut pas d'une très grande portée. Il maintint, contre la Communauté économique européenne, la même objection qu'il avait émise contre les étapes précédentes de la construction communautaire : la mise en place d'un marché commun n'impliquait pas l'unification politique ; celle-ci devait être voulue pour elle-même. « Vous refusez votre enthousiasme »[38], lui reprocha Alfred Fabre-Luce, qui avait, des années vingt à la CEE en passant par la collaboration, épousé sans exception les versions successives de la cause européenne. En revanche, Aron vit, en continuité avec ses réflexions pendant la guerre, un événement européen majeur dans la révolution hongroise. Les nationalismes lui apparaissaient comme les plus puissants ferments de dissolution du bloc soviétique, donc de libération de l'Europe : « Radio Kossuth, statue de Bem, cercle Petöfi, ces noms nous ramènent au temps où nation et liberté avaient partie liée. La nouvelle alliance, conclue en Hongrie, n'est ni anachronique ni accidentelle »[39].

Inversement, il contestait la vision de Jean Monnet :

> L'espoir que la fédération européenne sortira insensiblement et irrésistiblement du Marché commun se fonde sur une grande illusion de notre temps : l'illusion que l'interdépendance économique et technique entre les différentes fractions de l'humanité a définitivement dévalorisé le fait des "souverainetés politiques", d'États distincts qui se veulent autonomes[40].

Les noms de Robert Schuman et de Jean Monnet ne figurent même pas dans *Paix et guerre entre les nations,* où Aron évoque en revanche Winston Churchill, Charles de Gaulle ou Konrad Adenauer, chacun d'eux ayant incarné sa nation à un moment décisif. C'est à partir de 1965 que Raymond Aron, en réaction aux inquiétudes que lui inspirait la politique étrangère

38 NAF 28060, boîte 206, lettre d'Alfred Fabre-Luce à Raymond Aron du 14 mai 1957.

39 Raymond Aron, « Une révolution antitotalitaire », in Melvin Lasky et François Bondy, *La Révolution hongroise : histoire du soulèvement d'octobre*, Paris, Plon, « Les Documents de Tribune Libre », 1957.

40 Raymond Aron, *Paix et guerre entre les nations*, *op. cit.*, p. 733.

gaullienne, infléchit son discours sur la construction européenne[41]. C'est de cette inflexion qu'il s'agit de préciser les raisons, le contenu et les limites.

Défenseur de l'héritage communautaire, sans aller jusqu'au fédéralisme

La politique de la chaise vide d'une part, le retrait du commandement intégré de l'OTAN et la tentative d'entente avec l'URSS de l'autre amenèrent Aron à penser que le général de Gaulle risquait de compromettre la cohésion de l'alliance occidentale. Or, celle-ci était à ses yeux le facteur essentiel de stabilité, garantie de la paix et de la liberté en Europe occidentale. Dès lors, Aron réévalua le rôle des Pères fondateurs de l'Europe communautaire. Il cita leurs noms en tant que tels, évoquant assez régulièrement la « construction européenne », expression qu'il n'avait auparavant quasiment jamais utilisée. Dans les articles « L'idée européenne est-elle en train de mourir ? », puis « Mort ou métamorphose de l'idée européenne ? », publiés en novembre-décembre 1966 dans *Le Figaro*, Aron redoutait que la politique gaullienne ne ramenât l'Europe à la situation dangereuse de 1914.

Jean Monnet crut à un ralliement, et proposa à Raymond Aron une action commune, mais ce projet n'aboutit pas. En fait, Aron n'avait nullement modifié le jugement qu'il avait exprimé dans *Paix et guerre*. En 1963, il avait observé :

> Quant à ceux qui, plus marxistes qu'ils ne le réalisent, ne doutent pas qu'il y ait une inévitable progression en douceur de l'unité économique vers l'unité politique, ils se trompent doublement[42].

Critique des philosophies de l'histoire, Aron a souvent ironisé sur « les confidents de la Providence », qui prétendent connaître le sens de l'histoire. « Il n'y a pas de fatalité fédérale »[43], écrivait-il en 1966. Mais à cette

---

41 NAF 28060, boîte 219, *L'Après-guerre, Esquisse d'un quart de siècle*, manuscrit inédit, 1965.

42 Raymond Aron, « Old nations, new Europe », in Stephen R. Graubard (dir.), *A New Europe ?* Houhgton Mifflin, Cambridge, 1963, p. 50.

43 Raymond Aron, « L'idée européenne est-elle en train de mourir ? », *Le Figaro*, 15 novembre 1966.

date, la construction européenne lui est apparue comme un héritage à défendre, car le risque de régression semblait réel.

Depuis les débuts de la construction européenne, Aron avait mis en garde contre le risque d'une dérive technocratique des institutions européennes. Le 5 avril 1974 à New York, il revint sur le sujet[44]. Selon lui, l'erreur intellectuelle des Pères fondateurs avait consisté à confondre le citoyen avec le sujet économique. Or, on pouvait très bien reconnaître les droits de l'homme à une population sans lui accorder de droits politiques, comme le montrait le cas des travailleurs immigrés en Europe. L'histoire, disait-il, avait confirmé « la discrimination entre les droits de l'homme et ceux du citoyen ». Aron avait à l'esprit l'expérience des Juifs pendant la Seconde Guerre mondiale :

> Les juifs de ma génération ne peuvent oublier la précarité des droits de l'homme, dans le monde tel qu'il est, lorsqu'ils ne coïncident plus avec les droits du citoyen. Or les droits du citoyen impliquent aussi des devoirs et, le premier de tous, dans la tradition continentale de l'Europe, est le devoir de servir sous les drapeaux, si l'État ou les circonstances l'exigent.

Si la Communauté européenne tendait certes à donner à tous les Européens des droits économiques et sociaux, la citoyenneté authentique ne se réalisait toujours que dans le cadre des États-nations : « Il n'y a pas de citoyens européens, il n'y a que des citoyens français, allemands ou italiens ».

À New York, la conclusion d'Aron prenait la forme d'une véritable provocation, qui visait aussi bien les Européens que les Américains. Alors que le retrait américain du Vietnam venait de s'achever, il affirmait que « dispenser les citoyens du devoir de servir, ce n'est pas éliminer la guerre, c'est leur permettre de faire l'amour, pendant que d'autres, des concitoyens, font la guerre à leur place[45] ». Dans la continuité de sa thèse, dans laquelle il avait posé les fondations d'une conception de la liberté politique enracinée dans la tradition, Raymond Aron développait une critique de l'abstraction des droits de l'homme, commune avec la pensée de Burke. Les Juifs avaient appris à leurs dépens que les droits concrets étaient les droits civiques, sans lesquels ils pourraient fort bien être privés même des droits de l'homme.

Or, depuis 1967, la question d'Israël préoccupait Aron. À l'inverse des Européens, qui cherchaient à s'organiser au-delà de l'État-nation, et s'en

44 Raymond Aron, « Une citoyenneté multinationale est-elle possible ? », rééd. in *Les sociétés modernes*, Paris, PUF, 2006, p. 781–797.

45 *Id.*

remettaient pour l'essentiel à la garantie américaine pour leur défense, les Israéliens avaient créé un État-nation à la suite du génocide, et ils en assumaient le prix en livrant pour la survie de cet État des guerres ininterrompues. Aron était citoyen français, mais il éprouva une solidarité indéfectible avec l'État hébreu, qu'il exprima en 1967 pour condamner les propos du général de Gaulle contre la politique d'Israël[46], puis en 1973 pour déplorer la pusillanimité des Européens lors de la guerre du Kippour : « Les Européens, écrivait-il, ont choisi le rôle de spectateurs au balcon de l'histoire[47] ». Raymond Aron critiquait lui-même souvent la politique étrangère d'Israël ; il ne pensait pas que l'État hébreu pourrait tenir indéfiniment, sans dommage pour lui-même, les territoires occupés en 1967, mais il ne fait aucun doute que les Israéliens, prêts à risquer leur vie pour la survie de leur État, répondaient, de manière exemplaire, à sa conception du citoyen. Aron conclut *Penser la guerre, Clausewitz* sur un parallèle entre les Européens qui voudraient dire « adieu aux armes » et les Israéliens déterminés à combattre pour la survie de leur État[48].

Dans ses conférences de 1975[49], Raymond Aron a évoqué « le sentiment d'échec » qui, selon lui, prévalait alors à propos de la construction européenne[50]. La théorie de l'intégration fonctionnelle, disait-il, était erronée. Vingt-cinq ans après le Plan Schuman, la Communauté ne progressait plus « que par la volonté des gouvernants. Que cette volonté s'affaiblisse et les obstacles deviennent insurmontables. Qu'elle disparaisse et il ne reste plus qu'une bureaucratie internationale ». Certes, l'Europe conservait, par la richesse de sa culture et la puissance de son économie, les moyens d'une influence. Selon Raymond Aron, elle devait consister à limiter les inégalités entre les pays développés et le tiers monde, à réduire les tensions dans l'espace méditerranéen. Ce souci, qui était l'un des objectifs assignés à l'Europe par Jean Monnet et Robert Schuman dans le discours du 9 mai 1950,

46 Raymond Aron, *De Gaulle, Israël et les Juifs*, Paris, Plon, 1968.

47 Raymond Aron, « La guerre du Kippour, III. Neutralité ou nullité de l'Europe », *Le Figaro*, 7 novembre 1973.

48 Raymond Aron, *Penser la guerre, Clausewitz*, tome 2, *L'âge planétaire*, p. 285–286.

49 Raymond Aron, « L'Europe face à la crise des sociétés industrielles », in *L'Europe des crises*, *op. cit.*, p. 77–142 ; « L'Europe, avenir d'un mythe », *Cahiers européens*, n° 3, p. 8–10 (avec une conclusion remaniée) ; le texte réellement prononcé le 13 mai 1975 au Sénat a été publié en 2005 dans *Cités*, n° 24, novembre 2005, p. 164–179.

50 Raymond Aron, « L'Europe, avenir d'un mythe », *op. cit.*

correspondait à l'intérêt d'Aron pour le dialogue des cultures[51]. Aron avait toujours rejeté avec force la vision de Spengler, dans laquelle les cultures sont vouées à s'entre-détruire. Et probablement aurait-il reconnu l'écho des thèses de Spengler dans les écrits de Huntington à la fin du XXe siècle[52]. La vocation de l'Europe est de contribuer au dialogue des cultures. Mais, sur un autre plan, l'Europe communautaire, à force de clamer son indépendance, finissait par oublier sa triple dépendance, stratégique à l'égard des États-Unis, énergétique vis-à-vis des pays de l'OPEP, géopolitique envers l'URSS qui dominait toujours la moitié du continent. Mais l'unité politique de l'Europe ne semblait possible ni en matière de défense – puisque la volonté française de défense autonome s'opposait à l'intégration militaire des autres membres de la Communauté, ni sur le plan monétaire où, malgré les efforts des Neuf pour stabiliser les taux de changes via le Serpent monétaire européen, les divergences d'objectifs étaient flagrantes entre les gouvernements nationaux, l'Allemagne donnant la priorité à la lutte contre l'inflation, la France à la croissance et à l'emploi[53]. Aron doutait que, dans ces conditions, une monnaie européenne fût envisageable. Tout au plus parviendrait-on à « sauver l'acquis communautaire ».

Par ailleurs, Aron pourrait nous aider à comprendre que la pensée de Habermas n'est pas la philosophie indépassable pour les Européens du XXIe siècle[54].

L'idée d'un patriotisme constitutionnel européen[55], popularisée par Jürgen Habermas dans les années quatre-vingt, après la mort d'Aron, ne correspond pas à la conception que ce dernier se faisait du politique.

---

51 Voir, entre autres, *L'Histoire et ses interprétations. Entretiens autour d'Arnold Toynbee sous la direction de Raymond Aron*, Paris, Mouton, 1961 (Cerisy, 10–19 juillet 1958). *Colloques de Rheinfelden*, par Raymond Aron, George Kennan, Robert Oppenheimer et autres, Paris, Calmann-Lévy, Liberté de l'Esprit, 1960. *Problèmes du développement économique dans les pays méditerranéens*, actes du colloque international de Naples (28 octobre–2 novembre 1962), Paris, Mouton, 1963.

52 Samuel P. Huntington, *The Clash of Civilizations, and the remaking of World Order*, New York, Simon & Schuster, 1997.

53 *Id.* Voir aussi *L'Europe des crises*, *op. cit.*, p. 131–132.

54 Voir Georges-Henri Soutou, « Lectures allemandes : Habermas est-il le penseur indépassable de notre temps ? », *Géopolitique*, n° 91, septembre 2005, p. 90–99. Voir aussi Jean-Paul Sartre, *Critique de la raison dialectique*, tome 1, « Théorie des ensembles pratiques », Paris, Gallimard, 1960, p. 9 : « Je considère le marxisme comme l'indépassable philosophie de notre temps ».

55 Jan-Werner Müller, *Constitutional patriotism*, Princeton University Press, 2007.

Dans la conférence qu'il prononça lors du bicentenaire des États-Unis, Aron insista sur la différence de nature entre les conceptions européenne et américaine de la citoyenneté. En un sens, cela signifie qu'il existait bien pour lui une forme de citoyenneté spécifiquement européenne. Mais il avertissait les Européens pour les exhorter à ne pas suivre le modèle américain : « Peut-être y aura-t-il un jour une nation américaine au sens où il existe une nation française. Pour l'instant, et au bout de deux siècles, il existe une *polity*, une cité américaine dont des millions de citoyens ont appris à respecter les lois et à revendiquer les droits ». Mais il poursuivait : « Que les Européens n'y cherchent pas une leçon : ils appartiennent, eux, à leur nation avant d'appartenir à une cité et la différence est profonde »[56].

Habermas est convaincu que l'avenir de l'Europe est post-national, et en 1990, il s'indignait de l'« annexion » de la RDA par la RFA : « Karl Jaspers avait en 1960[57] parlé un langage clair : "L'histoire de l'État national allemand, écrivait Jaspers, touche à sa fin. Ce que, en tant que grande nation [...] nous pouvons amener, c'est la prise de conscience de la situation mondiale, à savoir que l'idée d'État national est aujourd'hui le malheur de l'Europe et de tous les continents" »[58]. Aron, au contraire, a donné une tout autre interprétation de la pensée politique de Jaspers dans sa participation au colloque tenu pour le centenaire du philosophe[59] : « Jaspers a conservé toute sa vie le sens national : il craint l'exil, la perte de ce qu'il doit à son peuple ». Et, citant Jaspers : « "Le déracinement de l'individu humain peut aller si loin qu'il en arrive à changer de nationalité ou à devenir apatride et qu'il se trouve réduit à la situation d'un hôte simplement toléré. Mais il ne peut réaliser son vouloir historique qu'en s'identifiant au sort de sa propre patrie. Personne ne quitte son pays sans dommage" »[60].

56 Raymond Aron, « Constitution et nationalité aux États-Unis », *Cités*, n° 29, p. 137–143.

57 Karl Jaspers, *Freiheit und Wiedervereinigung*, München, R. Piper, 1960, p. 53.

58 Jürgen Habermas, « L'identité des Allemands, une fois encore », in *Écrits politiques*, Paris, Flammarion, 1999, p. 321.

59 Raymond Aron, « Karl Jaspers et la politique », in *Karl Jaspers, Philosoph, Arzt, politischer Denker, Symposium zum 100. Geburtstag in Basel und Heidelberg*, München, Piper, 1986, voir p. 65. Voir aussi *Raymond Aron 1905–1983, Histoire et politique*, *Commentaire*, n° 28–29, 1985, p. 533.

60 Karl Jaspers, *Die geistige Situation der Zeit*, Leipzig, W. de Gruyter & Co, 1931.

Aron avait lui-même refusé l'offre des Britanniques de lui accorder leur nationalité alors qu'il était exilé à Londres pendant la guerre[61]. Plus profondément, Aron considérait que la vitalité historique de l'Europe continuait de s'exprimer à l'échelle nationale. Ainsi a-t-il déploré, à partir des années soixante, le déclin du Royaume-Uni. Il voyait avec tristesse la patrie de Churchill s'enfoncer dans une crise économique et politique. Aussi souhaitait-il un sursaut, soit sous la forme d'un travaillisme dirigiste, soit sous la forme d'un libéralisme renouvelé. C'est pourquoi il vit dans la victoire de Margaret Thatcher l'expression d'un sursaut civique[62]. Il reprenait en l'occurrence la distinction qu'il avait faite à New York entre le citoyen et le sujet économique ; les Européens voulaient être « autre chose que des producteurs ou des consommateurs »[63]. De même, il maintint avec beaucoup de constance sa position, choisie en 1945, en faveur de l'unité nationale allemande. Contrairement à Habermas, il ne considérait pas que le nazisme eût condamné le projet national allemand. Les crimes d'Hitler et de sa clique n'étaient pas ceux de la nation allemande dans son ensemble, et on pouvait donc concevoir un État-nation allemand après Auschwitz. *Penser la guerre, Clausewitz,* en ramenant l'interprétation du stratège prussien vers la modération, contribuait à la réconciliation intellectuelle franco-allemande qui importait à Aron de manière décisive. De même, Aron avait contribué à réhabiliter les conjurés du 20 juillet 1944, représentants de la tradition militaire prussienne qui avaient, même si c'était tard dans la guerre, sacrifié leur vie pour tenter d'éliminer le dictateur qui entraînait leur patrie à sa perte[64]. Au cours des années soixante-dix, Aron ne ménagea pas son soutien à la République fédérale, notamment pendant la crise terroriste, et ce alors que de nombreux intellectuels, en particulier Sartre, manifestaient de la compréhension pour la bande à Baader[65]. Alors qu'il avait considéré avec

61 Raymond Aron, *Mémoires, op. cit.,* p. 191 : « La raison décisive de mon choix allait pour ainsi dire de soi : je ne changerais jamais de patrie. Je serais français ou je n'aurais pas de patrie ».

62 Raymond Aron, « Le pari sur le libéralisme », *L'Express*, 12–18 mai 1979.

63 Raymond Aron, « Le relatif déclin de l'Europe », in *Ranimer l'Europe*, Société amicale des anciens élèves de l'École polytechnique (A.X.), 8 juin 1983, Paris, Les Éditions d'organisation, 1984.

64 La première mention du 20 juillet est dans Raymond Aron, *La crise du XXe siècle*, NAF 28060, boîte 1, 7e leçon, 18 mai 1946.

65 Raymond Aron, « Alexander Solzhenitsyn and European "leftism" », *Survey, a journal of East-West studies*, 100th issue, summer-autumn 1976, p. 233–241, rééd. in *Commentaire*, n° 64, hiver 1993, p. 687–692. Voir aussi Grégory Cormann, Jérémy

scepticisme les débuts de la RFA en 1949, estimant à l'époque que c'était « une caricature d'Allemagne » – ce qui était aussi une façon de rappeler que l'Allemagne authentique ne pourrait être qu'une Allemagne réunifiée – il salua l'œuvre de Konrad Adenauer, qui avait contribué à la réconciliation franco-allemande et à la construction européenne, sans renoncer à une éventuelle réunification[66].

La conception aronienne de la citoyenneté appartient au XXe siècle, dans la mesure où elle reflète l'expérience historique des guerres mondiales et des luttes idéologiques. Cependant, malgré la réunification – inachevée – de l'Europe, et les tentatives d'approfondissement de la construction communautaire, certaines difficultés indiquées par Aron subsistent. La citoyenneté européenne instituée depuis le traité de Maastricht n'efface pas les citoyennetés nationales, encore moins le sentiment national. Et qu'est-ce qu'une citoyenneté qui n'intègre pas le devoir de défense ? La désunion des Européens dans la plupart des crises internationales récentes confirme à bien des égards la validité des critiques aroniennes. Raymond Aron n'a été ni fédéraliste, ni nationaliste. Convaincu que l'Europe politique ne peut exister que par la médiation des nations, il s'est efforcé, avec pragmatisme, d'être un éducateur de la cité européenne, afin que l'Europe ait enfin « une politique digne de sa culture »[67].

Hammers, « "Ce qu'il est con…" Des idées aux corps : Sartre, Baader et la grève de la faim », *Les Temps modernes*, n° 667, janvier-mars 2012.

66 Raymond Aron, « Das außenpolitische Konzept Konrad Adenauers », in Helmut Kohl, éd., *Konrad Adenauer 1876–1967*, Stuttgart, Belser, 1976, p. 30–36.

67 Raymond Aron, « L'Europe, avenir d'un mythe », *op. cit.*

Bertrand VAYSSIÈRE, Université de Toulouse 2-Jean Jaurès

La citoyenneté par l'exemple ? Jean Monnet entre mémoire communautaire et histoires nationales

On dit aujourd'hui que l'Union européenne souffre d'abord d'un déficit d'image : centrée sur l'économie et sur le droit, elle aurait pâti d'un manque de visibilité politique, alimentant le déficit démocratique qui commencerait avec le traité de Maastricht. La conséquence en serait un déficit de légitimité de l'UE, ce qui n'est pas anodin : la légitimité en politique ne repose sur rien d'autre que le consentement d'une population à un projet commun. Or, comment faciliter l'adhésion à la construction européenne, et donner de la substance au projet citoyen qui est son pendant, sans que celle-ci ne puisse s'appuyer sur des symboles politiques forts ? En ce sens, ces derniers constituent pour Bruxelles un enjeu de taille, car ils sont une ressource de justification et de mobilisation. L'UE n'échappe pas à cet impératif : tout pouvoir se donne à voir. Reste à savoir si des symboles peuvent jouer, à l'échelle européenne, le rôle de condensateur de sens qu'ils ont eu dans les différents pays membres tout au long de leur parachèvement politique et culturel.

Parmi ces symboles, peut-on ainsi distinguer des héros « européens » ? On doit considérer qu'un héros l'est parce que son action et sa vie sont reliées à un miracle ou à une prouesse, quelque chose de surnaturel ou d'épique que pas un seul observateur un tant soit peu objectif ne peut reconnaître, ou du moins pas encore, à la construction européenne. Cette dernière peut tout juste compter sur des « Pères », dont la tranquille figure, consensuelle et « bourgeoise », tranche sur celles des farouches guerriers et vierges, des saintes et saints en guenilles ou en armes, dont les différentes nations européennes cultivent le souvenir. Doit-on le regretter ? Le projet européen se présente d'abord, dans son essence, et surtout dans son contexte d'apparition, comme une négation de la guerre et de l'idée de puissance, sans compter le fait qu'il se veut pluriculturel et supranational. C'est donc d'abord une œuvre de raison qui, par définition, évite les miracles et se méfie des héros : se référer à « l'Europe » est devenu banal, mais cette référence est d'abord faite à l'institutionnel, à ce Bruxelles désincarné, qui n'est pas la ville historique du *Groote Markt* (ou du *Manneken pis*), mais celle d'une eurocratie sans visage, dans une capitale sans place publique.

Que faire pour donner une assise plus citoyenne au projet européen ? Un problème se pose en fonction de ce que l'on assigne à ce dernier : soit l'Europe est prise en tant que fin, et elle est dès lors l'idéal à atteindre, soit elle est une projection d'ambitions nationales[1], et en ce cas elle contient en elle-même ses propres limites en termes d'identification propre.

L'objectif de cette réflexion est par conséquent, à travers le cas européen, de s'interroger sur l'intervention politique dans la mise en scène de l'histoire, d'en relever les enjeux, mais aussi les contraintes. Pour ce faire, cette étude s'articule autour de deux parties :

- la première se penche sur les ambitions d'un tel projet. Elle montre que la recherche d'un passé commun par les différentes autorités européennes a pour finalité une quête de légitimité auprès de l'opinion, de manière somme toute classique.
- la seconde examine les limites de la représentation officielle du passé avec l'exemple de l'« héroïsation » de Jean Monnet, dont l'objet, éminemment politique et consensualiste, se heurte à une réalité sociale faite d'hétérogénéité et de dissonances.

La mémoire européenne comme politique

Prolégomènes : les « Pères de l'Europe » et la relecture du passé européen

Toute histoire est peuplée de légendes, et l'« invention de la tradition »[2], qui participe d'un phénomène de reconstruction mémorielle, n'est pas une ex-

1 Problématique contenue dans le titre et l'ouvrage de Gérard Bossuat, *Faire l'Europe sans défaire la France, 60 ans de politique d'unité européenne des gouvernements et des présidents de la République française (1943–2003)*, Bruxelles, Euroclio, PIE Peter Lang, 2005.

2 Eric Hobsbawm, *The Invention of Tradition*, Cambridge, Cambridge University Press, 1992.

ception communautaire. Cela dit, il n'est pas vain de s'intéresser à cette reconstruction qu'une certaine pudeur nous interdit d'évoquer lorsqu'il s'agit de l'Europe. Alan Milward, en bon Britannique[3], ironise sur le silence qui en résulte dans un chapitre de son livre phare, *The European Rescue of the Nation State*, dont le titre est d'une douce perfidie concernant les fameux « Pères de l'Europe » : « The Life and Teachings of the European Saints »[4]. La recherche d'exemplarité (au sens premier du terme) est en effet évidente dans la célébration du mythe de ces « pionniers », et ce depuis qu'il y a une historiographie de la construction européenne. Cette dernière a été faite par ceux-là mêmes qui ont accompagné ou soutenu ses premiers pas, tels que l'ancien militant fédéraliste et président du Collège de Bruges, le Néerlandais Henri Brugmans, ou l'Allemand Walter Lipgens, premier titulaire de la chaire d'histoire de l'intégration européenne à l'Institut universitaire européen de Florence (1976–1979)[5], dont les ouvrages ont longtemps fait autorité du point de vue scientifique et moral. Ces auteurs ont forgé une interprétation fédéraliste du processus communautaire, et une lecture généalogiste de l'intégration dont le feu vert est donné par l'année 1950, et le coup de pouce créateur par les « Pères de l'Europe ». On découvre ainsi dans la jeunesse des intéressés un « européisme », une intention globale de marquer des étapes jusqu'à la consécration de cet européisme. Cela passe souvent par une orchestration de destins en fonction d'une thèse et d'une cause, flagrante par exemple dans le cas de Robert Schuman du fait d'une certaine histoire « engagée » le concernant (on pense bien évidemment au processus en cours de béatification dont il fait l'objet[6]), imaginant pour

---

3 Les Britanniques n'hésitent effectivement pas à mettre les pieds dans le plat, d'autant plus aisément qu'ils n'ont pas les préventions des Continentaux à propos des « Pères de l'Europe », n'en comptant aucun dans leurs rangs : voir Kevin Featherstone, « Jean Monnet and the "Democratic Deficit" in the European Union », *Journal of Common Market Studies*, vol. 32, n° 2, juin 1994, p. 149–170.

4 « For the Community's supporters they have become saints, men who held fast to their faith in European unity and through the righteousness of their beliefs and the single-mindedness of their actions overcame the doubting faithlessness of the world around them », Alan Milward, *The European Rescue of the Nation State*, London, Routledge, 1999, p. 318.

5 Henri Brugmans, *L'idée européenne, 1918–1970*, Bruges, de Tempel, 1970 ; Walter Lipgens, *A History of European Integration*, Oxford, Clarendon Press, 1982.

6 Voir l'œuvre du « demandeur » de cette béatification, René Lejeune, en particulier ses derniers livres aux titres évocateurs, tels que : *Robert Schuman, père de l'Europe : la politique, chemin de sainteté*, Paris, Fayard, 2000, ou *Robert Schuman. Homme d'État, citoyen du Ciel*, Paris, François-Xavier de Guibert, 2006.

Scy-Chazelles (son « refuge » en Moselle, celui où il s'est décidé à soutenir le Pool Charbon-Acier, et celui où il est mort) une fonction de lieu de pèlerinage.

Le terme « grands hommes de l'Europe », qui d'ailleurs n'a pas le même sens dans tous les pays du Vieux Continent, renvoie aux grandes figures nationales qui pourraient rejoindre un Panthéon à venir, tel que l'imaginait Louise Weiss dans son discours de doyenne au Parlement européen, où reposeraient les « fondateurs », « architectes » ou « pionniers » d'une nation en formation : la perspective est téléologique, quasi linéaire, avec comme aboutissement le mythe des Pères de l'Europe. Concrètement, l'idéal type de l'« homme européen », dont ces Pères seraient le prototype, renvoie à celui de « l'homme des frontières », voire, et c'est induit, « sans frontières ». L'histoire de la « génération spontanée » des Pères de l'Europe sert d'abord à faire oublier l'histoire de l'Europe elle-même, qui jusqu'à eux était faite de conflits[7]. Cette approche vitaliste aboutit à l'acte fondateur par excellence que fut la proposition Schuman du 9 mai 1950, « le jour où l'Europe est née »[8]. Depuis celle-ci, en passant par le traité de l'Élysée de 1963, la haute politique encourage ce mouvement en servant de tribune réconciliatrice, comme ce fut le cas à l'occasion de la célèbre cérémonie commémorative de Verdun, le 22 septembre 1984, où François Mitterrand et Helmut Kohl ont juré de concert que la France et la République d'Allemagne avaient tiré les leçons de l'histoire, souhaitant se montrer les dignes « héritiers d'une grande tradition européenne ». Le communiqué de presse relatif à l'événement en tire les conséquences dans une formule qui pourrait figurer sur le fronton d'un monument aux morts européen : « Nous nous sommes réconciliés. Nous nous sommes entendus. Nous sommes devenus des amis ».

---

7 Le concept de « génération européenne », avancé par Élisabeth du Réau dans « L'Europe du déclin à la reconstruction : d'un après-guerre à l'autre », in Jean Vanwenkenhuyzen (dir.), *Les tumultes d'un siècle*, Bruxelles, Complexe, 2000, p. 88, nous paraît ainsi bien illusoire.

8 Pieter Lagrou remet en question l'aspect fondateur de la Résistance en matière européenne, tel que l'a célébré Walter Lipgens, en particulier dans « La Résistance et les conceptions de l'Europe (1945–1965) : anciens résistants et victimes de la persécution face à la Guerre froide, au problème allemand et à l'intégration européenne », in Robert Frank, Antoine Fleury (dir.), *Le rôle des guerres dans la mémoire des Européens*, Berne, Peter Lang, 1997, p. 140.

Une portée limitée

Gare cependant à ne pas sur-interpréter le passé par la seule aide de la « commémoration convenue » (Paul Ricœur), en oubliant que l'histoire n'est pas qu'un simple baume apaisant. Le récit aseptisé qui en dérive colle mal à la réalité multiple de l'Europe et se présente comme un consensus mou dans lequel aucun Européen ne se reconnaît, car trop axé sur le « réconciliationnisme » entre les peuples. Ce passé aseptisé est celui qui, à l'image de la construction européenne, force le regard vers le futur, noyant l'ensemble de l'histoire dans un enfer global à ne pas rééditer, et remplaçant la réflexion par la morale[9]. Gare également aux conséquences sur le projet même de citoyenneté, qui ne peut se contenter d'un objet virtuel perpétuellement renvoyé à plus tard[10].

En France, diverses tentatives officielles sont allées dans le sens d'une réinterprétation d'un passé jugé trop polémique à l'aune des réalisations du présent et de celles, encore plus prometteuses, de l'avenir. C'est ainsi que Valéry Giscard d'Estaing a souhaité neutraliser la charge émotive du 8 mai en en faisant un jour comme un autre dans le calendrier de son septennat. Les réactions furent très virulentes, aussi bien de la part des communistes, qui se réclamaient de leurs « fusillés », que de la part des gaullistes, qui n'oubliaient pas ce qui a marqué l'acte de baptême politique de leur grand homme. C'est François Mitterrand lui-même qui est revenu sur ce geste « européen », mal compris des Français. Le même Mitterrand, après le rapprochement spectaculaire de ses septennats en direction de la RFA, l'alignement (il est vrai de mauvaise grâce) du franc sur le deutsche mark *via* le Système monétaire européen (SME), ou la création de l'Eurocorps, en passant par le défilé « européen » à l'occasion du 14 juillet 1989, va pourtant trop loin aux yeux de l'opinion, dans son dernier discours au Reichstag, le 8 mai 1995, lorsqu'il essaie de relativiser les différences entre combattants de la Seconde Guerre mondiale, y compris

9 Bertrand Vayssière, « La construction européenne, un objet d'avenir… et de passé ? Des limites du volontarisme en histoire », *Cahier d'histoire immédiate*, n° 34, automne 2008, p. 167–187.

10 Marc Abélès, « Construction européenne, démocratie et historicité », *Vingtième Siècle. Revue d'histoire*, n° 117, 2013/1, p. 57–68 : « L'Europe, en tant qu'objet politique non identifié, a toujours eu partie liée avec le virtuel, comme un dispositif qui ne cesse de se projeter vers le futur. Ceci explique son caractère à la fois performant et inquiétant », p. 67.

allemands[11]. Les réactions ont été très vives, notamment du côté français. La polémique n'est pas forcément moins forte avec le recul, comme l'a constaté à ses dépens, à l'occasion du 80e anniversaire de l'armistice du 11 novembre 1918, Jacques Chirac, qui insistait alors sur la nécessité de célébrer « l'histoire commune des nations combattantes », suscitant lui aussi de très vives controverses[12].

Il s'agit de ne pas oublier que les mémoires nationales sont des récits constitutifs, sur lesquels se sont fondées des communautés particulières, qui ne peuvent du jour au lendemain oublier ce qui a forgé leur identité, à base de célébrations et de stigmatisations bien souvent incompatibles entre elles. La volonté politique ne peut effacer ces mémoires, dont les traces restent profondes, suffisamment pour être en désaccord avec le discours officiel de l'Europe, éternel décalage entre le temps long des mentalités et celui, plus nerveux, de l'actualité politique. Dès lors, on voit la difficulté d'élaborer les fondements d'une mémoire commune à toute l'Europe, dans une unité narratrice porteuse de sens pour l'ensemble d'une communauté dont les contours restent à établir, aussi bien physiquement que psychologiquement. La première des précautions consiste à ne plus chercher à régenter les passés nationaux au nom de l'unanimisme résistant. Ce dernier ne suffit plus à masquer certains aspects du passé qui ne relèvent pas de la légende dorée, à l'origine directe d'une construction européenne ayant d'abord eu à choisir son camp aux dépens des pays de l'Est[13]. Non, la politique de la mémoire, aussi volontariste soit-elle, ne peut suffire à bâtir une société en profondeur. C'est le défi de l'Europe, cet audacieux pari qui consiste à fonder une communauté, à la différence des nations passées, non par la contrainte, mais par la raison.

11 Larges extraits de son discours sur [<http://www.humanite.fr/1995-05-10_Articles_-Le-courage-des-soldats-allemands>].

12 Voir Valérie Rosoux, « La réconciliation franco-allemande : crédibilité et exemplarité d'un "couple à toute épreuve" ? », texte intégral sur [<http://chrhc.revues.org/index623.html>].

13 Milan Kundera, « L'Occident kidnappé ou la tragédie de l'Europe centrale », *Le Débat*, n° 27, 1983, p. 3–22.

Jean Monnet, ce héros

Jean Monnet, une mémoire convoitée

Dans une réflexion sur les symboles européens, la figure de Jean Monnet s'avère incontournable : c'est indirectement à cette figure que renvoie le 9 mai, Journée de l'Europe depuis 1985. En France même, le personnage est cependant peu connu, comme l'indique un sondage réalisé le 9 novembre 1988 par *Libération*, qui montre que seuls 7 % des personnes interrogées paraissent l'identifier. Curieux paradoxe d'un « père » qui n'est pas reconnu par ses propres enfants. Les historiens eux-mêmes ne s'entendent pas sur les membres de cette parentèle (exclusivement masculine) européenne, qui constituent le corps des « Pères fondateurs » : pour Alan Milward[14], Robert Frank[15] ou Sylvain Schirmann[16], il n'y a même pas d'accord sur le nombre des « Pères de l'Europe ».

Cela dit, Jean Monnet reste un pilier de ce Panthéon européen, aussi incertain et incomplet soit-il. Les événements liés à la construction européenne semblaient même aller dans le sens d'une meilleure publicité autour de l'homme : l'année 1988, celle du centenaire de sa naissance, avait ainsi été retenue par les autorités européennes afin de mieux faire connaître son action auprès du grand public, à coup de manifestations, d'expositions, de colloques et de brochures. Cette même année, pour les mêmes raisons, l'État français décidait d'organiser la panthéonisation de Jean Monnet, ce qui ne pouvait qu'accentuer la visibilité du personnage, au moins dans son propre pays. Ainsi, les deux pouvoirs cherchaient à jouer sur le même tempo pour susciter la mémoire d'un grand homme, appelé à devenir une référence auprès d'un public le plus large possible.

Le contexte semble avoir alors changé : l'intérêt d'une relance de la CEE s'impose à tous après les échecs confirmés lors du Conseil européen d'Athènes (4–6 décembre 1983), suivant une logique communautaire où la crise a toujours servi de moteur (CED et conférence de Messine, gaullisme

14 Alan Milward, *The European Rescue of the Nation State*, *op. cit.*

15 Robert Frank, « Les Pères de l'Europe : une difficile typologie », in Paul-F. Smets (dir.), *Les Pères de l'Europe 50 ans après. Perspectives sur l'engagement européen*, Bruxelles, Bruylant, 2001, p. 13–26.

16 Sylvain Schirmann (dir.), *Robert Schuman et les Pères de l'Europe. Cultures politiques et années de formation*, Bruxelles, Peter Lang, 2008.

et sommet de La Haye). Un nouveau souffle se fait sentir, semblant rendre possible une refonte du projet européen autour de nouveaux axes. Lors du sommet de Fontainebleau (25–26 juin 1984), la question de l'adhésion des peuples est ainsi posée : « Le Conseil européen estime qu'il est indispensable que la Communauté réponde à l'attente des peuples européens en adoptant les mesures propres à renforcer et à promouvoir son identité et son image auprès de ses citoyens et dans le monde ». Le débat est lancé autour d'une sphère européenne « plus visible », qui rejoint certaines des initiatives les plus récentes, venant de Bruxelles, de donner à la CEE une âme politique, en particulier le traité d'Union européenne présenté par l'eurodéputé italien Altiero Spinelli, adopté le 14 février 1984 par le Parlement européen, et qui mettait en avant la formule fédérale. Une collusion apparente se crée autour d'une citoyenneté européenne qui reste à définir. Les ambiguïtés ne manquent cependant pas : la mission dévolue au comité Adonnino en 1985 par le Conseil européen de Fontainebleau de définir les bases d'une citoyenneté européenne, même si elle pose la question de l'adhésion des peuples, tourne d'abord autour de la place des Européens au sein du Marché unique, qui reste la plus audacieuse réforme du milieu des années 1980 ; de même, si François Mitterrand est d'accord pour une avancée, il refuse cependant toute forme de fédéralisme, marquant les limites de l'audace : il dit ainsi partager le projet Spinelli « dans son inspiration » (23 mai 1984), mais insiste pour nommer Maurice Faure rapporteur général des travaux au sein du comité Dooge sur les « questions institutionnelles », avec comme consigne de soutenir une réforme certes audacieuse, mais qui soit en-deçà de ce que proposait le projet de traité d'Union européenne.

Cela n'empêche pas un discours nouveau et plus offensif sur « l'Europe » de se faire entendre, mais avec des attentes différentes de part et d'autre : une lutte d'influence en est le fruit entre Bruxelles et les différentes capitales européennes, qui va bientôt pouvoir éclater au grand jour à l'occasion du centenaire de la naissance de Jean Monnet, le seul ayant obtenu de son vivant le titre de « citoyen d'honneur de l'Europe » (avril 1976).

Que faire de ce symbole à l'orée des débats sur l'Europe citoyenne ? Les institutions européennes et la France ont leurs propres motivations : figure de proue d'une Europe réellement devenue citoyenne pour Bruxelles, Jean Monnet devait servir la cause de son État pour Paris. Il s'agissait, dans ce dernier cas, de républicaniser une Europe dont les ultimes développements, que ce soit la cure d'austérité que signifiait pour l'économie française la renonciation à la politique de dévaluation afin que le franc reste à sa place au sein du SME (21 mars 1983), ou la tournure libérale que cautionnait la signature de l'Acte unique européen (17 février 1986), semblaient lui échapper. Il y avait donc dans le cas de Monnet une « bataille pour la mémoire »[17] entre deux autorités, nationale et communautaire, qui se disputent la légitimité du cadre européen, dont le flou politique encourage ce genre de concurrence.

Un héros français ?

Dire de Jean Monnet qu'il est d'abord le représentant de son pays, c'est remettre la main sur un destin qui s'est confondu jusque-là avec celui de la construction européenne. La lecture qui dérive de cette réappropriation tourne le dos à l'école fédéraliste, qui imagine pour l'Europe l'avènement d'un nouveau personnel politique apte à concurrencer celui des États, en gestation selon elle dans la figure d'un Jean Monnet, et au moment des faits à son terme avec Jacques Delors. Face à cette interprétation, une autre lecture des événements s'affirme, qui démontre qu'un seul pilote est dans l'avion communautaire : l'État national. Cette interprétation intergouvernementale, légitimée cette même année par le virulent discours de Margaret Thatcher à Bruges (20 septembre 1988) qui met en selle le mouvement souverainiste, n'est pas anti-européenne, et a d'ailleurs montré sa propre évolution concernant Jean Monnet lui-même, longtemps ravalé à ses yeux, suivant l'image gaulliste qui lui a collé à la peau, à un simple « inspirateur » sans âme, à la limite de l'« apatride ». À travers Jean Monnet, on rappelle alors les racines du projet en plongeant dans les racines de l'homme, que l'on s'évertue à relier à leur contexte historique et surtout géographique spécifique, en l'occurrence celui de la France. Jean Monnet n'est de fait plus seulement le voyageur infatigable, le tenant d'un certain capitalisme d'affaires, le parfait polyglotte..., mais avant tout un homme nourri d'une patience paysanne et d'un terroir particulier, la Charente[18]. Dès lors, l'ouverture et le dialogue, qualités premières que tout le monde

17 Gérard Namer, *Batailles pour la mémoire. La commémoration en France, de 1945 à nos jours*, Paris, Papyrus, 1983.

18 Le Conseil régional de Poitou-Charentes a d'ailleurs récemment publié une bande dessinée rappelant les liens de Jean Monnet avec sa région d'origine : Catherine Cazalé et Jeanne Puchol, *Jean Monnet bâtisseur d'Europe*, Éditions de l'an 2, 2006, préfacé par Ségolène Royal.

reconnaît à Jean Monnet, sont ramenés à des origines particularistes et non plus « européennes ».

Cette réappropriation par le symbole s'appuie sur une volonté politique affirmée du côté français : son origine remonte à la présidence française de 1984, que François Mitterrand a privilégiée, et dont il attend un grand succès (compensation budgétaire britannique, ressources propres, réforme de la PAC, élargissement, nouvelles politiques et réformes institutionnelles). On assiste à cette occasion à une personnalisation sans précédent de cette présidence tournante : 30 rencontres bilatérales sont organisées par le Président français en 6 mois, avec comme summum le Conseil de Fontainebleau ; l'impulsion de cette politique est menée par un comité restreint autour de François Mitterrand, comptant des fidèles comme Roland Dumas, Élisabeth Guigou, ou des techniciens aguerris comme Daniel Bernard[19]. Cette quête de symboles commence par une image forte, qui effectivement va marquer les esprits : la poignée de main entre François Mitterrand et Helmut Kohl devant le catafalque symbolisant les morts de la Première Guerre mondiale, à l'ossuaire de Douaumont, le 22 septembre 1984.

La panthéonisation du 9 novembre 1988 souligne cette appropriation par la mémoire nationale, effort qui transparaît dans le discours que François Mitterrand fait à l'occasion, moment rhétorique de l'éloge mettant en relief la solennité de ce transfert[20]. Jean Monnet y renaît à la lumière de son milieu, qui explique le lien entre les racines de l'aventure et son avenir, entre lesquels il apparaît comme un passeur naturel. Dans cette approche aux accents maurrassiens (et qui n'est pas sans rappeler à Mitterrand ses premiers élans), l'enfance terrienne de Monnet lui a appris à être l'Européen qu'il sera : « On ne comprendrait pas Jean Monnet sans une référence permanente au paysage de son enfance, à la nature de son sol, à un certain type de société où coopèrent depuis des générations viticulteurs, artisans, distillateurs et négociants »[21], ce qui amène à une attention particulière aux « commencements » de l'aventure, car « Jean Monnet n'est pas séparable

19 Christian Lequesne, *Paris-Bruxelles. Comment se fait la politique européenne de la France*, Paris, Presses de la Fondation nationale des sciences politiques, 1993, p. 141–155.

20 Mona Ozouf, « Le Panthéon : l'École normale des morts », in Pierre Nora (dir.), *Les lieux de mémoire,* t. 1 : *La République – La Nation*, Gallimard, coll. Quarto, 1997, p. 171.

21 [<http://fr.wikisource.org/wiki/Discours_du_transfert_des_cendres_de_Jean_Monnet_au_Panthéon>].

d'une forme de civilisation où travail et perfection sont anonymes, où toute œuvre exige autant de soin que de respect ». La fameuse « méthode Monnet »[22] devient une version naturelle de la France profonde ouverte sur l'extérieur. Ainsi, l'Hexagone, à travers Jean Monnet, porte le projet européen, dont il devient la figure d'autorité, au milieu de ce cérémonial républicain où sont conviés tous les hommes de bonne foi, Français comme Européens : après avoir évoqué « les réalités de l'Histoire et l'ambition d'un peuple dont la vocation est d'aller à l'universel », Mitterrand remercie pour leur présence « les représentants des peuples maintenant rassemblés pour une œuvre commune qui à la fois les accomplit et les dépasse ». La dimension politique du symbole n'échappe à personne, pas même à la presse hexagonale qui cautionne ce transfert politique[23]. Il s'agissait donc ni plus ni moins de réussir ce que de Gaulle, avec son « Europe européenne », n'avait pas pu mettre en place : une Europe à la française, pour le bien naturellement harmonieux de la France et de l'Europe.

Un héros européen ?

La mémoire de Jean Monnet n'a pas la même valeur pour Bruxelles et ne peut donc avoir le même sens. Sa figure étant d'abord celle d'un homme qui a tourné la page des États, son œuvre doit éclairer les Européens sur les bienfaits de cette évolution, à la portée de tous les êtres de bonne volonté. Il s'agit bien ici d'une lecture fédéraliste de son parcours, qui est celle que font les personnalités qui ont elles-mêmes participé à l'aventure de Jean Monnet, présentée comme constitutive de l'épopée de l'Europe elle-même[24]. Nous avons ici un homme dont l'essence est d'être un « leader

---

22 Jean Monnet, *Repères pour une méthode : propos sur l'Europe à faire*, Paris, Fayard, 1996.

23 *Le Monde* titre, le 10 novembre, « L'Europe au Panthéon » (le lendemain, « À Jean Monnet, l'Europe reconnaissante »). *La Croix* (9 novembre) écrit qu'à travers Jean Monnet, la construction européenne est amenée à rejoindre dans le grand édifice national : « L'école obligatoire de Jules Ferry, l'abolition de l'esclavage de Victor Schœlcher, la résistance de Jean Moulin et les droits de l'homme de René Cassin ».

24 Rappelons que François Fontaine, le dernier assistant de Jean Monnet, et l'historien Jean-Baptiste Duroselle, ont mis en forme les célèbres *Mémoires* du grand homme, publiées en 1976 chez Fayard. Parmi d'autres souvenirs, ceux de son ancien collaborateur Pierre Uri, *Penser pour l'action. Un fondateur de l'Europe*, Paris, Odile Jacob, 1991.

transactionnel », pour reprendre le terme qu'emploie Helen Drake à propos de Jacques Delors[25], dans lequel peuvent se reconnaître ceux qui espèrent une nouvelle forme de légitimité qui n'est plus celle des nations, mais d'un ensemble plus vaste.

Cette œuvre de transfiguration a commencé dès la mort de Jean Monnet (16 mars 1979) avec l'achat de sa maison à Houjarray par le Parlement européen, en 1982. Le contexte général, qui a évolué dans les années 1980 avec l'Acte unique européen, consiste à donner un visage humain à une Communauté européenne qui a d'ores et déjà adopté un drapeau (juin 1985) et un hymne (avril 1986), et qui commence à parler de « citoyenneté », suite à la création du comité Adonnino[26]. Un lieu de mémoire commun et la recherche d'une figure d'autorité consensuelle paraissent alors pouvoir compléter le dispositif, renforçant des institutions européennes qui viennent de faire le forcing sur le plan budgétaire, suite au Conseil européen de Bruxelles du 13 février 1988, qui voit la Commission obtenir des moyens supplémentaires et un droit de regard sur la politique régionale.

Ces mêmes institutions européennes lancent ainsi une campagne de communication sans précédent sur Jean Monnet, héros de l'Europe. C'est bien le but de cette brochure de la Commission des Communautés européennes, éditée en plusieurs langues en 1988, tirée en plusieurs milliers d'exemplaires, et qui s'intitule *Jean Monnet – un grand dessein pour l'Europe*[27]. L'objectif consiste à articuler l'homme au sein d'un espace politique en gestation et en recherche, si ce n'est de légitimité, au moins de visibilité. Monnet est présenté comme le symbole de la continuité, de l'action spontanée, célébrant « une formation pragmatique et internationale »[28], celle d'un « haut fonctionnaire et banquier »[29]. L'idée d'une vraie naissance de l'homme à travers le projet de CECA qu'il soumet à Robert

---

25 Helen Drake, *Jacques Delors : Perspectives on a European Leader*, London, Routledge, 2000.

26 Nathalie Tousignant, « L'impact du comité Adonnino (1984–1986). Rapprocher les Communautés européennes des citoyens », *Études internationales*, volume XXXVI, n° 1, mars 2005, p. 41–59.

27 DG X, Commission des Communautés européennes, *Jean Monnet – un grand dessein pour l'Europe*, Luxembourg, Office des publications officielles des Communautés européennes, 1988.

28 *Ibid.*, p. 11.

29 *Ibid.*, p. 12.

Schuman en 1950 montre la volonté politique en action, l'emportant sur le déterminisme des origines. Le terroir exposé dans la brochure est d'ailleurs très stéréotypé, dans le but de se fondre dans toutes les cultures : « Né en 1888 à Cognac, au cœur de la Charente, ce Français provincial a, par nécessité, très vite parcouru le monde »[30]. On procède de même à une défense du technocrate heureux contre tout attachement partisan : « Lui se contentait de la satisfaction de voir les affaires avancer et gardait dans l'ombre la liberté qu'il aurait perdue en devenant un homme public »[31], soucieux de mener vers son but un processus européen que rien ne peut arrêter, entraîné par l'engrenage d'une construction irréversible, ce « processus de création continue »[32] dont l'œuvre de Jean Monnet devient l'exemple à suivre.

Et les manifestations se succèdent : un grand colloque est ainsi organisé le 10 novembre 1988 (le lendemain de la panthéonisation de Jean Monnet), sous la présidence de Jacques Delors, où l'on retrouve des professionnels de Bruxelles (Jacques Delors lui-même, Lorenzo Natali, David F. Williamson) et toute une série de proches de Jean Monnet (François Fontaine, François Duchêne, Max Kohnstamm). On est un peu dans la continuation de l'effort fourni avec les *Mémoires* de Monnet dix ans auparavant, travail collectif de reconstruction historique égocentrée. On en profite pour inscrire dans le marbre ce que le grand homme a amené à l'Europe, et en particulier cette « méthode Monnet » que se plaît à définir François Duchêne[33]. Il s'agit de démontrer l'existence d'une dynamique d'intégration européenne autonome, dont Jean Monnet serait la figure de proue.

---

30 *Ibid.*, p. 11.

31 *Ibid.*, p. 25. Il fut un temps où le mot « technocrate » ne faisait pas peur, comme le montre le sous-titre des souvenirs de l'ancien commissaire Robert Lemaignen, *L'Europe au berceau. Souvenirs d'un technocrate*, Paris, Plon, 1964.

32 *Ibid.*, p. 27.

33 François Duchêne, « La méthode Jean Monnet », in *Jean Monnet, Actes du colloque organisé par la Commission des Communautés européennes à l'occasion du centenaire de la naissance de Jean Monnet, Bruxelles, 10 novembre 1988*, Luxembourg, Office des publications officielles des Communautés européennes, 1989, p. 19–34.

Des résultats contrastés

Vœux pieux et légende noire

Y a-t-il eu, dans un cas comme dans l'autre, un impact ?

Dans le sondage de *Libération* déjà signalé, les limites de l'initiative apparaissent dans ce seul résultat : 21 % des sondés confondent Jean Monnet avec son quasi homonyme Claude Monet. Le projecteur braqué sur l'homme n'a pas suffi à régler le problème de sa légitimité, même chez ses thuriféraires. Très révélateur de cette gêne, l'antienne : « Si c'était à refaire, je commencerais par la culture », que l'on attribue à tort à Jean Monnet, date de cette même année 1988. En fait, cette phrase a été prononcée par Hélène Arhweiler, alors recteur de l'Académie de Paris, dans un discours lors d'États généraux des étudiants européens, et prend tout son sens quand on la cite en entier : « Si c'était à refaire, je commencerais par la culture, *pourrait s'écrier Jean Monnet, s'il revenait parmi nous* »[34]. Même chez les fédéralistes convaincus, on se permet désormais de faire la leçon sur un Jean Monnet qui n'a jamais été considéré par eux comme un homme fiable. Altiero Spinelli le dit d'une manière cinglante en 1983 : « Jean Monnet a le grand mérite d'avoir construit l'Europe et la grande responsabilité de l'avoir mal construite »[35], rappelant qu'un modèle alternatif était possible avant que le processus communautaire que l'on connaît ait forgé le destin de l'Europe[36].

Contrairement aux espoirs initiaux, même contradictoires entre eux, on assiste alors au début d'une remise en cause du projet européen : Jean Monnet reste inconnu auprès du grand public et, pire, c'est la légende noire qui va s'imposer suite aux débats de Maastricht et au thème du « déficit démocratique ». Son nom va désormais être associé à cette « méthode Monnet » assimilée à l'Europe technocratique, qui précisément tourne le dos à la citoyenneté nouvelle que l'on cherche à mettre en place : à travers

34 Hélène Arhweiler, « Jean Monnet et la culture », *Le Monde*, 21 juin 1998.

35 Cité dans Michael Burgess, *Federalism and European Union : Political Ideas, Influences, and Strategies in the European Community 1972–1986*, London, Routledge, 1989.

36 Des exemples dans Bertrand Vayssière, *Vers une Europe fédérale ? Les espoirs et les actions fédéralistes au sortir de la Seconde Guerre mondiale*, Bruxelles, Peter Lang, 2007, par exemple p. 346.

la figure de Jean Monnet, ce sont un peu les gestionnaires qui sont remis en question, mais aussi les États dont on doute de leurs capacités de résistance face à la « mondialisation » qui écrase les différences.

Une polémique éclate ainsi autour de ce que l'on s'était habitué à présenter comme l'Évangile de la construction européenne, ses *Mémoires*, assimilées à une doxa artificielle qui dévoie l'idée même de citoyenneté. Des associations voient le jour, qui font de Jean Monnet le symbole de l'Europe à ne pas faire, un symbole bien à l'inverse de ce que certains avaient imaginé au départ : le Comité pour une autre Europe est ainsi créé en 1991 autour de Claude Beaulieu (futur Comité Valmy en 1998), qui voit en Jean Monnet l'incarnation du libéralisme rampant qui dévoie le projet communautaire. Une pétition est même organisée par ce Comité pour sortir Monnet du Panthéon, affectant la figure nationale que souhaitait en faire François Mitterrand (5 novembre 2006)[37].

Un symbole, oui, mais pas celui qu'on attendait...

La pensée souverainiste, qui se déploie à ce moment-là, souhaite ainsi renvoyer l'État à ses responsabilités politiques, dont fait partie la défense du patriotisme et des valeurs nationales. La critique sous-jacente de la confusion droite/gauche en est le fruit, se déployant en un nationalisme culturel qui ne peut que fustiger le « transfuge » Monnet. L'identification de la nation et de la démocratie touche aussi bien la gauche que la droite : l'Europe est à l'origine d'un crime de lèse-politique que l'on attribue à un « roman des origines » dont les peuples ne sont plus dupes. C'est ainsi l'apolitisme du projet de Jean Monnet, autrefois célébré, qui est remis en question, reflet d'une Europe dont on ne veut plus. Pour paraphraser Jean-Pierre Chevènement, tout devient « la faute de M. Monnet »[38] : le despotisme éclairé attribué à Bruxelles, l'économisme de la CEE, l'irresponsabilité politique des eurocrates et l'idéologie « décérébrante » lancée le 9 mai 1950.

Cette remise en cause concerne certes des cercles élitistes (puisqu'on a vu que Jean Monnet restait peu visible), mais atteint aussi les cénacles académiques, qui réévaluent le rôle de l'homme. Le « mythe Jean Monnet » devient ainsi un produit inventé par les élites au pouvoir, aussi bien

37 Voir l'appel sur [<http://www.comite-valmy.org/spip.php?article59>].

38 Jean-Pierre Chevènement, *La faute de M. Monnet*, Paris, Fayard, 2006.

à Bruxelles que dans les différentes capitales européennes, en vue de justifier leur propre pouvoir, alors que son échec annoncé souligne l'incompatibilité entre pouvoir européen et libre exercice des souverainetés populaires. Récemment, Antonin Cohen est allé jusqu'à remettre en question la pureté du chantier originel, celui de la CECA, qui ne devrait rien à Jean Monnet lui-même : la première autorité supranationale européenne serait ainsi largement inspirée par la troisième voie corporatiste et personnaliste née dans les années 1930, et qui s'est en partie compromise dans la Collaboration. L'idée-force qui en découle est celle d'une élite qui se soucie peu de doter l'Europe d'une assise démocratique via un contrôle parlementaire[39]. Jean Monnet devient l'incarnation d'une légende noire de l'Europe, renouant avec la caricature qu'en avait faite en son temps le général de Gaulle. Dans un livre à charge récent, Marc Joly stigmatise le pouvoir autonome engendré par l'Union européenne, en s'appuyant sur une approche très partisane, où les « citoyens » auraient des intérêts opposés à ceux de « l'Europe »[40]. Cette dernière, forcément anti-démocratique, chercherait à « vendre » son projet à travers la figure de Jean Monnet, homme idéal en tant que « M. Tout-le-Monde », démiurge et créature de l'Europe.

Conclusion : Jean Monnet, un héros ?

Sans mauvais jeu de mots, on assiste ainsi à la démonétisation de l'image de Jean Monnet. Le volontarisme des années 1980 n'a pas suffi : il n'y a pas de ressources affectives dans cette figure, qui montre l'inanité des mythes fondateurs préfabriqués, de quelque origine qu'ils soient. La remise en cause des certitudes marque ainsi le début d'une phase plus critique, et peut-être plus démocratique, dans laquelle Jean Monnet ne peut apparaître que comme un artisan, sans oublier qu'il ne représente rien pour la vingtaine de pays qui s'est depuis agrégée à l'aventure européenne (pire, il pourrait être considéré comme l'artisan du verrouillage occidental qui a accompagné la guerre froide).

---

39 Antonin Cohen, *De Vichy à la Communauté européenne*, Paris, PUF, 2012.
40 Marc Joly, *Le mythe Jean Monnet*, Paris, CNRS Éditions, 2007.

Le cas de Jean Monnet rappelle qu'il y a des hommes qui exercent une influence dans la coulisse, et qui sont rarement sous les feux des projecteurs. Voilà un genre de « décideurs » que l'opinion connaît mal, et dont on s'aperçoit qu'ils ont réussi précisément parce qu'ils ont privilégié l'efficacité sur la recherche de légitimité. Ce qui est certain, c'est que Jean Monnet a délaissé en son temps l'action sur l'opinion, confiée aux journalistes ou aux hommes politiques. Autre défaut, rédhibitoire en France : il n'a jamais eu de fonction élective (critère essentiel qui le sépare des autres Pères de l'Europe d'après Alan Milward), ce qui a pu donner corps au fameux mythe du « technocrate », figure honnie dans l'Hexagone (pourtant patrie de Saint-Simon et des défenseurs de l'ingénierie sociale). Il faut également prendre en compte le fait que c'est d'abord le contexte de l'après-guerre, celui de la déchéance de la France en tant que puissance, qui favorise son ascension, notamment ses bonnes relations avec le monde américain de la banque et de la diplomatie, qui expliquent aussi sa brusque importance dans la vie politique française et bientôt européenne.

Il n'y a rien à faire, Jean Monnet reste un grand inconnu. Pire, le peu d'identification européenne qui lui a été associée le dessert aujourd'hui, où la méthode Monnet est dénoncée comme antidémocratique. Cette Europe qui a été tissée avec les fils de la légende dès le départ, reconstruisant le parcours de Pères bienveillants en oubliant la part de l'opportunisme, du hasard et de la nécessité, regarde vers l'avenir parce que le passé la nie ou l'attarde. Pourra-t-on encore longtemps se contenter de ces raccourcis historiques pour bâtir une société commune que l'on espère durable ? Il serait peut-être temps d'abandonner la dangereuse et contre-productive théorie de la « génération spontanée », que tout historien devrait dénoncer, en toutes circonstances… Il s'agit d'abord d'éviter ce ton qui accompagne la légende en marche, de moins en moins crédible dans le monde troublé qui est aujourd'hui le nôtre, et qui est celui de la tranquille et imperturbable bonne foi de l'expert : dire que l'Europe est une évidence, à partir du moment où elle respecte, pour elle-même et pour les autres, les valeurs humanistes et généreuses qu'elle a toujours professées, c'est évidemment une bonne chose ; mais croire que cela suffit pour emporter l'adhésion des peuples, et créer un effet levier en faveur d'une improbable citoyenneté *sui generis*, ce n'est désormais plus crédible. Sur ce point, doit-on le regretter ?

Emmanuel COMTE, European University Institute Florence

Les origines de la citoyenneté européenne, de 1974 à 1992

Le projet de citoyenneté européenne fut en négociation entre les États membres de la Communauté économique européenne (CEE) de 1974 à 1992. Le Conseil européen de Paris des 9 et 10 décembre 1974 envisagea des droits spéciaux à accorder aux citoyens des États membres. Avec le traité de Maastricht, signé en février 1992, un chapitre spécial instituant une « citoyenneté de l'Union » fut inséré dans les traités européens. La notion de citoyenneté remonte à l'Antiquité. Dans la République romaine, l'opération d'enregistrement des citoyens, qui était à la source de leurs droits civiques, le *census*, les organisait à l'origine en centuries, qui correspondaient à des unités de contribution pour l'impôt, l'armement et le recrutement militaire. Commentant un passage de Tite-Live[1], l'historien Claude Nicolet écrivait :

> Tite-Live se contente d'exposer la répartition des citoyens en cinq classes et 193 centuries en fonction de l'âge et de la fortune. Il décrit ces classes et ces centuries comme s'il s'agissait d'unités militaires constituées, puisqu'il en donne l'armement. Et de là, il passe sans transition à l'aspect électoral du système et montre les mêmes classes et centuries appelées au vote.[2]

La citoyenneté romaine et les droits qui en découlaient étaient originellement liés à la participation du citoyen à la sécurité de la cité. De façon similaire, on montrera que le moteur de la création d'une citoyenneté européenne et de la reconnaissance des droits qui y furent associés fut constitué par les problèmes de sécurité internationale auxquels furent confrontés les principaux États membres de la CEE, les incitant à envisager une défense européenne. On s'appuiera sur les fonds du Conseil des ministres de l'Union européenne, ainsi que sur les fonds de la Présidence

1 Tite-Live, *Histoire Romaine*, Livre I : *Des origines lointaines à la fin de la royauté*, chapitre 43 (cité par Claude Nicolet, *Le métier de citoyen dans la Rome républicaine,* 2e éd., Paris, Gallimard, 1988, p. 77).

2 Claude Nicolet, *Le métier de citoyen dans la Rome républicaine, op. cit.*, p. 78.

de la République française à l'époque de François Mitterrand. On analysera successivement les négociations de la citoyenneté européenne consécutives à trois impulsions données par les chefs d'État et de gouvernements en 1973 et 1974, en 1984 et en 1990.

Une première impulsion en 1973 et 1974

La première impulsion du Conseil européen pour une citoyenneté européenne intervint dans le contexte du démarrage des négociations au sein de la Conférence sur la sécurité et la coopération en Europe (CSCE) et des tensions internationales de 1973 et 1974, mais les négociations subséquentes n'aboutirent pas par suite des conflits d'intérêts générés par le projet. Les consultations d'Helsinki, préparatoires à la CSCE, débutèrent dès la fin de l'année 1972. En 1973 et 1974, se produisit la hausse du prix du pétrole. Le président français Valéry Giscard d'Estaing décrivit ultérieurement la situation internationale suite à cette hausse comme « une atmosphère de confrontation, presque belliqueuse, entre les consommateurs et les producteurs », parlant d'une « atmosphère de guerre [...] des producteurs de pétrole et des consommateurs »[3]. Dans ce contexte, au sommet de Copenhague, le 14 décembre 1973, les chefs d'État et de gouvernement des Neuf affirmèrent la nécessité de renforcer la cohésion des Neuf vis-à-vis du reste du monde et d'assurer la participation de leurs peuples à cette entreprise[4]. Un an plus tard, au sommet de Paris des 9 et 10 décembre 1974, les chefs d'État et de gouvernement réaffirmèrent « leur volonté d'arrêter progressivement des positions communes et de mettre en œuvre une diplomatie concertée dans tous les domaines de la politique internationale qui [affectaient] les intérêts de la Communauté ». Ce fut parallèlement qu'ils chargèrent un groupe de travail « d'étudier les conditions et les délais dans lesquels on pourrait attribuer aux citoyens des neuf États

3 Entretien de Valéry Giscard d'Estaing avec quatre journalistes sur la politique étrangère de la France, Palais de l'Élysée, jeudi 9 février 1978. Disponible sur <http://discours.vie-publique.fr/notices/787003200.html>.

4 « Déclaration sur l'identité européenne » (Copenhague, 14 décembre 1973), in *Bulletin des Communautés européennes*, décembre 1973, n° 12, Luxembourg, Office des publications officielles des Communautés européennes, p. 127.

membres des droits spéciaux comme membres de la Communauté »[5]. Le projet d'une citoyenneté européenne était ainsi lié à l'objectif de créer en Europe l'unité nécessaire à l'émergence de la Communauté comme entité cohérente sur la scène internationale.

Le projet de citoyenneté européenne généra cependant des conflits d'intérêts entre les États membres. Le premier problème eut trait au droit de vote local, que la citoyenneté européenne devait comprendre. Des éléments de contexte étaient pourtant favorables à la reconnaissance de ce droit aux ressortissants des États membres résidant dans un autre État membre. La présence d'un gouvernement social-démocrate en RFA favorisait le ralliement allemand au projet, le SPD devant bénéficier électoralement de la reconnaissance du droit de vote local aux ressortissants communautaires résidant en RFA. Dans les négociations au sein du Conseil des ministres de la CEE sur la question des « droits spéciaux des citoyens », la délégation allemande, en mars 1976, souhaitait dans ce domaine un acte communautaire, directement applicable dans les ordres juridiques nationaux, plutôt qu'un simple accord intergouvernemental[6]. En outre, au début des années 1980, plusieurs États membres, au plan national, reconnurent ou envisagèrent le droit de vote local pour les étrangers. Au Royaume-Uni, les Irlandais et les ressortissants du Commonwealth bénéficiaient du droit de vote. En Irlande, depuis 1963, les étrangers de toute nationalité pouvaient participer aux élections locales. Au Danemark, à partir de 1981, les immigrés de toute nationalité bénéficièrent du droit de vote et d'éligibilité au niveau local. Aux Pays-Bas, une révision de la Constitution promulguée en février 1983 ouvrit la voie à la reconnaissance du droit de vote et de l'éligibilité au niveau local pour les étrangers[7]. Cette dynamique, liée aux demandes des communautés immigrées, était favorable à la réussite de la négociation sur la dimension électorale de la citoyenneté européenne.

---

5 Communiqué final de la réunion des chefs de gouvernement de la Communauté à Paris, les 9 et 10 décembre 1974, *Bulletin des Communautés européennes*, décembre 1974, n° 12, p. 7–13.

6 Archives centrales du Conseil de l'Union européenne, Bruxelles (ACCUE), Liste Rouge 2357, Droits spéciaux, réunions du groupe *ad hoc* : traitement de certains problèmes spécifiques, 3/13, 27 octobre 1975–26 novembre 1976. T/289/76 (DS), réunion du groupe Droits spéciaux des citoyens, le 16 mars 1976.

7 Catherine Wihtol de Wenden, « Représentation et participation politiques dans les pays européens », in Catherine Wihtol de Wenden (dir.), *Citoyenneté, nationalité et immigration*, Paris, Arcantère, 1987, p. 82–91.

Les États d'immigration finirent néanmoins par s'opposer au droit de vote local et la négociation s'enlisa. En juin 1980, au sein du groupe « Droits spéciaux » du Conseil des ministres de la CEE, la délégation britannique s'inquiétait des « difficultés de prévoir l'attribution du droit de vote à l'échelon local aux seuls ressortissants des autres États membres » et du risque d'entraînement du droit de vote local vers le droit de vote national[8]. La délégation du Luxembourg, où se trouvaient d'importantes communautés italienne et portugaise, soulignait également que « dans certaines communes [...] les ressortissants des autres États membres [constituaient] la majorité du corps électoral », encore plus après « les adhésions envisagées aux Communautés européennes »[9]. En France, les tentatives du nouveau gouvernement socialiste de reconnaître le droit de vote aux étrangers aux élections locales furent abandonnées par suite de l'opposition du PCF et du parti gaulliste[10]. En RFA également, les démocrates-chrétiens, de retour au gouvernement en 1982, s'opposaient au droit de vote local pour les étrangers[11]. La crainte d'un effet d'entraînement vers le droit de vote national, la crainte que les étrangers ne fussent majoritaires dans certaines communes, l'opposition des partis de droite ou communistes conduisirent ainsi à un blocage de la négociation.

Le second conflit d'intérêt avait trait au droit de séjour généralisé inhérent à la citoyenneté européenne, qui pouvait mettre des étrangers à la charge de l'assistance publique des États d'immigration. La négociation sur le droit de séjour généralisé associé à la citoyenneté européenne porta sur la question de la preuve des moyens de subsistance dont devait dépendre ce droit. En juillet 1979, la Commission présenta une proposition de directive du Conseil sur le droit de séjour des ressortissants des États membres sur le territoire d'un autre État membre. Par cette directive, le

---

8 ACCUE, Liste Rouge 2375, proposition du 31 juillet 1979 de directive du Conseil relative au droit de séjour des ressortissants des États membres sur le territoire d'un autre État membre, 2/7, retirée par la Commission le 3 mai 1989. 8343/80 DS 6, résultat des travaux du groupe *ad hoc* Droits spéciaux en date du 30 juin 1980.

9 *Id.*

10 Siofra O'Leary, *The Evolving Concept of Community Citizenship, from the Free Movement of Persons to Union Citizenship*, Florence, European University Institute, 1993, p. 293.

11 Arlette Heymann-Doat, « Les institutions européennes et la citoyenneté », in Olivier Le Cour Grandmaison, Catherine Wihtol de Wenden (dir.), *Les étrangers dans la cité : expérience européennes*, Paris, Éditions La Découverte, Ligue des droits de l'homme, 1993, p. 184.

droit de libre circulation devait être étendu aux inactifs et aux membres de leurs familles. Dans les débats au Parlement européen sur cette proposition, en octobre 1980, le député britannique Alan R. Tyrrell indiqua qu'au Royaume-Uni « les autorités locales [étaient] tenues en vertu de la loi de procurer un logement, gratuitement le cas échéant, aux personnes sans abri », y compris aux étrangers. Le grand nombre de ceux-ci ne parvenant pas à se loger impliquait déjà « une très lourde charge financière pour les habitants des principaux points d'arrivée au Royaume-Uni »[12]. Il soulignait en conséquence l'importance de s'assurer que les bénéficiaires de la proposition de la Commission disposassent effectivement de moyens de subsistance minimaux. En novembre 1981, au sein du groupe « Droits spéciaux » du Conseil, la délégation allemande, préoccupée par des problèmes similaires à ceux du Royaume-Uni, s'opposa à la proposition de la Commission tendant à prévoir une exception à la règle du minimum de ressources en faveur des étudiants. La Commission reformula alors sa proposition pour que les étudiants pussent au moins apporter la preuve de moyens d'existence suffisants en établissant que ces moyens leur étaient assurés par un ascendant ne résidant pas avec eux dans le pays de destination. La délégation allemande formula cependant une réserve d'attente également sur cette proposition[13]. La crainte des États d'immigration d'un contournement de la règle relative aux moyens d'existence suffisants fut alors un facteur de blocage de la négociation.

Avec le temps, les réticences au projet de citoyenneté européenne se radicalisèrent au sein du Conseil. Dès mars 1980, au sein du groupe « Droits spéciaux » du Conseil, la délégation irlandaise contestait, dans la proposition de la Commission de juillet 1979, l'existence d'objectifs « inhérents aux traités instituant la CEE », car les personnes concernées par la proposition de la Commission n'exerçaient pas d'activité économique. La délégation danoise considérait que l'octroi d'un droit de séjour pour cette catégorie de personnes relevait du droit exclusif de chaque État membre[14].

---

12 ACCUE, Liste Rouge 2379, dossier concernant la proposition du 31 juillet 1979 de directive du Conseil, 6/7. Parlement européen, documents de séance 1980–1981, 24 octobre 1980, document 1-506/80, rapport fait au nom de la commission juridique, annexe III, débat.

13 ACCUE, Liste Rouge 2375, *op. cit.* 11102/81 DS 1, note du groupe Droits spéciaux en date du 23 novembre 1981 au Coreper.

14 ACCUE, Liste Rouge 2374, proposition du 31 juillet 1979 de directive du Conseil, 1/7. 5607/80 DS 1, résultats des travaux du groupe Droits spéciaux en date du 4 mars 1980.

La délégation française, suivie peu après par plusieurs délégations, voulait en tout cas exclure les membres de la famille ressortissant d'un État tiers du bénéfice de la directive envisagée, afin d'éviter « des abus possibles, notamment par voie de mariages de complaisance »[15]. En décembre 1980, le Bundesrat allemand contestait également la compétence communautaire pour une directive sur un droit de séjour généralisé : seules les circulations économiquement motivées étaient couvertes par le traité selon le Bundesrat, qui estimait en outre que les charges induites pour les systèmes sociaux nationaux n'étaient pas évaluables[16]. Pour finir, en mai 1983, la délégation danoise faisait état de lourdes réserves sur la proposition de la Commission. Même pour les personnes disposant de ressources suffisantes, la proposition n'était selon cette délégation pas acceptable : comme tous les résidents au Danemark bénéficiaient de prestations relevant de la protection sociale, « l'installation au Danemark même de personnes fortunées entraînerait des coûts pour le système de protection sociale ». En outre, la délégation danoise faisait référence à l'élargissement envisagé à l'Espagne et au Portugal et à la nécessité de ne rien faire qui permît, dans ce contexte, « une immigration accrue[17] ». Les négociations sur les deux principaux aspects de la citoyenneté européenne, le droit de vote local et le droit de séjour généralisé, se trouvaient ainsi dans l'impasse du fait des réticences des États d'immigration et les enjeux qui avaient déterminé l'impulsion initiale du Conseil européen s'effaçaient avec le temps.

La reprise des négociations vers 1984

Lors du Conseil européen de Fontainebleau, les 25 et 26 juin 1984, le projet d'une citoyenneté européenne fut cependant de nouveau affirmé

15 ACCUE, Liste Rouge 2374, *op. cit.* 6814/80 DS 3, résultats des travaux du groupe Droits spéciaux en date du 30 avril 1980.

16 *Drucksache des Bundesrats*, 460/80, cité par Ferdinand Wollenschläger, *Grundfreiheit ohne Markt. Die Herausbildung der Unionsbürgerschaft im unionsrechtlichen Freizügigkeitsregime*, Tübingen, Mohr Siebeck, 2007, p. 103.

17 ACCUE, Liste Rouge 2375, *op. cit.* 6911/83 DS 4, compte rendu des travaux du groupe Droits spéciaux du 10 mai 1983.

par les chefs d'État et de gouvernements des Dix. À nouveau, le contexte international était caractérisé par les inquiétudes des principaux États de la CEE pour leur sécurité, suite au déploiement des missiles SS-20 par les États du Pacte de Varsovie. La nature des SS-20, de seulement 5 000 kilomètres de portée et capables de frapper des cibles militaires plutôt que des villes, pouvait créer un découplage entre la sécurité des États-Unis et celle des Européens de l'Ouest. L'État le plus puissant au sein de la CEE, la RFA, était particulièrement menacé. La nécessité d'une organisation européenne de sécurité devint alors, sous influence allemande, plus pressante et donna lieu à une réactivation de l'Union de l'Europe occidentale (UEO), lancée par le mémorandum du Conseil des ministres de l'UEO du 12 juin 1984. Le communiqué de Rome du Conseil des ministres de l'UEO du 27 octobre 1984 voulait « promouvoir l'unité et encourager l'intégration progressive de l'Europe, [...] mieux utiliser le cadre de l'UEO en vue d'approfondir la coopération entre les États membres dans le domaine de la politique de sécurité et de favoriser le consensus ». Les ministres souhaitaient le « maintien d'une puissance militaire et d'une solidarité politique suffisantes »[18]. Comme moyen de promouvoir cette unité, de favoriser ce consensus et de créer cette solidarité politique suffisante, le Conseil européen de Fontainebleau estima indispensable pour la Communauté d'adopter « les mesures propres à renforcer et à promouvoir son identité et son image auprès de ses citoyens et dans le monde »[19]. La juxtaposition de l'identité auprès des citoyens et vis-à-vis du reste du monde soulignait le lien entre la citoyenneté européenne et une politique étrangère commune. Pour éviter un nouvel échec de la négociation au sein du Conseil des ministres, le Conseil européen créa un comité *ad hoc* « composé des représentants des Chefs d'État et de gouvernement des États membres », afin de « préparer et coordonner » des actions sur la thématique de « l'Europe des citoyens »[20]. Le problème de sécurité de la RFA conduisait ainsi à la fois à une coopération sur la sécurité européenne et à l'émergence d'une citoyenneté européenne.

---

18 [<http://www.cvce.eu/content/publication/2003/7/11/c44c134c-aca3-45d1-9e0b-04d4d9974ddf/publishable_fr.pdf>].

19 ACCUE, Liste Rouge 4385, état des travaux concernant l'Europe des citoyens. Conseil européen de Fontainebleau, conclusions de la présidence (25 et 26 juin 1984).

20 *Id.*

Le comité *ad hoc* remit un premier rapport au Conseil européen de Bruxelles des 29 et 30 mars 1985[21]. Il prévoyait un droit de séjour général pour les citoyens des États membres. Rappelant que les négociations « au sein des institutions européennes » sur cette question n'avaient pas abouti du fait du « débat sur la nécessité de justifier de moyens de subsistance suffisants », le rapport estimait cette justification « indispensable ». Considérant qu'un « citoyen souhaitant séjourner dans un pays autre que le sien ne devrait pas être une charge déraisonnable pour les finances publiques du pays d'accueil », le comité envisageait l'obligation de disposer de ressources correspondant « au niveau de l'assistance sociale assurée dans le pays d'accueil ». Non seulement il s'agissait de réduire le risque que des ressortissants d'autres États membres ne tombassent à la charge de l'assistance publique d'un État membre, mais en outre l'inégalité des niveaux d'intervention de l'assistance publique entre les États membres, issue de l'inégalité de richesses entre ceux-ci, ne devait pas entraîner « des courants migratoires causés uniquement par des considérations pécuniaires ». Ces dispositifs devaient limiter la solidarité et les coûts inhérents au droit de séjour généralisé. Le comité remit un second rapport au Conseil européen de Milan des 28 et 29 juin 1985[22]. Il invitait les institutions de la Communauté à poursuivre les discussions sur le droit de vote et l'éligibilité aux élections locales pour les citoyens d'autres États membres en prévoyant, pour faciliter ces discussions, « une certaine période de résidence préalable dans le pays d'accueil ». Le Conseil européen de Milan approuva les propositions des deux rapports et invita le Conseil et la Commission à hâter leur mise en œuvre[23].

De nouveaux facteurs favorisaient la réussite de la négociation. L'historiographie a mis en relation le développement de la citoyenneté européenne avec l'accroissement des migrations de travailleurs très qualifiés et avec la volonté des États membres d'immigration d'encourager ces mouvements. Le politologue Rey Koslowski soulignait que « le changement de la composition des migrations à l'intérieur de l'UE [pouvait] conduire à des demandes encore accrues de droits politiques par les migrants eux-mêmes »,

---

21 ACCUE, Liste Rouge 4385, *op. cit.* Comité *ad hoc* « Europe des citoyens », rapport au Conseil européen, Bruxelles, 29–30 mars 1985.

22 ACCUE, Liste Rouge 4385, *op. cit.* Comité *ad hoc* « Europe des citoyens », rapport au Conseil européen, Milan, 28–29 juin 1985.

23 *Ibid.* COM (85) 640 final, 19 novembre 1985, communication de la Commission au Conseil sur l'Europe des citoyens.

car les migrants qualifiés auraient été plus enclins à demander ce genre de droits[24]. En outre, comme l'argumentait le politologue Marco Martiniello, « la mobilité des travailleurs hautement qualifiés et des cadres entre les différentes branches en Europe des firmes multinationales [était] certainement une condition de l'efficacité du marché intérieur », que l'Acte unique devait renforcer. En conséquence, il était « important de rendre cette mobilité et la résidence à l'étranger aussi confortables que possible »[25]. La volonté de favoriser les mouvements du personnel qualifié et de renforcer l'intégration du marché unique conduisait également à l'encouragement de la mobilité étudiante, consacrée par l'adoption du programme Erasmus, qui requérait la réussite de la négociation sur le droit de séjour de cette catégorie d'inactifs. Une note de la délégation danoise du Conseil, en date du 5 février 1988, précisait : « Il est impérieux que le Conseil résolve les problèmes juridiques que pose le droit de séjour des étudiants pour que le programme [Erasmus] puisse être mis en œuvre »[26]. Pour finir, l'accroissement du nombre d'États d'émigration dans la CEE à la suite des élargissements de 1981 et 1986 renforça le camp des États favorables à la citoyenneté européenne, car soucieux d'élargir les droits de leurs ressortissants à l'étranger. Au premier semestre 1989, le gouvernement espagnol, qui assumait la présidence du Conseil des ministres et du Conseil européen, voulait faire aboutir la proposition de la Commission d'une directive concernant le droit de vote des ressortissants des États membres de la Communauté aux élections municipales[27] et voulait qu'il en fût question au Conseil européen de Madrid de juin 1989[28]. Lors des débats au sein du Comité des représentants permanents (Coreper) sur cette question en mai, les États d'émigration de la CEE,

---

24 Rey Koslowski, « IntraEU migration, citizenship and political union », *Journal of Common Market Studies*, vol. 32, n° 3, 1994, p. 377.

25 Marco Martiniello, « Citizenship in the European Union », in Thomas Alexander Aleinikoff, Douglas Klusmeyer (dir.), *From Migrants to Citizens : Membership in a Changing World*, Washington, D.C., Carnegie Endowment for International Peace, 2000, p. 357.

26 ACCUE, Liste Rouge 2377, dossier concernant la proposition du 31 juillet 1979 de directive du Conseil. 4643/88 DS 4, lettre de M. Torben Mailand Christensen, représentant permanent adjoint du Danemark, au Secrétariat général du Conseil, annexe II.

27 Archives nationales, Paris (AN), archives d'Alain Holleville, 5 AG 4 / AH 10, dossier 4, note pour le Président de la République. Paris, le 4 avril 1989.

28 AN, archives d'Élisabeth Guigou, 5 AG 4 / EG 69, dossier 1, note pour le Président de la République. Paris, le 26 mai 1989.

rejoints par ceux qui accordaient déjà le droit de vote local aux étrangers, soutinrent la proposition de la Commission[29].

Malgré ces facteurs favorables, les principaux États d'immigration conservaient des réticences vis-à-vis de la citoyenneté européenne, *a fortiori* suite aux élargissements de la CEE à de nouveaux États d'émigration plus pauvres. Les États d'immigration, ayant une forte population étrangère, s'opposaient à l'extension du droit de vote local aux ressortissants communautaires, car étant donné l'importance de la population étrangère, les données de la vie politique locale pouvaient se trouver modifiées par la reconnaissance de ce droit[30]. Dans les pays méditerranéens favorables à cette extension, l'Espagne, la Grèce, l'Italie et le Portugal, la population étrangère représentait moins de 1 % de la population totale. Dans les trois États membres qui avaient déjà introduit le droit de vote local pour les étrangers, le nombre de ceux-ci demeurait faible : 47 000 en Irlande, soit 1,5 % de la population totale, en excluant les Britanniques, souvent d'origine irlandaise, 100 000 au Danemark et 500 000 aux Pays-Bas. Si seulement 5 % des étrangers vivant dans la Communauté se trouvaient en Espagne, Grèce, Italie ou Portugal, 87 % en revanche étaient établis en Belgique, France, RFA ou Royaume-Uni. Il en allait de même pour les seuls étrangers communautaires. La position de ces États sur le droit de vote local devait donc être déterminante. En France, dans certaines communes, les étrangers pouvaient représenter une part considérable de l'électorat. Il y avait 37 % de résidents portugais dans la commune de Chanteloup-les-Vignes, au nord-ouest de Paris. En Belgique, les étrangers représentaient 51 % de la population dans la commune bruxelloise de Saint-Josse, 46 % dans celle de Saint-Gilles, 35 % à Molenbeek-St-Jean et Schaerbeek, 28 % à Forest.

Par ailleurs persistait la question des ressources suffisantes et de l'accès aux aides publiques par les citoyens européens. Pour les étudiants, les délégations belge, britannique et française s'opposaient, au sein du Coreper, en mai 1988, à ce que l'étudiant pût remplir la condition relative aux ressources suffisantes par une simple déclaration[31]. En septembre 1989, la

29 AN, 5 AG 4 / AH 10, dossier 4, note du SGCI, Paris, le 19 mai 1989.

30 Pour ce paragraphe : ACCUE, Liste Rouge 2393, rapport de la Commission sur le droit de vote aux élections municipales des citoyens membres de la Communauté, 3 octobre 1986. COM (86) 487 final.

31 ACCUE, Liste Rouge 2378, dossier concernant la proposition du 31 juillet 1979 de directive du Conseil, 5/7. 6237/88, compte rendu de la réunion du Coreper des 19 et 20 mai 1988.

délégation néerlandaise au sein du groupe « Droits spéciaux des citoyens » du Conseil soulignait que « l'inscription dans un établissement pouvait donner droit à des bourses ou à d'autres prestations » et s'inquiétait des coûts ainsi induits du droit de séjour des étudiants[32]. Pour les retraités, les délégations allemande et française au sein du groupe « Droits spéciaux des citoyens », en juillet 1989, exprimaient la crainte qu'une « personne bénéficiant d'une pension dans un État membre ne [disposât] pas en fait de moyens suffisants pour subvenir à ses besoins dans un autre État membre jouissant d'un niveau de vie plus élevé, ce qui la mettrait à charge du régime d'assistance sociale du pays d'accueil »[33]. La délégation belge au sein du Coreper, en octobre 1989, soulignait que même une personne disposant de ressources supérieures au niveau de l'assistance sociale de l'État d'accueil pouvait ne pas être en mesure de couvrir les coûts d'un séjour d'une personne dans une maison de repos[34]. La délégation britannique, qui s'inquiétait également de la capacité du titulaire du droit de séjour de subvenir aux besoins des personnes à sa charge[35], souhaitait « laisser aux États membres une certaine marge pour fixer le niveau des ressources » requises[36]. La crainte des États d'immigration de coûts induits par le droit de séjour généralisé bloquait encore les négociations sur la citoyenneté européenne au sein du Conseil. L'aboutissement de ces négociations demeurait donc incertain.

L'achèvement des négociations à partir de 1990

Il fallut les inquiétudes pour la sécurité de l'Europe occidentale créées par l'effondrement du bloc de l'Est pour engendrer un accord franco-allemand sur la réalisation d'une citoyenneté européenne. L'épisode de la fin de la guerre froide fut caractérisé par l'acuité du problème de la sécurité de

32 ACCUE, Liste Rouge 2381, *op. cit.* 8429/89 DS 19, résumé des travaux du groupe des attachés Droits spéciaux des citoyens des 5 et 6 septembre 1989.

33 *Ibid.*, 8361/89 DS 18, note du groupe Droits spéciaux des citoyens en date du 25 juillet 1989.

34 *Ibid.*, 9663/89, compte rendu de la réunion du Coreper du 31 octobre 1989.

35 *Ibid.*, 8361/89 DS 18, *op. cit.*

36 *Ibid.*, 9663/89, *op. cit.*

l'Allemagne, alors qu'elle réalisait la réunification et que les décisions devant être prises à Moscou demeuraient imprévisibles. Déjà dans les mois qui suivirent la chute du Mur, la France et la RFA manifestèrent une plus grande volonté de dépasser les obstacles à la création d'une citoyenneté européenne. À la fin du mois de mars 1990, le chancelier Kohl proposa l'ouverture d'une conférence intergouvernementale sur l'Union politique, parallèlement à celle déjà prévue sur l'Union économique et monétaire. Une réunion spéciale du Conseil européen fut convoquée pour le 28 avril. Dans leur message conjoint au président en exercice du Conseil européen, en date du 18 avril 1990[37], le chancelier Kohl et le président Mitterrand précisèrent le contenu de cette union politique. Ils rappelaient les thèmes à l'ordre du jour : « L'unification allemande et ses conséquences pour la Communauté, les relations de la Communauté avec les autres pays européens, notamment les États d'Europe centrale et orientale ». Dans ce contexte d'instabilité internationale, qui pouvait avoir des conséquences sur la sécurité de la RFA et des autres pays de la CEE, le message conjoint soulignait les objectifs de l'Union politique : en particulier définir et mettre en œuvre « une politique étrangère et de sécurité commune » (PESC) et, parallèlement, « renforcer la légitimité démocratique de l'Union ». Dans son intervention sur l'Union politique au Conseil européen de Dublin, le 26 juin 1990, le président Mitterrand exprimait une logique identique. Il considérait comme nécessaire « une expression politique qui explique et justifie toute une série d'engagements ». L'unité de vue politique ainsi créée devait porter prioritairement sur « le domaine de la politique extérieure et, ensuite de la sécurité »[38]. Selon le président Mitterrand, les principaux objets étaient « l'avenir de l'Europe et sa sécurité (Alliance atlantique, CSCE, avis USA, URSS) »[39]. Les bouleversements à l'Est ravivaient donc pour la France et surtout la RFA la nécessité d'une politique de sécurité européenne, ce qui présupposait de créer consensus et cohésion dans la population, ce à quoi l'Union politique devait contribuer.

37 [<http://www.cvce.eu/obj/message_conjoint_de_francois_mitterrand_et_helmut_kohl_paris_18_avril_1990-fr-89369c53-5d93-4e56-8397-825ca92c86f5.html>].

38 AN, archives de Caroline de Margerie, 5 AG 4 / CDM 18, dossier 4, conférence de presse du Président de la République à l'issue du Conseil européen de Dublin, 26 juin 1990.

39 *Ibid.*, intervention du Président de la République au Conseil européen de Dublin (25 et 26 juin 1990) sur l'Union politique.

Ce fut dans ce contexte que les négociations sur le droit de séjour généralisé dans la Communauté pour les ressortissants des États membres aboutirent. Le Conseil des ministres de la CEE adopta le 28 juin 1990 trois directives sur le droit de séjour des étudiants, des personnes ayant cessé leur activité professionnelle et des autres inactifs[40]. Ces directives reprenaient les préoccupations des États d'immigration. Les étudiants bénéficiant du droit de séjour ne pouvaient accéder par ce seul fait aux bourses pour étudiants dans l'État membre d'accueil, ce qui limitait les engagements financiers de ce dernier. La proposition de la Commission de prise en charge de l'étudiant par l'aide sociale en cas de nécessité ne fut pas reprise. Le droit de séjour était, dans les trois directives, subordonné à la preuve de moyens d'existence suffisants et il prenait fin dès lors que cette condition n'était plus remplie. Une assurance-maladie couvrant l'ensemble des risques dans l'État membre d'accueil était également nécessaire. Néanmoins, l'achèvement de la négociation fut facilité par des concessions des États d'immigration, alors qu'ils souhaitaient, pour des raisons politiques, voir aboutir le dossier du droit de séjour généralisé. La preuve de moyens de subsistance suffisants pouvait être faite par simple déclaration du bénéficiaire du droit de séjour, par laquelle il s'engageait à ne pas être une charge pour l'assistance sociale de l'État membre d'accueil. Les ressources étaient considérées comme suffisantes dès lors qu'elles étaient supérieures au niveau en deçà duquel une assistance sociale pouvait être accordée par l'État membre d'accueil à ses ressortissants. Les membres de la famille du bénéficiaire du droit de séjour étaient couverts par les directives, même lorsqu'ils ne possédaient pas la nationalité d'un État membre.

Le Conseil européen de Dublin[41] définit plusieurs chapitres en lien avec l'Union politique, dont un intitulé « Unité et cohérence de l'action

---

40 Pour ce paragraphe : 1) ACCUE, Liste Rouge 2385, dossier concernant la directive 90/364/CEE du Conseil du 28 juin 1990 relative au droit de séjour, 1/2, directive du Conseil du 28 juin 1990 relative au droit de séjour ; 2) ACCUE, Liste Rouge 2387, dossier concernant la directive 90/365/CEE du Conseil du 28 juin 1990 relative au droit de séjour des travailleurs salariés et non salariés ayant cessé leur activité professionnelle, 1/2, directive du Conseil du 28 juin 1990 relative au droit de séjour des travailleurs salariés et non salariés ayant cessé leur activité professionnelle ; 3) ACCUE, Liste Rouge 2381, *op. cit.*, directive du Conseil du 28 juin 1990 relative au droit de séjour des étudiants.

41 ACCUE, Liste Rouge 62273, conférence intergouvernementale sur l'Union politique convoquée suite à la session du Conseil européen de Dublin les 25–26 juin 1990, 1/8, 21 septembre 1990. 8724/90 UP 1 REV TRAT 12, note de la Présidence.

de la Communauté sur la scène internationale » et un autre sur « l'objectif général de l'Union politique », dans lequel était incluse la réflexion sur la citoyenneté communautaire. Suite à la crise du Golfe, dès septembre 1990, les représentants personnels des ministres des Affaires étrangères, chargés de donner suite aux conclusions du Conseil européen de Dublin, estimaient que « les citoyens de la Communauté, quel que [fût] leur État membre d'origine, [devaient] pouvoir bénéficier de la protection des missions diplomatiques de tout État membre lorsqu'ils se [trouvaient] en dehors de la Communauté ». Parallèlement à ces prises de position, la pression des États méditerranéens de la CEE pour parvenir à une citoyenneté européenne ne fit que croître avec les premières concessions franco-allemandes. Un mémorandum du gouvernement grec du 15 mai 1990 demandait une citoyenneté européenne, en mettant l'accent sur « le droit de vote aux élections communales et européennes »[42]. Une note du gouvernement espagnol du 24 septembre 1990, intitulée « Vers la citoyenneté européenne », la définissait par « la libre circulation pleine et entière, le libre choix du lieu de résidence et la libre participation à la vie politique dans le lieu de résidence ». Pouvaient s'y ajouter « un degré plus élevé d'assistance et de protection diplomatique et consulaire », ainsi que, dans un lien encore plus direct avec la PESC, des « obligations comme le service militaire ou un service équivalent effectué dans n'importe quel pays de l'Union »[43]. Une note de la présidence italienne aux ministres des Affaires étrangères des États membres, en octobre 1990, précisait que « la politique en matière de relations extérieures et de sécurité ainsi que la citoyenneté de la Communauté [...] [constitueraient] les composantes fondamentales de l'Union »[44]. La citoyenneté européenne n'était ainsi pas distincte de la politique de sécurité. Elle était un élément fondamental de sa crédibilité, comme l'exprimaient plusieurs représentants des ministres des Affaires étrangères en novembre 1990[45]. Dans son mémorandum du 30 novembre 1990, le gouvernement portugais estimait aussi que la citoyenneté européenne devait comprendre

42 Reproduit dans *The Intergovernmental Conference on Political Union : Institutional Reforms, New Policies and International Identity of the European Community*, éd. par Finn Laursen et Sophie Vanhoonacker, Maastricht, European institute of public administration, 1992, p. 277.

43 ACCUE, Liste Rouge 62273, *op. cit.* 9233/90 ADD 1 REVTRAT 16, annexe 7.

44 *Ibid.*, 2 octobre 1990. 8724/1/90 REVTRAT 12.

45 *Ibid.*, 30 novembre 1990. 10356/90 REVTRAT 18, note du Secrétariat général du Conseil au Conseil Affaires générales du 4 décembre 1990.

« un droit de libre circulation et un droit de vote aux élections communales et européennes »[46].

L'assentiment de l'Allemagne et de la France à la création d'une citoyenneté européenne intervint par le message commun du chancelier Kohl et du président Mitterrand du 6 décembre 1990 au président en exercice du Conseil européen[47]. Dans leur message du 18 avril, ils n'avaient fait que mentionner l'objectif de « renforcer la légitimité démocratique de l'Union ». Ils présentèrent alors leurs propositions sur cette question, en commençant par « la citoyenneté européenne » : « Le traité devrait définir les fondements et conditions de l'instauration d'une véritable citoyenneté européenne, en particulier sur la base des propositions faites par le gouvernement espagnol ». Leur message faisait référence aux « bouleversements en Europe ». La contrepartie de cette acceptation de la citoyenneté européenne était alors, en réponse à ces événements, un renforcement de la PESC. Des domaines prioritaires d'action commune, qui intéressaient la sécurité de l'Allemagne et de la France, étaient définis : « Les relations avec l'URSS et les pays d'Europe centrale et orientale, la mise en œuvre des conclusions du Sommet des 34 et des suites du processus CSCE, les négociations de désarmement, les relations avec les pays riverains de la Méditerranée ». Surtout, et c'était la nouveauté essentielle expliquant l'acceptation de la citoyenneté européenne, le chancelier Kohl et le président Mitterrand prévoyaient, dans ce message du 6 décembre, que la politique de sécurité commune « mènerait à terme à une défense commune ». La citoyenneté européenne s'intégrait dans le projet d'une politique étrangère européenne et d'une défense européenne, en constituant la base civique nécessaire à ces politiques.

La citoyenneté définie entre les États membres de l'Union européenne reçut un contenu lié à ce projet de sécurité[48]. La citoyenneté de l'Union était définie dans le traité de Maastricht par le droit de circuler et de séjourner librement sur le territoire des États membres et par le droit de vote et d'éligibilité aux élections municipales et aux élections au Parlement européen dans l'État membre de résidence. Cette amorce d'égalité civique en matière de séjour et de suffrage était complétée par une protection diplomatique et

46 Reproduit dans, *The intergovernmental conference*, 1992, *op. cit.*, p. 304 *sq.*

47 [<http://www.cvce.eu/obj/message_conjoint_de_francois_mitterrand_et_helmut_kohl_paris_6_decembre_1990-fre0df114a-728b-4fd8-9b24-394878bc0b5d.html>].

48 Pour ce paragraphe : *Journal officiel des Communautés européennes*, n° C 224, 31 août 1992, traité sur l'Union européenne, signé à Maastricht le 7 février 1992.

consulaire dans les pays tiers. Pour finir, le corps civique européen restait structuré nationalement. Seule la nationalité d'un État membre donnait accès à la citoyenneté de l'Union. Bien que la citoyenneté comprenne normalement des droits et des devoirs, la citoyenneté européenne ne comprenait que des droits, les devoirs du citoyen restant définis au niveau national[49]. Cette structuration nationale du corps civique européen était parallèle à l'organisation encore nationale dans l'UE de la défense militaire. La citoyenneté visait alors seulement à créer un statut facilitant la convergence des politiques étrangères et de sécurité nationales. En vertu de l'article J.1 du traité de Maastricht, les États membres devaient appuyer « activement et sans réserve la politique extérieure et de sécurité de l'Union dans un esprit de loyauté et de solidarité mutuelle », ils devaient s'abstenir de toute action « susceptible de nuire à son efficacité en tant que force cohérente dans les relations internationales ». Le statut unifiant de citoyen de l'Union devait contribuer à cette solidarité et à cette cohérence. Néanmoins, à terme, le traité envisageait, dans son article J.4 que la PESC « pourrait conduire, le moment venu, à une défense commune ». Le caractère évolutif de la PESC était à son tour parallèle au caractère évolutif de la citoyenneté de l'Union, susceptible, en vertu du traité, d'être complétée par le Conseil, pour inclure, par exemple, comme l'avait suggéré la note espagnole, une obligation de service militaire.

On a donc montré que le projet de citoyenneté européenne progressa parallèlement aux problèmes de sécurité de l'Allemagne et à sa volonté de faire émerger au plan européen une politique étrangère commune, voire une défense commune. On a aussi montré que la citoyenneté et une politique étrangère et de défense commune sont liées : la politique étrangère suppose une cohésion populaire ; il en est encore plus ainsi dans le cas d'une défense commune. Le lien civique ne peut être solide que si l'entité responsable de la politique étrangère et de la défense assure parallèlement aux citoyens des droits qui améliorent leur condition. Ces droits sont de deux types. Il s'agit d'abord du droit de faire valoir ses revendications dans la vie politique. Les individus ne peuvent développer une loyauté vis-à-vis de l'Union européenne s'ils perdent ce droit en quittant le territoire de leur État. Par ailleurs, il s'agit d'un droit d'accès à l'assistance. La solidarité collective est le contrepoint nécessaire des obligations militaires du

49 Carlos Closa, « Citizenship of the Union and nationality of Member States », *Common Market Law Review*, 1995, n° 32, p. 509.

citoyen. Sur ces deux types de droits cependant, comme on l'a montré, la citoyenneté européenne est partielle, puisque les droits de vote et d'éligibilité sont limités aux élections locales ou européennes et puisque le droit d'assistance n'est pas général, l'exigence de ressources suffisantes devant faire en sorte que les ressortissants des autres États membres ne tombent pas à la charge de l'assistance sociale dans leur État de résidence.

Deuxième partie
La citoyenneté par le droit

Alexandre BERNIER, Université de Copenhague

Favoriser et défier le droit européen : la lutte de deux courants de pensée concurrents de juristes et d'hommes politiques en France (1975–1989)

La jurisprudence[1] de la Cour de justice des Communautés européennes (CJCE) pose depuis 1964 le principe fondamental de la primauté du droit communautaire[2]. Après avoir longtemps exprimé de sérieuses réserves, les ordres judiciaire, administratif et constitutionnel français ont admis ce principe. Mais la base sur laquelle ils l'ont intégré révèle une certaine défiance. En effet, les cours suprêmes des trois ordres ont fait respecter le traité de Rome en se fondant non pas sur la spécificité du droit communautaire mais sur la Constitution française de 1958[3]. Une telle résistance a poussé certains chercheurs, principalement juristes et politistes, à souligner « la difficulté du droit communautaire à s'imposer aux systèmes juridiques nationaux »[4]. Ces chercheurs ont avancé la théorie selon laquelle la CJCE contourna les gouvernements et les hautes juridictions des États membres, s'appuyant exclusivement sur les juridictions de premier degré, les associations de juristes européens et le milieu universitaire pour promouvoir le droit européen[5].

---

1 Le présent article s'inscrit dans le travail préparatoire à un doctorat qui doit trouver son aboutissement à la fin de l'année 2015. Ce doctorat porte sur la réception et la co-production en France de la pratique constitutionnelle de la Cour de Luxembourg entre 1958 et 1981.

2 L'arrêt 6/64 *Costa vs. ENEL* du 5 février 1964 constitue en effet la pierre angulaire d'un nouvel ordre juridique autonome et intégré directement dans les ordres juridiques nationaux.

3 Décisions 74–54 DC du 15 janvier 1975 (Conseil constitutionnel), *Jacques Vabre* du 24 mai 1975 (Cour de cassation), *Nicolo* du 20 octobre 1989 (Conseil d'État).

4 Alec Stone Sweet, « The European Court of Justice and the judicialization of EU governance », *Living Review in European Governance*, vol. 5–2, 2010, p. 31.

5 Karen Alter, *Establishing the Supremacy of European Law*, Oxford, 2006 et Antoine Vauchez, "The Making of the European Union's Constitutional Foundations : The Brokering Role of Legal Entrepreneurs and Networks", in Wolfram Kaiser, Brigitte Leucht, Michael Gehler (dir.), *Transnational Networks in Regional Integration : Governing Europe 1945–83*, London, Palgrave Macmillan, 2010 ; Antoine Vauchez,

À l'opposé, la recherche historique la plus récente a mis en lumière, sur la foi de sources d'archives privées et publiques, les résistances que suscita la pratique constitutionnelle de la CJCE au sein non seulement des administrations nationales, mais aussi des milieux politiques et universitaires, de l'opinion publique et même des institutions communautaires[6]. Un exemple frappant en France est l'amendement Aurillac par lequel un groupe d'hommes politiques, de hauts fonctionnaires et d'universitaires, cherchèrent à « ébranler tout l'édifice européen »[7]. S'inscrivant dans le droit fil de cette nouvelle recherche historique, le présent article entraînera le lecteur au cœur de la lutte que se livrèrent, en France, deux courants de pensée composés d'individus influents aux buts opposés. Pour le premier courant, il s'agissait de faciliter la pénétration du droit communautaire dans le droit interne. Pour l'autre au contraire, il s'agissait de s'y opposer. Par le biais de documents d'archives émanant de fonds communautaires, nationaux et privés, cet article s'attachera à démontrer les points suivants. Tout d'abord, les deux courants de pensée n'avaient pas de liens solides et leurs membres ne se mobilisaient de temps à autre que pour accomplir un objectif précis. La plupart des membres se connaissaient cependant depuis longtemps soit en tant que juristes, soit en tant qu'hommes politiques, et parfois même les deux. C'est pourtant lors d'occasions fortuites, plutôt que par une stratégie délibérée, que se déterminait souvent à quel poste chacun des acteurs *ad hoc* pouvait parvenir et donc quelle direction prendrait la lutte. Les membres savaient toutefois se servir de leurs relations pour parvenir à une position, et ensuite utiliser cette position pour favoriser leurs projets. Leur lutte devait ensuite se développer en restant en constante évolution, dans un perpétuel repositionnement stratégique, au sein de l'arène nationale et entre cette dernière et le niveau supranational.

"The transnational politics of judicialization : Van Gend en Loos and the making of EU polity", *European Law journal*, vol. 16-1, 2010 ; Antoine Vauchez, *L'Union par le droit. L'invention d'un programme institutionnel pour l'Europe*, Paris, Les Presses de Sciences Po, 2013.

6 Voir la parution thématique de la *Contemporary European History*, vol. 21–3, 2012 (par la suite *CEH*) ; Bill Davies, *Resisting the European Court of Justice. West Germany's confrontation with European law, 1949–1979,* Cambridge University Press, 2012 ; Bill Davies, Morten Rasmussen, « From International Law to a European Rechtsgemeinschaft », in Johnny Laursen (dir.), *Institutions and Dynamics of the European Community, 1973–83* Berlin, Nomos Verlagsgesellschaft, 2013.

7 Bertrand Le Gendre, « La Cour de cassation sur la sellette », *Le Monde,* 21 octobre 1980.

Le présent article se propose en premier lieu d'effectuer un survol historique du contexte dans lequel ces courants de pensée supranationaliste et souverainiste se sont développés et d'explorer la nature des relations liant les différents protagonistes. Puis il s'attachera à décrire le déroulement de la confrontation sur sa période la plus intense, c'est-à-dire de la décision *Jacques Vabre* en 1975 jusqu'à l'amendement Aurillac en 1981. La dernière section regroupe quelques réflexions sur l'apport d'une démarche privilégiant la mise en évidence des tensions politiques sous-jacentes aux controverses juridiques dans le processus de réception du droit communautaire.

1958–1975 : le contexte historique

En cette fin d'année 1981, le rapporteur de la 9ème sous-section du contentieux au Conseil d'État (CE) est un homme inquiet. Préconisant de faire usage de l'acte clair dans l'affaire *Services techniques d'assurance*, il conclut sur la non-nécessité de renvoi préjudiciel à la CJCE[8]. Mais il profite aussi de l'occasion pour présenter à ses pairs un projet appelant une fois pour toutes à trancher : est-ce le traité de Rome qui doit être modifié ou bien la jurisprudence du CE qui doit être infléchie ? Au cœur de ce projet se trouvait donc l'incompatibilité des jurisprudences du CE et de la CJCE[9]. L'histoire de la réception du droit européen en France est en effet dominée par la relation tumultueuse des trois ordres juridiques français[10] avec d'une part le principe issu de la Révolution interdisant aux juges d'apprécier la constitutionnalité de la loi[11], et d'autre part avec la nature moniste des Constitutions du 27 octobre 1946 et du 4 octobre

8 L'acte clair est la théorie par laquelle le Conseil d'État applique le contenu d'un traité international, lorsque sa signification lui paraît être sans ambiguïté. Se fondant sur cette théorie, le juge administratif a évité de faire jouer le mécanisme de renvoi préjudiciel à la CJCE (article 177 du traité de Rome) et a ainsi longtemps écarté tout dialogue avec la Cour de Luxembourg.

9 Archives nationales (AN), fonds Michel Aurillac (365AP84).

10 Branche judiciaire (Cour de cassation), branche administrative (Conseil d'État) et branche constitutionnelle (Conseil constitutionnel).

11 La loi étant l'expression de la volonté générale, ni le juge judiciaire ni le juge administratif ne peuvent la remettre en cause.

1958 affirmant la primauté de tout traité sur la loi interne[12]. Confronté à la hiérarchie des normes entre la loi interne et les traités internationaux contractés par la France, le juge avait adopté une jurisprudence stipulant que la loi postérieure prime sur les traités internationaux[13]. L'entrée en vigueur de la Constitution de 1958 compliqua encore un peu plus la donne, parce que son article moniste contient une clause de réciprocité qui, en principe, incitait tout juge désireux d'invoquer l'article 55 à déplacer le problème dans la sphère politique[14].

L'inquiétude manifestée par le rapporteur du CE provenait de certains évènements en 1975 et en particulier de la décision *Jacques Vabre*. Suivant les conclusions du procureur général Adolphe Touffait, la Cour de cassation non seulement consacrait la primauté des traités sur les lois, antérieures comme postérieures, mais aussi établissait une jurisprudence qui s'opposait totalement à celle du Conseil d'État. Refusant de censurer le législateur, le CE venait de renforcer sa doctrine *Arrighi* en stipulant que l'article 55 ne s'appliquait qu'aux lois antérieures aux traités internationaux[15].

Le rapporteur, qui n'est autre que le conseiller d'État Michel Aurillac, sait de quoi il retourne. Soutenu par d'ex-ministres du général de Gaulle, comme Jean Foyer ou Michel Debré, il avait en effet défendu à l'Assemblée nationale, un amendement tendant à remettre en cause la jurisprudence *Jacques Vabre*. Adopté en première lecture le 9 octobre 1980, le projet n'avait, en cette fin d'année 1981, toujours pas été soumis au vote du Sénat, alors même que se profilait une menace extranationale à l'horizon : le rapport Sieglerschmidt de la Commission juridique de l'Assemblée parlementaire des Communautés européennes (APCE). Formulant une critique sans concession de la jurisprudence du CE, l'APCE y rappelait que la procédure préjudicielle prévue à l'article 177 du traité de Rome constituait le seul moyen de dialogue entre les deux types d'ordres juridiques, le communautaire et le national. Les tribunaux des États membres devaient

---

12 Articles 26 et 28 pour la première et article 55 pour la seconde.

13 Doctrines *Matter* (1931) pour la branche judiciaire et *Arrighi* (1936) pour la branche administrative.

14 En fait, le juge peut en principe solliciter l'opinion du Quai d'Orsay *avant* de prendre en compte une évaluation de l'application du traité par l'autre partie (entretien avec le conseiller d'État Nicole Questiaux le 10 avril 2012).

15 Décision *Syndicat général des fabricants de semoules de France* du 1er mars 1968 sur conclusion du Commissaire du gouvernement Questiaux.

donc non seulement faire un usage accru de l'article 177 mais de plus s'adresser *directement* à la CJCE[16].

Aux yeux d'Aurillac, la menace était suffisamment réelle pour qu'il soit temps d'agir. Fin septembre 1981, il cofonda le Club 89, un cercle de réflexion proche du Rassemblement pour la République (RPR) de Jacques Chirac[17]. Aurillac se faisait ainsi l'émule de Debré qui, quatre ans plus tôt, avait fondé le Comité pour l'Indépendance et l'Unité de la France (CIUF) pour s'opposer avec vigueur à l'élection des membres de l'APCE au suffrage universel direct. Cette réforme lui semblait inspirée par une logique supranationale derrière laquelle se profilait la CJCE. Voué à combattre tout projet d'approfondissement de l'intégration européenne, le CIUF s'était rapidement rapproché du RPR.

Avant de s'intéresser aux activités du duo Aurillac-Debré dès le milieu des années 1970, il serait toutefois judicieux de souligner ce qui, outre leur prénom, lie ces deux hommes. Les deux Michel ont accompli leur service militaire à la prestigieuse École de Cavalerie de Saumur. Cet esprit de corps a été renforcé par leur nomination au CE. Il était donc tout naturel que Debré fasse entrer Aurillac au sein du groupe d'experts chargé d'élaborer le projet de nouvelle Constitution en 1958. Ce fut au cours de ces travaux que Debré démontra sa farouche volonté de prendre sa revanche « sur les mauvais constituants de 1946 », et en particulier sur le rapporteur général à l'Assemblée nationale constituante de l'époque[18]. Inspirateur des articles monistes 26 et 28, Paul Coste-Floret était une figure importante du Mouvement Républicain Populaire (MRP) et proche d'autres démocrates-chrétiens comme Pierre-Henri Teitgen, Robert Lecourt ou encore Touffait[19]. Précieux collaborateur du procureur-adjoint Coste-Floret au procès de Nuremberg, Touffait devait aussi diriger son cabinet ministériel après-guerre, ainsi que ceux de Teitgen et Lecourt. Il semble donc bien que Touffait ait été très tôt au contact d'idées novatrices sur la valeur juridique des normes de droit international[20].

---

16 Document n° 1-414/81 de la séance du 1er septembre 1981.

17 Michel Aurillac, « 89 », *Le Monde,* 9 octobre 1981.

18 Michel Debré, *Trois Républiques pour une France. Mémoires*, t. 2 : *Agir, 1946–1958*, Paris, Albin Michel, 1988, p. 347.

19 Jeannette Bougrab, *Aux origines de la Constitution de la IVe République*, thèse pour le doctorat en droit de l'Université Paris 1, Dalloz, 2002, p. 410–411.

20 Adolphe Touffait, *Crimes de guerre et recherche des criminels de guerre*, Recueil de droit pénal 1947, p. 7, 11.

Une des dernières décisions de Debré à Matignon fut de nommer Touffait, alors conseiller à la Cour de cassation, inspecteur général des services judiciaires le 14 avril 1962. Les deux hommes se connaissaient bien parce qu'en 1958, Debré, alors ministre de la Justice, plaça Touffait au comité Hamel sur la recommandation de son prédécesseur, Lecourt, qui avait confié à Touffait la direction de son cabinet alors qu'il était Garde des Sceaux en 1957 et 1958[21]. Pendant une mission d'inspection en Algérie en mai 1962, Touffait fut gravement touché par le feu d'une mitrailleuse à un barrage routier[22]. Hospitalisé pendant de longs mois, il fut nommé courant septembre 1962 Premier président de la Cour d'appel de Paris (CAP)[23]. C'était sans nul doute une marque de gratitude pour la difficile mission que lui avait confiée Debré. Mais les deux hommes ne partageaient pas les mêmes convictions au sujet de la construction européenne. Pro-intégrationniste, Touffait avait bien l'intention de promouvoir le droit européen. C'est dans ce contexte que la CAP fut la toute première juridiction nationale à réinterpréter la doctrine *Matter* en faveur du droit communautaire grâce aux termes de l'article 55 de la Constitution[24]. Tout ceci survint alors que Lecourt, récemment promu à Luxembourg par Debré, contribua fortement à établir l'un des piliers doctrinaux de la CJCE, celui de l'immédiateté du droit communautaire[25].

Touffait et Lecourt étaient aussi membres de l'Association des juristes européens (AJE) dont le but, promouvoir la pénétration du droit communautaire en France, se heurtait au fait que la plupart des membres étaient d'anciens ministres ou hauts fonctionnaires de la IVe République honnie par les gaullistes[26]. Le climat politique des années 1960 ne se prêtait donc

21 Le Comité Hamel fait référence au « Comité chargé de l'étude des problèmes juridiques posés par l'application du traité de Rome » qui persista de 1959 à 1963. AN FMJ (19950411/15).

22 Lucien Bodard, « Le Conseiller Touffait grièvement blessé à Alger », *France Soir,* 20–21 mai 1962.

23 AN, fonds Adolphe Touffait (19820583/136).

24 Arrêt *Sté UNEF c/ Ets Consten et autres*, 26 janvier 1963.

25 Arrêt CJCE 26/62 *Sté Van Gend en Loos c/ Administration fiscale néerlandaise*, 5 février 1963. Cf. Morten Rasmussen, "Establishing a Constitutional Practice of European Law", *CEH*, vol. 21, n° 3, 2012, p. 375–399 (part. p. 389).

26 Alexandre Bernier, "Constructing and Legitimating : Transnational Jurist Networks and the Making of a Constitutional Practice of European Law, 1950–70", *CEH*, vol. 21, n° 3, 2012, p. 399–415.

pas à un renforcement du droit communautaire sur sa seule nature spécifique, d'autant plus que la Cour de cassation était encore loin de sympathiser avec un quelconque sentiment pro-intégrationniste[27]. Cependant, la situation évolua rapidement suite au nouveau climat politique de l'après-mai 68. Ainsi la nomination de Touffait comme procureur général coïncida-t-elle non seulement avec la toute première saisine de la CJCE, mais aussi avec le premier rapport direct de greffe à greffe entre Cour de cassation et CJCE[28]. Inquiet de cet « usage abusif et néfaste du point de vue national de l'article 177 », Debré exigea peu après le respect du passage par son ministère pour tout recours préjudiciel à la CJCE[29]. L'avènement de l'ère pompidolienne en juin 1969 mit cependant un terme à cette première tentative de révolte puisque Debré fut prié de céder le Quai d'Orsay au pro-européen Maurice Schumann. Touffait retrouvait aussi deux vieilles connaissances de l'AJE à la Cour de cassation. Le premier, Maurice Aydalot, était président de la Cour depuis quelques mois. Il avait postulé pour remplacer Jacques Rueff à la CJCE en 1960. Le jugeant excellent serviteur de l'État, Debré avait repoussé sa candidature et promu celle de Lecourt qu'il souhaitait éloigner de la scène politique nationale[30]. Cette nomination montre du reste que la figure de proue du courant souverainiste ne percevait alors pas la CJCE comme une menace potentielle. Le second, Maurice Rolland, fondateur de l'AJE en 1951, était alors le Conseiller le plus ancien de la Chambre criminelle à la Cour. C'est à ce titre qu'en 1970, il présida une affaire où les avocats du requérant, tous deux membres de l'AJE, obtinrent une décision qui allait alors « aussi loin que possible pour assurer la primauté du droit communautaire » sur un règlement interne postérieur[31]. Fondée sur l'article 55 de la Constitution, cette décision restait de plus une interprétation jurisprudentielle limitée puisqu'émanant d'une

27 Jens Plötner, « Report on France », in Anne-Marie Slaughter *et al.* (dir.), *The European Courts and National Courts. Doctrine and Jurisprudence*, Oxford, Hart Publishing, 1998, p. 44.

28 Arrêt *Caisse régionale de sécurité sociale du nord de la France c/ Torrekens*, 24 octobre 1968.

29 AN, fonds Michel Debré (5DE2-3), note à l'attention du général de Gaulle, 11 février 1969.

30 *Ibid.* (2DE21 & 2DE11), lettres à Couve de Murville le 22 février 1960 et à Lecourt le 1er mars 1962.

31 AN, fonds Cour de cassation (19770037/89), arrêt *Administration des contributions indirectes & Comité interprofessionnel des vins doux naturels c/ Pierre Ramel*, 22 octobre 1970.

seule chambre de la Cour[32]. Pour montrer la voie aux juridictions de premier degré, la Cour de cassation avait besoin du coup de pouce que le Conseil constitutionnel (CC) allait lui fournir cinq ans plus tard.

1975–1981 : la pénétration du droit européen dans le droit interne : l'offensive souverainiste

Début 1975, Foyer usa de sa position privilégiée de président de la Commission des lois pour obtenir le soutien de 81 membres du Parlement. Son but : porter le projet de loi sur l'interruption volontaire de grossesse (IVG) devant le CC dont la saisine venait d'être élargie sur proposition du Garde des Sceaux Jean Lecanuet. Promu juge constitutionnel quatre ans plus tôt par un démocrate chrétien proche de Lecanuet, le président du Sénat Alain Poher, Coste-Floret poussa ses pairs non seulement à conclure que ce projet de loi ne violait pas la Constitution, mais qu'en outre son article 55 s'appliquait aussi aux lois postérieures à tout traité. De son point de vue, cette position apportait une solution « conforme à la jurisprudence des tribunaux judiciaires et notamment à l'arrêt *Jacques Vabre* de la Cour d'appel de Paris le 7 juillet 1973 »[33]. Une décision pleine d'ironie puisque Debré venait de décliner l'offre de Pompidou d'entrer au CC, disant qu'il préférait garder les mains libres afin de mieux protéger l'intégrité de la souveraineté nationale.

Ayant décidé avec l'arrêt *Semoules* que l'article 55 ne s'appliquait qu'aux lois antérieures aux traités internationaux, le CE s'était trouvé face à un dilemme. Si le juge administratif pensait que ce n'était pas de son ressort de critiquer le législateur, son inexistence constitutionnelle contribuait aussi à le maintenir dans un état de quasi-obédience face à ce dernier[34]. Le CE devait en plus subir l'activisme de Lecanuet qui, dans une

32 Denis Tallon, « Observations », *Cahiers de droit européen*, 1971, p. 363 et Karen Alter, *Establishing the Supremacy of European Law, op. cit.*, p. 147.

33 AN, fonds Conseil constitutionnel (CC) (20040168/7), décision 74–54 DC du 15 janvier 1975.

34 Baptiste Bonnet, *Repenser les rapports entre ordres juridiques*, Paris, Lextenso Éditions, 2013, p. 66.

circulaire du 24 mars 1975, informait cours et tribunaux de leur obligation de réduire le recours à la notion d'acte clair au profit d'une requête préjudicielle à la CJCE (art. 177)[35]. Fervent européen, Lecanuet avait fait partie après-guerre de plusieurs cabinets ministériels MRP, y compris celui de Teitgen dont le chef était Touffait. À la Cour de cassation, ce dernier et Aydalot ne perdirent pas de temps et s'engouffrèrent dans la brèche ouverte par le CC en rendant l'arrêt *Jacques Vabre* le 24 mai 1975. Le procureur général Touffait avait préconisé une décision en faveur d'une primauté de l'ordre juridique communautaire fondée sur sa propre spécificité. Cette approche fut néanmoins écartée puisque la chambre mixte consacra le principe de primauté sur le seul fondement de l'article 55 de la Constitution. Certains éléments portent à croire qu'Aydalot en serait à l'origine. Le président de la Cour de cassation acceptait le principe de la supériorité du traité de Rome sur la loi interne postérieure. Mais c'était aussi un pragmatique apprécié de Debré pour sa loyauté envers l'État[36]. Il n'est donc pas étonnant qu'il ait souhaité favoriser une solution nationale.

En octobre 1976, Touffait remplaçait Lecourt comme juge français à la CJCE. Qu'il l'ait délibérément choisie ou non, cette promotion communautaire fut néanmoins la bienvenue pour sa carrière. Dans les jours qui suivirent l'arrêt *Jacques Vabre*, Aydalot, ignorant le protocole, avait en effet écarté la candidature de Touffait pour lui succéder à la tête de la Cour de cassation courant juin 1975[37]. Mais le chemin du Luxembourg ne fut pas sans heurt, alors que Touffait devait faire face à l'opposition du CE et à l'hostilité du Président Valéry Giscard d'Estaing. Le premier souhaitait envoyer son propre délégué à la CJCE ; le second ne voulait pas prendre en considération sa candidature en raison des liens unissant Touffait à Teitgen. En tant que juge à la Cour européenne des Droits de l'Homme, Teitgen était en mauvais termes avec l'Élysée précisément sur ces questions. De plus, Giscard d'Estaing voulut prononcer une nomination « politique » à la CJCE et avait offert le poste à Foyer qui, en désaccord avec l'idéologie supranationaliste des juges de Luxembourg, déclina l'offre pensant qu'il pourrait être plus utile dans l'arène nationale[38]. Finalement, le Garde des

35 AN, fonds du ministère de la Justice (19950411/210). Par la suite FMJ.

36 AN, fonds Debré (2DE21), note de Debré à Couve de Murville, 22 février 1960.

37 Philippe Boucher, « Schmelck et Sadon appelés à la tête du parquet de Paris », *Le Monde*, 25 juin 1975.

38 Jean Foyer, « Le droit communautaire, droit de professeur français », *Revue d'histoire des facultés de droit*, 1992, p. 214.

Sceaux Lecanuet, politiquement proche de Touffait, et le Premier ministre Raymond Barre, ancien vice-président de la Commission européenne, persuadèrent l'hôte de l'Élysée que Touffait était l'homme *ad hoc* à ce poste[39].

Qui plus est, Valéry Giscard d'Estaing était en conflit avec Debré à propos de son intention de présenter une loi proposant l'élection directe des députés français à l'Assemblée parlementaire des Communautés européennes. Debré répliqua que ce n'était assurément pas conforme à la Constitution et le Président annonça qu'il soumettrait la question au CC. Les neuf Sages dussent-ils être du même avis que Debré, que Giscard d'Estaing se serait résolu à demander au Parlement national un amendement substantiel à la Constitution. Mais il n'eut pas besoin d'aller si loin ; en moins de trois ans, entre 1977 et 1980, il promut juges constitutionnels André Ségalat et Georges Vedel. Le premier était un proche qui devait être à l'origine de la reconnaissance de l'applicabilité directe du droit communautaire dans l'ordre juridique interne[40]. Le second, un constitutionnaliste proche de l'AJE et ancien conseiller juridique de la délégation française lors des négociations sur les traités de Rome, avait prôné dès 1972 l'extension du pouvoir législatif de l'APCE par le biais de l'élection directe de ses membres[41]. Sentant la nécessité de renforcer ses moyens de lutte, Debré fit entrer non seulement Foyer, mais aussi d'autres gaullistes et camarades du CE comme Jean-Jacques de Bresson et Étienne Burin des Roziers au CIUF. Chef du service juridique du Quai d'Orsay dix ans auparavant, de Bresson avait alerté les milieux gaullistes sur le recours abusif que faisait la juridiction judiciaire de l'article 177[42]. Pour l'heure, Debré avait le projet de Giscard d'Estaing à l'esprit. Sa défiance se trouva renforcée lorsque Lecanuet déclara en décembre 1976 que l'APCE serait portée, du fait de son élection au suffrage universel direct, à élargir le champ de ses compétences. Quatre années plus tôt, Burin des Rozier avait justement souligné le danger d'un élargissement des compétences

39 Professeur Jean Raux lors d'un entretien téléphonique avec l'auteur le 29 mars 2012.

40 AN, fonds CC (20040168/8), décision 77–90 DC du 30 décembre 1977 relative au projet de loi de finance rectificative pour 1977.

41 Philippe Lemaître, « Le rapport Vedel propose d'associer le Parlement européen au pouvoir législatif exercé par le conseil des ministres », *Le Monde,* 21 avril 1972.

42 Archives diplomatiques de La Courneuve, fonds Couve de Murville (12QO/70), lettres des 5 décembre 1966 et 12 mai 1967.

communautaires synonyme d'extension des pouvoirs de la CJCE[43]. C'est pourquoi la première des priorités du CIUF serait de contrer ce projet, si nécessaire en exigeant une modification du traité de Rome[44].

Pendant ce temps au Luxembourg, Touffait suivit les conclusions de l'avocat général Henri Mayras au sujet de l'extension de la doctrine *Van Gend en Loos* de 1963 dans l'arrêt 51/76 du 1er février 1977. Détaché à la CJCE par le CE, Mayras conseilla de donner un effet immédiat à tout article du traité de Rome et aux directives non encore appliquées dans les lois nationales des États membres[45]. En agissant ainsi, il réaffirma le principe de la primauté du droit communautaire et neutralisa de ce fait la doctrine et la stratégie officielle du Conseil d'État. De retour dans l'arène nationale, son collègue du CE, Aurillac, ne semble pas avoir participé au CIUF naissant. Bien qu'il ait été d'accord avec Debré que « la direction de la construction européenne [devait] demeurer entre les mains des représentants des États », il ne partageait pas son opinion selon laquelle le projet de loi sur des élections directes à l'APCE serait une menace pour la souveraineté nationale[46]. Ce fut donc seul que Debré mena son combat au sein du Parlement au printemps 1977. En accusant la CJCE d'affirmer constamment « la supériorité [...] des règles juridiques internationales », Debré soulignait l'influence négative qu'elle avait sur le droit national alors que la Cour de cassation venait d'initier « une jurisprudence très supranationale » avec l'arrêt *Jacques Vabre*[47]. Mais ses efforts furent vains : le projet de loi fut rapidement approuvé et ratifié par le Parlement[48].

Cette décision entraîna une réaction des souverainistes. Officiellement lancé en novembre 1977, le CIUF avait deux objectifs : au niveau européen, présenter une liste de candidats aux élections de l'APCE de 1979 ; au niveau national, tenir des réunions publiques dans les principales villes de France[49]. Vers la fin de l'année, même l'esprit de mai 68 parut s'impliquer dans cette lutte. Pour faire suite à l'action de Daniel Cohn-Bendit contre le Quai d'Orsay, le tribunal administratif de Paris (TAP) s'empara

43 AN, fonds Georges Pompidou (5AG2/65), Conseil restreint du 1er juin 1972, dossier Édouard Balladur.

44 Michel Debré, *Trois Républiques pour une France. Mémoires*, t. 5 : *Combattre toujours, 1969–1993*, Paris, Albin Michel, 1994, p. 179.

45 Directive du Conseil n° 67/228/CEE du 11 avril 1967.

46 AN, fonds Aurillac (365AP125), Club 89 bulletin n° 3 du 13 janvier 1982.

47 Archives Assemblée nationale, séances du 14 juin 1977.

48 Loi n° 77–729 (*JO* du 8 juillet 1977) 3579.

49 Michel Debré, *Trois Républiques pour une France*, t. 5, *op. cit.*, p. 176–180.

de l'article 177. Par l'entremise du Quai d'Orsay, le TAP demandait à la CJCE de juger si l'arrêté d'expulsion pris contre Cohn-Bendit en mai 1968 était compatible avec les dispositions d'une directive communautaire concernant les restrictions de libre circulation[50]. Au-delà du cas en cause, c'était l'interprétation même du traité de Rome qui était en jeu. Fin 1975, Lecourt, qui présidait alors la CJCE, avait en effet ouvert la voie à l'extension du principe d'immédiateté en incluant les directives se rapportant à la liberté de circulation à l'intérieur de la CEE[51]. Pendant ce temps, Aurillac était élu à l'Assemblée nationale comme candidat de droite en mars 1978 et entrait dans la vie politique comme secrétaire à la Commission des lois, à l'époque où le parti de Chirac commençait à prendre un virage anti-européen. Vers la fin de l'année, les membres du RPR et du CIUF eurent l'intention de faire liste commune aux élections européennes de 1979. Le groupe s'appela Défense des Intérêts de la France en Europe (DIFE) et son but était de combattre tout débordement institutionnel supplémentaire[52].

Au beau milieu de cette mobilisation politique et juridique, le CE sembla réexaminer avec appréhension sa jurisprudence *Semoules* en déclarant dans l'arrêt *Croissant* du 7 juillet 1978 que les traités l'emportaient sur les lois nationales. Cependant, avant la fin de l'année, le CE retourna dans ses tranchées avec l'arrêt *Cohn-Bendit* du 22 décembre. Non seulement le CE annula la question préjudicielle que le TAP avait adressée à la CJCE l'année précédente, mais de plus le Quai d'Orsay n'aurait en fait jamais fait parvenir cette demande à la Cour de Luxembourg[53]. L'arrêt contredit aussi la jurisprudence *Rutili* en déclarant que selon l'article 189 du traité de Rome une directive ne s'adresse qu'aux États membres et non aux particuliers. Le commissaire du gouvernement, Bruno Genevois, déclara néanmoins que le juge administratif devait respecter l'article 177 pour se familiariser avec le mécanisme de dialogue transnational. Le CE exclut la coopération juridique en refusant d'envoyer une question préjudicielle à la CJCE. Pour finir, il récusa de même l'application du principe d'immédiateté à la directive 64/221.

Au printemps 1979, la Commission européenne et la CJCE ripostèrent. Le président de la Commission, Roy Jenkins, informa le gouvernement

---

50 Directive du Conseil n° 64/221/CEE du 25 février 1964.

51 Arrêt CJCE 36/75 *Rutili c/ ministre de l'Intérieur*, 28 octobre 1975.

52 André Passeron, « M. Chirac conduira la liste DIFE », *Le Monde,* 25 janvier 1979.

53 Louis Dubouis, « Jurisprudence », *Revue trimestrielle de droit européen*, vol. 1, 1979, p. 178.

français de ses préoccupations à propos de l'autorité de la CJCE qui était sapée par le manque de coopération du CE. Sur le plan juridique, Touffait participa à la décision *Ratti* (148/78) qui, en confirmant la jurisprudence *Rutili*, était en totale contradiction avec l'arrêt *Cohn-Bendit* du CE. Fin mars 1979, le gouvernement plaida sa cause devant la Commission. Il souligna son ardeur à l'application uniforme du droit communautaire, tout en signalant que la divergence de points de vue entre le CE et la CJCE concernait avant tout la procédure. Il fit valoir que le CE reconnaissait la capacité de tout tribunal à procéder à un contrôle juridictionnel de la disposition d'une loi nationale adoptée conformément au droit communautaire, et ce même si la demande émanait d'un particulier. Avec une telle argumentation, le gouvernement s'attira une sérieuse critique de l'APCE. Sieglerschmidt fit remarquer en effet que cette capacité n'existait pas en l'absence d'une mesure d'exécution ou lorsque l'exécution résultait d'une disposition du droit national[54].

Les élections de 1979 à l'APCE furent catastrophiques pour le groupe DIFE qui ne recueillit que 16,3 % des suffrages. Chirac comprit qu'il se retrouverait isolé s'il restait avec Debré dans une posture anti-européenne. L'été 1979 marqua ainsi le début d'un processus de marginalisation pour Debré à l'intérieur du camp gaulliste. Quelques semaines plus tard au Luxembourg, Touffait participait à une décision soutenant la Commission contre la France à propos de la non-exécution de ses obligations dans l'organisation commune du marché du mouton[55]. Au sein du gouvernement, cet arrêt, attendu de pied ferme, représentait le parfait « exemple du gouvernement des juges » imposé par la CJCE[56]. Il ouvrit donc une période de tensions de plusieurs mois entre les plus hautes autorités politiques et juridiques françaises et européennes. Sur le plan politique, l'Élysée résista aux pressions de la Commission qui voulait obliger la France à respecter la décision de la CJCE[57]. Sur le plan juridique, le CE refusa à plusieurs reprises de faire usage de l'article 177 préservant ainsi sa jurisprudence *Semoules*[58].

54 AN, fonds Aurillac (365AP84).

55 Arrêt CJCE 232/78 *Commission c/ République française*, 25 septembre 1979.

56 FMJ (19950411/208), note interne du 9 mai 1979 sur la jurisprudence de la CJCE.

57 AN, fonds Valéry Giscard d'Estaing (5AG3/920), audience de M. Jenkins le 23 novembre 1979.

58 La décision *UDT* du 22 octobre 1979 en fut l'expression la plus notable. L'Union démocratique du travail souhaitait l'annulation d'un décret du 28 février 1979 relatif à l'élection des représentants à l'APCE.

Tandis que le Conseil d'État continuait de défier la CJCE, le duo Debré-Aurillac lançait une offensive de grande ampleur. Sur le front politique, Debré annonça en juin 1980 son intention de se présenter aux élections présidentielles de 1981 alors que « son » CIUF organisait des débats publics sur la souveraineté du droit français[59]. Sur le front juridique, Aurillac réussit à faire passer à l'Assemblée nationale, avec le soutien du nouveau Garde des Sceaux Alain Peyrefitte, un amendement éponyme réaffirmant le principe républicain de 1790 selon lequel les juges ne peuvent en aucun cas interpréter la loi[60]. C'est à cette même époque que Lecourt, promu juge constitutionnel par Poher, tira profit d'une loi déférée au CC pour aider Vedel, rapporteur de la saisine, à donner au Conseil d'État l'existence constitutionnelle sans laquelle son indépendance vis-à-vis des pouvoirs législatif et exécutif restait illusoire[61]. Quelques semaines plus tard, l'amendement Aurillac faisait l'objet de deux notes administratives relevant que ce texte cherchait en fait à mettre un terme au doute suscité par l'arrêt *Jacques Vabre*, en empêchant les juges de faire usage de l'article 55 de la Constitution. Soulignant que le projet de loi devait être examiné d'ici la fin de l'année 1980, les deux notes recommandèrent au gouvernement de se désolidariser d'un amendement qui lui ferait courir des risques politico-juridiques tant au niveau national qu'au niveau européen[62].

L'année 1981 fut l'occasion de sérieux revers politiques pour le courant souverainiste. Debré perdait les élections présidentielles face à François Mitterrand et quelques semaines plus tard Aurillac perdait son siège à l'Assemblée face au socialiste Michel Sapin. Mais ils pouvaient toujours compter sur la résistance juridique du Conseil d'État. Le CE refusa en effet d'envoyer une question préjudicielle à la CJCE sur une affaire pendante devant le Quai d'Orsay, considérant que seul ce dernier était compétent en la matière[63]. Le 1er septembre 1981, la Commission des lois de l'APCE publia le rapport Sieglerschmidt, qui n'était rien de moins qu'une attaque

59 Maurice Duverger, « Le gouvernement des juges européens », *Le Monde,* 20 septembre 1980 et Bernard Le Gendre, « À boulets rouges contre les juges européens », *Le Monde,* 23 septembre 1980.

60 Archives Assemblée nationale, amendement au projet de loi Peyrefitte portant réforme du Code de l'organisation judiciaire, séance du 9 octobre 1980.

61 AN, fonds CC (20040168/9), décision 80–119 DC du 22 juillet 1980 relative au projet de loi portant validation d'actes administratifs.

62 AN, fonds SGCI (20000292/38), notes du 16 octobre (SGCI) et du 3 novembre (service juridique du Quai d'Orsay) 1980.

63 Décision *Rekhou*, 29 mai 1981.

en règle contre la jurisprudence du CE[64]. Il exigeait des différentes juridictions françaises de contourner à la fois l'article 55 et leur obligation de se tourner vers le Quai d'Orsay avant de procéder à un renvoi préjudiciel devant la CJCE. Le rapport suggérait aussi de créer des mécanismes d'application qui inciteraient les tribunaux nationaux à renvoyer directement toutes les questions préjudicielles à la CJCE. Enfin, il reprochait au gouvernement français d'avoir mis en danger l'ordre juridique communautaire en refusant de se plier à l'arrêt 232/78 de la CJCE relatif au marché du mouton.

Pour le conseiller d'État Aurillac, le danger couru du fait d'un tel rapport était évident dans une France qui n'était plus sous « protection gaulliste ». Preuve en fut le sort réservé à « son » amendement éponyme. Un an après son adoption à l'Assemblée nationale, l'amendement n'était toujours pas inscrit au rôle du Sénat. Pour Aurillac, ce blocage était l'œuvre d'un lobby européen qui, avec l'appui du gouvernement socialiste, voulait à tout prix sauver la jurisprudence *Jacques Vabre* pour l'imposer un jour au Conseil d'État[65]. Cependant, il est fort probable que le précédent gouvernement conservateur ait été à l'origine de cette « impasse sénatoriale ». Giscard d'Estaing tenait à éviter d'entrer en conflit avec Bruxelles alors qu'il était en pleine campagne présidentielle. Quoi qu'il en soit, le moment était venu pour Aurillac de passer de l'action parlementaire à la seule résistance que lui laissait la perte de son mandat. Fin septembre, il cofondait le Club 89 avec des hommes politiques de droite très influents. C'était un cercle de réflexion visant à porter au pouvoir son ami de longue date, Chirac, et son parti gaulliste, le RPR. Mais en réalité, l'objectif était double. Au plan national, le Club 89 était une force d'opposition au régime socialiste, mais c'était aussi un forum pour recueillir des propositions et des idées à l'appui d'une construction européenne où les États membres pourraient continuer à jouer un rôle majeur.

Mais les archives apportent la preuve qu'Aurillac visait aussi le bastion que représentait le CE : c'était l'arène juridique et politique idéale pour réduire l'écart entre les jurisprudences *Semoules* et *Jacques Vabre* tant au niveau communautaire qu'au niveau national. L'affaire *Services techniques d'assurance* soumise au Conseil d'État en octobre 1981 lui donna l'occasion d'affronter le gouvernement socialiste sur l'impossibilité

64 Rapport n° 1-414/81.

65 Michel Aurillac, « Le dernier verrou de la souveraineté », *Le Monde*, 3 novembre 1989.

de conserver un système juridique national si contradictoire entre les plus hautes juridictions des ordres administratif et judiciaire. Aurillac cherchait également à montrer jusqu'à quel point l'antagonisme entre deux jurisprudences, celle du Conseil d'État et celle de la Cour de Luxembourg, était profondément enraciné. En effet, depuis un fameux arrêt de 1970, la CJCE scrutait continuellement les directives pour trouver des règles de droit directement applicables dans les ordres juridiques nationaux[66]. Cette guerre de territoire entre le CE et la CJCE devait prendre fin. Aurillac exhorta donc ses pairs à prendre position sur cette question majeure. Si le CE n'était pas disposé à aligner sa jurisprudence sur celle de la Cour de cassation, ils devraient alors demander au gouvernement français de modifier le traité de Rome. Mais les juges administratifs n'eurent pas l'occasion de se prononcer, puisque le requérant ayant abandonné son action, l'affaire ne dépassa jamais l'étape du rapport[67].

Au terme de cette courte étude, nous espérons avoir démontré comment l'analyse de réseaux informels et de leurs acteurs nous donne un nouvel aperçu des forces qui ont façonné la réception de la pratique constitutionnelle de la CJCE dans notre droit. La mise en évidence des tensions politiques sous-jacentes aux controverses juridiques révèle à quel point la réception du droit communautaire en France fut le fruit d'une âpre lutte nouée aux niveaux national et supranational entre un nombre relativement restreint d'acteurs juridiques et institutionnels. Les motivations idéologiques et stratégiques de cette élite politico-juridique ont semblé jouer un rôle bien plus important dans le déroulement des événements que ne le laisse supposer le discours institutionnel classique qui considère l'autonomisation des juridictions de premier degré vis-à-vis des hautes juridictions comme la principale force motrice de la pénétration du droit communautaire dans les droits nationaux.

En premier lieu, le survol du contexte historique dans lequel les deux courants de pensée antagonistes se sont développés entre 1958 et 1975 confirme non seulement leur ancrage politique, gaulliste pour les souverainistes et démocrate-chrétien pour les supranationalistes, mais aussi les difficultés pour ces derniers à promouvoir le droit communautaire face à l'euroscepticisme d'un appareil administratif et judiciaire sous domination gaulliste. Une étonnante collusion entre acteurs pourtant théoriquement opposés vient nous rappeler la part de la contingence dans toute

66 Arrêt CJCE 9/70 *Franz Grad c/ Finanzamt Traunstein.*

67 AN, fonds Aurillac (365AP84).

causalité historique, mais nous renseigne aussi sur la vision condescendante du pouvoir gaulliste vis-à-vis de la CJCE au début des années 1960. Le développement d'une doctrine communautariste militante au milieu de la décennie appela une première réaction des gaullistes face à l'essor de la procédure préjudicielle (article 177), mais l'avènement de l'ère pompidolienne à la fin des années 1960 devait y mettre provisoirement un terme. Bien que les tenants du supranationalisme en aient profité pour impulser au sein même des ordres juridiques constitutionnel et judiciaire une pratique favorisant la primauté absolue du droit communautaire, ils ne réussirent pas à l'asseoir sur sa nature propre et durent se contenter d'une solution reposant sur la Constitution nationale avec l'arrêt *Jacques Vabre* en 1975.

En second lieu, bien que le courant souverainiste ait pu « surfer » sur la résistance du Conseil d'État et l'investissement de positions stratégiques au sein du Parlement pour lancer une offensive d'envergure culminant avec l'amendement Aurillac en 1981, l'inaptitude de ses membres d'une part à saisir les opportunités de nomination stratégique au sein des juridictions nationale comme supranationale, et d'autre part à nouer une relation politique moins tendue avec le pourvoir giscardien en limita grandement la portée.

En définitive, les données empiriques semblent ironiquement démontrer que la principale cause de la perte de vitesse des souverainistes au cours des années 1980 ne fut pas seulement due à leur antagonisme politique avec le pouvoir socialiste mais bien plutôt à la concordance de la raison d'État avec l'importance économico-politique de l'Acte unique européen au milieu de la décennie. Concordance qui devait déboucher sur la reconnaissance de la primauté absolue du droit communautaire par le Conseil d'État en 1989.

Alain FENET, Université de Nantes

Union européenne et droits des minorités : la permanence d'une ambiguïté

L'Europe entretient un rapport ancien avec la question des minorités comprises ici au sens de minorités ethniques, religieuses, linguistiques, fréquemment regroupées sous le vocable de minorités nationales[1]. Elles se sont multipliées en Europe avec la généralisation de l'État-nation, ne cessant d'être un objet de tensions internes et internationales. Elles perçoivent spontanément le processus de l'intégration européenne avec faveur. Celui-ci, créant un niveau de pouvoir au-dessus des États, implique une conception nouvelle de la souveraineté et conduit à un desserrement voire, comme certains l'espèrent, à une redéfinition du lien national, dont les minorités ne peuvent *a priori* que profiter. Cette perception est renforcée par l'émergence de la région, considérée comme un niveau de gestion pertinent sur un nombre croissant d'objets, une évolution favorisée par les institutions européennes. Pour les minorités territoriales suffisamment nombreuses, elle constitue un lieu de pouvoir à saisir pour exprimer leurs différences et gérer leurs intérêts particuliers.

L'idée d'une citoyenneté européenne entre parfaitement dans cet ensemble de représentations. Elle semble servir le projet plus ample d'une citoyenneté s'exerçant, conformément au principe de subsidiarité, aux trois niveaux, régional, national, européen. Sa création par le traité de Maastricht

---

1 La situation très particulière des Roms, faisant l'objet d'un autre article, n'est pas étudiée ici. Les Roms sont considérés comme une minorité européenne posant un problème européen, conduisant la Commission à lancer, tardivement, une politique suivie dans leur direction. Dans une communication de 2011, approuvée par le Conseil européen, elle affirme que l'amélioration de la situation des Roms est un « impératif social et économique » pour l'Union. Pour y répondre, elle pose un cadre d'action dans lequel les États doivent développer une stratégie d'intégration conforme aux valeurs et objectifs de l'Union ; communication du 5 avril 2011 sur un cadre de l'Union européenne pour les stratégies nationales d'intégration des Roms pour la période allant jusqu'à 2020, COM (2011) 173 final.

semble donc à la fois couronner une histoire harmonieuse entre l'Europe et les minorités et ouvrir une période nouvelle porteuse de développements plus marquants en leur faveur.

Cette vision idyllique doit être relativisée. On va d'abord voir que les relations entre la Communauté/Union européenne et les minorités ne sont pas aussi heureuses qu'on pourrait le croire, la réalité en étant fort contrastée. Dans ce contexte, la citoyenneté européenne apportée par le traité de Lisbonne renforce une ambiguïté présente dès l'origine.

Une réalité contrastée

L'Europe construite depuis les traités de Rome présente sur la question des minorités un double visage. D'un côté, elle affiche une bienveillance de principe, de l'autre, elle suit concrètement une pratique d'indifférence.

L'Europe bienveillante

La Communauté/Union européenne exprime une bienveillance de principe envers les minorités en ce qu'elle offre un cadre favorable à l'expression de leurs intérêts et qu'elle affirme leurs droits dans l'ordre européen.

Un cadre favorable

Ce cadre favorable est juridique et institutionnel.

Le droit communautaire, directement contraignant pour les États membres et bénéficiant d'un contrôle juridictionnel efficace, a été mis au service de la réalisation d'un marché unique selon les principes du libéralisme économique. Le régime de la libre concurrence qu'il impose s'appuie sur le principe de non-discrimination. Par là, le droit communautaire apporte aux minoritaires une protection générale contre les discriminations dont ils pourraient souffrir dans l'ordre économique. De plus, en abolissant les barrières économiques entre les États membres, le marché unique présente l'avantage de permettre aux minorités partagées entre deux ou plusieurs États de rétablir ou d'intensifier des relations compromises par la frontière.

L'Union européenne apporte aussi aux minorités la garantie d'un ordre juridique démocratique, assurant le respect général des droits de l'homme. Elle les met ainsi, en principe, à l'abri des discriminations et des mesures brutales d'assimilation forcée, sans parler des violences criminelles que le XXe siècle a vu resurgir dans l'actualité européenne.

La garantie des droits de l'homme dans l'ordre juridique communautaire fut à l'origine une œuvre jurisprudentielle, la Cour de Luxembourg s'appuyant de façon de plus en plus explicite sur la Convention européenne des droits de l'homme (CEDH), adoptée en 1950 dans le cadre du Conseil de l'Europe, ainsi que sur l'interprétation évolutive qu'en a faite la Cour européenne des droits de l'homme de Strasbourg. L'expansion du droit communautaire a cependant rendu nécessaire l'inscription des droits de l'homme dans les traités eux-mêmes[2]. Mais il faut attendre l'adoption de la Charte européenne des droits de l'homme en 2000 pour que l'UE se dote d'un catalogue raisonné des droits et libertés[3]. Le traité de Lisbonne parachève en 2007 l'évolution, en disposant que « l'Union reconnaît les droits, les libertés et les principes énoncés dans la Charte des droits fondamentaux » et lui donne « la même valeur juridique que les traités » (art. 6)[4].

Ce même article prévoit que l'Union adhère à la CEDH, un projet envisagé depuis de très nombreuses années. Cette adhésion pose de délicats problèmes d'articulation entre les deux textes, que devra résoudre une saine collaboration entre les Cours de Strasbourg et de Luxembourg. Le droit communautaire devrait en tout état de cause bénéficier de la jurisprudence de la Cour de Strasbourg manifestant une certaine ouverture à la situation des minorités dans l'application des droits de l'homme[5].

2 Traité de Maastricht, art. F, § 2, mention reprise dans les traités d'Amsterdam et Nice.

3 Parmi une abondante littérature, on peut se reporter à l'ouvrage de Jean-Yves Carlier, Olivier De Schutter (dir.), *La Charte des droits fondamentaux de l'Union européenne – Son apport à la protection des droits de l'homme en Europe*, Bruxelles, Bruylant, 2002.

4 Peut-être n'est-il pas inutile ici de rappeler que, depuis le traité de Lisbonne, il convient de distinguer entre le traité sur l'Union européenne (TUE) et le traité sur le fonctionnement de l'Union européenne (TFUE).

5 Voir Julie Ringelheim, *Diversité culturelle et droits de l'homme, La protection des minorités par la Convention européenne des droits de l'homme*, Bruxelles, Bruylant, 2006. Paul Tavernier, « Quelques réflexions sur la protection des minorités par la Cour européenne des droits de l'homme », in Anne-Sophie Lamblin-Gourdin, Éric Mondielli (dir.), *Un droit pour des hommes libres, Études en l'honneur du Professeur Alain Fenet*, Paris, LexisNexis Litec, 2008, p. 253 *sq*.

Cette ouverture devrait être facilitée par le traité de Lisbonne affirmant le respect des droits de l'homme, « y compris des droits des personnes appartenant à des minorités » (art. 2 TUE)[6]. Cette mention est remarquable. Elle introduit pour la première fois une référence aux droits des minoritaires dans l'ordre communautaire. Elle pourrait servir de base à des développements juridiques en leur faveur. Elle fournit de toute façon une référence à leurs revendications.

À noter enfin que cet engagement de l'UE pour les droits de l'homme s'est traduit institutionnellement par la création en 2007 d'une Agence des droits fondamentaux, installée à Vienne. Cet organe nouveau est chargé de « fournir aux institutions de la Communauté ainsi qu'aux États membres dans le champ d'application du droit communautaire une assistance et des compétences en matière de droits fondamentaux, afin de les aider à respecter ces derniers lorsqu'ils prennent des mesures ou définissent des actions »[7]. Dès ses premiers travaux, l'Agence a accordé une attention particulière à la situation des Roms.

Dans ce contexte, si la totalité des droits de l'homme profite aux minoritaires, certains permettant la vie du groupe sont d'un avantage particulier. Il s'agit des libertés de pensée, d'expression et d'information, de religion, de réunion et d'association, de manifestation, ainsi que du droit à l'éducation. Ces droits ont fait l'objet d'une jurisprudence protectrice de la Cour. Mais c'est surtout la jurisprudence relative au principe de non-discrimination qui doit être signalée. Abordée sous cet angle, la notion d'égalité prend une valeur dynamique, tenant compte dans une certaine mesure de la situation concrète du requérant. L'égalité formelle devant la loi est ainsi relayée par une conception matérielle de la non-discrimination, que la Cour formule dès 1963 dans un « énoncé en forme canonique » qui ne cessera de la guider par la suite[8]. Elle sera aidée dans cette approche par le développement

6 Texte de l'article 2 : « L'Union est fondée sur les valeurs de respect de la dignité humaine, de liberté, de démocratie, d'égalité, de l'État de droit, ainsi que de respect des droits de l'homme, y compris des droits des personnes appartenant à des minorités. Ces valeurs sont communes aux États membres dans une société caractérisée par le pluralisme, la non-discrimination, la tolérance, la justice, la solidarité et l'égalité entre les femmes et les hommes ».

7 Florence Benoît Rohmer, « L'Agence des droits fondamentaux de l'Union européenne, une boussole pour l'Union en matière de droits fondamentaux », *L'Europe des libertés*, n° 34, janvier 2011, p. 2 *sq.*

8 Rémy Hernu, *Principe d'égalité et principe de non-discrimination dans la jurisprudence de la Cour des Communautés européennes,* LGDJ, 2003, p. 489. CJCE,

du droit communautaire abordant progressivement les questions sociales. Dans cette évolution, deux directives relatives à l'égalité de traitement sont d'une importance particulière, celle relative à l'égalité de traitement entre les personnes sans distinction de race, ou d'origine ethnique étant plus directement pertinente pour notre sujet[9].

Le système institutionnel ne comprend évidemment pas d'organe représentant les minorités. Celles-ci ont cependant les moyens d'y défendre leurs intérêts.

Elles le font d'abord par la pratique du *lobbying* permettant à toutes sortes d'intérêts de s'exprimer auprès des institutions européennes en vue d'influencer leurs décisions. Pour certaines minorités, cette pratique s'est inscrite dans un mouvement de représentation des collectivités territoriales, essentiellement les régions. Installées à Bruxelles, ces représentations, aux noms variés, sensibilisent les institutions aux préoccupations de leurs populations qui peuvent être minoritaires dans leur État mais majoritaires dans la région concernée. Certaines disposent de moyens humains importants.

Mais la représentation se fait aussi à l'intérieur du système. On la trouve dans le Comité des régions, organe à caractère consultatif composé de représentants des collectivités régionales et locales où des minorités sont parfois majoritaires. Leurs représentants disposent ainsi d'une tribune où exprimer leurs revendications et donner un contenu au thème de l'Europe des régions. Ils pèsent sur l'orientation des avis donnés par le Comité. De fait, celui-ci s'est régulièrement fait le défenseur de la diversité culturelle dans l'Union.

Mais, bien avant lui, c'est le Parlement européen qui a assumé ce rôle. Les députés européens sont élus au suffrage universel direct différemment

---

17 juillet 1963, *Italie c/Commission*, 3/63, *Rec.*, p. 334 : « […] Le traitement différent de situations non comparables ne permet pas de conclure automatiquement à l'existence d'une discrimination » ; « […] une apparence de discrimination formelle peut donc correspondre en, fait, à une absence de discrimination matérielle » ; « […] la discrimination matérielle aurait consisté à traiter soit de manière différente des situations similaires, soit de manière identique des situations différentes » *Rec.*, p. 360.

9 Directive 2000/43 du Conseil du 29 juin 2000, relative à la mise en œuvre du principe de l'égalité de traitement entre les personnes sans distinction de race ou d'origine ethnique, *Journal officiel des Communautés européennes* (*JOCE*), n° L 180, 19 juillet 2000, p. 122. Directive 2000/78 du Conseil du 27 novembre 2000, portant création d'un cadre général en faveur de l'égalité de traitement en matière d'emploi et de travail, *JOCE*, n° L 303, 2 décembre 2000, p. 16.

selon les États membres : ils peuvent concourir soit sur une liste nationale, soit dans le cadre de circonscriptions locales. Celles-ci peuvent être des régions à peuplement minoritaire dominant, lequel va ainsi disposer d'une représentation au niveau européen et pouvoir y exprimer ses préoccupations. Le nombre et la diversité des appartenances politiques de ces représentants leur ont permis d'avoir une influence certaine sur le Parlement où ils ont bénéficié d'une écoute bienveillante. Ils exercent leur influence individuellement dans le cadre des commissions, particulièrement celle de la culture, très réceptive au thème de la diversité culturelle. Ils se réunissent aussi dans un intergroupe qui œuvre pour la promotion de la diversité culturelle dans les politiques de l'Union et pour la défense des langues et cultures régionales ou minoritaires[10]. Dans le parlement actuel, cet intergroupe compte une cinquantaine de députés, sous l'intitulé *Minorités nationales traditionnelles, régions constitutionnelles et langues régionales*[11].

Une idéologie favorable aux droits des minorités

Celle-ci s'est développée dans le contexte d'une évolution de la pensée juridique relative aux minorités. Après avoir été rejeté dans le cadre de la garantie universelle des droits de l'homme inaugurée par la Déclaration de 1948, le besoin d'une protection spécifique des minorités s'est à nouveau imposé en Europe au vu des violences consécutives à l'effondrement du bloc soviétique. Une préoccupation plus universelle est venue s'y ajouter : la préservation de la diversité culturelle. Un consensus européen s'est ainsi établi sur le respect des minorités, tandis que le droit international prohibe désormais l'assimilation forcée. Le Conseil de l'Europe a développé une activité soutenue dans ce domaine, aboutissant à l'adoption de deux conventions, la Charte européenne des langues régionales ou minoritaires

10 La création de cet intergroupe remonte à l'année 1983. Les intergroupes rassemblent sur un objet particulier des députés d'appartenances politiques différentes mais réunis par des préoccupations identiques en la matière. Ils mènent une activité d'information, de contact avec les acteurs dans le domaine considéré et d'influence sur les travaux du Parlement. L'intergroupe *Minorités nationales traditionnelles, régions constitutionnelles et langues régionales* a élu le 19 janvier 2012 deux nouveaux co-présidents : Csaba Tabajdi, du groupe socialiste, et François Alfonsi du groupe Verts/ALE.

11 Les députés de l'intergroupe sont basque, catalan, corse, galicien, gallois, hongrois de Roumanie, hongrois de Slovaquie, sarde, sud tyrolien, suédophone de Finlande, etc.

et la Convention-cadre pour la protection des minorités nationales, adoptées respectivement en 1992 et en 1994. La Communauté européenne n'est pas restée à l'égard de cette évolution : l'affirmation des droits des minorités y a été suivie de la reconnaissance de ces droits.

Cette affirmation est d'abord venue du Parlement européen. Il a adopté, sur trois décennies, une succession de rapports suivis de résolutions[12]. Il y fait pression sur la Commission et le Conseil et sur les gouvernements des États membres pour des avancées dans ce domaine, par exemple sous la forme d'une charte des droits des minorités ethniques, d'une charte des langues et cultures régionales ou d'une charte des droits des groupes ethniques. Il les justifie au nom de la défense du patrimoine culturel européen et du droit à l'identité culturelle. Il voit aussi dans la protection des droits des minorités un moyen de renforcer la cohésion des peuples d'Europe. Quelle que soit l'approche suivie dans les différents rapports, des mesures très précises sont détaillées en faveur des langues et cultures régionales dans l'enseignement, les services publics, les moyens de communication de masse, la toponymie, la coopération transfrontalière. De façon générale, ils reposent sur la conviction que la construction européenne ne peut être complète si elle ne prend pas en compte la diversité européenne au niveau infra-étatique.

Les résolutions du Parlement européen n'ont certes qu'une valeur politique. Elles présentent cependant l'intérêt de créer un climat favorable aux revendications des minorités. Leur répétition développe un discours qui prend progressivement valeur d'évidence, mettant en posture défensive les États, comme la France, qui n'y souscrivent pas.

La reconnaissance des droits des minorités est largement due aux événements consécutifs à l'effondrement du bloc soviétique. Les États d'Europe orientale qui ont retrouvé leur souveraineté ou leur liberté politique ont voulu se faire reconnaître par la Communauté. Ils ont dû pour cela satisfaire des exigences posées par celle-ci, en particulier avoir une base démocratique et garantir les droits des groupes ethniques et nationaux et des minorités[13].

---

12 Rapport Arfé en 1981, rapport Kuijpers en 1987, rapport Reding en 1990, rapport Killilea en 1994, et d'autres jusqu'à un rapport de M. Alfonsi, sur « la diversité culturelle et les langues menacées de disparition ». Ce rapport a été adopté par le Parlement européen le 11 septembre 2013 par 645 voix pour, 26 contre dont 14 députés français, et 29 abstentions.

13 Déclaration du Conseil des ministres du 16 décembre 1991, relative aux « lignes directrices sur la reconnaissance des nouveaux États en Europe orientale et en

Il en fut de même des États issus de l'éclatement de la Yougoslavie. La Commission dite d'arbitrage, établie par la Communauté européenne pour s'exprimer sur leur demande, affirma l'existence du droit des minorités à conserver leur identité et exigea qu'elles bénéficient dans les nouveaux États d'un niveau de protection approprié[14]. Cette exigence s'est retrouvée dans les conditions mises pour ces États à leur adhésion à la Communauté. En juin 1993, le Conseil européen tenu à Copenhague en fixe les critères, et parmi ceux-ci la protection des minorités et le respect de leurs droits.

Il en résulte que dans l'Union coexistent deux catégories d'États, ceux pour lesquels la reconnaissance des droits des minorités a une signification réelle qu'ils ont dû traduire dans leur droit et leurs pratiques et ceux pour lesquels elle est une coquille vide. Certes, le respect des critères de Copenhague « ne correspond pas à l'affirmation d'une norme propre de l'ordre juridique de l'Union européenne mais à une condition de prévention des conflits entre États membres, donc à une logique de maintien de la paix comme condition préalable à la solidarité européenne »[15]. On voit aussi que la qualité de l'engagement de certains États s'affaiblit avec le temps. Il n'en subsiste pas moins qu'une dualité a été créée sur le sujet, qui fut dénoncée comme une inégalité entre États membres.

Devenue condition d'adhésion, la reconnaissance des droits des minorités a logiquement conduit à leur affirmation dans le texte constitutif. Désormais le « respect [...] des droits des personnes appartenant à des minorités » fait partie des valeurs sur lesquelles est fondée l'Union européenne (art. 2 TUE cité *supra*), une affirmation dont on est en droit d'attendre des effets pratiques.

Cette affirmation devrait en effet soutenir une interprétation dynamique en faveur des minorités de diverses autres dispositions de portée plus générale, selon lesquelles l'Union « combat l'exclusion sociale et les discriminations » (art. 3.3 TUE), « respecte la richesse de sa diversité culturelle et linguistique, et veille à la sauvegarde et au développement du

---

Union soviétique » ; texte in *Revue générale de droit international public* (*RGDIP*), 1992/1, p. 261 et 263.

14 Sur ces développements, voir notre contribution « Le droit européen des minorités », in Alain Fenet (dir.), *Le droit et les minorités – Analyses et textes,* Bruxelles, Bruylant, 2e édition, 2000, particulièrement p. 192 *sq*.

15 Patrick Daillier, « Les minorités nationales dans l'Union européenne – vers une nouvelle problématique ? », in Stéphane Doumbe-Billé, Habib Ghérari, Rahim Kherad (dir.), *Droits, liberté, paix, développement : mélanges en l'honneur de Madjid Benchikh*, Paris, Pédone, 2011, p. 92.

patrimoine culturel européen » (*id.*), « contribue à l'épanouissement des cultures des États membres dans le respect de leur diversité nationale et régionale » (art. 167.1 TFUE), « respecte la diversité culturelle, religieuse et linguistique » (art. 22 Charte des droits fondamentaux) et, pour que tout ceci ne reste pas lettre morte, « tient compte des aspects culturels dans son action au titre d'autres dispositions des traités, afin notamment de respecter et de promouvoir la diversité de ses cultures » (art. 167.4 TFUE). Il en va de même pour les dispositions réaffirmant que l'Union combat toute discrimination fondée notamment sur la race ou l'origine ethnique, la religion ou les convictions (art. 10 et 19 TFUE) ou, dans une autre formulation, fondée notamment sur la race, la couleur, les origines ethniques, l'appartenance à une minorité nationale (art. 21 Charte des droits fondamentaux).

Mais au regard de ces positions de principe apparaît l'autre face que montre la Communauté/Union européenne envers les minorités, celle de l'indifférence.

L'Europe indifférente

Cette indifférence s'observe dans le délaissement des actions spécifiques, l'absence de mise en forme juridique des affirmations de principe, et dans les effets négatifs pour la diversité culturelle produits par le droit économique.

Le délaissement des actions spécifiques

Le Parlement européen avait ouvert dès 1963 une ligne de crédits en faveur d'actions pour la « promotion et sauvegarde des langues régionales et minoritaires ». Pour les attribuer, il s'appuyait sur une institution originale, le Bureau européen pour les langues moins répandues (BELMR), faisant le lien entre les services de la Commission et les associations de langues bénéficiaires[16]. Cette pratique a cependant été jugée non conforme au droit financier de l'Union et, depuis l'an 2000, les lignes budgétaires spécifiquement vouées à la préservation des langues minoritaires ont été supprimées. Il en résulte que les demandes d'aide européenne à des actions en faveur de minorités doivent transiter par les programmes généraux qui

16 Pour plus d'information sur le BELMR voir notre contribution *in* Alain Fenet (dir.) *Le droit et les minorités – Analyses et textes, op. cit.*, p. 223.

ne leur sont pas adaptés. Ceux-ci posent en effet des conditions qui ne correspondent pas à la situation des langues et cultures régionales ou minoritaires et supposent des moyens que leurs organisations ne possèdent pas. La chute des actions éligibles ne s'est pas fait attendre, à un point tel qu'il n'est plus possible de parler d'aide financière de l'Union aux langues et cultures minoritaires. Devant cette situation, le Parlement européen a pressé la Commission pour que leur soient réservés des fonds, notamment pour créer une agence des langues, demandes qui sont restées sans suite. Le BELMR en a tiré la conclusion qu'il n'avait plus qu'à prononcer sa dissolution, chose faite en janvier 2010.

Pour renverser cette situation, le rapport Alfonsi adopté par le Parlement européen en 2013, fait des propositions détaillées, de sorte que les différents programmes et fonds européens (Erasmus, FSE, FEDER, etc.) viennent effectivement en soutien des politiques menées en faveur des langues minoritaires.

L'inexistence d'un droit particulier pour les minoritaires

La garantie des droits de l'homme ne se prêtant qu'indirectement à une prise en compte des intérêts spécifiques des minoritaires, ceux-ci ne sont pas véritablement protégés par le droit communautaire ; on n'y trouve pas de normes équivalentes à celles figurant dans les deux conventions susmentionnées du Conseil de l'Europe. Le traité de Lisbonne n'a pas changé la situation. En effet, si le TUE range en son article 2 le respect des droits des minorités parmi les valeurs fondant l'Union, il n'en tire pas de traductions juridiques concrètes. Quant à la Commission, elle n'a fait depuis aucune proposition en ce sens.

Dès lors, les démarches entreprises par des minoritaires auprès de la Commission vont à l'échec. Ce fut le cas de la plainte déposée en 2010 par des organisations bretonnes demandant à la Commission de constater les manquements au droit communautaire résultant selon elles de la manière dont l'État français traite la minorité bretonne, ce traitement étant jugé source de discriminations et de pratiques contraires aux principes énoncés par l'article 2[17]. La Commission refusa de donner suite à leur plainte en

17 Quatre associations, Bretagne réunie, Kevre Breizh, l'Institut culturel de Bretagne et le Collectif breton pour la démocratie et les droits de l'homme ont déposé en juin 2010 une plainte argumentée tendant à ce que la Commission intente contre l'État français un recours en manquement au droit communautaire. Quatre réponses

affirmant qu'elle ne disposait pas de base juridique pour exercer une compétence dans ce domaine. Pour fonder sa position, elle adopte une interprétation étroite du droit, alors que sa tendance générale est plutôt de revendiquer une interprétation extensive au détriment de la compétence des États. Elle remarque que « la reconnaissance des minorités relève de la compétence des États membres », ce qui ne lui était pas demandé explicitement. S'agissant des revendications linguistiques, « il n'existe pas [dit-elle] de disposition du droit de l'Union sur l'utilisation des langues dans les États membres », non plus que sur leur enseignement. Quant à la directive relative à la mise en œuvre du principe de l'égalité de traitement entre les personnes sans distinction de race ou d'origine, les situations évoquées dans le dossier de plainte « ne tombent pas dans le champ d'application de la directive. En particulier, la Commission estime qu'une différence de traitement basée sur l'usage des langues n'est pas susceptible en tant que telle de constituer une discrimination couverte par la directive 2000/43/C ». Cette estimation réduit les droits des minorités à la non-discrimination, conception pourtant dépassée sur le plan européen comme sur le plan mondial.

Cet ensemble d'analyses n'est tenu qu'en raison de l'absence de portée juridique attribuée à l'article 2 TUE, la Commission n'y voyant pas une disposition de droit applicable dont elle aurait la surveillance. Les plaignants sont renvoyés à leur État : il n'y a rien de nouveau dans le droit de l'Union pour améliorer la situation des minorités. On se trouve donc dans une situation où on affirme les droits des personnes appartenant à des minorités et où on refuse de s'interroger sur le contenu de ces droits. Pourtant, ce contenu est d'une certaine manière déjà donné : il est dans ce qu'on impose aux candidats à l'adhésion au titre des critères de Copenhague.

Les effets négatifs du droit économique

On sait que l'intégration a d'abord été exclusivement et reste essentiellement recherchée dans l'ordre économique. Le droit économique communautaire

sont parvenues dont l'une de Viviane Reding, vice-présidente de la Commission, Commissaire à la justice, aux droits fondamentaux et à la citoyenneté. Tout en justifiant le rejet, celle-ci dit recevoir le dossier de plainte comme l'informant sur « la situation de la minorité bretonne », tandis que son chef de cabinet relève que les plaignants réclament « une application uniforme du droit communautaire sur l'ensemble du territoire de l'Union afin que les Bretons, sur l'ensemble du territoire de la Bretagne, bénéficient des mêmes droits que les autres minorités nationales dans l'Union européenne ».

vise à réaliser l'unité du marché, notamment par la mise en œuvre du principe de libre concurrence. Dans cette entreprise, la Cour de justice a été un acteur déterminant. Elle a développé une jurisprudence privilégiant l'aspect économique dans les relations sociales, avec un effet uniformisateur des diversités sociales[18].

Cette approche est défavorable à la prise en compte de situations locales originales ou d'intérêts particuliers. Leur protection par le droit national est assimilable à une mesure d'effet équivalent à une restriction quantitative. Les politiques nationales de promotion culturelle sont ainsi perçues avec méfiance, la Commission n'admettant pas que la culture échappe par principe au droit du marché. On sait les tensions récurrentes qui en résultent avec la France depuis que celle-ci a mis en avant avec succès le thème de l'exception culturelle.

Si les cultures nationales se sentent menacées par le droit communautaire, les cultures régionales le sont *a fortiori*. La diversité linguistique est le plus directement concernée par l'expansion du droit économique. Elle peut en effet avoir une valeur d'obstacle à la libre circulation des marchandises comme des travailleurs. Lorsque des langues régionales sont bénéficiaires de dispositifs spécifiques de soutien ou de promotion, ceux-ci peuvent être jugés contraires au droit par la Commission et par la Cour à sa suite[19]. De même, l'étiquetage d'un produit en langue régionale n'échappe à la qualification de mesure entravant le commerce communautaire qu'à des conditions très restrictives déterminées par le principe de libre concurrence et la protection du consommateur[20]. Cette jurisprudence avait amené un auteur à constater que « l'Europe, et particulièrement la CEE, apparaît de plus en plus, pour les minorités autochtones dans les États membres, davantage comme une menace que comme un allié »[21].

Il est vrai que, depuis, la pratique s'est assouplie en matière d'aides à la culture et à la conservation du patrimoine, en application de diverses

18 Voir sur ce sujet Philippe Maddalon, *La notion de marché dans la jurisprudence de la Cour de justice des Communautés européennes*, thèse de droit, Amiens, 1998.

19 Voir sur ce sujet notre étude, « Diversité linguistique et construction européenne », *Revue trimastrielle de droit européen* (*RTD eur.*), n° 37/2, 2001, particulièrement p. 248 *sq.*

20 Voir par exemple, CJCE, 3 juin 1999, *Colim NV et Bigg's Continent Noord NV*, aff. C-33/97, point 44.

21 Bruno de Witte, « Surviving in Babel ? Languages rights and European integration », in Yoram Dinstein, Mala Tabory (dir.), *The protection of minorities and human rights*, La Haye, Martinus Nijhoff, 1992, p. 278.

dispositions du TFUE (voir art. 107.3) donnant effet à l'article 167.4 déjà cité, selon lequel « l'Union tient compte des aspects culturels dans son action au titre d'autres dispositions des traités, afin notamment de respecter et de promouvoir la diversité de ses cultures ». Dans quelques affaires, la Cour a effectivement montré une plus grande sensibilité à la dimension culturelle des politiques d'État qu'elle avait à apprécier[22].

La pratique d'ensemble reste cependant ambigüe. Une étude faite il y a quelques années estime que la culture « n'est en général pas considérée avec sérieux par le personnel » de la Commission[23]. Les choses n'ont pas substantiellement changé depuis[24]. La raison en est que les droits culturels prennent place, comme d'ailleurs tous les autres droits de citoyenneté, dans un ordre juridique qui a été structuré par le droit du marché. Pris en compte comme des obstacles justifiés à l'application des règles du droit économique, ils enrichissent le contexte dans lequel une situation est considérée sans en changer le cadre. Ils en restent tributaires, si bien qu'on a pu observer que « le développement du régime de la citoyenneté est intellectuellement entravé par le cadre dans lequel il est pensé »[25]. Une révolution ici est nécessaire, si on veut qu'ils constituent pour l'Union le fondement d'une véritable communauté d'appartenance[26].

---

22 Arrêt du 13 décembre 2007, *United Pan-Europe Communications Belgium e.a.*, C-250/06, Point 41 : « Une politique culturelle peut constituer une raison impérieuse d'intérêt général justifiant une restriction à la libre prestation des services ».

23 Note d'information sur l'application de l'article 151.4 du traité CE, Parlement européen, PE 389.585, 18 juin 2007.

24 C'est le Président de la Commission lui-même, Jose Manuel Barroso, qui traite de « réactionnaires » ceux qui s'opposent à ce que la culture fasse partie du mandat devant lui être donné pour négocier un traité de libre-échange entre l'UE et les États-Unis (*Le Monde*, 19 juin 2013). La même idéologie entretient dans les services de la Commission une hostilité sourde au prix unique du livre (voir « Initiative franco-allemande pour préserver le livre », *Le Monde*, 10 septembre 2013). L'Union est pourtant partie en tant que telle à la convention de l'UNESCO, adoptée en 2005, sur la protection et la promotion de la diversité des expressions culturelles.

25 Loïc Azoulai, « La citoyenneté européenne, un statut d'intégration sociale », in Gérard Cohen-Jonathan, Vlad Constantinesco, Valérie Michel (dir.), *Chemins d'Europe – Mélanges en l'honneur de Jean-Paul Jacqué*, Paris, Dalloz, 2010, p. 8.

26 Pour une présentation approfondie de la question et une appréciation plus positive, voir Jean-Christophe Barbato, *La diversité culturelle en droit communautaire : contribution à l'analyse de la spécificité de la construction européenne*, Aix-en-Provence, Presses universitaires d'Aix-Marseille, 2008.

Au total, le bilan de l'Union européenne en matière de protection des minorités apparaît décevant au regard du discours tenu à leur sujet[27]. La création de la citoyenneté européenne non seulement n'a pas clarifié son ambiguïté, mais elle l'a plutôt renforcée.

Une ambigüité renforcée

En venant non pas remplacer mais compléter la citoyenneté nationale, la citoyenneté européenne est une notion importante, dans la mesure où elle opère une dissociation entre la nationalité et la citoyenneté. Elle ne peut que satisfaire tous ceux qui, suivant des problématiques variables, fédéralistes, militants des droits de l'homme, défenseurs des minorités, cherchent à assouplir ou à redéfinir le lien avec l'État national[28]. La Cour de justice s'est attachée à en développer les potentialités en répétant que « le statut de citoyen de l'Union a vocation à être le statut fondamental des ressortissants des États membres »[29]. Pourtant, force est de constater que cette nouveauté a des effets limités et que ses potentialités sont fortement encadrées, son intérêt pour les minorités s'avérant dès lors problématique.

Les effets limités de la citoyenneté européenne

La citoyenneté européenne présente pour les minorités peu d'intérêt spécifique en raison de son apport réduit et de la pratique décevante du droit d'initiative citoyenne.

---

27 Avec des moyens juridiques plus limités, le Conseil de l'Europe a sans doute fait davantage pour faire avancer leur cause.

28 « La rupture du lien entre nationalité et citoyenneté est depuis longtemps revendiquée par ceux qui pensent que l'universalité des droits de l'homme impose l'universalité des droits du citoyen. Plus exactement la citoyenneté est alors le nom générique des droits humains fondamentaux ». François Borella, « Souveraineté nationale et pluralité des citoyennetés », in *Gouverner, administrer, juger – Liber amicorum Jean Waline*, Paris, Dalloz, 2002, p. 21–22.

29 Voir notamment CJE, C-144/04, *Mangold*, 2005, § 78 et CJE, 12 septembre 2006, *Espagne c. R.U.*, C-145/04.

Un apport spécifique réduit

La citoyenneté européenne ne signe pas une allégeance à une communauté politique que serait l'Union européenne, au demeurant peu chargée en éléments identitaires. Attachée à la résidence sur le territoire communautaire[30], elle donne des droits envers l'État national, des droits envers les autres États membres et des droits dans le système institutionnel de l'Union[31].

Or, « la plupart des droits de citoyenneté sont déjà consacrés par le droit communautaire »[32]. De plus, ils ne sont pas propres aux citoyens européens car attribués à toute personne, donc aussi aux étrangers. C'est le cas des droits de pétition et de saisine du médiateur, pouvant être exercés par toute personne physique ou morale résidant ou ayant son siège statutaire dans un État membre, du droit à une bonne administration et à réparation pour les dommages causés par une action de l'Union et du droit d'accéder aux documents. Certes, le droit de séjour et de circulation sur le territoire des États membres n'est attribué qu'aux citoyens de l'Union, mais c'est la Charte des droits fondamentaux elle-même qui, dans un second alinéa, incite qu'il en soit autrement en ajoutant que « la liberté de circulation et de séjour peut être accordée, conformément au traité instituant la Communauté européenne, aux ressortissants de pays tiers résidant légalement sur le territoire d'un État membre »[33].

---

30 Voir la démonstration qui en est faite par Myriam Benlolo Carabot, « Vers une citoyenneté européenne de résidence ? », *Revue des affaires européennes,* 2011/1, p. 7 *sq.*

31 Voir les articles 20 TFUE et 39 à 46 de la Charte des droits fondamentaux, ainsi que 11.4 TUE et 24 TFUE.

32 Francis Delpérée, « La citoyenneté : certitudes, contradictions et perspectives », in *Avancées et confins actuels des droits de l'homme aux niveaux international, européen et national – Mélanges offerts à Silvio Marcus Helmons*, Bruxelles, Bruylant 2003, p. 71.

33 La Charte rejoint ainsi une tendance déjà établie dans le droit de l'Union, pour favoriser l'intégration des ressortissants étrangers, voulant leur assurer un traitement « équitable » par « des droits et des obligations comparables à ceux des citoyens de l'Union européenne », selon les termes du Conseil européen de Tampere d'octobre 1999. Cette évolution trouve son origine dans des conventions passées avec certains pays tiers, elle s'inscrit dans des textes de droit secondaire, elle est encouragée par la jurisprudence de la Cour de Strasbourg tendant à limiter, dans l'application de la Convention européenne des droits de l'homme, les différences de traitement fondées sur la nationalité. Tout en procédant de deux logiques différentes, le statut des citoyens européens et celui des ressortissants tendent ainsi à se rapprocher. Voir la

Cette évolution, qui tend à rejoindre les droits de citoyenneté et les droits fondamentaux de tout individu, fait de la citoyenneté européenne une « notion mouvante »[34], largement privée de substance propre. Elle devrait être favorisée par l'adhésion de l'Union à la CEDH.

Pour les citoyens minoritaires, cette adhésion peut présenter un certain intérêt. Certes, la garantie universaliste des droits de l'homme se prête imparfaitement à la protection des minorités. Cependant, on sait que la Cour de Strasbourg, dans une jurisprudence prudemment évolutive, accepte de donner une interprétation extensive des droits garantis, qui satisfait parfois et dans une certaine mesure les intérêts spécifiques de requérants minoritaires[35]. L'Union et particulièrement sa Cour de justice devraient s'aligner sur l'esprit de cette jurisprudence conforme aux conceptions en vigueur, sauf à suivre une dualité de pratique néfaste dans ce domaine[36].

Au total, dans la liste des droits énoncés par l'article 20 TFUE, ne sont véritablement des droits nouveaux de citoyenneté que le droit de vote

---

communication dans ce colloque et la thèse de doctorat en droit d'Igor Lai, *Le statut des ressortissants des États tiers dans l'Union européenne,* Presses Académiques Francophones, 2013.

34 Selon l'expression d'Aymeric Potteau, in « Les perspectives pour la citoyenneté européenne de l'adhésion de l'Union à la Convention européenne des droits de l'homme », *Revue des affaires européennes*, 2011/1, p. 107. Voir également Jean-Denis Mouton, « Quelques réflexions sur l'Union européenne comme union de citoyens à partir de la jurisprudence récente de la juridiction communautaire », in Anne-Sophie Lamblin-Gourdin, Éric Mondielli (dir.), *Un droit pour des hommes libres, op. cit.*, p. 359–360.

35 La Cour a par exemple jugé que l'article 3 de la Convention, prohibant la torture et les peines ou traitements inhumains ou dégradants, était applicable aux traitements discriminatoires infligés à une minorité, dans la mesure où l'ensemble des conditions de vie qui en résulte pour cette population « heurte la notion même de respect de la dignité humaine de ses membres » (CEDH, *Chypre c/ Turquie*, arrêt du 10 mai 2001, § 309). Chronique de jurisprudence de la Cour européenne des droits de l'homme, année 2001, *JDI* I- 2002, p. 289 *sq.*

36 La CJUE a refusé de donner une interprétation extensive à la directive 2000/43, relative à la mise en œuvre du principe de l'égalité de traitement entre les personnes sans distinction de race ou d'origine ethnique, dans une affaire de transcription des noms et prénoms dans les actes d'état-civil. La Lituanie refusait en l'occurrence que soit utilisée la graphie polonaise pour un particulier appartenant à la minorité polonaise. La Cour a jugé que la réglementation en cette matière n'entrait pas dans le champ d'application de la directive (CJUE, 12 mai 2011, *Malgozata Runevic-Vardyn,* C-391/09).

et d'éligibilité[37] et le bénéfice de la protection diplomatique et consulaire. Mais il faut y ajouter le droit d'initiative citoyenne prévu par l'article 11 TUE (repris par l'article 24 TFUE).

La pratique décevante du droit d'initiative citoyenne

L'initiative citoyenne européenne vise à donner un contenu concret à l'affirmation que « tout citoyen a le droit de participer à la vie démocratique de l'Union »[38]. Le règlement d'application définit les conditions à remplir et met la Commission au centre du dispositif, en lui confiant la mission de soumettre « dans le cadre de ses attributions, une proposition appropriée sur des questions pour lesquelles des citoyens considèrent qu'un acte juridique de l'Union est nécessaire aux fins d'application des traités » (art. 2).

Les conditions sont rigoureuses. Afin que l'initiative soit « représentative d'un intérêt de l'Union », elle doit recueillir la signature d'au moins un million de citoyens en âge de voter aux élections du Parlement européen et provenant d'au moins un quart de l'ensemble des États membres. Un nombre minimal de signataires doit provenir de chaque État membre, ce nombre devant correspondre au nombre de députés au Parlement européen[39]. L'initiative doit être présentée par un « comité de citoyens », les organisateurs provenant d'au moins sept États membres. Ce comité désigne des représentants qui assureront la liaison avec les institutions de l'Union tout au long de la procédure (cons. 8).

---

37 Encore que ce point peut être nuancé dans la mesure où la Cour a jugé que le droit de vote et d'éligibilité au Parlement européen pouvait être exercé par des personnes n'ayant pas la qualité de ressortissant d'un État membre, des habitants de Gibraltar en l'occurrence, citoyens du Commonwealth n'ayant pas la citoyenneté britannique ; CJCE, 12 septembre 2006, *Espagne c. R.U.*, aff. C-145/04, 2006.

38 Article 10 TUE. Un règlement d'application a permis sa mise en œuvre effective : règlement du Parlement européen et du Conseil, n° 211/2011 du 16 février 2011, *Journal officiel de l'Union européenne* (*JOUE*), n° L 65 du 11 mars 2011. Voir Stéphane Leclerc, « L'initiative citoyenne européenne : un premier pas vers la démocratie participative dans l'Union européenne », in Chahira Boutayeb (dir.), *La Constitution, l'Europe et le droit en mouvement, Mélanges en l'honneur du Doyen Jean-Claude Masclet,* Paris, Publications de la Sorbonne, 2013, et Jacques Pertek, « L'initiative citoyenne : un pas vers la citoyenneté participative », *Revue des affaires européennes*, 2011/11, p. 71 *sq.* La communication dans le colloque portant sur l'initiative citoyenne nous dispense d'en faire une présentation détaillée.

39 En annexe du règlement, ce nombre est fixé pour chaque État, allant de 3 750 pour Malte à 74 250 pour l'Allemagne, soit 54 000 pour la France.

La Commission a la maîtrise de la procédure, de son lancement à son aboutissement. Elle procède d'abord à l'enregistrement de l'initiative, dans un délai de deux mois, au cours duquel elle vérifie que les conditions nécessaires sont effectivement remplies. Si elle refuse l'enregistrement, elle doit indiquer aux organisateurs les motifs de ce refus et les voies de recours éventuelles. Ce n'est qu'après cet enregistrement que peut commencer, pendant douze mois, la collecte des déclarations de soutien des citoyens, selon un formulaire obligatoirement utilisé. Quand les exigences de fond sont remplies, l'initiative est présentée à la Commission. Celle-ci dispose alors d'un délai de trois mois pour présenter « ses conclusions juridiques et politiques », et « l'action qu'elle compte entreprendre, le cas échéant, ainsi que les raisons qu'elle a d'entreprendre ou de ne pas entreprendre cette action » (art. 10).

L'initiative citoyenne pouvait constituer le moyen d'obtenir que soit donné un contenu concret à la notion de droits des personnes appartenant à des minorités. Le lancement d'une procédure fut effectivement décidé par un collectif d'organisations réunissant l'Union fédéraliste des communautés ethniques européennes (UFCE-FUEN), l'Alliance démocratique des Hongrois de Roumanie, le Parti populaire sud tyrolien et la Jeunesse des communautés ethniques européennes[40]. Au cours de l'année 2013, le comité des citoyens a été officiellement constitué et l'initiative a été déposée à la Commission européenne le 15 juillet, sous le nom anglais de *Minority safepack initiative.* Elle demande à l'Union européenne « d'adopter un ensemble de mesures juridiques en vue d'améliorer la protection des personnes appartenant à des minorités nationales et linguistiques et de renforcer la diversité linguistique et culturelle dans l'Union ». Dessinant les traits d'un statut européen des minorités ethniques, elle couvre de nombreux domaines du droit de l'Union. Sans entrer dans les détails, notons que la demande est très élaborée. Les thèmes suivants sont successivement abordés : langue, éducation et culture, politique régionale, participation,

40 Organisation fédérative fondée en 1949, l'UFCE rassemble 94 organisations à statuts divers dans 33 États dont 20 États membres de l'UE. Elle a statut participatif au Conseil de l'Europe et statut consultatif à l'ONU. La Jeunesse des communautés ethniques européennes regroupe 39 organisations de minorités. L'Alliance démocratique des Hongrois de Roumanie et le Parti populaire sud tyrolien ont une forte base sociale et politique ainsi qu'une pratique gouvernementale et administrative et ils sont représentés au Parlement européen. De nombreuses autres organisations se sont ralliées au projet dans le courant de l'année 2013.

égalité, audiovisuel et contenu des médias, soutien aux communautés minoritaires. Dans chaque chapitre, les mesures à prendre font l'objet de justifications, leur nature juridique est préconisée, de la simple recommandation au règlement, et la base légale indiquée.

La démarche semblait suffisamment bien construite pour ne pas être rejetée d'emblée par la Commission. L'enregistrement de l'initiative fut pourtant refusé au motif que son objet sort manifestement, selon la Commission, de ses compétences, le traité n'offrant pas de base légale aux mesures proposées. Pour les demandeurs, ce refus confirme la frilosité de la Commission en la matière et procède davantage de considérations politiques que de l'interprétation juridique.

L'encadrement de la citoyenneté européenne

Les potentialités de la citoyenneté européenne sont encadrées par l'ensemble du système juridique et institutionnel de l'Union et plus particulièrement par les dispositions relatives au respect de l'identité nationale des États membres.

L'encadrement par le système

Cet encadrement est particulièrement visible sur l'initiative citoyenne. Il faut d'abord rappeler que celle-ci ne peut porter que sur l'application des traités. Elle ne peut servir à en obtenir une modification. D'où l'importance de fournir une base légale à chaque demande. Ensuite, ainsi qu'on l'a souligné, la Commission occupe une place prépondérante dans la procédure. Le règlement ne fait que l'« inviter » à soumettre une proposition appropriée d'acte juridique. Elle n'y est pas contrainte, libre de ses appréciations dont elle doit certes fournir la justification.

Enfin et surtout, l'article 11 TUE rappelle que la Commission ne peut agir que « dans le cadre de ses attributions ». Cette disposition peut sembler superfétatoire, puisque l'Union dans son ensemble n'a de compétences que d'attribution, conférées par les États membres en vertu de leur souveraineté. Ce rappel témoigne cependant d'un paradoxe marquant la construction européenne depuis le traité de Maastricht : plus les États font apparaître la dimension politique de l'Union, plus ils sont soucieux d'affirmer leur qualité d'État souverain. Tout se passe comme si, s'engageant dans une intégration plus poussée, les États tenaient à rappeler qu'ils en gardaient le contrôle et qu'ils se donnaient les moyens pour cela. Cette méfiance va s'exercer sur les effets dynamiques que pourrait avoir la citoyenneté européenne.

Ce « retour des États » s'est exprimé par un repli identitaire dans la pratique des juridictions constitutionnelles de divers États membres, plaçant des garde-fous, lors de la ratification des traités, pour préserver l'identité constitutionnelle et prévenir d'éventuels débordements de compétences de la part de l'Union[41]. Il se manifeste aussi dans diverses dispositions des traités, tout particulièrement dans celles relatives au respect par l'Union de l'identité nationale de ses États membres (art. 4.2 TUE)[42].

Dans la mesure où subsiste l'exigence d'unanimité dans les domaines considérés essentiels à l'exercice de la souveraineté, on n'a d'abord vu dans ces dispositions qu'une expression politique du malaise des États, particulièrement dans celle relative à « une notion aussi fuyante et contingente » que l'identité nationale[43]. Mais il est vite apparu que leur caractère défensif, contre des implications non souhaitées du processus consenti d'intégration, pouvait acquérir un caractère juridique. En effet, dans une série

---

41 C'est le cas du Conseil constitutionnel français, dans des décisions du 19 novembre 2004 et du 27 juillet 2006. Pour le Conseil d'État par ailleurs, « la suprématie donnée aux engagements internationaux ne saurait s'imposer, dans l'ordre interne, aux principes et dispositions à valeur constitutionnelle », arrêt n° 287110, du 8 février 2007, *Arcelor* ; pour une interprétation nuancée de cet arrêt voir Jean Rossetto, « L'Union européenne face à l'identité constitutionnelle de la France », *Constitutions et pouvoirs – Mélanges en l'honneur de Jean Gicquel*, Paris, Montchrestien/Lextenso, 2008, p. 461 *sq.* Les juges constitutionnels d'autres États membres sont allés dans le même sens ; voir Jean Rossetto, *op. cit.* p. 459. Mais c'est la pratique du Tribunal constitutionnel allemand qui a le plus attiré l'attention dans une succession d'arrêts dénommés *Solange*, jusqu'à celui du 30 juin 2009 relatif au traité de Lisbonne, invoquant l'existence d'une conception exigeante de la démocratie particulière à l'Allemagne ; voir sur ce point Anne Levade, « Citoyenneté de l'Union européenne et identité constitutionnelle », *Revue des affaires européennes*, 2011/1, p. 103–104, et Jean Rossetto, *op. cit.*, p. 460.

42 Article 4.2 TUE : « L'Union respecte l'égalité des États membres devant les traités ainsi que leur identité nationale, inhérente à leurs structures fondamentales, politiques et constitutionnelles, y compris en ce qui concerne l'autonomie locale et régionale. Elle respecte les fonctions essentielles de l'État, notamment celles qui ont pour objet d'assurer son intégrité territoriale, de maintenir l'ordre public et de sauvegarder la sécurité nationale. En particulier la sécurité nationale reste de la seule responsabilité de chaque État membre ».

43 Sébastien Platon, « Le respect de l'identité nationale des États membres : frein ou recomposition de la gouvernance ? », *Revue de l'Union européenne*, n° 556, 2012/3, p. 158.

d'affaires où le respect de l'identité nationale pouvait être invoqué, la Cour de Luxembourg est allée au-devant des préoccupations des États, admettant que « la sauvegarde de l'identité nationale constitue un but légitime respecté par l'ordre juridique communautaire »[44]. Elle l'a fait dans une jurisprudence cherchant un équilibre avec les obligations générales de l'État membre et rappelant l'exigence de proportionnalité des mesures à l'objectif poursuivi : sans ces limites, le droit de l'Union irait à sa désintégration. À travers cette jurisprudence, « le respect de l'identité nationale apparaît progressivement comme un véritable principe d'interprétation du droit de l'Union européenne »[45]. Ce point est important, particulièrement pour la question des droits des minorités ; il mérite qu'on s'y arrête.

Le respect de l'identité nationale des États membres

Le respect de l'identité nationale des États membres introduit un facteur de différenciation dans l'ordre juridique de l'Union. En effet, il n'y a pas une identité nationale mais autant d'identités qu'il y a d'États membres, tributaires d'une variété de facteurs, historiques, politiques, idéologiques, sociaux, ethniques, ayant présidé à leur création et contribuant au maintien de leur unité. La notion d'identité des États trouve ainsi un contenu par le renvoi à « leurs structures fondamentales, politiques et constitutionnelles », selon les termes de l'article 4-2 TUE.

Dans les affaires qui lui ont été soumises, la Cour fait droit à cette variété. Il s'agit pour elle de trouver à chaque fois un équilibre entre le respect invoqué de l'identité nationale et d'autres intérêts juridiquement protégés comme la liberté de circulation, la libre concurrence, la dignité de la personne, etc. C'est ainsi qu'elle admet le souci de maintenir l'unité culturelle et l'entretien des valeurs traditionnelles du pays[46], justifie une politique poursuivant l'objectif de défendre et de promouvoir l'une ou plusieurs des langues officielles de l'État[47], considère que la protection de

---

44 CJCE, 2 juillet 1996, *Commission c/ Grand-Duché de Luxembourg*, aff. C-473/93.

45 Jean-Denis Mouton, « Quelques réflexions sur l'Union européenne… », *op. cit.*, p. 207. Pour Béligh Nabli, « L'identité nationale est devenue une catégorie juridique à part entière », in « L'identité (constitutionnelle) nationale : limite à l'Union européenne ? », *Revue de l'Union européenne*, n° 556, 2012/3, p. 211. Pour une opinion différente, voir Sébastien Platon, « Le respect de l'identité nationale des États membres », *op. cit.*

46 Affaire précitée, *Commission c/ Grand-Duché de Luxembourg,* points 30 *sq.*

47 Affaire précitée, *UTECA,* points 27 *sq.*

la langue officielle de l'État fait partie de son identité nationale[48], admet que l'interdiction du port de titre de noblesse puisse être un élément de l'identité nationale[49]. Sont ainsi reconnues légitimes des choses très différentes, comme, en matière linguistique, la défense de la langue nationale et la protection du multilinguisme. D'où l'extrême ambivalence que peut avoir le respect de l'identité nationale pour les minorités ; tout dépend de la place qui leur est faite dans cette identité. Elle n'est pas la même selon le mode d'organisation de l'État, le statut accordé à la diversité culturelle, la conception de l'égalité. Le respect de l'identité nationale semble donc barrer la route à la création d'un statut commun des minorités en Europe.

Dans la dernière affaire mentionnée, l'ouverture de la Cour à la demande de l'État incline à penser dans ce sens. Elle admet en effet que l'Autriche puisse avoir une conception propre de l'égalité[50]. Or, c'est là un argument pouvant permettre d'écarter le bénéfice de droits particuliers pour les minoritaires de la part des États membres qui ne participent pas à la conception sur la protection des minorités telle qu'elle s'est imposée en Europe à travers les conventions du Conseil de l'Europe et les résolutions et rapports du Parlement européen.

Ce refus est particulièrement celui de la France, dont le modèle républicain centralisateur est fondamentalement assimilationniste sous le couvert d'une conception subjective et universaliste de la nation, mais exaltant l'« unicité française »[51]. La conception de l'égalité républicaine qui y est mise en œuvre, étrangère à la notion de droits des minorités, est pourtant proclamée comme poursuivant le même but par les autorités. Celles-ci maintiennent que le respect de la diversité peut être atteint par une autre voie, seule permise par l'exigence d'unité républicaine, une affirmation

48 Affaire *Runevic – Vardyn* précitée, point 87.

49 CJUE, 22 décembre 2010, *Ilonka Sayn-Wittgenstein*, aff. C-208/09, point 83.

50 Point 91 : « La Cour a déjà précisé, à cet égard, qu'il n'est pas indispensable que la mesure restrictive édictée par les autorités d'un État membre corresponde à une conception partagée par l'ensemble des États membres en ce qui concerne les modalités de protection du droit fondamental ou de l'intérêt légitime en cause et que, au contraire, la nécessité et la proportionnalité des dispositions prises en la matière ne sont pas exclues au seul motif qu'un État membre a choisi un système de protection différent de celui adopté par un autre État (arrêt *Omega*, précité, points 37 et 38 ».

51 Voir notre étude, « La France, nation ethnique », in Yvon Le Gall, Dominique Gaurier, Pierre-Yannick Legal (dir.), *Du droit du travail aux droits de l'humanité – Études offertes à Philippe-Jean Hesse*, Presses universitaires de Rennes, 2003, p. 311–336.

pourtant démentie par le recul continu des langues régionales, promises de ce fait à la disparition[52]. La France va trouver dans la jurisprudence de la Cour un argument de poids. De même, la reconnaissance que la protection de la langue officielle de l'État puisse faire partie de son identité nationale peut justifier que le statut constitutionnel donné à la langue française s'oppose à toute officialité des langues régionales. En d'autres termes, la spécificité française dans ces domaines pourrait un jour trouver reconnaissance officielle de la part de la Cour.

On arrive donc à ce paradoxe inattendu apporté par le développement de la construction européenne : le même traité qui met en valeur les droits des personnes appartenant à des minorités permet aux États un raidissement identitaire niant l'existence de ces minorités. Il sera bien difficile de le faire comprendre aux intéressés, le jour où il leur sera ouvertement opposé.

Au terme de cette présentation, on arrive bien à la conclusion que la citoyenneté européenne non seulement ne réduit pas l'ambiguïté de l'Union européenne sur les droits des minorités mais qu'elle l'accentue. Il ne peut sans doute en être autrement. On a observé que « la citoyenneté de l'Union cristallise, sans doute plus que toute autre notion du droit de l'Union européenne, les tensions de cet ordre juridique »[53] ; cet effet est produit de façon emblématique par la question des droits des citoyens minoritaires. Dans la poursuite du processus d'intégration, l'Union ne peut s'en désintéresser mais, ce faisant, elle touche à la définition de l'identité nationale des États membres. Ceux-ci, en rappelant qu'ils sont souverains, montrent leur refus de se laisser entraîner dans un fédéralisme rampant retouchant par touches subreptices l'identité nationale de chacun. Sur le plan juridique, « ce serait faire preuve de naïveté de croire que les juridictions constitutionnelles nationales accepteraient de laisser en la matière le dernier mot à la Cour de justice dans un domaine qui relève au premier chef

---

52 Pour le Conseil d'État, le droit des minorités « est en quelque sorte sublimé dans le principe d'égalité » et « la conception française cherche à atteindre le même résultat (que la protection des minorités) mais par une autre voie » ; rapport public de 1996, *Sur le principe d'égalité*, La Documentation française, Études et documents, n° 48, p. 71. Pour un tableau d'ensemble de la question en France, voir notre étude « La question des minorités en France – entre déni et compromis », *Europa ethnica*, 2012/3–4, p. 42 *sq.*

53 Myriam Benlolo Carabot, « Vers une citoyenneté européenne de résidence ? », *op. cit.*, p. 8.

de leur mandat constitutionnel »[54]. Le Conseil constitutionnel français a déjà rodé son argumentaire en déclarant que « la transposition d'une directive ne saurait aller à l'encontre d'une règle ou d'un principe inhérent à l'identité constitutionnelle de la France, sauf à ce que le constituant y ait consenti »[55]. Cette « formule obscure » porte manifestement atteinte à la primauté et à l'uniformité d'application du droit communautaire[56]. Son application donne au Conseil « une marge appréciable pour découvrir tel ou tel principe fondamental reconnu par les lois de la République ou tel objectif de valeur constitutionnelle »[57]. Cette marge sera suffisante pour continuer à s'opposer à toute mesure qui, à ses yeux, reviendrait à conférer des droits de minorités.

---

54 Florence Benoît-Rohmer, « Identité européenne et identité nationale – Absorption, complémentarité ou conflit ? », in *Chemins d'Europe – Mélanges en l'honneur de Jean-Paul Jacqué*, *op. cit.*, p. 79.

55 Décision n° 2006-540 DC, du 27 juillet 2006. Voir de même la décision n° 2006-543 DC du 30 novembre 2006.

56 Denys Simon, « L'obscure clarté de la jurisprudence du Conseil constitutionnel relative à la transposition des directives communautaires », *Europe*, octobre 2006, p. 2.

57 Jean Rossetto, « L'Union européenne face à l'identité constitutionnelle de la France », *op. cit.*, p. 452.

Claire SAAS, Université de Nantes

Les « Roms », des citoyens européens aux droits contestés

Aux termes du traité de Maastricht, « est citoyen de l'Union toute personne qui a la nationalité de l'un des États membres ». La Cour de justice de l'Union européenne (CJUE) a rappelé que « le statut de citoyen de l'Union a vocation à être le statut fondamental des ressortissants des États membres »[1]. Ces derniers doivent donc pouvoir se prévaloir, y compris à l'égard de l'État membre dont ils ont la nationalité, des droits afférents au statut de ressortissant d'un État membre de l'Union européenne, en application de l'article 20.1 du traité sur le fonctionnement de l'Union européenne (TFUE). Le paragraphe 2.a de cette disposition leur reconnaît le droit à la libre circulation, qui est considérée par la CJUE comme une liberté fondamentale. Toute restriction qui lui est apportée doit être interprétée de façon restrictive, afin de ne pas porter atteinte à l'exercice de cette liberté.

En conformité avec le droit de l'UE, les autorités françaises ont donc à veiller à une reconnaissance large de la liberté de circulation, en interprétant strictement les possibles limitations à la circulation et au séjour, quelle que soit la nationalité du citoyen européen concerné et quelle que soit son appartenance réelle ou supposée à un quelconque groupe social. Entre la position de principe, clairement énoncée par les textes et la jurisprudence européens, et sa réception par les autorités préfectorales ou juridictionnelles françaises, l'écart est béant lorsqu'on envisage la situation de ressortissants de l'Union européenne, qu'ils soient Bulgares ou Roumains, qualifiés de « Roms »[2]. On pourrait définir ces derniers comme un « groupe social fabriqué par les pouvoirs publics »[3] constitué de personnes

1 CJCE, *Grzelczyk*, 20 septembre 2001, Dr. soc. 2001, p. 1103 ; CJCE, *Baumbast et R.*, 17 septembre 2002, C-413/99.

2 L'emploi des guillemets sera permanent pour mettre à distance toute velléité essentialiste.

3 Samuel Delépine, Yannick Lucas, « Les Roms migrants en France ou comment faire d'une population en danger une population dangereuse », in *La fabrique de populations problématiques par les politiques publiques*, 13–15 juin 2007, Nantes.

venues récemment[4] des pays d'Europe centrale et orientale qualifiées par les pouvoirs publics ou par elles-mêmes de « Roms » et vivant dans des conditions de grande précarité. Les pouvoirs publics présentent le nomadisme comme l'une des caractéristiques de ce groupe social, alors qu'il s'agit de populations très majoritairement sédentaires[5].

Dans un contexte politique interne marqué par le discours de Grenoble de Nicolas Sarkozy en 2010, les interventions répétées du ministre de l'Intérieur à l'été 2012 et la multiplication des propos stigmatisants depuis l'été 2013, les textes régissant la situation des ressortissants de l'Union européenne, lorsqu'ils sont appliqués aux nationaux roumains, bulgares, slovènes qualifiés de « Roms », entraînent des limitations à leur liberté de circuler extrêmement importantes. Qu'il s'agisse de la loi du 16 juin 2011 ou des nombreuses circulaires, qui seront pour certaines annulées[6], les obstacles posés par la législation française vont au-delà des possibilités offertes par le droit de l'Union de limiter la liberté de circulation.

Au-delà des atteintes aux principaux intéressés, c'est la construction européenne qui est menacée dans ses fondements. Il a fallu attendre près de trente ans pour que la libre circulation des personnes soit effective au sein de l'Union. Et en quelques traits de plume, on pourrait rapidement revenir à la situation antérieure au traité de Maastricht et à la directive du 29 avril 2004. En effet, en tolérant, par un barrage politique et juridique, que la mise en œuvre effective des droits tirés de la citoyenneté européenne puisse dépendre de l'appartenance dudit citoyen à un groupe social quelconque, les responsables politiques acceptent la mise en place d'une citoyenneté européenne à deux vitesses, reposant par ailleurs sur une ethnicisation qui cache mal son nom. Les instruments qui doivent permettre de rendre effectif le droit de l'Union montrent ici leur faible efficacité, lorsque la population concernée est discriminée à raison de l'appartenance réelle ou supposée à un groupe social. Ces ressortissants d'États membres de l'UE peinent à accéder à une citoyenneté européenne de plein exercice. Cela entraîne un clivage entre les citoyens européens économiquement et ethniquement désirables ou indésirables.

---

4 Sont exclus les Français qualifiés de « Roms », qui n'ont pas fait usage de leur liberté de circulation.

5 Henriette Asséo, *Les Tsiganes. Une destinée européenne*, Paris, Gallimard, « Découvertes », rééd. 1994.

6 CE, 7 avril 2011, Association SOS Racisme.

Une reconnaissance *a minima* de la citoyenneté européenne

La citoyenneté européenne suppose, pour être exercée, que l'intéressé soit le ressortissant de l'un des États membres de l'Union. Même lorsque la nationalité roumaine, bulgare, slovène ou encore italienne a été reconnue, il n'est pas encore certain que ce statut permette à l'intéressé de bénéficier des droits attachés à la citoyenneté européenne.

L'impossible accès à la citoyenneté européenne des apatrides

L'accès à la citoyenneté européenne suppose l'existence, pour un individu, d'une nationalité de l'un des États membres, comme le souligne de manière fort pertinente Thomas Habu-Groud, dont les travaux ont justifié le choix d'intégrer la dimension de l'apatridie dans cette étude[7]. Ce qui peut apparaître comme un truisme prend tout son sens au regard du nombre de personnes apatrides, qui constitue un phénomène inquiétant au sein de l'UE. Les instances de l'UE conservent un demi-silence, la nationalité relevant des compétences de chaque État membre. La Cour européenne des droits de l'homme ne parvient pas à dissiper toute difficulté.

Un phénomène inquiétant

Si un recensement précis du nombre d'apatrides en Europe n'est pas disponible, l'Observatoire sur la citoyenneté européenne de l'Observatoire sur la démocratie de l'Union européenne[8] réalise des rapports sur chaque État membre de l'Union européenne, dans lesquels sont notamment envisagées les questions relatives à la nationalité et aux situations d'apatridie. En 2011, le Haut Commissariat pour les réfugiées (HCR)[9] retenait 12 millions d'apatrides dans le monde, dont 600 000 en Europe, parmi lesquels sont dénombrés des « Roms ». De même, le Parlement européen estime que les

7 Intervention de Thomas Habu-Groud au Centre d'études juridiques européennes et comparées (CEJEC), 28 juin 2013, publiée sous le titre « Citoyenneté et mobilité en Europe », *Plein Droit,* n° 99, décembre 2013, p. 21–24.

8 EUDO Observatory on citizenship.

9 [<http://www.unhcr.org/cgi-bin/texis/vtx/refdaily?pass=463ef21123&id=4eafaa1c8>].

« Roms » ont été parmi les populations les plus touchées par les réformes de l'accès à la citoyenneté, notamment suite au démantèlement de l'URSS et de l'ex-Yougoslavie[10]. Sont visés l'Estonie, la République tchèque, les États issus de l'éclatement de l'ex-Yougoslavie, comme la Croatie, la Slovénie ou la Macédoine, ainsi que des États d'Europe occidentale, comme l'Italie et les Pays-Bas[11].

La disparition de l'ex-Yougoslavie a constitué un événement majeur, à l'origine de nombreuses situations d'apatridie, notamment pour des « Roms ». Les jeunes États issus de ou à l'origine de cet éclatement ont souvent retenu une vision nationale de l'État, à l'encontre de ce qui prévalait auparavant : on était citoyen yougoslave, pouvant résider en « Slovénie » à titre permanent et être d'origine bosniaque[12]. Si on prend l'exemple de l'accession à la souveraineté de la Slovénie, les citoyens des autres régions de l'ex-Yougoslavie ont disposé d'un délai de six mois pour opter pour la nationalité slovène. Après le 26 février 1992, les individus n'ayant pas effectué les démarches en vue d'acquérir cette nationalité, ou dont la demande avait été refusée, voire était en cours d'instruction, ont été considérés comme des étrangers. Un certain nombre d'instructions, concernant notamment la rétention et la destruction des documents d'identité délivrés à des ressortissants des autres républiques de la Fédération yougoslave, ont été émises et mises en œuvre. À partir du 26 février 1992, les personnes concernées ont vu leur identité déplacée du registre des résidents permanents à un registre des étrangers non titulaires d'un permis de séjour. Plusieurs milliers de personnes furent concernées. Outre le fait qu'il n'est pas certain que ce registre des étrangers ait véritablement existé, ce déplacement a en réalité équivalu à un effacement des registres. En effet, n'étant plus citoyens, les intéressés devaient disposer d'un titre de séjour. Mais pour disposer de ce titre de séjour, il fallait prouver que l'on avait déjà été titulaire de façon répétée d'un titre de séjour. Or, en tant que citoyens yougoslaves, ils avaient un droit de circulation et d'établissement inconditionnel, sans délivrance d'un titre de séjour. Du statut de national,

10 Jasminka Dedic, *Roma and Statelessness*, European Parliament, Committee on Civil Liberties, Justice and Home Affairs, 2007, 7 p.

11 L'Italie a accueilli des réfugiés qui, partant de l'ex-Yougoslavie, n'avaient ni de nationalité initiale ni de nouvelle nationalité, l'Italie n'ayant longtemps rien fait pour la leur octroyer. Il en va de même aux Pays-Bas.

12 Marie Perrin, « Les effacés de Slovénie », *Plein Droit*, n° 71, décembre 2006, p. 33–36.

ces individus, pas moins de 18 000, sont devenus des étrangers en situation irrégulière et plus mal lotis que les étrangers reconnus comme tels de longue date. Ce sont les « effacés yougoslaves ».

Parfois, l'apatridie ne résulte pas tant d'une législation discriminatoire que d'une exclusion sociale qui se manifeste sous diverses formes. L'absence de procédures administratives claires, accessibles à toute personne quelle que soit sa situation sociale, constitue aussi l'une des causes de non-inscription des naissances au registre d'état civil et, par conséquent, d'apatridie[13].

Le demi-silence des instances de l'UE

Les règles d'attribution, d'acquisition ou de déchéance de nationalité relèvent de la compétence des États membres. Or, on peut considérer que l'absence de nationalité de l'un des États membres s'oppose à l'accès à la citoyenneté européenne et constitue une entrave à l'exercice des droits qui y sont attachés[14]. Pourrait-on dès lors envisager que les politiques menées en Slovénie, en Italie ou en Estonie en matière d'acquisition de la nationalité seraient contraires au droit de l'Union, en ce qu'elles paralysent directement l'exercice d'un droit fondamental ? La question n'a pas encore été posée à la CJUE concernant les « Roms », mais a été abordée dans d'autres situations. Les hypothèses de conflits positifs de nationalité ne sont guère intéressantes dans la perspective d'une éventuelle transposition aux « Roms » apatrides[15]. En revanche, les conflits négatifs de nationalité peuvent éventuellement constituer une piste pertinente.

Ainsi, dans une affaire *Janko Rottman*[16], la CJUE a eu à connaître d'un conflit négatif de nationalités. M. Rottman, de nationalité autrichienne, avait acquis la nationalité allemande par naturalisation. Par la suite, l'État de Bavière lui avait retiré la nationalité allemande au motif qu'il l'avait obtenue frauduleusement. Or, par le biais de la naturalisation, M. Rottman avait perdu sa nationalité autrichienne d'origine. Il se retrouvait donc apatride. Il fallait déterminer si cette situation liée à l'application des règles de deux ordres juridiques de deux États membres pouvait concerner le droit

13 CommDH (2013)12, report by Nils Muižnieks, Commissionner for Human Rights of the Council of Europe, following his visit to Estonia from 25 to 27 March 2013, juin 2013.

14 Thomas Habu-Groud, *op. cit.*

15 CJCE, *Garcia Avello*, 2 octobre 2003, C-148/02.

16 CJCE, *Janko Rottman*, 2 mars 2010, C-135/08.

de l'Union et tout particulièrement l'article 17 du TCE[17] en lien avec la prohibition de toute discrimination. La Cour de Justice a rappelé le principe général selon lequel l'attribution de la nationalité relève de la compétence des États membres. Mais elle précise que la perte de la citoyenneté européenne découlant de cette décision de retrait de la nationalité, sans que soit recouvrée la nationalité d'origine, relève néanmoins du droit de l'Union[18]. La CJUE estime qu'il faut vérifier que la décision en cause est fondée sur un intérêt général et proportionnée au but poursuivi.

Toutefois, la faille qui permet à la CJUE d'exercer un contrôle sur les législations nationales est interstitielle, car dans un arrêt *Kaur*, elle distingue bien la situation dans laquelle un ressortissant de l'UE est privé de droits découlant de l'application du droit de l'UE de celle dans laquelle la législation en cause a eu pour « conséquence que de tels droits ne sont jamais nés dans son chef »[19]... S'agissant des « Roms » n'ayant jamais eu la nationalité d'un État membre de l'UE, il n'est guère probable que la CJUE se montrerait plus audacieuse.

La position en retrait de la Cour de Strasbourg

Tous les États européens ne sont pas nécessairement parties à la Convention sur la réduction de l'apatridie de 1961 ou à la Convention européenne sur la nationalité de 1997. Bien que la Convention européenne des droits de l'homme (CEDH) ne garantisse pas le droit à l'acquisition d'une nationalité[20], il est possible d'utiliser certaines stipulations pour contrôler les législations relatives à la nationalité. Ainsi, le Commissaire aux droits de l'homme estime que l'article 3 pourrait être invoqué, s'agissant tout particulièrement des situations d'apatridie des enfants, lesquels seraient, précisément pour cette raison, plus particulièrement vulnérables à toute forme d'exploitation. De plus, on peut penser que des règles visant à l'apatridie d'un groupe social particulier sont discriminatoires[21] et constituent une atteinte à la vie privée et familiale au sens de l'article 8 de la CEDH.

---

17 Qui correspond à l'article 20 du TFUE.

18 Point 42 de l'arrêt Rottman.

19 CJCE, *Kaur*, 20 février 2001, C-192/99, part. point 25.

20 CommEDH, *Famille K. et W. c. Pays-Bas*, 1er juillet 1985, req. n° 11278/84.

21 L'angle de la discrimination a également été mobilisé devant le comité des droits de l'homme des Nations Unies, en se fondant sur l'article 26 du Pacte international relatif aux droits civils et politiques (PIDCP) ; voir *M. Vjatšeslav Borzov c. Estonia*, Communication n° 1136/2002, U.N. Doc. CCPR/C/81/D/1136/2002 (2004).

Dans une affaire *Genovese*[22], la Cour européenne a eu à connaître de la situation d'un enfant né en dehors de Malte d'une mère non maltaise et d'un père maltais, auquel la nationalité maltaise était refusée en application de la législation. Elle estime que la distinction opérée par la législation maltaise selon que la naissance est hors ou dans le mariage, d'une part, et selon la nationalité de la mère, d'autre part, n'emporte pas *per se* violation de l'article 8. Mais elle retient une violation combinée des articles 8 et 14, en retenant que le refus d'accorder la nationalité à cet enfant avait une incidence sur l'identité sociale de ce dernier et qu'il résultait d'un refus discriminatoire et arbitraire.

Il y avait donc des raisons de penser que cette voie pouvait être efficace pour le contentieux dit des « effacés yougoslaves », car on examine la discrimination pour l'attribution de la nationalité sous l'angle de la vie privée[23]. Une décision du 26 juin 2012 concernant la Slovénie vient quelque peu ternir le tableau[24]. Une requête a été présentée devant la Cour européenne des droits de l'homme notamment par des personnes nées « dans une communauté rom » et ayant été effacées des registres slovènes. Si plusieurs constats de violation sont dressés, la fabrique de situations d'apatridie[25] n'a pas été directement envisagée. La Cour européenne s'est attachée au fait que la législation slovène n'assurait pas à des personnes vivant en Slovénie un droit pérenne de résidence et, de surcroît, de manière discriminatoire, dans la mesure où les autres étrangers étaient dans une situation plus favorable[26]. En distinguant nationalité et droit au séjour, la Cour de Strasbourg opère un glissement qui lui permet de dresser un constat de violation de la Convention à l'encontre de la Slovénie sans pour autant viser directement le droit de la nationalité.

Même lorsque la nationalité d'un État membre de l'UE est reconnue, les droits d'un citoyen européen ne sont pas nécessairement garantis.

---

22 CEDH, *Genovese c. Malte,* 11 octobre 2011, req. n° 53124/09.

23 Thomas Habu-Groud, *op. cit.*

24 CEDH, Gde chambre, *Kuric et autres c. Slovénie*, 26 juin 2012, req. n° 26828/06 ; Nicolas Hervieu, « Le contentieux des "effacés" yougoslaves, prisme révélateur du statut juridique des ressortissants d'une fédération dissoute », *Lettre « Actualités Droits-Libertés » du CREDOF*, 4 juillet 2012.

25 Dans son opinion concordante, le juge Zupancic évoque une « pratique de nettoyage ethnique légaliste ».

26 Voir aussi l'arrêt de Grande chambre portant sur l'indemnisation du préjudice matériel, CEDH, Gde chambre, *Kuric et autres c. Slovénie*, 12 mars 2014, req. n° 26828/06.

Des citoyens aux droits contestés

La directive n° 2004/38/CE du Parlement et du Conseil du 29 avril 2004, dont certains auteurs estiment qu'elle est à certains égards à la limite de la compatibilité avec le droit de l'Union[27], régit la libre circulation au sein de l'Union européenne. Les textes de loi ou de règlement successifs français ont essentiellement transposé la logique sécuritaire de la directive au détriment de la logique de cohésion sociale. Alors que le constat d'une contrariété du droit français avec le droit de l'Union est patent, le silence des institutions européennes est révélateur de leur inertie.

Une politique contraire à la liberté de circulation

Les ressortissants des États membres de l'Union européenne bénéficient en principe d'un régime privilégié de liberté de circulation et de liberté d'établissement en France[28]. Notons que la mise en place d'un régime spécifique applicable aux ressortissants européens a pour conséquence l'impossibilité de se prévaloir, même à titre subsidiaire, du régime de droit commun[29]. Les règles relatives à l'accès au séjour, l'éloignement et l'enfermement des ressortissants de l'Union européenne, sont appliquées de manière peu conforme au droit de l'UE, lorsque ces citoyens européens sont « Roms ». Sans proposer une analyse détaillée de l'ensemble de ces points[30], il peut être intéressant d'illustrer cette inconventionnalité des textes et des pratiques dans différents domaines. L'accès au séjour est particulièrement difficile. La politique d'éloignement est non seulement ciblée, mais est rendue effective par le recours à l'enfermement de ressortissants de l'UE et au fichage ethnique.

Les illustrations pouvant être multipliées, seul le droit au séjour de plus de trois mois pour les inactifs sera retenu. En droit interne, l'article L. 121-1 du Code de l'entrée et du séjour des étrangers et du droit d'asile (CESEDA) dispose que :

27 Jean-Philippe Lhernould, « L'éloignement des Roms et la directive 2004/38 relative au droit de séjour des citoyens de l'UE », *Droit social,* 2010, p. 1024.

28 Jusqu'au 31 décembre 2013, les ressortissants roumains et bulgares pouvaient être soumis à un régime dérogatoire.

29 CE, 22 juin 2012, req. n° 347.545.

30 Groupe d'information et de soutien des immigrés (GISTI), Romeurope, *Fin de la période transitoire pour les ressortissants roumains et bulgares – Quelles conséquences ?,* janvier 2014.

> sauf si sa présence constitue une menace pour l'ordre public, tout citoyen de l'Union européenne [...] a le droit de séjourner en France pour une durée supérieure à trois mois s'il satisfait à l'une des conditions suivantes : [...] 2° S'il dispose pour lui et pour les membres de sa famille [...] de ressources suffisantes afin de ne pas devenir une charge pour le système d'assistance sociale, ainsi que d'une assurance maladie ; [...].

S'agissant du caractère suffisant des ressources, l'article R. 121–4 al. 3 du CESEDA précise que le montant exigé ne peut excéder le revenu de solidarité active (RSA). Certains juges livrent une interprétation *contra legem* en estimant que ce plafond est en réalité un minimum à dépasser. Or, la Commission européenne, dans une communication du 2 juillet 2009, précise qu'aucun plafond ne doit être mis en place[31]. Dans un arrêt *Chakroun*[32], la CJUE a également estimé que la directive sur le regroupement familial s'opposait à ce que soit mis en place un seuil minimum de revenus, en insistant sur l'importance de la citoyenneté européenne en tant que statut fondamental permettant la libre circulation des personnes[33]. Le fait que le requérant puisse recourir au système d'aide social n'est pas à prendre en considération.

La date de disponibilité des revenus est également problématique : faut-il que les revenus soient disponibles dès le début du séjour pour toute la durée du séjour ? La CJUE a tranché cette question dans un arrêt du 10 avril 2008[34] en estimant que la législation néerlandaise exigeant la preuve de l'existence des ressources pendant un an est contraire à la liberté de circulation. Les pratiques préfectorales françaises sont contraires.

De plus, alors qu'une appréciation de la situation personnelle de l'intéressé est prévue par l'article R. 121–4 al. 3 du CESEDA, la circulaire

---

31 Com(2009) 313/4, Communication de la Commission au Parlement européen et au Conseil, p. 8 : « L'article 8, paragraphe 4, interdit aux États membres de fixer, directement ou indirectement, le montant des ressources qu'ils considèrent comme "suffisantes" et au-dessous duquel le droit de séjour peut automatiquement être refusé ».

32 CJUE, *Chakroun*, 4 mars 2010, C-578/08.

33 « Dès lors que l'ampleur des besoins peut être très variable selon les individus, cette autorisation doit par ailleurs être interprétée en ce sens que les États membres peuvent indiquer une certaine somme comme montant de référence, mais non en ce sens qu'ils pourraient imposer un montant de revenu minimal au-dessous duquel tout regroupement familial serait refusé, et ce indépendamment d'un examen concret de la situation de chaque demandeur. Cette interprétation est confortée par l'article 17 de la directive qui impose une individualisation de l'examen des demandes de regroupement », point 48.

34 CJUE, *Commission c. Pays-Bas*, 10 avril 2008, aff. C-398/06.

du 10 septembre 2010 fait disparaître cette exigence[35]. Enfin, alors que la Commission européenne préconise que tout moyen de preuve peut être fourni par l'intéressé au soutien de sa demande, cette circulaire donne une liste exhaustive des documents à produire, liste reprise par les guides d'accueil en préfecture[36]. L'aveuglement des pouvoirs publics français à l'égard des consignes européennes est patent. Nul doute que la CJUE, si elle en était saisie, considérerait qu'il s'agit d'une mesure déraisonnable ou disproportionnée[37].

La France pratique, d'ailleurs sans s'en cacher, une politique d'éloignement et d'enfermement de citoyens européens comme s'il s'agissait de ressortissants d'États tiers ; les Roumains et Bulgares représentent près d'un tiers des personnes éloignées, soit environ 10 000 personnes par an. Or, qu'il s'agisse d'obligations de quitter le territoire français ou d'arrêtés d'expulsion[38], ces mesures ne répondent pas, le plus souvent, aux exigences posées par les textes de l'Union et tout particulièrement par la directive 2004/38/CE, tant sur le fond que quant à la procédure suivie. L'effectivité de ces retours forcés vers la Roumanie et la Bulgarie peut par ailleurs être renforcée par les interdictions de quitter le territoire, qui obèrent encore un peu plus l'exercice de la liberté de circulation[39].

En droit français, l'article L. 511-3-1 du CESEDA prévoit trois hypothèses pour édicter une obligation de quitter le territoire français (OQTF) à l'encontre d'un ressortissant de l'Union européenne : l'absence de droit au séjour, le séjour est constitutif d'un abus de droit ou le comportement constitue une menace pour un intérêt fondamental. La troisième hypothèse est celle qui a été le plus souvent invoquée dans un premier temps, mais la deuxième, relative à l'abus de droit, est actuellement utilisée de façon plus fréquente. Deux figures du citoyen européen indésirable apparaissent : le fraudeur et le délinquant *lato sensu*. Si on se contente de la figure du délinquant, visée à l'article L. 511-3-1, 3° du CESEDA, les autorités préfectorales peuvent prendre une OQTF pendant les trois premiers mois du séjour du citoyen européen si « son comportement personnel constitue une menace réelle, actuelle et suffisamment grave pour un intérêt fondamental de la société française ». La formulation est calquée

35 Circulaire du 10 septembre 2010, p. 18.

36 Com(2009) 313/4, p. 8 : « Les moyens de preuve à cet égard ne peuvent être limités ».

37 CJUE, *Commission c. Pays-Bas*, 10 avril 2008, aff. C-398/06.

38 Art. L. 521–5 du CESEDA pour les ressortissants de l'Union.

39 CJUE, *Gaydarov*, 17 novembre 2011 ; C-430/10.

sur celle de l'article 27, 2°, troisième phrase de la directive 2004/38, qui reprenait elle-même les énoncés de la CJUE en la matière. L'article 28 de la directive précise que ce type de décisions doit être entouré de garanties procédurales qui portent notamment sur la prise en considération individualisée de la situation personnelle du ressortissant européen.

La CJUE retient que les dérogations à la liberté de circulation doivent être d'interprétation stricte. Des mesures fondées sur des motifs de prévention générale[40] ou sur l'existence d'un risque général[41] ne sont pas compatibles avec la libre circulation. Elle va plus loin, en estimant qu'une condamnation pénale ne saurait justifier de façon automatique le recours à une mesure d'éloignement[42]. Elle ne peut être prise en compte que si les faits et circonstances ayant donné lieu à cette condamnation mettent en évidence un comportement personnel de l'intéressé qui caractérise une menace actuelle pour l'ordre public[43]. En outre, si le risque de récidive doit être apprécié, la possibilité que de nouvelles infractions soient commises, sans autre élément circonstanciel, ne suffit pas pour justifier une entrave à la libre circulation.

Or, l'application qui est faite de l'article L. 511-3-1, 3° du CESEDA est problématique. Les appréciations réalisées par les autorités préfectorales, et le cas échéant par les juridictions administratives, s'éloignent le plus souvent des exigences communautaires. Ainsi, la simple interpellation d'un individu à la suite de la commission d'une infraction, sans condamnation subséquente, peut suffire[44]. La diversité des appréciations retenues par les juridictions administratives montre les difficultés d'interprétation. Un vol, prévention souvent utilisée, pourra justifier une mesure d'éloignement[45] ou, au contraire, être considérée comme insuffisante à caractériser une menace réelle, actuelle et suffisamment grave pour un intérêt fondamental de la société française[46].

---

40 CJCE, *Bonsignore*, aff. C-67/74, points 5 à 7.

41 Par exemple, lors de grandes manifestations sportives.

42 CJCE, *Donatella Calfa*, C-348/03, points 17 à 27.

43 CJCE, *Orfanopoulos et Oliveri*, points 82 à 100.

44 Nombreuses sont les OQTF qui, en pratique, ne sont même pas fondées sur une condamnation pénale, mais simplement sur un soupçon n'ayant donné lieu à aucune poursuite pénale.

45 TA Rennes, 7 novembre 2007, n° 0704490 ; CAA Lyon, 10 juin 2010, n° 09LY02615 ; CAA Douai, 28 juin 2012, req. n° 11DA01838.

46 CAA Douai, 30 juillet 2009, n° 09DA01151.

S'agissant des garanties procédurales, évoquées dans l'avis *Silidor*[47], les autorités préfectorales françaises peinent à respecter les dispositions des articles 28 et 30 de la directive 2004/38 qui prévoient notamment un examen de la situation personnelle de l'intéressé et une motivation complète, précise et individualisée. Certains arrêts annulent les OQTF qui n'ont pas été précédées d'un examen individualisé de la situation personnelle de l'intéressé[48]. Mais est aussi posée la question du respect du principe général du droit de l'Union de toute personne d'être entendue avant qu'une mesure individuelle l'affectant défavorablement soit prise à son encontre, en application de l'article 41.2 de la Charte des droits fondamentaux de l'Union[49].

Se pose également la question de l'invocabilité de la directive 2004/38/CE au soutien de la contestation de la validité d'une mesure d'éloignement, lorsque certaines dispositions des directives n'ont pas été transposées. Les juridictions administratives refusent majoritairement d'accueillir cet argument au motif que la directive aurait été pleinement transposée[50]. Par conséquent, l'argument lié à la conformité avec le droit de l'Union doit être considéré comme épuisé. Pourtant, le Conseil d'État, depuis son arrêt *Perreux* du 30 octobre 2009[51], a précisé que « tout justiciable peut se prévaloir, à l'appui d'un recours dirigé contre un acte administratif non réglementaire, des dispositions précises et inconditionnelles d'une directive, lorsque l'État n'a pas pris, dans les délais impartis par celle-ci, les mesures de transposition nécessaires ». Par un arrêt du 24 avril 2013[52], le Conseil d'État estime que la directive 2004/38, et tout particulièrement les articles 28 et 30, n'apporte rien au droit positif français, dans la mesure où l'obligation de quitter le territoire français est une mesure qui doit, en tant

---

47 CE, Avis n° 315441, *Silidor*, 26 novembre 2008, JORF n° 0299 du 24 décembre 2008, p. 19956 texte n° 139, dont les termes ont été entérinés par la circulaire du 19 mai 2009 relative aux étrangers NOR : IMIM0900064C et repris par les juridictions de fond : CAA Douai, 13 juin 2013, req. n° 13DA00086.

48 CAA Lyon, 28 juin 2011, req. n° 11LY0023. Après avoir relevé l'identité des intéressés, les policiers s'étaient contentés de distribuer des OQTF à des ressortissants roumains installés dans un parc municipal à Lyon, sans procéder à leur audition. Toutes les OQTF avaient été rédigées en termes généraux, dénués de toute appréciation individualisée et identiques pour tous.

49 CAA Lyon, 30 mai 2013, *Préfet du Rhône*, req. n° 12LY02929.

50 CAA Paris, 5 mars 2012, req. n° 11PA02834.

51 CE, *Perreux*, 30 octobre 2009, req. 298348.

52 CE, 24 avril 2013, n° 351460, *AJDA*, 2013, p. 889.

que telle, être motivée en application de l'article 1er de la loi du 11 juillet 1979. Comme le souligne avec humour Marie-Christine de Montecler, la directive était transposée en droit français avant sa transposition par la loi du 16 juin 2011[53]. Cela permet de considérer comme épuisée la question de la conformité avec le droit de l'Union. Or, si on reprend les termes de l'arrêt *Marleasing*[54], les juges de Luxembourg ont estimé que « en appliquant le droit national, qu'il s'agisse de dispositions antérieures ou postérieures à la directive, la juridiction nationale appelée à l'interpréter est tenue de le faire dans toute la mesure du possible à la lumière du texte et de la finalité de la directive pour atteindre le résultat visé par celle-ci ».

De surcroît, la conformité d'un placement en rétention avec le droit de l'Union se pose. D'une part, la directive 2008/115/CE du 16 décembre 2008 relative aux normes et procédures communes applicables dans les États membres au retour des ressortissants de pays tiers n'est pas applicable aux ressortissants de l'Union. D'autre part, la directive 2004/38/CE ne permet pas expressément le recours au placement en rétention. Certes, la directive prévoit un certain nombre de dérogations au principe de la libre circulation des personnes, notamment la possibilité de prendre des mesures d'éloignement. Elle n'inclut toutefois pas le recours au placement en rétention administrative. En outre, la directive 2004/38/CE n'a prévu que des OQTF avec un délai de départ volontaire ce qui devrait exclure, par définition, le placement en rétention. Or, en droit interne, l'écrasante majorité des placements en rétention résulte de décisions portant obligation de quitter le territoire sans délai de départ volontaire.

La question de la conformité d'un placement en rétention à des fins d'éloignement au droit de l'Union a été examinée par la Cour de Justice dans un arrêt *Salah Oulane*[55] concernant un ressortissant français soupçonné d'être en situation irrégulière aux Pays-Bas et à l'encontre duquel une mesure d'éloignement et un placement en rétention aux fins d'éloignement ont été édictés et mis à exécution. Comme le précise la Cour, une mesure de détention ne peut être fondée que sur une disposition dérogatoire expresse, à l'instar de l'article 8 de la directive 73/148 qui autorise les États membres à apporter des restrictions au droit de séjour des ressortissants des autres États membres dans la mesure où elles sont

53 Marie-Christine de Montecler, « Quand une directive était transposée avant sa transposition », *AJDA*, 2013, p. 889.

54 CJCE, *Marleasing*, 13 nov. 1990, C-106/89, pt. 8.

55 CJCE, *Salah Oulane*, 17 fév. 2005, C-215/03.

justifiées par des raisons d'ordre public, de sécurité publique ou de santé publique[56]. En l'espèce, le défaut de présentation d'une carte d'identité ou d'un passeport en cours de validité ne permettait pas d'établir une menace réelle et sérieuse pour l'ordre public.

Dans cette affaire, les conclusions de l'avocat général Léger sont particulièrement détaillées et intéressantes[57]. Il considère que toute mesure de détention aux fins d'éloignement constitue, en soi, un obstacle à la libre circulation des ressortissants de l'Union européenne. Si elle peut éventuellement être justifiée par des motifs tirés de l'ordre public, seule « une menace réelle et suffisamment grave, affectant un intérêt fondamental de la société » peut permettre d'y recourir. S'agissant d'une exception au principe fondamental de la libre circulation des personnes, elle doit être interprétée de manière restrictive par les États membres. La seule existence de condamnations pénales, donc *a fortiori* la simple suspicion de commission d'une infraction pénale ne suffit pas à dépasser le seuil exigé par la Cour de Justice.

Enfin, pour mettre en œuvre cette politique ciblée d'éloignement, un outil a été mis en place. Il s'agit du fichier OSCAR qui concerne l'ensemble des étrangers susceptibles de bénéficier d'une aide au retour. En pratique, ce sont majoritairement les « Roms » qui étaient visés. En effet, ils représentaient alors 90 % des personnes auxquelles une aide au retour « humanitaire » était attribuée. Lors des expulsions de campement de « Roms », il n'est pas rare que les policiers soient accompagnés par des agents de l'Office français de l'immigration et de l'intégration (OFII). La stratégie était simple : l'acceptation de l'aide au retour évite le placement en garde à vue, voire des poursuites pénales à raison du séjour irrégulier.

Le Parlement européen, dans une résolution du 7 septembre 2010 sur la situation des « Roms » et la libre circulation dans l'Union, « souligne que le relevé des empreintes digitales des Roms expulsés est illégal et contraire à la Charte des droits fondamentaux de l'Union européenne [...], aux traités et au droit de l'Union européenne [...], et qu'il constitue une discrimination fondée sur l'origine ethnique ou nationale ». Mais le Conseil d'État, saisi par trois ONG[58] de la légalité du décret du 26 octobre 2009, validera la constitution d'un fichier « ethnique » par une décision du

56 Point 41 de l'arrêt.

57 Conclusions de l'avocat général Philippe Léger, 21 octobre 2004, part. points 91 *sq.*

58 Le GISTI, Imaginons un réseau internet solidaire (IRIS) et la Ligue des droits de l'homme (LDH).

20 octobre 2010[59]. La conformité avec le droit de l'Union avait été soulevée par les requérants, et écartée d'un trait de plume, par le Conseil d'État.

L'attitude en retrait de l'UE

Alors même que la Commission a été saisie, à plusieurs reprises en 2008 et en 2010, par un collectif d'organisations non gouvernementales des irrégularités du droit français et de son application au regard du droit de l'Union – dossiers à l'appui –, il semble que les discriminations dont sont victimes ces ressortissants de l'Union européenne n'emportent pas réellement de réaction de la part des autorités européennes. La vice-présidente de la Commission européenne en charge de la justice, des droits fondamentaux et de la citoyenneté, Viviane Reding, qui avait pourtant dénoncé ces discriminations intolérables en des termes vigoureux certes rapidement tempérés, n'a finalement pas donné suite à la procédure d'infraction contre la France. Pire, elle se fait désormais le relais des clichés les plus dévastateurs :

> Beaucoup de Roms vivent dans une grande pauvreté, [...] ils quittent leurs pays d'origine parce qu'ils n'y ont pas d'avenir. [...] Les États membres doivent s'engager [à résoudre ces problèmes], mais les populations roms doivent aussi avoir la volonté de s'intégrer et d'avoir un mode de vie normal[60].

Par la suite, d'autres ONG ont interpelé la Commission. Ainsi, en 2011, Human Rights Watch (HRW) a soumis à la commission européenne un document d'information intitulé *Le respect par la France de la Directive européenne relative à la liberté de circulation et l'éloignement de ressortissants européens appartenant à la communauté Rom*[61]. Sur la base d'une analyse de 198 décisions d'OQTF, HRW retient une violation de la directive 2004/38/CE, soit par les textes légaux ou réglementaires français, soit par les pratiques des autorités administratives compétentes. Aucune suite n'a été donnée à ce rapport.

Est désormais envisagée une saisine du Parlement européen, afin que ce dernier s'empare de ces questions fondamentales. Il est d'autant plus

59 CE, 20 octobre 2010, n° 334974.

60 Propos de Viviane Reding lors d'une conférence de presse le 16 janvier 2014. Cité par Amnesty International, *« Nous réclamons justice » – L'Europe doit protéger davantage les Roms contre les violences racistes*, avril 2014, 42 p., part. p. 6.

61 [<http://www.hrw.org/node/101964>].

important d'obtenir une réaction de l'UE que, sur le plan interne, la jurisprudence du Conseil d'État constitue un bouclier contre toute tentative de saisir la CJUE d'une question préjudicielle, comme en témoigne son avis *Silidor* du 26 novembre 2008. Ce dernier a été repris par toute une série de juridictions administratives pour refuser de poser une question préjudicielle à la CJUE. Les juridictions devant lesquelles des avocats ont tenté de faire prospérer ces arguments relatifs à l'éloignement et à la rétention et de saisir la CJUE d'une question préjudicielle ont longtemps opposé un refus. Or, la Cour européenne des droits de l'homme a déjà reconnu que le refus de saisir la CJUE d'une question préjudicielle pouvait constituer une violation du droit à un procès équitable, bien qu'elle ne le retienne pas en l'espèce[62]. En mars 2013, le Tribunal administratif (TA) de Melun a accepté de saisir la CJUE d'une question préjudicielle sur la question de la conformité des procédures entourant les mesures d'éloignement.

Une mise en péril de la citoyenneté européenne

La concrétisation de la citoyenneté européenne par la liberté de circulation et d'installation s'en trouve fragilisée. En effet, les Roumains et Bulgares qualifiés de « Roms » sont désormais considérés, par les instances européennes, moins comme des citoyens européens à part entière, dont il faudrait garantir le droit à la libre circulation, que comme des personnes appartenant à des minorités. Il s'agit alors de favoriser la mise en œuvre de politiques anti-discriminatoires, dont on connaît la très relative efficacité… Ce glissement de la citoyenneté, rattachée à la nationalité, vers la minorité, ici ethnicisée est, en soi, significatif d'un désengagement politique. Il cache aussi certainement le clivage entre les riches et les pauvres, ces derniers pouvant être privés du droit à la libre circulation.

62 CEDH, 20 septembre 2011, *Ullens de Schooten et Rezabek c. Belgique*, req. n° 3983/07 ; CEDH, *Dhahbi c. Italie*, req. n° 17120/09.

Où la minorité l'emporte sur la citoyenneté

Au lieu d'appréhender les « Roms » en tant que citoyens européens, les institutions européennes tendent à les réduire à leur appartenance à un groupe minoritaire. C'est la « question rom » qui affleure, avec son lot de lieux communs[63]. Ce faisant, les institutions européennes, et tout particulièrement la Commission européenne, induisent, dans un premier temps, une renationalisation des politiques à mener qui est, dans un second temps, source de déresponsabilisation, tant des institutions de l'UE que des pouvoirs publics nationaux. Au même moment, les condamnations de la France et d'autres pays européens, pour diverses pratiques discriminatoires à l'encontre de ces populations vulnérables, sont légions, sans que les réglementations et pratiques évoluent, loin de là.

Le leurre du droit des minorités

Le droit des minorités porte mal son nom, en ce qu'il consiste essentiellement en des recommandations ou des résolutions dépourvues de valeur contraignante. La Commission a publié le 5 avril 2011 une communication portant sur un cadre de l'Union européenne permettant de porter les stratégies nationales d'intégration des « Roms » jusqu'en 2020[64]. Il ne s'agit pas d'une politique de l'Union, mais de soutien à l'élaboration de politiques nationales destinées à favoriser l'inclusion des « Roms » dans les diverses sociétés. On peut parler de plan de discrimination positive, porté par des fonds et ciblant quatre champs principaux : la santé, le logement, l'éducation et l'emploi. L'agence des droits fondamentaux y est présentée comme l'acteur européen permettant d'assurer un soutien, un suivi et une évaluation des politiques nationales destinées à ce groupe social.

L'horizon de 2020 apparaissant assez lointain, des bilans d'étapes sont prévus, reposant sur des rapports fournis par chaque État membre.

63 « Roms, les nouveaux parias », *Plein Droit,* n° 99, décembre 2013, p. 3–6 ; écouter également Henriette Asseo : [<http://www.franceculture.fr/emission-culturesmonde-tziganes-roms-ces-indesirables-que-l'europe-ne-veut-pas-voir-14-de-la-plurali>].

64 COM(2011) 173 final ; communication de la Commission au Parlement européen, au Conseil, au Comité économique et social européen et au Comité des régions portant sur le cadre de l'UE pour les stratégies nationales d'intégration des Roms pour la période allant jusqu'à 2020.

Le rapport présenté par la France en 2013[65] est intéressant en ce qu'il commence par annoncer que l'approche catégorielle est impossible en France : mettre en place une politique en faveur des « Roms » n'est pas envisageable, la République étant une et indivisible[66]. Mais il est tout à fait possible de relier une telle action à un plan plus général visant à l'intégration économique, sociale, scolaire des personnes les plus vulnérables ou les plus en difficulté sur le territoire français. Et finalement, le rapport français classe les « Roms » dans la catégorie « gens du voyage », occultant la nationalité des intéressés, neutralisant les difficultés liées à une citoyenneté européenne de seconde zone et renationalisant la question. D'ailleurs, il semblerait que les fonds octroyés[67] par le Fonds social européen, sur la période 2007–2013, ont permis de financer des projets visant très majoritairement les gens du voyage[68].

Après deux ans, la Commission a, en date du 26 juin 2013, présenté au Conseil une proposition de recommandation visant à inciter les États membres « à prendre des mesures d'action positive pour combler les écarts entre les Roms et le reste de la population ». La recommandation, dénuée de force contraignante, a essentiellement un poids politique :

La recommandation prévoit en particulier :

- une action ciblée spécifique, reposant sur de bonnes pratiques, pour accroître l'intégration des Roms, dans le strict respect du principe de subsidiarité et sans reproduire la législation de l'Union déjà en vigueur. Elle concerne l'éducation, l'emploi, la santé et le logement ;
- des thèmes horizontaux qui sont essentiels pour mettre en pratique les politiques d'intégration des Roms et pour en assurer la pérennité. Il s'agit notamment de lutter contre les discriminations et les stéréotypes, de protéger les femmes et les enfants, d'adopter une stratégie d'investissements sociaux, de recueillir des informations sur la situation des Roms pour contrôler les effets des mesures, de traduire les engagements nationaux en action locale, de soutenir l'action des organismes qui œuvrent en faveur de l'égalité de traitement pour les Roms,

---

65 Voir aussi la communication de la Commission COM(2012) 226 final.

66 Marietta Karamanli, Didier Quentin, *Rapport d'information n° 1387 de la Commission des affaires européennes sur l'intégration des populations roms*, 18 septembre 2013.

67 1,7 milliard d'euros.

68 Pierre-Yves Bulteau, *En finir avec les idées fausses propagées par l'extrême droite*, Ivry-sur-Seine, Les éditions de l'Atelier/Éditions ouvrières, 2014, part. p. 32.

d'accroître les ressources et les capacités des points de contact nationaux pour les Roms, et de développer la coopération transnationale ;
- des principes généraux exigeant que l'allocation de fonds (non seulement européens mais également nationaux et locaux) destinés à l'inclusion des Roms soit transparente et appropriée. Les recommandations générales concernant les financements de l'Union sont basées sur l'expérience acquise pendant l'actuelle période de programmation et sur la proposition de règlement instituant des dispositions communes pour le Fonds européen de développement régional, le Fonds social européen, le Fonds de cohésion, le Fonds européen agricole pour le développement rural et le Fonds européen pour les affaires maritimes et la pêche.

Si l'Union européenne met en place un soutien financier, elle n'est pas mobilisable pour faire reconnaître soit les faiblesses des politiques antidiscriminatoires, soit les discriminations opérées par les autorités administratives françaises, notamment en termes d'accès à la scolarisation, à l'hébergement d'urgence, à la protection sociale, au logement. Or, si l'on observe les discours politiques, les communiqués de presse, les circulaires, mais aussi les pratiques quotidiennes, tous attestent de la politique discriminatoire, ciblant les « Roms » à raison de leur appartenance réelle ou supposée à ce groupe social[69]. Thomas Habu-Groud considère que ce glissement est un moyen aisé pour refuser de sanctionner l'attitude de certains États européens, parmi lesquels figure la France[70]. En faisant relever les « Roms » d'un droit des minorités non contraignant, la Commission se prémunit contre toute procédure d'infraction au droit de l'Union. Les États y dérogent, sans jamais mériter aucune sanction. De plus, la Commission délivre régulièrement des *satisfecit* aux États membres de l'UE, en insistant plutôt sur les efforts que devraient déployer les pays intéressés par le processus d'élargissement[71].

Une affaire *Belov* illustre bien cette cécité de la CJUE[72]. Des opérateurs, propriétaires des circuits de distribution électrique ou fournisseurs d'électricité, posaient les compteurs électriques à hauteur d'homme dans

69 Amnesty International, *« Nous réclamons justice » – L'Europe doit protéger davantage les roms contre les violences racistes, op. cit.*

70 Thomas Habu-Groud, *op. cit.*, tout part. p. 23 et 24.

71 Communication de la Commission au Parlement européen, au Conseil, au Comité économique et social européen et au Comité des régions, rapport sur la mise en œuvre du cadre de l'UE pour les stratégies nationales d'intégration des Roms, COM2014 (209) Final, 2 avril 2014.

72 CJUE, 31 janvier 2013, *Belov c. Bulgarie*, C-394/11.

tous les quartiers, à l'exception des quartiers habités par des « Roms », dans lesquels les compteurs étaient placés à sept mètres de hauteur. L'un des habitants des quartiers concernés saisit la Commission de défense contre la discrimination (KZD), qui adresse six questions préjudicielles principales à la CJUE. Cette dernière s'estime incompétente, au motif que la question préjudicielle qui lui était posée n'émanait pas d'une juridiction au sens de l'article 267 TFUE. Cette interprétation était contestable, tant la notion de juridiction a été conçue de manière large pour accueillir toute sorte de questions préjudicielles et tant la Commission de défense contre la discrimination apparaît en relever. Surtout, cette affaire aurait permis à la CJUE de se positionner en retenant, par exemple, que les « Roms » sont d'abord des citoyens européens et bénéficient donc du statut fondamental auxquels sont attachés toute une série de droits fondamentaux, prévus notamment par la Charte des droits fondamentaux, qui prohibe la discrimination à son article 21-1.

Les niveaux national et de l'UE étant aveugles, les demandes de constat de violation de toute une série de droits sociaux ont été portées, notamment par des ONG, devant des instances internationales, qu'elles soient juridictionnelles ou quasi-juridictionnelles. La condamnation des pratiques discriminatoires par des États membres de l'Union, dont la France, est affirmée avec constance.

Les condamnations pour discrimination

Toute une série de pratiques discriminatoires ont ainsi été condamnées soit par le Comité européen pour les droits sociaux (CEDS), soit par la Cour européenne des droits de l'homme, notamment en matière d'accès au logement, d'accès aux soins, de scolarisation ségrégative, de violences policières[73], etc.

S'agissant des expulsions de campements, le CEDS a ainsi retenu, en date du 28 juin 2011, une violation aggravée de la Charte sociale européenne. Non seulement les mesures considérées touchaient expressément des groupes vulnérables, mais la passivité des pouvoirs publics concourait à cette violence. La circulaire du 5 août 2010, qui visait explicitement l'évacuation des campements « roms » a été abrogée et remplacée par un

73 CEDH, *Stoica c. Roumanie*, 4 mars 2008, req. n° 42722/02 ; CEDH, *Natchova c. Bulgarie*, 6 juillet 2005, req. n° 43577/98 et 43 579/98.

texte neutre du 13 septembre 2010. Le CEDS[74] n'a pas été trompé par ce subterfuge, alors que le Conseil d'État a validé cette deuxième circulaire en estimant qu'elle ne méconnaissait pas le principe d'égalité[75].

Pour la première fois, par un arrêt *Winterstein*[76], la France a été condamnée pour violation de l'article 8 de la CEDH en raison d'une décision d'expulser des personnes « roms » de leur lieu de vie. Il est tout particulièrement remarqué que les juridictions françaises peinent à se livrer à un examen de proportionnalité entre l'intérêt sauvegardé – le droit de propriété – et l'intérêt sacrifié – le droit au logement, rattaché au droit à la vie privée et familiale. Cette décision ne permet cependant pas d'échapper au prisme de la protection des minorités[77], en ce que la Cour désigne les « Roms » comme une « minorité vulnérable ayant besoin d'une protection spéciale »[78]. Comme le souligne Martin Olivera, désigner les « Roms » comme « les membres de la plus grande minorité européenne » permet, à l'échelle nationale, de les exclure du domaine des politiques publiques visant notamment l'absence ou le mal-logement, puisque les « Roms » sont considérés comme appartenant à la catégorie des gens du voyage, réputés non sédentaires[79].

L'ensemble de ces décisions a un faible impact sur les pratiques des États membres[80], sauf lorsque de très rares juridictions nationales s'emparent des schémas de réflexion proposés par les instances du Conseil de

74 CEDS, 24 janvier 2012, *Forum européen des Roms et des Gens du Voyage c. France*, réclam. 64/2011 ; Carole Nivard, « La situation des Roms et des gens du voyage en France saisie par le Conseil de l'Europe », [<http://rdlf.upmf-grenoble.fr/?p=4582>].

75 CE, 7 avril 2011, *Association SOS Racisme*, n° 343387.

76 CEDH, *Winterstein c. France*, 17 octobre 2013, req. n° 27013/07 ; Laurence Burgorgue-Larsen, *AJDA*, 2014, p. 147 ; Judith Geller, Adam Weiss, « *Winterstein c. France* : le point de vue du tiers intervenant », [<http://strasbourgobservers.com/2013/11/25/winterstein-v-france-the-third-party-perspective/>], Anna Billard, Jean-Philippe Foegle, Tristan Martin, Ahlem Tamouza, « Un cinglant désaveu de la France par la Cour européenne des droits de l'homme en matière de logement des gens du voyage », *Lettre « Actualités Droits-Libertés » du CREDOF*, 5 décembre 2013.

77 Un certain nombre de commentateurs regrettent l'absence d'examen sous l'angle de la discrimination.

78 CEDH, Gde chambre, *Chapman c. Royaume-Uni*, 18 janvier 2001, req. n° 27238/95.

79 Martin Olivera, « Insertion ou bricolage », *Plein Droit*, n° 99, décembre 2013, p. 7–10.

80 Christine Lazerges, « Intégrer les Roms requiert du courage politique – Il faut appliquer les textes », *Le Monde*, 2 août 2013, p. 19.

l'Europe[81]. La multiplication des expulsions de terrains occupés par des « Roms » au cours des derniers mois témoigne de cette indifférence de l'État français à l'égard des condamnations citées.

Le clivage entre riches et pauvres

Datée du 23 avril 2013, une initiative des ministres de l'Intérieur allemand, autrichien, néerlandais et britannique tend à remettre en cause le principe de la libre circulation des personnes tel qu'il est reconnu par la directive 2004/38/CE. Elle vise les ressortissants communautaires qui abuseraient de la libre circulation pour bénéficier des avantages sociaux disponibles dans d'autres États membres. Ce sont clairement les ressortissants bulgares et roumains, derrière lesquels apparaissent les « Roms », qui sont accusés de faire du tourisme aux prestations sociales.

À l'automne 2013, un rapport du cabinet-conseil ICF-GHK a été remis à la Commission européenne, démontant ces approximations[82]. Au sein de l'UE à 27, les déplacements des personnes âgées de plus de 15 ans sont passés de 1,3 % en 2003 à 2,6 % de la population totale en 2012. Parmi ces personnes, le nombre des inactifs a augmenté de 0,7 % en 2003 à 1 % de la population totale en 2012. Parmi eux, deux tiers seraient à la recherche d'un emploi, en situation d'étude ou à la retraite. Les autres sont soit « au foyer », soit handicapés.

Les ressortissants de l'Union venus d'autres pays représentent moins de 5 % des bénéficiaires des aides sociales. Selon le rapport, les chômeurs ou sans emploi ne coûtent que 0,2 % du budget global de santé des États membres. Lorsqu'on connaît les difficultés d'accès à la carte Vitale en France, mais aussi dans d'autres États membres, le fantasme du tourisme social est vite démasqué.

Mais au-delà de cette désignation des « Roms » en tant que catégorie profitant de la liberté de circulation pour bénéficier de manière indue des prestations sociales, et qui distingue les ressortissants européens riches des ressortissants européens pauvres, il faut aussi se demander si, par porosité, cette discrimination des « Roms » ne constitue pas une forme de

---

81 TGI Bobigny, ordonnance de référé, 24 janvier 2014, n° dossier 13/02254.

82 *A fact finding analysis on the impact on the Member States' social security systems of the entitlements of non-active intra-EU migrants to special non-contributory cash benefits and healthcare granted on the basis of residence*, 14 octobre 2013, consultable en ligne [<http://ec.europa.eu/employment_social/empl_portal/facebook/20131014%20GHK%20study%20web_EU%20migration.pdf>].

laboratoire ou, en tout cas, ne risque pas de s'étendre à d'autres citoyens européens, non « roms », mais économiquement en difficulté.

Cette piste de réflexion est ouverte en raison de la politique d'accès au revenu de solidarité active pour les ressortissants européens qualifiés d'actifs. La Commission a, à l'occasion de l'examen d'une plainte qui lui a été adressée, interpelé le gouvernement français sur les pratiques des Conseils généraux. Pour mettre fin à la procédure, le ministère des Affaires sociales a adressé une note, en date du 28 juin 2013, par laquelle il est rappelé qu'un refus d'ouverture de droit au RSA opposé à un ressortissant de l'UE ayant la qualité de travailleur indépendant ne peut en aucun cas se fonder sur la faiblesse du montant des ressources que lui procure son activité pour contester sa qualité de travailleur au sens du droit européen[83].

Ce sont les fondements mêmes de la citoyenneté européenne qui sont interrogés par le sort réservé aux ressortissants d'États membres de l'Union européenne qualifiés de « Roms ». Bien que la Commission européenne et la Cour de Justice[84] apparaissent plus enclines à contrôler une discrimination fondée sur l'état de richesses, cela ne signifie pas pour autant le refus d'une discrimination fondée sur une catégorisation ethnique. En découle une citoyenneté européenne de seconde zone, dont on voit mal ce qui pourrait l'empêcher de s'étendre, par capillarité, à d'autres catégories de citoyens jugés indésirables.

83 Note d'information DGCS/SD1C n° 2013-265 du 28 juin 2013 relative à l'accès au revenu de solidarité active (RSA) des ressortissants européens ayant la qualité de travailleurs indépendants.

84 CJUE, *Brey*, 19 septembre 2013.

Igor LAI, Université de Nantes

La construction du statut des ressortissants des États tiers à la lumière du statut des citoyens européens

Exclus initialement de la construction européenne, les ressortissants des États tiers ont trouvé leur place dans l'ordre juridique européen avec le traité d'Amsterdam (entré en vigueur le 1er mai 1999), une fois les fondements de la politique commune dans le domaine de l'immigration établis. La communautarisation de la politique migratoire représente ainsi un tournant dans la reconnaissance de l'appartenance des ressortissants des États tiers à l'Union européenne. Par la mise en place de l'espace de liberté, de sécurité et de justice, les États membres ont donc exprimé leur volonté de mettre en place un statut des ressortissants des États tiers. Toutefois, le choix du législateur européen n'a pas été la mise en place d'un statut pour toutes les personnes qui résident légalement sur le territoire communautaire, mais l'élaboration de deux statuts différents, l'un pour les citoyens européens et l'autre pour les ressortissants des États tiers. Le statut des ressortissants des États tiers se construit, tout de même, à la lumière du statut des citoyens européens. Lors du Conseil européen de Tampere de 1999, l'Union s'est proposé de conférer aux ressortissants des États tiers un ensemble de droits aussi proches que possible de ceux dont jouissent les citoyens européens.

Un statut des ressortissants des États tiers différent du statut des citoyens européens

La construction du statut des ressortissants des États tiers s'inscrit dans la perspective du développement de la politique commune de l'immigration de l'Union européenne pour assurer la croissance économique et faire face aux enjeux du vieillissement de ses citoyens. Or, il est bien connu que l'immigration, considérée comme un stabilisateur du marché de travail, peut contribuer à la croissance de l'emploi et, par conséquent, à la croissance économique dans l'Union[1]. Les questions migratoires ont été pourtant écartées de la construction européenne à l'origine et il a fallu quarante ans pour qu'une politique commune en matière migratoire soit mise en place par le traité d'Amsterdam, et reprise ensuite par le traité de Lisbonne. Le droit de l'Union offre désormais aux institutions européennes la possibilité d'élaborer un statut des ressortissants des États tiers régulièrement établis sur le territoire de l'un des États membres.

Dans ce sens, l'article 79 du traité sur le fonctionnement de l'Union européenne (TFUE) dispose que le Parlement européen et le Conseil adoptent des mesures pour définir les conditions d'entrée et de séjour, les normes concernant la délivrance par les États membres de visa et de titre de séjour ainsi que les droits des ressortissants des pays tiers en séjour régulier dans un État membre. Le même article ajoute que ces deux institutions peuvent aussi établir des mesures pour encourager et appuyer l'action des États membres en vue de favoriser l'intégration des ressortissants de pays tiers en séjour régulier sur leur territoire. À cette fin, le Conseil européen de Tampere statue que « l'Union européenne doit assurer un traitement équitable aux ressortissants de pays tiers qui résident légalement sur le territoire de ses États membres »[2].

Des mesures ont été adoptées en matière de regroupement familial[3], d'études[4], de recherches scientifiques[5] ou encore d'emploi hautement qualifié[6]. Le pas le plus important fut toutefois franchi par la directive 2003/109

---

1 Selon le rapport annuel sur l'immigration et l'asile de 2010, les étrangers ayant immigré dans l'UE entre 2000 et 2005 ont représenté plus d'un quart de la hausse globale de l'emploi et 21 % de la croissance du PIB moyen. Rapport annuel sur l'immigration et asile (2010), COM (2011) 291 final du 24 mai 2011.

2 Conclusions de la présidence du Conseil de Tampere des 15 et 16 octobre 1999, *Bull. UE*, octobre 1999, point 21.

3 Directive 2003/86/CE du Conseil, du 22 septembre 2003, relative au droit au regroupement familial, *JO* n° L 251 du 3 octobre 2003, p. 12.

4 Directive 2004/114/CE du Conseil, du 13 décembre 2004, relative aux conditions d'admission des ressortissants de pays tiers à des fins d'études, d'échange d'élèves, de formation non rémunérée ou de volontariat, *JO* n° L 375 du 23 décembre 2004, p. 12.

5 Directive 2005/71/CE du Conseil, du 12 octobre 2005, relative à une procédure d'admission spécifique des ressortissants de pays tiers aux fins de recherche scientifique, *JO* n° L 289 du 3 novembre 2005, p. 15.

6 Directive 2009/50/CE du Conseil, du 25 mai 2009, établissant les conditions d'entrée et de séjour des ressortissants de pays tiers aux fins d'un emploi hautement qualifié, *JO* n° L 155 du 18 juin 2009, p. 17.

qui a mis en place le statut des ressortissants des États tiers résidents de longue durée[7]. Bien que conditionné à une résidence d'au moins cinq ans sur le territoire d'un État membre, ce statut confère aux ressortissants des États tiers le droit à toute une série de prestations aux mêmes conditions que les nationaux de l'État membre d'accueil. Il s'agit notamment des droits en matière d'accès à un emploi salarié et non salarié, d'éducation et de formation professionnelle, reconnaissance des diplômes et des bourses, de protection sociale et de soins de santé, d'assistance sociale, d'accès aux biens et aux services, de liberté d'association et d'affiliation, etc. Plus encore, la jouissance du statut des résidents de longue durée suppose le respect des conditions similaires à celles fixées pour les citoyens européens par la directive 2004/38, texte connu sous le nom de la « directive sur la citoyenneté »[8]. Par ailleurs, les ressortissants des États tiers liés à l'Union par des accords d'association ou de coopération bénéficient, eux aussi, de certains droits comparables à ceux des citoyens européens[9].

Le statut des ressortissants des États tiers est en pleine construction, certains résultats étant déjà atteints. Le rapprochement du statut des ressortissants des États tiers du statut des citoyens européens est visible. Cependant, le critère de nationalité, imposé par le législateur européen pour bénéficier de l'ensemble de droits garantis par le droit de l'Union, ainsi que l'absence de la libre circulation du statut de ressortissants des États tiers caractérisent la connotation économique de leur statut et les éloignent du statut de citoyens européens.

---

7 Directive 2003/109/CE du Conseil, du 25 novembre 2003, relative au statut des ressortissants de pays tiers résidents de longue durée, *JO* n° L 16 du 23 janvier 2004, p. 44.

8 À savoir, de prouver aux autorités compétentes de l'État membre d'accueil qu'il dispose, pour lui et sa famille, de ressources stables et suffisantes pour subvenir à ses besoins ainsi que d'une assurance-maladie. Voir à ce titre la Directive 2004/38/CE du Conseil, du 29 avril 2004, relative au droit des citoyens de l'Union et aux membres de leur famille de circuler et de séjourner sur le territoire des États membres, *JO* n° L 229 du 29 juin 2004, p. 35–48.

9 L'accord d'association CEE-Turquie prévoit, par exemple, l'interdiction de toute discrimination fondée sur la nationalité en matière de conditions d'emploi et de rémunération, tandis que les accords de coopération conclus par la CEE avec les pays du Maghreb prévoient la prohibition des discriminations dans le domaine de la sécurité sociale.

Une différence déterminée par le critère de nationalité

Les ressortissants des États tiers ne peuvent pas se prévaloir de la qualité de citoyen européen, le principe est clair. Cette qualité est réservée aux ressortissants qui ont la nationalité de l'un des États membres. Bien que la citoyenneté européenne pût être fondée sur la résidence, le législateur européen a choisi la nationalité comme critère de rattachement à l'Union européenne en stipulant qu'« est citoyen de l'Union toute personne ayant la nationalité d'un État membre ». La qualité de citoyen européen se rattache ainsi à la nationalité de l'un des États membres ; les ressortissants qui résident sur le territoire de l'Union européenne, mais qui ne sont pas ressortissants des États membres sont exclus. La nationalité est donc une condition indispensable pour bénéficier de l'ensemble des droits conférés par l'ordre juridique européen.

En choisissant la nationalité comme critère de rattachement à l'Union, le traité de Maastricht a tracé, en fait, une ligne claire entre les nationaux des États membres et les non-nationaux. Ce fait a été confirmé cinq ans plus tard par le traité d'Amsterdam qui a posé les fondements de la politique commune dans le domaine de l'immigration et, par la suite, par la mise en place de cette politique. Or, au lieu d'étendre aux ressortissants des États tiers le bénéfice des textes applicables aux citoyens européens, l'Union européenne a élaboré de nouveaux textes destinés aux ressortissants des États tiers. Tel est le cas, par exemple, des textes concernant le regroupement familial et le statut des ressortissants des pays tiers résidents de longue durée. L'application de ces textes est limitée aux seuls ressortissants des États tiers. Dans le même sens, au lieu d'étendre le champ d'application personnel des textes applicables en matière de coordination des systèmes de sécurité sociale réservés aux citoyens européens, le législateur européen a choisi de mettre en place des textes supplémentaires pour les ressortissants des États tiers[10]. La suppression de la condition de nationalité de l'un des États membres pourrait être une solution pour élargir le champ d'application personnel de ces textes aux ressortissants des États tiers. Mais, par le choix des textes supplémentaires, l'Union a souligné une fois de plus le statut spécifique des ressortissants des États tiers.

La distinction entre les citoyens européens et les ressortissants des États tiers est aussi ressentie dans les dispositions de la Charte des droits

10 Il s'agit notamment des Règlements 859/2003 et 1231/2010, voir notes 21 et 22.

fondamentaux de l'Union européenne. Outre l'énoncé de certains droits liés à la citoyenneté européenne, par exemple les droits électoraux et le droit à la protection diplomatique[11], l'article 45 de la Charte intitulé « Liberté de circulation et de séjour » prévoit que « tout citoyen ou toute citoyenne de l'Union a le droit de circuler et de séjourner librement sur le territoire des États membres » alors que « la liberté de circulation et de séjour peut être accordée, conformément au traité instituant la Communauté européenne, aux ressortissants de pays tiers résidant légalement sur le territoire d'un État membre ». Plus encore, même si la Charte accorde la liberté professionnelle à toute personne, le droit de travailler est réservé aux seuls citoyens européens[12].

Certaines institutions et certains organes de l'Union européenne se sont pourtant interrogés sur l'exclusion des ressortissants des États tiers régulièrement établis sur le territoire des États membres. C'est le cas notamment du Parlement européen ou encore du Comité économique et social qui ont proposé d'accorder la citoyenneté européenne « non seulement aux ressortissants des États membres, mais aussi à toutes les personnes qui résident de manière stable ou depuis longtemps dans l'Union européenne »[13]. Toutefois, ces initiatives n'ont pas abouti ; les États membres ont, jusqu'à présent, refusé d'envisager de conférer la citoyenneté européenne aux ressortissants des États tiers. L'une des raisons principales tient sans doute à l'atteinte à la souveraineté nationale. Par conséquent, la citoyenneté européenne reste toujours un privilège des personnes ayant la nationalité de l'un des États membres. Dès lors, comme la citoyenneté, le droit à la libre circulation est aussi un privilège des nationaux des États membres.

---

11 Les articles 39, § 1 et 40 de la Charte réservent les droits de vote au Parlement européen et aux élections locales aux citoyens européens et l'article 46 leur réserve la protection diplomatique et consulaire.

12 Article 15 de la Charte des droits fondamentaux de l'Union européenne.

13 Avis d'initiative sur l'accès à la citoyenneté de l'Union européenne, Bruxelles 14, 15 mai 2003, CESE 593/2003-SOC/141. Voir également la Résolution du Parlement européen sur la situation des droits fondamentaux dans l'Union européenne, 2002/2013 (INI), *Journal officiel de l'Union européenne* (*JOUE*), 2004, n° 76, p. 412.

Une différence consolidée par l'absence du droit à la libre circulation

À l'heure actuelle, il n'existe pas de libre circulation sur le territoire de l'Union au bénéfice de l'ensemble des ressortissants des États tiers vivant légalement sur le territoire de l'un des États membres[14]. Élément phare dans la construction de l'Union européenne, la liberté de circulation reste un privilège de chaque citoyen de l'Union. C'est un droit fondamental rattaché à la citoyenneté européenne qui découle de la nationalité de l'un des États membres de l'Union. Seules certaines catégories des ressortissants des États tiers qui résident légalement sur le territoire communautaire en bénéficient. Le droit à la mobilité varie selon que l'intéressé est membre de la famille d'un citoyen européen, étudiant, chercheur scientifique, travailleur hautement qualifié, résident de longue durée, ou encore ressortissant « ordinaire » qui ne rentre pas dans les catégories précitées et qui bénéficie de régimes particuliers. En même temps, même pour les ressortissants des États tiers qui bénéficient de la libre circulation dans l'Union, l'exercice de ce droit n'est pas sans contraintes.

Ainsi, le droit de libre circulation des ressortissants des États tiers, membres de la famille d'un citoyen européen, conféré par la directive 2004/38, est soumis à des conditions supplémentaires par rapport aux citoyens de l'Union. Étant non conditionné pour les citoyens de l'Union, le droit de séjour de moins de trois mois est accordé aux membres de leur famille qui n'ont pas la nationalité d'un État membre, seulement en vue de les accompagner ou de les rejoindre. De même, le droit de séjour de moins de cinq ans est accordé aux ressortissants des États tiers uniquement si le citoyen de l'Union membre de leur famille est présent sur le territoire de l'État d'accueil. En outre, pour un séjour de plus de trois mois, les ressortissants des États tiers doivent être en possession d'une carte de séjour délivrée par l'État d'accueil, tandis que pour les citoyens européens est suffisant le simple enregistrement auprès des autorités compétentes du lieu de résidence.

---

14 Il est à noter que même si l'intégration de l'acquis Schengen par le traité d'Amsterdam a permis aux ressortissants de pays tiers, qui disposent d'un visa de long séjour pour l'un des États membres, de circuler librement à l'intérieur de la zone, il s'agit d'un droit à la libre circulation limité seulement aux États membres de l'espace Schengen (la Bulgarie, la Roumanie, Chypre et la Croatie n'y participent pas encore, tandis que l'Irlande et le Royaume-Uni n'en font pas partie) et seulement pour une période qui ne dépasse pas trois mois.

Les chercheurs scientifiques, ressortissants des États tiers, ne peuvent exercer une mobilité intracommunautaire que pour effectuer une partie des recherches pour lesquelles ils sont entrés dans le premier État membre. En outre, si le séjour dans un État membre autre que l'État d'admission doit dépasser trois mois, la conclusion d'une nouvelle convention d'accueil peut être exigée par le deuxième État membre. Ils restent aussi soumis à l'obligation de visa et de titre de séjour vis-à-vis des États membres successifs. Quant aux travailleurs hautement qualifiés, ils ne peuvent se rendre dans un autre État membre qu'après dix-huit mois de séjour légal dans le premier État membre, leur mobilité professionnelle pouvant être aussi limitée pendant les deux premières années de leur emploi légal. Le droit d'un État membre de fixer le volume de travailleurs hautement qualifiés n'est pas non plus affecté.

Les ressortissants des États tiers ayant acquis le statut de résidents de longue durée ne bénéficient pas non plus de la libre circulation dans les mêmes conditions que les citoyens européens. Les États membres peuvent ainsi refuser le droit au séjour de ces derniers non seulement aux motifs liés à l'ordre public ou à la santé publique, mais aussi en invoquant la situation interne du marché du travail, dès lors que le résident souhaite s'installer pour exercer une activité économique[15]. En même temps, le second État membre peut exiger d'eux qu'ils disposent d'une assurance-maladie et de ressources stables et suffisantes, et qu'ils répondent au critère d'intégration. Il s'avère, ainsi, que leur droit de séjour sur le territoire d'un autre État membre peut être subordonné au dépôt d'une nouvelle demande de titre de séjour, soumise, le cas échéant, aux mêmes exigences que celles entourant l'accès initial au statut de résident de longue durée.

Dès lors, l'absence d'un droit personnel de libre circulation des ressortissants des États tiers limite leur accès aux droits garantis par le droit européen. La jouissance des droits conférés par le droit européen est conditionnée en principe par l'exercice de la liberté de circulation. Par exemple, pour se prévaloir des règles de coordination en matière sociale et bénéficier ainsi des droits sociaux garantis par le droit de l'Union, les ressortissants des États tiers doivent avoir circulé sur le territoire d'un autre État membre ou avoir travaillé dans un autre État membre. Certes, l'exigence de déplacement intracommunautaire est commune tant pour le ressortissant d'un État

15 Voir les articles 14.3, 17 et 18 de la Directive 2003/109.

tiers que pour le citoyen européen. Mais, si pour ce dernier, la libre circulation est un droit personnel, le déplacement du ressortissant d'un État tiers est soumis aux dispositions nationales souvent restrictives. Par conséquent, la condition d'extranéité pèse plus lourd sur le statut des ressortissants des États tiers.

La liberté de circulation reste donc un privilège de tout citoyen européen, c'est-à-dire de « toute personne ayant la nationalité d'un État membre »[16]. Le seul moyen de bénéficier de ce droit dans les mêmes conditions que les citoyens européens pour un ressortissant d'un État tiers est d'obtenir la nationalité de l'un des États membres. Mais pourquoi le ressortissant d'un État tiers doit-il acquérir la nationalité de l'un des États membres afin de bénéficier de ce droit ? La nationalité symbolise l'appartenance à une communauté, aux valeurs fondamentales de cette communauté. Mais à part la nationalité, l'appartenance à une communauté pourra être bel et bien exprimée par le critère de résidence. La résidence légale ne devrait-elle pas garantir le même traitement juridique à tous les ressortissants se trouvant dans la même situation, indépendamment de leur nationalité ? Il nous semble que, dès lors qu'ils résident légalement, les ressortissants des États tiers s'intéressent à l'Union européenne et à ses valeurs. Plus encore, la régularité de résidence atteste bien la volonté des ressortissants des États tiers de participer à la construction européenne. Dès lors, c'est notamment le critère de résidence légale qui ouvre l'accès des ressortissants des États tiers aux droits sociaux garantis par le droit de l'Union et qui rapproche ainsi les deux statuts.

Un statut des ressortissants des États tiers qui se rapproche du statut des citoyens européens

Dès lors que le statut de ressortissant d'un État tiers se construit à la lumière du statut de citoyen européen, l'évolution du statut de ce dernier a des conséquences considérables sur la situation juridique des ressortissants des États tiers. Dans ce sens, un ressortissant d'un État tiers pourrait bénéficier d'un droit de séjour dérivé du droit de séjour d'un membre de sa famille,

16 Article 9 du traité sur l'Union européenne (TUE).

citoyen européen, sur le fondement des mêmes dispositions qui garantissent ce droit aux citoyens européens. La jurisprudence constante de la Cour de justice sert comme exemple dans ce sens[17]. Bien que limitée seulement aux ressortissants des États tiers qui ont un lien familial avec un citoyen européen, la voie des droits rattachés à la citoyenneté européenne s'ouvre aux non-citoyens de l'Union.

De plus, la Charte des droits fondamentaux, qui fait partie intégrante du droit positif de l'Union européenne depuis l'adoption du traité de Lisbonne, pourrait enrichir les fondements juridiques de la Cour dans sa jurisprudence à l'égard des ressortissants des États tiers. Outre l'article 21 concernant la non-discrimination fondée sur la nationalité et l'article 45 qui prévoit la possibilité d'accorder la libre circulation aux ressortissants des États tiers légalement établis sur le territoire de l'un des États membres, le chapitre intitulé « Solidarité » comporte l'article 34 sur la sécurité et l'aide sociale qui prévoit que « toute personne qui réside et se déplace légalement à l'intérieur de l'Union a droit aux prestations de sécurité sociale et aux avantages sociaux, conformément au droit communautaire et aux législations et pratiques nationales ». Ces droits ne sont donc pas attachés à la nationalité d'un État membre, mais à la personne.

L'idée d'une « citoyenneté large » est reprise par le traité de Lisbonne, dont l'article 3 TUE explicite le lien entre peuples et citoyens. On retrouve encore ce mouvement dans tous les textes communautaires concernant l'intégration des ressortissants des États tiers, qui leur confèrent un nombre grandissant de droits, notamment en matière sociale. Si la citoyenneté de l'Union reste limitée aux nationaux des États membres, ses droits économiques et sociaux sont étendus aux ressortissants des États tiers. C'est dans ce sens qu'un statut social vient compléter le statut économique de ressortissant d'un État tiers. Pour acquérir ce statut, le critère de rattachement à l'Union ne sera pas la nationalité d'un État membre, mais la résidence légale sur le territoire de l'un des États membres. Le critère de résidence n'est pas pourtant sans condition : la résidence devrait être légale et d'une certaine période. Autrement dit, le critère de rattachement à l'Union n'est pas déterminé seulement par une résidence légale, mais aussi par un degré d'intégration.

---

17 Voir notamment CJCE, 23 septembre 2003, aff. C-109/01, *Akrich,* Rec. 2003, p. I-9607 ; CJCE, 19 octobre 2004, aff. C-200/02, *Zhu et Chen*, Rec. 2004, p. I-673 ; CJCE, 25 juillet 2008, aff. C-127/08, *Métock*, Rec. 2008, p. I-6241 ; CJCE, 8 mars 2011, aff. C-34/10, *Zambrano*, Rec. 2011, p. I-01177.

Un rapprochement dû au critère de résidence

Bien que les ressortissants des États tiers ne soient pas citoyens européens, ils se voient accorder progressivement un statut de plus en plus proche de ceux-ci. Le critère de résidence se substitue à la condition de nationalité, afin de permettre aux ressortissants des États tiers de bénéficier des droits sociaux. Le statut social des citoyens européens devient donc ouvert aux ressortissants des États tiers régulièrement installés sur le territoire de l'Union, statut qui fonde d'ailleurs la citoyenneté sociale européenne. Formée par un ensemble cohérent de droits sociaux, la citoyenneté sociale européenne garantit ainsi un statut social à tout individu qui présente un caractère de rattachement à l'Union européenne autre que la nationalité. Or, contrairement au statut politique, le statut social est accordé sans considération de nationalité, mais sur critère de résidence.

Selon la définition du sociologue T. H. Marshall, la citoyenneté sociale serait « la garantie d'une capacité à mener une vie sociale digne et civilisée en vertu des standards en vigueur dans la société »[18]. Pour mener cette existence digne et civilisée, la citoyenneté sociale exige que l'État offre aux citoyens le bénéfice d'aides financières suffisantes. C'est pourquoi l'accès du ressortissant d'un État tiers à la citoyenneté sociale, et donc l'octroi d'un statut social à la lumière du citoyen européen, va lui permettre de bénéficier des droits sociaux identiques à ceux des nationaux de l'État membre d'accueil. Or, la reconnaissance d'un droit à la solidarité implique notamment la reconnaissance d'un droit aux prestations sociales de tout résident régulièrement installé sur le territoire de l'Union européenne. Le rattachement à l'Union sera donc défini par le critère de résidence sur le territoire de l'Union. Par conséquent, l'acquisition de la nationalité d'un État membre ne sera plus, pour le ressortissant d'un État tiers, la seule façon d'accéder aux droits qui découlent de cette forme de citoyenneté.

Il est à mentionner que le concept de la citoyenneté sociale européenne n'a jamais été utilisé par les institutions européennes et par les juges de la Cour de justice. La dimension sociale de la citoyenneté européenne transparaît toutefois dans certains arrêts[19] et dans les modifications apportées

---

18 Thomas H. Marshall, *Citizenship and social class*, Cambridge, Cambridge University Press, 1950, p. 11.

19 Voir par exemple CJCE, 20 septembre 2001, aff. C-184/99, *Grzelczyk*, Rec. 2001, p. I-6193 ; CJCE, 11 juillet 2002, aff. C-224/98, *D'Hoop,* Rec. 2002, p. I-6191 ;

par le traité de Lisbonne[20]. L'intégration dans l'État membre d'accueil est ainsi une condition à remplir pour bénéficier des droits attachés à la citoyenneté sociale européenne. À défaut d'une activité économique, cette condition d'intégration prend la forme d'une condition de résidence, en affaiblissant la condition de nationalité.

Le règlement 859/2003[21] et, plus tard, le règlement 1231/2010[22] ont étendu l'application des règles en matière de coordination des régimes nationaux de sécurité sociale aux ressortissants d'États tiers[23]. Ces textes visent à mieux intégrer les ressortissants de pays tiers qui résident légalement sur le territoire des États membres en leur garantissant un ensemble de droits sociaux qui soient aussi proches que possible de ceux dont jouissent les citoyens européens. Dans ce sens, les ressortissants des pays tiers peuvent, par exemple, bénéficier de l'ensemble des règles de coordination relatives au chômage prévues par le droit européen et solliciter la prise en compte, pour le calcul de leurs droits, des périodes d'assurance accomplies dans un État membre de l'Union européenne, ainsi que le maintien des prestations acquises dans un État membre. Il est à noter que ces textes ne confèrent aux intéressés aucun droit à l'entrée, au séjour ou à la résidence, ni à l'accès au marché du travail dans un État membre. Or, la légalité de la résidence sur le territoire d'un État membre est une condition préalable à l'application de ces dispositions. Cette condition n'est toutefois pas la seule.

Le règlement 1231/2010 précise que « le maintien du droit aux prestations de chômage, tel que prévu par les dispositions de l'article 64 du

---

CJCE, 23 mars 2004, aff. C-138/02, *Collins*, Rec. 2004, p. I-2703 ; CJCE, 7 septembre 2004, aff. C-456/02, *Trojani*, Rec. 2004, p. I-7573 ; CJCE, 15 mars 2005, aff. C-209/03, *Bidar*, Rec. 2005, p. I-2119 ; CJCE, 8 mars 2011, aff. C-34/10, *Zambrano*, Rec. 2011, p. I-01177.

20 On pense notamment à l'article 21.3 du TFUE.

21 Règlement 859/2003 du 14 mai 2003, visant à étendre les dispositions du règlement 1408/71 et du règlement 574/72 aux ressortissants de pays tiers qui ne sont pas déjà couverts par ces dispositions uniquement en raison de leur nationalité, *JOUE* n° L 124 du 20 mai 2003, p. 6.

22 Règlement 1231/2010 du 24 novembre 2010, visant à étendre le règlement 883/2004 et le règlement 987/2009 aux ressortissants de pays tiers qui ne sont pas déjà couverts par ces règlements uniquement en raison de leur nationalité, *JO* n° L 344 du 29 décembre 2010, p. 1.

23 Prévu notamment par le règlement n° 883/2004 du 29 avril 2004 sur la coordination des systèmes de sécurité sociale qui a remplacé le règlement 1408/71, *JO* n° L 166 du 30 avril 2004, p. 1.

règlement 883/2004, est conditionné par l'inscription de l'intéressé comme demandeur d'emploi auprès des services de l'emploi de chacun des États membres où il se rend ». Il en découle que « ces dispositions ne peuvent, dès lors, s'appliquer à un ressortissant d'un pays tiers que pour autant qu'il ait le droit, le cas échéant, compte tenu de son titre de séjour, de s'inscrire comme demandeur d'emploi auprès des services de l'emploi de l'État membre où il se rend et d'y exercer légalement un emploi ». Autrement dit, le droit au maintien des prestations de chômage dans l'État membre d'accueil est étroitement subordonné à la législation nationale de cet État, en matière d'emploi des ressortissants des États tiers[24]. Le droit interne peut tout de même accorder aux ressortissants des États tiers un traitement plus favorable que le droit de l'Union européenne.

En même temps, le fait d'exiger l'existence d'un élément transfrontalier entre au moins deux États membres signifie que ce texte ne garantit pas toujours l'égalité de traitement entre les ressortissants de pays tiers résidant régulièrement dans un État membre et les ressortissants de l'UE dans ce même pays. Il faut encore préciser que le règlement 1231/2010 ne s'applique pas dans tous les États membres. Deux États membres, le Danemark et le Royaume-Uni, ne sont pas liés par ce règlement, ni soumis à son application. Par conséquent, les ressortissants de pays tiers ne peuvent pas se prévaloir, sur les territoires danois et du Royaume-Uni, des dispositions de droit européen en matière de coordination des systèmes de sécurité sociale.

Plus encore, il faut préciser que le critère de résidence doit être accompagné d'une régularité de séjour et d'un certain degré d'intégration. L'intégration est une condition de la jouissance des droits découlant de la citoyenneté sociale européenne et le degré d'intégration sociale est établi par la durée de résidence et un lien réel de rattachement avec la société d'accueil. Par conséquent, ce n'est qu'après une durée de résidence stable et durable sur le territoire d'un État membre, que le ressortissant d'un État tiers jouit de son statut social. En d'autres termes, l'octroi d'un statut social européen aux ressortissants des États tiers est subordonné à leur intégration sur le territoire de l'Union européenne.

24 14e considérant du règlement 1231/2010.

Un rapprochement renforcé par un degré d'intégration

L'émergence de la condition de résidence nous montre l'intérêt du droit européen face aux ressortissants des États tiers qui répondent à une condition d'intégration sur le territoire de l'Union. Tous les ressortissants présentant un lien réel de rattachement avec l'Union en raison de la durée de leur résidence régulière sur le territoire d'un État membre d'accueil accèdent aux droits sociaux rattachés à la citoyenneté européenne. Après une certaine durée de résidence sur le territoire d'un même État membre, les ressortissants des États tiers jouissent d'un ensemble de droits sociaux qui sont au cœur du statut de citoyen de l'Union. À ce titre, ils bénéficient du droit à l'égalité de traitement avec les citoyens de l'État membre en matière sociale. Dès lors, en remplaçant la condition de nationalité d'un État membre, la longue durée de résidence leur confère la qualité de citoyen social.

Issu de la directive 2003/109, citée auparavant, ce statut social se traduit notamment par une condition de durée de résidence légale. Au terme de l'article 4, seul le ressortissant d'un État tiers qui a résidé de manière légale et ininterrompue sur le territoire d'un État membre pendant les cinq années qui ont immédiatement précédé l'introduction de la demande en cause peut se prévaloir du statut défini par la directive. Il doit donc s'agir d'une résidence durable et stable, à l'exclusion de tout séjour temporaire notamment « pour faire des études ou suivre une formation professionnelle »[25]. La jouissance de ce statut social suppose aussi de prouver aux autorités compétentes de l'État membre d'accueil qu'il dispose, pour lui et sa famille, de ressources stables et suffisantes pour subvenir à ses besoins et d'une assurance-maladie. On doit rappeler que ces conditions sont les mêmes que celles imposées à l'heure actuelle à tous les citoyens européens par la directive 2004/38. Le rapprochement entre citoyen européen migrant et ressortissant d'un État tiers, résident légal, est donc clair.

Certaines limites sont toutefois imposées. En raison de la précarité de leur situation ou de la brièveté de leur séjour, sont exclus du champ d'application de la directive 2003/109 les réfugiés, les demandeurs d'asile en attente de décision, les travailleurs saisonniers ou détachés afin de four-

25 L'article 3 de la Directive 2003/109 exclut du champ d'application personnel de la directive les ressortissants des États tiers dont le séjour est par nature temporaire.

nir des services transfrontaliers, les personnes titulaires d'une protection temporaire ou d'une forme subsidiaire de protection, les résidents aux fins d'études ou de formation professionnelle[26]. Dans l'arrêt *Singh*[27], la Cour précise que l'exclusion ne s'étend pas aux possesseurs d'un « permis de séjour à durée déterminée, octroyé à un groupe spécifique de personnes, dont la validité peut être prorogée de manière illimitée, sans toutefois offrir aucune perspective d'obtention d'un permis de séjour à durée indéterminée, pour autant qu'une telle limitation formelle n'empêche pas l'installation durable du ressortissant de pays tiers »[28].

En même temps, bien que le résident de longue durée bénéficie en principe de l'égalité de traitement avec les nationaux en matière de « la sécurité sociale, l'aide sociale et la protection sociale », par dérogation, et en vertu de l'article 11 de la directive 2003/109, celle-ci peut être limitée « aux prestations essentielles ». Dans l'arrêt *Kamberaj,* le juge européen précise que l'aide au logement « ne saurait être considérée, en droit de l'Union, comme ne faisant pas partie des prestations essentielles »[29]. À rappeler, la Charte des droits fondamentaux prévoit dans l'article 34.3, que « l'Union reconnaît et respecte le droit à une aide sociale et à une aide au logement destinées à assurer une existence digne ».

Les États membres peuvent également exiger des ressortissants des États tiers qu'ils satisfassent à des conditions d'intégration supplémentaires[30] et disposent du droit de refuser la délivrance du statut pour des raisons d'ordre public ou de sécurité publique[31]. Bien que les États membres puissent délivrer un titre de séjour permanent, à des conditions plus favorables que celles prévues par la directive, ces titres de séjour ne donnent pas accès au droit de séjour dans les autres États membres. Les États membres peuvent aussi accorder la préférence aux citoyens de l'Union sur le marché d'emploi. Dans l'arrêt *Mattern et Cikotic*, la Cour a clairement indiqué qu'un ressortissant d'un État tiers, membre de la famille d'un citoyen qui a

26 L'article 3.2, de la Directive 2003/109.

27 CJCE, 18 octobre 2012, aff. C-502/10, *Singh*, Rec. 2012.

28 Il s'agit, en l'occurrence, d'un étranger, professeur de religion aux Pays-Bas.

29 CJUE, 24 avril 2012, aff. C-571/10, *Kamberaj*, Rec. 2012.

30 Par exemple en demandant la preuve d'une connaissance appropriée de la langue.

31 Pour rappel, l'autorité compétente doit décider de la demande de délivrance du statut de résident de longue durée dans un délai de six mois à partir de la date du dépôt de la demande. Toute décision de rejet de la demande doit être motivée, notifiée par écrit à la personne intéressée conformément aux procédures du droit national et doit indiquer les voies de recours ainsi que le délai durant lequel l'intéressé pourra réagir.

exercé son droit à la libre circulation, ne peut chercher un travail que dans l'État membre où ce citoyen travaille[32]. Il faut rappeler que le citoyen européen dispose d'un droit propre, du fait de sa citoyenneté, de se déplacer dans un autre État membre pour chercher un emploi[33].

L'intégration comme condition d'octroi des droits sociaux est aussi visible dans la directive 2003/86 instaurant le droit au regroupement familial du ressortissant d'un État tiers. Afin de bénéficier de cette directive, le ressortissant d'un État tiers doit, selon l'article 3 de la directive, non seulement résider régulièrement sur le territoire d'un État membre, mais également avoir « une perspective fondée d'obtenir un droit de séjour permanent ». Plus encore, l'article 7 de ce texte autorise les États membres à exiger des ressortissants des États tiers qu'ils répondent à des conditions économiques supplémentaires, telles que l'exigence d'un logement considéré comme normal pour l'ensemble de la famille regroupée. Enfin, « les États membres peuvent exiger des ressortissants de pays tiers qu'ils se conforment aux mesures d'intégration, dans le respect du droit national »[34].

C'est donc le degré d'intégration des ressortissants des États qui sert comme un indicateur de l'octroi du statut social européen. Le critère de rattachement à l'Union se manifeste notamment par une longue durée de résidence sur le territoire de l'Union. Certes, une durée de résidence de cinq ans est prévue tant pour l'octroi d'un droit de séjour permanent pour les citoyens de l'Union que pour la reconnaissance d'un statut de résident de longue durée pour les ressortissants des États tiers. Cependant, si les citoyens européens voient s'enrichir leur statut social après cette période, la résidence légale et ininterrompue d'une durée de cinq ans est une condition pour que le statut social soit accordé aux ressortissants des États tiers. Par conséquent, le statut social reste ouvert seulement aux ressortissants des États tiers intégrés, un grand nombre de ressortissants reste encore exclu.

Pourtant, si le statut social et donc la citoyenneté sociale se détachent de la nationalité, pourquoi alors la résidence régulière sur le territoire de l'un des États membres ne suffit-elle pas à caractériser, par elle-même, une appartenance suffisante pour justifier la jouissance des droits qui découlent de celle-ci ? La condition d'intégration ne doit-elle pas aussi être détachée

32 CJCE, 30 mars 2006, aff. C-10/05, *Mattern et Cikotic*, Rec. 2006, p. I-3145.

33 CJCE, 23 mars 2004, aff. C-138/02, *Collins*, Rec. 2004, p. I-2703. Voir aussi le Règlement 492/2011 du 5 avril 2011 relatif à la libre circulation des travailleurs à l'intérieur de l'Union, *JOUE* n° L 141/1 du 27 mai 2011.

34 Article 7.2 de la Directive 2003/86.

de la citoyenneté sociale ? Or, à notre avis, la régularité de résidence devrait être suffisante pour caractériser l'appartenance des ressortissants à la communauté sociale européenne et, par conséquent, l'octroi du statut social européen.

L'évolution de la législation et de la jurisprudence de l'Union européenne nous montre que, même s'il reste encore subordonné à des conditions économiques, le statut des ressortissants des États tiers a été rapproché de celui des citoyens européens. L'objectif du Conseil européen de Tampere est toutefois encore loin d'être atteint.

Les ressortissants des États tiers ne bénéficient pas, à ce jour, d'un droit plein et entier de libre circulation dans l'Union, comparable à celui dont bénéficient les citoyens européens. L'exercice de ce droit reste encore un privilège du statut des citoyens européens, ce qui différencie les deux statuts et empêche leur rapprochement. Or, la garantie d'un droit de libre circulation aux ressortissants des États tiers pourra favoriser le rapprochement de ces deux statuts. Sans doute, il s'agit d'un objectif assez délicat ; comme la nationalité, la liberté de circulation est attachée à la souveraineté des États membres. Mais, comme Claude Blumann, nous espérons que le droit à la libre circulation ne restera pas longtemps le monopole des citoyens européens[35].

Dès lors, la tendance récente de la jurisprudence de la Cour de justice est de souligner les avancées du droit européen de la citoyenneté sur le droit des États membres de la nationalité, qui doivent, dans l'exercice de leur compétence en matière de nationalité, respecter le droit de l'Union. Par conséquent, la reconnaissance de la suprématie du droit de l'Union sur le droit des États membres en matière de nationalité conduit, une fois de plus, à s'interroger sur les modalités d'attribution de la citoyenneté européenne qui pourrait être détachée de la nationalité au profit de la résidence. Peut-on envisager qu'un jour l'Union attribuera elle-même la qualité de citoyen européen ? Le droit européen ne cesse d'évoluer et, sans doute, nous surprendra encore. Reste à savoir à quel point…

35 Claude Blumann, « Citoyenneté européenne et champ d'application personnel du droit communautaire », *Revue des affaires européennes*, 2003–2004, n° 1, p. 73–82.

Troisième partie
Les politiques publiques au service de la citoyenneté

Núria GARCIA, Centre d'études européennes, Sciences Po

Le citoyen européen sera-t-il multilingue ? Le rôle de la politique d'enseignement des langues dans la construction de la citoyenneté européenne

L'absence de langue commune à l'ensemble des citoyens des 28 États membres de l'Union européenne est invoquée de manière récurrente comme obstacle à l'émergence d'une citoyenneté européenne[1]. Certains auteurs de théorie politique envisagent ainsi l'existence d'une langue commune parlée par l'ensemble des citoyens comme une condition *sine qua non* pour l'émergence d'un espace public au sens habermassien[2]. Cette position est également partagée par certains sociologues comme Dominique Schnapper, qui insiste sur la dimension civique de la langue dans le développement des États-nations européens en l'analysant comme un instrument de la pratique démocratique et de la sphère politique commune où se forment la volonté collective et la légitimité politique[3]. Le fait que la question de l'aménagement des langues dans l'Europe des citoyens ait été abordée principalement sous l'angle d'un pré-requis fonctionnel pour l'exercice de la démocratie explique la prédominance des travaux de théorie politique sur ce sujet[4], avec des problématiques gravitant autour de la question de savoir quel régime linguistique serait le plus apte à favoriser l'émergence d'un *demos* européen[5] ou quelle politique linguistique serait la plus juste d'un point de vue normatif[6].

1 L'auteure bénéficie du soutien du Fonds national de la recherche, Luxembourg.

2 Jürgen Habermas, *L'espace public*, Paris, Payot, 1992.

3 Dominique Schnapper, « Linguistic pluralism as a serious challenge to democratic life », in Philippe Van Parijs (dir.), *Cultural Diversity versus Economic Solidarity : Proceedings of the Seventh Francqui Colloquium*, Brussels, De Boeck, 2004, p. 219.

4 Daniele Archibugi, « The Language of Democracy : Vernacular or Esperanto ? A Comparison between the Multiculturalist and Cosmopolitan Perspectives », *Political Studies*, vol. 53, 2005/3, p. 537–555.

5 Pierre Bourdieu, Abram De Swaan, Claude Hagège, Marc Fumaroli, Immanuel Wallerstein, « Quelles langues pour une Europe démocratique ? », *Raisons politiques*, vol. 2, 2001/2, p. 54.

6 Philippe Van Parijs, *Linguistic justice for Europe and for the world*, Oxford, Oxford University Press, 2011.

Le présent chapitre propose de renverser ce questionnement en se plaçant dans une perspective d'analyse des politiques publiques et de sociologie politique pour étudier le rôle des politiques linguistiques existantes dans la construction d'une citoyenneté européenne. Il s'inscrit ainsi dans le sillage des travaux plus empiriques abordant la question de la diversité linguistique dans la construction européenne sous l'angle des implications pour l'émergence d'une identité européenne[7] et la construction d'une entité politique, voire d'un État européen[8]. L'analyse se focalisera sur le secteur de la politique d'enseignement des langues et l'émergence d'un consensus autour de l'objectif de la généralisation du multilinguisme des citoyens européens. Si les politiques linguistiques, et en particulier la politique d'enseignement des langues, demeurent essentiellement une compétence des États membres, et qu'on observe à ce titre des variations dans les politiques d'enseignement des langues mises en œuvre, on assiste cependant depuis le milieu du XXe siècle à l'émergence d'un consensus autour de l'objectif de promotion du multilinguisme dans les politiques d'enseignement des langues conduites par les différents États membres. Alors que depuis la fin du XIXe siècle, la mission des systèmes d'enseignement consistait à transmettre la maîtrise de la langue *nationale* à l'ensemble des élèves et futurs citoyens, ces mêmes systèmes d'enseignement ont désormais comme mission de transmettre également des compétences en langues *étrangères* à l'ensemble des élèves. Ce changement d'objectif de la politique d'enseignement des langues peut être conceptualisé en termes de transition de la production du citoyen monolingue vers celle du citoyen multilingue[9].

Comme lors de la période de construction stato-nationale, les politiques linguistiques étaient à la fois le reflet d'une certaine conception de la citoyenneté et en même temps un instrument et un moyen contribuant à la réaliser, notre argument consiste à montrer que le changement d'objectif de la politique d'enseignement des langues est à la fois l'expression d'un changement de la vision de la citoyenneté et un moyen de sa mise en œuvre. Le rôle des politiques d'enseignement des langues dans

---

7 Peter A. Kraus, *A Union of Diversity: Language, Identity and Polity-Building in Europe*, Cambridge, Cambridge University Press, 2008.

8 David D. Laitin, « The cultural identities of a European state », *Politics & Society*, vol. 25, 1997/3, p. 277–302.

9 Núria Garcia, "State Traditions, Language and Education Policies in France", in Linda Cardinal, Selma Sonntag (dir.), *State Traditions and Language Regimes*, Montréal, McGill-Queen's University Press, 2015, p. 219–236.

la construction d'une citoyenneté européenne sera ainsi analysé à travers la notion de régime de citoyenneté. S'inscrivant dans le sillage des travaux du néo-institutionnalisme historique[10], Jane Jenson définit le concept de régime de citoyenneté comme faisant référence aux « arrangements institutionnels, règles et accommodements qui guident et déterminent les décisions politiques et les dépenses gouvernementales qui s'ensuivent, la définition des problèmes par les États et les citoyens, et le processus de revendication par ces derniers »[11]. La notion de régime renvoie au fait que la citoyenneté est gouvernée et varie à ce titre dans le temps, selon les idées et les pratiques de l'époque. Ces variations peuvent être analysées à travers les quatre dimensions des régimes de citoyenneté distinguées par Jenson : le *partage des responsabilités* entre l'État, le marché et la famille, la reconnaissance formelle de *droits et de devoirs* particuliers (civiques, politiques, sociaux et culturels, individuels et collectifs) aux citoyens et non-citoyens, les mécanismes institutionnels régissant l'*accès* à l'État et la participation dans la vie civique et aux débats publics, la définition des identités politiques et de l'*appartenance*[12].

À travers les cas de la France et de l'Allemagne, et en accordant une attention aux dynamiques de longue durée[13], le présent chapitre vise à analyser le rôle de la politique d'enseignement des langues dans l'émergence d'une citoyenneté européenne à travers les deux questions suivantes : quelle est la figure du citoyen européen que sont censées produire les politiques d'enseignement des langues étrangères mettant en œuvre le multilinguisme ? Dans quelle mesure ce citoyen européen multilingue se confond-il avec la notion plus large de citoyen du monde ? L'analyse empirique s'appuiera sur des sources de presses, des discours publics, des rapports administratifs et

10 Peter A. Hall, « Historical Institutionalism in Rationalist and Sociological Perspective », in Kathleen Thelen, James Mahoney (dir.), *Explaining institutional change: ambiguity, agency, and power*, New York, Cambridge University Press, 2010, p. 204–224 ; Wolfgang Streeck, Kathleen Thelen (dir.), *Beyond continuity: institutional change in advanced political economies*, Oxford, Oxford University Press, 2005.

11 Jane Jenson, « La citoyenneté sociale et les "nouveaux risques sociaux" au Canada : où sont passées les voix des femmes ? », *Droit et société*, vol. 62, 2006/1, p. 24–25.

12 *Ibid.*, p. 25.

13 Pascale Laborier, « Historicité et sociologie de l'action publique », in Pascale Laborier, Danny Trom (dir.), *Historicités de l'action publique*, Paris, Presses Universitaires de France, 2003, p. 419–450 ; Yves Déloye, *Sociologie historique du politique*, 5e éd., Paris, La Découverte, 2007.

des documents législatifs adoptés au niveau national en France et en Allemagne, ainsi qu'au niveau européen. Une première partie montrera que les dimensions de la citoyenneté mises en avant par les politiques d'enseignement des langues étrangères varient au cours du temps et que ces variations correspondent à différents moments caractérisant le processus de construction européenne entre le milieu et la fin du XXe siècle. Une seconde partie mettra en évidence que si, à partir des années 2000, le niveau international tend à prendre une plus grande importance par rapport au niveau européen dans les politiques d'enseignement des langues, ce dernier ne représente cependant pas un niveau de projection d'une citoyenneté au même titre que le niveau européen.

L'évolution des cadrages du citoyen européen dans les politiques d'enseignement des langues : d'une citoyenneté en termes de droits et devoirs vers une citoyenneté d'appartenance

Si la référence à la citoyenneté européenne est omniprésente dans les documents officiels et les débats publics et politiques autour de l'enseignement des langues en France et en Allemagne dès les années 1950, le cadrage de cette citoyenneté européenne varie fortement au cours du temps. Ainsi, les dimensions de la citoyenneté mises en avant ne sont pas les mêmes en fonction de l'époque. L'analyse permet ainsi d'identifier trois types de cadrage différents de la citoyenneté européenne dans la politique d'enseignement des langues, cadrages qui sont le reflet de moments spécifiques dans le processus de construction européenne.

Réconcilier et rapprocher les peuples européens

On peut ainsi délimiter une première période correspondant aux débuts de la construction européenne lors de laquelle l'apprentissage des langues étrangères est présenté à la fois comme un moyen de réconciliation des peuples européens et comme un droit auquel devraient avoir accès l'ensemble des citoyens européens. Cette première période s'étend de la fin des années

1940 au début des années 1970. Dans l'après-guerre, la nécessité de transmettre des compétences en langues étrangères à l'ensemble des citoyens est systématiquement reliée à la volonté de promouvoir la compréhension entre les peuples et le projet de construction européenne. En France, ce discours est structuré par les positions défendues par l'association « Le Monde bilingue », créée en 1951 par d'anciens résistants autour de Jean-Marie Bressand et qui vise à promouvoir l'enseignement précoce des langues étrangères, notamment à travers la mise en place de jumelages entre des villes en France et à l'étranger. Dans la doctrine de cette association, on retrouve à la fois un lien entre langues étrangères et modernité de même qu'entre les langues étrangères et la paix entre les peuples :

> La connaissance pratique d'une langue auxiliaire de communication internationale faisant partie intégrante de la formation de l'homme du XXe siècle, il entre dans la mission de l'école de répandre cette connaissance qui est une extension normale et nécessaire de la culture populaire, un impératif de la démocratie et un indéniable facteur de compréhension entre les peuples[14].

Cet argumentaire est également présent dans le discours des élites politiques, comme le montre la déclaration en 1953 de l'ancien Président du conseil Paul Reynaud, affirmant que « le bilinguisme est la base d'une politique européenne »[15]. Un cadrage similaire plaçant la politique d'enseignement des langues étrangères sous le signe de la promotion de la paix entre les peuples se retrouve du côté allemand. Une décision du Conseil de contrôle allié, organe regroupant les commandants en chef de chacune des zones d'occupation qui exerce le rôle de gouvernement sur le territoire allemand entre 1945 et 1949, prévoit ainsi que « les programmes des écoles doivent être au service de la compréhension et du respect pour les autres peuples, c'est pour cette raison qu'il faut accorder de l'attention à l'étude des langues modernes, sans préjugés à l'égard d'aucune d'entre elles »[16].

Il faut noter que cette période est marquée par la mise en place de conventions bilatérales prévoyant l'apprentissage réciproque des langues entre les pays européens. La Convention culturelle européenne adoptée en

---

14 *Combat*, 13 avril 1955.

15 *Paris Presse*, 12 janvier 1953.

16 Erlass des Allierten Kontrollrats vom 25. Juni 1947, n° 54, reproduit dans Herbert Christ et Elisabeth Liebe, *Dokumente zur Schulsprachenpolitik in der Bundesrepublik Deutschland*, Augsburg, Universität Augsburg, 1978, p. 87 [traduction de l'auteure].

1954 par les États membres du Conseil de l'Europe visant le « développement de la compréhension mutuelle entre les peuples d'Europe » prévoit ainsi que chaque État « dans la mesure du possible, encouragera chez ses nationaux l'étude des langues, de l'histoire et de la civilisation des autres Parties contractantes, et offrira à ces dernières sur son territoire des facilités en vue de développer semblables études »[17]. L'importance de la promotion de l'apprentissage réciproque du français et de l'allemand sera ensuite réaffirmée dans le traité de l'Élysée de 1963. La prédominance de ce cadrage présentant l'apprentissage des langues étrangères comme un moyen de réconciliation et de compréhension entre les peuples européens coïncide avec le début de « l'ère de l'enseignement des langues étrangères pour tous »[18] en France et en Allemagne. Les dimensions de la citoyenneté mises en avant sont ainsi celles de la *responsabilité* des États européens à transmettre des langues étrangères à l'ensemble de leurs citoyens, ces derniers bénéficiant ainsi à la fois d'un nouveau *droit et devoir*, au nom de la réconciliation des peuples et du projet de construction européenne.

Assurer la mobilité et la libre circulation des ressortissants des États membres

À partir des années 1970, la dimension européenne de la politique d'enseignement des langues étrangères est reliée davantage à l'objectif d'assurer la libre circulation des ressortissants européens. Dans un premier temps, l'objectif de libre circulation vise en particulier les étudiants et les enseignants, que l'on cherche à équiper de compétences linguistiques permettant de réaliser des échanges, avant de s'étendre progressivement à l'ensemble des citoyens. Cette évolution est liée au fait que le début des années 1970 correspond au début de l'action communautaire proprement dite dans le domaine de la politique d'enseignement des langues étrangères, avec l'émergence de l'éducation comme domaine de la coopération

---

17 Convention culturelle européenne, Paris, 19 décembre 1954, Série des traités européens, n° 18.

18 Herbert Christ, « Formen und Funktionen des Fremdsprachenunterrichts im Europa des 20. Jahrhunderts : Deutschland », in Elmar Lechner (dir.), *Formen und Funktionen des Fremdsprachenunterrichts im Europa des 20. Jahrhunderts*, Frankfurt am Main, Peter Lang, 2002, p. 69 [traduction de l'auteure].

européenne[19]. Dans une résolution adoptée en 1974, « l'amélioration de l'enseignement des langues étrangères » est ainsi définie comme un des domaines d'action prioritaires de cette coopération afin d'encourager « la liberté de circulation et la mobilité des enseignants, des étudiants et des chercheurs »[20]. De même, dans le cadre du premier plan d'action européen en matière d'éducation de 1976 est formulé un objectif européen en matière de politique d'enseignement des langues et qui consiste à offrir « à tous les élèves la possibilité d'étudier au moins une autre langue de la Communauté »[21]. Il faut noter que des positions similaires se retrouvent déjà un peu auparavant dans des résolutions adoptées au niveau du Conseil de l'Europe. Dans une résolution adoptée par les Délégués des Ministres le 25 janvier 1969, on peut ainsi lire que « pour parvenir à une véritable unité de vues entre les pays d'Europe, il faut supprimer les barrières linguistiques qui les séparent » et que « c'est par une meilleure connaissance des langues vivantes européennes que l'on parviendra au resserrement des liens et à la multiplication des échanges internationaux dont dépend de plus en plus le progrès économique et social de l'Europe »[22]. Ce discours mettant l'accent sur la réalisation de l'objectif de la mobilité et des échanges entre citoyens européens à travers l'apprentissage de langues étrangères se retrouve également dans les positions défendues au niveau national. En Allemagne, la secrétaire d'État aux Affaires étrangères Hildegard Hamm-Brücher souligne ainsi en 1979 devant la Conférence des ministres de l'Éducation des *Länder* que « sur la longue durée, le processus d'intégration européenne n'est pas pensable sans multilinguisme »[23].

19 Luce Pépin, « The History of EU Cooperation in the Field of Education and Training: how lifelong learning became a strategic objective », *European Journal of Education*, vol. 42, 2007/1, p. 123.

20 Résolution des ministres de l'Éducation, réunis au sein du Conseil, du 6 juin 1974, concernant la coopération dans le domaine de l'éducation, *JO* C 98 du 20 août 1974.

21 Résolution du Conseil et des ministres de l'Éducation, réunis au sein du Conseil, du 9 février 1976, comportant un programme d'action en matière d'éducation, *JO* C 38 du 19 février 1976.

22 Herbert Christ, Elisabeth Liebe, *Dokumente zur Schulsprachenpolitik in der Bundesrepublik Deutschland*, *op. cit.*, p. 37.

23 Gisela Baumgratz-Gangl (dir.), *Fremdsprachenpolitik und Fremdsprachenunterricht im deutsch-französischen Dialog : Dokumentation über das Kolloquium « Die Zukunft des Französischen in der Bundesrepublik Deutschland und des Deutschen in Frankreich », veranstaltet vom Deutsch-Französischen Institut in Ludwigsburg vom 20.–22. September 1979*, Berlin, Cornelsen-Velhagen & Klasing, 1980, p. 13 [traduction de l'auteure].

La période des années 1970 se caractérise également par la volonté de mettre en place des politiques de diversification de l'enseignement des langues face au poids de plus en plus important de l'anglais dans les systèmes scolaires européens, et notamment français et allemand. Le secrétaire d'État à l'Éducation français, Jacques Pelletier, note ainsi en 1979 que « le défi leur est lancé par le fait, insurmontable, que les Européens parlent une douzaine de langues au moins, et qu'aucune langue ne paraît ni pouvoir ni devoir s'imposer. Relever ce défi, c'est faire que les Européens, le plus grand nombre d'Européens possible pratiquent plusieurs des langues européennes »[24]. Cette volonté de diversification se retrouve également au niveau européen, avec l'engagement en 1984 des États membres à soutenir des mesures permettant l'acquisition par « un maximum de jeunes, avant la fin de la période de scolarité obligatoire, d'une connaissance pratique de deux langues en plus de leur langue maternelle, dont au moins une de la Communauté »[25].

Entre le début des années 1970 et le milieu des années 1980, ce sont donc les aspects fonctionnels de l'apprentissage des langues étrangères en termes de mobilité et de communication à l'échelle européenne qui sont mis en avant, alors que le concept d'identité européenne est absent avant le milieu des années 1980. Les dimensions de la citoyenneté concernées restent celles en termes *de droit et de devoir* d'apprentissage d'une, voire deux langues étrangères par tous les citoyens nationaux, qui sont désormais formalisés au niveau européen, mais la réalisation de cet objectif reste une *responsabilité* des États membres.

Promouvoir une citoyenneté et une identité européennes

Ce n'est qu'à partir de la fin des années 1980 et le début des années 1990 que la dimension européenne de la politique d'enseignement des langues en France et en Allemagne est présentée comme un moyen permettant de contribuer à l'émergence d'une citoyenneté européenne définie en termes d'appartenance et d'identification. L'apparition de ce cadrage correspond encore une fois à un moment précis dans le projet de construction européenne qui est la période faisant suite à la publication du rapport

24 *Ibid.*, p. 7.

25 Résolution sur la diffusion des langues dans la communauté, *JO* C 127 du 14 mai 1984.

Adonnino *Pour une Europe des citoyens* en 1985. Le rapport lui-même mentionne entre autres l'apprentissage des langues étrangères comme une des mesures favorisant l'émergence d'une identité européenne et d'un espace européen sans frontières intérieures[26]. Le cadrage associant émergence d'une identité européenne et enseignement des langues étrangères et multilinguisme se retrouve ensuite dans les documents officiels et les discours des différents types d'acteurs au niveau national. Dans le Livre bleu pour une Europe de l'éducation et de la culture publié en 1987 par le gouvernement français et proposant des mesures concrètes pour créer des liens culturels entre les citoyens européens, on peut ainsi lire que « l'identité européenne ne pourra pas s'affirmer dans sa richesse et sa diversité sans une bonne connaissance mutuelle des langues parlées dans les différents pays membres »[27]. Ce cadrage se retrouve également dans les discours du ministre de l'Éducation nationale, Lionel Jospin, qui affirme en 1989 que « l'éducation est au cœur de notre avenir européen. J'ai la conviction que c'est le plus tôt possible que doit se faire l'apprentissage de l'Europe. Construire l'Europe c'est tout d'abord donner aux enfants les moyens de communiquer, d'échanger et de se comprendre. L'apprentissage des langues étrangères est fondamental »[28]. De même, dans une décision de la Conférence des ministres de l'Éducation des *Länder* allemands de 1994, on peut lire que les compétences en langues étrangères sont une qualification-clé pour « la socialisation politique avec également un attachement profond à l'Union européenne, dont nous nous considérons les citoyens »[29]. Finalement, en Allemagne,

26 Brigitte Jostes, « Union européenne et apprentissage des langues : en quête d'un espace communicationnel européen », in Michael Werner (dir.), *Politiques et usages de la langue en Europe*, Paris, Éditions de la Maison des sciences de l'homme, 2007, p. 165.

27 *Livre bleu pour une Europe de l'éducation et de la culture*, Paris, ministère de l'Éducation nationale, ministère délégué aux Affaires européennes, ministère de la Culture et de la Communication, ministère des Affaires étrangères, 1987.

28 Déclarations de Lionel Jospin, ministre de l'Éducation nationale, de la Jeunesse et des Sports, sur le projet de loi d'orientation sur l'éducation, à l'Assemblée nationale le 7 juin et au Sénat le 27 juin 1989.

29 Ständige Konferenz der Kultusminister der Länder in der Bundesrepublik Deutschland, *Überlegungen zu einem Grundkonzept für den Fremdsprachenunterricht : mit Gutachten zum Fremdsprachenunterricht in der Bundesrepublik Deutschland*, Bonn, Sekretariat der Ständigen Konferenz der Kultusminister der Länder in der Bundesrepublik Deutschland, 1994, p. 17 [traduction de l'auteure].

l'association entre enseignement des langues étrangères et identité européenne est également visible à travers la prédominance de thématiques européennes dans la littérature de la didactique des langues étrangères, avec des ouvrages qui prennent des allures de manifestes en faveur de l'unification de l'Europe à travers les langues étrangères[30]. Cette position engagée est réaffirmée dans une déclaration conjointe des associations d'enseignants de langues vivantes françaises et allemandes[31] déclarant que « nous considérons qu'au nom de l'intégration européenne et de la préservation de l'identité européenne, les citoyens européens devraient être éduqués au multilinguisme »[32].

L'affirmation de la volonté de promouvoir une citoyenneté européenne définie en termes d'*appartenance* et d'identité à travers l'enseignement des langues étrangères émerge donc seulement au tournant des années 1990. L'accent mis sur la dimension *appartenance* ne signifie pas pour autant que les dimensions mises en avant lors des périodes précédentes s'effacent : au contraire, la réalisation de l'objectif du multilinguisme implique que l'apprentissage de deux langues étrangères soit un *droit et devoir* pour l'ensemble des citoyens et une *responsabilité* pour les États membres, formalisés notamment à travers les objectifs de Barcelone de 2002 selon lesquels chaque citoyen européen devrait maîtriser deux langues en plus de sa langue maternelle. La dimension *accès* à la participation politique de la citoyenneté européenne reste cependant absente, même pendant cette dernière période. Ceci pourrait s'expliquer par le fait que l'Union européenne veille à garantir à tous les citoyens la possibilité d'exercer leurs droits démocratiques dans leur langue maternelle et que l'apprentissage des langues étrangères n'intervient donc pas dans la dimension de participation politique de la citoyenneté européenne.

---

30 Voir par exemple Wildfried Brusch, Peter W. Kahl (dir.), *Europa. Die sprachliche Herausforderung*, Berlin, Cornelsen, 1991 ; Thomas Finkenstaedt, Konrad Schröder, *Sprachschranken statt Zollschranken ? Grundlegung einer Fremdsprachenpolitik für das Europa von morgen*, Essen, Stifterverband für die Deutsche Wissenschaft e.V., 1990.

31 Il s'agit de l'Association des professeurs de langue vivante (APLV), de l'Association pour le développement de l'enseignement de l'allemand en France (ADEAF) et du Fachverband moderne Fremdsprachen (FMF).

32 Yves Bertrand, Herbert Christ, « Vorschläge für einen erweiterten Fremdsprachenunterricht », *Neusprachliche Mitteilungen aus Wissenschaft und Praxis*, vol. 43, 1990/4, p. 208–213 [traduction de l'auteure].

Si l'objectif de favoriser l'émergence d'une citoyenneté européenne est donc omniprésent sous des formes différentes depuis le milieu du XXe siècle, cet objectif va se retrouver concurrencé par des enjeux liés à la mondialisation et à l'ouverture au monde des systèmes éducatifs qui deviennent de plus en plus saillants à partir de la fin des années 1990.

Le citoyen multilingue est-il citoyen européen ou citoyen du monde ? Une tension entre dimension civique-culturelle et dimension utilitaire-économique des langues

La tension entre niveau européen et international qui apparaît à la fin des années 1990 soulève la question de savoir dans quelle mesure le citoyen européen dessiné par la politique d'enseignement des langues se confond avec la notion plus large de citoyen du monde. À partir du début des années 2000, l'enseignement des langues est en effet de plus en plus envisagé comme un moyen de transmission de compétences permettant à des individus – plutôt qu'à des citoyens – d'être compétitifs dans une économie mondialisée. Ce changement de cadrage s'inscrit dans la stratégie de Lisbonne, formulée par le Conseil européen en mars 2000 et qui vise à faire de l'Union européenne « l'économie de la connaissance la plus compétitive et la plus dynamique du monde, capable d'une croissance économique durable accompagnée d'une amélioration quantitative et qualitative de l'emploi et d'une plus grande cohésion sociale »[33]. En même temps, l'analyse des documents et rapports officiels montre une absence de dimension véritablement cosmopolitiste, puisque la notion de citoyenneté n'est pas utilisée en référence au niveau mondial, mais uniquement par rapport à l'échelon européen. Les références au niveau mondial et international sont cadrées davantage en termes d'« ouverture au monde » et en termes de « compétition mondiale » qu'en termes d'appartenance à une communauté de citoyens. La tension entre dynamiques européennes et internationales dans la politique d'enseignement des langues renvoie plus largement à une tension entre dimension civique-culturelle et dimension utilitaire-économique des langues, qui n'est pas nouvelle, mais

33 Voir Rapport du Conseil Éducation au Conseil européen sur les objectifs concrets futurs des systèmes d'éducation et de formation, 5980/01, 2001.

qui, comme nous allons le montrer, caractérise l'enseignement des langues étrangères depuis son institutionnalisation à la fin du XIXe siècle.

Prédominance de la dimension instrumentale de l'enseignement des langues dans le contexte de compétition entre nations à la fin du XIXe siècle

Lors de l'institutionnalisation des politiques d'enseignement des langues en France et en Allemagne à la fin du XIXe siècle, on observe une prédominance claire de la dimension utilitaire-économique, qui est liée au contexte de compétition économique et militaire entre nations européennes[34]. L'intensification des échanges entre les pays européens et la concurrence économique et militaire accrue contribuent à une nouvelle importance stratégique de l'enseignement des langues étrangères. Si, dans le contexte de compétition entre nations caractérisant la fin du XIXe siècle, l'enseignement des langues vivantes est d'abord présenté comme un enjeu de puissance géopolitique et concurrence économique, on assiste à un déplacement progressif de la focalisation de l'argumentation vers la dimension économique. Ceci est lié au fait qu'en France comme en Allemagne, l'inscription scolaire de l'enseignement des langues vivantes est portée par une bourgeoisie commerciale et industrielle, qui défend plus largement la mise en place d'un enseignement professionnel, axé sur des savoirs pratiques et utiles à des hommes d'action. En France, l'enseignement des langues étrangères s'inscrit ainsi « dans le temps long du travail de mise en forme scolaire de l'activité économique et est partie prenante de l'investissement de l'ordre scolaire par de nouveaux acteurs du système capitaliste »[35]. De même, du côté allemand, la mise en place d'un enseignement de langues étrangères est soutenue non seulement par les acteurs politiques, mais également par des représentants de l'industrie, du commerce, de l'armée et de la marine[36]. Indissociablement liée à la mise en place d'un enseignement professionnel

34 Monique Mombert, *L'enseignement de l'allemand en France, 1880–1918 : entre « modèle allemand » et « langue de l'ennemi »*, Strasbourg, Presses universitaires de Strasbourg, 2001.

35 Marie-Pierre Pouly, « La promotion d'un savoir utile dans l'ordre scolaire de la Troisième République : le cas des langues étrangères », *Cahier de la recherche sur l'éducation et les savoirs : Revue internationale de sciences sociales*, 2007, n° 6, p. 120.

36 Herbert Christ, « Formen und Funktionen des Fremdsprachenunterrichts im Europa des 20. Jahrhunderts : Deutschland », *op. cit.*, p. 60.

et moderne, l'institutionnalisation de l'enseignement des langues vivantes fait partie d'un mouvement plus large d'adéquation du système scolaire aux besoins du marché du travail. La mise en perspective historique conduit ainsi à nuancer la nouveauté du cadrage économique-utilitaire de l'enseignement des langues étrangères mis en avant au XXIe siècle. L'importance accordée à la dimension instrumentale des langues est en effet une constante caractérisant l'enseignement des langues étrangères dès son institutionnalisation, et c'est davantage la présence de la dimension civique-culturelle lors de la deuxième moitié du XXe siècle qui constitue une exception – exception qui est liée notamment au projet européen.

Une juxtaposition entre dimension civique-culturelle et économique-utilitaire liée au processus de construction européenne dans la seconde moitié du XXe siècle

À partir des années 1950, on assiste en effet à une juxtaposition entre dimensions économique-utilitaire et civique-culturelle dans la politique d'enseignement des langues. Cette juxtaposition est liée tout d'abord au projet de construction européenne qui conduit à des tentatives d'encouragement de l'apprentissage des langues des États membres et non seulement de l'anglais. Comme nous l'avons montré plus haut, dans l'après-guerre, l'enseignement des langues étrangères est d'abord envisagé comme un moyen de promouvoir la paix et la réconciliation entre les peuples européens. En même temps, l'accès aux langues étrangères pour tous les citoyens est envisagé comme un droit dont la responsabilité de la mise en œuvre incombe à l'État. C'est à partir du début des années 1970 que se cristallise une tension entre les dimensions économique-utilitaire et civique-culturelle de l'enseignement des langues, avec un décalage entre les choix des citoyens individuels, optant massivement pour l'apprentissage de l'anglais, et la mise en place de politiques de diversification par les gouvernements français et allemand afin de contrer la tendance vers la prédominance croissante de l'anglais en Europe. Ainsi, la politique d'encouragement de l'enseignement des « petites » langues, comme, par exemple, le néerlandais, mise en place par le ministre de l'Éducation Olivier Guichard en 1970, est présentée comme s'inscrivant « dans un esprit européen »[37]. Du côté allemand, la volonté de

37 « Guichard vide la querelle de la deuxième langue », *Paris Presse*, 20 février 1970.

diversifier l'enseignement des langues et de promouvoir les langues européennes se traduit en 1971 par une révision des accords de Hambourg de 1964 qui prévoyaient qu'en « règle générale » l'anglais devrait être la première langue apprise par l'ensemble des élèves[38]. Cette tension entre dimension culturelle et instrumentale des langues se retrouve également au niveau européen : le cadrage selon lequel l'apprentissage des langues étrangères viserait à encourager la mobilité et la communication entre citoyens européens contient en effet une certaine ambivalence quant au caractère civique ou économique de l'objectif poursuivi. Si l'importance de la dimension civique et identitaire de l'enseignement des langues étrangères est affirmée de manière plus explicite lors des années 1990, qui correspondent au moment où l'idée de citoyenneté européenne est définie le plus clairement en termes d'identité et d'appartenance, la dimension économique n'est pas absente pour autant, même si elle est reléguée temporairement au second plan. En d'autres termes, la dimension instrumentale de l'enseignement des langues reste présente pendant la deuxième moitié du XXe siècle, mais elle coexiste avec une dimension civique, qui connaît un essor lié à la volonté d'approfondir le processus d'intégration européenne.

Un effacement de la dimension civique au profit de l'employabilité à partir des années 2000

À partir des années 2000, on observe en revanche à nouveau un effacement de la dimension civique-culturelle et en même temps de la dimension européenne de la politique d'enseignement des langues étrangères. L'effacement de la dimension civique de l'enseignement des langues est lié plus largement à la prédominance d'un référentiel économique dans le domaine de l'éducation, qui s'accompagne de la mise en place d'études et d'indicateurs comparatifs visant à améliorer l'efficacité des systèmes éducatifs. Au niveau européen, dans le contexte de mise en place de la stratégie de Lisbonne en 2000, la politique d'enseignement est ainsi intégrée dans la « méthode ouverte de coordination » (MOC), qui en l'absence de contraintes formelles, vise à créer de la convergence entre les politiques à travers la formulation de

38 Jürgen Olbert, « Zur Lage des Französischunterrichts in der Bundesrepublik Deutschland », in Winfried Kleine (dir.), *Perspektiven des Fremdsprachenunterrichts in der Bundesrepublik Deutschland*, Frankfurt am Main, Diesterweg, 1979, p. 8–15.

bonnes pratiques et une émulation entre États membres pour les atteindre[39]. Dans ce contexte, la Commission propose en 2008 des premiers critères de référence ou *benchmarks* dans le domaine de la politique d'enseignement des langues par la Commission, prévoyant que 80 % au moins des élèves du premier cycle de l'enseignement secondaire devraient apprendre au moins deux langues[40].

L'importance accordée à la dimension économique et instrumentale des langues se traduit également par une réorientation de la politique d'enseignement des langues étrangères sur les langues de communication internationales plus « utiles » que les langues européennes. En France, le rapport Thélot sur l'avenir de l'école de 2004 propose ainsi d'inscrire la maîtrise de l'anglais dans le socle commun des connaissances indispensables en notant que « vouloir retarder l'apprentissage universel de l'« anglais de communication internationale » conduit à exclure les plus défavorisés des citoyens européens de la communauté de communication européenne, et donc de la mobilité »[41]. De même, dans les objectifs de Barcelone de 2002, prévoyant que tous les citoyens de l'Union européenne devraient maîtriser deux langues en plus de leur langue maternelle, la dimension européenne est moins présente qu'elle ne l'était dans les années 1990 : alors que les politiques de multilinguisme mettaient auparavant l'accent sur les langues européennes – dans le Livre blanc sur l'éducation adopté par la Commission en 1995 l'objectif était encore de « maîtriser trois langues communautaires »[42] – désormais, les langues apprises peuvent être des langues du monde ou des langues régionales, sans qu'il y ait un focus spécifique sur l'Europe.

À partir des années 2000, on assiste donc à un effacement de la dimension civique de l'enseignement des langues qui va de pair avec la dissolution de sa dimension spécifiquement européenne, qui se confond de plus en plus avec des références au niveau international et mondial. Un document emblématique de ce tournant est le rapport élaboré en 2011 par le groupe thématique « Languages for jobs » dans le cadre de la stratégie européenne

---

39 Renaud Dehousse, « The Open Method of Coordination: A New Policy Paradigm? », *Cahiers européens de Sciences Po*, 2003/3, p. 1–30.

40 *Un cadre stratégique actualisé pour la coopération européenne dans le domaine de l'éducation et de la formation*, COM (2008) 865.

41 *Pour la réussite de tous les élèves. Rapport de la Commission du débat national sur l'avenir de l'École présidée par Claude Thélot*, Paris, La Documentation française, 2004, p. 22.

42 Commission européenne, Livre blanc sur l'éducation et la formation, *Enseigner et apprendre : vers la société cognitive*, 1995.

« Éducation et formation 2020 » intitulée « Providing communication skills for the labour market ». Ce cadrage associant enseignement des langues étrangères et employabilité se retrouve également dans les positions défendues par les différents acteurs européens. Dans les conclusions du Conseil de 2011 on peut ainsi lire que « la politique du multilinguisme améliore l'employabilité des citoyens de l'UE et la compétitivité des entreprises européennes »[43]. L'objectif de promouvoir l'émergence d'une citoyenneté et d'une identité européenne est ainsi éclipsé par celui d'assurer la compétitivité de l'Union européenne au niveau international et l'employabilité des ressortissants des États membres dans une économie de la connaissance mondialisée.

Si l'objectif de construction d'une citoyenneté européenne est récurrent dans les politiques d'enseignement des langues étrangères mises en œuvre depuis le milieu du XXe siècle, les dimensions de la citoyenneté qui sont mises en avant varient au cours du temps et reflètent des moments spécifiques de la construction européenne. Entre les années 1950 et le début des années 1990, cette citoyenneté européenne est ainsi définie essentiellement en termes de droits et de devoirs et de responsabilité, et se traduit notamment par la volonté d'assurer que l'ensemble des citoyens ait accès à l'apprentissage d'une, voire deux langues étrangères, afin de favoriser leur mobilité à l'intérieur de l'Union européenne. Ces deux dimensions prévalent de nouveau à partir du début des années 2000, avec néanmoins un déplacement de la focale du niveau européen vers le niveau mondial. L'objectif de réalisation d'une citoyenneté européenne en termes d'appartenance et d'identité est en revanche uniquement présent pendant un court moment, entre la fin des années 1980 et le début des années 2000. Avant comme après, les politiques d'enseignement des langues conduites par les États européens comme la France et l'Allemagne visent principalement à encourager la mobilité et l'insertion professionnelle de leurs citoyens, qui restent d'abord des citoyens nationaux, au niveau européen et international, davantage qu'à encourager ou promouvoir l'émergence d'une véritable communauté de citoyens européens à travers les langues. Si les ressortissants des différents États membres européens seront donc bien multilingues, ils continuent à être envisagés comme des citoyens nationaux avant d'être des citoyens européens.

43 Conclusions du Conseil sur les compétences linguistiques visant à améliorer la mobilité, 2011/C 372/07.

Ariane DEMONGET, Université de Perpignan, CRESEM

En quête de médiatisation européenne : description et interrogation des programmes de subvention de l'Union européenne pour le média radiophonique

> Les émissions radiophoniques qui traitent de l'Union européenne ne sont pas très développées et souvent, elles sont considérées comme ne suscitant pas l'intérêt des auditeurs. Par ailleurs, dans de nombreux pays de l'Union européenne, en particulier au Royaume-Uni, en Allemagne et dans d'autres pays du nord de l'Europe, les radiodiffuseurs publics refusent toute contribution financière de l'Union européenne (soit car leurs lois s'y opposent, soit par absence de motivation). Troisièmement, dans certains pays (comme l'Italie), le mode de gestion des radios est trop complexe pour qu'elles puissent répondre aux appels d'offres de l'Union européenne[1].

Pour interroger la citoyenneté européenne, nous proposons de l'observer sous l'angle de la politique de communication de l'Union européenne. En effet, chacun a le droit et le devoir de connaître les institutions dont il est l'administré. Ainsi, la communication de l'UE envers ses citoyens est-elle fondamentale et les liens que l'institution européenne entretient avec les médias nous renseignent sur la capacité des citoyens européens d'être informés et, par là-même, sur leur sentiment d'appartenance à l'Union. Au sein de l'institution européenne, la communication est une préoccupation constante et ancienne, mais elle cherche toujours les formes idéales de son efficacité. Parmi ces formes possibles, l'information et les médias sont considérés comme prépondérants dès les traités de Rome, en 1957. Une relation privilégiée aux médias est entretenue par l'Union européenne et des programmes de subventions sont expressément destinés à la radio. Du début des années 1990 à aujourd'hui se sont succédé Radio E (« E » comme « Europe ») puis, après une période de flottement, Euranet qui se positionne sur Internet comme une plate-forme européenne de radios à partir de 2007 et enfin, depuis 2013, son prolongement nommé Euranet Plus Inside. Nous

1 Thierry Vissol, Conseiller spécial pour les médias et des communications à la Commission européenne et promoteur du projet Euranet (European Radio Network), interviewé le 20 décembre 2011 par Ignacio Gallego Perez.

proposons d'analyser ces différents programmes afin d'évaluer leur possible impact dans la formation d'un esprit de citoyenneté européenne.

Nous partons du présupposé que la politique de communication de l'UE, et notamment ses aides à destination des stations de radio pour les inciter à traiter de la question européenne, serait favorable à la création d'un sentiment de citoyenneté européenne. Afin de mieux comprendre la démarche de l'UE et d'envisager sa pertinence, nous cherchons à définir quelles sont les caractéristiques des programmes de l'Union pour la diffusion d'information européenne *via* les radios d'Europe. Nous interrogeons aussi la possibilité que le dispositif de subventions mis en place par l'UE à destination des stations de radiodiffusion permette une réelle collaboration entre les radios d'Europe.

Europe ou Union européenne : que veut dire « citoyenneté européenne » ?

Tout d'abord, il faut poser que l'Europe est à la fois l'Union européenne, institution portée par une initiative politique récente, et un objet de représentation collectif, celui d'un territoire nourri d'histoire et de mythe. Consciemment ou non, la communication européenne est susceptible d'utiliser et de solliciter ces deux perceptions. L'existence de l'Europe ne fait pas de doute : ce nom évoque à la fois une histoire longue et complexe et une construction politique récente et laborieuse. Son image, telle que transmise par satellite, est facilement reconnaissable et globalement, sa situation géographique dans le monde est assez claire. Mais sa dimension politique est moins évidente.

Dans son livre *Après l'État-nation. Une nouvelle constellation politique*, le philosophe allemand Jürgen Habermas soutient que la réalisation d'une véritable identité européenne est essentielle pour développer la solidarité, la loyauté et la confiance mutuelle entre les citoyens des États membres. Il décrit l'institution européenne comme « une création intergouvernementale des marchés, contrairement au programme initial de Robert Schuman, Konrad Adenauer et Alcide De Gasperi »[2]. En plus de critiquer

2 Jürgen Habermas, *Après l'État-nation. Une nouvelle constellation politique,* Paris, Fayard, 2000, p. 142.

la dimension principalement économique de l'UE, Habermas souligne dans cette citation les antagonismes politiques suscités par le projet européen et critique le sociolecte formé sur la racine « euro- ». L'Union européenne, écrit-il, est « le lieu ou s'opposent *eurosceptiques* contre *europhiles* et *eurofédéralistes* contre les deux »[3]. Si l'Europe institutionnelle évoque effectivement souvent un milieu clos, il est frappant de constater aussi que la citoyenneté européenne relève, pour les acteurs de l'Europe institutionnelle, d'une évidence qui est loin d'être partagée par les Européens eux-mêmes.

Ainsi, les journalistes, les fonctionnaires de l'UE et bien sûr ses élus utilisent couramment des expressions telles que « conscience européenne » ou « espace public européen », comme si ces expressions tombaient littéralement sous le sens. La notion de « citoyenneté européenne » ne fait pourtant guère sens si l'on considère que l'UE, dont cette citoyenneté découlerait, ne représente pas une entité politique de référence dans le quotidien des habitants du territoire européen. Union basée sur des principes financiers, jamais tout à fait légitimée, fermée et nombriliste, telle est une vision courante de l'Europe institutionnelle. Dès lors, on peut avancer que l'expression « citoyenneté européenne » n'a que peu de sens, voire qu'elle est abusivement utilisée. Pourtant, 2013 a été déclarée par l'Union européenne « année européenne des citoyens » et des programmes de subventions existent qui aspirent à promouvoir l'information sur l'Europe. Nous proposons d'analyser cette démarche afin d'en étudier la pertinence.

La communication de l'Union européenne

Le lien de l'Europe institutionnelle avec les médias est ancien. On peut distinguer trois grandes étapes : depuis les traités de Rome en mars 1957, un service de relation avec la presse, qui organise les conférences de presse avec les journalistes accrédités, est directement attaché à la présidence de la Commission européenne. Puis, à la fin des années soixante-dix, les premières élections du Parlement européen au suffrage direct font l'objet d'un plan de communication, afin d'inciter les habitants d'Europe à

3 *Id.*

se déplacer pour aller voter. Enfin, le Livre blanc sur la gouvernance européenne (Commission européenne, 2001) a provoqué un tournant dans les stratégies de communication des institutions européennes. Ce document mettait notamment l'accent sur la nécessité d'une politique de communication décentralisée aux niveaux national et local à travers des réseaux de communication établis, les organisations de la société civile et les autorités locales. En 2006, un nouveau Livre blanc sur la communication visait à donner à l'UE une stratégie générale de communication au sein de laquelle travailler. Pour « donner le pouvoir » aux citoyens, le Livre blanc recommandait qu'elle collabore davantage avec les médias et se concentre sur les technologies telles que l'Internet.

Pourquoi la radio ?

Le secteur de la radio en Europe n'est pas homogène. La France et l'Espagne ont des modèles très centralisés, tandis que les stations régionales ou locales dominent ailleurs, comme, par exemple, en Allemagne. De même, les différences de modèles économiques et politiques peuvent entraîner des systèmes dominés par les médias publics (comme en Suède ou en Allemagne) ou des entreprises privées (Espagne, France ou Italie). Si la mesure de l'audience de la radiodiffusion est dispersée et complexifiée depuis la numérisation massive de la diffusion – radio de flux et de stockage –, on sait que la radio demeure un média très populaire. La question de la confiance en la radio et de son taux d'audience est évaluée au niveau européen notamment par les outils statistiques et d'enquête propres à la Commission européenne. En effet, Jacques-François Rabier a créé en 1974 au sein de la Communauté européenne l'Eurobaromètre, outil statistique multi-opérationnel. Selon les données de la Commission européenne[4], « la radio est encore le second média le plus populaire auprès des Européens » – après la télévision –, mais sa popularité a chuté depuis l'enquête Eurobaromètre de l'automne 2010 : 51 % écoutent la radio tous les jours ou presque tous les jours, soit une baisse de cinq points. Au total, 76 % des Européens écoutent la radio au moins une fois par semaine, bien

4 Eurobaromètre Standard 78, automne 2012, p. 6.

que l'écoute de la radio soit en déclin, « globalement et en particulier chez les jeunes publics du fait de l'accessibilité de la musique en ligne et de la fréquentation assidue des réseaux sociaux ». En plus d'être largement écoutée par les Européens, la radio constitue un domaine d'activité qui contribue à créer des maillages à l'échelle européenne. Ainsi, l'Union européenne de radiodiffusion (UER) rassemble les radiodiffuseurs publics d'Europe pour des actions coordonnées et la défense de leurs intérêts, dont le partage des fréquences, et l'Association européenne des radios (AER) regroupe les radios privées. De plus, l'expansion des groupes d'entreprises de radios transnationales, comme le groupe RTL détenu par l'Allemand Bertelsmann ou le groupe NRJ en France, favorise le développement de la dimension paneuropéenne du secteur de la radio.

De Radio E à Euranet Plus Inside

Depuis le début des années 1990, trois programmes de subventions destinés aux radios se sont succédé.

Radio E

Un document de 1993 interne à l'UER mentionne le projet « Radio E » : « Radio E devrait à terme devenir une station publique européenne. Européenne par ses programmes et européenne par sa zone de diffusion ». Ce projet concernait uniquement les stations et était directement lié au développement d'une nouvelle technologie de radiodiffusion numérique appelée Digital Audio Broadcasting (DAB). Ce système, d'abord connu en Europe sous le nom de système « Eureka 147 », promettait non seulement la radiodiffusion en qualité numérique, mais offrait aussi la possibilité de placer sur une seule et même fréquence plusieurs stations. Le principe aurait donc été celui d'une station européenne accessible sur une fréquence unique, sur laquelle on aurait pu choisir d'écouter plusieurs émissions, en allemand, anglais, français, néerlandais et italien. Le DAB représentait une véritable révolution, parce qu'il aurait gommé les barrières linguistiques, qui sont si souvent données comme obstacle majeur à la création d'un média européen et, plus largement, d'un espace public européen. Cependant, ce modèle d'une radio européenne, véritable tour de Babel représentée par une fréquence unique, n'a existé que sous forme de test. Mais le programme européen a réellement encouragé la coopération entre les différentes radios partenaires du programme Radio E.

Dans les faits, trois radios ont activement collaboré à ce projet : Radio France Internationale (RFI), la Deutsche Welle Radio (DWR) et le World Service de la BBC (BBCWS), la RAI International et la station néerlandaise Radio Netherlands Wereldomroep n'ayant été impliquées que dans les premiers temps. Trois émissions, « Radio E » en langue allemande, « Network Europe » en anglais et « Accents d'Europe » en français, étaient produites collectivement par les stations partenaires, sous la responsabilité éditoriale de la station dont elles parlaient la langue. Chaque station diffusait chaque émission. Il faut souligner, ceci ayant largement évolué au tournant des années 2000, que chacune des stations partenaires avait à l'époque des programmes en langues allemande, française et anglaise dans lesquels les trois émissions subventionnées s'intégraient[5].

Le projet « Radio E » a généré des émissions de coopération entre journalistes locuteurs d'une même langue et entre stations de radiodiffusion internationales. Cette démarche de partenariat sur une même thématique – l'Europe – et dans un même cadre – celui des pays d'Europe – nous apparaît comme un véritable laboratoire d'harmonisation des pratiques journalistiques et des angles de perception de l'Europe. La journaliste Marie Kindler, de la DWR, qui participait à l'émission de RFI « Accents d'Europe » dans le cadre de Radio E, expliquait en 2004 l'esprit de l'émission :

> L'idée, ce qui est très bien dans cette émission, c'est qu'on cherche à ce que les gens racontent comment c'est chez eux, et comment ils le voient chez eux. Et c'est comme quand on rend visite à quelqu'un qui ouvre sa maison et qui vous fait goûter les choses qu'il aime. C'est ça qui est important dans ce programme-là. C'est pas d'aller se promener et d'aller voir comment c'est ailleurs, c'est d'aller voir les gens de différents pays européens qui vous disent "c'est comme ça chez nous". Et les échos qu'on a d'auditeurs correspondent à ce que je ressens quand j'écoute une émission, quand on fait quelque chose sur, je ne sais pas, la solitude du troisième âge, où j'aime entendre quelqu'un nous dire qu'en Roumanie, les vieux sont de la

---

5 RFI a stoppé ses programmes en allemand en janvier 2010. Le BBCWS a stoppé ses programmes en français pour l'Europe et ses programmes en allemand le 25 mars 1999. Dans la même période, la DWR a concentré ses programmes en français sur la zone Afrique.

> responsabilité des familles et raconté avec un petit accent, ça sonne beaucoup plus juste que quand on va faire un reportage ailleurs[6].

Interrogée sur la façon dont l'émission abordait la question européenne, la journaliste précisait qu'il s'agissait de montrer, au-delà de toutes les diversités de moyens et les différences de mode de vie, ce qui unit et rapproche les Européens.

Le programme de subvention « Radio E » a globalement couvert la période 1993–2002. Mais dès 1999, l'Union européenne se désengagea du projet « DAB » jugé trop onéreux. De fait, le projet de station européenne fondé sur cette technologie se révéla rapidement obsolète. Cependant, RFI et la DWR ont continué à collaborer, tandis que le BBCWS s'est retiré du projet en 2000, en invoquant un cadre juridique excluant la possibilité de toucher des subventions. Sur la question de l'échec de ce projet, le directeur des programmes de la DWR, Joachim Lenz, concluait en 2004 :

> Il y a eu une grande attente, le projet de départ était de 24 heures de programmes, une véritable station de radio, dans ces trois langues, plus le néerlandais, cela s'est montré impossible car trop cher. Cela a échoué, mais l'idée en soi fonctionne, c'est patent.

S'il est effectivement resté de ce projet une certaine habitude de coopération entre les radios internationales allemande et française, aucun projet émanant de l'Union européenne n'a plus concerné une radio européenne unique, faite par des Européens et destinée aux Européens.

Par ailleurs, il est notable que seules les radios internationales étaient concernées par le projet « Radio E ». Sans doute ce programme d'aide européen était-il à la fois pertinent pour les stations internationales qui cherchaient alors à se renouveler face au nouveau contexte géopolitique de l'après-guerre froide et pour l'UE qui devait opérer le choix d'un format de radiodiffusion numérique pour l'Europe.

Euranet

Le XXIe siècle s'ouvre sur les indices nets d'un intérêt croissant de l'Union européenne envers les citoyens d'Europe, qu'elle cherche de plus en plus

6 Entretien de l'auteure avec Marie Kindler, journaliste de l'émission *Accents d'Europe,* DWR, 10 août 2004.

clairement à sensibiliser, informer et solliciter individuellement. Le Livre blanc sur la gouvernance, en 2001, se focalise nettement sur l'implication du citoyen. En découle d'ailleurs le « Plan D comme Démocratie, Dialogue et Débat », qui se matérialise par un portail internet en 2005. L'année suivante, le Livre blanc de la Commission sur une politique européenne de la communication définit une stratégie pour transformer le style unidirectionnel de la communication institutionnelle en une incitation au dialogue avec les citoyens. En parallèle, en 2006, l'UE ratifie la Convention de l'UNESCO sur la protection et la promotion de la diversité culturelle. Cette ratification a été intégrée dans l'« agenda européen de la culture à l'ère de la mondialisation » qui souligne trois objectifs communs : « la diversité culturelle et le dialogue interculturel, la culture en tant que catalyseur de la créativité et la culture comme un élément clé dans les relations ».

La communication envers les citoyens devient prioritaire pour l'Union européenne au début du XXIe siècle. Il est notable que Margot Wallström devienne en 2005 à la fois le premier vice-président et commissaire chargé des relations institutionnelles et de la stratégie de communication de la Commission européenne. Ce positionnement-clé désigne la communication comme une priorité de la Commission dans cette période qui fait directement suite aux très mauvais résultats des référendums français, puis néerlandais et enfin irlandais, sur le projet constitutionnel européen[7]. C'est dans cette perspective de désintérêt et de désamour des citoyens face à l'Union européenne qu'est rédigée la Directive de 2008 « Communiquer sur l'Europe avec les médias audiovisuels ». Ce document annonce allouer, pour un nouveau programme d'aide aux radios volontaires pour parler de l'Europe, un budget annuel de 5,8 millions d'euros, en garantissant la liberté éditoriale et un financement sur cinq ans au moins.

Le programme d'aide aux stations de radio Euranet – pour European Radio Network – est destiné à servir le multilinguisme et à engendrer une génération qui appartiendrait à une sphère publique européenne commune, avec l'intention de refléter la diversité nationale, culturelle et régionale au sein de l'Union européenne. Ce consortium paneuropéen de stations de radio visait à accroître l'intérêt public et l'engagement dans les

7 Au printemps 2005, il est demandé aux 25 États de l'Union européenne de se prononcer sur la ratification du Traité pour une constitution européenne (TCE). Les Pays-Bas, la France et l'Irlande, qui avaient choisi la voie référendaire, ont voté contre le TCE.

affaires européennes et à fournir une couverture plus large des questions liées à l'Europe. Au départ, cinq langues étaient représentées par les cinq stations mais toutes les langues d'Europe sont souhaitées pour l'avenir du programme. Euranet est une plate-forme qui permet la diffusion d'émissions consacrées à l'Europe par chaque partenaire, mais il n'existe pas de fréquence unique pour écouter Euranet comme s'il s'agissait d'une station hertzienne – ni en FM, MW ou SW, ni en format numérique *via* les systèmes DAB ou DRM. Il ne s'agit donc pas d'une station européenne que l'on pourrait écouter sur son poste de radio de la même façon qu'une station locale ou nationale. De même, sur Internet, son écoute est composée d'éléments disparates ; il ne s'agissait pas d'une radio de flux, proposant une continuité d'émissions et un programme cohérent. En réalité, quelque vingt stations, indifféremment commerciales, associatives ou publiques, locales, nationales ou internationales, ainsi que des radios campus étaient unies dans le partenariat d'Euranet. Chaque station s'engageait à consacrer 30 à 60 minutes de temps d'antenne quotidien pour les questions européennes, réparties dans une grande variété de nouvelles et de programmes de divertissement, dont le sport, les voyages et la culture[8].

Selon les données fournies par la Commission[9], Euranet aurait atteint une audience de près de 20 millions d'auditeurs quotidiens. Comme autrefois pour Radio E, DWR et RFI étaient notoirement actives dans Euranet, qu'elles contribuaient ensemble à diriger. La tête franco-allemande de l'Union européenne y était effectivement fortement représentée, puisque l'administration financière était assurée par Erlends Calabuig de RFI, tandis que Petra Kohnen de la DWR était chargée de la supervision éditoriale.

Cependant, avant que les cinq ans du contrat soient écoulés, la DWR a dû arrêter sa participation pour des motifs juridiques, son statut administratif ne lui permettant pas de lier un partenariat avec Euranet. Johannes Hoffmann, médiateur de la station DWR explique au printemps 2013 : en 2010, « [avec] la transformation de Euranet consortium dans un Groupement européen d'intérêt économique (GEIE), la DWR est devenue incompatible avec Euranet »[10].

---

8 Informations issues du site Internet [<http://euranet.eu>, consulté en juillet 2008]. Voir la thèse de l'auteure : *Les stations de radiodiffusion internationale et la question européenne*, soutenue en novembre 2010, annexe 10, p. 474.

9 Commission européenne, 2012.

10 Johannes Hoffmann, médiateur de la Deutsche Welle, interviewé par l'auteure en mars 2013.

On peut remarquer que le World Service de la BBC avait aussi stoppé son partenariat au programme Radio E pour des raisons juridiques. Il avait en effet argué de l'impossibilité statutaire de percevoir des subventions. Après cinq ans (2008–2013) de diffusion, la Commission européenne a décidé de ne pas renouveler le projet Euranet en l'état. Cependant, la fin de ce programme ne représente pas la fin des projets paneuropéens de radiodiffusion.

Euranet Plus Inside

Ce nouveau contrat proposé par la Commission européenne, dispose d'un budget de 24,4 millions d'euros pour quatre ans (2013–2017). Cette initiative est connue sous le nom de « Euranet Plus Inside » et son président est Erlends Calabuig, qui codirigeait le programme précédent avec Petra Kohnen et qui ne représente plus RFI. Le nouveau contrat exige que les différents partenaires incluent au moins 65 minutes hebdomadaires de contenu concernant directement l'actualité de l'UE. Euranet Plus a commencé à émettre en avril 2013 avec 13 stations (7 publiques et 6 privées) et aspire, comme cela a été le cas de tous les projets antérieurs, à accueillir plus de partenaires en cours de période. Le site d'Euranet Plus Inside ne comporte plus que cinq langues : français, allemand, italien, polonais et espagnol, tout en restant officiellement ouvert à l'ajout d'autres langues.

L'une des grandes différences de fond est d'ordre financier. Pour la première fois, le système de rémunération est basé sur l'audience réalisée par les radiodiffuseurs individuels. Dorénavant, des spécifications strictes sont exigées des stations participantes concernant le nombre minimum d'auditeurs – une audience cumulée d'au moins 10 millions de personnes –, excluant ainsi un grand nombre des partenaires précédents – radios campus, de nombreuses radios privées et publiques nationales ou internationales : un tiers des diffuseurs du projet Euranet, y compris quelques-uns des services publics internationaux, a été exclu de l'appel d'offres. En outre, tout partenaire de l'opération doit ouvrir et maintenir un bureau à Bruxelles afin d'améliorer la qualité de la couverture des affaires européennes. RFI, le World Service de la BBC comme la Deutsche Welle Radio, pourtant partie prenante d'un projet de radio européenne dans les années 1990, sont absentes de cette nouvelle version du réseau européen de radiodiffusion.

Bilans et perspectives

Ainsi, de Radio E à Euranet jusqu'à Euranet Plus Inside, nous pouvons noter ce qui semble être une constante de la part de l'UE : un changement fréquent qui donne une impression de tâtonnement. Du projet « Radio E », il ne reste guère de traces. Ceci s'explique par les circonstances de sa création. Il était effectivement conditionné par le contexte économique de l'apparition d'une nouvelle technologie. Pourtant, les stations de radio internationales de trois États fondateurs de l'Union européenne semblaient pouvoir créer ensemble, dans une vraie dynamique de coopération et avec une profonde réflexion sur l'interculturalité et le multilinguisme, une station de radio européenne. Par la suite, le programme Euranet s'est voulu très large et a plutôt pris la forme d'un agrégat d'émissions disparates. Bien qu'Euranet fonctionnait théoriquement sur le principe d'un concept des « 3 C » (Coordination, Co-opération et Cross-vision), aucune supra-rédaction ne supervisait l'ensemble, et les émissions étaient simplement données à entendre par langue. L'objectif de transversalité annoncé par le concept de mutualisation n'a donc pas été atteint. Le choix d'une présence sur internet est dès lors clairement préféré à la création d'une station européenne à écouter sur un poste de radio. Le nouveau programme européen, baptisé « Euranet Plus Inside » semble vouloir utiliser ses deniers dans un souci de rendement au sens économique, sans qu'il présente une réflexion particulière sur l'usage de la radio ni sur l'importance de la coopération entre les émetteurs.

En 2010, je concluais ma thèse sur la radiodiffusion européenne en misant sur les stations et émissions culturelles et sur les radios campus, qui offrent un paysage européen spontané. Cette analyse s'avère pertinente dans le temps. Seule l'émission de RFI « Accents d'Europe » fait preuve d'une pérennité exceptionnelle. En effet, elle préexistait au programme Radio E, elle a participé au programme Euranet mais n'est pas partenaire du programme Euranet Plus Inside. Pour autant, ce magazine de société est toujours diffusé par RFI et apparaît comme une émission européenne modèle. On y trouve « tous les aspects de la vie des Européens » et ce magazine est réalisé avec les correspondants de RFI, la RTBF (Belgique) et la RTS (Suisse), comme autrefois avec ceux du World Service de la BBC ou de DW Radio. Or, il faut noter que ce magazine quotidien a la particularité de ne pas traiter des sujets liés à l'institution européenne, ou bien à contretemps, ou encore à contre-courant. La question européenne est abordée à l'échelle des modes de vie des citoyens européens. Une autre exception se manifeste en France sous les traits de la station Euradionantes, radio hybride car locale en FM et mondiale donc européenne sur le Web. Elle est active depuis 2005 et elle a fait partie de la première version d'Euranet. C'est une radio résolument européenne par ses journalistes, qui sont des étudiants en cours de professionnalisation venus de toute l'Europe, et par les sujets qu'elle traite. Elle s'adresse principalement aux Français de Nantes en FM ou du monde, sur le Web. Mais certaines émissions sont en langues étrangères (anglais, italien, espagnol) et une vraie dynamique de partenariat est en place, avec RFI et la Radio nationale espagnole (RNE) par exemple. En outre, les radios campus sont effectivement actives en réseau, ce que l'on doit notamment au programme d'échange universitaire Erasmus. Pour exemple, le réseau Micro-Europa, dont Euradionantes fait partie, qui mise sur le « local EU » comme la meilleure interface pour informer les Européens. Ce réseau est aidé par la Direction Générale « Éducation et culture » de la Commission européenne. Enfin, le réseau de stations et d'émissions de radio culturelles Radia Network existe, se maintient et s'amplifie depuis 2005 : 20 stations et émissions culturelles majoritairement européennes, indépendantes, non commerciales, communautaires, parlent différentes langues et considèrent que cela « crée des problèmes intéressants »[11]. En autonomie totale vis-à-vis de l'Union européenne, car ne percevant aucun subside européen, ce réseau encourage la citoyenneté européenne en amont. En effet, les professionnels de chaque station membre produisent à tour de rôle un contenu radiophonique mis à disposition de tous les autres partenaires. Ce réseau permet la création de documents sonores diffusés par les stations elles-mêmes, par les ondes et en ligne, et par la plate-forme commune sur Internet. Les auditeurs de ces stations peuvent donc entendre un programme produit ailleurs en Europe, par d'autres Européens. Ce réseau constitue un laboratoire spontané et vivant de la citoyenneté européenne.

Enfin, si le projet d'une radio européenne ne revêt à ce jour pas de forme probante du côté des expériences impulsées par l'Union européenne, le désir d'un tel projet émerge ponctuellement. Ainsi, en avril 2011, lors de l'International Journalism Festival de Perugia en Italie, le directeur de la station RAI 1, Antonio Preziosi, exprimait le rêve d'un service de radiodiffusion public européen. En France, en mars 2013, la proposition de résolution n° 459, présentée au Sénat par le sénateur Pierre Bernard-Reymond,

---

11 [<http://www.radia.fm/>], consulté le 15 octobre 2013.

appelle de ses vœux la création de « Radio France Europe » (RFE), « destinée à mieux faire connaître, dans tous les domaines, la vie quotidienne de nos partenaires », au motif que « l'Union Européenne ne se fera pas sans l'adhésion des peuples qui la composent ; celle-ci suppose une meilleure connaissance mutuelle de nos vingt-six partenaires ». Si la langue envisagée pour cette station était le français, il est souhaité « qu'une telle initiative soit reprise de façon identique par un maximum de nos partenaires chez eux dans leur propre langue ». Enfin, il serait demandé à l'Union européenne de couvrir 50 % des frais de fonctionnement de ces stations. En octobre 2013, le gouvernement français se prononce contre ce projet, évoquant notamment par la voix d'Aurélie Filipetti, ministre de la Culture et de la Communication, la préférence d'un retour au sein d'Euranet Plus, car : « [...] il me paraît tout à fait important de vouloir s'inscrire dans un réseau européen et de chercher à utiliser les médias, en particulier le service public, pour faire connaître les apports de l'Europe à nos concitoyens ».

Il est difficile de conclure sur un sujet si évolutif. La problématique du développement de l'espace public européen et de la citoyenneté européenne par la radio reste pertinente. Il faut cependant souligner que le contexte de l'analyse est en perpétuelle évolution : d'une part, l'évolution géopolitique du fait de la mondialisation et de la construction du cadre politique européen et, d'autre part, l'évolution technologique et donc de fond comme de forme vécue par les radios depuis l'avènement du numérique. La naissance et l'expansion de réseaux de stations radiophoniques et plus généralement, la spontanéité des actions de coopération peuvent montrer la voie à l'institution européenne.

Thibault COURCELLE et François TAULELLE, Université de Toulouse

La citoyenneté européenne est-elle favorisée par la politique de cohésion ?

La politique de cohésion – appelée aussi politique régionale européenne (PRE) – est l'une des politiques les plus importantes de l'Union européenne et représente son principal volet de dépense avec la Politique agricole commune (PAC), soit 32,5 % des dépenses de l'UE[1] sur la période 2014–2020.

C'est une politique qui devrait parler aux citoyens européens puisqu'elle est censée financer des projets de développement ou bien des actions en faveur des individus (formation, « inclusion sociale »). L'objectif de cette politique est de renforcer la solidarité entre les territoires infra-nationaux pour réduire les écarts de développement, ce qui est traduit dans le langage européen par « cohésion ». Cette politique est aussi lisible pour tous les citoyens car l'Union européenne impose aux bénéficiaires une obligation d'affichage selon un référentiel très précis. C'est enfin une politique qui a besoin de projets pour fonctionner et nécessite donc une mobilisation de l'échelle locale : la notion d'éligibilité veut ainsi dire qu'un territoire peut recevoir des financements si les projets existent et font l'objet d'une demande en bonne et due forme.

L'ancien président de la Commission européenne Jacques Delors estime, comme de nombreux responsables politiques, que la citoyenneté européenne est largement favorisée par cette politique de cohésion. Dans une interview à la revue *Panorama* de la Commission européenne[2], il affirme : « La politique de cohésion est une façon de rendre le projet européen plus accessible aux citoyens européens et de remédier au déficit démocratique. Les milliers de projets financés au titre de la politique de cohésion prouvent au citoyen de base que l'Europe travaille pour eux ». De même, Gérard Onesta, ancien vice-président du Parlement européen, aujourd'hui vice-président de la Région Midi-Pyrénées, rencontré lors

1 Site Internet de la Commission européenne : [<http://ec.europa.eu/regional_policy/thefunds/funding/data/graphics/cohesionpolicy20142020_full_highres.png>].

2 Interview à la revue *Panorama*, n° 43, automne 2012, p. 6.

d'un entretien[3], indique que c'est la politique « la plus intégrationniste de l'Union et la plus redistributrice ».

Pourtant, malgré tous les projets financés sous la bannière étoilée de l'Europe dans les pays membres, la politique de cohésion est mal connue du grand public. Elle est quasiment absente des médias et des débats, comparativement à la PAC qui dispose d'un budget équivalent. La question posée dans ce texte vise à comprendre si la politique de cohésion peut être un instrument pour construire la citoyenneté européenne. Quels en sont ses leviers mais aussi ses limites qui, nous le verrons, ne sont pas directement liées à la nature de cette politique publique mais bien davantage à la nature du projet politique européen ?

La politique de cohésion considérée comme un instrument de la citoyenneté européenne

Au moment de la signature du traité de Rome, les écarts de développement sont bien perçus entre les différentes régions des pays membres de la CEE. Cependant, dans un contexte de création du marché intérieur, les chefs d'État et de gouvernement, même s'ils mentionnent ces écarts dans le préambule du Traité[4], ne définissent pas d'action spécifique visant à corriger les déséquilibres territoriaux. Ils espèrent que le marché intérieur, sans frontières, sera un puissant instrument d'intégration ainsi que l'ont théorisé les économistes Adam Smith ou David Ricardo. Cependant, les disparités se creusent : d'abord avec la crise de 1973, qui révèle des territoires industriels en lourd déclin (Nord-Pas-de-Calais, régions industrielles du Royaume-Uni, etc.), puis avec l'intégration de nouveaux pays comme la Grèce en 1981 et l'Espagne et le Portugal en 1986. Ces pays présentent d'importants écarts régionaux et la CEE envisage d'intervenir pour corriger les déséquilibres. Déjà en 1975, c'est paradoxalement sous l'impulsion

---

3 Entretien avec Gérard Onesta le 6 décembre 2013 à l'Hôtel de région Midi-Pyrénées.

4 Il est ainsi indiqué dans le préambule du traité de Rome que les chefs d'État et de gouvernement des Six sont « soucieux de renforcer l'unité de leurs économies et d'en assurer le développement harmonieux en réduisant l'écart entre les différentes régions et le retard des moins favorisées ».

de l'État le moins européiste, le Royaume-Uni[5], que la CEE avait mis en place le Fonds européen de développement régional (FEDER). Cependant, on ne pouvait pas parler de vraie politique correctrice et interventionniste. Il faut attendre la mise en place de la politique régionale en 1989, à l'initiative de Jacques Delors, pour que l'outil devienne ambitieux et beaucoup plus important financièrement[6]. De 69 milliards d'écus pour la première période de programmation 1988–1993 et douze États membres, la politique de cohésion passe à 351,8 milliards d'euros pour la cinquième période de programmation 2014–2020. Cette ampleur significative est à relativiser car, dans le même temps, l'UE s'est élargie à quinze nouveaux membres, dont une dizaine d'États d'Europe centrale et orientale, qui ont renforcé les disparités de développement socio-économique entre ses membres.

L'objectif principal de la politique régionale tient à la convergence économique et sociale pour homogénéiser le développement des territoires européens. Cette formule qui emploie le terme de convergence produit une confusion dans ses finalités. En réalité, parler de convergence, c'est plutôt faire référence à la convergence des économies, c'est-à-dire à une approche macroéconomique basée sur le rattrapage des PIB. Avec la politique régionale, il s'agit plutôt de cohésion économique et sociale. La différence est importante. Ainsi, *Le Monde* pouvait titrer au sujet de l'Irlande en 2007 : « L'Irlande enrichie a conservé les infrastructures d'un État pauvre »[7]. Et l'article de préciser : « Écoles, transports, santé : le déficit en équipements publics n'a pas été comblé avec le boom économique irlandais ». Ce texte indique bien la différence qui existe entre une convergence de PIB, le modèle irlandais en la matière au cours des années 1990, et un enjeu de cohésion, plus qualitatif, lié aux améliorations des conditions de vie et au bien-être, éléments non pris en compte dans l'étalonnage par le PIB. La politique régionale est toujours coincée par cette approche duale combinant à la fois la cohésion et la convergence. Ainsi, la mesure des écarts de développement pour établir le classement des territoires à

5 Le Royaume-Uni, tout nouveau membre de la CEE depuis 1973, n'émargeait que très peu à la PAC et réclamait un juste retour de sa contribution au budget européen. Le FEDER permettait d'apporter une aide aux régions industrielles et minières britanniques en difficulté.

6 Voir Jean-François Drevet, *Histoire de la politique régionale de l'Union européenne*, Paris, Belin, 2008.

7 Marion Van Renterguem, *Le Monde*, 21 septembre 2007.

aider est basée sur le seul PIB régional, alors que la finalité de la politique est d'œuvrer pour la cohésion des citoyens. Aujourd'hui d'ailleurs, l'UE utilise le terme de « croissance inclusive » pour tenter de combiner les deux finalités de natures différentes[8].

Le bilan de la politique régionale est à nuancer fortement même si les moyens financiers mobilisés depuis la fin des années 1980 ont profondément transformé les territoires sous assistance européenne.

En premier lieu, cette politique se déploie au sein d'États providence qui disposent déjà de politiques de redistribution. De ce fait, dans un budget mutualisé qui ne représente que 1 % du PIB des États européens, le volume financier consacré à la politique de cohésion reste très faible. Gérard Onesta indique que, pour un pays comme la France, c'est environ « 20 % de l'argent injecté sur un territoire ». On peut donc considérer que cette part représente une solidarité d'ampleur significative au niveau national, mais pas au point de jouer un rôle redistributif.

Ensuite, la Commission produit de nombreux rapports avec des données très générales et il est difficile de savoir quelles sont les actions, nationales ou européennes, qui ont le plus d'impact sur les territoires en difficulté. Les derniers rapports sur la politique de cohésion sont d'ailleurs beaucoup plus critiques et distanciés que les premiers. Ils ne se contentent plus de faire la liste des réalisations en kilomètres de voies autoroutières, en nombre de stations d'épuration, etc., mais ils posent le cadre de cette intervention en tenant compte de l'importance des politiques nationales de cohésion en Europe.

Enfin, l'analyse de l'impact de la politique à partir des citoyens ou de données qualitatives est encore peu développée. Ainsi, dans la plupart des ouvrages consacrés à la politique régionale (le dernier en date est celui de Marjorie Jouen[9]), l'approche est très économique, juridique ou encore historique et la place consacrée aux citoyens est très faible[10]. Il n'existe pas, par exemple, de synthèse générale sur les « publics » qui émargent au titre de la PRE dans les territoires dits « en difficulté » ou « en retard ».

---

8 Voir, à titre d'exemple, les objectifs affichés par la Commission européenne pour Europe 2020 : <http://ec.europa.eu/europe2020/europe-2020-in-a-nutshell/priorities/inclusive-growth/index_fr.htm>.

9 Marjorie Jouen, *La politique européenne de cohésion*, Paris, La documentation française, 2011.

10 Voir aussi Nicolas Gaubert, « Le démarrage d'une politique de cohésion sur des bases renouvelées », *Pouvoirs locaux*, n° 98, 2013/3, p. 83–87.

L'analyse qualitative est très souvent absente. Pourtant, Marjorie Jouen écrit en conclusion de son ouvrage : « Un pari ambitieux et réussi reste le plus sûr moyen de redonner confiance aux Européens dans l'Europe »[11]. Une recherche par itérations dans le texte révèlerait probablement que cette phrase finale est l'un des rares passages où il est question des Européens et de la citoyenneté, tant le reste de l'ouvrage se focalise sur la mécanique complexe et juridique de la politique régionale.

Un manque de lisibilité pour le citoyen européen. Une politique réservée à un cercle d'initiés ?

La politique régionale est difficile à positionner compte tenu de la nature du projet européen qui n'est pas fédéral. Ainsi, s'il s'agit d'une action de l'UE, celle-ci indique immédiatement que sa mise en œuvre se fait par la subsidiarité et l'additionnalité.

La procédure est tout à la fois descendante et ascendante. Dans un premier temps, au moment de la mise en place des programmes, la procédure est très centralisée et concerne les chefs d'États et de gouvernements, la Commission européenne et le Parlement. Même si une consultation par voie électronique[12] permet, en théorie, de recueillir le point de vue des acteurs de cette politique, il faut bien reconnaître que la participation est très faible et ne concerne finalement que les acteurs les plus au fait de cette politique et en premier lieu les associations d'élus et autres lobbies. En France, la mise en place des programmes opérationnels (PO) concerne ensuite la Délégation interministérielle à l'aménagement du territoire et à l'attractivité régionale (DATAR) et les Régions. C'est seulement dans un troisième temps que les porteurs de projets sont appelés à déposer leurs dossiers dans le cadre de la programmation. Ainsi, on ne peut pas parler de développement territorial puisque le point de départ de la mise en œuvre régionale de la politique ne repose pas sur les besoins des territoires : la Commission répartit les sommes par État, les États par régions,

11 Marjorie Jouen, *op. cit.*, p. 174.

12 Site Internet de consultation : [<http://ec.europa.eu/regional_policy/archive/consultation/terco/consultation_fr.htm>].

et c'est seulement ensuite que les régions doivent expliquer comment elles vont utiliser l'enveloppe qui leur a été attribuée. Cette logique en cascade est tout de même atténuée par la nécessaire dynamique territoriale pour l'émergence de projets. Là où elle est absente, la consommation des crédits alloués reste faible. La mobilisation locale est donc la garantie de la consommation des crédits, élément déterminant dans la logique de la politique régionale.

Même si la Commission européenne et, en France, la DATAR veulent expliquer clairement la logique et le fonctionnement de la politique régionale, son accès est tout de même réservé à quelques initiés. Pour Colomba Dussart, chargée de mission Europe au sein du Secrétariat général aux affaires régionales (SGAR) de la préfecture de région Midi-Pyrénées :

> Cette méconnaissance des citoyens est liée à une espèce d'*a priori* envers quelque chose qui est complexe et au-dessus des États. Quand on rentre dans la logique de demande de subvention, il faut bien reconnaître qu'il faut avoir la foi aussi en tant que porteur de projet, entre la complexité du montage, la façon de rendre compte et la durée des procédures[13].

En réalité, tout dépend des efforts qui sont faits sur le plan régional pour faciliter le montage de projet et éviter d'installer une forme d'élitisme entre citoyens, permettant à des acteurs formés pour répondre aux exigences multiples et souvent complexes du montage de projet (recherche d'additionnalité dans les financements, mise en œuvre de l'évaluation, etc.) d'accéder à ces programmes. Il suffit de lire les notes produites par la DATAR[14] pour se rendre compte de la technicité de cette politique et de l'abus de termes jargonnants et d'acronymes peu explicites. Pascal Chazaud, consultant au sein du réseau « Europe et territoires conseil », estime que cette complexité et cette technicité découragent même *a posteriori* les porteurs de projet « qui se demandent, une fois l'opération réalisée, si le jeu en valait bien la chandelle en raison de la dépense d'énergie sur des aspects administratifs et financiers »[15]. Cette politique nécessite donc une traduction et une explication claire au bénéfice des citoyens appelés à monter des dossiers. Gérard Onesta explique ainsi que le site Internet

13 Entretien avec Colomba Dussart et Pascale Jové le 7 janvier 2014 à la préfecture de région Midi-Pyrénées.

14 *Territoires en mouvement,* n° 12, automne 2013, p. 8.

15 Entretien avec Pascal Chazaud le 5 décembre 2014.

L'Europe en Midi-Pyrénées[16] a été pensé dans cet objectif et qu'il est aujourd'hui reconnu comme le plus ergonomique parmi ceux existant dans les différentes régions françaises.

Source : page d'accueil du site *L'Europe en Midi-Pyrénées* (avril 2014).

Cette pédagogie de la politique place au premier rang des éléments déterminants dans la réussite l'existence d'acteurs relais, d'intercesseurs, capables de décrypter les arcanes de la politique régionale et d'aider au montage de projets. Cette volonté de transparence est louable car, dans le passé, de nombreux auteurs ont souligné l'importance en France de l'écran national, ainsi que d'autres filtres pour atténuer la portée des crédits européens : le cofinancement des projets, l'additionnalité avaient souvent permis à des élus de masquer l'apport de crédits provenant de l'UE au profit de la dotation des communes, Régions, Départements. De « super » notables locaux ont ainsi, dans le passé, monopolisé la connaissance des rouages des financements européens de la politique régionale pour mieux maîtriser le canal de financement des projets. Cette époque est en grande partie révolue aujourd'hui, puisqu'il semble bien que la succession des programmes depuis 1989 ait permis de faciliter un accès plus large aux fonds européens. Cependant, le décryptage des mécanismes est encore indispensable et de la qualité des intercesseurs territoriaux dépend l'ouverture des programmes au grand public. Dans un article de la revue en ligne *Acteurs publics*, Valérie Segon décrivant la nouvelle programmation 2014–2020,

16 [<http://www.europe-en-midipyrenees.eu/>].

explique le désarroi de certains chefs d'entreprises face aux aides de la politique de cohésion :

> Il ne leur reste qu'à concevoir autour de leur projet un emballage marketing bien ficelé, histoire de le faire entrer dans les clous d'*Europe 2020*. Pour cela, ils trouveront sans peine l'aide d'un expert chevronné, une kyrielle d'anciens banquiers d'affaires et de consultants s'étant créé une spécialité de la chasse aux fonds européens.[17]

Il est difficile de dire au final quels sont les principaux bénéficiaires de ces programmes, mais les citoyens isolés, porteurs de projets, sont bien souvent minoritaires par rapport aux collectifs organisés : Chambres de commerce et d'industrie (CCI), collectivités locales, etc. En revanche, des instruments de la politique de cohésion, très ciblés, connaissent un certain succès auprès des acteurs locaux : il s'agit principalement des programmes Leader (aujourd'hui intégrés à la PAC) et des programmes Interreg. Le premier, Leader, a apporté de nouvelles méthodes pour le montage de projets et, plus généralement, pour le développement territorial : groupes de citoyens construisant leurs projets de territoires, gestion décentralisée des crédits, évaluation des actions, etc.

Pour le citoyen, les réalisations cofinancées par l'Europe sont peu visibles, notamment en raison du fait qu'il n'y a généralement pas de représentants européens sur le terrain pour valoriser l'apport de l'Europe, notamment lors des inaugurations où les porteurs de projets font leur propre publicité (par exemple Conseil général, Conseil régional, actions, etc.).

Peu d'études s'intéressent à l'impact de la politique régionale auprès des citoyens européens. Seulement trois sondages Eurobaromètres « Flash »[18] ont été réalisés sur ce thème en 2008, en 2010 et en 2013. Ils portent sur la connaissance et la perception des citoyens européens concernant la politique de cohésion. Les mêmes questions ont été posées lors de ces sondages :

– Les Européens sont-ils au courant des aides reçues dans le cadre de la politique européenne de cohésion ?

---

17 Valérie Segond, « Les fonds européens seront mieux fléchés », sur le site <www.acteurspublics.com>, 18 février 2014.

18 Créé en 1973 par la Commission européenne, l'Eurobaromètre constitue un outil de mesure précieux pour les chercheurs qui s'intéressent aux questions européennes. L'analyse de l'opinion publique se fait par sondages sous la forme de questionnaires distribués à au moins mille personnes dans chacun des pays membres. Les Eurobaromètres « Flash » sont réalisés uniquement par téléphone.

- Ont-ils l'impression que leur ville ou leur région tire profit de ces aides ?
- Les Européens sont-ils d'accord avec l'idée que la politique européenne de cohésion devrait principalement aider les régions les plus pauvres à rattraper les régions les plus riches ?
- Sont-ils d'accord avec le principe de subsidiarité ?
- Quelles devraient être les priorités de la politique européenne de cohésion, à la fois aujourd'hui et dans le futur ?

Plus de 27 000 citoyens âgés de plus de 15 ans et habitant dans les 27 États membres de l'Union ont été interrogés par téléphone[19]. Il est étonnant de constater une diminution de la notoriété de la politique régionale : 34 % des citoyens européens déclarent avoir entendu parler des cofinancements de l'UE pour des projets dans leurs régions en 2013 contre 49 % en 2008, soit un tiers au lieu de la moitié. Ce taux est encore moins élevé en France avec 28 % de citoyens français qui ont entendu parler des projets cofinancés par l'Europe. Cependant, ce constat est complété par une autre donnée qui concerne l'augmentation des jugements positifs : de plus en plus de citoyens européens – parmi la minorité sensibilisée – estiment que le soutien de l'UE a un impact positif sur le développement de leurs régions (77 % en 2013 contre 70 % en 2008). En revanche, 8 % des citoyens interrogés ne voient pas d'impact positif des aides européennes accordées dans le cadre de la politique de cohésion et 9 % y voient même un impact négatif.

Malgré cette évaluation globalement positive, les citoyens européens n'ont pas l'impression que ces projets leur apportent des bénéfices personnels dans leur vie quotidienne (75 % pour l'ensemble des citoyens européens et 91 % pour les Français). Quand on prend en compte les résultats par pays, on constate sans surprise que les pays où les citoyens européens sont les mieux informés de l'existence de la politique de cohésion sont les pays qui en tirent le plus de bénéfices (comprenant le plus de régions de convergence sur la carte[20]). Pour ces États, la moyenne tourne autour de 60 à 70 % de citoyens qui ont entendu parler des cofinancements de l'UE, soit 30 à 40 points de plus que la moyenne européenne.

---

19 Et plus de 28 000 citoyens dans les 28 États membres pour le dernier sondage suite à l'adhésion de la Croatie.

20 La carte de l'éligibilité de la politique de cohésion 2014–2020 est visualisable sur le site de la Commission européenne : [<http://ec.europa.eu/regional_policy/what/future/eligibility/index_fr.cfm>].

Au-delà des constats sur le manque de connaissance de la politique de cohésion ou son manque de lisibilité, il faut reconnaître que cette politique souffre de blocages structurants relevant avant tout de la nature du projet européen, des interrogations qui dépassent donc le simple cadre de la politique de cohésion. Par exemple, la question budgétaire. Dotée de 10 milliards d'euros en 1989, la PRE atteint 54 milliards d'euros en 2013, soit un tiers du budget européen. Cette forte croissance traduit bien l'importance de cette politique pour construire l'unité de l'UE et la priorité que lui donnent les chefs d'État et de gouvernement. Cependant, le budget européen représente moins de 1 % de la richesse des États et, de fait, l'ambition affichée de solidarité européenne reste limitée. La solidarité et la convergence passent d'abord par d'autres échelles géographiques (nationale, régionale, départementale, intercommunale, municipale, etc.). Comme le rappelle la Commission européenne dans ses rapports sur la politique de cohésion, « la solidarité commence d'abord par chez soi », et avant tout par les mécanismes nationaux de solidarité qui redistribuent près de 50 % du PIB des États dans un contexte d'États providence[21].

De même, l'argent européen est en réalité une redistribution de l'argent que les États mutualisent, puisqu'il n'existe pas d'impôt spécifiquement européen et donc de ressource propre à l'échelle du projet européen. Les États négocient donc souvent âprement les taux de retour et jouent un rôle prépondérant dans les discussions sur le budget européen, ce que l'on a qualifié parfois de « poison du juste retour »[22]. Pour Gérard Onesta, c'est le problème de base de l'UE qui doit interpeller les citoyens :

> Tant qu'on n'aura pas un mécanisme européen de ressources propres qui dé-nationalise l'argent que l'on met en commun, ça ne marchera pas car chaque État fait ce sordide calcul et aucun ne se rend compte que l'argent mis en commun fait synergie et permet des économies d'échelle. Il faut dé-nationaliser les ressources en taxant ce que l'on veut éviter – la pollution, la spéculation, l'exploitation – et détaxer ce que l'on veut promouvoir comme le travail[23].

Ceci nécessiterait une profonde réforme de tout le budget européen.

---

21 Ceci est bien expliqué par Laurent Davezies dans *La République et ses territoires. La circulation invisible des richesses*, Seuil, coll. « La république des idées », 2008.

22 Jacques Le Cacheux, Pascal Lamy, *Budget européen : le poison du juste retour*, Paris/Berlin, Fondation Notre Europe, novembre 2005.

23 Entretien avec Gérard Onesta, le 6 décembre 2013.

L'impact de la politique de cohésion sur le citoyen européen est donc difficile à mesurer, étant donné que cette politique n'est qu'un facteur d'influence parmi d'autres et il est bien délicat, dans le cadre actuel du projet européen, d'identifier clairement la portée de cet instrument.

Creusement des inégalités dans l'UE. La politique de cohésion peut-elle faire quelque chose ?

Dans un contexte de crise économique majeure en Europe, on pourrait penser que la politique de cohésion est le meilleur instrument de lutte contre les dysfonctionnements économiques et sociaux. C'est un instrument qui devrait parler aux citoyens européens puisqu'il est concret, basé sur des projets qui visent à transformer les territoires et à faciliter la vie de ceux qui y vivent.

La politique de cohésion s'est mise en place en raison des grandes disparités entre les territoires après la crise de 1975, puis s'est renforcée avec l'arrivée de nouveaux États membres en retard de développement. C'est une réponse pour réduire les fractures territoriales dans un contexte de creusement des inégalités territoriales et sociales à la suite des élargissements de l'UE à l'Est, mais aussi à la mondialisation qui favorise les grands pôles. Pierre Veltz[24], dès 1996, annonçait un monde d'archipels interconnectés, les métropoles, laissant derrière eux des arrière-pays livrés à eux-mêmes, peu connectés aux grands flux.

Face à ces deux enjeux majeurs, la réponse de l'UE a été double, dans la lignée des politiques d'aménagement du territoire :

- d'une part, renforcer la compétitivité et affirmer la présence des grandes métropoles dans la mondialisation en aidant et développant les politiques d'excellence, d'innovation, etc. ;
- d'autre part, assurer la solidarité territoriale en réduisant les écarts de développement entre individus (inclusion sociale) et territoires (cohésion).

24 Pierre Veltz, *Mondialisation, villes et territoires,* Paris, PUF, 1996.

Ce double objectif s'est heurté à la contradiction intrinsèque du modèle ainsi défini. Comment parler à la fois de compétitivité, comme ce fut le cas au Conseil de Lisbonne en 2000, et de cohésion[25] ? Bien vite, il apparaît que l'Europe se fixe des objectifs de croissance, d'excellence, pour devenir l'économie de la connaissance la plus compétitive du monde, comme l'affichait le Conseil européen de Lisbonne en 2000. De fait, la politique de cohésion apparaît comme un supplétif pour atténuer les effets de ce modèle privilégiant les territoires les plus dynamiques, ou encore les filières les plus innovantes.

Le fait de tenir à la fois un discours solidaire et compétitif, d'arbitrer sans cesse des choix entre les deux objectifs, porte une contradiction difficile à résoudre. Ainsi, au sein du programme de la politique de cohésion 2007–2013, se trouvaient des zones de « compétitivité » à l'image du slogan de l'Europe qui dit tout et son contraire, « unis dans la diversité ».

Ce manque d'efficacité dans le traitement des questions de solidarité est probablement lié aussi au module de base de l'intervention de la Politique régionale : la région ou plutôt l'unité de type NUTS 2. Ce découpage statistique harmonisé à l'échelle de l'Union est aujourd'hui le maillage clé de recueil des indicateurs de développement, au premier rang desquels on trouve le PIB. Or, ce découpage régional est-il adapté aux enjeux liés à la cohésion des territoires ? Ainsi, les images peuvent être déformées quand certaines régions sont portées par la richesse de leur métropole, mais connaissent de grandes disparités infra-régionales. La classification en grandes zones types laisse ainsi de côté une différenciation territoriale plus fine. Par exemple : Toulouse, métropole dynamique, mais qui comprend un arrière-pays en difficulté[26] ou bien encore Prague, classée

---

25 « En effet, si le discours sur la mise en cohérence des politiques sectorielles (discours sur la cohérence politique de l'Europe) et celui de l'Europe "verte et propre" (dérivé de la stratégie de Göteborg) peuvent facilement apparaître comme complémentaires, celui sur l'équilibre européen (contrebalancer les inégalités entre territoires européens) et celui sur l'Europe compétitive s'opposent plus franchement », in Bernard Elissalde, Frédéric Santamaria, Philippe Jeanne, « L'affirmation du rôle de la Commission européenne : de l'importance du discours sur la cohésion », *L'Espace géographique*, 2013/2, p. 99.

26 Le Conseil régional de Midi-Pyrénées a édité un fascicule intitulé *L'exception Midi-Pyrénéenne* en mai 2013 pour détailler la situation de cette région où se côtoient une métropole régionale hypertrophiée – l'aire urbaine toulousaine – et un espace rural à la fois vaste, peu peuplé et enclavé sur tout le reste du territoire, qui est masqué

première dans la liste des régions d'Europe en terme de PIB, mais dont le classement masque la situation fragile de l'arrière-pays tchèque.

La méthode choisie pour corriger les disparités porte aussi des éléments de contradiction. La Commission européenne est tiraillée entre deux exigences : d'une part, faciliter la consommation des crédits européens et, d'autre part, veiller à la solidarité des territoires. Or, le plus souvent, les territoires qui ont le plus besoin des financements européens ne sont pas les plus dynamiques en termes de consommation des crédits. Ceci s'explique par l'éligibilité qui exige un montage rapide des projets par des administrations régionales et infra-régionales de qualité, maîtrisant les rouages du montage puis du portage de dossiers. Cependant, dans les territoires fragiles, les acteurs locaux ne disposent pas d'un réseau d'acteurs capables de formaliser les besoins à travers des dossiers. La Commission européenne constate ainsi que, dans les pays récemment intégrés, les métropoles sont bien plus dynamiques dans la consommation des crédits par rapport aux territoires hors métropoles. De fait, un objectif de consommation rapide des crédits privilégiera automatiquement une focalisation des crédits sur les métropoles pariant sur les effets de la théorie économique de François Perroux. Au contraire, favoriser les territoires hors métropoles, c'est souvent répondre à des besoins criants mais difficiles à formaliser et donc nécessitant une durée bien plus importante qui peut, au final, pénaliser le taux de consommation général des crédits.

Comment sortir de cette contradiction et comment cet instrument peut-il répondre le mieux possible aux situations économiques et sociales tendues dans l'Union ? Roger Brunet avait identifié, à la fin des années 1980, des continuités entre régions européennes d'États différents. Ce travail avait été repris par la Commission européenne en 1994 dans une étude intitulée « Europe 2000+ ». La Commission plaidait pour la prise en compte de macro-régions européennes traversant les limites des États et partageant à la fois des caractéristiques communes mais aussi des enjeux communs de développement. Le fruit de ce travail permettait d'éviter une trop grande simplification du zonage européen de la politique régionale en grands ensembles peu pertinents. Au contraire, avec ces macro-régions, l'Europe se dotait d'un découpage du territoire vraiment européen, présentant des enjeux communs et appelant des politiques sur mesure. Cependant, les chefs

par la métropole toulousaine. La région appelle donc « une réponse adaptée des pouvoirs publics européens et nationaux au nom de la péréquation » (p. 4).

d'État et de gouvernement ont très vite récusé cette innovation, considérant qu'elle portait atteinte aux limites territoriales des États. De fait, on retrouve cette vision dans le volet transnational des programmes Interreg. Si cette méthode présente un risque de valorisation d'entités régionales, elle a le mérite de coller au plus près des réalités territoriales. Dans la nouvelle programmation 2014–2020, le choix est fait de cibler plutôt des thématiques (énergie, innovation par exemple) que des territoires. Le risque est ici de désincarner la politique de cohésion moins liée à des programmes territoriaux intégrés, mais davantage articulée à partir de choix européens à mettre en musique à l'échelle régionale et infra-régionale.

Dans cette nouvelle programmation, l'accès aux crédits européens pour les petites structures, comme les associations, paraît de plus en plus difficile à la fois en raison de la plus grande complexité dans le montage de dossiers et les procédures de suivi qui nécessitent la compétence de bureaux d'étude ou d'ingénieurs spécialistes en montage de projets coûteux[27], mais également en raison de la réticence de plus en plus affirmée de l'État et des collectivités à monter de petits dossiers. Pascale Jové, adjointe à la chargée de mission des programmes européens de la préfecture de région Midi-Pyrénées, fait part de son pessimisme pour les futures demandes individuelles de crédits européens par les citoyens ou les associations de petite taille :

> Vous imaginez la complexité et le coût de gestion pour une subvention de 2000 € ? Ce qui risque de se passer à l'avenir, c'est que c'est tellement lourd qu'on ne s'embêtera plus avec des dossiers à 2000 ou 3000 €. On entend aujourd'hui que les Régions ne vont pas s'enquiquiner autant que l'État en matière de gestion et qu'elles ne prendront les dossiers qu'à partir d'un certain plafond. On aura donc de plus gros dossiers et la retombée au niveau des citoyens sera encore plus faible[28].

Face à cette professionnalisation de l'accès aux crédits européens qui participe, de fait, à éloigner le citoyen de base de l'Europe, l'UE aurait peut-être intérêt à utiliser une partie des financements de la politique de cohésion pour ne financer que des projets peu coûteux émanant de petites structures.

27 « C'est de plus en plus dur pour les structures typiquement associatives ou de citoyens européens d'accéder aux financements européens car ça nécessite maintenant un ingénieur spécialiste en montage de projet. Pourtant, jusqu'en 2006, les associations étaient les premières bénéficiaires de ces fonds européens », entretien avec Gaëlle Covo, ingénieur d'études et chargée de mission recherche à la cellule Europe de l'Université de Toulouse-Capitole, 18 décembre 2013.

28 Entretien avec Colomba Dussart et Pascale Jové, le 7 janvier 2014.

Des micro-financements ciblés et ne nécessitant pas d'autres cofinancements permettraient aux citoyens de clairement identifier la provenance européenne de ces fonds, à l'instar des programmes d'échanges universitaires Erasmus. Les étudiants qui partent étudier dans d'autres pays européens savent clairement qu'ils le font grâce à l'Europe, alors que l'effet dit « levier » de la politique de cohésion est masqué par l'apport des partenaires cofinanceurs.

En ces temps de doutes à l'échelle européenne, la politique régionale devrait être la plus sollicitée et la plus appréciée par les citoyens puisque c'est une politique qui prône la cohésion par l'inclusion. Or, ce n'est pas le cas et ceci s'explique pour différentes raisons :

- la faiblesse des financements au regard des politiques nationales d'États providence ;
- la méconnaissance des règles d'utilisation des crédits ;
- la complexité des montages de projets, puis le contrôle et l'évaluation des projets en cours ;
- le discours de solidarité qui s'articule avec celui sur la compétitivité ;
- l'additionnalité qui noie cette intervention de l'Union dans les politiques nationales et infra-nationales.

La persistance, voire le creusement de certaines inégalités territoriales et sociales au sein des États membres de l'UE et entre États membres, n'est sans doute pas pour rien dans la défiance, le désintéressement ou le rejet des citoyens envers l'Europe. L'effet du Marché unique et de la politique de la concurrence qui se base sur la compétitivité est probablement plus fort que celui de la politique de cohésion et la solidarité socio-économique. L'inversion de la tendance nécessiterait un fort accroissement du budget de la politique de cohésion, mais dans le contexte de crises financières et monétaires traversées par l'Europe depuis 2008, les États ont clairement fait le choix opposé en réduisant les moyens financiers de l'UE, tout en exigeant une plus forte efficience de la politique de cohésion. La solidarité ressentie par le citoyen restera donc encore longtemps l'apanage des États sur un territoire infra-national au détriment de l'UE et du territoire européen. Faut-il le regretter ? C'est un autre débat qui renvoie, comme sur toutes les questions des politiques publiques européennes, à la nature du projet européen.

Thomas HOERBER, ESSCA Angers

The formation of a European environmental conscience

The main argument of this article is that a European environmental conscience has developed through successive steps of European integration in energy policy. This environmental conscience is not particular to Europe. In the 1960s–70s, the whole world was slowly beginning to realise that environment degradation was not sustainable. However, a European environmental conscience was reflected in the European institutions, which have been developing in parallel to such growing environmental concerns. The Commission, for example, incorporated both energy and environmental policies into the EU policy canon and hence built an institutional framework, which could answer to the growing environmental conscience of the European peoples, for which national policy answers were evidently not sufficient. With phenomena such as acid rain, it became clear that pollution did not stop at national boundaries. Acid rain was one of the first environmental issues with a European dimension, in this case between Great Britain and Sweden, i.e. pollution caused in one country are causing environment degradation in another country.

Similar conclusions had been drawn even earlier for the energy sector. Energy shortage in Europe was common to all nation states and it was a concern too big to be solved by any single one of them. The European integration process, therefore, was founded on energy communities, such as the ECSC and Euratom. They were meant to pool the scarce energy resource available in Europe, such as coal and uranium, the latter from precarious supply routes mostly in former colonial holdings. In the oil crisis of 1973, it became clear that they did not necessarily hold answers to the question: What happens when the energy runs out? The oil crisis was the turning point in the integration process for both energy policy and environment policy, i.e. further integration towards the European energy policy failed; but environmental policies took concrete shape, for the first time, in measures such as energy saving.

There seems to be a common link between energy and environmental policies. First, policies tie in with the founding motivation for European integration in that they were bigger than the nation state. Secondly, both energy and environmental policies finding a turning point in the oil crisis in 1973 might be only a chronological coincidence, but it could also suggests parallels in the underlying motivations for both policies. Thirdly, both policies were innovative integration projects at their respective time and both have been fostered by European institutions. Finally, it will be argued in this article that energy policy cannot do without environmental policy and vice versa, if one wants to implement one or the other successfully. Thus, answering to a growing European environmental conscience would entail implementing a European energy policy.

In order to prove this rationale right, this article will ask the following research questions. First, in how far were energy policies and, later, environment policies formative for the European integration process? Secondly, how did their relative importance in the integration process change over time? Why were energy policies prominent in the early stages of integration and why are they no longer such important policy issues in European institutions, as they once were, e.g. ECSC. Thirdly, how are energy and environmental policies interlinked? And finally, what motivations are there for a new and common EU energy policy?

Methodology

This article will use an interdisciplinary approach drawing on historical primary as well as secondary sources such as the accounts of Jean Monnet (1976)[1]. Moreover, it will use political theories, which advocate ideas as a major motivation for political action such as Craig Parsons, Nicolas Jabko and my own account[2]. The overall intention of the interdisciplinary approach

1 Jean Monnet, *Mémoires,* Paris, Fayard, 1976.

2 Craig Parsons, *A Certain Idea of Europe*, Ithaca, Cornell UP, 2006; see also, Nicolas Jabko, *Playing the Market – A Political Strategy for Uniting Europe 1985–2005*, Cornell UP, Ithaca, 2006; Thomas C. Hoerber, *European Integration Ideas in France, Germany and Britain in the 1950s*, Wiesbaden, VS-Verlag, 2006.

is to harness the strengths of History, Political Science and Economics, combining the three whilst avoiding their individual weaknesses, in order to arrive at a better understanding of energy and environment policy in Europe. Some selected and rather few secondary sources will be added where it is absolutely necessary for the argumentation.

Principally this article relies on primary sources to bring out the national and European perspectives on energy and environmental policies. National parliamentary debates form the core of these sources, because in the early period of European integration European institutions were either weak on non-existent, as in the case of the European Parliament wit the first general election in 1979. Interestingly, national parliamentary debates of that period show a converging discourse on European affairs between the different nations.

In addition, Commission files will be used, because the Commission represents the European perspective during this period. It clearly drives the European dynamics and tires to break national energy prerogatives, for example during the oil crisis in 1973.

Finally, for the section on the period from the oil crisis to the present, newspapers such as *Le Monde* and *Die Zeit* will supplement the selection of primary sources.

Geographically this article will focus on three major Western European countries, i.e. France, Germany and Britain. France and Germany were among the first to launch the European integration process. In later decades, the two countries have frequently been characterised as the motors of Europe and they are two major economies and, thus, energy users. Therefore, France and Germany are prime candidates for an analysis of energy and environment policies in European integration.

Britain is a more difficult case. In the beginning, it fought shy of the integration process in its entirety. Since joining, Britain has often been characterised as the awkward partner[3]. Britain has however always been among the biggest industrial nations in Europe. Therefore it is a major energy user and has also been a major energy producer in coal, oil and nuclear, with all the environmental issues connected to that. It is this marked difference that makes the British case interesting. It provides a counterpoint effect against France's and Germany's often unequivocal support for European integration.

3 Stephen George, *An Awkward Partner – Britain in the European Community*, 3rd ed, Oxford, Oxford UP, 1998.

This opposition will accentuate the arguments and make a seriously revealing analysis.

This article will provide an analysis of European energy polices from the 1950s in the ECSC and Euratom to the oil crisis in 1973 where any idea of a common European energy policy arguably broke down and national energy prerogatives were re-established. It is the argument of this article that this is the point of defeat of a European energy policy, but also the birth of a European environmental policy in the growing environmental conscience across the three states concerned in this analysis. The following outlook on European energy policies with environmental aspects gives by no means a comprehensive picture of European energy policies up and until today, but they are chosen for this connection between energy and environmental policies which this article argues makes for European integration dynamics, e.g. the liberalisation of the European energy market. In addition, the examples are chosen to show the European problem solution potential in energy and environmental policies in investing together in future energy solutions which are as yet unviable, such as fusion research.

Key energy fields and early European energy communities

Coal: The European Coal and Steel Community (ECSC)

The economic reasons underlying past European conflict received major attention in the post-war period[4]. World War I and World War II were seen as wars of economic domination, not least in order to get access to energy, which was in short supply in all European states. The ECSC was seen as a possible solution to that vicious circle, in that giving up sovereignty over coal and iron ore would solve the problem of an age-old conflict and it would unite Europe[5]. The ECSC became the third biggest producer of

4 See Teitgen (MRP), in *JO*, 2e Lég., 22/12/54, p. 6750II; Gozard (PS), in *JO*, 3e Lég., 16/1/57, p. 78II.

5 See Léon Blum (PS), at the conference of the European socialist parties on 25th April, 1948, in *JO*, 1re Lég., 25/11/49, p. 6309III; Le Bail (PS), in *JO*, 1re Lég., 2/12/48, p. 7328I, original: "On ne ferait plus que cette constatation élémentaire que le fer et le charbon sont nécessaires à la production de l'acier, nécessaire lui-même à une

coal and steel after the US and the USSR and before Britain[6]. The connected economic potential was considered to be able to trigger a much larger European economic recovery, urgently needed after the devastation of World War II.[7]. The economic rationale of interdependence became the guiding economic, principle, i.e. the national economies on their own were outdated. European integration was the adaptation process of the national administrations to the economic realities of the time[8].

The ECSC treaty was the implementation of those new economic principles, which provided increased production in the post-war period[9]. Consequentially, the High Authority was obliged to promote free competition and the principle of non-intervention in economic affairs by the state. Internal tariffs and quotas were abolished in order to establish that common market for coal (and steel)[10]. Very concretely, France needed German

---

Europe unie"; see also, Devinat (RRS), in *JO*, 1re Lég., 25/11/49, p. 6349III, 6350II ; Schmid (SPD), in *VDB*, WP I, 10, p. 185AB, original: "Es gibt keine Saarfrage, wie es einmal – mit Recht – eine elsaß-lothringische Frage gegeben hat. Es gibt eine Realität 'Saarkohle' und 'lothringisches Erz', die durch eine politische Grenze getrennt sind, und das Problem ist : wie bringt man diese Kohle und dieses Erz zusammen, obwohl eine politische Grenze dazwischen läuft ? [...] Am besten wäre es natürlich, wir könnten heute schon die europäischen Bodenschätze europäisieren. [...] wenn man das Potential von Ruhr, Saar und Lothringen – Kohle, Erze, Eisen, Stahl – zu einem wirtschaftlichen Zweckverband vereinigen könnte. [...] Aber schon heute könnte man eine Vereinbarung zwischen Deutschland und Frankreich treffen, deren Ergebnis ein unbedingter Zugang des Erzes zur Kohle und der Kohle zum Erz sein könnte. Ich denke da an etwas wie den alten deutschen Zollverein [...]"; for reference to the German Customs Union see also, Stegner (FDP), in *VDB*, WP I, 183, p. 7700D.

6 René Mayer (RRS), Vice-president of the Council and Finance Minister, in *JO*, 2e Lég., 7/12/51, p. 8939II.

7 Bonnefous (UDSR), Président de la Commission des Affaires étrangères, in *JO*, 1re Lég., 25/7/50, p. 5920I, original : "Si l'Europe, comme il est vraisemblable, est associée à un renouveau d'activité industrielle intense, vous pouvez facilement imaginer les conséquences politiques et psychologiques, économiques et monétaires que cela aura".

8 Hallstein (CDU), State Secretary in the Foreign Office, in *VDB*, WP I, 183, p. 7676A.

9 Wahl (CDU), in *VDB*, WP I, 183, p. 7724C, original : "Die Zielsetzungen die die europäische Gemeinschaft für Kohle und Stahl zu verwirklichen hat, sind weitestgehend die Staatszwecke überhaupt : Steigerung der Wohlfahrt, Steigerung der Produktion, genau das, was die Staaten selbst in der Gegenwart für ihre erste Aufgabe halten"; see also, Gaborit (RRS), in *JO*, 1re Lég., 25/7/50, p. 5946I.

10 Preusker (FDP), in *VDB*, WP I, 182, p. 7588D ; Henle (CDU), in *VDB*, WP I, 182, p. 7601D.

coal for its rising energy consumption as well as for its projected increase in steel production – which needed German high quality coke in the production process[11]. Both trends were bound to make France more depend on coal imports[12]. The Schuman plan offered the long-term solution for this need in unhindered access to German coal resources[13].

Britain had strong economic reservations against participation in a common market, such as the ECSC, because the country was the biggest European coal producer at the time and could only lose when participating in the ECSC. In addition, the Labour government had only just nationalised the Iron and Steel industry under the Iron and Steel act and wanted to use it to the full benefit of the nation – the National Health Service and rearmament in the Cold War setting were the major desiderata[14]. Giving up control to an untested European organisation was not on their mind. Moreover, "[...] any weakening of our coal and steel industries would be bound to have the most profound effects upon the whole of our external and internal trade. Our special trading relationships with the Commonwealth and Empire must likewise be greatly affected by the conduct of these two basic industries"[15]. These were the standard objections against European integration, which showed that Britain was not minded to participate in the ECSC, not least because it did not see any economic advantage.

In conclusion, it has to be acknowledged that in the 1950s, Europe's primary energy resource was coal. Through the ECSC, European coal resources were revitalised after the disruption caused by World War II. The sorry state of having to import coal from the USA changed with the success of the ECSC to European coal becoming available in abundance by the end of the decade[16]. Through such stimulation of European coal

11 René Mayer (RRS), in *JO*, 2e Lég., 7/12/51, p. 8941II ; Pleven, President of the Council, (UDSR), in *JO*, 2e Lég., 11/12/51, p. 9014I.

12 Marin (RI), in *JO*, 1re Lég., 2/12/48, p. 7335I, II.

13 Maurice Faure (RRS), in *JO*, 2e Lég., 7/12/51, p. 8957I.

14 Morrison (Lab.), Lord President of the Council, in *Hansard,* 1950, 478, c. 1742; Mulley (Lab.), in *Hansard,* 1950, 478, c. 1773–4.

15 Cripps (Lab.), Chancellor of the Exchequer, in *Hansard*, 1950, 476, c. 1933–4, 1939, 1941–2, Morrison (Lab.) Foreign Secretary, in *Hansard,* 1950–51, 491, c. 472; Davies (Lab.), in *Hansard,* 1950, 476, c. 1996; Blyton (Lab.), in *Hansard,* 1950–51, 480, c. 1455.

16 René Mayer (RRS), in *JO*, 2e Lég., 7/12/51, p. 8940II ; Pleven (UDSR), in *JO*, 3e Lég., 17/1/57, p. 100II.

resources, the ECSC avoided the predicted energy shortfall among the six founding members. Nevertheless, coal production could not keep up with rising energy demands in Europe and thus another solution was needed to alleviate the energy shortage in Europe which has been a fact of life throughout the European integration process.

Atom: Euratom

Euratom only had the civil side of nuclear affairs as its remit, i.e. mainly to increase of nuclear power in the energy mix of the member states. Historically, this development took place when, in the mid-1950s, the forecast of insufficient energy provisions started to be felt. The most important sign was a deficit in the balance of payment, which mainly resulted from energy imports. For some time the atom was advocated as a credible alternative to fossil fuels. Interestingly enough such suggestions came from political parties which were not too favourably disposed towards the Schuman plan and integration with Germany[17]. Thus a national nuclear programme would make both, the Schuman plan as well as integration with Germany unnecessary. This is a first indication that nuclear power must essentially be seen as a national energy solution, an argument, which will be fleshed further on.

ECSC had been successful in making coal available as a source of energy. However, the natural reserves were in decline and nuclear power was considered to be the energy solution of the future[18]. A community for the dawning problems and potentials of the nuclear age on the European level, that was the idea France presented to its partners at the conference in Messina in June 1955[19].

Nuclear power seemed to have the potential to become one important component to solve the chronic energy shortage in France[20] and

---

17 Krieger (RPF), in *JO*, 2e Lég., 7/12/51, p. 8913I ; Furaud (RPF), in *JO*, 2e Lég., 7/12/51, p. 8922I-II.

18 Lauriol (UR), in *JO*, 1re Lég. V, 28/12/59, p. 3685II ; see also, Pierre Gerbet, *La Construction de l'Europe*, Paris, Imprimerie nationale, 1994, p. 165–6.

19 Edgar Faure (RRS), in *JO*, 2e Lég., 21/6/55, p. 3178I.

20 See Louis Armand, Commissioner for nuclear equipment, in *JO*, 3e Lég., 5/7/56, p. 3267II–3268I; Brusset (RS), in *JO*, 3e Lég., 2/7/57, p. 3113I ; Mutter (Pay), in *JO*, 3e Lég., 5/7/56, p. 3280I ; René Mayer (RRS), in *JO*, 2e Lég., 7/12/51, p. 8940II ; de Bailiencourt (RRS), in *JO*, 3e Lég., 2/7/57, p. 3117I ; July (RGCR), in *JO*, 3e Lég., 2/7/57, p. 3145II.

Europe[21]. In order to arrive there, Euratom was considered essential for the industrial development of nuclear power[22]. The economic potential and the future importance of this industry were considered huge[23]. Particularly for France, it became part of a multi-track strategy, the ultimate aim of which must be seen in the reduction of the payment deficit with the USA[24]. France could not really afford expensive energy imports, of coal[25], mainly from the USA[26]. This realisation had been one of the main reasons to participate in the ECSC, which promised cheaper coal imports from Germany. The development of national power sources such as water power was another measure taken.

Another reason in favour of Euratom was that one could not be sure whether fossil fuels could cover the energy demands and how long they would last. Therefore alternative technologies, such as nuclear power, had to be available and they had to be developed well in advance[27]. Moreover, in very concrete terms and the Suez crisis showed oil to be a rather unreliable basis for the power supply of the West[28]. In search for an alternative,

21 Von Brentano (CDU), Foreign Minister, in *VDB*, WP II, 208, p. 12003D, the energy gap was estimated at around 21 million tonnes of coal for 1955. Alternative energy sources such as water power were either not sufficient or already on their capacitive limit, see Von Brentano, in *VDB*, WP II, 208, p. 12003D ; see also, Ratzel (SPD), in *VDB*, WP II, 208, p. 12021CD.

22 Adenauer (CDU), Chancellor, in *VDB*, WP II, 137, p. 7072A ; Strauß (CSU), Minister for Nuclear Affairs, in *VDB*, WP II, 137, p. 7092A ; Teitgen (MRP), in *JO*, 3ᵉ Lég., 5/7/56, p. 3261I ; Brusset (RS), in *JO*, 3ᵉ Lég., 2/7/57, p. 3115II ; Cogniot (PC), in *JO*, 3ᵉ Lég., 2/7/57, p. 3120II ; July (RGCR), in *JO*, 3ᵉ Lég., 2/7/57, p. 3142II, 3145II ; Maurice Faure (RRS), Secretary of State in the Foreign Office, in *JO*, 3ᵉ Lég., 5/7/57, p. 3303II.

23 Strauß (CSU), in *VDB*, WP II, 137, p. 7092B ; Furler (CDU/CSU), in *VDB*, WP II, 137, p. 7095D ; Reif (FDP), in *VDB*, WP II, 137, p. 7101AB.

24 Gouin (PS), in *JO*, 3ᵉ Lég., 5/7/56, p. 3254I.

25 3,000,000 ton per year, see, Louis Armand, in *JO*, 3ᵉ Lég., 5/7/56, p. 3267II.

26 Bonnefous (UDSR), in *JO*, 2ᵉ Lég., 7/12/51, p. 8915II ; July (RPF), in *JO*, 3ᵉ Lég., 5/7/56, p. 3276II-3277I ; Brusset (RS), in *JO*, 3ᵉ Lég., 2/7/57, p. 3113I ; Benard (RGCR), Under-Secretary of State to the President of the Council, in *JO*, 3ᵉ Lég., 2/7/57, p. 3117II.

27 Ratzel (SPD), in *VDB*, WP II, 208, p. 12021D.

28 Mollet (PS), President of the Council, in *JO*, 3ᵉ Lég., 20/12/56, p. 6176I ; see also, Jean Monnet, *Mémoires*, *op. cit.*, p. 493.

nuclear power seemed to be a blessing[29]. Euratom drew quite a bit of momentum from this rationale.

In Britain, the construction of reactors for energy production was anticipated to take place on a large scale to supplement the classical sources of energy, at an early stage[30]. Euratom seemed suited to support this long-term aim. Therefore, full membership in Euratom was considered desirable, by the Labour opposition[31]. The Macmillan government, however, was not positively disposed towards Euratom. The few remaining Europhiles in the House of Commons were disappointed, once again.

> […] are the Government really surprised at the difficulties about the Free Trade Area when this Euratom project involves none of the classic arguments about Commonwealth trade or the load of the farmers of this country, and could not he consider whether an offer to join the Euratom project as a full member would give the necessary impetus to Europe to make possible the realisation of the free 'trade project'?[32].

In Britain, nuclear affairs were considered too sensitive to share with other European countries. Thus, the British nuclear programme has always been a national programme and has become one way for Britain to guarantee energy security for the country. Britain is therefore another indication that nuclear = national.

The fascination with nuclear energy is a hallmark of the debate in the 1950s, which also fed into the arguments about Euratom. Nuclear power was a completely new game. It outmatched water and any of the fossil combustibles by far in terms of energy efficiency[33]. Maybe more importantly, France had huge deposits of Uranium and Thorium in Europe and overseas[34]. They

29 Moch (PS), in *JO*, 2e Lég., 22/12/54, p. 6740I ; Gouin (PS), in *JO*, 3e Lég., 5/7/56, p. 3254II ; Mollet (PS), in *JO*, 3e Lég., 20/12/56, p. 6176I ; Lapie (PS), in *JO*, 3e Lég., 5/7/57, p. 3314II.

30 Strauss (Lab.), Minister of Supply, in *Hansard* 1950–51, 490, c. 4–5.

31 Hynd (Lab.), in *Hansard* 1957–58, 591, c. 1007.

32 *Ibid.*, c. 1008.

33 The fission of one kilogram of ordinary Uranium can produce the same energy as 2,500 tons of coal, i.e., the energy efficiency ration is 1:2,500,000, see Perrin, High Commissioner for nuclear energy, in *JO*, 3e Lég., 5/7/56, p. 3261II.

34 Réoyo (UFF), in *JO*, 3e Lég., 5/7/56, p. 3287II ; Brusset (RS), in *JO*, 3e Lég., 2/7/57, p. 3114I ; Benard (RGCR), in *JO*, 3e Lég., 2/7/57, p. 3118II ; Maurice Faure (RRS), in *JO*, 3e Lég., 5/7/57, p. 3303II ; Cordillot (PC), in *JO*, 3e Lég., 5/7/57, p. 3321I ; Piette (PS), in *JO*, 3e Lég., 5/7/57, p. 3325II ; Sissoko (PS), in *JO*, 3e Lég., 6/7/57, p. 3364II.

seemed almost inexhaustible[35]. With the main radioactive components at its own disposal France shared in the general euphoria of nuclear power as the energy source of the future. The immense costs of this new industry drew the western European nation states closer together and warranted a European solution[36]. Many national politicians realised that the necessary investment for nuclear research and the setting up of production plants to produce sufficient nuclear combustibles was beyond any single one of them[37]. "Together, the European states are able to develop their nuclear industry themselves and put themselves on the same level as the great powers. Divided they can never hope to catch up their backlog"[38]. The USA, the USSR and Britain, too, had undertaken considerable national efforts to foster their national nuclear programmes well in advance of the French or any continental European country[39]. And it became pretty clear that access to nuclear technology became a synonym for a claim to independence, even world power status, or at least a leading role in the world[40]. The flipside of this argument was the spectre of permanent dependency on America, if one was not able to develop independent sources for nuclear components[41]. Consequently, France took pride in proposing Euratom, which was meant to carry Europe ahead[42]. In Euratom one can clearly discern the search for an alternative energy source

35 The world deposits of nuclear combustibles were estimated 20 times larger in energy terms than all fossil fuels, see, Perrin, in *JO*, 3e Lég., 5/7/56, p. 3262I ; see also, July (RGCR), in *JO*, 3e Lég., 2/7/57, p. 3141II.

36 Brusset (RS), in *JO*, 3e Lég., 2/7/57, p. 3115I.

37 Abelin (MRP), in *JO*, 2e Lég., 23/12/54, p. 6793II ; see also, quotation from M. Armand, in : Gouin (PS), in *JO*, 3e Lég., 5/7/56, p. 3255I–II, 3256I ; Teitgen (MRP), in *JO*, 3e Lég., 5/7/56, p. 3258II, 3260I ; Perrin, in *JO*, 3e Lég., 5/7/56, p. 3265I–II ; Louis Armand, in *JO*, 3e Lég., 5/7/56, p. 3269II, 3271I ; Brusset (RS), in *JO*, 3e Lég., 2/7/57, p. 3115I ; Piette (PS), in *JO*, 3e Lég., 5/7/57, p. 3325I.

38 Quotation from the speech of the President of the Council of January 31st, 1956, in : Gouin (PS), in *JO*, 3e Lég., 5/7/56, p. 3253, II, original : "Ensemble, les pays d'Europe peuvent développer eux-mêmes leur industrie atomique et se mettre au niveau des grandes puissances. Séparément ils ne rattraperont jamais leur retard"; see also, Teitgen (MRP), in *JO*, 3e Lég., 5/7/56, p. 3259II ; Louis Armand, in *JO*, 3e Lég., 5/7/56, p. 3272I ; Pierre Ferrand (RP), in *JO*, 3e Lég., 2/7/57, p. 3124II ; July (RGCR), in *JO*, 3e Lég., 2/7/57, p. 3143II, Piette (PS), in *JO*, 3e Lég., 5/7/57, p. 3325I.

39 Gouin (PS), in *JO*, 3e Lég., 5/7/56, p. 3254II, 3256II.

40 Viatte (MRP), in *JO*, 3e Lég., 2/7/57, p. 3146I ; Piette (PS), in *JO*, 3e Lég., 5/7/57, p. 3326I.

41 July (RPF), in *JO*, 3e Lég., 5/7/56, p. 3278II.

42 Mutter (Pay), in *JO*, 3e Lég., 5/7/56, p. 3279II ; Reynaud (IPay), in *JO*, 3e Lég., 22/1/57, p. 203I.

on the part of the Six founding member States. Following Jean Monnet's argument, Euratom was also meant to have a positive impetus for European integration in providing a European energy solution to the shortages in all Member States. Euratom was considered to be able to cater for energy needs national institutions could not satisfy, e.g. nuclear research was too expensive for one nation alone. However, Monnet's ideal did not play out that way. Euratom encountered serious problems, e.g. the French national prerogative in keeping the option of nuclear weapons production open[43]. The tensions between innovative energy policy on the European level and national policy prerogatives such as this became evident in Euratom.

In conclusion, the short analyses of the ECSC and Euratom have shown that energy shortage has always been one defining factor of the European integration process. At this stage we can therefore establish that the connection of such energy communities to later environmental policies has some common features. They are both innovative in nature and the solutions to both fields of problems clearly require solutions, which go beyond the capabilities of the nation states. This leads to the presumption that there is a logical link between energy and environment policies on European level which this article will consider later on.

The Achilles heel of Western energy policy: oil[44]

During the course of the 1950s and 60s, oil became the most important energy source in Europe and replaced coal as the main energy source rather quickly. It was cheaply available and consequently led to policies such as in France, where critics called it "all-oil". "As regards the place taken by oil in our energy policy, has France not sacrificed – the remark has been made – national resources in favour of uncertain foreign resources,

43 Jean Monnet, *Mémoires*, *op. cit.*, p. 492.

44 For a good introduction into oil dependecy in the West, see Thomas Seifert, Klaus Werner, *Schwarzbuch Öl – Eine Geschichte von Gier, Krieg, Macht und Geld* (The Black Book on Oil – a story of greed, war, power and money), BPB, Bonn, 2006, p. 54.

concentrating mainly on energy supply in the form of oil? This complaint can be summarised in simple words: has France gone 'all oil'?"[45].

The government defended such a policy as the only reasonable choice at the time. "While coal could not satisfy our needs, oil seemed to be the only source that could meet the challenge, pending the full development of nuclear techniques"[46]. First concerns about security of supplies came up when political instability hit the regions of origin. Decolonisation and rising nationalism as shown in the Iranian oil crisis (1951) and Suez crisis (1956) compromised the reliable flow of oil to the West, including to Europe. The biggest oil shock hit in the oil crisis in 1973. In a purely realist perspective, energy security of the West was compromised by dependency on one source of energy, i.e. oil. Attempts to reduce the dependency on oil were made, such as the introduction of an energy mix, i.e. on the one hand using different kinds of energy which led to massive subsidies for nuclear energy in countries such as France and Britain. On the other hand, reducing energy dependency meant diversification of sources of origin, e.g. exploration of British North Sea oil or French interests in Algerian gas or Iranian oil[47].

The 1973 oil crisis gave a sense of urgency to the development of a European energy policy and as a consequence of *European* energy security[48]. At the meeting of heads of state and government, in October 1972 in Paris,

45 M. Claude Coulais, Assemblée nationale – 2e séance du 18 décembre 1974, 8062II, original : "S'agissant de la place occupée par le pétrole dans notre politique énergétique, notre pays n'a-t-il pas sacrifié comme on l'a dit, les ressources nationales au profit d'aléatoires ressources étrangères, en concentrant principalement son approvisionnement énergétique sur le pétrole ? On résume ce reproche en une formule simple : la France se serait orientée vers le 'tout pétrole'?".

46 M. Jean Charbonnel, Minister for Industrial & Scientific Development, Assemblée nationale – Séance du 23 novembre 1973, p. 6328II M, original : "Alors que le charbon ne parvenait plus à répondre à nos besoins, le pétrole apparaissait comme la seule source qui, dans l'attente de la maturité des techniques nucléaires, était susceptible d'assurer le relais".

47 The Under-Secretary of State for Trade and Industry (Mr. Peter Emery), Weekly *Hansard* 943, 19 July 1973, 915.

48 Kristina Kurze, *Europas fragile Energiewirtschaft – Versorgungskrisen und ihre Bedeutung für die europäische Energiepolitik (Europe's fragile Energy Security – Supply crises and their impact on European Energy Policy)*, Münster, Lit Verlag, 2009, p. 65, 104; see also, Anlage zum "Schlusskommunique" des Gipfels von Kopenhagen (15. Dezember 1973), printed in : Europa-Archiv, Folge 2/1974 D 56.

it was agreed that a common energy policy should be developed[49]. However, the "oil weapon" achieved the division of European member states into allies, e.g. France and Britain; neutral countries, e.g. in Germany; and enemies, such as the Netherlands. This being the definition of the Organisation of Petroleum Exporting Countries (OPEC) it resulted in a consequent reduction of oil deliveries from OPEC countries[50]. The threat on such vital resources expressed deeply engrained national survival instincts. "By rushing to conclude separate trade deals with oil-producing states, the French, West Germany, British and Italian leaderships choose national-self interest over EC solidarity and violated the spirit, if not the letter, of the Rome Treaty"[51].

When the oil crisis broke in November 1973, France had 90 days worth of reserves, which it refused to share with the Netherlands – prime target for the oil weapon – a country which had none[52]. The British rejection to help out with North Sea oil was not any better[53]. The Commission proposal to share reserves was ignored[54], just like the call for European solidarity by the Dutch prime minister, Joop den Uyl[55]. Statements by the German Chancellor Willy Brandt and the French President George Pompidou that

49 Europäische Gerneinschaften 10/1972, II–V.

50 Peter Roggen, *Die Internationale Energieagentur – Energiepolitik und wirtschaftliche Sicherheit*, Bonn, Europa Union Verlag, 1979, p. 43; Kristina Kurze, *Europas fragile Energiewirtschaft, op. cit.*, p. 67.

51 Roy Ginsberg, *Foreign Policy Actions of the European Community: the Politics of Scale*, Boulder, Lynne Rienner, 1989, p. 13; Kristina Kurze, *Europas fragile Energiewirtschaft, op. cit.*, p. 68, 104.

52 Hans R. Krämer, *Die Europäische Gemeinschaft und die Ölkrise*, Baden-Baden, Nomos Verlagsgesellschaft, 1974, p. 28, 46, 48, 52; Bernhard May, *Kuwait-Krise und Energiesicherheit*, Bonn, Europa Union Verlag, 1991, p. 10; Louis Turner, 'The European Community : Factors of Disintegration – Politics of the Energy Crisis', *International Affairs*, 3/1974, 1974, p. 404; Peter Roggen, *Die Internationale Energieagentur – Energiepolitik und wirtschaftliche Sicherheit, op. cit.*, p. 50; Kristina Kurze, *Europas fragile Energiewirtschaft, op. cit.*, p. 61, 63, 69.

53 Hans R. Krämer, *Die Europäische Gemeinschaft und die Ölkrise, op. cit.*, p. 54; Kristina Kurze, *Europas fragile Energiewirtschaft, op. cit.*, p. 69.

54 Louis Turner, 'The European Community', *op. cit.*, p. 412; Kristina Kurze, *Europas fragile Energiewirtschaft, op. cit.*, p. 54.

55 Hans R. Krämer, *Die Europäische Gemeinschaft und die Ölkrise, op. cit.*, p. 89; for the question of European solidarity in the oil crisis, see Ralf Dahrendorf, 'Energiekrise. Episode oder Ende einer Ära ? Eine Diskussion zwischen Ralf Dahrendorf, Hans Joachim Langmann, Helmut Schmidt u.a. Mit einem Vorwort von Marion Gräfin Dönhoff', *Die Zeit*, 1974, p. 71.

European solidarity must be maintained[56] revealed the reality, when France officially argued that there was no obligation to help the Netherlands, because there was no official European energy policy[57]. Thus, there was no coherent European energy policy, then, rather national energy prerogatives[58]. And the states acted decisively. Britain declared a state of emergency and in Germany too, most severe state intervention, such as the prohibition to drive on Sundays, was introduced in order to cope with energy shortages[59]. However, in the oil crisis there was a clear threat for European economies, i.e. similar to the Suez crisis 1956, the potential to fall prey to blackmail[60]. The question how to deal with the situation was dealt with at the Washington energy conference, on 11 February 1974. The United States and several other EEC member states wanted to create a union of consumers, which became the later international energy agency (IEA). France, in contrast, wanted a serious dialogue with the producer countries[61]. This led to a rift between France and other member states, particularly Germany, about the reaction to the oil crisis[62]. The Commission claimed as one of the consequences of the oil crisis of 1973, the necessity of a European energy policy[63]. It also claims that only the Commission should represent European energy interests on the international stage, for example in the Washington Conference of the Oil consuming countries[64]. Nevertheless, the oil crisis

56 Europa-Archiv, Folge 24/1973, p. Z 258–259.

57 Hans R. Krämer, *Die Europäische Gemeinschaft und die Ölkrise, op. cit.*, p. 89; Kristina Kurze, *Europas fragile Energiewirtschaft, op. cit.*, p. 69.

58 Hans R. Krämer, *Die Europäische Gemeinschaft und die Ölkrise, op. cit.*, p. 69; Kristina Kurze, *Europas fragile Energiewirtschaft, op. cit.*, p. 69.

59 Gesetz zur Sicherung der Energieversorgung bei Gefährdung oder Störung der Einfuhren von Mineralöl oder Erdgas, § 2(1), *Bundesgesetzblatt* 1973 I, p. 1585.

60 Ulrich Steger, 'Energiepolitik und Außenpolitik', in Hauff Volker (ed.), *Argumente in der Energiediskussion – Handlungsspielräume der Energiepolitik*, Villingen-Schwenningen, Neckar Verlag, 1980, p. 113; Kristina Kurze, *Europas fragile Energiewirtschaft, op. cit.*, p 64–6.

61 Michel Jobert, 'Rede des französischen Außenministers vor der Energie-Konferenz in Washington am 11. Februar 1974', printed in : Europa-Archiv, Folge 9/1974, pp. D 198–D 202.

62 Peter Roggen, *Die Internationale Energieagentur, op. cit.*, p. 57, 59; Hans R. Krämer, *Die Europäische Gemeinschaft und die Ölkrise, op. cit.*, p. 97; Ralf Dahrendorf, 'Energiekrise', *op. cit*, p. 70, calling the EEC a "Schönwettergemeinschaft".

63 COM(73) PV 271, 2e partie, final (séance du 8 novembre 1973).

64 Commission des communautés européennes COM(74) 1852, Bruxelles, le 6 novembre 1974, Secret ; see also, (doc. SEC(74) 230 à SEC(74) 230/6).

showed still not sufficiently aligned national positions about European integration itself, i.e. whether political integration was necessary, desirable and even possible[65].

The 1973 oil crisis was the wake-up call that oil dependency was common to all European countries. It could not be solved by any of them alone and, therefore, solutions in the larger framework of the European integration process were tried, e.g. by Helmut Schmidt and Valery Giscard d'Estaing as the economics ministers of their respective governments. Such attempts were not formalised in the European institutional framework, which can be seen as proof of the trust that had grown between European partners, lacking therefore the immediate reflex to put everything in writing or even a treaty. However, during the oil crisis, this vagueness of arrangements certainly played out as a weakness of the European Community, because national energy prerogatives prevailed, as outlined above in the example of tension between the oldest and biggest partners France and Germany. For national energy strategies, the urgent need to develop a multi-track energy strategy was brought home. One important addition to the diversification of energy sources was the introduction of environmental issues under the agenda of energy saving/efficiency. The following quotation from a British MP gives the gist of a new environmental argument, which can be found as a reaction to the energy crisis in all three countries.

> ... energy saving will be of major benefit to the economy in terms of the balance of payments, of maintaining our standard of living and of curbing inflation. It is only by means of positive investment that we shall be able to produce the savings in energy, or the less wasteful consumption of energy, which are required. ... If we wasted less power and spent a little money on economy measures we should not need to spend about £700 million a year on the construction of new power stations. Some of that capital could be directed to energy-saving projects[66].

It stands to reason that such arguments can be found across the whole of the European Communities and therefore has an integrative effect as is argued in this article in the concept of a developing environmental conscience.

Moreover, the French and the British government reinvigorated their efforts in the nuclear power sector, in France sometimes criticised as

65 Hans Michaelis, 'Europapolitik und Energiepolitik', in Harbrecht Wolfgang (ed.), *Die Kernenergie als Problem europäischer Politik,* Baden-Baden, Nomos, 1980, p. 23; Kristina Kurze, *Europas fragile Energiewirtschaft, op. cit.*, p. 76, 78.

66 Mr. Peter Rost (Derbyshire, South-East), Weekly *Hansard* 996, 15 April 1975, 394.

"all-nuclear". "To get us out of the plight the all-oil policy have got us into, the Government decided to launch an 'all-nuclear' policy, though I now notice that you seem to be more reticent on this subject. The programme envisaged is a formidable one and, as in the past for oil, it is presented as inevitable: if we do not accept it, there will be only catastrophe"[67].

More essentially, however, is the realisation on the part of Western societies that this oil crisis was a sea change, which would change the culture of waste and corresponding habits and behaviours, not least in Europe.

> [...] this is a lasting crisis. Not that in the present circumstances there is any great danger of crippling shortage – this is the specific nature of this crisis – but because the world has now entered, after a long period of easy availability and therefore waste of raw materials, particularly energy, a period of expensive, and therefore precious, energy. We should not be making a catalogue of disparate revenues or provisional measures, as all too often proposed, to be implemented in a situation like this, but frame a comprehensive policy properly accounting for the new circumstances on which our future economic growth is to be based. Gradually, this overarching policy has been put together. It is in line with a far-reaching change in our habits, our patterns of behaviour, and our economic structure[68].

Such changes in culture, habits and behaviour are the roots of an environmental conscience with very real foundations in energy shortage *plus* evident environmental degradation at the time. The combination of the

---

67 M. Louis Baillot (PC), Assemblée nationale – 1re séance du 14 mai 1975, 2663I, original : "Pour se sortir du mauvais pas où l'avait entraîné la politique du tout pétrole, le Gouvernement a décidé de se lancer dans la politique du « tout nucléaire », même si aujourd'hui vous semblez manifester plus de mesure à ce sujet. Le programme qui est envisagé est considérable et comme hier pour le pétrole, il est présenté comme une fatalité : il faut l'accepter ou alors, c'est la catastrophe".

68 M. Jacques Chirac, Prime Minister, Assemblée nationale – 1re séance du 4 octobre 1974, 4798I, original : "La deuxième observation qui s'impose est qu'il s'agit d'une crise durable. Non pas qu'il y ait, dans l'état actuel des choses, crise durable. Non pas qu'il y ait, dans l'état actuel des choses, un risque de pénurie – c'est là le caractère spécifique de cette crise – mais parce que le monde est maintenant entré, après une longue période de facilité et donc de gaspillage des matières premières, notamment de l'énergie, dans une époque d'énergie chère, donc précieuse. C'est, non pas un catalogue de recettes disparates ou de mesures provisoires, comme il en est trop souvent proposé qu'il faut mettre en œuvre dans une telle situation, mais une politique d'ensemble qui tienne compte des nouvelles données sur lesquelles se fondera notre croissance économique future. Cette politique d'ensemble a été progressivement élaborée. Elle correspond à un changement profond de nos habitudes, de nos comportements, de nos structures économiques".

two, I would like to argue, makes for European integration dynamics later on. For the energy problem alone, the oil crisis is nothing else but an overall failure to find a European solution. It obviously concerned all Member states while none of them was in a position to cope with the problem alone. Consequently, we have seen a muddling through to provide for the national energy needs for over 30 years, examples being national energy champions such as EDF of France or EON in Germany which in many cases amount to nothing else than energy monopolies. In addition, nuclear power became the preferred *national* energy solution, the risks of accidents and shortfalls of waste storage solutions of which became evident after Chernobyl and Fukushima.

Recent environmentally friendly European energy policies

The connection between energy and environment policy was shown to be vital in the study on the oil crisis. Therefore, the following part will analyse energy and environmental policies from the oil crises to the present – focused around the 2005 Commission White Paper. The example are by no means a comprehensive analysis of European energy projects, but they have particular relevance for European integration, when they pull European states together in expensive and completely experimental energy projects such as the International Thermonuclear Experimental Reactor (ITER). The same goes for the highly difficult establishment of the common internal energy market, where European integration may lead to a common European power grid, which would make renewable energies much more efficient so that they could answer to a European environmental conscience, the development of which is the main claim of this article.

Common nuclear fusion research

The trend towards renewable energies can be seen as another attempt to reduce dependency on oil, independently of environmental considerations. Water power, as the earliest manifestation of this trend, had the serious problem that the actual quantity of energy produced was small not only in comparison with overall energy consumption, but also in comparison with what other energy sources, notably nuclear, could offer. For some time the ideal of a closed energy circle seemed to have found its solution in the recycling of nuclear combustibles, i.e. it became clear that the reprocessing cycles of, firstly, plutonium-uranium 238 and, secondly, uranium 233-thorium would be possible. After a while, the early optimism was dispelled, as it became clear that the problem of radiation could not easily be solved. Highly radioactive waste put an end to the dream of an inexhaustible source of clean energy, and the long-term responsibilities of storage and potential nuclear pollution added an important realistic argument to ethical objections to nuclear energy production.

Political realism with regard to the radiation problem has cast serious doubts on nuclear fission and has raised serious questions as to whether energy production by this technique can be responsibly fostered by any government, so much so that some states such as Germany have decided to completely abandon nuclear power – the evident turning point being the cataclysmic events of the nuclear accidents at Fukushima[69].

In contrast, nuclear fusion seems to hold future potential. As early as 1985, there were proposals to construct a fusion reactor, but just like for

69 For German scepticism about nuclear power see 'Is Chernobyl really forgotten?', *Die Zeit*, 3 July, 2008, p. 11, see also, *Die Zeit*, 20 April, 2011, p. 44, For the account of the Harrisburg/Three Mile Island incident in 1979, *Die Zeit*, 19 March, 2009, p. 82, For the unsolved nuclear waste problem see, *Die Zeit*, 4 November, 2010, p. 73, For storage in the nuclear plants, see 'Sind Abklingbecken gefährlicher als Reaktoren?', *Die Zeit*, 24 March, 2011, p. 40, Introduction into radiation, 'Grundkurs Radioaktivität', *Die Zeit*, 24 March, 2011, p. 42, For the question what to do with nuclear plants after their retirement, see 'Restlaufzeit nach dem Abschalten', *Die Zeit*, 24 March 2011, p. 41, For Japan after Fukushima, see 'Was lernt Japan aus der Zerstörung?', *Die Zeit*, 24 March, 2011, p. 39, see also, 'In eine Falle war ich getappt', *Die Zeit*, 24 March, 2011, p. 5, For the effects of radiation in the food chain, see 'Belastete Ernte – Was freigesetzte Strahlung für die Ernährung bedeutet', *Die Zeit*, 24 March, 2011, p. 39, For the feasibility of terminating nuclear power in Germany, see, 'Wie schnell ist der Atomausstieg möglich ?', *Die Zeit*, 24 March, 2011, p. 26–7, A list of all 17 German nuclear plants, plus respective accident and population numbers concerned in case of a serious accident, see, *Die Zeit*, 24 March, 2011, p. 19–20, For an appeal by Gerhard Schröder (Chancellor from 1998- 2005) for a general phasing-out of nuclear power in Europe, see *Die Zeit*, 24 March, 2011, p. 21, For the lack of binding European radiation standards, see 'Der Geist der Fünfziger', *Die Zeit*, 24 March, 2011, p. 6, For the change of position of the Centre-right coalition towards terminating nuclear power in Germany after Fukushima, see *Die Zeit*, 24 March, 2011, p. 2–3.

earlier fission technology costs are extremely high, so much so that not even the superpowers were prepared to finance the fusion project alone. The earliest proposal for joint fusion research came from the Soviet Union, the United States of America and France, with later involvement of Japan. Such early initiatives did not take off and the International Thermonuclear Experimental Reactor (ITER) was only started in 2003 between the USA, China, Russia, the EU, Japan and South Korea (India joined in 2005), with the construction of the reactor starting in 2008 in the French centre of Cadarache. The project was originally budgeted at 10 billion Euros of which the EU committed 46% and the other partners 9% each. This shows a clear European interest and unity of purpose in that on the European side it is a EU project, not individual national ones[70]. The realist reason for this research project without much concrete hope for a pay-off in the near future is that nuclear fusion technology is potentially an important energy source for the long-term.

For the European integration process, it may have positive effects well before fusion is operational in that it ties in with common European energy initiatives, i.e. establishing common environmental programmes such as the 2005 Commission White Paper and the tendency towards common European energy solution, albeit not a common energy policy, as yet.

With regard to the main argument of this article about a developing European environmental conscience, nuclear power has been advocated as a green technology[71]. Despite even the Commission making positive noises about nuclear fission, the debate seems to be coming down on the side that nuclear fission cannot be considered as an environmentally friendly energy solution[72]. However, for nuclear fusion the argument has not yet

70 For a good summary of the ITER project see, Pierre Le Hir, 'La fusion nucléaire se donne le siècle pour faire ses preuves', *Le Monde*, 5 April 2008, p. 7.

71 See for example, Yves Kaluzny, Pascal Chaix, "L'Espace européen de la recherche : quel rôle pour le développement de l'énergie nucléaire?", *Revue Générale Nucléaire*, n° 4, July-August, 2010, p. 37–44. After the accident in Fukushima the public discourse turned against nuclear power, including the argument that nuclear power was a polluting source of energy, just like fossile fuels. For a counter-argument in favour of nuclear power as protection against climate change because of low CO2 emissions, see, 'Der Himmel über dem AKW – Deutschland steigt nicht nur aus der Kernenergie aus – sondern auch aus dem klimaschutz', *Die Zeit*, 20 April, 2011, p. 4.

72 For a summary to the statement by the Commission President, José Manuel Barroso on nuclear power providing energy security to Europe, see "Bruxelles accompagne le retour en grâce du nucléaire civil en Europe", *Le Monde*, 25–26 May, 2008, in

been opened. It could well use the argument of potential emissions reduction in its favour. The problems of nuclear waste persist also with fusion technology, but to a much lesser extent as in nuclear fission. And it has the potential of replacing fossil fuels and consequent emissions, because the energy output is much greater than with fission technology. This argument would run on very similar lines than the one in favour of the nuclear fission programme in France after the oil crisis in 1973. The promise is that nuclear fusion could solve all energy needs in the future. The danger of this nuclear dream is of course that we have heard the story before that it will solve all energy problems and that the remaining problems are minor. The present problems with nuclear fission technology, such as waste storage, show that what were considered minor and solvable problems about 50 years ago are still with us today[73]. This is the danger of new fields of research. We simply do not know whether it will work or not.

Development of the common internal energy markets

The underlying idea of the common internal energy market is not any different from any of the other common markets, such as the common market for coal and steel as mentioned above in the ECSC, or the European economic Community (EEC) as the common internal market which still exists today. Competition and comparability of prices are supposed to develop the dynamic of the common internal market and provide the best possible outcome for the end consumer, i.e. the lowest possible price. That is the theory. In reality, there are still in all but name national monopolies in the energy sector, e.g. EDF, Gaz de France (GDF), Vattenfall, RWE, ENBW and EON. The main argument in favour of those national champions – often used by France – is that the international bargaining position would be weakened,

---

Section "Europe". For a gist of the contrasting arguments in this debate, see the following articles: The pro-nuclear argument is made by Patrick Moore, co-founder of Greenpeace and nuclear convert, in: "L'énergie nucléaire, une énergie verte", *Le Monde,* 1 December, 2007, in Section "Publicité", The counterargument against nuclear fission as a green energy was aptly made by the head of the German Environmental Office [Umweltbundesamt] Andreas Troge, 'Kernenergie ist nicht Öko', *Die Zeit*, 30 July, 2009, p. 23.

73 For a summary of storage *projects* in different European countries, see, Frédéric Legée, Françoise Thais, "Un nucléaire européen pour contribuer à relever les défis de demain", *Revue Générale Nucléaire*, n° 4, July-August, 2010, p. 36.

if national champions were disbanded. That shows that the mindset of national energy prerogatives has not much changed from the 1970s. National thinking in energy provision still remains, even in renewable energies. The states invest in their respective national energy policy and on their territory, even if it leads to absurd consequences that Germany has more solar panels installed than Spain where the energy output would evidently be greater. There are a number of reasons for this which lead strait to the *raison d'être* of the nation states. Particularly in the nuclear sector, there are security issues at stake, which come in the connection between the civil and the military use of such technology. More importantly, in the energy context national energy champions represent vital national interests which was a prominent argument to shut European institutions out and prevent a European energy solution, e.g. in the oil crisis. The power to do so has, however, diminished in recent years, particularly since the acceptance of the establishment of the common internal energy market. The earlier refusal of EON and RWE to give up their ownership of the power grid infrastructure and the later enforcement of that obligation by the Commission is a very good example[74].

The completion of this internal dynamic of the common energy market must be the representation of European energy interests by the Commission on the international stage, just as in the WTO for the internal market of other products as already demanded as a consequence of the oil crisis in 1973[75]. This would counter the last argument of power politics that national champions are necessary to make their power felt on the international stage or on the producer countries. Surely all of them taken together and represented by the European Commission would muster more power than several national energy companies separately. And surely that would provide a better bargaining outcome to the end consumer, i.e. lower energy prices.

Renewable energy and alternative fuels

For all the other renewable energies, e.g. wind and solar, etc., the fact remains that the volume of energy actually generated remains very low. Opponents of such technologies have never been tired of pointing this out.

74 Petra Pinzler, 'Brüsseler Spitzen', *Die Zeit*, 5 June, 2008, Section "Argument".

75 Commission des communautés européennes COM(74) 1852, Bruxelles, le 6 novembre 1974, Secret.

They gleefully compare the energy output of a coal-, oil- or nuclear power plants with that of a windmill[76]. The intermittency problem of renewables is also often mentioned – the sun does not always shine and the wind does not always blow – which makes it hard to ensure an uninterrupted supply of electric power[77].

It seems that a mindset is at work here, which still thinks in terms of economic growth going hand in hand with increasing energy consumption. Nothing much has changed from the 1970s. "I absolutely agree that the rate of growth in electricity is to a considerable extent a symbol of the rate of growth in the national economy and the general prosperity of the country. The two march together"[78].

This kind of mindset is still dominant today[79]. Its representatives think in terms of big power stations, huge investments and not least the provision of energy for each individual citizen from a central plant and through a comprehensive and far-flung power grid. It might be time to change this way of thinking. It might be time to give the renewable energies, which have been developed, a serious chance[80]. For example, solar cells have a relatively small energy output, but located on the roof of a family home this might be just enough to cover domestic needs[81]. This may for the time being look like wishful thinking, but if the International Space Station can live off such an energy source, why not a family home? First step are being taken to bring the power of mass production to bear on renewable energy sources such as solar cells and bio-fuels. The result in efficiency and lower prices should then give renewable energies a serious chance and render

76 See for example Jeanne Rubner, *Das Energiedilemma – Warum wir über Atomkraft neu nachdenken müssen (The Energy Dilemma – Why we need to think again about Nuclear Power),* München, Pantheon Verlag, 2007.

77 Helen Caldicott, *Nuclear Power is not the Answer*, New York, New Press, 2006, p. 174.

78 The Minister for Industry (Sir John Eden), Weekly *Hansard*, 850, 2 March, 1971, 1650.

79 Peter Hennicke, Manfred Fischdick, *Erneuerbare Energien (Renewable Energy)*, Bonn, BPB, 2007, p. 122.

80 An example how such a green energy market might work, for example with Green Certificates, see "Pour promouvoir les énergies renouvelables, les certificats verts", *Le Monde,* 1 December, 2007, in Section "Publicité".

81 Peter Hennicke, Manfred Fischdick, *Erneuerbare Energien (Renewable Energy), op. cit.,* p. 13, 37, 128.

them a credible alternative to fossil fuels. The result of thinking in small energy units as described above will be twofold.

Firstly, through the decentralisation of energy production, the need for central production capability will be reduced. An example for such initiatives is German cities developing their power production potential in renewable energies, such as wind, solar and bio-mass[82]. Consequently, the number of power plants as we know them nowadays will decrease, notwithstanding the fact that a critical production capability will have to remain in commission in order to cope with energy shortfalls. Secondly, this already suggests that the power grid connecting all households will have to remain and will probably have to be expanded so that it can cover energy peaks. Autarky or isolation, be it only in terms of energy production, will not be a solution and is not advocated here. Green philosophy sometimes falls into the trap of isolationist tendencies or the re-nationalisation of energy politics[83]. It is however evident that the nation states cannot possibly by themselves solve environmental or energy problems in a satisfactory manner. We are more likely to find the solution in reasonably efficient international organisations such as the EU, as can be seen in EU directives on energy efficiency and energy provider services[84].

Rather more positively than any ideas of the re-nationalisation of energy and environmental policy solutions, it can be anticipated that the role of the power networking will change from that of a power provision instrument, as is now the case, to a structure which can provide storage for surplus energy when it arises and which can make this surplus energy available where it is needed. Through the large number of consumers in a power network it acts as a kind of battery, i.e. energy is produced in one part and consumed in another. However, the energy storage function in the centre of the power networking will clearly be very important. Water power dams with their storage capability come to mind, as well as the Hydrogen cell or industrial salts which can store heat.

Admittedly, the power storage component of this energy strategy needs more thinking and technological research in order to be used on a large scale; a sound theoretical foundation must be worked out and there

---

82 See, 'Wir machen alles selber' ('We produce everything ourselves'), *Die Zeit*, 24 March, 2011, p. 28.

83 See Peter Hennicke, Manfred Fischdick, *Erneuerbare Energien (Renewable Energy), op. cit.*, p. 112, 122.

84 *Ibid.*, p. 125.

must be sufficient power reserves in the system to avoid outages. However, the components mentioned, clearly have the potential to provide the building blocks for an alternative energy solution. On the energy side of this argument, dependency on energy imports would be reduce, i.e. oil and gas, the potentially devastating problems of which have been shown in the oil crisis. On the environmental side, the combination of renewables with energy saving seems the most promising way for emissions' reduction. Somewhere in between the two, such a policy would also allow for the gradual phasing out of nuclear fission. The battle for affordable prices for such renewable power still has to be fought, but what we see emerging here is an alternative energy strategy, which implicates citizens and the EU.

In the first part of this article, it has been shown that energy and environmental policies have been a formative part of the European integration process. This seems an obvious point to make, but is nevertheless vital as a realisation in order to understand the reasons which such policies are so important in the EU and why they are so deeply entrenched in the present.

The failure of a European energy policy during the oil crisis in 1973 was a shock, which showed that successful European energy solutions are not automatic spill-overs even in long-established integration fields such as energy policies. Just like the failure of the European Defence Community in August 1954 discredited a European defence policy, the failure of the European institutions to solve the oils crisis 1973 on the European level discredited the idea of a European energy policy. Hence, it disappeared from the political agenda for a long time after the critical events of the 1970s. However, in the oil crisis, the seeds were also laid for an environmental policy, on the basis of a developing environmental conscience in combination with energy issues, e.g. energy saving and energy efficiency.

> We need proper energy-saving targets for every sector of the economy. We need a crash programme to train fuel technologists. We need a proper system of energy audits in industry. We need proper incentives to invest in an energy-saving plan. The Secretary of State is fond of saying that more effective energy-saving measures could only result in misery. That simply is not true. It could result in greater efficiency and greater profitability. We need some imagination, some go, some enthusiasm[85].

---

85 Mr. Patrick Jenkin (Wanstead and Woodford), Weekly *Hansard*, 990, 25 February 1975, 316.

> This highlights also how important it is to give increased attention to the optimum use of energy. And we also need to think carefully about ways and means, in the long term, of developing a new lifestyle enabling us to curtail the increase in energy requirements worldwide. It should be realised that a 1% reduction in the rate of growth of requirements would reduce the amount of requirements, by 1985, by a quantity exceeding present Middle East production[86].

These quotations show the beginnings of the connection between energy and environment in Britain and France during the crisis. However, it was not only national environmental policies, but the European Commission developed an environmental agenda, too. Energy efficiency, energy saving and environmental policies became the concrete embodiments of proactive and innovative policy solutions whereby the European institutions drew the Member States towards common policy arrangements which in turn favoured further integration. Hence, energy policies were subsumed under the environmental agenda. The Commission, in particular, extended its competencies into national energy sectors, on the one hand, under this environmental agenda, on the other hand, because the logic prevailed that the energy question was bigger than the nation state. National actors were guided by this idea and were, thus also not completely opposed to European involvement.

The linkage between energy and environmental policies lies in energy efficiency, first introduced as a policy in the oil crises. Then, it was introduced because of its energy conservation potential.

Mr. Rost: "Will my right hon. Friend's long-term review of the nation's future energy requirements take into account the need to apply more of our technology urgently towards obtaining greater efficiency in our fuel consumption so that we may prevent environmental pollution, produce our electricity more cheaply and ensure that our natural reserves of hydrocarbons are not exhausted?"

---

86 M. Jean Charbonnel, Minister for Industrial & Scientific Development, Assemblée nationale – 1re séance du 6 novembre 1973, p. 5201II, original: "C'est dire aussi combien nous devons porter une attention croissante à la meilleure utilisation possible de l'énergie. C'est dire, enfin, qu'une réflexion sur le moyen et le long terme est nécessaire pour développer un nouveau style de vie qui permettra de réduire le taux d'augmentation des besoins d'énergie dans le monde. Ne voit-on pas qu'une réduction de 1% du taux de cette croissance des besoins réduirait le montant de ceux-ci, en 1985, d'une quantité supérieure à la production actuelle du Proche-Orient?".

Mr. Davies: "I can assure my hon. Friend that all these matters are very much in the Government's mind although clearly main initiatives in all these fields lie with the various industries concerned"[87].

Despite that last sentence which suggests that the British Government was dragging their feet to make energy efficiency a statutory requirement and energy saving a Government objective, the connection between energy and environmental issues becomes absolutely evident. It is clear that an environmental concern was added which still rings true in the current discussion on renewable energies, i.e. if energy consumption further increases, it does not matter much whether this is covered by renewable energies conventional energy resources, because the climate change objectives can only be achieved from a combination of introducing renewables and decreasing energy usage, such as energy saving devices and state-of-the-art heating and insulation of homes. Thus, it seems evident that there will be a strong connection between environmental and energy issues[88].

Finally, the main motivation for a common EU energy policy is the common environmental conscience in Europe, which has developed since the late 1960, but became a serious force to be reckoned with only in the 1970s, because of the link between energy and environment. This environmental conscience entails a rethinking of the relations between nature, the economy and society – albeit this might not be a conscious process for every citizen – as lucidly explained by a French MP who was far ahead of his time

> To tell the truth, the role which you must assume, that of the ecological conscience of France, seems to be more important and more likely to be fruitful in the future than a collection of individual fragmented schemes essentially prompted by budgetary shortfalls. If we do adopt properly this attitude, it will be possible to put through the fundamental reforms which the shortage and the economic and the social crisis demand, namely a definition of new relationships between people, companies and society on the one hand, and nature itself on the other. That does not mean, we all realise this, that there should not be the setting of new objectives for our society. I am myself convinced that thorough environmental action, management of our natural resources and promotion of a responsible life for all, such a policy will go to the heart of transforming French society; such action is at the same time one of the approaches which is crucial for our country.[89]

87 Weekly *Hansard*, 891, 20 March 1972, 1056.

88 See Peter Hennicke, Manfred Fischdick, *Erneuerbare Energien (Renewable Energy)*, *op. cit.*, p. 25.

89 M. Adrien Zeiler, Assemblée nationale – 3e séance du 30 octobre 1974, 5653I, original: "À vrai dire, le rôle de 'conscience écologique' que vous devez jouer dans ce

This quotation shows the core argument of this article that energy and environment policies have found a common denominator in the drive towards energy efficiency, first seen in the oil crises. A proactive environment policy has become a motor societal renewal today, which because of the nature of energy and environmental problems can only be achieved on the EU level, not on the national level. Thus, in the EU must logically be heading for a common energy policy, because environmental protection can hardly be imagined without considering the energy sector, in the long run. All of this taken together makes for European integration dynamics in the future.

---

pays me paraît plus important, plus porteur d'avenir que l'accumulation d'actions ponctuelles et fragmentaires qui résulteraient de l'insuffisance des moyens budgétaires. C'est en remplissant pleinement ce rôle qu'il sera possible de réaliser les réformes fondamentales que la crise de pénurie et la crise économique et sociale nous commandent d'entreprendre, à savoir la définition de nouveaux rapports entre les hommes, les entreprises, la société, d'une part, et la nature, d'autre part. Cela ne va pas, chacun l'a compris, sans la définition de nouveaux objectifs pour notre société. Pour ma part, je suis convaincu qu'une action en profondeur en matière d'environnement, de gestion de nos ressources naturelles et de promotion du cadre de vie en faveur de tous, se trouve au cœur du processus de transformation de la société française ; elle en est même une des pierres de touche essentielle."

Valentina VARDABASSO, Université Paris 1 Panthéon-Sorbonne

La citoyenneté européenne par le budget

Au lendemain des élections européennes de 2009, une dissonance apparaît entre la construction juridique de la citoyenneté européenne, bien avancée au point de donner le droit de vote aux résidents non nationaux de l'Union européenne, et le sentiment d'appartenance à une communauté de destin, encore très faible, qui ne mobilise pas les Européens et ne fait rêver personne. Cette étude entend sonder le terrain croisant la citoyenneté et le contrôle du budget, et creuser par là l'impact de ce dernier sur la solidarité et le sentiment d'appartenance, qui sont à toutes les époques le fondement de la citoyenneté. Qu'il soit exercé par le haut ou par le bas, le contrôle du budget a-t-il atténué le décalage existant entre la citoyenneté virtuelle et la citoyenneté réelle ?

Au niveau national, l'exercice du contrôle budgétaire a engendré une conscience d'appartenance à une même communauté et, par la responsabilisation des contribuables, a créé une citoyenneté[1]. Or, il s'agit de voir si cette même fonction au niveau communautaire a suscité des passions, des débats, et quelles sont les dynamiques qu'elle engendre par rapport à la citoyenneté. La source essentielle sur laquelle s'appuie cette recherche est constituée par les débats parlementaires. Analyser l'idée de citoyenneté à travers les débats du Parlement européen permet de cerner la position des différents partis politiques, d'établir une distinction entre conservateurs et progressistes, tout en bousculant la chronologie. L'idée de citoyenneté qui s'affirme dans ces débats est à la fois « avant-gardiste » et conservatrice par rapport à la tradition juridique occidentale.

Il va sans dire que les débats parlementaires sont le lieu de l'implantation même de la démocratie : les considérer comme des sources secondaires

1 Nicolas Delalande, Alexis Spire, *Histoire sociale de l'Impôt,* Paris, La Découverte, coll. Repères, 2010. Maurice Lévy-Leboyer, Michel Lescure, Alain Plessis (dir.), *L'impôt en France, aux XIXe et XXe siècles,* Comité pour l'histoire économique et financière de la France, 2006, p. 466. Voir aussi Aurélien Bandu, *Contribution à l'étude des pouvoirs budgétaires du Parlement en France,* Paris, Dalloz, 2010, p. 48.

équivaut à amputer la démocratie de son bras[2]. De surcroît, l'angle d'observation de ces débats permet aussi de dégager les repères que la CEE/UE met en place pour légitimer la citoyenneté, ainsi que les dynamiques sociales et politiques à la base de cette dernière et, en même temps, de réfléchir sur son évolution. Revenons maintenant à notre hypothèse de recherche. Le contrôle du budget, pilier fondamental des démocraties modernes, est à l'origine d'une distinction ayant des répercussions différentes dans l'espace public, entre le niveau local, où les citoyens européens et non européens sont admis au moyen des budgets participatifs à contrôler les finances publiques, et le niveau communautaire qui donne accès à la fonction de contrôle aux seules élites parlementaires. Exercée au niveau communautaire, la fonction de contrôle budgétaire constitue pourtant une ébauche de citoyenneté exclusive, qui exclut les non-ressortissants. La question principale posée dans cette étude est de vérifier si le contrôle du budget par les citoyens, que ce dernier soit local ou européen, direct ou indirect, renforce le lien souhaité par le traité de Maastricht entre citoyens et institutions, dans la mesure où cet engagement des citoyens dans les finances publiques accentue leur sens des responsabilités, et crée des solidarités et des phénomènes d'identification et d'appartenance à une même communauté.

L'intérêt de l'historien

Les historiens et les politologues n'ont pas les mêmes clés d'investigation. Les premiers tracent en rétrospective les évolutions de la citoyenneté européenne par comparaison avec la citoyenneté nationale, dont les traits essentiels sont l'identification à une communauté, le partage de valeurs communes, l'osmose entre peuple et territoire au moyen d'une unité culturelle et linguistique[3]. Ces dynamiques qui ont abouti à la construction

---

2 Pour Habermas, la démocratie est bâtie sur la communication, le raisonnement en public se trouve au cœur de la démocratie, cité par Sue Wright, « Démocratie, Démos, débat », in Fabienne Maron, Grzegorz Pozarlik (dir.), *Identité, citoyenneté, démocratie / Identities, Citizenship, Democracy : 20 years after*, Collection Voisinages européens, Bruxelles, Bruylant, 2011, p. 11–22.

3 Françoise Parisot, *Citoyennetés nationales, citoyenneté européenne*, Paris, Hachette, 1998. Voir aussi Jean Marc Trigeaud, « Du fondement philosophique de la citoyenneté

de l'État national ont évidement peu de chance de s'enraciner au niveau régional, le peuple européen étant le grand absent de l'Union européenne. Le patriotisme constitutionnel reste à ce jour le bel espoir de Habermas[4], ou la robe de grand soir dans des discours officiels, mais se heurte à la réalité d'une Union européenne qui croit progresser dans le domaine économique, se félicite pour ses avancées sur le plan juridique et se refreine d'un point de vue politique.

Les politologues, de leur côté, élargissent l'éventail des données historiques par l'introduction d'informations supplémentaires, comme l'agencement des responsabilités, et insèrent la citoyenneté européenne dans le processus des réformes institutionnelles dont l'Union a fait l'objet ces dernières années, dans un arc temporel qui va du traité de Maastricht à nos jours, en passant par le traité de Lisbonne[5]. Dans cette grille de lecture, fondée sur la distinction entre la citoyenneté de gouvernement imposée par les institutions et la citoyenneté de gouvernance qui s'affirme dans la *praxis*, la participation de la société civile aux enjeux politiques est la ligne de démarcation entre ces deux modèles. Or, tout en confirmant le rôle joué par ces nouveaux acteurs dans la décision politique au niveau européen, ces formes de participation, constamment invoquées dans le Livre blanc, demeurent très élitistes ; les mouvements et les associations consultées par les institutions ne sont qu'une partie infime du tissu social européen. Par conséquent, si les associations civiles concernées ne comblent pas le déficit démocratique de l'UE, puisqu'elles ne représentent qu'une très petite partie de la société civile, les études qui voient dans cette dernière le moteur de la construction européenne n'expliquent pas par là ce déficit, les

---

européenne », *History of European Ideas*, vol. 19, 1994, p. 827–833, qui écrit : « Dans la citoyenneté étatique, l'Homme est perçu sous l'angle d'un rôle. Cette même vision est sous-jacente à tous les systèmes historiques de citoyenneté, qui ont fait prévaloir une volonté légale et étatique sans référence à une nature commune de l'Homme et dans l'exclusion de l'étranger ».

4 Pour Habermas, contre les réponses différentialistes de gauche et de droite, il s'agit de réunir l'ensemble des citoyens autour de principes universels. Sophie Haine, « Les réquisits démocratiques et sociaux du Patriotisme constitutionnel », *Politique européenne,* n° 19, 2006, p. 76–82.

5 Gilles Rouet, *Identité et citoyenneté en Europe : articulations et enjeux*, en ligne <www.ff, umb.sk/app/accountPropertiesAttachment.php>.

partis politiques restant la colonne vertébrale de la démocratie[6]. Dans leurs recherches sur la citoyenneté, les historiens comme les politologues ont négligé l'impact du contrôle du budget en réduisant cette pratique émancipatrice des États modernes au rôle d'un exercice secondaire de la citoyenneté. Relevant de la compétence des économistes, les finances publiques européennes présentent néanmoins un certain intérêt aussi pour les historiens, dans la mesure où le budget a des retombées sur le quotidien des citoyens. En effet, sans que les Européens s'en aperçoivent, ils reçoivent par l'UE chaque année 230 euros *pro capite* et, au niveau macroéconomique, les questions budgétaires obligent les gouvernements à sortir de l'ambiguïté, comme l'attestent les événements récents[7].

Le Trésor français a été le premier à déployer l'arsenal. Ainsi, en dépit des atermoiements de Berlin et de Paris, Bercy adopte une position claire et pionnière en souhaitant un budget pour la zone euro, afin de faire face à une croissance interne. Ce budget serait destiné à financer les indemnités de chômage, à mettre fin aux crises bancaires, à soulager les États en difficulté au moyen de transferts financiers. Cette position française est exprimée clairement : le budget européen, tout étant un outil important de stabilisation macroéconomique et de redistribution, doit être en même temps « l'incarnation fédéraliste d'un aboutissement de la zone euro »[8].

Ainsi, pour l'historien, par rapport à la citoyenneté, ou plus précisément eu égard à la manière dont celle-ci s'exerce sur les finances communautaires, ces dernières déterminent une citoyenneté inclusive ou exclusive selon qu'elle repose sur le *jus soli* ou le *jus sanguinis*, ou qu'elle est indépendante de ces deux critères. Et parallèlement, le contrôle budgétaire différencie la démocratie participative de la démocratie représentative, selon que le contrôle est exercé par le bas directement par les citoyens ou par les représentants élus du peuple.

6 Joshua Cohen, « Deliberation and Democratic Legitimacy », in James Bohman, William Regh (dir.), *Deliberative Democracy, Essays on Reason and Politics,* Cambridge, Cambridge University Press, 1997, p. 86.

7 « Budget de la zone euro : Paris et Berlin se complaisent dans l'ambiguïté », *Contexte*, 30 octobre 2013.

8 *Id.*

Le contrôle du budget communautaire par le haut : l'exclusion du citoyen

Altiero Spinelli à la commission budgétaire : continuité ou rupture dans la politique fiscale européenne ?

C'est à l'occasion de l'approbation du budget européen de 1978 que surgissent les espoirs d'une implication des citoyens dans la cause de l'Europe[9]. Ce budget est le premier approuvé en application du traité de 1975 qui confère au Parlement européen (PE) des pouvoirs de contrôle, le premier budget également établi dans l'unité de compte européenne[10].

La Communauté, autonome, tout au moins en théorie, sur le plan financier par l'attribution des ressources propres, semble devenue majeure. Tel est le climat d'optimisme qui prévaut quand Altiero Spinelli rejoint la commission budgétaire du PE, une fois élu sur les listes du Parti communiste italien en 1976[11]. Concernant la relation de la citoyenneté à la fiscalité, il ne prône aucun changement majeur ; au contraire, ses discours[12],

---

9 Centre archivistique et documentaire [CARDOC], Parlement européen, 7 juillet 1977, discussion sur le projet préliminaire du budget de l'année 1978, intervention de Lord Bruce of Donington : « L'Europe se développera si son influence sera sentie par les citoyens ».

10 *Ibid.*, intervention de Tugendhat.

11 Piero Graglia, *Altiero Spinelli,* Bologna, ed. Il Mulino, 2008, p. 634.

12 CARDOC, Parlement européen, relation du 5 janvier 1981, présentée par Altiero Spinelli, commission des budgets, sur les nouvelles ressources de la Communauté, document 1-772L/80. Tout en contestant l'architecture institutionnelle de Monnet, Spinelli, dans ses discours à la commission budgétaire, insiste sur l'épuisement des ressources de la CECA, sur l'augmentation des ressources propres, sur la politique communautaire en matière des prêts, sur la répartition entre la charge fiscale des États membres et celle de la Communauté. La question de la redistribution et celle des effets multiplicateurs des dépenses communautaires ferment le cercle de la fiscalité européenne selon Spinelli.
Sur la politique fiscale de Spinelli, voir aussi Archives historiques de l'Union européenne [AHUE], fonds AS, dossier 345, Strasbourg, 26 mars 1980, document de travail de Spinelli sur les ressources propres de la Communauté, et fonds AS 345, note de Spinelli, sans date, adressée au Conseil et au PE sur le parcours à suivre dans les années à venir en matière budgétaire. Il faut prendre en considération des éléments comme l'élargissement de la Communauté, qui comporte une augmentation du budget et la budgétisation du Fond social européen. Aucune référence n'est faite au citoyen.

ses préoccupations, ses interventions relatives au régime fiscal vont dans la continuité du traité de Rome, qui distingue la fiscalité de la citoyenneté, considérant le citoyen européen comme un travailleur plutôt que comme un contribuable[13]. Dans la continuité de ces dispositions, dans un contexte qui n'est pas nouveau, le citoyen européen se voit assuré la libre circulation dans le territoire de la communauté, mais non un traitement fiscal identique[14].

Dans l'Europe où tout semble unique, du ciel au marché commun, les régimes fiscaux diffèrent d'un État à l'autre, comportant des retombées importantes sur la vie quotidienne des citoyens. Le montant des droits de succession par exemple subit de fortes variations entre les États du Nord et ceux du Sud de l'Europe[15]. Ainsi, ils ont toujours été moins élevés en Italie et ont même été supprimés par les derniers gouvernements, alors qu'au Danemark, en Finlande et aux Pays-Bas, l'imposition fiscale peut atteindre près de 60 % du revenu[16]. Toutefois ces disparités ne figurent pas au premier plan dans les discours de Spinelli, qui limite la question budgétaire au périmètre institutionnel, avec pour conséquence l'exclusion *a priori* du citoyen[17]. L'intégration européenne par la voie monétaire demeure la piste privilégiée et les potentialités de l'intégration des politiques

13 CARDOC, Parlement Européen, commission des finances et des budgets, groupe de travail sur l'harmonisation fiscale, procès-verbal de la réunion du 16 décembre 1970 à Bruxelles au Palais des Congrès, exposé de Koch, exemple de la conception fiscale des années soixante-dix. Reprenant le rapport de Neumark (1962), Koch considère l'harmonisation fiscale non comme but en soi, mais comme un moyen pour éliminer les distorsions de la concurrence. Loin d'intégrer le citoyen dans le processus du contrôle, la politique fiscale est au service du marché commun, par l'élimination des disparités qualitatives et quantitatives existantes dans les systèmes financiers des États membres, capables de nuire aux objectifs du marché commun. Le centre du dispositif fiscal est le marché et non le citoyen.

14 *Ibid.*, exposé d'Ansquer.

15 Jean-Claude Martinez (dir.), *Une constitution fiscale pour l'Europe*, Clamecy, Nouvelle Imprimerie Laballery, 2004, p. 227.

16 *Ibid.*, p. 68.

17 On se réfère ici aux discours de Spinelli dans le cadre de la commission budgétaire sur la politique fiscale européenne. Parallèlement, un débat sur le contrôle budgétaire se développe aussi dans la commission politique du PE, le contrôle budgétaire souhaité est un contrôle indirect exercé par le PE. Voir Valentina Vardabasso, « Pas d'impôts sans représentation ! La commission budgétaire du Parlement européen et les élections de juin 1979 », in Guido Tienmayer, Jenny Raflik (dir.), *Les partis politiques et les premières élections du Parlement européen,* Oldenbourg, éditions Munchen, 2014 (volume en préparation).

budgétaires nationales sont méconnues. Spinelli semble oublier que la monnaie joue, de par ses deux fonctions fondamentales d'étalon et de gardienne de la valeur, le rôle de pourvoyeur du Trésor. Son inquiétude principale concerne le rapport entre les ressources des États membres et celles de la Communauté[18]. À partir du changement aussi qualitatif du budget européen et de contrôle, il envisage un changement dans la construction du pouvoir démocratique par l'élection des membres du PE, qui toutefois reste une représentation indirecte. Il ne songe pas par exemple aux budgets représentatifs qui avaient été déjà créés au Texas afin d'impliquer les citoyens.

Sur cet aspect, en ce qui concerne la politique budgétaire, les années soixante-dix ne provoquent aucune rupture dans la stratégie économique européenne[19]. En fait, les dispositions du traité de Rome de 1957 étaient très modestes en matière fiscale, ayant comme préoccupation principale de dissuader les États membres de substituer des barrières fiscales aux barrières douanières qui devaient être supprimées. C'est pourquoi ces dispositions concernent essentiellement les impôts indirects. La compétence fiscale de la Communauté s'arrête là où commence la souveraineté des États qui, au niveau européen, en matière d'impôts, gardent leur droit de *veto.*

Pourtant, au fil des années soixante-dix, l'Europe désireuse de s'affranchir du dollar américain, lance, surtout à partir du sommet de La Haye en 1969 et du plan Werner, les discussions qui débouchent sur la monnaie unique[20].

En vérité, en 1970, il y eut un moment où la politique budgétaire semblait prendre le pas sur la politique monétaire, lorsque que les Allemands essayèrent d'imposer, en dépit des hésitations françaises, la thèse dite « économiste », selon laquelle l'harmonisation des politiques budgétaires devait précéder l'union monétaire et la mise en place d'organismes monétaires centraux. Les Français à leur tour firent valoir la thèse opposée selon laquelle l'intégration reposait sur la concertation monétaire, et sur

18 AHUE, fonds AS, dossier 345, PE, procès-verbal de la réunion 23 et 24 janvier 1980. Spinelli, à propos du rapport entre masses financières communautaires et nationales, invite à suivre le rapport Mac Dougall.

19 Charles P. Kindleberger, *Histoire financière de l'Europe occidentale*, Paris, Economica, 1990, p. 603–623.

20 Robert Frank, *La hantise du déclin. La France de 1914 à 2014*, Paris, Belin, 2014, p. 189–201. Voir aussi Éric Bussière, Youssef Cassis (dir.), *London and Paris as International Financial Center in the twentieth Century,* Oxford, Oxford UP, 2005, p. 382.

la diminution des marges de fluctuation entre monnaies européennes. Le luxembourgeois Werner trouva un compromis entre ces deux cultures économiques, dans un plan par étapes destiné à s'estomper au fil des années. Mais en 1976, après l'abandon du système de Brettons Wood et la crise du dollar, Helmut Schmidt, chancelier depuis 1974, abandonne la doctrine budgétaire allemande, convaincu désormais de la nécessité de la solidarité monétaire européenne, qui se concrétise en 1979 dans le Système monétaire européen[21]. Les derniers espoirs d'une politique fiscale européenne s'estompent alors. Ces débats se déroulèrent au niveau des experts, les implications de la société civile restant très rares. Les mesures adoptées eurent des conséquences sur la vie des citoyens, sans créer pour autant des liens de solidarités ou de participation, car la plupart des réactions aux phénomènes économiques furent automatiques et conduites par les marchés ou selon des décisions délibérées par les pouvoirs publics.

Les années soixante-dix s'ouvrent avec l'adoption du principe des ressources propres et se poursuivent avec le texte de 1975 qui donne au Parlement européen un droit de veto sur le budget. En quoi ces évolutions firent-elles avancer la cause de l'Europe ? La décision et le contrôle, deux moments-clés de la politique fiscale, initient-ils à une démocratisation des dynamiques budgétaires ou, au contraire, demeurent-ils l'*alpha* et l'*oméga* d'une fiscalité où, au niveau européen, le citoyen est le dernier destinataire des normes et jamais l'acteur principal ? De ce fait, quelles sont les principales préoccupations apparaissant dans les débats au sein du Parlement européen ?

Les paradoxes du budget européen

Par rapport à la citoyenneté, le budget communautaire imposé par le haut est avant tout le lieu des paradoxes. En fait, dans l'exercice de sa fonction de contrôle, le Parlement européen, l'organe qui représente les citoyens,

21 Robert Frank, « Français et Allemands face aux enjeux institutionnels de l'Union monétaire : du plan Werner à l'euro (1970–2000) », in Marie-Thérèse Bitsch (dir.), *Le couple France Allemagne et les institutions européennes. Une postérité pour le plan Schuman,* Bruxelles, Bruylant, 2001, p. 537–538. Robert Frank, « Hans Tietmayer et le plan Werner, le débat politique franco-allemand », in *Le rôle des ministères des Finances et de l'Économie dans la construction européenne (1957–1978)*, t. 1, Paris, Comité pour l'histoire économique et financière de la France, 2002, p. 308–314.

préfère un dialogue interinstitutionnel qui exclut les électeurs, au profit d'une relation stricte et non paritaire avec le Conseil des États de la Communauté puis de l'Union[22]. Sur cette ligne, la commission budgétaire du PE dans les années soixante-dix, à l'origine des tentatives qui ont attribué au PE la fonction du contrôle sur le budget, n'a pas impliqué les citoyens dans ses démarches en vue de la démocratisation des institutions européennes. Les contacts avec la société civile sont limités à des interactions avec les Cours des comptes nationales, un segment trop limité pour représenter les citoyens[23]. Destitué par la commission budgétaire, le citoyen s'est vu aussi banni des décisions sur l'évolution du budget européen[24]. Sur ce point, les citoyens sont les destinataires mais pas les codécideurs des mesures budgétaires[25]. En fait la décision du Conseil du 21 avril 1970 sur les ressources propres – texte d'importance fondamentale qui, au moins en théorie, distingue la CEE/UE des autres organisations internationales, souvent financées par les États membres – relève des chefs de gouvernement, sans aucune référence aux citoyens[26]. L'autonomie financière promise théoriquement par cette décision n'a pas changé le sort du citoyen européen, les ressources propres étant elles aussi le terrain d'un autre paradoxe budgétaire. En fait, l'origine des ressources financières est un facteur important dans la définition de l'identité d'un peuple : il y a un lien entre la ressource propre et la citoyenneté par les biais de la fiscalité, du moment que chaque transaction économique est

22 CARDOC, Parlement Européen, commission des finances et des budgets, document 150/78 du 30 mai 1978, réponses de la Commission européenne au rapport fait par Cointat sur le dialogue interinstitutionnel relatif à certaines questions budgétaires.

23 Valentina Vardabasso, « La Cendrillon de l'Histoire. La Cour des comptes européenne et la démocratisation des institutions européennes », *Journal of european integration history/Revue d'histoire de la construction européenne*, décembre 2011, p. 285–302.

24 AHUE, AS.G.A., 324, PE, document de travail de Spinelli, sur le rôle des institutions dans le budget. Les délégations allemande et anglaise sont sur la même longueur d'onde (voir AHUE, EN 452, 4 décembre 1952, l'ambassadeur Ulrich Lebsafant [représentant permanent de la RFA] et la note de R. Goldsmith, 4 décembre 1973, qui veut limiter les questions budgétaires à des discussions bilatérales).

25 *Ibid.* Dans le même dossier, voir aussi la note d'information sans signature et sans date, mais probablement de Spinelli, sur le financement du budget de la Communauté.

26 CARDOC, Parlement Européen, débat du 4 octobre 1973, intervention de Spenale sur les ressources propres comme acte d'émancipation de la CEE, mais aussi à l'origine d'un nouveau rapport du PE avec les autres institutions européennes.

l'objet d'une taxation communautaire. Or, en dépit de l'autonomie proclamée par la décision sur les ressources propres, et malgré les droits agricoles et les droits du tarif douanier commun avec l'extérieur, le budget de la CEE/UE continue à ce jour à être alimenté par des contributions nationales, notamment par l'application d'un taux uniforme valable pour tous les États membres (la TVA) et par l'application d'un taux sur le montant de tous les PNB nationaux[27].

Mais la TVA et le PNB ne sont pas vraiment des ressources propres, ils sont plutôt des ressources propres virtuelles, tenant compte surtout du caractère national de ces contributions ; de surcroît, le fait que le PNB soit devenu la première source de financement de l'Union a compromis l'autonomie financière de l'Union européenne et par là aussi le lien entre le citoyen et les institutions[28]. *Res stantibus,* les finances publiques européennes ont peu de visibilité pour le citoyen, en l'absence d'un impôt européen. Si la citoyenneté européenne, consacrée par le traité de Maastricht, se matérialise par un ensemble de droits et représente un progrès vers la démocratisation, la dimension budgétaire et financière est encore éloignée de cet objectif. Parallèlement à l'évolution au sein du PE, d'autres facteurs contribuent également à la marginalisation du citoyen dans les finances communautaires. Tout d'abord, leur spécificité implique qu'elles tiennent une place secondaire dans les préoccupations des contribuables nationaux ; ensuite les décisions budgétaires relèvent souvent de compromis plutôt que de choix de politiques publiques. De plus, il ne faut pas oublier que les deux principales rubriques du budget, c'est-à-dire la politique agricole commune, dont l'objectif à l'époque des traités de Rome était l'autosuffisance alimentaire, et les politiques structurelles créées dans le cadre de l'Acte unique dans le but d'aider les pays en retard de développement, ne mentionnent pas le citoyen. C'est pourquoi le débat sur les questions budgétaires demeure essentiellement interinstitutionnel[29] ; il faut attendre le traité de Maastricht et les travaux de la Convention européenne pour que le « Cercle restreint » s'interroge enfin sur les attentes des citoyens en termes de transparence et d'équité, conditions essentielles du rapprochement des

27 Yves Petit, « Citoyenneté et finances communautaires », in Stéphane Leclerc (dir.), *La citoyenneté européenne,* Bruxelles, Bruylant, 2007, p. 101–131.

28 *Id.*

29 CARDOC, Parlement Européen, commission des finances et des budgets, rapport de Micheal Show sur les lignes directrices concertantes le budget de 1978, en date 9 mai 1977, doc.83/77.

citoyens avec les institutions. Avant Maastricht, le citoyen est le grand exclu des affaires budgétaires qui demeurent de la compétence du Conseil de l'UE et du PE. Il va sans dire que ce dernier a des prérogatives de contrôle sur une partie modeste du budget européen, car les dépenses agricoles, classées comme dépenses obligatoires et qui représentent 80 % du budget, relèvent de la compétence des États membres. Les recettes, elles aussi, relèvent de la compétence exclusive des États, qui adoptent à l'unanimité une décision sur les ressources propres.

Objet de disputes et de querelles à propos de la contribution britannique ou, durant de longs marathons budgétaires, de la fixation des prix agricoles pendant les années quatre-vingt, le budget européen, dans l'esprit des traités, est aussi un vecteur d'intégration et de solidarité. La volonté de réduire l'écart entre les régions riches et pauvres de l'Europe est présente dès les traités de Rome, mais il faut attendre l'Acte unique européen (1986) pour que cette préoccupation soit l'objectif de la politique de cohésion économique et sociale. L'Acte unique européen perfectionne le périmètre de la solidarité européenne dans la mesure où les destinataires ne sont pas seulement les régions les plus faibles, mais aussi les autres pays impliqués dans la compétition régionale[30]. Les années 2000 en revanche renforcent le contenu de la solidarité européenne, par la destination de certains quotas du budget européen destinés à des actions pour soutenir les citoyens en cas de catastrophes naturelles ou encore certaines catégories de travailleurs face aux menaces de la concurrence et de la globalisation. Or, s'il est évident que le budget a ouvert une compétition partisane entre droite et gauche, celle-ci n'a cependant pas comblé le fossé entre les élites et les citoyens, dans la mesure où la politisation du budget a esquissé un espace politique plus transnational que supranational. De plus, l'intégration requise par le contrôle budgétaire n'a pas généré l'européisation du politique, le domaine financier ayant une forte connotation nationale. C'est là un exemple de démocratie représentative dans le domaine financier : le contrôle budgétaire sollicité par les traités esquisse une citoyenneté de type sélectif, ancré au *jus soli* et au *jus sanguinis* ; il faut avoir la citoyenneté européenne pour participer aux élections du PE et par là au contrôle indirect des finances européennes. Telles sont, esquissées à grands traits,

30 Daniel Strasser, « Histoire budgétaire des Communautés européennes expliquée en chiffres. IIIe partie, mythes et réalité des finances communautaires », *Revue du Marché commun,* n° 204, 1977, p. 97–104.

les dynamiques du budget imposé par le haut. Si, en dépit de ses paradoxes, le système budgétaire actuel satisfait les exigences financières européennes, il faut constater qu'il est loin de répondre à la transparence, ainsi qu'aux intérêts des citoyens.

Le budget communautaire est depuis 1958 un outil minimaliste et consensuel mis en place pour soutenir les premières politiques liées à la construction communautaire. Un demi-siècle plus tard, ce budget n'a que très peu évolué d'un point de vue structurel et n'est plus adapté aux nouveaux enjeux de puissance de l'Union européenne, en raison de sa relative faiblesse, mais surtout du fait de sa structure obsolète qui favorise les politiques du passé et handicape la préparation de l'avenir, ainsi que l'expression de la puissance communautaire. En effet, le budget communautaire est essentiellement orienté vers la politique agricole commune et la politique régionale de l'UE, qui sont de plus en plus contestées par de nombreux pays membres et par les partenaires économiques de l'Union. Parallèlement, le budget néglige les politiques de préparation de l'avenir et d'expression de puissance : la recherche, l'énergie, l'action extérieure, la PESC et, depuis 1999, la politique européenne de sécurité et de défense (PESD), devenue avec le traité de Lisbonne la Politique de sécurité et de défense commune (PSDC). Ces politiques sont pourtant au cœur des enjeux communautaires du XXIe siècle. C'est pourquoi une réforme du budget communautaire paraît nécessaire.

Le fédéralisme fiscal, un outil de la citoyenneté européenne ?

Conscients des limites et des potentialités du budget, certains parlementaires ont poussé les débats jusqu'au fédéralisme fiscal. Spinelli envisage une modification du système de financement de l'Union, qui toutefois n'est pas prioritaire dans sa conception de la fiscalité européenne. De surcroît, la conviction que les institutions qui décident du montant doivent également voter les recettes limite le discours budgétaire aux institutions[31].

Le fédéralisme fiscal peut être considéré comme une solution pour rapprocher les institutions – qu'elles soient nationales ou européennes – des citoyens, ces derniers étant impliqués dans l'affectation des ressources. Le terme « fédéralisme » renvoie à une conception centripète des fonctions

31 Yves Petit, « Citoyenneté et finances communautaires », *op. cit.*, p. 120.

réparties entre le Gouvernement central et les États fédérés. Le mot « fiscal » définit le rôle des acteurs publics dans la répartition entre recettes et dépenses. Le fédéralisme fiscal remonte à Richard Musgrave[32], qui a utilisé ce terme en 1959, à l'occasion de la présentation d'un système idéal de répartition des fonctions entre le gouvernement central et les États dont est composée la Fédération américaine. Mais Musgrave a théorisé une pratique bien plus ancienne : il suffit de penser à Alexander Hamilton qui, en 1790, a fusionné les dettes révolutionnaires des États fédérés en une seule dette fédérale commune. S'interrogeant sur la formule capable d'assurer la meilleure utilisation des ressources pour la population, Musgrave montre que dans les trois fonctions fondamentales de la finance publique, c'est-à-dire les fonctions d'allocation, de stabilisation et de distribution, seule la première peut être confiée à des agents décentralisés (ou sujets subalternes), mieux placés pour garantir une meilleure allocation des ressources, alors que les fonctions de stabilisation et de redistribution relèvent de la compétence du gouvernement central, car leur fragmentation annule les bénéfices. Si, au début, le fédéralisme fiscal est surtout centripète dans l'attribution des fonctions les plus importantes au gouvernement central (voir les grandes politiques des infrastructures par exemple), dans les dernières années, il y a une inversion de tendance, la primauté étant conférée aux sujets régionaux dans la gestion des ressources produites sur leur territoire. Donc, dans sa version récente, le fédéralisme fiscal protège plutôt les entités territoriales. Le fédéralisme fiscal présente plusieurs avantages qui vont dans le sens de la bonne gouvernance[33]. En premier lieu, le fait de créer un lien d'affectation entre les impôts payés au niveau local et les dépenses publiques effectuées au niveau local a un impact immédiat sur la gestion des deniers publics. Et comme les individus et les entreprises choisissent leur lieu d'installation en fonction des impôts locaux qu'ils vont payer, les collectivités locales ont intérêt à adopter des stratégies de bonne gouvernance : elles doivent gérer leurs dépenses publiques de manière optimale afin d'éviter de « perdre » des administrés. Elles doivent limiter leur fiscalité de manière à ne pas décourager les foyers et les entreprises de s'implanter sur leur territoire, tout en fournissant des biens et des services publics de manière efficace, en évitant de laisser dériver les dépenses ou de

32 Richard Musgrave, *The theory of public finance: a study in public economy,* New-York, Mc Graw-Hill, 1959.

33 Robert Deschamps, Jean-Charles Jacquemin, Michel Mignolet, *Finances publiques régionales et fédéralisme fiscal,* Presses universitaires de Namur, 1994, p. 290.

financer des projets peu utiles à la collectivité. Si, au niveau national, le fédéralisme fiscal est désormais une réalité, au niveau européen il représente plutôt un espoir qui parfois recule face aux réticences des États.

Les budgets participatifs et la citoyenneté par le bas : l'exclusion de l'Europe

La citoyenneté, soit l'attribution de droits à une personne qui peut les exercer dans la sphère publique comme dans la sphère privée, peut être imposée par les traités, mais être aussi construite par le bas. Il va sans dire que la construction de la citoyenneté par le bas exige l'existence d'espaces publics ouverts, car, selon l'historien Pietro Costa, « la citoyenneté déclinée comme la libre construction de personnalités par l'attribution de droits se réalise par l'exposition la plus large possible au plus grand nombre possible d'opinions différentes »[34].

Il ne faut pas attendre le traité de Maastricht pour briser le lien établi entre citoyenneté et territorialité. L'attribution d'un patrimoine de droits est progressive et antérieure aux traités[35]. C'est plutôt la libre circulation des personnes traversant de nouveaux territoires qui sollicite l'attribution de nouveaux droits et de nouvelles prérogatives pour la personne. Le mouvement a donné l'impulsion à la construction d'un bagage de droits, orientant le regard vers un horizon élargi qui peut être l'Europe ou le monde. À l'époque contemporaine, il suffit de penser aux personnes qui traversent de nouveaux territoires afin de se voir attribuer des droits qui leur sont déniés dans leur pays[36].

La citoyenneté s'intègre de façon différente dans l'espace démocratique. Étant donné qu'il y a une citoyenneté édifiée par le bas indépendamment des traités, et antérieurement à eux, par l'acquisition de droits consolidés dans la pratique, notre analyse se poursuit avec les budgets participatifs, autre forme d'intégration de la citoyenneté dans l'espace

34 Cité par Stefano Rodotà, pendant la conférence sur « Cittadinanza e diritti », Université Normale de Pise, le 7 novembre 2008 (actes non publiés).

35 Pietro Costa, *Civitas : Storia della Cittadinanza in Europa.* t. 3 : *La civiltà liberale.*, Roma/Bari, ed. Laterza, 2001, p. 662.

36 Stefano Rodotà, *Il diritto di avere diritti*, Roma-Bari, Laterza, 2012, p. 433.

démocratique. Ces derniers sont parmi d'autres une illustration de la construction et de l'exercice de la citoyenneté par le bas, un exemple de démocratie participative, de citoyenneté ouverte, qui invite tous les citoyens à contrôler et à gérer le budget par la discussion et la confrontation d'opinions différentes, dans un espace public ouvert.

Or, il s'agit d'un domaine nouveau et très intéressant pour l'historien, pour deux raisons : d'abord parce que les budgets participatifs, en premier lieu, remettent en cause la démocratie représentative ; mais un autre point, encore plus intéressant, et qui ouvre des perspectives de recherche, doit être souligné. Inventés probablement au Texas, mais diffusés à Porto Alegre à la fin des années quatre-vingt, les budgets participatifs se sont propagés en Amérique latine, et dans certains pays d'Afrique. En 2008, 100 villes européennes les avaient adoptés. Ainsi, pour la première fois, les routes de la démocratie et de l'innovation institutionnelle allaient du Sud vers le Nord, et c'était l'Europe qui importait des modèles de démocratie. C'est pour cette raison qu'Yves Sintomer parle du « retour des caravelles »[37].

Le budget participatif est pourtant, avant toute chose, un espace public de délibération, où les citoyens se rencontrent pour débattre sur des questions d'intérêt commun. C'est une forme de démocratie participative, complémentaire de la démocratie représentative plutôt qu'en contradiction avec cette dernière. C'est le moment où les opinions de chacun des participants, agents de l'État compris, évoluent en tenant compte de l'avis des autres. « C'est le moment où tu parles des transports, de l'école des enfants, des problèmes du vivre ensemble et tu proposes des solutions. Tu te rends aux réunions du budget participatif avec certaines idées, certaines revendications, et tu en reviens avec d'autres »[38]. Il s'agit d'un nouveau contrat social entre l'autorité locale et les citoyens qui participent à titre individuel ou réunis en comité de quartier ou en association. Les acteurs de ce contrat social sont pourtant la mairie et la société civile, associée à part entière aux projets proposés par l'administration ou par elle-même. C'est une rupture avec les schémas classiques de la démocratie représentative. Les partis politiques ne sont plus les seuls représentants de la société civile et cessent d'être les seuls interprètes des besoins et des aspirations de celle-ci. Il va sans dire par ailleurs que les budgets participatifs n'ont rien à voir avec la nostalgie du communisme, car l'URSS avait

---

37 Yves Sintomer, Carsten Herzeberg, Anja Rocke, *Les budgets participatifs en Europe*, Paris, La Découverte, 2008.

38 *Ibid.*, p. 103 *sq.*

transformé la dictature du prolétariat en tant que classe en une dictature de la *nomenklatura* du parti stalinien. Les budgets participatifs mettent un terme à cette identification entre partis et société civile.

> Dans ce sens, le budget participatif est exactement l'inverse de tout mouvement de division partisane où celui qui gouverne l'État identifie société et parti. Il s'agit de l'élaboration libre et de la reconnaissance des besoins humains, ce qui signifie non le système des partis mais le contrôle social sur les activités de l'État[39].

La participation s'opère d'abord sur une base à la fois territoriale et thématique. Sur le plan territorial, à Porto Alegre par exemple, la ville est divisée en 16 secteurs. Toute la population est invitée à préciser ses besoins et à établir des priorités (habitat, éducation, santé, etc.) au cours de réunions publiques dans ce secteur. À la participation sur la base territoriale s'ajoute une participation édifiée sur une base thématique : elle inclut différents acteurs sociaux (syndicats, entrepreneurs, agriculteurs, étudiants, mouvements communautaires, etc.) et donne lieu à cinq commissions thématiques (transport, éducation, développement économique, etc.).

Après avoir fait la navette entre les différentes commissions au sein desquelles les secteurs et les commissions thématiques ont leurs délégués, le budget est finalement présenté et voté par la Chambre des élus municipaux. La population est associée de ce fait à chaque passage par l'évaluation et la réalisation des travaux.

Pour qu'un budget participatif puisse remplir ses fonctions, une culture politique nouvelle, des innovations institutionnelles, des moyens financiers et une éducation politique sont nécessaires. Cette nouvelle culture politique confère la légitimité à des acteurs différents des représentants élus ou des fonctionnaires traditionnels, en confiant les décisions concernant l'action publique non plus aux seuls fonctionnaires ou aux représentants élus, mais également aux habitants. Ceux-ci ne sont plus seulement les bénéficiaires passifs des politiques publiques, ils cogèrent et codécident. Ils pénètrent dans des domaines autrefois réservés à l'administration et aux élus locaux, ce qui bouscule les rôles, les responsabilités et les zones d'influence traditionnelles, ainsi que les monopoles.

Par l'accès du citoyen aux informations et aux débats sur les ressources de l'État, les gouvernements cessent d'être soumis au cercle des acteurs traditionnels de la société, ainsi qu'à la pression des groupes plus favorisés qui

39 *Id.*

ont davantage de possibilités d'accès aux ressources publiques. Le citoyen est appelé à délibérer sur la nature et le volume des travaux publics et des services à fournir et se trouve impliqué concrètement et directement dans l'optimisation des ressources publiques et dans l'efficacité des prestations de services. En définissant les priorités dans l'utilisation des ressources, l'individu qui intervient sur le budget participatif délibère sur le rôle de l'État.

Il convient de signaler deux limites qui sont en cours de discussion ces derniers temps, notamment à propos de l'expérience de budget participatif menée depuis douze ans à Porto Alegre. En premier lieu, si le budget participatif s'est révélé comme un puissant moyen pour attirer les secteurs organisés de la société, il est encore difficile d'y faire participer les individus exclus économiquement et socialement de la cité. En deuxième lieu, on constate une tendance marquée à la prédominance de l'intérêt immédiat et local, au détriment d'un débat plus général, à moyen et à long terme. Ce qui attire les gens aux assemblées du budget participatif, c'est la possibilité de discuter à plusieurs reprises de leur rue, de l'école de leur enfant, de la place de leur quartier, au détriment d'un débat sur les orientations à prendre pour la ville.

Mais la nouvelle culture politique et les innovations institutionnelles ne suffisent pas pour initier un budget participatif. Dans ce nouveau contrat social, il faut des moyens, c'est-à-dire des financements publics, des idées de projets capables d'attirer le plus grand nombre d'habitants et, surtout, un grand mouvement d'éducation politique encourageant la participation par l'apprentissage du débat et de la vie démocratique, exercice qui permet de transformer chaque habitant en citoyen. Outre ce contrôle social, le budget participatif favorise l'exercice d'une citoyenneté active, véritable force de proposition. Ainsi, le processus du budget participatif est un espace de formation et d'élaboration d'une éducation civique, un espace collectif où les individus s'approprient du savoir jusqu'à présent réservé, où ils n'attendent plus passivement que les gouvernants décident de l'attention à donner aux diverses demandes et où ils ne se soumettent plus aux pressions des fonctionnaires ou de leurs intermédiaires. Mais comment l'Europe s'est-elle approprié ce modèle ?

Ce dispositif de contrôle du budget, né à Porto Alegre, a connu en Europe un succès, qui s'explique seulement en partie par la crise de la démocratie représentative.

La première caractéristique des budgets participatifs est la diversité, avec laquelle chaque ville européenne a accueilli le modèle de Porto Alegre, le conjuguant soit avec la démocratie participative, soit avec la démocratie de proximité, jusqu'à développer des modèles corporatifs aux antipodes de l'esprit de Porto Alegre. Séville[40] est la ville européenne la plus fidèle à l'esprit et aux modèles de Porto Allègre. Séville compte 700 000 habitants et est la plus grande ville d'Europe à s'être dotée d'un budget participatif. Elle est dirigée depuis 2003 par une coalition de gauche, un maire socialiste et des néo-communistes. Ces derniers ont mis en place en 2004 le budget participatif. Un groupe moteur de citoyens à titre individuel organise les réunions en coopération avec l'équipe technique municipale. Le cycle débute en mars avec des assemblées de quartier. L'idée centrale est celle de réduire l'inégalité entre le centre et la périphérie. La priorité est donnée aux territoires les plus pauvres.

Mais si Séville est restée fidèle à l'esprit de Porto Alegre, certaines villes européennes, comme Hilden (Allemagne) ou Plock (Pologne), ont en revanche trahi cet esprit. Plock, ville polonaise comptant 130 000 habitants, expérimente depuis 2003 un budget participatif fondé sur l'interaction ou partenariat public-privé[41]. C'est un budget participatif particulier, car les fonds proviennent de financements privés (les budgets participatifs doivent s'appuyer sur des financements publics). Toutefois, la discussion sur l'utilisation de ces fonds se déroule dans des forums de discussion. À Plock a été lancé en 2002 le Fonds de subvention qui s'inscrit dans le programme de développement des Nations unies et repose sur un partenariat entre la municipalité, la compagnie pétrolière PKN Orlen, des délégués des ONG locales et quelques entreprises. Il y a une hiérarchisation des projets : l'évaluation est faite par un conseil, incluant des citoyens et des experts. La mise en œuvre de ces projets appartient aux associations qui les proposent. La principale caractéristique de ce modèle est que les citoyens y participent aux côtés des entreprises et du gouvernement, dans une dynamique où la politique locale semble n'avoir qu'une faible marge de manœuvre face aux logiques marchandes et où le bailleur de fonds privé donne le « la » localement. Ce dispositif ouvre en tout cas le contrôle du budget aux organisations

40 Ganuza Ernesto, « Tipologia y modelos de los Presupuestos Participativos en Espana », *IESA Working Papers Series*, n° 1307, 2007 [<https://csic.academia.edu/ErnestoGanuza>].

41 Pawel Swianiewicz, « Poland : a time of transition », in Bas Denters, Lawrence E. Rose (dir.), *Comparing local governance. Trends and developments systems*, New York, Opladen, 2005, p. 133 *sq*.

non gouvernementales et permet aux entreprises de jouer un rôle-clé, aux côtés des autorités locales, des ONG et des organisations internationales. Au sujet de la réception de ce modèle en Europe, Yves Sintomer, mettant en avant la participation des intérêts organisés, parle d'un néo-corporatisme très éloigné de l'esprit de Porto Alegre. C'est un modèle « top-down », où le gouvernement local s'affirme en organisant autour de lui la participation des groupes organisés : associations, syndicats des salariés et des patrons et différentes institutions locales. Il s'agit de fait de modèles corporatistes préexistants. La faiblesse de ce modèle est de dévaluer la participation des citoyens à titre individuel ; sa force réside dans le fait de représenter tous les groupes organisés.

L'impôt européen pour réconcilier les citoyens et l'Europe ?

Revenons à notre question initiale : le contrôle budgétaire, favorisant la participation des citoyens, démocratise-t-il l'espace public européen par la réconciliation entre institutions et citoyens ?

Le contrôle budgétaire, tel qu'il a été prévu par les traités, esquisse un espace public européen, sollicite une identification autour des principes communs au cœur des démocraties modernes. Cependant, il ne réduit pas les distances entre citoyens et institutions et ne crée aucune affection ni appétence pour la cause de l'Europe. La question budgétaire reste un débat réservé à l'élite parlementaire qui se perd dans des discours très techniques, comme la politique dans le secteur des prêts, le rapport entre la masse financière de la Communauté et les contributions des États membres, augmentant ainsi la déception des administrations nationales, déçues par les politiques de redistribution et la méfiance des citoyens. Spinelli en ce qui concerne la politique fiscale ne fait aucun changement. Il arrive à la commission budgétaire en 1976, alors que le PE, surtout grâce au député démocrate-chrétien allemand Heinrich Aigner avait déjà obtenu le droit de veto sur le budget par le traité de 1975. Le fédéralisme fiscal de surcroît était un thème qui avait été déjà longuement débattu par la commission budgétaire et dans son discours le fédéraliste italien n'avance aucune nouvelle proposition. Par contre, les budgets participatifs ou le contrôle budgétaire par le bas, impliquent et attirent les citoyens par une forte participation, mais sans faire avancer la cause de l'Europe, les débats demeurant locaux, ne dépassant pas les questions immédiates et demeurant dénués de toute vision d'avenir. Un impôt européen, dans la mesure où il implique les contribuables, n'est-il pas la solution pour dépasser le divorce entre l'Europe et les citoyens ?

Quatrième partie

Citoyens et participation publique

Frédéric GLORIANT, Université Paris 3-Sorbonne Nouvelle

Essai sur le référendum européen, entre Europe des États, Constituante européenne et démocratie post-nationale (1949–2006)

L'intégration européenne telle qu'elle a été pratiquée depuis la CECA et le traité de Rome a fait émerger un « système politique exclusivement construit sur la logique de la représentation », dans lequel l'instrument de démocratie directe qu'est le référendum n'est pas incorporé[1]. Le référendum ne fait pas partie du droit positif européen et c'est là une réalité juridique qui ne doit rien au hasard, puisque tout l'art des inventeurs de la méthode communautaire, qui a permis à l'Europe telle que nous la connaissons d'émerger, a justement consisté à éviter de « commencer par consulter les peuples sur les formes d'une Communauté dont ils n'avaient pas l'expérience concrète », selon les mots de Jean Monnet lui-même[2]. Le raisonnement des fondateurs de l'Europe communautaire était que si l'on commençait par une consultation directe des peuples, on risquait par là-même de susciter un blocage insurmontable de l'entreprise européenne, avant même qu'elle ne commençât.

Un peu plus tard, les théoriciens néo-fonctionnalistes de l'intégration ont construit *a posteriori* le concept de *spill over*, qui n'est autre qu'une radicalisation et une généralisation de ce geste inaugural de la construction européenne[3] : la priorité est à l'édification de « solidarités de fait »[4], qui par un effet d'engrenage, font s'accroître progressivement la sphère des compétences mises en commun au niveau européen et supranational. La légitimation démocratique de l'édifice européen s'effectue alors

1 Voir la préface du constitutionnaliste Vlad Constantinesco, in Andreas Auer, Jean-François Flauss (dir.), *Le référendum européen : actes du colloque international de Strasbourg, 21–22 février 1997*, Bruxelles, Bruylant, 1997, p. 8.

2 Jean Monnet, *Mémoires*, t. 2, Paris, Fayard, 1978, chapitre 14, p. 542.

3 Sur l'école néo-fonctionnaliste, dont les principaux représentants sont les politologues américains Ernst Haas et Leon Lindbergh, voir l'article « fonctionnalisme » de Pierre Gerbet, in Pierre Gerbet, Gérard Bossuat, Thierry Grosbois (dir.), *Dictionnaire historique de l'Europe unie*, Bruxelles, André Versaille, 2009, p. 481–484.

4 Cette formule restée fameuse figure dans le plan Schuman, proposé le 9 mai 1950.

a posteriori, selon une logique conséquentialiste : les effets positifs de l'intégration européenne suffisent, selon ce courant de pensée, à justifier la non-consultation initiale des peuples.

Aussi voit-on à quel point le référendum européen est, selon les mots du spécialiste de la démocratie directe Andreas Auer, un thème « incongru, sinon osé », voire un véritable tabou européen[5]. Pourtant, il n'en est pas moins central, en ce qu'il permet de poser de manière frontale la question de la légitimité démocratique du processus de construction européenne.

Qu'entendons-nous exactement par « référendum européen » ? Il s'agirait d'un vote au suffrage universel, se déroulant simultanément – le même jour ou durant la même semaine – dans l'ensemble des États membres de la Communauté ou Union européenne, et concernant les questions européennes d'ordre constitutionnel ou engageant en tout cas l'avenir de l'ensemble des peuples européens.

Les rares recherches consacrées au référendum européen ont jusqu'ici été menées principalement par des juristes et des politistes[6]. Toutefois, le devenir historique de l'idée de référendum européen n'a pas encore été retracé avec une attention suffisante. Or, la notion fut présente dès le début du processus d'intégration européenne, et même un peu avant, puisque la première évocation connue de l'idée du référendum européen apparaît dès 1949, dans la bouche d'une personnalité bien souvent présentée comme un opposant à la construction européenne, le général de Gaulle. Elle est ensuite réapparue à partir des années 1980, parallèlement à l'émergence du débat sur la citoyenneté européenne, d'abord timidement au Parlement européen, puis beaucoup plus largement pendant la grande décennie de l'ingénierie institutionnelle européenne entre 1993 et 2003. Plus récemment encore, plusieurs éminents intellectuels allemands, notamment Ulrich Beck ou Jürgen Habermas, ont évoqué le référendum européen comme une solution pour surmonter la profonde crise de légitimité que connaît la construction européenne. Ce sont là les trois moments de l'histoire de l'idée du référendum européen que nous examinerons successivement : un premier moment qu'on pourrait appeler gaulliste, puis

5 Andreas Auer, Jean-François Flauss (dir.), *Le référendum européen*, *op. cit.*, p. 3. Voir aussi le rapport introductif d'Andreas Auer, « Le référendum européen : définitions, repères historiques et jalons d'étude », p. 23–47.

6 Andreas Auer, Jean-François Flauss (dir.), *Le référendum européen*, *op. cit.* ; Frédéric Esposito, *Vers un nouveau pouvoir citoyen ? Des référendums nationaux au référendum européen*, Louvain-la-Neuve, Academia-Bruylant, 2007.

un moment fédéraliste ou parlementaire dans la décennie 1980, et enfin un troisième moment post-national.

Sur la base d'une approche historique et comparative, il s'agit d'examiner le paradoxe suivant : comment l'idée du référendum européen, d'abord portée par les partisans d'une Europe intergouvernementale et fondée sur les États-nations (conception gaulliste), reçue avec la plus grande méfiance par les partisans de la méthode communautaire et de l'intégration sectorielle (ou « fonctionnaliste »), a-t-elle pu devenir, chez Beck ou Habermas entre autres, un vecteur de démocratisation de l'échelon européen délibérément inscrit dans un paradigme post-national ?

Le moment gaulliste ou comment faire advenir l'Europe sur la scène internationale

Dans son discours de Bordeaux de 1949, de Gaulle déclarait :

> Je pense que l'organisation de l'Europe doit procéder de l'Europe elle-même. J'estime que c'est un vaste référendum de tous les Européens libres qui doit lui donner le départ. [...] La réunion d'une Assemblée ayant mandat de jeter les premières bases et de les soumettre à la ratification de tous, voilà sur quoi les citoyens de l'Europe devraient avoir à décider[7].

Frédéric Esposito souligne avec justesse la dimension symbolique de cette proposition, qui n'avait guère selon lui de dimension opérationnelle concrète[8]. Il nous paraît toutefois nécessaire de relativiser ce jugement en examinant le développement de cette idée au cours de deux périodes bien distinctes, le début des années 1950, dans le contexte de la querelle sur la CED, puis le début de la décennie 1960, où le référendum européen reparut au cœur de la diplomatie de De Gaulle, au moment où il tenta d'édifier l'Europe des États, sur la base du plan Fouchet.

Soulignons d'emblée trois caractéristiques de la proposition de 1949 qui se retrouveront ensuite dans les différents avatars de l'idée gaulliste du référendum européen :

---

7 Charles de Gaulle, *Discours et messages*, t. 2 : *Dans l'attente : février 1946–avril 1958*, Paris, Plon, 1970, p. 309.

8 Frédéric Esposito, *Vers un nouveau pouvoir citoyen ?*, *op. cit.*, p. 235–237.

1. Tout d'abord, elle s'inscrit dans la tradition constitutionnelle française de l'Assemblée constituante, avec l'esquisse d'un dispositif en trois étapes (référendum sur le principe d'une Union européenne ; élection de l'Assemblée chargée d'en rédiger le traité ; ratification de ce traité par voie de référendum).
2. Ensuite, elle ne peut s'interpréter qu'en prenant en compte la conjoncture internationale : en 1949, dans le contexte de la guerre froide, la proposition gaullienne doit se lire comme une réponse au défi du communisme : il s'agit d'affirmer de manière irréfutable la légitimité d'une unité ouest-européenne, qui ne saurait se faire qu'avec l'assentiment explicitement exprimé des « citoyens libres » de l'Europe, autre façon d'affirmer l'absence de liberté dans les démocraties populaires, sous la coupe de Staline. On verra que l'idée du référendum européen fut toujours, chez de Gaulle, liée à des considérations de politique étrangère : l'affirmation d'une véritable personnalité européenne sur la scène internationale ne pouvait se faire qu'en se fondant, le plus directement possible, sur les peuples de l'Europe. La politique étrangère, but suprême de la grande politique gaullienne, devait au plan national comme au plan européen, recevoir l'onction populaire, et il y a là une forme de transposition du césarisme démocratique pratiqué au plan interne vers le plan européen.
3. Enfin, de Gaulle, en posant d'emblée le problème de la légitimation démocratique de l'édification d'une unité de l'Europe « libre », en vient à parler de « citoyens de l'Europe ». Y a-t-il là la préfiguration de la citoyenneté européenne, telle qu'elle a été formalisée dans le traité de Maastricht avec un corpus de droits spécifiques, distincts des droits civiques définis au plan national ? Il est permis d'en douter en soulignant la prudence de la formule « citoyens de l'Europe », à différencier de l'expression « citoyens européens ». De Gaulle est resté sceptique quant à l'idée de voir émerger rapidement un peuple européen. Autrement dit, et c'est là un élément de tension interne à l'idée gaulliste du référendum européen, la proposition ne va pas de pair avec l'existence d'un peuple européen, dans lequel fusionneraient les peuples des États membres qui le composent.

L'idée du référendum européen fut ensuite reprise par différents membres éminents du RPF (Rassemblement du peuple français), entre 1950 et 1953. Le contexte général avait déjà évolué : d'abord, la CECA avait été lancée, marquant un triomphe de la conception sectorielle et fonctionnaliste de l'intégration européenne, avec la formation d'une Haute Autorité supranationale. Ensuite, le débat sur la formation d'une communauté européenne de défense et d'une communauté politique, sur le modèle de la CECA, est lancé. Dans une étude sur la place des gaullistes au sein des assemblées européennes à partir de 1948, Christine Manigand a bien mis en évidence leur apport dans le débat sur la construction européenne, qui fut loin d'être monolithique et uniquement négatif[9]. Il y eut bel et bien à cette époque un « bouillonnement européen », auquel prirent part les gaullistes[10].

Les députés Raymond Triboulet et Gaston Palewski déposèrent ainsi en décembre 1951 une proposition de « Confédération de l'Europe »[11], dont une des caractéristiques principales était que, contrairement à la CED, elle aurait dû être sanctionnée par une triple consultation populaire initiale (qui rappelle le schéma en trois étapes du discours de Bordeaux). Triboulet a décrit ce document comme la « charte écrite du gaullisme européen »[12], mentionnant qu'il avait reçu le sceau du Général. Pour bien comprendre l'esprit de ce document, il ne faut pas commettre ici d'anachronisme : le débat essentiel que souhaitaient porter les gaullistes pro-européens tels que Triboulet n'était pas encore entre fédéralisme et confédération d'États souverains – de Gaulle lui-même utilisait à cette époque un terme pour un autre[13] –, mais bien entre la politique et l'économie, « entre les institutions politiques européennes et les fonctions économiques ou militaires », pour citer Triboulet. C'était bien contre Monnet que les gaullistes entendaient

9 Christine Manigand, « L'Europe des gaullistes. Essai sur la place des gaullistes au sein des assemblées européennes (1948–1979) », *Vingtième Siècle. Revue d'histoire*, n° 116, 2012/4, p. 9–21.

10 Voir Raymond Triboulet, *Un gaulliste de la IVe*, Paris, Plon, 1985, p. 161–167 ; Robert Bloes, *Le « Plan Fouchet » et le problème de l'Europe politique*, Bruges, Collège d'Europe, 1970, p. 177–183 ; Edmond Jouve, *Le général de Gaulle et la construction de l'Europe (1940–1966)*, vol. 1, Paris, R. Pichon et R. Durand-Auzias, 1967, p. 294–305.

11 Proposition de résolution n° 2283 présentée à la séance du 29 décembre 1951 à l'Assemblée nationale par Gaston Palewski, Raymond Triboulet et les membres du groupe du RPF.

12 Raymond Triboulet, *Un gaulliste de la IVe*, *op. cit.*, p. 188–190.

13 Lire sur ce point la mise au point de Laurent de Boissieu, *Une certaine idée de l'Europe : le gaullisme et l'Europe*, mémoire de DESS de Droit de la vie politique – Université Paris X-Nanterre, 1998–1999, [<http://www.gaullisme.net/europe-federale.html#_ftnref14>] (page consultée le 21 février 2014), en particulier la partie 1.2, « Interprétation de la "parenthèse supranationale" du gaullisme ».

formuler une méthode alternative pour édifier l'Europe, résolument politique, dès le début. Dans ce cadre, le référendum européen apparaît comme un dispositif de sauvegarde du politique et de la démocratie, tout autant qu'une arme rhétorique pour attaquer le contournement des peuples par les « fonctionnalistes ».

Après l'échec de la CED et en dépit du tarissement du « bouillonnement européen » du début des années 1950, le référendum européen dans sa version gaulliste allait toutefois connaître un dernier avatar. Preuve supplémentaire que de Gaulle était réellement attaché à cette idée, il tenta en tant que président de la Ve République de lui donner une traduction concrète, au moment des discussions sur le plan Fouchet (1960–1962). Non seulement de Gaulle évoqua à nouveau publiquement le référendum européen, mais il en parla aussi dans ses échanges diplomatiques avec le chancelier allemand Adenauer, le ministre des Affaires étrangères néerlandais Luns ou encore le premier ministre luxembourgeois Werner[14].

Rappelons que de Gaulle pensa à cette époque pouvoir bâtir une Union politique européenne, fondée sur la « coopération organisée entre les États », dont il fallait réaffirmer la prééminence face aux Commissions de fonctionnaires des trois Communautés. Tout cela était indissociable des objectifs de politique étrangère de De Gaulle : il s'agissait d'édifier une Europe capable d'affirmer son autonomie politico-stratégique vis-à-vis des deux Grands, ce qu'il appelait « l'Europe européenne ». C'est là que reparaît le référendum européen, dans la conversation confidentielle que de Gaulle eut avec Adenauer en juillet 1960, à Rambouillet, où il présenta pour la première fois son grand dessein européen :

> Il s'agirait que cette coopération fût organisée surtout entre la France et l'Allemagne. L'organisation nouvelle devrait être animée par l'approbation des citoyens

14 *Documents diplomatiques français* (plus loin *DDF*), *1960*, t. 2, 1996, doc. n° 54, 91 et 128. Le texte des archives allemandes met davantage encore l'accent sur l'argument démocratique (*Politisches Archiv des Auswärtigen Amtes*, Berlin [plus loin PA AA], Bestand B130, Band 8413A) : de Gaulle explique qu'il faut que l'organisation européenne qu'il a en tête « reçoive son âme à partir d'une grande consultation populaire des citoyens d'Europe, qui ferait un grand effet sur les peuples eux-mêmes [le pluriel doit être ici noté], mais aussi sur les États-Unis et surtout sur l'Europe. Ainsi cette organisation deviendrait-elle une grande création des peuples eux-mêmes. Elle ne serait pas alors seulement une combinaison de parlementaires, un arrangement entre quelques-uns qui pourraient bien ne plus être là dès demain » [traduction de l'auteur].

> européens qui s'exprimerait dans un référendum. Ce dernier, d'après le Général, constituerait une grande manifestation de l'opinion publique européenne. Elle ferait impression sur le monde entier, aussi bien sur les Américains que sur les peuples de l'Est. Ce n'est pas d'une formation parlementaire que nous avons besoin, mais de l'approbation solennelle des peuples européens. Il faut profiter des circonstances favorables créées par la conjonction d'hommes tels que le Chancelier et, qu'on lui permette de le dire, tels que lui-même. Ces circonstances entraîneraient sans doute une énorme majorité [15].

Ce texte important représente selon nous le point d'aboutissement de la réflexion gaullienne sur la construction européenne et l'idée du référendum européen. Ce qui est frappant, c'est à quel point chez de Gaulle, l'affirmation d'une « personnalité » européenne autonome sur l'échiquier international va de pair avec l'émergence d'une « opinion publique européenne », qui se manifesterait explicitement et directement par l'organisation d'un référendum. Autonomie géopolitique et légitimation démocratique par le référendum sont les deux faces d'une même médaille, l'émergence d'une souveraineté européenne. En outre, on retrouve l'élément césariste : le suffrage universel à l'échelle européenne doit servir à consolider un pouvoir exécutif européen, et non pas un hypothétique Parlement européen, à la constitution duquel de Gaulle ne croit guère. Cela nous paraît lié à la thèse gaullienne selon laquelle l'émergence d'un peuple européen unique, résultat de la fusion des vieilles nations européennes, n'est pas un résultat qui puisse se décréter et s'envisager dans un avenir prévisible. Il le dit d'ailleurs sous une autre forme au Luxembourgeois Werner : le référendum européen n'aurait pas pour but de donner une base juridique à quelque constitution européenne que ce soit, mais une « base psychologique ». Enfin, remarquons que de Gaulle insiste beaucoup sur le caractère « solennel » de cette consultation populaire : nulle part, il ne mentionne l'idée d'inscrire cette procédure dans l'ordre juridique européen normal. Il s'agirait plutôt de donner, par une procédure exceptionnelle, l'impulsion de départ à l'Union politique européenne, de manière irréversible[16]. Dernière remarque : on voit aussi que le référendum européen n'est pas chez

---

15 *DDF, 1960*, t. 2, doc. n° 54, 2e entretien. Le référendum européen est également mentionné dans la note écrite que de Gaulle donna à Adenauer le deuxième jour de la réunion de Rambouillet, le 30 juillet 1960 (voir Charles de Gaulle, *Lettres, notes et carnets, Juin 1958–novembre 1970*, Paris, R. Laffont, coll. Bouquins, 2010, p. 255–256, en particulier le point VIII).

16 Cette idée de l'irréversibilité apparaît explicitement dans le compte-rendu allemand (PA AA, B130, Bd. 8413A, 4e entretien).

de Gaulle une proposition s'appuyant sur une réflexion abstraite à propos de la forme que doit prendre la construction européenne : en proposant une consultation populaire à l'échelle de l'Europe des Six en 1960, de Gaulle agit avant tout en homme d'action. Il estime être en situation de tirer profit de l'opportunité exceptionnelle que lui fournit la présence au pouvoir en RFA d'Adenauer, chez qui il a décelé depuis la rencontre de Colombey-les-Deux-Églises en septembre 1958 un partenaire pour l'affirmation d'une Europe indépendante face aux Américains. Autrement dit, si de Gaulle propose à ce moment-là un référendum européen, c'est qu'il est certain qu'il se solderait par un résultat favorable. Selon lui, une « énorme majorité » se dégagerait en faveur d'un oui et l'on voit que ce qu'il a en tête relève bien d'une procédure plébiscitaire, où un exécutif européen prendrait l'initiative de la consultation directe du peuple pour se légitimer.

Confronté immédiatement aux réticences allemandes[17], fondées sur des arguments constitutionnels – la loi fondamentale de la RFA excluant le référendum –, de Gaulle dut rapidement renoncer à son idée et la plaça « en réserve pour l'avenir »[18].

Le moment spinelliste : à la recherche d'une Constituante européenne

Le paradoxe est que le deuxième moment de l'histoire du référendum européen, qu'on dénommera « parlementaire », fut par bien des aspects anti-gaulliste. D'une part, il eut comme inspirateur l'un des principaux représentants du fédéralisme européen, Altiero Spinelli, qui fut aussi un virulent opposant à la politique européenne de De Gaulle, dans les années 1960. D'autre part, ce deuxième moment se manifesta au sein du

17 *DDF, 1960*, t. 2, doc. n° 54, 2e entretien (réunion de Rambouillet avec Adenauer) ; n° 112 (entretiens franco-allemands de Paris, 9–10 septembre) ; n° 130 (entretien Couve de Murville/Carstens, 17 septembre).

18 C'est la formule de Couve de Murville, qui suggéra toutefois de relancer l'idée assez rapidement, juste après les élections allemandes de 1961, cf. *DDF, 1960*, t. 2, doc. n° 162, p. 482 (rencontre entre Adenauer, Debré et Couve de Murville, Bonn, 7–8 octobre 1960).

Parlement européen qui avait été élu pour la première fois au suffrage universel en 1979, une évolution institutionnelle que jamais de Gaulle n'avait admise du temps de sa présidence.

Spinelli soutenait depuis la Seconde Guerre mondiale des thèses diamétralement opposées à celles de De Gaulle sur l'Europe[19] : se fondant sur l'idée selon laquelle l'État-nation était responsable du désordre international qui avait donné lieu aux deux guerres mondiales, il estimait nécessaire de procéder à la refonte des institutions nationales, dans le but de créer une fédération démocratique européenne qui les dépasserait et garantirait la paix. La naissance de la fédération européenne devait s'opérer avec l'appui d'un vaste mouvement populaire européen et transnational, au-delà des gouvernements nationaux et des partis politiques en place. Dans ce cadre, le référendum à l'échelle européenne apparaissait comme l'une des procédures possibles, pour ratifier le transfert de souveraineté des États vers la fédération.

Spinelli fait en effet brièvement mention d'un tel référendum dans un court texte datant de 1964, intitulé « Une initiative italienne pour l'Europe. Démocratiser la communauté », endossé par le Comité italien pour la démocratie européenne, qu'il venait de créer[20]. Il y est dit que le mouvement fédéraliste européen soutenait dans le principe l'élection d'une Assemblée constituante européenne, qui aurait pour mandat de rédiger et de proposer au référendum une constitution fédérale. Mais il faut souligner d'emblée le statut délibérément utopique de cette proposition. En effet, dans ce document, Spinelli, réfléchissant aux moyens de « démocratiser la communauté », énumère différents scénarios. Dans cette énumération, la proposition fédéraliste de référendum constitutionnel est rangée dans la même catégorie que la confédération d'États souverains « à la de Gaulle » (plan Fouchet), contre laquelle luttait Spinelli : ce sont deux plans rigoureusement opposés l'un à l'autre, mais qui ont en commun d'« innover radicalement ». De ce fait, ils n'ont, d'après le texte de 1964, absolument

19 Sur la pensée européenne de Spinelli, voir l'article « Spinelli » d'Étienne Deschamps, in Pierre Gerbet, Gérard Bossuat, Thierry Grosbois (dir.), *Dictionnaire historique de l'Europe unie*, *op. cit.*, p. 969–973 ; pour un éclairage sur les rapports entre Spinelli et le fonctionnalisme, voir Andrew Glencross et Alexander H. Trechsel (dir.), *EU Federalism and Constitutionalism: The Legacy of Altiero Spinelli*, Lanham, Lexington books, 2010.

20 « Un'iniziativa italiana per l'Europa. Democratizzare le Comunità », *Quaterno del* CIDE *n. 1, Roma,* 1964, reproduit dans Altiero Spinelli, *Una Strategia per gli stati uniti d'Europa*, Bologna, Società ed. il Mulino, 1989, p. 167–180.

aucune chance de succès à court terme, puisqu'ils supposeraient tous deux de pouvoir se mettre d'accord entre Européens sur la forme définitive que devrait prendre l'Europe – ce qui était rigoureusement impossible en 1964, étant donné l'opposition entre les schémas fédéraliste et gaulliste. Spinelli proposait donc d'adopter une démarche plus modeste et pragmatique, consistant à transformer progressivement la CEE en une unité politique.

Ce qui prime donc pour Spinelli, c'est de doter l'Europe d'une constitution fédérale. Le référendum n'est qu'un des instruments imaginables pour légitimer l'édifice institutionnel, mais d'autres solutions, auxquelles il se rallie, sont envisageables. Indubitablement, le référendum européen était moins central dans la pensée de Spinelli que dans celle de De Gaulle.

Cette mise au point sur la place effective mais somme toute réduite du référendum européen chez Spinelli nous paraît nécessaire pour bien le situer dans le débat sur la construction européenne. En effet, s'il partageait avec les fonctionnalistes l'idée qu'il fallait recourir à la supranationalité pour mettre fin à la souveraineté de l'État-nation, il critiqua vigoureusement la méthode de Monnet en lui reprochant de favoriser une intégration économique sans modifier les institutions politiques nationales dans un sens résolument fédéral. Toute sa vie, Spinelli rechercha, contre les conceptions fonctionnalistes, à faire émerger une Constituante européenne. Lorsque le Parlement européen fut pour la première fois élu au suffrage universel en 1979, il pensa que ce dernier serait alors capable d'assumer cette fonction. On voit donc que Spinelli partageait avec les gaullistes l'argumentation critique contre le fonctionnalisme et le principe d'un nécessaire appel au peuple pour légitimer l'édifice européen. La différence essentielle est l'objet de cette légitimation démocratique : pour Spinelli, le référendum sur la constitution fédérale aurait pour fonction de faire émerger un nouveau pouvoir constituant, le peuple européen, dans lequel se fondraient les différentes nations européennes originelles ; pour de Gaulle, au contraire, il s'agit de rendre irréversible l'institutionnalisation de la coopération intergouvernementale. Au plan historique, cette divergence amena Spinelli à se placer dans les années 1960 du côté des monnétistes, malgré ses réticences à l'égard de la méthode fonctionnaliste, pour défendre l'œuvre des communautés contre la France gaullienne.

En un mot, en attendant le moment de la nécessaire démocratisation, il fallait d'abord sauver le traité de Rome. Ce travail commun avec les fonctionnalistes, contre de Gaulle, révèle, selon nous, la priorité chez Spinelli du dépassement de l'État-nation par rapport à la légitimation démocratique fédéraliste. L'abandon de la souveraineté de l'Etat-nation apparaît donc comme une condition nécessaire et suffisante de l'intégration européenne ; au contraire, la démocratisation de la fédération peut être repoussée à plus tard. C'est pourquoi l'adversaire principal pour Spinelli dans les années 1960 ne pouvait être que de Gaulle, et non Monnet[21].

C'est en ayant à l'esprit cet arrière-plan historique et idéologique qu'il faut interpréter les propositions de référendum européen qui émanèrent du Parlement européen dans les années 1980. Rappelons que Spinelli fut à l'origine, au sein du premier Parlement européen directement élu de 1979, d'un projet de Constitution fédérale pour l'Europe qui fut voté à une grande majorité par le Parlement en 1984 et contribua à la relance de la construction européenne du milieu des années 1980. C'est sous l'influence de Spinelli qu'une commission aux affaires institutionnelles fut créée au Parlement, dont il devint le principal animateur et qui, après l'échec de la Constitution fédérale, produisit les résolutions et rapports prônant l'organisation d'un référendum européen, entre 1986 et 1995[22].

On connaît la méfiance structurelle des parlements pour la procédure référendaire, qui très souvent servit d'instrument aux exécutifs pour court-circuiter les corps intermédiaires et se légitimer directement. Il est donc paradoxal de voir l'idée de référendum européen ressurgir au Parlement européen. En fait, on discerne dans toutes les propositions de référendum européen de cette époque un objectif institutionnel explicitement mentionné : « conférer au Parlement européen un poids plus important dans la structure communautaire »[23]. Autrement dit, il s'agit pour cette

21 En fait, le premier moment d'affrontement entre le fédéralisme « à la Spinelli » et les thèses confédérales des gaullistes fut le débat sur la CED. En effet, on sait que ce fut sous l'influence de Spinelli que le dirigeant italien De Gasperi parvint à faire insérer en décembre 1951 dans le traité de CED l'article 38, qui prévoyait l'élaboration par l'Assemblée de la future CED d'un projet de communauté politique. En se fondant sur cet article 38, la tâche fut en fait confiée pour gagner du temps à l'Assemblée commune de la CECA élargie, et appelée Assemblée *ad hoc*. Michel Debré, qui siégea dans cette dernière assemblée, n'eut de cesse d'en contester la légitimité, tandis que Spinelli vit en celle-ci la fameuse Constituante européenne qu'il appelait de ses vœux (voir l'article « Spinelli » d'Étienne Deschamps, *op. cit.*, p. 969–973 ; Christine Manigand, « L'Europe des gaullistes », *op. cit.*).

22 Nous nous appuyons ici sur les analyses fouillées de Frédéric Esposito, *Vers un nouveau pouvoir citoyen ?*, *op. cit.*, p. 273–283.

23 Parlement européen, rapporteur : Carlos María Bru Purón, *Rapport fait au nom de la commission institutionnelle sur les modalités d'une consultation des citoyens européens sur l'union politique européenne*, Bruxelles, A2-106/88/B, septembre 1988.

institution de trouver dans les citoyens européens des alliés pour s'affirmer face aux autres institutions de la CEE, la Commission et le Conseil. L'idée est que le renforcement du rôle des citoyens européens dans la construction européenne, grâce à un référendum européen, devrait aller de pair avec le renforcement des compétences du Parlement européen, jusqu'à lui confier un rôle de constituant.

Mentionnons ici le cas du référendum consultatif qui eut lieu en Italie, le 18 juin 1989, en même temps que les élections européennes[24] : on demanda alors au peuple italien de se prononcer pour ou contre le principe d'établir une constitution pour l'Europe, la question soumise aux Italiens précisant que la préparation d'une telle constitution incomberait au Parlement européen. Le « oui » l'emporta haut la main, avec un taux de participation des électeurs de près de 81 % (soit plus de 29 millions de voix pour le « oui » contre un peu moins de 4 millions pour le « non »). On comprend dès lors pourquoi les eurodéputés donnèrent ensuite en exemple la procédure référendaire italienne.

Le référendum était alors vu comme un instrument permettant au Parlement européen d'appuyer ses revendications en matière de compétences constituantes, et également comme un moyen de pression vis-à-vis des gouvernements nationaux qui refuseraient le transfert de souveraineté vers l'autorité fédérale européenne. Le présupposé fondamental des contributions de cette époque reprenait donc l'idée spinelliste selon laquelle le Parlement européen assumerait le rôle d'une constituante et disposerait du pouvoir de soumettre à référendum le texte élaboré. Ainsi, démocratie parlementaire et référendum devenaient-ils complémentaires dans cette conception, avec un Parlement européen placé au cœur de la constitutionnalisation de l'édifice communautaire.

Toutes ces propositions firent long feu et ne dépassèrent jamais le cadre du débat bruxellois entre institutions européennes. L'association étroite entre le renforcement institutionnel du Parlement européen, la constitutionnalisation de l'Europe et la diffusion des instruments de la démocratie directe se dilua petit à petit. Il n'en demeure pas moins que l'idée de combler, grâce à l'instrument du référendum ou de l'initiative populaire, le déficit démocratique européen, diagnostiqué à l'issue des difficiles référendums organisés en France et au Danemark pour ratifier le traité de Maastricht,

24 Parlement européen – Direction Générale des études, *Le référendum dans les États membres de la Communauté européenne* (Dossiers d'études et de documentation. Série « Europe des citoyens », n. 3), Luxembourg, Parlement européen, 1990.

se répandit. L'on a pu dénombrer plus d'une vingtaine de propositions, sous des formes diverses, avec un degré de sophistication croissante, durant la décennie 1993–2003[25]. L'idée fut présente aussi lors des débats de la Convention européenne, présidée par Valéry Giscard d'Estaing, en 2003. La discussion eut cependant pour seul résultat concret l'intégration dans le traité constitutionnel du dispositif de l'initiative citoyenne européenne, forme très édulcorée de démocratie directe par comparaison avec le référendum[26]. Nous en arrivons au troisième moment de l'histoire du référendum européen, le moment que nous appellerions « cosmopolitique » ou « post-national », dont nous examinerons deux manifestations essentielles : Ulrich Beck et Jürgen Habermas[27].

Le moment post-national ou comment combler le déficit démocratique européen

En 2004, Beck fait du référendum européen l'une des pierres angulaires de ses propositions pour démocratiser l'Europe : estimant vouée à l'échec toute transposition à l'échelon européen du modèle de démocratie représentative qui a prévalu au niveau des États-nations (ce qu'il appelle la « parlementarisation »), il conçoit le référendum européen justement comme un moyen de dépasser le cadre national et de fonder la légitimité démocratique de « l'Empire européen cosmopolitique » qu'il appelle de ses vœux.

Deux caractéristiques de l'Union européenne rendent structurellement impossible une démocratisation de l'Europe sur le modèle de la vie

25 Voir le décompte opéré par Frédéric Esposito, *Vers un nouveau pouvoir citoyen ?*, *op. cit.*, p. 237–245.

26 Sur l'ICE, nous renvoyons, dans cet ouvrage, aux analyses d'Adélie Pomade et Eugénie Duval ; voir aussi le récit de l'ancienne députée européenne Sylvia-Yvonne Kaufman, « L'ICE, ou la démocratie directe transnationale devenant réalité », *Le Taurillon*, 4 novembre 2011, [<http://www.taurillon.org/L-ICE-ou-la-democratie-directe-transnationale-devenant-realite,04462>] (consulté le 21 février 2014).

27 Ulrich Beck, Edgar Grande, *Pour un empire européen*, trad. Aurélie Duthoo, Paris, Flammarion, 2007 (ouvrage original en allemand publié en 2004) ; Jürgen Habermas, *Sur l'Europe*, trad. Alexandre Dupeyrix, Paris, Bayard, 2006.

parlementaire telle qu'elle s'est développée au niveau de l'Etat-nation : tout d'abord, l'asymétrie des entités qui la constituent, à savoir le fait que les États membres, les gouvernements et même les citoyens n'ont pas tous les mêmes droits en vertu de la géométrie variable des appartenances, ce qui va à l'encontre du principe d'égalité qui régit la démocratie stato-nationale ; ensuite, la très forte fragmentation du pouvoir, qui rend quasi impossible aux citoyens européens l'identification des responsabilités politiques. D'après Beck, du fait de ces deux caractéristiques, quand bien même l'on renforcerait les compétences du Parlement européen, le contrôle qu'il pourrait exercer sur la politique européenne resterait limité. C'est aussi ce qui explique pourquoi l'élargissement des pouvoirs du Parlement européen n'a guère permis d'en renforcer la légitimité : la faible participation aux élections européennes montre qu'il n'est pas perçu par les citoyens comme le représentant légitime de leurs objectifs politiques et de leurs intérêts. Il est vu comme une institution lointaine, faisant partie de l'appareil de pouvoir bruxellois.

La seule alternative possible à cette parlementarisation est « l'introduction de formes directes de participation politique », et parmi les instruments destinés à promouvoir cette participation, « le moyen le plus important est l'organisation de référendums à l'échelle européenne »[28]. Ces référendums européens doivent remplir certaines conditions pour atteindre leurs objectifs, qui sont de combler le fossé entre les citoyens et les institutions européennes, et de déclencher « par le bas » des dynamiques de délibération politique transnationale : ils doivent être réellement européens, et non pas une série de référendums nationaux sans coordination entre eux ; ils doivent pouvoir être initiés à propos de n'importe quel thème, par les citoyens européens eux-mêmes, et non par les institutions européennes ou stato-nationales – l'initiative populaire limitant les risques de voir les référendums instrumentalisés pour servir les jeux de pouvoir entre institutions européennes ; le résultat des référendums doit être contraignant pour les institutions supranationales, afin d'attribuer un réel pouvoir décisionnel aux citoyens européens.

Habermas a aussi repris à son compte le référendum européen, en l'inscrivant dans un paradigme démocratique transnational, délibérément différencié du modèle de la représentation parlementaire à l'échelle de l'État-nation, et se distinguant par là-même de l'idéal fédéraliste d'un

28 Ulrich Beck, Edgar Grande, *Pour un empire européen*, *op. cit.*, p. 332–334.

Spinelli, dont l'ambition consistait à fonder un État fédéral européen unique.

Habermas accueillit le résultat négatif des référendums nationaux organisés en France et aux Pays-Bas, en 2005, comme une véritable « débâcle », mais il ne contesta jamais la légitimité démocratique de ces deux votes, saluant même le caractère approfondi de la campagne référendaire française de 2005[29]. Prêtant une attention toute particulière aux arguments de la gauche française en faveur du « non », il se refusa à interpréter le « non » français comme anti-européen, et incrimina avant tout la responsabilité des élites politiques européennes dans l'échec du traité constitutionnel. Ces élites avaient été selon lui incapables de proposer aux peuples européens un débat clairement posé sur la finalité de l'Union. Pour dépasser le blocage qui résultait de l'échec de 2005, il s'associa en janvier 2006 à l'idée de l'ancien ministre des Affaires étrangères allemand, Joschka Fischer : il s'agissait de coupler « les prochaines élections au Parlement européen [avec] un référendum portant sur une proposition non ambiguë quant à la question de la finalité et de l'avenir de l'Europe » ; on proposerait de cette manière aux électeurs

> une réforme précise des institutions à la mesure des exigences politiques européennes, réforme qui serait adoptée si elle réunissait la "double majorité" des États et des citoyens. Toutefois, le référendum n'aurait de valeur contraignante que pour les États au sein desquels se serait dégagée une majorité en faveur de la réforme. L'Europe se dégagerait ainsi du modèle du convoi où le plus lent impose son tempo. Et, dans une telle Europe à géométrie variable, la garantie serait naturellement apportée aux États préférant provisoirement rester à la périphérie de pouvoir rejoindre le centre à tout instant.

Le référendum européen est donc ici conçu comme un instrument de sortie de crise pour l'intégration européenne. Il devient un moyen de renouer le lien rompu entre citoyens et projet européen, en ce qu'il permet de reposer frontalement la question de la finalité de l'Europe, débat que le système européen privilégiant le consensus conduit à occulter : s'agit-il d'établir une zone de libre-échange ou bien de défendre un modèle social européen ? L'Europe doit-elle devenir une entité capable d'imprimer sa marque sur les grandes décisions internationales ou un simple espace, ouvert aux vents de la mondialisation ? D'après Habermas, c'est en ouvrant le débat crucial de la finalité que l'on pourrait de nouveau intéresser les

29 Jürgen Habermas, *Sur l'Europe*, *op. cit.*, p. 5–11.

citoyens européens à un processus dont ils ne comprennent plus l'intérêt ni le but.

Ainsi, par une étonnante ironie de l'histoire, l'on voit ressurgir une proposition faite en premier lieu par le partisan par excellence de l'Europe des États, de Gaulle, dans la bouche de deux théoriciens allemands du dépassement de l'État-nation, Beck et Habermas. À la différence de la version « parlementaire » du référendum européen, le référendum européen n'est plus envisagé comme un moyen de renforcer les institutions supranationales. Il s'agit de créer une nouvelle forme de vie démocratique, par-delà la forme étatique. On doit toutefois noter que la version habermassienne du référendum européen se rapproche par un aspect de la version gaullienne : il s'agissait déjà pour de Gaulle de proposer à la ratification des peuples européens un plan spécifique pour l'Europe, et en particulier une stratégie et une politique étrangère bien définies. La « personnalité européenne » dont de Gaulle appelait l'avènement rejoint ainsi l'idée habermassienne selon laquelle le projet d'intégration européenne ne saurait se poursuivre désormais sans que le débat sur la finalité politique de l'Union ne soit rouvert, posé et résolu.

L'évolution de l'idée du référendum européen offre donc une perspective originale pour relire l'histoire de l'intégration européenne et l'articulation entre les différentes conceptions, intergouvernementale, fédéraliste et enfin, post-nationale de la construction européenne. Le fait que de Gaulle est revenu avec tant de persévérance à l'idée de référendum européen, de 1949 jusqu'à 1962, est une nouvelle preuve qui doit amener à mettre en cause le mythe d'un de Gaulle anti-européen, battu en brèche depuis un certain nombre d'années par les historiens[30]. L'idée du référendum européen met aussi en évidence un point commun peut-être insoupçonné entre l'idéal fédéraliste d'un Spinelli et les thèses gaullistes en matière européenne, les opposant tous deux à la conception fonctionnaliste : à savoir l'idée que l'on ne pourra passer par pertes et profits la nécessaire légitimation démocratique de l'édifice européen, comme ont paru le croire les partisans de Monnet. C'est bien cette idée qui revient en force durant les

30 Jeffrey Giauque, *Grand Designs and Visions of Unity: The Atlantic Powers and the Reorganization of Western Europe, 1955–1963*, Chapel Hill, University of North Carolina Press, 2002 ; Laurent Warlouzet, « De Gaulle as a Father of Europe: The Unpredictability of the FTA's Failure and the EEC's Success (1956–58) », *Contemporary European History*, vol. 20, 2011, p. 419–434.

années 1990 et 2000, au moment où l'on s'aperçut du fossé croissant qui se creusait entre les peuples et les institutions européennes. Aussi le resurgissement récent de l'idée du référendum européen, même après l'échec des référendums nationaux de 2005 sur le traité constitutionnel européen, nous paraît-il être un symptôme de ce qui pourrait être appelé le péché originel de la construction européenne : indubitablement, le choix fut fait, pour donner le départ au processus d'intégration de se passer de l'assentiment populaire, en comptant sur l'idée d'une légitimation de l'entreprise européenne *a posteriori*, par les résultats. Sur le caractère contestable de ce contournement initial de la démocratie, on s'aperçoit que tant les gaullistes que les fédéralistes et les théoriciens de l'Europe post-nationale, en partant de prémisses on ne peut plus différentes, pourraient se mettre d'accord et que, chacun à leur manière, ils en sont venus à envisager de corriger ce défaut par un recours à l'instrument référendaire.

Eugénie DUVAL, Université de Caen Basse-Normandie

La participation du citoyen à la prise de décision au sein de l'Union : une (dés)illusion ?

« La qualité, la pertinence et l'efficacité des politiques de l'Union dépendent d'une large participation des citoyens à tous les stades, de la conception à la mise en œuvre des politiques »[1]. Depuis une quinzaine d'années, la participation apparaît en effet comme un véritable leitmotiv pour les institutions de l'Union. Deux ans après le Mouvement des Indignés qui, en Grèce notamment, avait appelé à une « démocratie réelle », l'Union a instauré l'« Année européenne des citoyens 2013 »[2], réagissant ainsi, selon les propos de la vice-présidente de la Commission européenne Viviane Reding, à la crise de confiance que traverse l'Union européenne en informant, en écoutant et en dialoguant avec les citoyens[3].

L'évolution de l'Union européenne caractérisée par le passage d'une dimension économique à une dimension plus politique, renforcée par l'accroissement des transferts de compétences, conduit nécessairement à une réflexion sur la légitimité des institutions et de leurs décisions, ainsi que, plus largement, sur le caractère démocratique de l'Union[4]. En effet, les allégations relatives au « déficit démocratique », au manque de légitimité ou encore plus généralement à l'idée de « crise de la démocratie » sont aujourd'hui des lieux communs, même si ce constat est

1 Commission des Communautés européennes, *Gouvernance européenne. Un livre blanc*, COM (2001) 424 final, 25 juillet 2001, p. 12.

2 Parlement européen et Conseil, *Décision relative à l'Année européenne des citoyens* (2013), n° 1093/2012/UE, 21 novembre 2012 ; Étienne Pataut, « 2013, année du citoyen », *Revue trimestrielle de droit européen*, 2012, p. 621.

3 Viviane Reding, « Plus de la moitié des citoyens européens estiment que leur voix ne compte pas en Europe – cela doit changer », entretien issu de la revue *Sport et Citoyenneté*, n° 21, 2012 [<http://www.touteleurope.eu/fr>].

4 Sur le lien démocratie-Union européenne, il faudrait selon certains privilégier « l'étude de l'européanisation de la démocratie, plutôt que de nous limiter à l'analyse de la démocratisation de l'Union européenne », Stéphane Schott, « L'initiative citoyenne et la démocratisation de l'Union européenne », *Politeia*, n° 18, 2010, p. 346–347.

discuté[5]. Face à ces allégations, l'Union a toujours tenté de se rattacher au « modèle démocratique »[6] : « Tout livre blanc, résolution, conclusion de Sommet, [...] se doit désormais d'évoquer la nécessité impérieuse de rendre l'Union plus démocratique, plus transparente et plus proche des citoyens »[7]. L'Union a d'abord principalement cherché à « démocratiser » son fonctionnement par une revalorisation toujours plus importante du Parlement européen[8]. Toutefois, la participation à travers l'élection apparaît insuffisante et, de surcroît, fonctionne mal si l'on en juge par les taux de participation aux élections européennes[9]. L'Union s'est alors ensuite tournée vers de nouveaux modes de légitimation, à travers des mécanismes visant à associer plus étroitement les citoyens à son fonctionnement[10], à les faire « participer [...] à l'élaboration des politiques de l'Union européenne »[11]. Nous utiliserons ici le terme de « participation », que l'on entendra comme englobant divers mécanismes relevant pour certains de la notion de démocratie semi-directe, de la démocratie participative ou encore de la démocratie délibérative[12]. Si la frontière entre ces concepts, et consécutivement leurs procédés, peut être difficile

5 Voir Andrew Moravcsik, « Le mythe du déficit démocratique européen », *Raisons politiques*, n° 10, 2003/2, p. 87–105.

6 Bernard Mathieu, « Le Parlement européen et la démocratie », *Les Petites Affiches*, n° 116, 11 juin 2009, p. 16 : « Il n'y a d'ordre juridique légitime que démocratique, l'Union européenne se doit d'être démocratique afin d'être légitime ».

7 Paul Magnette, « Le principe démocratique au-delà de la représentation », in Paul Magnette, *La Constitution de l'Europe*, Éditions de l'Université de Bruxelles, 2000, p. 135.

8 Voir pour plus de précisions sur ces différentes étapes, Nicolas Levrat, *La construction européenne est-elle démocratique ?*, Paris, La Documentation française, Réflexeurope, 2012, p. 10–40.

9 Parlement européen, *Taux de participation aux élections européennes 1979–2009*, [<http://www.europarl.europa.eu/aboutparliament/fr/000cdcd9d4/%C2%A0Taux-de-participation-%281979 2009%29.html>].

10 Nous adhérons aux propos de Fabien Terpan, *Droit et politique de l'Union européenne*, Larcier, Masters Droit, 2013, p. 206, selon lesquels à partir de la fin des années 90, « [l]'enjeu démocratique, qui jusque-là semblait tourner autour de la légitimité et des pouvoirs du Parlement, s'oriente plus vers les citoyens et la société civile, dont il faut gagner le soutien ».

11 Commission européenne, *Votre point de vue sur l'Europe* [<http://ec.europa.eu/yourvoice/index_fr.htm>].

12 Voir sur les notions de démocratie participative et démocratie semi-directe, Jean-Marie Denquin, « Démocratie participative et démocratie semi-directe », *Cahiers du Conseil constitutionnel*, n° 23, dossier « La citoyenneté », 2008.

à tracer, il semble que l'on puisse retenir une acception assez large de la notion de participation, à l'image de l'article 11 du traité sur l'Union européenne (TUE) ou encore de celle retenue par Jacques Chevallier :

> La participation doit en effet être conçue comme un processus d'ordre très général, qui pousse au décloisonnement de l'administration en prenant des formes diverses ; les procédés délibératifs apparaissent dès lors indissociables d'une logique participative qu'ils contribuent à renouveler et à enrichir[13].

Cette idée de participation a émergé conjointement avec le développement de la notion de citoyenneté européenne en droit de l'Union. Des éléments relevant de la participation ont été consacrés par de nombreux textes comme le traité de Maastricht, le traité de Lisbonne ou encore la Convention d'Aarhus ratifiée en 2005[14]. Depuis une vingtaine d'années, l'Union a développé de nombreux instruments visant une plus grande participation du citoyen, dont certains paraissent plutôt prometteurs, comme l'Initiative citoyenne européenne (ICE) consacrée par le traité de Lisbonne. Toutefois, comme on l'a déjà mentionné, l'étude de ces procédés peut s'avérer délicate de par les difficultés conceptuelles qu'ils impliquent et l'imprécision des textes. On peut donc se demander si ces mécanismes conduisent réellement, comme l'affirme Maros Sefcovic, vice-président de la Commission européenne, à propos de l'initiative citoyenne européenne, à « inclure davantage les citoyens » « dans le processus législatif européen »[15]. Cet objectif apparaît difficile à atteindre, voire inaccessible, tant l'identification de l'acteur de la participation est malaisée et la portée de ces procédés incertaine.

---

13 Jacques Chevallier, « Délibération et participation », in *Rapport public du Conseil d'État : consulter autrement, participer effectivement*, La Documentation française, 2011, p. 197 ; l'objectif ne sera pas ici de rentrer dans le détail des différents concepts, de les distinguer, de rattacher tel mécanisme à telle notion, ni de dresser une liste exhaustive de ces mécanismes, d'autant que certains auteurs entendent la notion de manière très extensive.

14 Conseil de l'Union européenne, *Décision relative à la conclusion, au nom de la Communauté européenne, de la convention sur l'accès à l'information, la participation du public au processus décisionnel et l'accès à la justice en matière d'environnement*, UE Doc. 2005/370/CE, 17 février 2005 ; Parlement européen et Conseil, *Règlement concernant l'application aux institutions et organes de la Communauté européenne des dispositions de la convention d'Aarhus sur l'accès à l'information, la participation du public au processus décisionnel et l'accès à la justice en matière d'environnement*, UE Doc. n° 1367/2006, 6 septembre 2006.

15 Maros Sefcovic, Débats au Parlement européen, 24 mars 2010.

Une identification difficile des acteurs de la participation

Il semble que l'on puisse distinguer deux types d'« acteurs de la participation » : ceux qui participent effectivement aux procédés, mais aussi ceux qui les initient et les organisent, ces derniers ayant une influence importante sur les suites du mécanisme. Or, leur identification s'avère particulièrement délicate, les textes les consacrant étant bien souvent rédigés dans des termes généraux. Après avoir mesuré l'importance des institutions européennes et de la société civile pour initier ces procédés qui relèvent souvent d'une dynamique descendante ou « top-down », nous tenterons d'identifier quels sont, en pratique, les participants.

Le poids de l'Union européenne et de la société civile dans l'initiative des procédés

Les textes laissent une marge de manœuvre importante aux institutions de l'Union pour mettre en place la participation, à l'instar des trois premiers paragraphes de l'article 11 du traité sur l'Union européenne[16]. Dès lors, beaucoup de procédés de participation sont initiés par les institutions de l'Union, qui semblent avoir un rôle majeur dans leur mise en place. Par ailleurs, il arrive que des organisations déclenchent également certains mécanismes dans le cadre d'un appel d'offres, comme cela a été le cas pour les Consultations européennes des citoyens de 2009, « initiées par un consortium composé d'une quarantaine d'organisations européennes non

16 Alberto Alemanno, « Le principe d'ouverture en droit européen : d'un instrument de lutte contre l'opacité à un outil de démocratie participative », *Revue du droit de l'Union européenne*, 2012, n° 4, p. 639 ; il faut se référer par exemple au Praesidium de la Convention européenne, pour comprendre que par la formule : « Les institutions donnent, par les voies appropriées, aux citoyens et aux associations représentatives la possibilité de faire connaître et d'échanger publiquement leurs opinions dans tous les domaines d'action de l'Union » (art. 8B.1 traité de Lisbonne), il s'agit des « forums, chats sur internet et autres mécanismes similaires que les institutions ont d'ores et déjà mis en place » ; Théodora Papadimitriou, « Le principe de démocratie participative dans le cadre du traité constitutionnel. Étude sur les enjeux d'un nouveau modèle de légitimité politique », Communication destinée au Congrès de l'Association française des constitutionnalistes, 9–11 juin 2005, Montpellier, [<http://www.droitconstitutionnel.org/congresmtp/textes3/PAPADIMI.pdf>].

gouvernementales, sous la houlette de la fondation belge *Roi Baudouin*, dans le cadre de l'appel à proposition associé à *Debate Europe* produit par la DG COM »[17]. Les institutions de l'Union n'hésitent d'ailleurs pas à apporter leur concours financier à la mise en place de telles pratiques, comme le souligne Thomas Delahais : « De 2006 à 2009, la Commission européenne a ainsi investi 10 millions d'euros dans une centaine de débats organisés à travers toute l'Europe, dont un certain nombre de projets participatifs, voire délibératifs, à l'échelle européenne »[18].

Certains textes prévoient au contraire des procédés dont l'initiative ou le déclenchement appartient en principe directement aux « citoyens ». C'est le cas des pétitions, ouvertes de manière très large aux citoyens, mais aussi aux non-citoyens et aux personnes morales[19]. L'initiative citoyenne européenne permet également à des citoyens d'amorcer une procédure, plus précisément de pouvoir faire une proposition d'acte juridique à la Commission européenne[20]. Il s'agit ici de laisser l'initiative aux seuls « citoyens »[21]. Or, même si les organisations de la société civile sont en principe exclues, dans les faits, leur soutien apparaît indispensable au déclenchement de la

17 Stéphanie Wojcik, « Participer… et après ? L'expérience des Consultations européennes des citoyens 2009 », *Politique européenne*, n° 34, 2011/2, p. 141.

18 Thomas Delahais, « Les effets de programmes européens de participation citoyenne sur l'action publique européenne : les cas de Plan D et Debate Europe », communication à la journée d'étude sur les effets de la participation, École des Hautes Études en Sciences Sociales de Paris, 21 octobre 2011, [<http://www.participation-et-democratie.fr/node/902>].

19 Saverio Baviera, « Les pétitions au Parlement européen et le médiateur européen », *Revue du Marché commun et de l'Union européenne*, n° 445, février 2001, p. 131 : Les « non-citoyens non-résidents » peuvent envoyer des pétitions, mais « la différence est que le Parlement n'est pas formellement obligé de donner suite à ces pétitions ». Mais en pratique, le Parlement a tendance à traiter les pétitions de la même manière.

20 *Version consolidée du traité sur l'Union européenne*, UE Doc. *JO* C 326, 26 octobre 2012, art. 11.4 : « Des citoyens de l'Union, au nombre d'un million au moins, ressortissants d'un nombre significatif d'États membres, peuvent prendre l'initiative d'inviter la Commission européenne, dans le cadre de ses attributions, à soumettre une proposition appropriée sur des questions pour lesquelles ces citoyens considèrent qu'un acte juridique de l'Union est nécessaire aux fins de l'application des traités ».

21 Voir sur l'exclusion des personnes morales, Stéphane Leclerc, « L'initiative citoyenne européenne : un premier pas vers la démocratie participative », in Chahira Boutayeb (dir.), *La Constitution, L'Europe et le Droit, Mélanges en l'honneur de Jean-Claude Masclet*, Publications de la Sorbonne, 2013, p. 687–689.

procédure participative, mais également à son succès. En effet, il faut que sept citoyens de sept nationalités différentes se réunissent dans un comité pour initier le processus[22], ce qui apparaît particulièrement difficile pour des citoyens que l'on pourrait qualifier d'« isolés » ou d'« ordinaires », qui ne feraient pas déjà partie d'une association. L'initiative citoyenne sur l'eau a par exemple été portée par la Fédération syndicale européenne des services publics. Ce type de procédé apparaît donc davantage adapté à des organisations de la société civile, notion que l'on pourrait entendre au sens de lobbies[23], et qui est définie par le Livre blanc de la Commission européenne de 2001 comme regroupant « notamment les organisations syndicales et patronales (les "partenaires sociaux"), les organisations non gouvernementales, les associations professionnelles, [ou encore entre autres] les organisations caritatives »[24].

Ainsi, l'initiative de ces procédés se révèle être une étape majeure permettant de créer, de déclencher le mécanisme et dans certains cas de l'organiser. Ce sont donc davantage les institutions et les organisations de la société civile qui en sont à l'initiative, et ce, même lorsque les textes réservent aux citoyens la possibilité d'initier eux-mêmes la participation. La logique est donc très largement « top-down » : les participants seront souvent appelés à s'exprimer selon des modalités prédéterminées, que ce soit sur la forme de la participation, le moment ou encore le(s) thème(s) retenu(s). Dans les faits, il est particulièrement difficile pour les citoyens

22 Voir Règlement UE Doc. n° 211/2011 du Parlement européen et du Conseil du 16 février 2011, relatif à l'initiative citoyenne, art. 3.2 ; sur le déroulement de la procédure et plus particulièrement sur les conditions relatives à l'objet de l'ICE, Nicolas Levrat, « L'initiative citoyenne européenne : une réponse au déficit démocratique ? », *Cahiers de droit européen*, vol. 47, 2011/1, p. 53–101.

23 Voir Romain Badouard, « Voies et impasses de la e-participation à l'échelle européenne. Une analyse comparées de la Consultation Européenne des Citoyens 2009 et des consultations en ligne de la Commission », *Premières journées doctorales sur la participation du public et la démocratie participative organisées par le GIS Participation du public, décision, démocratie participative,* ENS-LSH, Lyon, 27–28 novembre 2009, en ligne sur [<http://www.participation-et-democratie.fr/>] : « Sabine Saurugger […] nous apprend ainsi que la notion de "société civile européenne" est apparue au milieu des années 1990 à travers la notion de "dialogue civil", et s'est substituée à la notion de "groupe d'intérêt" utilisée jusque là (Saurugger, 2006). Derrière la société civile organisée se cacheraient donc des groupes d'intérêt, plus couramment appelés "lobbies" ».

24 Commission des Communautés européennes, *Gouvernance européenne. Un livre blanc*, *op. cit.*, p. 17.

de lancer le processus, les associations constituant souvent ici un tremplin indispensable permettant aux citoyens intéressés de s'organiser et de se rassembler. Ce constat se retrouve lors de l'examen des personnes participant effectivement à ces mécanismes.

Identifier le participant : du citoyen européen à la société civile ?

Alors que certains procédés sont expressément prévus par le droit, pour d'autres, le lien avec une disposition juridique est pour le moins distendu, ce qui rend l'identification de l'acteur de la participation délicate[25]. L'article 11 du traité sur l'Union européenne illustre ce flottement en employant tour à tour les notions de « citoyens », « associations représentatives », « société civile » et « parties concernées »[26].

En pratique, la plupart des procédés permettent à toute personne qui le souhaite de participer, que ce soit un citoyen de l'Union ou non, ou encore un membre de la société civile. C'est le cas des consultations en ligne organisées par la Commission dans le cadre des analyses d'impact conformément à l'article 11.3 du TUE[27]. Il s'agit ici de faire participer les parties concernées, c'est-à-dire « toutes les personnes désireuses de participer aux consultations organisées par la Commission, qu'il s'agisse d'organisations ou de citoyens »[28]. De manière générale, les procédés utilisant Internet permettent à de nombreuses personnes, qui n'ont pas forcément

25 Si certains mécanismes ou organes sont expressément prévus pour faire participer la société civile organisée, à l'image du Comité économique et social, d'autres procédés sont ouverts à un champ plus large de participants.

26 Théodora Papadimitriou, *op. cit.*, p. 7 : « Le choix de faire un bric-à-brac des acteurs en court-circuitant la demande d'élaboration des critères clairs qui détermineraient par exemple quelles associations peuvent être qualifiées de "représentatives" pèse sensiblement sur la portée de la disposition ».

27 Une « consultation des parties intéressées est obligatoire pour chaque analyse d'impact et elle doit être conforme aux normes minimales de la Commission », Commission européenne, *Lignes directrices concernant l'analyse d'impact*, 15 janvier 2009, UE Doc. SEC (2009) 92, p. 20. Cette consultation des parties intéressées peut prendre différentes formes, dont la consultation en ligne, qui nous intéresse ici. Voir pour plus de précisions sur les autres types de consultation (par exemple groupes d'experts, séminaires), *id.*

28 Commission des Communautés européennes, *Livre vert. Initiative européenne en matière de transparence*, UE Doc. COM (2006) 194 final, 3 mai 2006, p. 12.

la qualité de citoyen entendue au sens de l'article 9 du TUE[29], de pouvoir participer : on peut mentionner ici la phase en ligne des Consultations européennes des citoyens[30] ou encore les forums de discussion. Les consultations, comme celles organisées dans le cadre de l'« Année des citoyens européens 2013 » sont également très ouvertes.

Finalement, seuls quelques procédés, dont l'initiative citoyenne européenne est sans doute l'exemple le plus emblématique, sont limités par les textes aux personnes ayant la qualité de citoyen, et plus particulièrement aux « citoyens de l'Union en âge de voter aux élections du Parlement européen »[31].

Dans tous les cas, l'influence de la société civile est patente[32]. Par exemple, dans le cadre des consultations en ligne dites « ouvertes » de la Commission, il n'y a pas *a priori* de limites et de conditions quant aux participants, mais le caractère spécifique des thèmes abordés[33], le manque d'intérêt et le peu de publicité qui est faite autour de la tenue de ces mécanismes restreignent en pratique la consultation à des personnes intéressées et informées sur le sujet[34]. À cet égard, Romain Badouard précise à juste titre que « les consultations de la Commission convoquent un citoyen

29 TUE art. 9 : « Est citoyen de l'Union toute personne ayant la nationalité d'un État membre. La citoyenneté de l'Union s'ajoute à la citoyenneté nationale et ne la remplace pas ».

30 En outre, certains mécanismes, comme c'est le cas pour la deuxième phase des CEC, ne font intervenir qu'une poignée de participants, ce qui interroge la représentativité de ces panels. Voir sur cette question, Denis Duez, « La démocratie participative européenne. Du citoyen à la société civile organisée », in Cédric Cheneviere, Geneviève Duchenne (dir.), *Les modes d'expression de la citoyenneté européenne*, Presses universitaires de Louvain, 2011, p. 97–102.

31 Règlement (UE) n° 211/2011, *op. cit.*, art. 3.4 ; comme le souligne Stéphane Leclerc, *op. cit.*, p. 689, « un abaissement de l'âge minimum des signataires à une initiative citoyenne à l'âge de seize ans dans tous les États membres aurait été de nature à permettre l'émergence d'une conscience politique européenne des jeunes citoyens de l'Union ».

32 Denis Duez, *op. cit.*, p. 97–100.

33 Voir par exemple, « La pêche artisanale au filet maillant dérivant », consultation clôturée le 15 septembre 2013, site de la Commission européenne [<http://ec.europa.eu/yourvoice/consultations/index_fr.htm>].

34 Romain Badouard, *op. cit.* : « Si le "citoyen européen" en tant qu'individu est peu présent, ce sont les organisations de la société civile qui semblent s'imposer en tant qu'interlocuteur dominant sur ces consultations ».

"organisé" plutôt qu'un citoyen "ordinaire" »[35]. De manière générale, la participation aux consultations en ligne de la Commission européenne est plutôt faible, et la participation des citoyens « individuels » l'est encore davantage : si la consultation sur l'aide humanitaire de l'Union n'a par exemple réuni que 55 réponses, seules 9 provenaient de personnes individuelles, ce qui paraît dérisoire puisque, potentiellement, la Commission s'adressait à plus de 500 millions de citoyens[36].

Même dans le cadre de l'initiative citoyenne européenne réservée aux seuls « citoyens en âge de voter aux élections du Parlement européen », il semble que dans les faits et comme l'a affirmé le député européen Alain Lamassoure, « les partis politiques, les syndicats, les ONG déjà fortement organisées et impliquées dans la vie européenne seront fatalement mieux placés pour roder la procédure »[37]. Les contraintes organisationnelles de la procédure, comme la nécessité, déjà soulignée, de se constituer dès le départ en un comité réunissant des citoyens de différentes nationalités, mais surtout l'obligation de réunir plus d'un million de signatures provenant d'au moins sept États membres en un an imposent en effet l'existence d'une véritable organisation dotée de moyens humains et financiers importants[38]. Toutefois, selon Alain Lamassoure, « la véritable cible de cette procédure, c'est le citoyen ordinaire qui ne parvient pas à se faire entendre de ceux qui décident en Europe »[39].

Les « acteurs de la participation » sont donc généralement les organisations de la société civile, les citoyens déjà mobilisés et informés des différentes procédures. On est en définitive bien loin de l'image du « citoyen ordinaire ». Reste à savoir quelles sont les conséquences attachées aux résultats de la participation, notamment sur les décisions.

---

35 *Id.*

36 « L'aide humanitaire de l'Union : un instrument adéquat ? », consultation clôturée le 15 mars 2013, site de la Commission européenne.

37 Alain Lamassoure, « Un nouveau droit pour le citoyen européen », interview publiée sur le site du Parlement européen, 13 mars 2012.

38 Catherine Castor, *Le principe démocratique dans le droit de l'Union européenne*, Bruxelles, Bruylant, 2011, p. 170 : « Pour des raisons organisationnelles, financières, de modalités pratiques de collecte de signatures, l'instrument de l'initiative citoyenne, bien qu'ouverte aux citoyens, sera principalement utilisé par les acteurs organisés de la société civile ».

39 Alain Lamassoure, *op. cit.*

La portée de la participation : des effets incertains et limités

Là encore, l'imprécision des textes et surtout le caractère juridiquement non contraignant généralement attaché à ces mécanismes rendent l'appréciation de la portée de la participation délicate. Malgré cela, force est de constater que le lien entre la participation et une éventuelle prise de décision est particulièrement distendu, ce qui pourrait donner à ces mécanismes un effet factice, voire contre-productif.

Un lien distendu avec une éventuelle prise de décision

Les mécanismes que l'on peut rattacher à cette idée de participation ne sont pas tous liés à une éventuelle prise de décision et peuvent servir d'autres objectifs. En effet, certains procédés ne s'inscrivent pas, ou alors de manière particulièrement indirecte, dans le cadre d'un processus de décision[40]. Ceux-ci sont généralement instaurés davantage pour créer des lieux de dialogue entre participants et/ou entre participants et institutions de l'Union, à l'image du site « Debating Europe » qui permet aux internautes de poser directement des questions à des membres des institutions européennes qui leur répondent ensuite. Dès lors, mesurer le succès ou l'échec de ce type de procédé, c'est-à-dire l'impact qu'ils peuvent avoir, que ce soit sur les décisions ou sur le rapprochement qu'ils induisent ou non entre citoyens et institutions, est particulièrement malaisé.

Peu d'instruments ont réellement un lien avec une éventuelle prise de décision. C'est le cas notamment des consultations en ligne de la Commission qui sont réalisées dans le cadre d'une étude d'impact, c'est-à-dire lors de la phase d'élaboration d'une proposition de décision. Ces consultations permettent aux « parties intéressées » de répondre à des questions posées par la Commission et/ou de donner directement leur avis. Afin d'uniformiser cette pratique déjà ancienne, la Commission a en 2002 fixé un certain nombre de « normes minimales », prenant la forme d'une simple communication, la Commission affichant très nettement sa volonté de ne

40 Voir sur la question du rattachement de ces mécanismes au principe délibératif, Théodora Papadimitriou, *op. cit.*, p. 7–8.

pas les inscrire dans « un instrument juridiquement contraignant »[41]. Les résultats de ces consultations sont publiés sur le site « Votre point de vue sur l'Europe », la Commission devant ensuite « rendre compte du processus de consultation, de ses principaux résultats et de la prise en compte des opinions exprimées dans le rapport d'AI [analyse d'impact] et l'exposé des motifs accompagnant la proposition de la Commission »[42]. La Commission semble attacher une certaine importance à ces consultations[43], ses services jouant un rôle majeur dans la synthèse des contributions[44], contributions qui sont d'ailleurs accessibles sur le site de la Commission. Si ces consultations semblent pouvoir constituer un outil assez intéressant, notamment de par la possibilité d'envoyer des contributions « ouvertes », il reste particulièrement difficile de mesurer l'impact réel que leurs résultats peuvent avoir sur la décision, celles-ci ne liant absolument pas la Commission. Finalement, ces consultations apparaissent davantage

41 Commission des Communautés européennes, Communication de la Commission, *Vers une culture renforcée de consultation et de dialogue – Principes généraux et normes applicables aux consultations engagées par la Commission avec les parties intéressées*, 11 décembre 2002, COM (2002) 704 final, p. 10 ; toutefois, depuis 2008, « la codification de ces droits de participation fait que ne peut plus être exclue désormais une situation [...] dans laquelle une proposition de la Commission pourrait être contestée devant la justice sur la base d'un défaut supposé de consultation des parties intéressées », Alberto Alemanno, *op. cit.*, p. 649 ; par ailleurs, le Comité d'évaluation des études d'impact joue ici un rôle important de contrôle du respect des normes minimales, *ibid.*, p. 650 ; sur le règlement portant application de la Convention d'Aarhus au sein de l'UE et sur le rôle du médiateur, voir Simon Jolivet, « La pratique bien installée de l'Union européenne », in Programme Concertation Décision Environnement, *La participation du public à l'élaboration des textes réglementaires nationaux en matière d'environnement en France et à l'étranger. Exigence démocratique, nécessité juridique*, t. 1, 2013, p. 164.

42 Commission européenne, *Lignes directrices concernant l'analyse d'impact*, 15 janvier 2009, SEC (2009) 92, p. 22.

43 Sur les améliorations instaurées depuis 2012, voir Simon Jolivet, *op. cit.*, p. 165–166.

44 *Ibid.*, p. 168 : « Le manque d'explications concernant la façon et la mesure dans laquelle les observations formulées sont prises en compte par la Commission avait été pointé comme une lacune au cours de l'évaluation de 2007. M. Legris [chef d'unité "Transparence" au Secrétariat Général de la Commission européenne] concède à cet égard que, par exemple, les raisons pour lesquelles des propositions exprimées durant la consultation n'ont pas été retenues figurent encore assez rarement dans l'exposé des motifs ».

comme permettant de « participer à la "préparation de la décision" qu'à la prise de décision elle-même »[45].

L'initiative citoyenne européenne, quant à elle, permet aux citoyens d'effectuer une véritable proposition d'acte juridique. Le lien avec une éventuelle décision apparaît donc ici particulièrement important. Toutefois, comme le précise Thomas Woolfson, « l'initiative européenne est une initiative, rien de plus, rien de moins : elle n'est pas un referendum. Les citoyens n'ont pas le dernier mot, ils ne peuvent qu'"inviter" la Commission à soumettre une proposition »[46], contrairement à « une initiative populaire [qui] est un appel du peuple au peuple, l'initiative citoyenne européenne est un appel populaire à la Commission en vue d'initier une législation »[47]. Il ne s'agit donc que d'une initiative, une proposition qui sera ou non relayée au Parlement par la Commission. En effet, si l'initiative citoyenne a rempli toutes les conditions, notamment celle relative au nombre de signatures, la Commission va se prononcer librement sur la réponse à donner selon elle à cette initiative. Elle devra toutefois motiver les raisons qui la poussent à adopter cette position[48]. Le rôle de la Commission est donc majeur, ce qui peut paraître étonnant, dans la mesure où elle repose sur des bases démocratiques assez contestables[49]. Toutefois, cela n'est discutable que d'un point de vue politique car, juridiquement, c'est en adéquation avec l'article 289 du traité sur le fonctionnement de l'Union européenne qui prévoit que l'initiative des actes de l'Union revient en principe à la Commission. La Commission n'est donc pas liée par l'initiative : « Juridiquement, cette dernière n'est en effet nullement tenue de donner suite à une ICE [...]. Politiquement en revanche, le refus

45 Romain Badouard, *op. cit.*

46 Thomas Woolfson, « L'initiative citoyenne : un pas vers la démocratie directe dans l'Union européenne », in Cédric Cheneviere, Geneviève Duchenne (dir.), *op. cit.*, p. 54.

47 Andreas Auer, "European Citizens' Initiative", *European Constitutionnal Law Review*, 2005, p. 80 ; cité par Thomas Woolfson, *op. cit.*

48 Voir pour plus de précisions sur la procédure, *Règlement relatif à l'initiative citoyenne européenne*, *op. cit.*

49 On aurait pu confier cet examen au Parlement – à une commission spéciale du Parlement – ou encore à une commission spéciale de la Commission dont les membres seraient élus par le Parlement européen. Ce rôle de la Commission a également été critiqué par certains députés européens, voir Débats au Parlement européen, *Mise en place de l'initiative citoyenne européenne prévue à l'article 11.4 du traité sur l'Union européenne*, 24 mars 2010.

par la Commission d'exercer son pouvoir d'initiative en proposant une mesure qui a fait l'objet d'une initiative citoyenne risque de se révéler délicat »[50]. D'ailleurs, avant même que l'ICE sur l'eau ne soit clôturée, on pouvait déjà mesurer des effets sur des décisions en cours[51]. Reste donc à espérer que la Commission n'adopte pas une position trop restrictive[52]. En tout état de cause, l'ICE permet d'ores et déjà de faire émerger des problématiques au niveau de l'Union, favorisant ainsi un débat public sur ces questions. Débat également au niveau national, l'ICE "Let me Vote" en étant une illustration puisque, suite à cette initiative, une proposition de loi constitutionnelle ayant un objet proche a été déposée par un député français courant 2013[53]. Il arrive également que l'ICE soit un moyen de faire remonter une question locale, comme cela semble être le cas pour l'ICE sur les déchets[54].

Déterminer quelle est la portée exacte de ces procédés de participation reste donc particulièrement délicat. On peut toutefois relever que ces procédés ne lient pas les institutions et sont très largement dépendants de leur bon vouloir[55], ce qui nous conduit à nous interroger sur le caractère factice, voire contre-productif, de ces instruments.

---

50 Elsa Bernard, « Commission européenne », *Répertoire de droit communautaire*, Dalloz, 2012.

51 Voir Bernard Mounier, « Le grand succès prévisible de l'initiative sur l'eau contraint Barnier à reculer », *Mediapart*, 28 juin 2013.

52 Voir sur les recours qui peuvent être effectués dans le cadre de l'ICE, Stéphane Leclerc, *op. cit.*, p. 689–690.

53 Proposition de loi constitutionnelle visant à accorder le droit de vote et d'éligibilité (à l'exception du mandat de Président de la République) pour toutes les élections, aux citoyens européens résidant en France, 8 mars 2013, présentée par Jean-Christophe Lagarde.

54 Affaire locale de pollution à la dioxine qui a sans doute motivé des citoyens à se réunir pour faire une ICE sur ce sujet, voir Muriel Rambour, « Incidences environnementales, actions citoyennes et actualité jurisprudentielle dans l'Union européenne », *Riseo*, 2012/3 [<http://riseo.fr/Incidences-environnementales>].

55 Théodora Papadimitriou, *op. cit.*, p. 8 : « Ces mécanismes […] ne sont pas désignés dans le but de déterminer une prise de décision dans l'Union. Dans le meilleur des cas, il s'agirait d'une expression d'opinions destinée à exercer une pression politique au processus décisionnel », et : « Il n'existe pas des mécanismes de contrôle démocratique qui permettraient d'affirmer qu'une prise de décision au niveau de l'Union a été tributaire de la pression exercée par l'échange d'opinions ».

Des mécanismes participatifs contre-productifs ?

Un examen d'ensemble des procédés ne peut que mettre en exergue le fossé existant entre la volonté affichée par l'UE et la réalité. C'est en ce sens que certains ont pu relever « un certain nombre de contradictions entre la volonté première de rapprocher les institutions du citoyen et sa concrétisation »[56]. Toutefois, cela correspond finalement à la volonté de l'Union : il ne s'agit pas de garantir aux participants un impact sur la décision, ou encore moins de leur permettre de prendre eux-mêmes des décisions. Dans tous les cas, la participation est conçue comme un complément, comme le démontre cette phrase de la Commission à propos des consultations en ligne : « L'amélioration de la consultation apporte un "plus" à la prise de décision par les institutions, mais ne la remplace pas »[57]. Cette volonté d'associer « démocratie représentative » et « démocratie participative » était particulièrement perceptible dans le projet de traité établissant une constitution pour l'Europe qui consacrait ces deux notions dans deux articles distincts[58]. Au total, la participation « tend plutôt à renforcer la Commission dans son rôle historique d'initiateur des politiques européennes. En cela, la participation répond largement à une logique technocratique et fonctionnelle d'aide à la décision »[59]. En outre, la participation apparaît également comme une source de légitimation de l'action des institutions de l'Union[60] censée renforcer l'acceptabilité de leurs décisions.

56 Dany Goerig, « Le principe de la démocratie représentative : entre renforcement et contresens », in Vlad Constantinesco, Yves Gautier, Valérie Michel (dir.), *Le traité établissant une constitution pour l'Europe. Analyses et commentaires*, Presses universitaires de Strasbourg, Collections de l'Université Robert Schuman, Centre d'études internationales et européennes, 2005, p. 385.

57 Commission des Communautés européennes, *Gouvernance européenne. Un livre blanc*, COM (2001) 424 final, 25 juillet 2001, p. 20.

58 Traité établissant une Constitution pour l'Europe, 16 décembre 2004, C 310, art. 46, 47.

59 Denis Duez, « La démocratie participative européenne. Du citoyen à la société civile organisée », in Cédric Cheneviere, Geneviève Duchenne (dir.), *op. cit.*, p. 101.

60 Alberto Alemanno, *op. cit.*, p. 645 : « En contribuant à améliorer à la fois la qualité et l'acceptation du résultat du processus de régulation, la participation semble jouer un important rôle de "légitimisation" » ; sur les consultations organisées dans le cadre des analyses d'impact, voir Ioannis Papadopoulos, « L'usage stratégique des études d'impact dans la procédure législative européenne », journée d'étude *Les études d'impact*, Journées décentralisées de l'AFDC organisées à Lyon, 17 décembre 2010 [<http://suel.univ-lyon3.fr/add/videos.php?categorie=102>].

En l'état actuel, la mise en place d'instruments de participation au sein de l'Union présente le risque d'un désintérêt de la part des citoyens, voire d'un sentiment d'instrumentalisation[61]. En effet, on en arrive à se demander si l'usage qui est fait de ces mécanismes, qui n'est pas toujours conforme à l'objectif affiché, ne tend pas à aggraver encore davantage les problématiques liées à la démocratie au sein de l'Union[62]. Pour éviter un éventuel risque de désillusion, il semble donc crucial de garantir la lisibilité des mécanismes de participation en renforçant leur encadrement juridique.

Il existe en matière de participation, et cette remarque n'est pas propre à l'Union, « du flou et du mou »[63]. Il existe tout d'abord comme nous l'avons déjà mentionné, un flou conceptuel[64]. En outre, cette impression de flottement est renforcée par l'encadrement des procédés puisque si certains sont expressément prévus par les textes, d'autres relèvent davantage de la pratique, et sont donc susceptibles de mises en œuvre variables, ce qui ne favorise pas la prise en compte de leurs résultats (« du mou »)[65]. Olivier Jouanjan relève à ce sujet une « déformalisation radicale du principe démocratique [...] qui se manifeste dans l'indétermination des cercles d'intéressés, dans l'indétermination des procédures concrètes de participation et dans l'indétermination dans laquelle est laissée la procédure de passage

61 Il convient toutefois de préciser que les critiques que l'on peut adresser à l'encontre de ces procédés ne se justifient pas exclusivement par un manque de volonté politique de la part de l'Union. La participation, dans son principe, contient en effet des limites qui lui sont inhérentes, comme les questions relatives à la compétence, à l'intérêt et à la délimitation du champ des participants, limites qui ne sont toutefois pas insurmontables.

62 Le lien entre ces procédés de participation et la notion de démocratie peut d'ailleurs être interrogé, voir Deirdre Curtin, Joana Mendes, « Transparence et participation : des principes démocratiques pour l'administration de l'Union européenne », *Revue française d'administration publique*, 2011/1, n° 137–138, p. 117–118.

63 Expression empruntée à Jean-Claude Hélin, « La participation du public : entre flou et mou », *AJDA*, 2010, n° 41, p. 2281.

64 Slobodan Milacic, *Propos introductifs, La démocratie représentative devant un défi historique*, in Rafaâ Ben Achour, Jean Gicquel, Slobodan Milacic (dir.), *La démocratie représentative devant un défi historique*, Bruxelles, Bruylant, 2006, p. 30–31 : « "La démocratie participative" demeure dans le flou conceptuel. Il ne semble pas exagéré d'affirmer que l'idée de participation politique relève davantage de l'idéologie que de la théorie ; du discours politique plutôt que du droit positif ».

65 Voir sur « le contenu normatif de la participation », Alberto Alemanno, *op. cit.*, p. 638–653.

du dialogue et de la consultation au moment de la décision »[66]. On retrouve cette idée chez Catherine Castor, pour qui, « le caractère démocratique de cette participation découle de la concrétisation juridique d'un pouvoir d'influence. Cependant, la participation se réduit à une participation au processus délibératif et l'influence ne revêt un caractère direct que dans le cadre de l'initiative citoyenne introduite par le traité de Lisbonne »[67], ce dernier point pouvant d'ailleurs être nuancé. Un effort de clarification apparaît donc nécessaire : cela permettrait en effet d'uniformiser les pratiques, mais aussi et surtout de mieux comprendre dès le départ ce qui est attendu du mécanisme. Si le droit n'est pas une solution miracle[68], on peut toutefois penser que dans la concrétisation d'une véritable participation, « la responsabilité du droit est ici bien avérée »[69].

66 Olivier Jouanjan, « De la démocratie dans l'Union européenne et son éventuelle Constitution, in Thomas Von Danwitz, Jean Rossetto (dir.), *Eine Verfassung für die Europäische Union*, Eine Veröffentlichung der Konrad-Adenauer-Stiftung e.v., RFA, 2004, p. 213–214, cité par Catherine Castor, *op. cit.*, p. 155–156.

67 Catherine Castor, *op. cit.*, p. 181.

68 Voir Deirdre Curtin, Joana Mendes, *op. cit.*, p. 119–120 ; Alberto Alemanno, *op. cit.*, p. 653 : "Même si la judicisation (et par conséquent la judiciarisation) du principe d'ouverture n'est pas la panacée […], ce processus pourrait se révéler nécessaire non seulement pour garantir son effectivité, mais également, comme le symbolise l'initiative citoyenne européenne, pour favoriser la prise de pouvoir démocratique de la société ».

69 Dominique de Courcelles, « Le déficit démocratique européen : une crise générale de la démocratie ? », *Les Petites Affiches*, n° 130, 29 juin 2012, p. 13.

Adélie POMADE, Université Saint-Louis, Bruxelles

L'exercice de la citoyenneté européenne par le droit. Illustration par l'Initiative citoyenne européenne

L'Initiative citoyenne européenne (ICE) représente un enrichissement des droits précédemment octroyés aux citoyens européens par les traités de Maastricht en 1992, d'Amsterdam en 1997 et de Nice en 2001. Créée avec le traité de Lisbonne de 2007, l'ICE est venue renforcer les démarches spontanées des citoyens dans l'Union européenne, mettant en avant la démocratie participative considérée comme principe fondamental de l'UE. Ce droit jusqu'alors inédit a d'ailleurs déjà séduit les ressortissants européens, puisqu'au 1er novembre 2013, trente-six initiatives ont été proposées.

Considérée comme un droit pré-législatif pour initier une législation européenne[1], l'ICE trouve un prolongement dans les droits de participation et d'information issus de la Convention d'Aarhus de 1998, repris en droit européen dans les directives de 2003[2] et de 2006[3].

Plusieurs questions se posent si l'on souhaite cerner de manière plus précise l'ICE, ses enjeux, son potentiel et sa portée pour les citoyens européens. En quoi consiste exactement l'ICE ? Quelle est sa procédure ? En quoi l'ICE peut-elle significativement aider à construire une citoyenneté européenne ? Ce droit est-il isolé et autonome ou peut-il s'articuler

1 Bruno Kaufmann, *The European Citizens' Initiative Pocket Guide*, Luxembourg, Publications Green European Foundation, Initiative and Referendum Institute Europe, 2011, p. 9.

2 Directive 2003/35/CE du 26 mai 2003 du Parlement européen et du Conseil prévoyant la participation du public lors de l'élaboration de certains plans et programmes relatifs à l'environnement et modifiant, en ce qui concerne la participation du public et l'accès à la justice, les directives 85/337/CEE et 96/61/CE du Conseil, *Journal officiel de l'Union européenne (JOUE)* du 25 juin 2003.

3 Décret n° 2006–578 du 22 mai 2006 relatif à l'information et à la participation du public en matière d'environnement, modifiant le code de l'environnement et le décret n° 77–1133 du 21 septembre 1977 relatif aux installations classées pour la protection de l'environnement, *JOUE* du 23 mai 2006.

avec d'autres droits fondamentaux ? Quel premier bilan peut-on tirer de l'exercice de ce droit à l'issue de sa première année d'application ?

Nous tenterons de répondre à ces questions en voyant de quelle manière l'action citoyenne collective est au cœur de la procédure d'ICE et en appréciant l'utilité de l'ICE pour la notion de citoyenneté et la défense des droits fondamentaux. Une conclusion tirera un premier bilan de l'ICE une année après son entrée en vigueur.

Une action citoyenne collective au cœur de la procédure d'ICE

La dimension collective de l'ICE se justifie par sa procédure et s'explique par l'engagement et les démarches du Comité économique et social européen (CESE).

La procédure d'initiative citoyenne européenne

Introduite à l'article 11.4 du traité sur l'Union européenne (TUE) par le traité de Lisbonne du 13 décembre 2007, l'ICE s'est construite au fil du Livre vert sur une initiative citoyenne européenne[4] proposé par la Commission en 2009 et au fil du Règlement du Parlement et du Conseil du 16 février 2011[5] définissant sa procédure et ses conditions de mise en œuvre.

Juridiquement, il est prévu qu'une initiative citoyenne européenne permette à un million de citoyens européens, issus d'au moins sept pays membres de l'Union européenne et en âge de voter aux élections du Parlement européen[6], d'inviter la Commission européenne à proposer des mesures législatives[7].

4 Commission européenne, *Livre vert sur une initiative citoyenne européenne*, COM, (2009) 622 final, 11 novembre 2009.

5 Règlement n° 211/2011/UE du Parlement européen et Conseil relatif à l'initiative citoyenne du 16 février 2011, *JOUE* du 11 mars 2011.

6 L'âge requis est de 18 ans pour l'ensemble des États membres, excepté l'Autriche où la majorité est fixée à 16 ans.

7 Commission européenne, *Un nouveau droit pour les citoyens de l'UE. Vous fixez les priorités ! Guide de l'initiative citoyenne européenne*, Luxembourg, Office des publications de l'Union européenne, 2011, p. 4.

Avant d'engager la procédure, l'initiateur doit s'assurer qu'il n'existe aucun autre moyen plus adapté pour exprimer sa requête : droit de pétition au Parlement européen, participation aux consultations publiques ou introduction d'une plainte auprès du Médiateur européen. Il doit également veiller à ce que l'initiative entre dans les attributions de la Commission, c'est-à-dire que la Commission européenne soit habilitée à présenter une proposition d'acte juridique dans le domaine concerné par l'ICE. Parce qu'il n'existe pas de liste prédéfinie, il convient de s'en référer aux traités établissant explicitement sa compétence. Par exemple, si elle peut proposer un acte juridique dans le domaine de l'environnement ou de la santé, elle ne peut le faire dans le domaine de la politique étrangère ou de la sécurité commune.

Puis l'initiateur doit constituer un « comité de citoyens » composé d'au moins sept citoyens européens résidant dans au moins sept pays différents de l'Union, et remplissant la condition d'âge requise[8]. Ce comité est considéré comme l'organisateur officiel de l'initiative, chargé de gérer l'ensemble de la procédure. L'initiative est ensuite enregistrée sur le site officiel de la Commission[9]. Outre des informations classiques, tels l'intitulé, l'objet, les informations personnelles des sept membres ou les sources de soutien financier de l'initiative, il est demandé de produire un projet d'acte juridique. En cela, le comité doit produire un *draft* de proposition de législation. La Commission vérifie alors que l'ICE n'est pas vexatoire ou abusive, qu'elle n'est pas contraire aux valeurs de l'UE telles qu'énoncées dans le TUE[10].

Une fois l'ICE enregistrée, un compte sécurisé est ouvert en ligne afin d'ajouter des données nécessaires au fil de l'évolution de la procédure. Il peut s'agir de traductions de documents, de mises à jour des ressources financières… À tout moment, l'ICE peut être retirée par ses organisateurs. Toutefois, ceux-ci doivent garder à l'esprit que ce retrait est irréversible.

Pour pouvoir collecter les signatures, un système certifié est mis en place en ligne. Les organisateurs disposent d'une année pour obtenir le nombre de soutiens requis, étant signalé que les signataires ne doivent pas être issus d'un même pays, un nombre minimal de signataires par pays ayant été prédéfini. Le tableau ci-dessous rend compte de la proportion de ressortissants requise pour chaque État membre. On peut relever de larges différences :

8 L'âge requis est celui exigé pour pouvoir voter au Parlement européen.

9 Consulter [<http://ec.europa.eu/citizen-initiative/registration>].

10 Commission européenne, *Un nouveau droit pour les citoyens de l'UE*, *op. cit.*, p. 18.

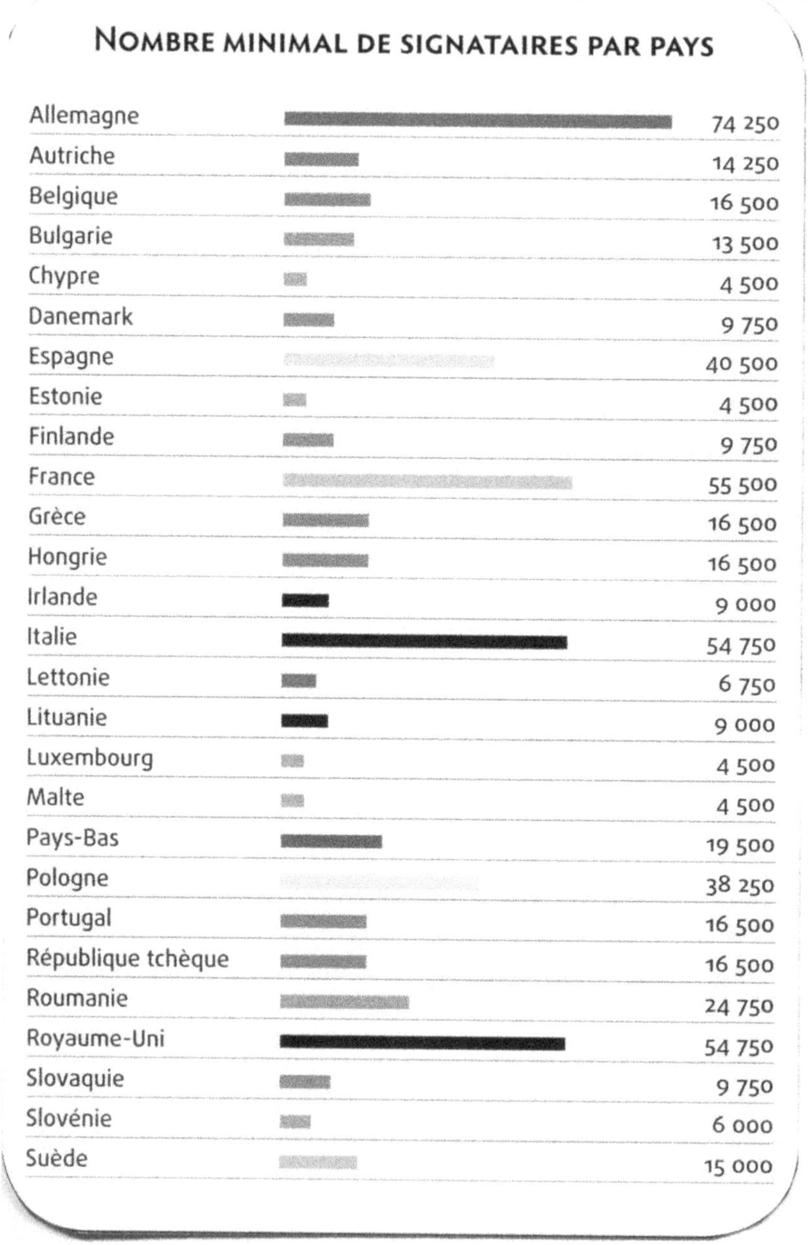

Source : Commission européenne, *Un nouveau droit pour les citoyens de l'UE*, *op. cit.*, p. 21.

Le soutien à une ICE implique de remplir un formulaire appelé « déclaration de soutien » fourni par les organisateurs. Il doit renseigner certaines informations comme l'intitulé, l'objet, les objectifs de l'initiative, son numéro d'enregistrement, etc. Une fois le document complété, le signataire dispose d'un droit de protection des données à caractère personnel. Par exemple, la liste des signataires ne peut être divulguée et les données recueillies ne peuvent être utilisées que pour l'ICE visée.

Les soutiens obtenus, l'ICE est présentée à la Commission pour examen. Cela peut impliquer une audition des organisateurs ou une audition publique devant le Parlement européen. Si la Commission répond favorablement à l'ICE, la procédure législative est lancée devant le Parlement européen ou le Conseil. Si elle répond défavorablement, la procédure s'arrête et les organisateurs disposent d'un droit de recours devant la Cour de Justice de l'Union Européenne[11] ou bien devant le Médiateur européen[12].

On comprend donc que seul un engagement motivé de la part du comité d'organisation de l'ICE et un relais efficace des ressortissants des États membres permettent de lancer et de faire vivre une ICE, au moins jusqu'à son examen par la Commission. L'ICE est ainsi profondément fondée sur une action citoyenne collective et transnationale. Cette collectivité s'explique mieux encore au regard des démarches conduites par le CESE.

Le rôle du CESE dans la dimension collective de l'ICE

L'un des objectifs poursuivis par l'ICE est de rapprocher les citoyens européens de la politique européenne. Se présentant comme l'« interface » ou la « plateforme de la démocratie participative transnationale »[13], il semble être l'interlocuteur de premier plan pour renforcer cette relation société/Union européenne et l'instrument permettant à la société civile d'exprimer ses points de vue et ses opinions et d'influencer la législation européenne. De la sorte, il contribue au développement d'une conscience européenne et constitue un véritable pont entre l'Europe et la société civile. L'une des missions du Comité est de garantir la prise en compte des opinions de tous

---

11 Article 263 du TUE.

12 Article 223 du TUE.

13 Comité économique et social européen, *Le CESE, un pont entre l'Europe et la société civile organisée*, Bruxelles, Publications de l'Union européenne, 2011, p. 9.

les groupes d'intérêt de la société, et ce au plus haut niveau des organes décisionnels et d'élaboration des politiques de l'UE[14].

Le CESE souligne le caractère fédérateur de la procédure d'ICE par son recours à la e-démocratie pour viser un maximum de destinataires[15]. Il s'agit donc selon ses membres d'une nouvelle génération d'instrument démocratique[16] générateur de rapprochements et de démarches collectives transnationales. L'ICE s'analyse alors à la fois comme une rupture et une évolution, comme un pouvoir de négociation, comme un catalyseur pour créer des coalitions au sein de réseaux à travers l'Europe[17].

Par ailleurs, le CESE a énoncé sept recommandations à destination des décideurs européens. Parmi les plus significatives, on citera l'élaboration d'un accord inter-institutionnel pour le dialogue civil à l'échelon européen, l'adoption de lignes directrices pour un dialogue civil, l'amélioration de la transparence et la bonne gouvernance, et la détermination de critères de représentativité des acteurs de la société civile. Ces recommandations ne sont pas sans impact potentiel sur la fonction réunificatrice de l'ICE à l'égard des citoyens européens. En effet, de cette manière, le CESE espère créer un contexte juridique favorable au dialogue et à l'échange d'informations entre les institutions et les citoyens de l'Union européenne, un contexte juridique favorable à l'octroi d'un rôle central à la démocratie participative et donc aux initiatives citoyennes. Par ces requêtes, il aspire aussi, pourrait-on penser, à un encadrement plus clair de la démocratie et de la participation à l'élaboration d'actes juridiques européens, à une mise en œuvre plus effective des articles 10 et 11 du TUE, à la mise en place d'un mécanisme innovant de diffusion des informations.

Au titre des engagements significatifs du CESE, on évoquera enfin sa proposition d'intervenir en qualité de facilitateur d'initiative citoyenne[18]. Dans cette perspective, il souhaite rendre plus accessible la mobilisation des citoyens européens dans le cadre de l'ICE en créant une structure de soutien indépendante, un *helpdesk*[19]. Ce service d'assistance serait à

14 *Id.*

15 Bruno Kaufmann, *The European Citizens' Initiative Pocket Guide*, *op. cit.*, 2011, p. 11.

16 *Id.*

17 Sur les ruptures : *ibid*, p. 18 *sq*.

18 CESE, Avis sur la proposition de règlement du Parlement européen et du Conseil relatif à l'initiative citoyenne, CESE 993/2010, 14 juillet 2010.

19 Staffan Nilsson, *Discours d'ouverture*, Journée de l'initiative citoyenne européenne : Engagez-vous !, 9 avril 2013, Bruxelles.

disposition des initiateurs d'ICE afin de leur permettre de rendre visible leur initiative à l'ensemble des citoyens européens. Cela impliquerait une traduction des textes dans les 24 langues de l'Union européenne et une aide technique informatique renforcée. Il s'adresserait également aux ressortissants des États, signataires potentiels, en proposant une plateforme virtuelle ludique, maniable et intuitive permettant une compréhension aisée et rapide des initiatives proposées.

L'utilité de l'ICE pour la notion de citoyenneté et la défense des droits fondamentaux

Il semble que l'ICE présente une double utilité. D'une part, elle participerait à la construction de la notion de citoyenneté européenne et d'autre part, elle renforcerait les droits fondamentaux reconnus aux citoyens européens.

L'ICE comme outil de construction de citoyenneté européenne

L'action menée par un ensemble de ressortissants d'États membres afin de lancer une ICE donne un nouveau souffle à la notion de citoyenneté européenne. En ce sens, cet élan collectif entraîne une reconfiguration du rôle et de la place du citoyen et une approche revisitée de la notion de citoyenneté, en adéquation avec les paysages juridique et socio-politique en mutation quant à la notion de participation du public.

Pendant longtemps, la citoyenneté s'est appréciée dans son rapport aux droits politiques. La notion a cependant été questionnée avec l'apparition de la notion de citoyenneté européenne dans le traité de Maastricht en 1992. Alors perçue comme complémentaire de la citoyenneté nationale, elle est venue accorder de nouveaux droits à toute personne possédant la nationalité d'un État membre de l'Union. Ainsi, avec l'entrée en vigueur des traités d'Amsterdam en 1999, Nice en 2003 et Lisbonne en 2009, on compte désormais le droit de vote et d'éligibilité, le droit de pétition auprès du Parlement européen, le droit de déposer une plainte auprès du Médiateur européen, le droit de circuler et de séjourner, de travailler et d'étudier, sur le territoire des autres pays membres, le droit d'accès aux documents du Parlement européen, du Conseil de l'Union européenne et de la Commission européenne.

Dans ces circonstances, la place de chaque ressortissant des vingt-huit États membres de l'Union est mise en exergue. Le droit d'initiative citoyenne européenne s'ajoutant à cette liste ébranle un peu plus l'approche traditionnelle selon laquelle seuls les États sont directement concernés par la prise de décision politique et l'élaboration du droit de l'Union européenne.

L'exercice du droit d'initiative citoyenne européenne permet de mettre en place des groupes de discussions entre les citoyens, leur permettant ainsi d'affirmer leur existence en tant que groupes de citoyens européens. Les échanges prennent place dès l'impulsion donnée au lancement d'une initiative et se poursuivent lors de la diffusion de l'objet de l'initiative par l'intermédiaire d'un site Internet, par la voie de la presse ou lors de discours informels, mais aussi lors de la collecte des signatures. Ces démarches participatives portent sur des thèmes liés à l'environnement et à la santé, aux droits des femmes, aux personnes à mobilité réduite, etc. Ces mobilisations citoyennes aident à la compréhension des enjeux soulevés par les différentes politiques publiques menées et les alternatives proposées, elles misent sur la discussion et sur la concurrence des arguments[20] et expriment la volonté d'un renouvellement démocratique des citoyens désireux de se mobiliser autour d'enjeux communs[21]. Ces mouvements acquérant une dimension transnationale mettent en lumière un engagement citoyen ne se limitant plus au territoire national[22].

À l'occasion de l'année 2013 déclarée Année européenne des citoyens, le CESE a demandé à la Commission d'enrichir les thématiques relatives à la citoyenneté européenne afin d'y inclure les questions concernant la citoyenneté active et les nouveaux droits des citoyens découlant du traité de Lisbonne[23], par exemple la possibilité de faire connaître et d'échanger publiquement ses opinions[24]. D'un point de vue juridique en effet, la

20 Gerald Häfner, « Foreword », in Bruno Kaufmann, *The European Citizens' Initiative Pocket Guide*, *op. cit.*, 2011, p. 6.

21 Green European Foundation, *Dix étapes pour réussir une initiative citoyenne européenne*, Luxembourg, Publications Green European Foundation, Initiative and Referendum Institute Europe, 2011.

22 Jacques Chevallier, *L'État post-moderne*, Paris, LGDJ, 2008.

23 CESE, Avis sur la proposition de décision du Parlement et du Conseil relative à l'Année européenne des citoyens (2013), CESE 822/2012, 28–29 mars 2012.

24 CESE, Donner forme à l'Europe, Récentes réalisations du CESE, 2012.

Commission n'entendait aborder la notion que sous l'angle exclusif de la liberté de la circulation. Par cette recommandation du Comité, l'ICE est donc clairement concernée.

Si les différentes déclarations[25] du CESE ont construit, dans une certaine mesure, la notion de citoyenneté européenne, celle-ci n'est cependant pas effective. D'un côté, on compte une absence d'institutions ou de plans de consultation locale adéquats pour soutenir les initiatives citoyennes dans les États membres. Il en résulte qu'une consultation réelle et efficace n'est pas toujours assurée[26]. D'un autre côté, on relève un faible niveau de confiance des citoyens envers l'UE et un scepticisme grandissant quant à leur pouvoir d'influence sur les décisions de l'Union. Selon le CESE, cette situation porterait atteinte à l'idéal européen, à la qualité des décisions et au développement à long terme de l'Union[27].

L'ICE comme outil de réaffirmation des droits fondamentaux

Le droit d'initiative citoyenne européenne s'articule avec ce que l'on appelle les droits fondamentaux. Ces droits sont les libertés et les droits reconnus par la Constitution, la Déclaration des droits de l'homme et du citoyen de 1789, le préambule de la Constitution de 1946 repris par celle de 1958, la Charte de l'environnement intégrée dans le préambule de la Constitution en 2005, mais aussi les droits consacrés dans la Convention de sauvegarde des droits de l'homme et des libertés fondamentales de 1950 signée par les États membres du Conseil de l'Europe ou encore dans la Charte des droits fondamentaux de l'Union européenne proclamée le 7 décembre 2000. Dans la mesure où la présente étude porte sur l'échelon européen, c'est en se référant à ces deux derniers textes que l'articulation entre l'ICE et les droits fondamentaux sera observée.

---

25 CESE, Avis d'initiative. La mise en œuvre du traité de Lisbonne : démocratie participative et initiative citoyenne (article 11 TUE), CESE 465/2010, 17 mars 2012 ; CESE, Feuille de route du Groupe III pour la démocratie participative en Europe. Résultats de la réunion extraordinaire du Groupe III du 22 mars 2011, CESE 3675/2011 ; CESE, Avis sur la proposition de règlement du Parlement européen et du Conseil relatif à l'initiative citoyenne, CESE 993/2010, 14 juillet 2010.

26 Conseil de l'Europe-Assemblée Parlementaire, La promotion d'une citoyenneté active en Europe, Rapport, n° 12898, 9 avril 2012.

27 CESE, Avis sur la proposition de décision du Parlement et du Conseil relative à l'Année européenne des citoyens (2013), *op. cit.*

On remarque, par exemple, que l'exercice de l'ICE vient renforcer le droit à un environnement sain garanti par la Cour européenne des droits de l'homme (CEDH)[28] sur le fondement de l'article 8 de la Convention. En outre, il vient renforcer l'article 37 de la Charte des droits fondamentaux, relatif à la protection de l'environnement. En effet, parmi les initiatives abordant la question environnementale, on évoquera la première ayant recueilli le nombre requis de signatures et relative au droit à l'eau[29]. En substance, elle demande que l'UE prenne le pas sur l'ONU et érige le droit à l'eau et à l'assainissement au rang de droit de l'homme. Elle souhaite notamment que les États membres soient contraints de garantir un approvisionnement en eau et une gestion des ressources hydriques qui ne soient pas soumis aux règles du marché intérieur et exige que l'Union intensifie ses efforts pour concrétiser l'accès universel à l'eau et à l'assainissement. Deux autres ICE[30] concernent la gestion responsable des déchets[31] et la suppression du paquet énergie-climat adopté en 2009[32], ce dernier prévoyant un train de mesures sur le climat et l'énergie et des actes législatifs destinés à réduire les émissions de dioxyde de carbone provenant des voitures neuves et des carburants utilisés pour le transport. La première souhaite que la Commission élabore des principes cadres pour garantir une gestion et un traitement responsables des déchets dans les États membres en rédigeant une série d'interdictions et d'obligations, tandis que la seconde requiert un arrêt de la fuite carbone accentuée par la délocalisation des entreprises ou encore la réduction de la précarité énergétique. L'initiative la plus récente intitulée « Arrêtons l'Écocide en Europe : une Initiative des Citoyens pour donner des Droits à la Terre » vise la prévention et la sanction de l'écocide[33]. Elle demande que la responsabilité de toute personne physique ou morale qui endommage, détruit ou cause la perte d'écosystèmes soit engagée. Impulsée sur la base des

---

28 Voir notamment CEDH, *Tatăr c. Roumanie*, 27 janvier 2009, req. n° 67021/01.

29 ICE intitulée « L'eau et l'assainissement sont un droit humain ! L'eau est un bien public, pas une marchandise » [<http://www.right2water.eu/>].

30 Consulter [<http://ec.europa.eu/citizens-initiative/>].

31 ICE intitulée « Pour une gestion responsable des déchets, contre les incinérateurs » [<http://ice.id.st/>].

32 ICE intitulée « Suspension du paquet énergie et climat de l'UE » [<http://www.affordable-energy.eu/>].

33 Un écocide est un acte de destruction ou d'endommagement important d'un écosystème, notamment par l'exploitation excessive de celui-ci dans le but de subvenir à d'autres processus ou systèmes.

idées de Polly Hoggins, juriste internationaliste, cette initiative pourrait aboutir à une reconnaissance de l'écocide en tant que cinquième crime contre la Paix pouvant être jugé par la Cour pénale internationale[34].

On notera également que l'exercice du droit d'initiative citoyenne participe à la défense de la liberté d'expression garantie à l'article 10 de la Convention et à l'article 11 de la Charte, par l'intermédiaire d'une ICE relative au pluralisme des médias et au libre échange des idées et de l'information dans l'Union européenne[35]. Cette initiative défend l'idée que les institutions européennes doivent garantir le droit à une information indépendante et pluraliste, la « détérioration du pluralisme et de la liberté des médias en Europe [étant] [...] une menace pour la démocratie ». Aussi l'ICE demande-t-elle l'élaboration d'une directive européenne contenant entre autres : une législation plus efficace pour limiter la concentration de propriété dans les secteurs des médias et de la publicité, une définition précise du conflit d'intérêts « pour éviter que les magnats des médias puissent occuper de hautes fonctions politiques », mais aussi des systèmes de surveillance européens plus transparents, permettant de vérifier régulièrement l'état de santé et l'indépendance des médias dans les États membres.

On évoquera aussi le lien entre l'ICE « ACT 4 Growth » visant le développement de l'entreprenariat féminin en Europe[36]. Elle se fonde pour cela sur l'interdiction de la discrimination consacrée à l'article 14 de la Convention et sur les principes d'égalité entre femmes et hommes ou de liberté professionnelle et de droit de travailler rappelés aux articles 23 et 15 de la Charte. Sur le fond, cette initiative propose la mise en place de quatre mesures afin d'accroître l'entreprenariat des femmes dans l'Union européenne et de le considérer comme une stratégie de croissance économique. Par exemple, l'ICE suggère à la Commission de créer un Bureau européen des femmes d'affaires et d'élaborer et de garantir la mise en œuvre d'une législation sur l'égalité hommes-femmes précisément en ce domaine.

Enfin, l'exercice du droit d'ICE renforce l'article 2 de la Convention et l'article 2 de la Charte relatifs au droit à la vie à travers l'ICE « Un de nous » visant la protection juridique de la dignité, du droit à la vie et à l'intégrité de tout être humain[37]. Cette ICE demande à l'Union européenne

34 Consulter [<http://www.endecocide.eu/>].

35 ICE intitulée « Initiative Européenne pour le Pluralisme des Médias » [<http://www.mediainitiative.eu/>].

36 ICE intitulée « ACT 4 Growth » [<http://www.act4growth.org/>].

37 ICE intitulée « Un de nous » [<http://www.undenous.fr/>].

de ne plus financer la recherche impliquant la destruction d'embryons humains, ni d'attribuer de financement européen à certaines organisations non-gouvernementales faisant la promotion de l'avortement dans les pays en développement. L'initiative fonde sa démarche sur la volonté de promouvoir une approche éthique de la recherche.

Un colloque organisé par le CESE en avril 2013 a permis de dégager un premier bilan de l'ICE une année après son entrée en vigueur. Cette rencontre a conduit à réfléchir aux améliorations qu'il conviendrait d'introduire dans le Règlement de révision de l'ICE prévu en 2015[38]. Quatre domaines sont prioritairement concernés.

L'information, puisque l'on relève un manque significatif de données transmises aux citoyens concernant le potentiel de l'ICE[39], ainsi qu'un défaut de conviction de leur part qu'il s'agit d'un outil efficace. Par exemple, si 66 % des personnes qui ont connaissance de l'existence de l'ICE estiment que c'est un outil efficace, il convient de garder à l'esprit que 75 % des citoyens européens ignorent simplement son existence. L'idée d'un *helpdesk* développée par le CESE serait donc privilégiée à l'avenir.

La question du financement devra également être prise en considération, sous un double aspect d'obtention ou d'épuisement, dans la mesure où des fonds disponibles sont très souvent utilisés pour la résolution de problèmes de logiciels ou informatiques[40].

La traduction des initiatives dans les 24 langues officielles de l'UE sera questionnée, puisque l'on relève que certaines ICE ne proposent de traduction qu'en une[41] ou deux langues[42].

Enfin, le délai des douze mois de collecte des signatures devra être reconsidéré car jugé à la fois trop court pour solliciter l'ensemble des citoyens

38 Journée de l'initiative citoyenne européenne 2013 : Engagez-vous !, *op. cit.*

39 Mercedes Bresso, *Ouverture*, Journée de l'initiative citoyenne européenne 2013 : Engagez-vous !, *op. cit.*

40 Heike Aghte, *Session* : « Comment mettre au point une campagne professionnelle et maintenir la dynamique ? », Journée de l'initiative citoyenne européenne 2013 : Engagez-vous !, *op. cit.*

41 L'initiative « Teach for Youth » bénéficie d'un site Internet mais ne propose qu'une seule langue à la lecture, [<http://teachforyouth.wix.com/teachforyouth>].

42 « Η ΕΚΠΑΙΔΕΥΣΗ ΑΞΙΖΕΙ !ΜΗΝ ΤΗΝ ΥΠΟΛΟΓΙΖΕΙΣ ΣΤΟ ΕΛΛΕΙΜΜΑ ! » est une initiative ne bénéficiant pas d'un site Internet et uniquement relayée par le site officiel de l'ICE. Une traduction est disponible en anglais ("Do not count education spending as part of the deficit ! Education is an investment !").

européens et trop long lorsqu'il s'agit d'impliquer des bénévoles sur toute sa durée.

Malgré tout, il a été reconnu au cours des discussions que l'ICE constitue une avancée sur le plan normatif, procédural et pratique, car c'est la première fois que les trois dimensions modernes de la démocratie directe, transnationale et numérique se retrouvent à l'intérieur d'un même outil[43]. Par ailleurs, il a été souligné que l'ICE constitue un outil de démocratie en ligne sans précédent qui fonctionne, au regard du nombre d'ICE déjà proposées et de la pluralité de champs qu'elles couvrent, de la sécurité routière à l'environnement ou au handicap[44]. Elle permettrait d'impulser un élan vers un encadrement plus clair de la démocratie et de la participation.

Ce premier bilan de l'ICE a permis également d'entamer une réflexion prospective sur les voies de recours possibles contre une ICE admise par la Commission, ayant reçu le soutien d'un million de signataires, mais qui ferait l'objet d'une contestation de la part d'autres citoyens de l'UE. Serait-il envisageable de mettre en place une contre-initiative ?

43 Intervention de Bruno Kaufmann, *Session* : « Le chemin à suivre : créer l'initiative 2.0 », Journée de l'initiative citoyenne européenne 2013 : Engagez-vous !, *op. cit.*

44 Maros Sefcovic, *Ouverture*, Journée de l'initiative citoyenne européenne 2013 : Engagez-vous !, *op. cit.*

Sue COLLARD, University of Sussex

La citoyenneté européenne active : la participation des citoyens européens non-nationaux aux élections municipales en France et au Royaume-Uni

Vingt ans après la ratification du traité de Maastricht, il est grand temps de faire le bilan de la réalité de la citoyenneté européenne et de son évolution depuis 1992 : dans quelle mesure les rêves des uns et les craintes des autres ont-ils été réalisés ? Mais comment procéder à un tel bilan ? Si l'on croit les chiffres rapportés par l'Eurobaromètre[1], force est de constater que les droits consacrés par Maastricht restent encore peu connus par le grand public dans les pays de l'Union européenne, et la notion de citoyenneté européenne est donc souvent présentée comme un échec. Cette méconnaissance, ou ignorance, s'explique sans doute en grand partie par le fait que les droits associés à cette citoyenneté européenne ne deviennent concrets que lorsqu'un citoyen quitte son pays d'origine pour s'installer dans un autre pays membre de l'Union ; or, les citoyens mobiles, que l'on imagine mieux informés, sont évidemment beaucoup moins nombreux que les citoyens sédentaires. Mais puisque la notion de mobilité est au cœur du concept de la citoyenneté européenne, tout comme il est l'un des moteurs du projet politique pour une Europe plus intégrée, ce sont les citoyens mobiles qui sont en quelque sorte les véritables « pionniers » de la citoyenneté européenne. C'est donc vers eux qu'il faut se tourner pour lancer notre investigation, car ce sont eux qui peuvent bénéficier le plus des droits accordés sous cette enseigne. Mais comment enquêter sur cette population mobile qui est par définition difficilement identifiable ?

1 « L'opinion publique dans l'Union Européenne », rapport Eurobaromètre standard 7, Commission européenne, juillet 2013 [<http://www.picardie.fr/IMG/pdf/d/7/5/sondage.pdf>]; « Citoyenneté de l'Union Européenne », rapport Eurobaromètre flash 365, Commission européenne, février 2013 [<http://ec.europa.eu/public_opinion/flash/fl_365_fr.pdf>] ; « La citoyenneté européenne », rapport analytique, Eurobaromètre flash 294, Commission européenne, octobre 2010 [<http://ec.europa.eu/public_opinion/flash/fl_294_fr.pdf>].

Parmi les divers droits accordés aux citoyens européens depuis Maastricht, c'est incontestablement le droit de voter et de se présenter comme candidat aux élections municipales dans le pays de résidence qui constitue l'élément le plus concret d'une citoyenneté européenne politique en construction : ce droit permet au citoyen de participer à la fois à la politique locale de son pays de résidence, et donc de se sentir intégré sur le plan politique, mais aussi, par le biais de la citoyenneté européenne, de soutenir le développement d'une identité politique européenne. Une analyse de la participation des citoyens européens non-nationaux (CENN) aux élections municipales semble donc être une piste porteuse pour évaluer l'évolution de la citoyenneté européenne sur un plan très concret. Mais comment procéder à une enquête comparative sur 28 pays, chacun avec un système et des procédures électoraux différents ?

On pourrait imaginer qu'une telle analyse ait déjà été entreprise par la Commission européenne, car parmi les institutions de l'Union européenne, c'est à elle qu'incombe le devoir de rendre compte, tous les trois ans, au Conseil, au Parlement européen, au Comité économique et social (CESE) et au Comité des régions, sur le développement de la citoyenneté de l'Union européenne (art. 22 CE / 25 TFUE). En effet, depuis le traité de Maastricht, il y a eu sept rapports à ce sujet, en 1993, 1997, 2001, 2004, 2008, 2010 et 2013[2] et deux rapports spéciaux sur l'application de la directive 94/80/CE (modifiée 2006/106 après 2004) fixant les modalités de l'exercice du droit de vote et d'éligibilité aux élections municipales pour les citoyens de l'Union résidant dans un État membre dont ils n'ont pas la nationalité – 2002 et 2012 – y compris sur l'évolution de l'électorat (art. 13)[3]. Mais pour rédiger ces rapports, la Commission dépend d'informations fournies par les États membres, qui eux, ne sont pas obligés de coopérer. En effet, pour le premier rapport en 2002, ni la France ni

2 Sue Collard, "Evaluating European Citizenship through participation of non-national European citizens in local elections: case studies of France and the UK", *Cuadernos Europeos de Deusto,* Bilbao, Instituto de Estudios Europeos, n° 48, 2013, p. 135–173 (part. p. 137–140).

3 Rapport de la Commission au Parlement européen et au Conseil sur l'application de la directive 94/80/EC, Commission européenne, mai 2002 [<http://eur-lex.europa.eu/LexUriServ/LexUriServ.do?uri=COM:2002:0260:FIN:FR:PDF>] ; rapport de la Commission au Parlement européen et au Conseil sur l'application de la directive 94/80/EC, Commission européenne, mars 2012 [<http://ec.europa.eu/justice/citizen/files/com_2012_99_municipal_elections_fr.pdf>].

le Danemark n'ont donné de réponse aux demandes d'informations. Le rapport de 2012, malgré quelques progrès, a finalement rendu très peu de données fiables sur les taux de participation, le nombre de candidats ou le nombre d'élus chez les européens non-nationaux. Par ailleurs, chaque État membre étant libre de mener les élections et de collecter les statistiques à sa manière, il n'y a pas de possibilité évidente pour réunir les données disponibles de façon à en tirer un modèle comparatif entre eux. Dans le deuxième rapport spécial publié en 2012, les auteurs ont même dû reconnaitre que les États membres ne collectent généralement pas le genre de données nécessaires pour faire une évaluation fiable, que ce soit du nombre d'inscrits, ou du nombre et de la nationalité de candidats ou de leur élection éventuelle. Force est donc de constater que malgré une volonté affichée, la Commission n'a pu réunir que peu d'éléments concrets sur cet aspect central de la citoyenneté européenne qu'est l'exercice du droit de vote local. Elle n'a pas mis en place non plus le cadre nécessaire pour inciter les États membres à harmoniser les statistiques nécessaires.

La question de l'évaluation de ce droit de vote restant ainsi sans réponse institutionnelle, il serait tentant d'imaginer un vaste projet pan-européen de recherche universitaire englobant chacun des 28 pays membres. Mais puisque ceci exigerait des fonds importants, difficiles à obtenir, cette analyse cherche à poser les premières pierres, en menant une étude comparative « pilote », plus limitée mais néanmoins riche en résultats, et qui identifie les éléments clés à prendre en compte lors d'une approche transnationale de ce type. Le choix de la France et du Royaume-Uni pour cette étude part d'une expérience personnelle, en tant que citoyen britannique, d'un mandat de conseiller municipal en France entre 2008 et 2014 lorsque j'y étais résidente. Ces deux pays, malgré des populations très similaires en nombre, se trouvent par contre aux deux extrêmes sur le plan du nombre des unités de gouvernement « local »[4], ainsi que la dimension en superficie territoriale et le nombre d'habitants représentés par ces unités de gouvernement local[5]. Sur d'autres plans également, la

4 Les définitions de « local » pour chaque État membre sont précisées dans l'Annexe à la Directive 94/80/CE et les actes modificatifs [<http://europa.eu/legislation_summaries/justice_freedom_security/citizenship_of_the_union/l23026_fr.htm>].

5 [<http://www.vie-publique.fr/decouverte-institutions/institutions/approfondissements/collectivites-territoriales-pays-union-europeenne.html>].

comparaison est très contrastée : sur les attitudes politiques par rapport à l'application de la directive 94/80/CE, et sur le contexte politique plus large concernant le droit de vote accordé aux étrangers ; sur l'organisation territoriale de la gouvernance locale en général ; sur les systèmes électoraux et la fréquence des élections ; sur les procédures d'inscription ; et enfin sur les modalités de collecte et de présentation des données statistiques. Etant donné toutes ces différences, et face à l'absence de données statistiques strictement comparables pour la plupart des éléments cités ci-dessus, cette comparaison entre la France et le Royaume-Uni se fera non pas selon les exigences méthodologiques de la science politique, mais de façon empirique.

Les questions qui se posent pour cette recherche à long terme sont de nature à la fois quantitatives et qualitatives : tout d'abord, combien de citoyens européens non-nationaux, résidant en France ou au Royaume-Uni, ont exercé leur droit de vote ou de candidature aux élections locales ? Ensuite, que représente ce droit de vote pour ces populations mobiles ? Est-ce un moyen important de participer à la vie politique du pays d'adoption, de se sentir valorisé, de faire entendre son opinion sur des questions de proximité ? Est-ce que ceux qui ont exercé leur droit de vote ont le sentiment de contribuer à la construction d'une Europe politique ? Bref, que nous disent ces citoyens européens mobiles sur l'importance de la citoyenneté européenne aujourd'hui, ou au moins, en ce qui concerne le droit de vote ?

Dans cette contribution nous nous limitons à diffuser les résultats quantitatifs d'un projet[6] qui est sur le point d'entrer dans sa deuxième phase plus qualitative, qui sera basée sur une enquête en ligne sur les CENN en France et au Royaume-Uni, suivi d'entretiens semi-structurés. Ici, nous essayerons de répondre seulement à la première des questions ci-dessus, à travers les catégories esquissées plus haut, organisées en deux parties : dans un premier temps, nous expliquerons le contexte politique et structurel dans les deux pays, et dans une deuxième partie, nous apporterons les résultats statistiques disponibles concernant les taux d'inscription et de participation au vote dans chaque pays, ainsi que le nombre de candidatures et d'élus.

6 British Academy Small Grant award, "The Participation of Non-National EU Citizens in Local Elections in the UK", avril 2012–mars 2104.

Le contexte politique

Avant de passer à l'évaluation statistique de l'évolution de la citoyenneté européenne par le droit de vote local, il est important de comprendre les différents contextes politiques dans les deux pays, car la France et le Royaume-Uni ont des conceptions fort divergentes de la citoyenneté en général, conceptions qui ont marqué les attitudes envers l'introduction de la citoyenneté européenne. Alors que le mot « citoyenneté » est peu répandu dans le discours officiel britannique, et figure à peine dans les programmes scolaires, il fait partie des valeurs essentielles qui fondent le modèle républicain français, où il est étroitement associé à la conception de nationalité : seuls les citoyens nationaux ont le privilège du droit de vote, d'où la résistance politique de tous bords à l'idée d'introduire le droit de vote local pour les CENN lors du débat sur le traité de Maastricht. Malgré un certain succès sous la forme de dispositions spéciales autorisées par Bruxelles pour exclure les CENN élus des postes exécutifs (nécessitant un amendement constitutionnel), cette résistance politique s'est traduite par un long délai lors de l'application de la directive en France, provoquant une procédure d'infraction de la Commission. En plus des arguments de principe, on pouvait déceler en toile de fond des craintes que le droit de vote accordé aux Européens finirait par ouvrir la voie au droit de vote pour tous les étrangers (ce qui ne s'est toujours pas en fait réalisé). Bref, en dépit de ses convictions « pro-européennes » affichées, la France a trainé les pieds sur ce chapitre de Maastricht, et il a fallu attendre les élections municipales de 2001 pour voir la concrétisation de ce volet de la citoyenneté européenne. Le Royaume-Uni, par contraste, et malgré son euroscepticisme affichée pour bien d'autres éléments du traité, n'a eu aucun état d'âme sur ce plan : ayant déjà accordé depuis longtemps le droit de vote à tous les niveaux d'élection aux citoyens venus du Commonwealth et d'Irlande, elle a appliqué la directive avant la date limite de janvier 1996, et les premières élections avec la participation des Européens non-nationaux ont eu lieu en mai de cette même année.

Structures de gouvernance locale

Passant ensuite aux structures de la gouvernance locale, le contraste est encore une fois très net de part et d'autre de la Manche. Côté français, l'organisation est très simple : la « collectivité locale de base » (Directive 94/80/CE) est la commune, au nombre de 36 786, soit 41 % de toutes les collectivités locales dans l'UE, illustrant parfaitement la fameuse « exception française ». La superficie moyenne d'une commune est de 17 km², pour une population moyenne de 1762 habitants. Côté britannique, l'organisation de gouvernance locale est très complexe[7] : chacune des quatre nations, Angleterre, Écosse, Pays de Galles et Irlande du Nord, utilise des structures différentes, et l'existence de trois assemblées « régionales » depuis l'introduction de la « dévolution » dans les années 90, complique encore le tableau, d'autant plus que ces trois assemblées ont une définition très large de leurs « collectivités locales de base » : le droit de vote est ouvert aux citoyens européens non-nationaux à tous les niveaux, y compris pour les élections au Parlement gallois et écossais. Ceci a donc pour effet curieux le fait que les CENN ont pu participer au vote référendaire en septembre 2014 sur l'indépendance de l'Écosse, alors que les Écossais ne résidant pas en Écosse n'y avaient pas droit. En Angleterre, le type de collectivité locale de base et sa dimension territoriale varient selon le caractère rural ou urbain du territoire. En tout il y a 433 collectivités locales de base au Royaume-Uni : 353 en Angleterre, 32 en Écosse, 22 au Pays de Galles et 26 en Irlande du Nord. La superficie moyenne de chaque collectivité est 563 km², pour une population moyenne de 145 000 habitants.

Ainsi, on voit que les structures de base de gouvernance locale permettent en France une très grande proximité entre les autorités municipales et les administrés, surtout dans les quelques 34 000 communes qui ont moins de 3 500 habitants. Ceci est sans doute l'un des facteurs qui expliquent les taux de participation au vote relativement importants aux élections municipales en France (autour de 60 % en moyenne), et c'est un phénomène qui prendra toute son importance lorsqu'on regardera plus loin les possibilités de participation politique et d'élection aux conseils municipaux des CENN dans les petites communes. Par contre au Royaume-Uni, la complexité de l'organisation de la gouvernance locale (mal comprise

7 Sue Collard, "Evaluating European Citizenship", *op. cit.*, p. 142–147.

par la population), et la distance entre pouvoir local et électeurs font que le taux de participation dépasse rarement 40 %.

Pour ce qui est des systèmes électoraux en place dans les deux pays, sans vouloir trop rentrer dans les détails ici, la complexité se trouve des deux côtés : côté français, les systèmes diffèrent selon la taille de la commune, ainsi que dans les plus grandes villes, divisées en arrondissements. La particularité des élections françaises est de s'étendre sur deux tours, et d'être soumise à des lois (encore un exemple de l'exception française), qui ont pour objectif de produire la parité entre hommes et femmes au niveau des conseillers municipaux (mais pas au niveau des maires, qui sont élus par les conseillers eux-mêmes après l'élection). Les élections ont lieu normalement tous les six ans dans toutes les communes en même temps. Si cette simultanéité semble être évidente pour un Français, il faut savoir qu'au Royaume-Uni les élections locales peuvent se tenir soit une fois tous les quatre ans, soit une fois par an pendant trois ans (élection à chaque fois d'un tiers des conseillers) suivi d'une année sans élection, ou bien une fois tous les deux ans (pour la moitié des conseillers). Chaque collectivité est en droit de choisir. Cette complexité est aggravée encore par le chevauchement entre élections à différents niveaux : « district », « county » et « parish ». C'est sans doute ce manque de clarté dans les structures et la fréquence non-harmonisée au niveau national des élections pour la gouvernance locale qui a pour effet d'éloigner les citoyens de la politique locale, d'où les taux de participation peu élevés.

Fort de cette esquisse du contexte politique dans lequel la mise en place et l'évolution de la citoyenneté européenne ont fonctionné, passons maintenant à la tentative de quantifier la participation des CENN aux élections locales dans leur pays de résidence.

Résultats statistiques de l'évolution de la participation au vote local des citoyens européens non-nationaux (CENN) dans leurs pays de résidence

Les données dont nous disposons sont le résultat de systèmes de collecte de statistiques fort divergents, marqués par la tradition centralisatrice pour la France et par une forte décentralisation pour le Royaume-Uni. Ainsi, c'est le ministère de l'Intérieur en France qui centralise toutes les données, souvent très détaillées en ce qui concerne les individus, facilitant ainsi le travail du chercheur. Au Royaume-Uni, c'est à l'Office national des statistiques (ONS) de comptabiliser le nombre total d'inscrits dans chaque collectivité locale pour l'Angleterre et le Pays de Galles, et à d'autres organismes similaires pour l'Écosse et l'Irlande du Nord[8]. Dans tous les cas, c'est aux collectivités locales elles-mêmes qu'il faut s'adresser pour des informations plus détaillées, rendant très compliqués les travaux de recherche. Dans l'analyse qui suit, nous traiterons en sous-titres séparés les catégories suivantes : les chiffres concernant les inscriptions sur les listes électorales de l'électorat européen, ceux concernant les candidatures aux élections, ceux concernant les élus, et ceux concernant les taux de participation. Nous verrons que dans les deux pays il y a des différences très marquées dans la disponibilité des données, ce qui rend difficile une comparaison étroite sur tous les éléments – ces difficultés laissent présager les problèmes qui se présenteraient pour une éventuelle étude couvrant les 28 pays de l'UE.

Évolution du nombre des inscriptions de citoyens européens non-nationaux

Le tableau 1 montre l'évolution en France et au Royaume-Uni du nombre des inscrits CENN depuis 2001, date qui marque les premières élections municipales en France où les citoyens européens ont pu exercer leur droit de vote, et qui correspond aussi aux premiers chiffres disponibles auprès de l'ONS pour le Royaume-Uni. La courbe pour le Royaume-Uni est continue, puisque l'inscription se renouvelle tous les ans, et parce qu'il peut y avoir des élections chaque année, comme nous venons de le voir. Pour la France, nous n'avons retenu que les chiffres pour les années électorales : 2001, 2008 et 2014[9].

8 Northern Ireland Statistics and Research Agency (NISRA), et Scottish Government Statistics.

9 L'inscription se fait en France entre septembre et fin décembre pour une élection l'année suivante.

Tableau 1. Inscrits CENN en France et au Royaume-Uni entre 2001–2013

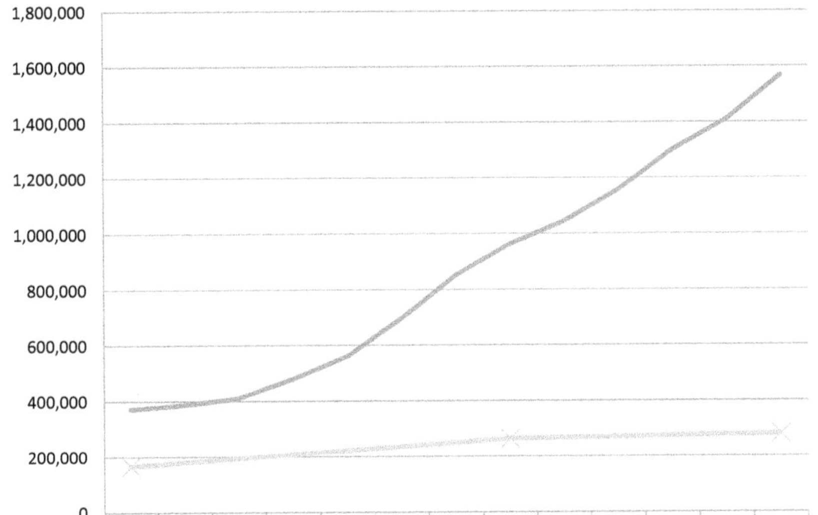

	2001	2002	2003	2004	2005	2006	2007	2008	2009	2010	2011	2012	2013
France	166,122							264,137					281,000
Total UK	372,091	387,449	410,762	479,123	559,937	696,402	851,334	961,681	1,043,6	1,154,8	1,298,9	1,407,8	1,567,1

La première observation qui saute aux yeux est l'écart grandissant entre les deux courbes, le Royaume-Uni ayant nettement plus d'inscrits européens que la France, surtout depuis l'élargissement de 2004, dont on reparlera plus loin. Jusqu'à un certain point, ceci peut s'expliquer par l'augmentation du nombre de CENN (et donc d'inscrits potentiels) résidant au Royaume-Uni, depuis 2004, alors que la croissance est beaucoup plus limitée en France, tendances qui sont démontrées dans le tableau 2. On peut remarquer aussi l'augmentation très limitée des inscrits CENN en France entre 2008–2014, par rapport à 2001–2008 : l'espoir d'un véritable élan dans le lancement de la citoyenneté européenne, suggéré par cette hausse initiale, ne s'est donc pas concrétisé.

Tableau 2. Comparaison entre CENN inscrits et résidents (estimations)[10]

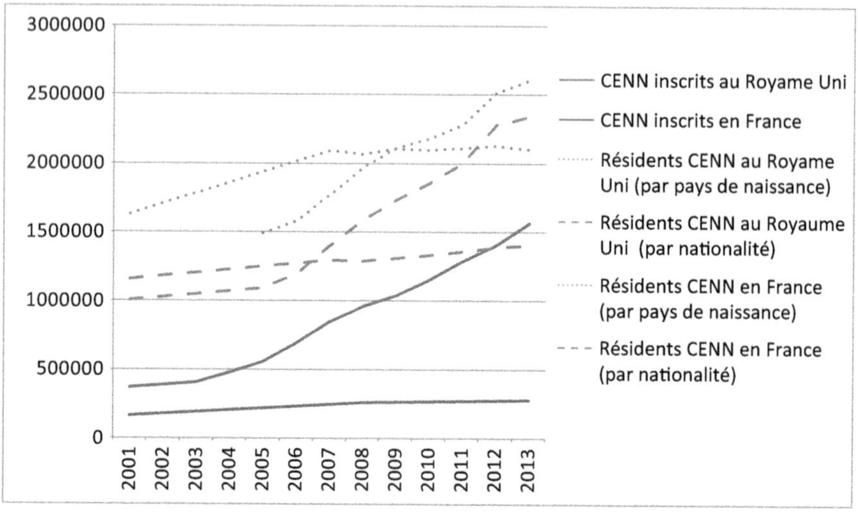

Pourtant, l'augmentation de la population CENN ne suffit pas à expliquer pourquoi en 2001, alors qu'il y a légèrement plus de résidents CENN en France qu'au Royaume-Uni, le nombre d'inscrits est nettement plus bas [11].

Tableau 3. Taux d'inscription des CENN en France et au Royaume-Uni

	Royaume-Uni	*France*
2001	36.8 %	14.3 %
2008	55.3 %	20 %
2014	62.5 %	20 %

En effet, si l'on calcule les taux d'inscriptions d'après ces statistiques, on constate un décalage entre les deux pays qui s'accentue avec le temps.

10 Les données utilisées ici proviennent de l'ONS, l'INSEE et l'Eurostat, aucun de ces organismes étant en mesure de fournir une série complète.

11 Selon l'ONS/ Eurostat, 1 008 987 CENN résidaient au Royaume-Uni et 1 160 787 en France selon Eurostat, ou 1 202 206 selon le ministère de l'Intérieur, qui calcule sur la base du nombre de demandes de cartes de séjour. Ce tableau utilise les chiffres fournis par Eurostat, les cartes de séjour ayant été abandonnées après 2004. Les chiffres pour 2001 ne sont en réalité pas très fiables car la carte de séjour était en pratique considérée depuis de nombreuses années par les citoyens européens comme une procédure administrative non-obligatoire.

D'autres estimations du taux d'inscription pour le Royaume-Uni calculées par la « Commission électorale », proposent des résultats encore plus élevés, situées entre 53,2 %[12], 56 %[13], 61 % et 66,6 %[14], selon les années et les rapports.

Fort de ce constat d'une grande différence entre les taux d'inscription dans les deux pays, quelle en est l'explication ? La réponse se trouve dans l'analyse des systèmes d'inscription : au Royaume-Uni, on peut attribuer le taux élevé d'inscription dans l'électorat général (autour de 85 % pour l'électorat total au niveau local) à une politique volontariste d'inscription qui est gérée par les collectivités locales mais chapeautée par la Commission électorale. Ce système d'inscription est en train d'être modifié en ce moment afin de réduire les possibilités de fraude, surtout au niveau du vote postal, mais le principe essentiel reste en place sous nom de « Annual Canvass » : l'envoi d'un formulaire tous les ans à toutes les adresses recensées, qui exige à tout résident de s'inscrire, sous peine d'amende financière. Si le formulaire n'est pas retourné, un rappel est envoyé, et s'il n'y toujours pas de réponse, une visite en personne est programmée, avec explications sur fiches traduites en de nombreuses langues. La période pour cette campagne d'inscriptions dure entre les mois d'août et décembre, mais la possibilité de s'inscrire est maintenue sous le titre de « Rolling Registration », qui permet à chaque électeur éligible de s'inscrire jusqu'à deux semaines avant une élection sur simple demande en mairie ou par internet. Il est à noter en passant qu'aucune preuve d'identité ni de nationalité n'est requise pour l'inscription, ni justificatif de domicile, la déclaration se faisant sur l'honneur et sans vérification de nationalité. On peut noter pourtant que la nouvelle procédure d'inscription individuelle (IER) qui se met en place actuellement, demande pour la première fois un numéro d'immatriculation du « National Insurance » (obligatoire pour le travail légal).

---

12 UK, Electoral Commission, "The quality of the 2014 electoral registers in Great Britain", juillet 2014, p. 12 [<http://www.electoralcommission.org.uk/__data/assets/pdf_file/0005/169889/Completeness-and-accuracy-of-the-2014-electoral-registers-in-Great-Britain.pdf>].

13 UK, Electoral Commission (2011), *Great Britain's Electoral Registers December 2011,* London, The Electoral Commission, p. 33 [<www.electoralcommission.org.uk/__data/assets/pdf_file/0007/145366/Great-Britains-electoral-registers-2011.pdf>].

14 UK, Electoral Commission, "Electoral Registration in 2011", juillet 2014, p. 13 (61,1 %), p. 50 (66,6 %) [<http://www.electoralcommission.org.uk/__data/assets/pdf_file/0006/169890/Electoral-Commission-Census-2011.pdf>].

Les efforts des autorités locales, imposés par la loi, et renforcés par une grande facilité de l'acte d'inscription, ne sont pourtant pas les seules explications de la réussite de cette politique volontariste : bon nombre de ceux qui s'inscrivent le font non pas dans l'intention de voter mais pour des raisons d'accès au crédit ou à des contrats téléphoniques, car de nombreuses sociétés et organismes financiers ne traitent qu'avec les personnes inscrites sur le registre électoral, considéré comme une preuve de résidence fixe. Ceci est d'autant plus vrai pour les CENN, qui peuvent, par leur mobilité affichée, présenter un risque accru de non-paiement. Mais malgré toutes ces incitations, il semblerait que l'électorat européen soit plus réticent à se laisser « ficher » que la population britannique, comme nous l'avons vu plus haut. Les multiples raisons en sont sans doute la méconnaissance de la langue et du fonctionnement ou des enjeux de la politique locale dans le pays de résidence, surtout chez les nouveaux arrivants, incompréhension des procédures d'inscription, voire ignorance du droit de vote des citoyens européens, malgré le remplissage du formulaire, souvent compris comme un acte administratif de recensement[15].

Néanmoins, le taux d'inscription reste bien au-delà de celui en France, où la politique d'inscription est beaucoup moins volontariste, avec des procédures d'inscription plus onéreuses et plus restreintes dans le temps : « l'un des systèmes d'inscription les plus lourds et contraignants du monde »[16]. Tout d'abord, une documentation est à fournir pour prouver le domicile et la nationalité, avec inscription obligatoire sur des listes « complémentaires » entre septembre et le 31 décembre, sans « rattrapage » possible après cette date. Ceux qui ne sont pas particulièrement sensibilisés aux élections qui approchent l'année suivante (les CENN font sans doute partie de ceux-là), risquent de ne pas remarquer les informations nécessaires qui doivent normalement être diffusées par les mairies. Par ailleurs, promouvoir le droit de vote pour les CENN pourrait facilement attiser le débat si controversé sur le droit de vote des étrangers non-européens, et la plupart des maires semblent ne pas vouloir s'y aventurer ; seules les grandes villes

15 [<http://www.electoralcommission.org.uk/__data/assets/pdf_file/0006/169890/Electoral-Commission-Census-2011.pdf>].

16 M.Fekl, K.Chausson, F.Duquesne, G.Potton, « Contre la crise démocratique, moderniser l'exercice du droit de vote », note de Terra Nova, p. 1 [<http://www.tnova.fr/sites/default/files/Note %20inscription %20listes %20_3_ %20Copy.pdf>].

affichent sans complexe les rappels au droit d'inscription pour les citoyens européens. Pourtant, dans les petites communes, le maire peut jouer un rôle essentiel et personnel dans l'incitation à s'inscrire de résidents européens, si il ou elle le souhaite, comme on verra plus loin dans la discussion sur les élus dans les communes rurales. Mais dans l'ensemble, les chiffres montrent bien que chez les CENN, le taux d'inscription reste bas par rapport au taux d'inscription dans l'électorat total qui se situerait autour de 93 % (ou 73 % si l'on inclut les « mal-inscrits ») selon certains[17], ou 71,43 % (entre 48,48 % et 81,76 % selon les départements) selon d'autres.[18]

Analyse qualitative des inscrits européens

Au-delà du simple chiffrage des inscrits CENN, que savons-nous sur leur identité ? Les données dans ce domaine sont beaucoup plus parlantes pour la France, où la machine centralisée du ministère de l'Intérieur révèle la nationalité, le sexe et le département de résidence de tous les inscrits, alors que pour la Grande-Bretagne nous en savons très peu si l'on se réfère aux statistiques fournies par l'ONS. Étudions donc chaque pays séparément sur ce sujet.

Profil des inscrits européens en France

Le tableau 4 montre la répartition des inscrits par nationalité et sexe pour les trois élections de 2001, 2008 et 2014 (seules figurent les nationalités dont les chiffres sont significatifs).

---

17 *Id.*

18 « Taux d'inscription sur les listes électorales », Conseil général de la Gironde [<https://www.data.gouv.fr/fr/datasets/taux-d-inscription-sur-les-listes-electorales-rdl/>].

Tableau 4. Inscrits sur les listes électorales complémentaires : élections municipales de 2001, 2008 et 2014

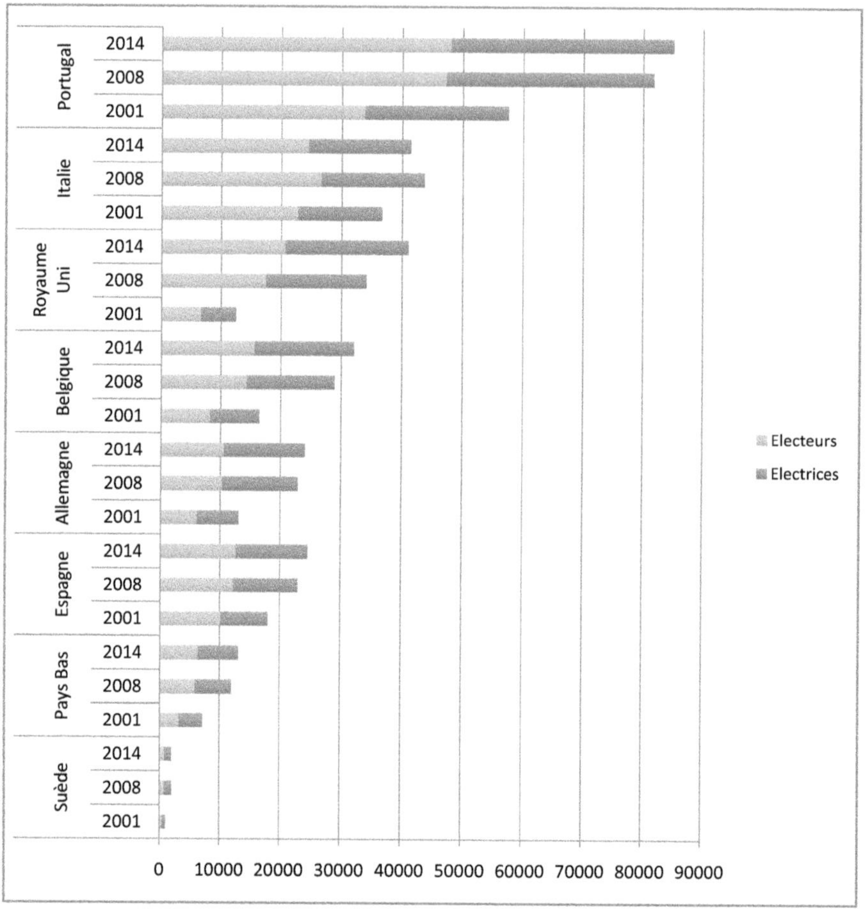

Plusieurs observations sont à noter : tout d'abord, on constate que les plus nombreux, de loin, sont les Portugais, qui maintiennent leur première position lors des trois élections[19]. Les autres nationalités qui ont

19 Il faut noter pourtant que les Portugais ont un taux de naturalisation (environ 20 %) beaucoup plus bas que les Italiens ou les Espagnols (55 %) : voir par exemple INSEE, « Immigrés selon le pays de naissance détaillé, le sexe et la nationalité », 1999, RP 99 CD-n2 [<http://www.insee.fr/fr/themes/detail.asp?ref_id=ir-rp99pipe&page=irweb/rp99pipe/dd/rp99pipe_rp99nationalite.htm>].

une présence importante, également résultat de l'immigration des années d'avant et après-guerre[20], sont les Italiens et les Espagnols, alors que les Belges et les Allemands figurent surtout dans les zones frontalières. Mais pas seulement, car ces deux nationalités participent aussi d'un nouveau phénomène appelé « lifestyle migration » en anglais, qui voit les Européens, essentiellement du Nord (et surtout les Britanniques) s'installer dans les zones rurales de la France profonde, abandonnées par les Français, où l'espoir d'un meilleur climat et un train de vie plus calme attire de nombreux retraités et préretraités, ainsi que des familles entières dont les parents cherchent à s'échapper du « rat race » pour élever leurs enfants dans un « autre » monde, plus paisible[21]. En effet, les Britanniques passent en 2008 de la sixième place à la troisième, et en 2014, avec 41 038 inscrits, ils sont presque aussi nombreux que les 41 358 Italiens. Les Néerlandais font partie aussi de cette catégorie de migrants.

La répartition géographique de ces inscrits CENN est illustrée par les cartes suivantes, qui montrent clairement, en dehors de la capitale et sa région, l'importance des zones frontalières, ainsi que l'attrait des Alpes et de la côte Méditerranéenne, des Pyrénées et du Sud-Ouest pour la migration « nordique et anglo-saxonne ».

20 Gérard Bouvier, « Les descendants d'immigrés plus nombreux que les immigrés : une position française originale en Europe », INSEE, 2012 [<http://www.insee.fr/fr/ffc/docs_ffc/ref/IMMFRA12_b_VE_posfra.pdf>].

21 Helen Drake, Sue Collard, "A Case Study of Intra-EU Migration: 20 Years of 'Brits' in the Pays d'Auge, Normandy, France", *French Politics,* n° 6, 2008, p. 214–233.

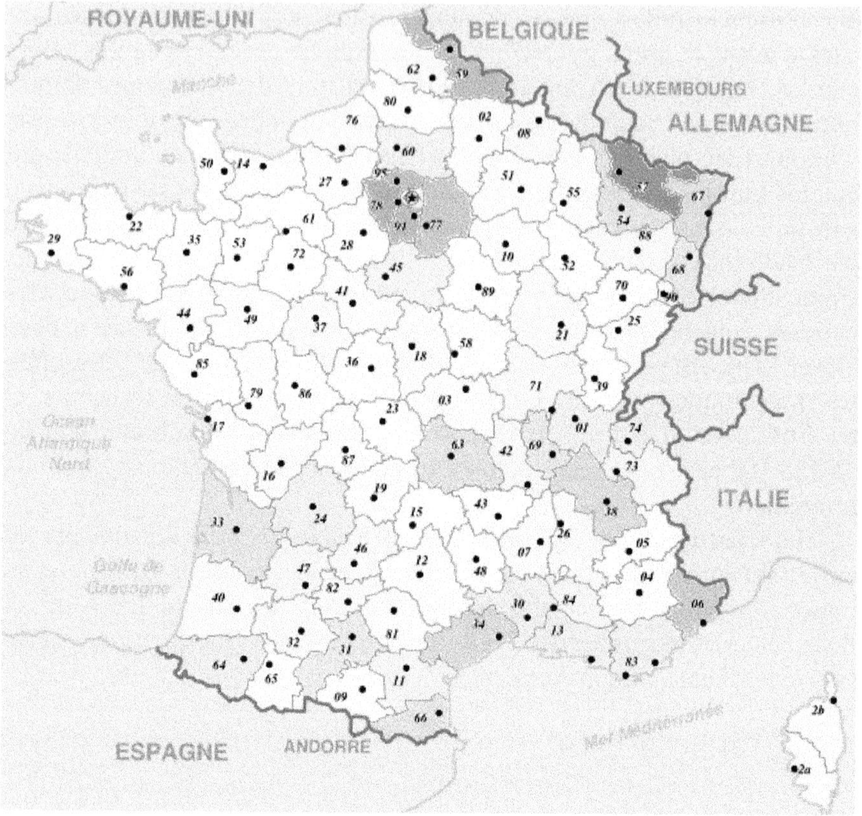

Carte 1. Carte des inscrits CENN en 2001

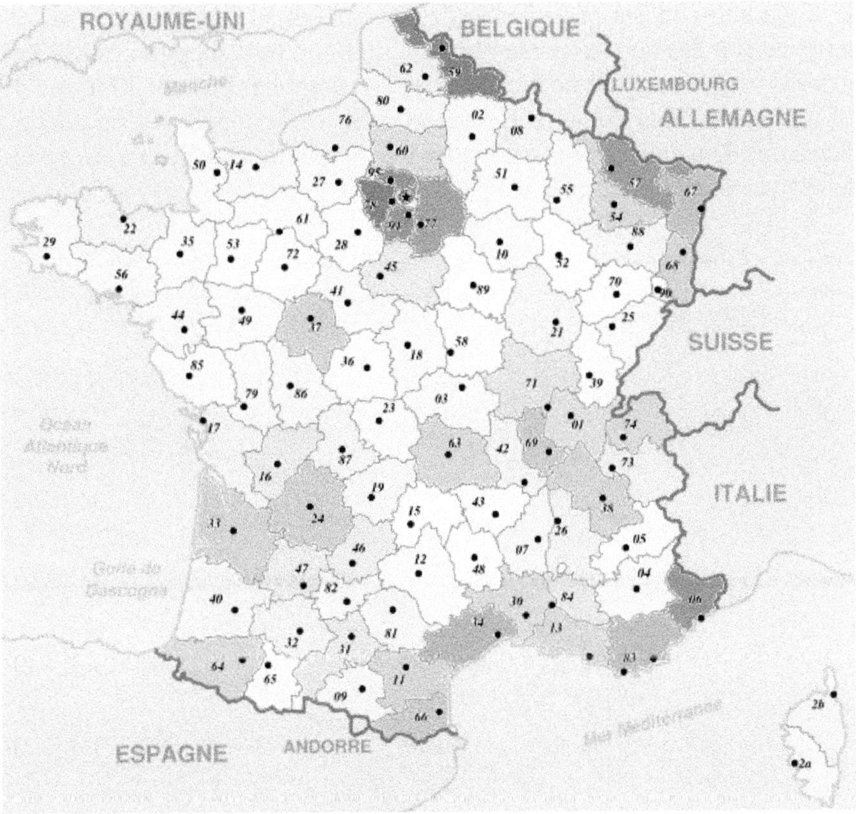

Carte 2. Carte des inscrits CENN en 2008[22]

Profil des inscrits européens au Royaume-Uni

Malheureusement, les données britanniques fournies par l'ONS ne révèlent ni la nationalité ni le sexe des inscrits européens, seulement leur répartition géographique : mais vu la complexité de la carte électorale au Royaume-Uni, il n'a pas été possible d'en faire l'illustration comme pour la France.

Comme nous l'avons déjà vu plus haut, les chiffres donnés ci-dessus dans le tableau 2 montrent que l'élargissement de 2004 a provoqué une importante augmentation du nombre des inscrits CENN, et puisque

22 Une carte pour 2014 n'a pas été produite car la différence ne serait pas visible, vu l'augmentation très limitée des inscrits. Chiffres pour la Vendée non disponibles.

le Royaume-Uni n'a pas imposé de restrictions sur l'arrivée de travailleurs venant des nouveaux membres de l'UE, on peut supposer que la très grande majorité de ces nouveaux arrivants vient des pays de l'Europe de l'Est, surtout de la Pologne. Les estimations de la population résidant au Royaume-Uni entre 2004–2013 telles que le montre le tableau 5 vont dans le sens de cette hypothèse.

Tableau 5. Estimations de population étrangère au Royaume-Uni 2004–2013

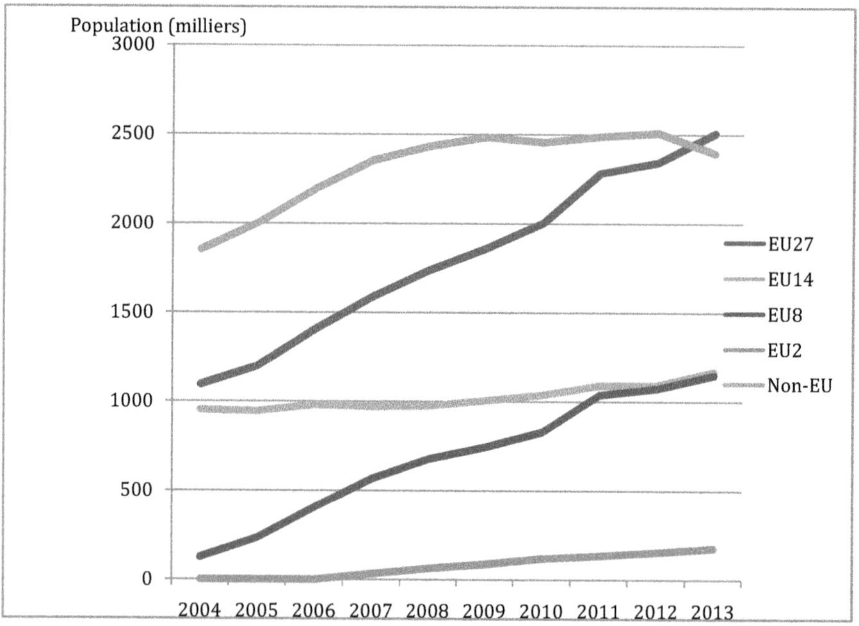

Source : *Population by Country of Birth and Nationality Report*, 28 août 2014.[23]

Par ailleurs, si l'on regarde les estimations de la population au Royaume-Uni par nationalité, on constate la présence dominante des Polonais :

23 EU8 : République tchèque, Estonie, Pologne, Hongrie, Lettonie, Lituanie, Slovaquie et Slovénie. EU2 : Bulgarie et Romanie [<http://www.ons.gov.uk/ons/rel/migration1/population-by-country-of-birth-and-nationality/2013/rpt-population-of-the-uk.html>].

Tableau 6. Estimations de population étrangère au Royaume-Uni en 2012 et 2013

Janvier 2012–décembre 2012		*Janvier 2013–décembre 2013*	
Nationalité	Population (estimation)	Nationalité	Population (estimation)
Polonais	700 000	Polonais	726 000
Indiens	348 000	Indiens	330 000
Irlandais	314 000	Irlandais	329 000
Pakistanais	180 000	Pakistanais	191 000
Américains	158 000	Lituaniens	156 000
Lituaniens	140 000	Français	147 000
Allemands	131 000	Américains	139 000
Italiens	129 000	Portugais	136 000
Français	123 000	Italiens	133 000
Portuguais	111 000	Roumains	128 000
Nigérians	105 000	Allemands	126 000
Roumains	102 000	Nigérians	106 000

Source : *Population by Country of Birth and Nationality tables 2012 & 2013*, ONS.

Cette forte présence des Polonais est confirmée par des recherches plus détaillées entreprises dans le cadre du projet sur les inscrits CENN dans huit villes types : Bedford, Brighton & Hove, Cambridge, Edinburgh, Leicester, Manchester, Peterborough et Slough[24]. Les résultats de ce projet montrent que les Polonais sont les plus nombreux parmi les CENN dans toutes les villes sauf Cambridge, où les Allemands sont légèrement plus nombreux (impact de la population universitaire).

Participation active au vote des inscrits CENN en France et au Royaume-Uni

En ce qui concerne la participation au vote des inscrits CENN, il n'existe malheureusement pas de données disponibles, ni pour la France ni pour le Royaume-Uni. On peut supposer que ceux qui ont fait l'effort de s'inscrire en France auront probablement voté : le taux d'inscription serait donc assez proche du taux de participation (entre 15 et 20 %). Mais au Royaume-Uni, où l'inscription se fait souvent sans intention de vote, on ne peut pas tirer les mêmes conclusions. Le projet « pilote » sur les huit villes citées ci-dessus,

24 Sue Collard, "Evaluating European Citizenship", *op. cit.*, p. 165–171.

avait donc pour but de calculer le taux de participation réelle des CENN dans ces villes, en utilisant une méthodologie peu conforme mais innovante, qui consistait en la consultation des listes d'émargement (« marked registers »), qui sont disponibles au public pendant un an après chaque élection, et qui montrent exactement qui a voté (les CENN étant signalés par la lettre G). Les résultats de ces consultations sont présentés dans le tableau 7.

Tableau 7. Participation au vote local par les CENN dans un échantillon de huit villes au Royaume-Uni entre 2011 et 2012

Ville	*CENN inscrits*	*Inscrits CENN en % de tous les inscrits*	*Taux de participation des CENN*	*Taux de participation de l'ensemble de l'électorat*	*% de votants CENN par rapport à l'ensemble de l'électorat*
Brighton & Hove	8 718	4,23 %	26,16 %	44,19 %	2,5 %
Leicester	13 614	5,96 %	24,45 %	41 %	1,45 %
Slough	8918	9,83 %	17,23 %	28 %	5,02 %
Bedford	7699	6,48 %	24,27 %	47,55 %	3,37 %
Edinburgh	13 035	3,92 %	32,7 %	42,6 %	3,01 %
Manchester	17 623	4,75 %	14,58 %	25,38 %	2,77 %
Peterborough	14 927	11,04 %	15,54 %	30,5 %	5,89 %
Cambridge	8462	9,4 %	12,6 %	32,2 %	3,7 %

La différence dans les taux de participation peut s'expliquer au moins en partie par la fréquence électorale (les villes qui ont une seule élection tous les quatre ans ont des taux de participation plus élevés), mais aussi par d'autres facteurs d'origine locale : par exemple, la présence de nombreux étudiants à Cambridge a sans doute influencé le résultat.

Candidatures et élection de conseillers municipaux

En ce qui concerne l'analyse des candidats et élus CENN, encore une fois les données disponibles nous privent de comparaison directe : au Royaume-Uni, puisqu'on ne demande pas aux candidats aux élections locales de préciser leur nationalité sur le formulaire de candidature, cette information n'est pas accessible. En France par contre, les informations disponibles sur les candidats CENN dans les communes de plus de 3500 habitants révèlent leur nationalité et, pour 2008, leur sexe (voir tableau 8) :

Tableau 8. Candidats CENN aux élections municipales de 2001 et 2008 dans les communes de plus de 3 500 habitants[25]

	2001		2008			
	Total	**%**	**H**	**F**	**Total**	**%**
Allemagne	106	10.86	41	95	136	11.28
Autriche	3	0.30	1	6	7	0.58
Belgique	100	10.09	56	74	130	10.78
Bulgarie			1	1	2	0.16
Chypre					0	
Danemark	6	0.61	6	4	10	0.82
Espagne	99	9.99	45	61	106	8.79
Estonie					0	
Finlande	5	0.50	0	3	3	0.24
Grèce	7	0.71	6	10	16	1.32
Hongrie			2	1	3	0.24
Irlande	8	0.81	6	6	12	0.99
Italie	144	14.53	122	77	199	16.51
Lettonie					0	
Lituanie					0	
Luxembourg	4	0.40	2	0	2	0.16
Malte					0	
Pays-Bas	32	3.23	17	36	53	4.39
Pologne			7	3	10	0.82
Portugal	389	39.25	209	180	389	32.28
Rép tchèque					0	
Roumanie			0	7	7	0.58
Royaume Uni	79	7.79	56	52	108	8.96
Slovaquie			0	1	1	0.08
Slovénie					0	
Suède	9	0.91	3	8	11	0.91
Total	**991**	**100.00**	**629**	**576**	**1205**	**100.00**

25 Les données pour 2014 n'étaient pas disponibles. Pour 2001 et 2008 dans les communes de moins de 3500 habitants, les chiffres ne sont pas disponibles puisqu'il n'y avait pas de procédure officielle pour ces candidatures.

On constate sans surprise que ce sont les nationalités qui sont le plus représentées au niveau des inscrits qui proposent aussi le plus de candidats : les Portugais, les Italiens, les Espagnols, les Allemands, les Belges, les Britannique et les Néerlandais.

En ce qui concerne les candidats élus, le tableau 9 montre l'évolution des résultats par nationalité dans les communes de plus de 3500 habitants.

Tableau 9. Conseillers municipaux élus en 2001, 2008 et 2014 par nationalité dans les communes de plus de 3 500 habitants

	2001	**2008**	**2014**
Allemagne	17	44	31
Autriche		2	2
Belgique	21	58	39
Bulgarie			2
Chypre			
Dänemark	1	3	1
Espagne	23	32	21
Estonie			
Finlande	1	2	1
Grèce	1	8	
Hongrie			
Irlande	2	1	4
Italie	28	39	43
Lettonie			
Lituanie			
Luxembourg			
Malte			
Pays-Bas	8	31	16
Pologne		1	3
Portugal	83	126	122
Rép. tchèque			
Roumanie			2
Royaume Uni	16	41	24
Slovaquie		4	
Slovénie			
Suède	3	4	2
TOTAL	**204**	**396**	**313**

Le tableau 10 montre ensuite la comparaison des résultats par nationalité dans les communes de plus et moins de 3500 habitants[26].

Tableau 10. Conseillers municipaux élus en 2008 et 2014 par nationalité et par taille de commune

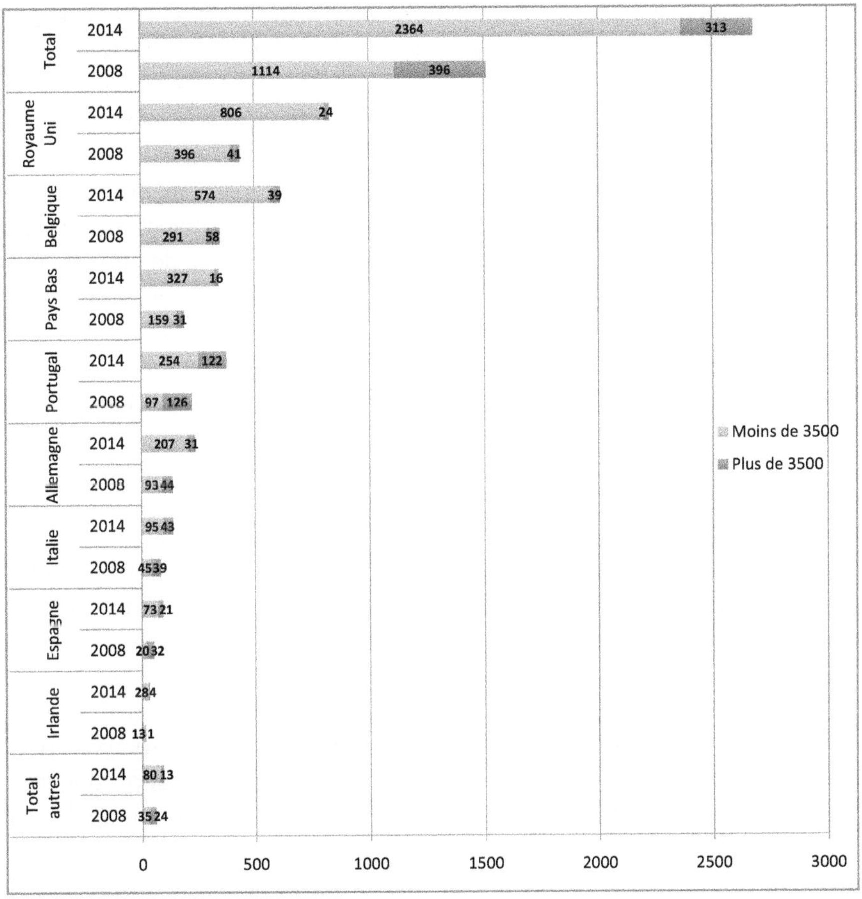

On constate une augmentation importante dans le nombre d'élus CENN, passant de 1 510 en 2008 à 2 677 en 2014, cette croissance se faisant surtout dans les communes de moins de 3 500 habitants. Ceci démontre clairement l'impact du « lifestyle migration » dans ces communes, où la présence des

26 Les chiffres pour les communes de moins de 3 500 habitants n'étaient pas collectés pour 2001.

Britanniques et des Néerlandais se fait particulièrement remarquer. Par contre, le nombre d'élus CENN dans les communes de plus de 3 500 habitants a diminué en 2014, pour des raisons qui restent à élucider.

Quelles conclusions peut-on tirer de ces premiers résultats statistiques sur l'évolution de la citoyenneté européenne en France et au Royaume-Uni ? Tout d'abord, force est de constater, de part et d'autre de la Manche, que ceux qui craignaient une prise de pouvoir par des citoyens « étrangers », peuvent dormir tranquille. Au Royaume-Uni, vu les taux de participation relativement bas des CENN relevés dans notre projet pilote, même ceux qui soutiennent les thèses eurosceptiques de l'UKIP n'ont pas de quoi s'inquiéter du fait que les politiques au niveau local se trouvent soumises à la pression de la population polonaise, malgré sa présence de plus en plus visible dans certaines villes comme Peterborough ou Slough. D'ailleurs, pour le moment, ces populations semblent se contenter de mettre l'accent sur le travail, sans trop se préoccuper de la politique, alors que pour les Britanniques, cette nouvelle immigration des anciens pays communistes, considérée par beaucoup comme excessive, devient un sujet de plus en plus politisé avec l'approche d'une élection dont l'un des principaux enjeux sera la question du maintien ou non du Royaume-Uni dans l'UE. Par rapport à cet enjeu majeur, les questions de la citoyenneté européenne et l'intégration politique des autres CENN ne sont donc pas vraiment à l'ordre du jour, même si au-delà des gros titres, des milliers de citoyens européens profitent tant qu'ils peuvent d'un droit de vote qui leur sera peut-être bientôt enlevé. Dans ce cas, trouveront-ils une expression politique pour défendre le maintien de leurs droits ?

En France, la citoyenneté européenne semble peut-être mieux se porter : avec presque 3 000 conseillers municipaux européens, on pourrait peut-être conclure que grâce à la proximité de la politique municipale, les campagnes françaises sont devenues, contre toute attente, un véritable laboratoire de la citoyenneté européenne, comme deux anthropologues l'imaginaient déjà dans l'après-Maastricht[27]. Pourtant, la signification de ce chiffre apparemment impressionnant disparaît presque sans trace lorsqu'on le rapporte à l'ensemble des environ 500 000 conseillers municipaux français. Et si les nombreux conseillers britanniques, qui constituent une proportion importante de l'ensemble CENN, venaient à perdre

27 Jacques Barou, Patrick Prado, *Les Anglais dans nos campagnes*, Paris, L'Harmattan, 1995.

leurs droits de citoyenneté européenne si le Royaume-Uni quittait l'Union européenne, quelles en seraient les répercussions ? Feront-ils le choix de demander la nationalité française afin de garder leurs droits ? Cette question fait partie de celles posées aux 830 élus municipaux britanniques en France dans une enquête en ligne qui vient d'être ouverte pour évaluer leurs opinions sur leur expérience de la citoyenneté européenne active. Une autre enquête sera très bientôt lancée auprès des CENN au Royaume-Uni qui ont voté aux élections locales. Les questionnaires et les entretiens semi-structurés qui suivront ces deux enquêtes permettront de sonder les CENN eux-mêmes sur la signification de l'exercice de la citoyenneté européenne.

En attendant les résultats plus qualitatifs de ces enquêtes, quelles leçons pouvons-nous tirer des résultats quantitatifs que nous avons montrés ici ? Tout d'abord, les problèmes de comparabilité au niveau des chiffres, démontrent clairement que si l'on veut chercher à évaluer, à travers toute l'Union européenne, l'exercice des droits de vote local accordés par la citoyenneté européenne, il faudrait convaincre la Commission de mettre en place auprès des pays membres des mesures qui permettraient de mieux capter les données nécessaires, et sous une forme la plus harmonisée possible. Ensuite, il faudrait convaincre tous les pays membres de l'importance de répondre de façon positive aux demandes de la Commission. Dans le climat actuel en Europe, où les idées souverainistes trouvent de plus en plus d'audience, ces deux objectifs semblent bien chimériques ; mais il ne faudrait pas pour autant se résigner à l'air du temps. Ce n'est qu'en gardant à l'esprit le fait que l'idée d'une citoyenneté européenne est une histoire de longue durée, que ceux qui y croient encore trouveront les moyens pour y parvenir.

Cinquième partie
Espaces et débats publics

Éric DACHEUX[1], Université Blaise Pascal (Clermont-ferrand)

L'espace public suisse : une incitation à faire évoluer notre conception de la démocratie européenne

Comment rendre compte de la spécificité et des difficultés de la construction d'une Europe démocratique ? Il nous semble que la pensée d'Habermas est une bonne base de départ. Mais il nous apparaît aussi que cette pensée doit évoluer à la lumière d'études empiriques menées par les sciences sociales. C'est donc à une lecture critique des thèses d'Habermas sur l'espace public que convie ce texte, en prenant appui sur les premiers travaux d'une thèse sur les spécificités de l'espace public suisse[2]. Précisons que ce texte s'inscrit dans la continuité de quinze ans de recherches sur la construction démocratique de l'Europe qui se sont efforcées de saisir pourquoi les efforts communicationnels de la Commission européenne[3], comme ceux des associations civiques pro-européennes[4] n'ont pas permis l'avènement d'un espace public européen large et populaire. Ces travaux s'inscrivent résolument dans une épistémologie de la complexité chère à Edgar Morin, invitant le chercheur à relier des connaissances pluridisciplinaires dans un cadre interdisciplinaire et à assumer ses partis pris normatifs[5], en l'occurrence à peu près les mêmes que ceux de Jürgen Habermas : la construction de l'UE est une expérience démocratique unique et souhaitable, mais elle est aujourd'hui en danger car

1 Article rédigé avec la collaboration, pour la deuxième partie, de Stéphane Lafon, sur la base de son enquête menée pour sa thèse.

2 Thèse qui a été abandonnée pour des raisons personnelles par notre doctorant Stéphane Lafon, six mois avant sa soutenance.

3 Éric Dacheux, *L'impossible défi, la politique de communication de l'Union européenne*, Paris, CNRS éditions, 2004.

4 Éric Dacheux, *Vaincre l'indifférence : le rôle des associations dans l'espace public européen*, Paris, CNRS éditions, 2000.

5 Loin d'un positivisme à la Popper, nous pensons, avec Morin, que le chercheur participe à la réflexivité du social, justement en développant une argumentation rationnelle qui explicite ses préférences normatives de manière à favoriser une lecture pleinement critique du travail proposé. Voir « Edgar Morin, aux risques d'une pensée libre », *Hermès*, n° 60, CNRS éditions, 2011.

s'enfonçant dans ce qu'il appelle un « fédéralisme exécutif post démocratique »[6] qui sacrifie la capacité d'autodétermination des citoyens à une gouvernance technocratique. Dernière précision, la pensée d'Habermas étant foisonnante et évolutive, nous nous appuierons ici, outre l'incontournable *L'espace public*[7], sur l'étude de quatre textes principaux : *Droit et démocratie*[8], une conférence faite à Dresde en 2006 intitulée « Political Communication in Média Society »[9], le texte de 2001 « Pourquoi l'Europe a-t-elle besoin d'une constitution ? »[10] et, enfin, le recueil de textes paru en 2011, *La constitution de l'Europe*[11]. À l'aide de ces documents, nous étudierons, dans une première partie, comment Habermas analyse la question de l'espace public européen. Dans une seconde partie, nous relèverons certaines spécificités de l'espace public suisse qui ne concordent pas forcément avec ce cadre d'analyse. Ce qui nous permettra, dans une troisième et dernière partie, de tirer quelques leçons théoriques de cette confrontation entre le cadre habermassien et le cas suisse.

Le cadre habermassien d'analyse de la construction européenne

La difficulté du concept d'espace public provient de son ambiguïté. Tout d'abord, ce terme rend compte d'une réalité sociale historique concrète, mais renvoie à une conception normative de la vie démocratique. Ensuite, il fait référence à une réalité conceptuelle unique, mais s'incarne dans des réalités symboliques et empiriques extraordinairement diverses. Enfin, la plasticité sémantique du concept, qui inclut aussi bien les lieux publics que

6 Jürgen Habermas, *La Constitution de l'Europe,* Paris, Gallimard, 2011.

7 Jürgen Habermas, *L'espace public : archéologie de la publicité comme dimension constitutive de la société bourgeoise*, Paris, Payot, 1992 [1ère édition en 1962].

8 Jürgen Habermas, *Droit et démocratie*, Paris, Gallimard, 1997.

9 Jürgen Habermas, « Political communication in Media Society », Dresden, *ICA Annual Convention*, 2006.

10 Jürgen Habermas, « Conférence de Jürgen Habermas : Pourquoi l'Europe a-t-elle besoin d'un cadre constitutionnel ? », *Cahiers de l'Urmis* [en ligne], 7 juin 2001, mis en ligne le 15 février 2004, [<http://urmis.revues.org/10>].

11 Jürgen Habermas, *La Constitution de l'Europe, op. cit.*

les médias, les assemblées parlementaires ou les espaces de concertation propre à la société civile, transforme le terme « espace public » en une notion-valise désignant tout ce qui n'est pas du ressort de la sphère domestique.

Restreindre la notion d'espace public à sa définition originelle

Or, si effectivement, Habermas a popularisé cette notion en l'opposant à l'espace privé, il a également insisté sur les relations étroites existant entre les évolutions au sein de la sphère domestique bourgeoise et la naissance d'un espace public critique littéraire[12]. C'est pourquoi, si l'on veut éviter le dialogue de sourds et entreprendre un véritable travail interdisciplinaire sur cette notion, il convient, au préalable, d'en circonscrire le sens. Pour ce faire, nous nous proposons de revenir à sa définition originelle – celle dont les prémices se trouvent dans deux textes d'Emmanuel Kant parus en 1784[13] – qui fait de l'espace public l'espace de médiation politique au fondement de la démocratie. Ou, pour le dire dans les termes de Claude Lefort[14], l'espace public est l'espace spécifique à la démocratie qui sépare les gouvernés des gouvernants en faisant du pouvoir un lieu vide, qui n'appartient à personne. Une telle acception de l'espace public renvoie, à travers le concept de « communauté politique »[15], à celle d'un lien social qui ne se noue pas seulement dans des solidarités primaires endogènes à un groupe culturel, mais qui se construit également dans des solidarités secondaires entre individus appartenant à des groupes culturels différents.

La vision habermassienne de l'espace public

Dans le cadre d'une rationalité intersubjective, la question qui intéresse Habermas est celle de la légitimité : comment, pour reprendre les termes de Lefort[16], établir une norme légitime quand la démocratie établit la légitimité d'un débat sur le légitime et l'illégitime ? La réponse à cette question,

12 Jürgen Habermas, *L'espace public*, *op. cit.*

13 *Idée d'une histoire universelle au point de vue cosmopolitique* et *Réponse à la question, qu'est-ce que les Lumières ?*

14 Claude Lefort, *Essai sur le politique*, Paris, Seuil, 1986.

15 Étienne Tassin, « Espace commun ou espace public ? », *Hermès*, n° 10, 1992.

16 Claude Lefort, *Essai sur le politique*, *op. cit.*

c'est bien sûr le concept normatif et descriptif d'espace public. La pensée habermassienne véhicule cette normativité car, pour lui, les citoyens ont des représentations normatives de ce que doit être la démocratie. Sa conception de l'espace public, au sens restreint où nous l'avons précédemment défini, s'insère elle-même dans une synthèse théorique dont les trois composants ne sont pas forcément opposés, mais pas non plus spontanément complémentaires. En effet, comme il l'explique parfaitement lui-même[17], sa conception de la démocratie délibérative (et donc sa vision de l'espace public politique) représente une synthèse entre trois visions de la démocratie. La première, libérale, est axée sur les droits individuels, tandis que la seconde, républicaine, est basée sur le devoir de participation politique. La troisième est systémique et met l'accent sur la division inexorable de nos sociétés complexes en sous-systèmes autopoïétiques se régulant indépendamment des citoyens. Au final, selon lui, l'espace public « ne peut pas se concevoir comme une institution, ni, assurément, comme une organisation […]. Il ne constitue pas non plus un système ; il admet certaines frontières intérieures, mais, vis-à-vis de l'extérieur, se caractérise par des horizons ouverts, poreux et mobiles »[18]. Ce qui est une conception riche, mais qui n'est pas toujours simple à représenter (voir schéma ci-dessous).

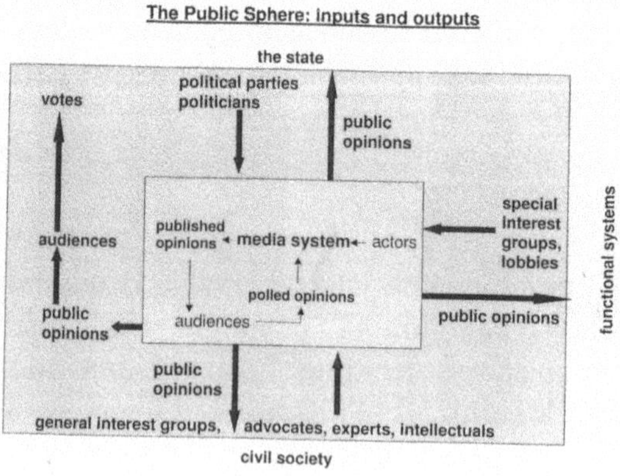

Schéma : L'espace public selon Habermas (schéma présenté à Dresde, 2006)

17 Jürgen Habermas, *Droit et démocratie*, *op. cit.*, voir le chapitre 7.
18 *Ibid.*, p. 387.

Les conditions pour qu'émerge une démocratie européenne

On l'aura compris, dans une vision délibérative de la démocratie, l'existence d'un espace public de taille européenne est indispensable pour qu'émerge une démocratie européenne. Or, si l'UE ne possède pas un espace public européen central, large et populaire, équivalent à l'espace public national des membres de l'UE, il existe des espaces publics européens plus ou moins sectoriels et dépendants des institutions où des acteurs politiques mènent des débats européens sur des questions européennes : plate-forme européenne des ONG sociales, Parlement européen, etc. Il existe également des médias internationaux couvrant le territoire européen dont certains sont créés et/ou financés pour promouvoir la citoyenneté européenne (Cafébabel, Euronews, etc.). Il existe enfin, comme le souligne Habermas lui-même et comme le soulignait Jean-Marc Ferry[19], une ouverture des espaces publics nationaux aux autres espaces publics, que ce soit *via* de grands événements comme les manifestations contre la guerre en Irak ou *via* une ouverture progressive des médias aux enjeux de l'Union, même si cette couverture médiatique européenne se développe toujours avec un très fort prisme national[20]. La prise en compte de ces trois éléments ne permet pas de présager de la création d'un espace public européen, mais invite à ne pas considérer une telle création comme absolument impossible. Cependant, l'existence d'un espace public de taille européenne n'est pas, pour le philosophe allemand, la seule condition. À plusieurs reprises, il insiste sur quatre autres conditions :

- Une constitution européenne votée par référendum pour favoriser ce qu'il nomme un « patriotisme constitutionnel », c'est-à-dire une adhésion politique volontaire à une entité politique détachée en partie de l'appartenance culturelle.
- La création d'une culture politique commune. En effet, Habermas ne croit pas que l'on puisse totalement séparer *ethnos* et *demos*, il croit plutôt à la création d'une culture politique commune permettant de faire le pont entre les deux.

19 Jean-Marc Ferry, « Les transformations de la publicité politique », *Hermès*, n° 4, 1989.

20 Virginie Le Torrec, Guillaume Garcia, *L'Union européenne et les médias*, Paris, L'Harmattan, 2003 ; Dominique Marchetti (dir.), *En quête d'Europe : médias européens et médiatisation de l'Europe*, Rennes, PUR, 2004.

– Un système de partis politiques transfrontières. À l'image des Verts européens et du parti socialiste européen (PSE), Habermas plaide pour l'émergence de partis politiques européens qui aient la même configuration et la même appellation d'une élection européenne à l'autre, ce qui est indispensable à une transnationalisation du débat politique européen.
– Une société civile européenne. Ce sont les débats menés dans le monde vécu, c'est-à-dire principalement au sein des associations de la société civile qui peuvent, en pénétrant dans l'espace médiatique, dynamiser un espace public dominé par le pouvoir et l'argent. Or, une société civile européenne est en voie d'émergence puisque la plupart des secteurs associatifs possèdent leur réseau européen : plate-forme des ONG sociales, lobby européen des femmes, forum européen des migrants, etc. Cependant, cette émergence reste très sectorisée et limitée aux têtes de réseaux[21], même si par l'intermédiaire du dialogue civil et des initiatives citoyennes européennes, l'Union européenne tente d'accélérer l'émergence d'une société civile européenne. Mais la possibilité qu'une société civile européenne puisse effectivement contribuer à générer les normes européennes est liée, dit Habermas, aux médias. Pour lui, ce qui importe, ce n'est pas l'existence de médias européens ayant une très large audience, puisque les médias nationaux couvrent de plus en plus l'actualité européenne ; ce qui importe, c'est qu'ils soient, d'une part, indépendants des pouvoirs politiques et économiques et, d'autre part, réceptifs aux messages de la société civile[22]. La seconde condition est parfois remplie pour certains secteurs de la société civile (les écologistes, les féministes, etc.), mais la première l'est de moins en moins puisque l'on constate une forte concentration des médias dans des multinationales[23].

21 Éric Dacheux, *L'Europe qui se construit, réflexions sur l'espace public européen*, Saint-Étienne, PUSE, 2003.

22 Jürgen Habermas, « Political communication in Media Society », *op. cit.*

23 Voir à ce sujet le texte de l'assemblée du Conseil de l'Europe, Résolution 1920 (2013) 1 « The state of media freedom in Europe », 24 janvier 2013 [<http://assembly.coe.int/ASP/Doc/XrefViewPDF.asp?FileID=19474 Language=EN>].

L'espace public suisse[24]

Il n'est bien sûr pas dans notre intention de comparer la démocratie européenne à la démocratie suisse. L'histoire différente et la taille dissemblable des deux identités sont des obstacles difficilement surmontables à une telle comparaison, *a fortiori* dans un espace éditorial aussi restreint qu'une communication scientifique. Par contre, il nous semble intéressant de nous pencher sur les caractéristiques de l'espace public suisse, pays plurilingue, qui, bien qu'ayant intégré à son corpus législatif la quasi-intégralité des directives économiques européennes, refuse obstinément d'adhérer à l'Union européenne. Une des hypothèses avancées dans le travail de thèse de Stéphane Lafon est que ce refus politique est lié à la différence entre les deux types d'espace public : un espace public dynamique, participatif et conversationnel en Suisse, un espace public largement institutionnel et qui a du mal à s'élargir et à s'approfondir pour l'UE.

Cadre théorique et méthodologique

Dans un article très remarqué, Andy Smith[25] déplore une approche théorique de l'espace public européen qui s'appuie beaucoup plus sur des considérations normatives que sur l'observation attentive des réalités de terrain. Effectivement, les « vues aériennes » de l'espace public ont beaucoup dominé les écrits consacrés à cette notion[26]. Face à ces approches manquant de base empirique se sont développées des démarches très descriptives portant sur l'européanisation des mouvements sociaux et leur contribution à la création d'un espace public européen[27], les rapports conflictuels entre les journalistes européens et les responsables de la communication de

24 Partie rédigée à partir des travaux de Stéphane Lafon et revue par lui.

25 Andy Smith, « L'"espace public européen" : une vue (trop) aérienne », *Critique internationale*, n° 2, 1999.

26 Jean-Marc Ferry, Paul Thibaud, *Discussion sur l'Europe*, Paris, Calmann-Lévy, 1992 ; Mario Télo (dir.), *Démocratie et construction européenne*, Bruxelles, Éditions de l'Université de Bruxelles, 1995 ; Philippe Meyer-Bisch, « Communauté politique et complexité : la "Nation" européenne », *Hermès*, n° 23/24, 1999, p. 35–48.

27 Richard Balme, Didier Chabanet, Vincent Wright (dir.), *L'action collective en Europe*, Paris, Presses de Sciences Po/cess, 2002.

l'UE[28] ou, plus récemment, l'instrumentation de l'Internet et des réseaux sociaux numériques par la Commission pour développer des débats publics européens[29]. De notre côté, nous pensons qu'il convient de concilier les deux approches : une approche aérienne pour prendre de la hauteur et voir ce que l'on ne voit pas sur le terrain, une approche empirique pour être au plus près des réalités perçues par les citoyens. Pour notre part, la recherche de thèse a débuté par une recherche documentaire approfondie sur la Suisse, puis nos hypothèses construites, elle s'est poursuivie par une enquête d'inspiration ethnographique auprès d'un échantillon, le plus représentatif possible (équilibre homme/femme, âge, présence de tous les cantons, etc.), de citoyens suisses vivant dans leur pays ou à l'étranger[30]. Auprès des cinquante personnes retenues, nous avons mené des entretiens semi-directifs en français ou en allemand, d'une durée comprise entre 40 minutes et 1 heure 30, entre avril 2012 et janvier 2013.

Les traits distinctifs de l'espace public suisse

En Suisse, l'espace public national construit historiquement à partir de 1291[31] (date de la signature du Pacte fédéral, véritable pacte fondateur marquant la naissance de la Confédération helvétique, souvent confondu, y compris par les Suisses eux-mêmes, avec le serment de Grütli signé en 1307 sur la prairie du même nom bordant le *Vierwaldstättensee* – lac des Quatre-Cantons), paraît avoir constitué peu à peu une identité suisse caractérisée par des valeurs communes fondant l'unité nationale. L'affirmation d'une identité commune serait une composante constitutive de l'espace public suisse.

---

28 Olivier Le Saëc, *Approche systémique de l'Union européenne. Le fonctionnement du système de communications communautaire*, thèse en sciences de l'information et de la communication, Montpellier, 2006.

29 Romain Baboudard, « Fabriquer des publics en ligne », communication au colloque « Les médiations de l'Europe politique », MSH, Strasbourg, 2011.

30 Le choix des Suisses de l'étranger n'est pas uniquement dû à la commodité, il est surtout lié à l'idée que le recul réflexif serait peut-être plus fort chez les exilés que chez les autres, hypothèse que nos entretiens ont confirmée.

31 Ce qui semble entrer en contradiction avec l'espace public moderne habermassien, lequel apparaît au XVIIIe siècle au sein des États-nations (voir Jürgen Habermas, *L'espace public*, *op. cit.*, éd. française 1978). En effet, le cas de la Suisse semble, à cet endroit, proposer une autre conception de la constitution de cet espace, et vient ici relativiser la portée de ce modèle normatif, en présentant une genèse inverse : celle d'un espace public ayant créé un État-nation.

Au fil de la construction historique de la Suisse, les briques de fondation de l'identité suisse (démocratie directe, fédéralisme et neutralité, pour ne retenir que les principales) sont devenues communes à l'ensemble des communautés linguistiques et celles-ci s'expriment aujourd'hui dans les comportements politiques, en particulier au moment des votations populaires. En effet, les citoyens suisses interviennent, de manière régulière, dans un espace public commun à dominante populaire, en ce sens qu'il est marqué par une participation importante des citoyens dans le système politique suisse (nombreux instruments de démocratie directe entraînant de fréquentes votations fédérales[32] : initiatives populaires, référendums ; *Landsgemeinden* : assemblées populaires). Il ne s'agit pas ici d'idéaliser la démocratie suisse qui connaît, elle aussi, une montée de la xénophobie et qui voit s'affaiblir ses instances de démocratie directe[33]. Il s'agit plutôt, dans une démarche idéal-typique, d'en identifier des traits généraux distinctifs. Parmi ceux-ci, nous retiendrons :

– Un sentiment national fort, malgré la coexistence dans un même territoire de quatre cultures différentes. Malgré un plurilinguisme et des différences culturelles entre cantons, il existe un fort sentiment d'appartenance helvétique souligné par la plupart des chercheurs et confirmé par nos entretiens. Dans ce sentiment commun d'appartenance, il faut souligner l'importance des mythes, comme le Serment fédéral (historique) de 1291 et le Serment du Grütli (légendaire) de 1307, ce qui va dans le sens des thèses de Benedict Anderson[34] sur la communauté imaginée. Le Franc Suisse est lui aussi souvent revenu dans les conversations, bien plus par exemple que la neutralité internationale. De même, la plupart des hommes interrogés souligne l'importance du service militaire dans la constitution de l'identité suisse[35], importance

32 D'après nos recherches, 342 objets ont été soumis à votation populaire fédérale entre 1971 à 2011.

33 Jenny Maggi, *Prosélytisme, élaboration du conflit et changement d'attitude : études expérimentales autour du débat sur la question des étrangers,* thèse de psychologie, Genève, 2000.

34 Benedict Anderson, *L'imaginaire national. Réflexions sur l'origine et l'essor du nationalisme*, trad. de l'angl. par Pierre-Emmanuel Dauzat, Paris, La Découverte, 1996.

35 Extrait d'entretien avec François B. (canton de Zürich) : « Ce qui fait que le citoyen suisse est différent, me semble-t-il, c'est qu'il a peut-être un plus grand sens des responsabilités. Il est habitué à décider dans sa commune, son canton. Les gens sont associés à ce qui se passe dans leur canton, dans leur commune et au niveau fédéral.

qui renvoie à la démocratie athénienne où le citoyen était le natif qui était en capacité physique et financière de se battre.

- Un plurilinguisme apaisé. Peu de personnes interrogées parlaient les trois langues principales du pays (allemand, français, italien) et toutes étaient loin d'être totalement à l'aise dans la langue non maternelle qu'elles maîtrisaient, mais les entretiens n'ont pas fait ressortir de crispations linguistiques et identitaires comme on en rencontre dans d'autres pays européens, comme la Belgique par exemple.
- La faiblesse d'un espace médiatique commun. En raison d'une pratique plurilinguistique souvent limitée, d'une construction historique particulière et de l'attachement des Suisses à leur canton, les médias communautaires sont nombreux, tandis que les médias fédéraux sont quasi inexistants. En effet, alors que la Suisse apparaît comme un pays hypermédiatisé[36], notre étude (littérature scientifique et entretiens) des médias suisses (presse écrite, radio, TV, médias en ligne) nous indique qu'il n'existe pas de presse écrite nationale (commune) en Suisse, et peu de médias en ligne transrégionaux (linguistiques).
- L'ancrage de la citoyenneté politique dans les débats publics locaux. Ancrage qui semble donner une prise au citoyen sur le débat public, prise qui fait cruellement défaut lors des débats européens. Extrait d'entretien avec Jacques (canton de Genève) :

> En France, des conversations politiques ont lieu, mais ce sont uniquement des débats d'idées générales, alors qu'en Suisse, grâce au système de démocratie directe construite du bas vers le haut (du canton vers la Confédération) dans notre fédéralisme propre, très peu centralisé et fortement ancré dans la vie politique suisse, les discussions portent sur des sujets, des objets concrets et sur des décisions réelles.

La Suisse : un espace public qui parvient à conjuguer opinion publique et opinion non publique

Le long processus historique de construction de la Suisse semble avoir forgé une identité suisse singulière, un « sédiment historique » pour reprendre

---

[…] **L'armée et la formation du citoyen-soldat jouent ici un rôle important, car les Suisses sont très jeunes confrontés aux responsabilités citoyennes envers leur pays** » [c'est nous qui soulignons].

36 S'agissant uniquement de la presse écrite, selon l'Office fédéral de la statistique, on trouve en Suisse une centaine de titres quotidiens.

un syntagme habermassien. En effet, dans le chapitre VII de *L'espace public*[37], le philosophe fait référence à ce type de ciment historique partagé :

> [...] Deux domaines de communication, dont le caractère politique n'est pas à négliger, s'opposent [dans l'espace public] ; d'un côté le complexe des opinions informelles, personnelles et non publiques, de l'autre celui des opinions formelles, reconnues par les institutions. Les opinions informelles [...] [regroupent] : les évidences culturelles non discutées [...] en général soustraites à la réflexion personnelle ; les expériences fondamentales [peu discutées] propres à toute biographie personnelle, c'est-à-dire les traces persistantes des chocs provoqués par la socialisation, et qui restent elles aussi en deçà d'un stade réflexif ([par exemple] les opinions sur la guerre et la paix) ; et les évidences de la culture de masse, constamment discutées, c'est-à-dire les produits passagers du flux continuel des informations [reçues par les consommateurs][38].

Habermas poursuit :

> Les évidences produites par la culture de masse ont un caractère à la fois éphémère et plus artificiel si on les compare aux évidences culturelles qui, formant une sorte de sédiment historique, peuvent être rangées sous les catégories d'opinion (au sens d'origine) et de préjugé dont la structure psychosociologique s'est à peine transformée[39].

Dans le cas de la Suisse, les évidences culturelles non ou peu discutées décrites par Habermas rassemblent les mythes[40] et les valeurs communes historiquement produites (fédéralisme, démocratie directe, consensus) et interviennent de manière inconsciente dans la construction des opinions. Ces éléments peuvent aussi prendre une forme consciente dans les décisions politiques citoyennes.

Extrait d'entretien avec Josiane A. (canton de Vaud) :

---

37 Jürgen Habermas, *L'espace public*, *op. cit.*

38 *Ibid.*, p. 255.

39 *Ibid.*, p. 255–256.

40 Ces mythes et symboles communs (la légende de Guillaume Tell, le serment de Grütli, la soupe au lait de Kappel, la destruction des châteaux et le héros Winkelried) contribuent à imprégner et à réaliser l'espace public national suisse. Lorsque les citoyens suisses interviennent dans l'espace public national, leurs décisions sont imprégnées de ces éléments communs. La neutralité semble en faire partie : « La neutralité est devenue un peu un mythe, car en pratique, on est passé à la neutralité dite active adoptée par le Conseil fédéral » (extrait d'entretien avec Dominique K. du canton de Berne).

> En Suisse, je pense qu'il y a un sentiment historique extrêmement fort, cette idée d'avoir tenu tête aux puissances européennes comme les Habsbourg ou la Maison de Savoie. Ce sentiment est aussi fort partout en Suisse, aussi bien dans les cantons montagnards que dans les cantons urbains ou frontaliers des pays européens. Celui-ci a créé une symbolique extrêmement forte chez les citoyens : cette idée que la Suisse s'est construite seule, les bergers ont fait la Suisse. Oui, je crois que c'est ça, il s'agit d'une fierté d'appartenir à un pays qui s'est fait seul.

Ainsi se sont construits, dans l'histoire commune, un lien symbolique, inconscient, et une culture politique commune[41], qui relient les différentes communautés linguistiques : la fierté d'avoir bâti une nation en autonomie. Fierté que ne peuvent partager les citoyens de l'UE, puisque longtemps la démocratie européenne s'est constituée sans eux – ce fut la méthode Monnet –, elle se fait maintenant contre eux, puisque le traité de Lisbonne va à l'encontre des référendums français et néerlandais et que se développe, depuis la politique d'austérité imposée par Bruxelles, un fort mouvement anti-européen qui ne remet plus seulement en question la manière dont se construit l'Europe, mais l'idée même de construction européenne.

Comment l'exemple suisse nous permet-il de repenser la question de la construction démocratique de l'Union européenne ?

Devant la désaffection des citoyens, l'Union européenne semble avoir pris ce que Sabine Saurugger nomme un « tournant participatif », la reconnaissance institutionnelle des initiatives citoyennes dans le traité de Lisbonne ; les nombreux sites de débats lancés suite à l'initiative « Debate Europe » en 2008 en témoignent. Mais force est de constater que cette invitation à la participation citoyenne ne rencontre pas l'adhésion des citoyens de l'Union. Au contraire, avec régularité, les sondages eurobaromètres successifs nous

41 « Dans un pays où cohabitent de multiples communautés linguistiques et religieuses, le système politique est l'un des rares dénominateurs culturels communs de la Suisse », in Hanspeter Kriesi, *Le système politique suisse*, Paris, Economica, 1998, p. 5.

informent d'un fossé grandissant entre ces derniers et les institutions européennes. Dans ces conditions, comment penser le renouveau de la démocratie européenne ? L'exemple suisse suggère trois pistes intellectuelles : faire évoluer notre compréhension de l'espace public, ajouter des éléments politiques aux conditions habermassiennes de mise en place d'une démocratie européenne effective, élargir le cadre conceptuel de la démocratie délibérative.

Une invitation à une nouvelle compréhension de l'espace public

Cette enquête, comme d'autres travaux bien antérieurs[42], montre bien la diversité empirique des arènes politiques constituant un espace public et justifie les dires d'Habermas sur les conceptions normatives de la démocratie défendue par les citoyens eux-mêmes. Par contre, elle suggère de modifier deux points principaux. Premièrement, cette enquête invite à relativiser la place des médias dans l'espace public. Il n'y a pas, comme le rappelle Louis Quéré[43], de lien génétique entre média et espace public. On peut très bien avoir, comme en Suisse, peu de médias communs et pourtant avoir un attachement à une entité politique qui regroupe plusieurs communautés culturelles. À l'inverse, on peut avoir, comme en Russie, des médias transcommunautés sans pour autant voir émerger un espace public démocratique. Au fond, comme le soulignait lui-même Habermas dans *L'espace public* et comme l'ont démontré les travaux de Lazarsfeld, il s'agit de rappeler, à l'ère des médias de masse et du numérique, toute l'importance dans la formation d'une opinion publique de ce que Gabriel Tarde nommait « la conversation ». Dans un essai intitulé *L'opinion et la foule : L'opinion et la conversation* et publié en 1901, il la définit en effet comme le « facteur de l'opinion [...] le plus continu et le plus universel, sa petite source invisible qui coule en tout temps et en tout lieu d'un flot inégal »[44]. La notion de conversation chez Tarde doit se comprendre comme « tout dialogue sans utilité directe et immédiate, où l'on parle surtout pour parler,

---

42 François Bastien, Érik Neveu (dir.), *Espaces publics mosaïques*, Rennes, PUR, 1999 ; Arnaud Mercier (dir.), *Vers un espace public européen ? Recherches sur l'Europe en construction*, Paris, L'Harmattan, 2003.

43 Louis Quéré, « L'espace public : de la théorie politique à la métathéorie sociologique », *Quaderni*, n° 18, 1992.

44 Gabriel Tarde, *L'opinion et la foule*, Paris, PUF, 1989 (1ère éd. 1901), p 48.

par plaisir, par jeu, par politesse »[45]. Ainsi, cette conception s'étend bien au-delà de la conversation politique (portant sur les affaires de la Cité). Il s'agit de toutes les conversations quotidiennes (qu'elles soient ou non politiques), ordinaires entre membres d'une communauté humaine, excluant semble-t-il les discussions obligées car, selon lui, les conversations qu'il convient de prendre en considération sont les conversations entre citoyens, qu'il qualifie de « conversations et discussions privées »[46], par opposition à celles des responsables politiques (parlementaires en particulier), et non pas dans une distinction public/privé qui mettrait en opposition objets publics et objets privés. Dans cette perspective, les médias et les réseaux sociaux numériques ont bien un rôle important, celui de fournir de la matière à converser, mais c'est bien le débat ordinaire entre citoyens qui est le cœur de l'espace public ; sans ces conversations quotidiennes, l'espace public reste dominé par des logiques instrumentales. On le voit très bien pour l'Union européenne qui, à l'exception des référendums, ne nourrit pratiquement pas les conversations ordinaires des citoyens ordinaires. Deuxièmement, cette enquête, mais aussi le Printemps arabe, montre que l'espace public n'est pas uniquement un espace de médiation. C'est aussi un espace d'engagement. L'espace public est aussi celui de l'engagement physique, ce qui se perçoit en Suisse à travers le service militaire, mais se lit aussi dans le cas du Printemps arabe avec la place Tahrir. Comme le soulignent Jacques Ion[47] et Thierry Paquot[48], être citoyen, c'est aussi mettre en jeu son intégrité physique dans des lieux publics. Il convient donc, dans une approche dialogique popularisée par Edgar Morin[49], de penser les complémentarités, mais aussi les contradictions et les antagonismes entre ces deux dimensions de l'espace public : l'engagement et la médiation.

Augmenter le nombre de conditions politiques nécessaires à l'avènement d'une démocratie à l'échelle de l'UE

L'enquête menée en Suisse vient conforter la vision spécifique du patriotisme constitutionnel que possède Habermas : une culture politique

45 *Id.*
46 *Ibid.*, p. 73.
47 Jacques Ion (dir.), *L'engagement au pluriel,* Saint-Étienne, PUSE, 2001.
48 Thierry Paquot, *L'espace public,* Paris, La Découverte, 2010.
49 Edgar Morin, *Éthique. La méthode,* t. 6, Paris, Seuil, 2004.

commune permet bien d'articuler *ethnos* et *demos*. Mais cette enquête attire l'attention sur des points qu'Habermas ne semble pas assez mettre en avant. Le premier point est l'existence d'un plurilinguisme apaisé. Or, dans les textes étudiés, Habermas parle peu souvent du problème des langues (il soutient le plurilinguisme dans la vie quotidienne et l'adoption de l'anglais dans le travail), mais le débat public passe par un minimum de compréhension réciproque, ce qui est possible quand on a trois communautés linguistiques, beaucoup moins quand on en a plus de vingt. Le deuxième point est l'importance de la monnaie dans la construction d'une identité politique pluriculturelle. Or, si le franc suisse est le symbole de l'unité nationale helvétique, l'euro lui est, en plus d'être le symptôme d'un déficit politique de l'Union, le symbole de la désunion de l'UE, puisque des pays ne peuvent pas encore y accéder, tandis que d'autres se refusent absolument d'y rentrer. Troisième et dernier point qui paraît central dans le cas de la Suisse et qu'Habermas n'aborde pas dans les réflexions que nous avons lues sur la démocratie européenne, c'est le nécessaire ancrage dans un espace territorial clairement circonscrit (le canton pour les personnes interrogées). La politique, c'est aussi l'art de gouverner un territoire comme la citoyenneté, c'est aussi l'engagement à défendre un territoire. Or, l'UE refuse, dans son traité actuel, de définir ce qu'est un État européen ou d'énoncer quelle est la limite potentielle de l'UE, ce qui ne peut que limiter le sentiment d'appartenance à une entité commune.

Élargir le cadre conceptuel permettant de penser la démocratie délibérative

La référence souvent exprimée dans les entretiens aux mythes invite à sortir du cadre trop étroit de la rationalité procédurale dans laquelle Habermas pense la démocratie. Il semble plus opportun, dans le sillage de Castoriadis[50] mais aussi, comme nous y invite Ricœur[51], des socialistes utopiques comme Proudhon, de renouer le dialogue entre raison intersubjective et constructions symboliques. En effet, si les médias jouent un rôle-clé dans la construction des communautés imaginées contemporaines, il ne faut pas sous-estimer, l'exemple de la Suisse le montre très bien, la persistance et

50 Cornelius Castoriadis, *L'institution imaginaire de la société*, Paris, Seuil, 1975.
51 Paul Ricœur, *L'idéologie et l'utopie*, Paris, Seuil, 1997.

la puissance de constructions symboliques non médiatiques, comme les mythes qui se transmettent par l'école, les contes, l'art, etc. Autrement dit, il convient de penser ensemble la manière dont se construit l'autodétermination des lois qui nous gouvernent et la façon dont se fabriquent les mythes et les utopies qui sont aussi des manières de donner un sens politique au monde dans lequel nous vivons, d'instaurer une culture politique commune sans laquelle ne peut se développer une démocratie délibérative. Plus frontalement, il convient sans doute de redéfinir la vision de la délibération comme procédure rationnelle permettant de construire le meilleur consensus au profit d'une vision plus simmelienne de la délibération comme conflit intégrateur des points de vue. L'exemple de la démocratie suisse comme l'exemple du référendum européen[52] montrent clairement que c'est la passion pour l'enjeu du débat qui pousse les citoyens à s'informer et à se mobiliser. Il convient donc de s'éloigner de la définition habermassienne de la délibération : un échange langagier rationnel entre égaux qui, sous certaines conditions éthiques qui doivent impérativement être respectées, permet un accord consensuel. Plus précisément, trois points essentiels d'une telle définition doivent être effectivement remis en question. Premièrement, l'égalité des acteurs n'est que formelle, elle n'est pas réelle. Pour intervenir dans un débat, les acteurs n'ont ni les mêmes ressources symboliques, ni les mêmes capacités communicationnelles, ni le même poids social. Si chacun est censé pouvoir intervenir librement, la parole de certains acteurs pèse souvent plus que d'autres. Ensuite, une communication à visée politique n'est jamais totalement rationnelle. Même dans une discussion à visée rationnelle, il y a toujours, comme le rappelait Aristote, une part de rhétorique, de mise en sens visant à renforcer l'impact de l'argument. De même, la passion anime les parties prenantes qui cherchent plus souvent à convaincre qu'à découvrir collectivement la solution la plus rationnelle. Dans cette perspective, la démocratie est plus un conflit intégrateur au sens de Simmel[53] qu'une procédure délibérative au sens d'Habermas. Enfin, et peut-être surtout, le langage n'est qu'un élément de la communication. Dans la communication intersubjective, le sens ne provient pas uniquement du *logos*, des échanges langagiers. La communication non verbale (postures, vêtements, gestes), la situation de communication (disposition des intervenants, bruits extérieurs, dispositifs techniques, etc.) et le contexte (politique, culturel, etc.) sont,

52 Hartmut Kaelble, « The European Public Sphere », *Max Weber Lecture Series*, n° 2007/9, 2007.

53 Georg Simmel, *Le conflit*, Paris, Circé, 2005 (première parution en Allemagne, 1918).

eux aussi, producteurs de sens et affectent la compréhension des acteurs. Il convient donc d'adopter une nouvelle définition de la délibération : la construction de normes communes à travers la confrontation de points de vue différents, portés par des acteurs égaux en droit (un homme une voix).

Au terme de ce travail d'aller et retour entre le terrain (Suisse) et la théorie démocratique européenne telle qu'énoncée par Habermas dans les principaux textes consacrés à cette question, que faut-il retenir ? Comme l'enquête sur la Suisse est limitée et inachevée, il convient de rester prudent et d'attendre d'autres travaux de ce type sur d'autres démocraties pluriculturelles (la Belgique, le Canada, l'Inde, etc.) pour tirer des conséquences définitives sur les évolutions théoriques nécessaires de l'approche habermassienne. Par contre, ce travail montre toute la fertilité de cette approche, puisque c'est en suivant Habermas dans la nécessité de croiser approche normative et sciences sociales, que nous sommes parvenus à faire des propositions conduisant à une évolution de certains concepts habermassiens comme celui de délibération. Il s'agit non pas de penser Habermas contre Habermas, comme le suggérait Apel[54], mais il s'agit plutôt, si on peut oser ce raccourci conclusif et programmatique, de penser Habermas avec les sciences sociales et pour la démocratie européenne.

54 Karl-Otto Apel, *Penser Habermas contre Habermas*, Paris, Éditions de l'Éclat, 1990.

Alexis VRIGNON, Université de Poitiers

L'écologie politique française et l'Europe dans les années soixante-dix. Entre mobilisations citoyennes et projet politique

L'engagement en faveur d'une Europe fédérale semble à l'heure actuelle une composante essentielle du projet écologiste. En 2010, les militants français choisissent d'intituler leur nouvelle formation « Europe Écologie-Les Verts », signifiant ainsi leur volonté d'affirmer la dimension européenne de leur action. De même, Ecolo – le parti vert francophone et germanophone belge – met en avant, encore aujourd'hui, sa contribution à la fondation de la coordination européenne des partis verts en 1984[1].

Cette inscription de l'écologie politique dans un espace public européen ne va pourtant pas de soi[2]. Elle est le résultat d'une construction politique, intellectuelle et idéologique dont les prémices remontent aux années soixante-dix et que l'on ne saurait réduire à la seule scène électorale. C'est en effet à cette époque qu'est formulé un projet politique européen dans lequel les citoyens occupent une place fondamentale dans une structure institutionnelle radicalement transformée. L'Europe des écologistes ne reposerait plus sur les États-nations mais sur les régions définies selon des critères variables (histoire, culture, unité écologique d'un territoire donné) et animés par les citoyens qui en seraient la principale force politique.

Dans le contexte des années soixante-dix, où, au sein des institutions européennes, on recommence à s'interroger sur la place des citoyens dans la construction européenne (par exemple au travers du rapport de Léo Tindemans)[3], les écologistes proposent une vision de ces questions qui leur est

1 [ECOLO], « Le Parti Vert Européen : un parti avant-gardiste », *ecolo.be*, [<http://web4.ecolo.be/?le-parti-vert-europeen-un-parti>], consulté le 10/05/2013.

2 À la suite d'Éric Dacheux, nous employons ici ce terme dans son sens large qui renvoie au lien politique noué entre les citoyens regroupés ou non dans des formes organisationnelles. Voir Éric Dacheux, « Nouvelle approche de l'espace public européen. Dépasser le clivage entre sciences de l'information et de la communication et science politique », *Questions de communication*, n° 14, 2008, p. 224.

3 Philippe de Schoutheete, « Le rapport Tindemans : dix ans après », *Politique étrangère*, 1986/2, n° 51, p. 534–535.

propre et qu'il s'agit ici d'analyser. Essentiellement consacré à la France, cet article évoque également les réflexions alors menées en RFA, en Belgique et en Suisse. Outre les archives des mouvements écologistes français[4], il s'appuiera sur celles de leurs homologues francophones de Belgique[5], ainsi que sur celles de Denis de Rougemont[6] qui, dans les années soixante-dix, commence un dialogue fécond avec les mouvements écologistes, notamment autour de son livre *L'avenir est notre affaire*, paru en 1977[7].

La construction d'un projet écologiste d'une Europe des citoyens commence par l'affirmation d'une solidarité européenne dans les luttes écologistes, avant d'être précisé d'un point de vue théorique et institutionnel par Denis de Rougemont. À la fin des années soixante-dix, la perspective de la tenue des premières élections européennes au suffrage universel parachève ce processus.

L'affirmation précoce d'une solidarité des luttes européennes

Au début des années soixante-dix, la prise en compte de la dimension européenne des problèmes écologiques n'a rien d'une évidence. Les grands débats qui agitent ces milieux tendent avant tout à insister sur la dimension globale de ces enjeux – notamment sur la question démographique[8] – ou au contraire sur leurs implications locales. Largement absente en tant qu'échelle géographique, l'Europe l'est également du programme présidentiel de René Dumont, premier candidat écologiste à l'élection présidentielle

4 Celles-ci sont conservées pour l'essentiel au Musée du Vivant, sur le campus d'AgroParisTech à Grignon (Yvelines).

5 Fondé en 2004 et installé à Namur, Etopia est un centre de recherche en écologie politique qui dépend d'Ecolo. C'est en son sein que sont déposées les archives des mouvements écologiques en Belgique francophone.

6 Celles-ci sont dispersées en plusieurs lieux de conservation. Les archives ayant trait à l'Europe sont déposées à la Bibliothèque publique et universitaire de Neuchâtel (Suisse) [BPUN].

7 Denis de Rougemont, *L'avenir est notre affaire*, Paris, Stock, 1977.

8 Pierre Desrochers, Christine Hoffbauer, "The Post War Intellectual Roots of the Population Bomb. Fairfield Osborn's *Our Plundered Planet* and William Vogt's *Road to Survival* in retrospect", *The Electronic Journal of Sustainable Development*, vol. 1, n° 3, été 2003, p. 73 *sq.*

en France en 1974[9]. Ainsi, ce sont d'abord les luttes sur le terrain, notamment dans l'espace rhénan, qui conduisent les écologistes à mettre en avant la dimension européenne de leur combat.

Les recherches récentes en histoire environnementale ont démontré que les conflits environnementaux sont bien antérieurs aux années soixante et soixante-dix[10]. Néanmoins, à partir de cette période, ceux-ci semblent acquérir une nouvelle visibilité qui contraste avec leur invisibilité durant les Trente Glorieuses[11].

Dans ce cadre, l'espace rhénan se distingue par la précocité et l'importance des échanges transnationaux qui s'y déroulent et qui conduisent, très rapidement, à la mise en place de structures européennes d'échanges d'information et de luttes.

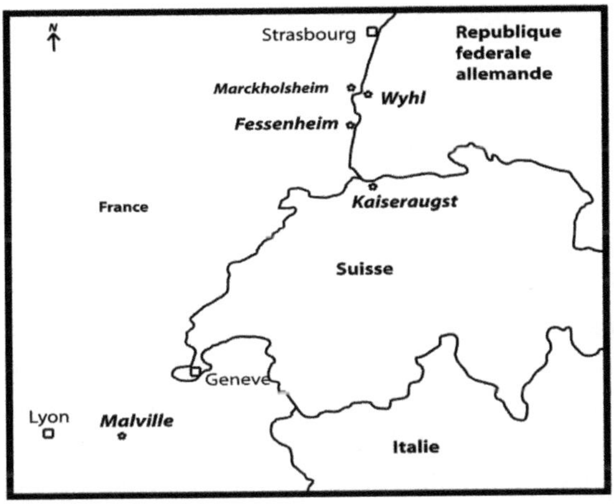

Carte : Les conflits environnementaux dans l'espace rhénan au début des années soixante-dix

9 De par sa formation et sa sensibilité, René Dumont est beaucoup plus sensible au sort du tiers-monde qu'à la question européenne, comme le montre son bref échange avec un représentant de Guy Héraud, candidat fédéraliste européen, lors de l'émission *Le grand jury* sur RTL. Voir « René Dumont face au grand jury de RTL », in René Dumont, *L'écologie ou la mort*, Paris, Pauvert, 1974, p. 105.

10 Charles-François Mathis, *In Nature we Trust*, Paris, Presses de l'Université Paris-Sorbonne, 2010. Geneviève Massard-Guilbaud, *Histoire de la pollution industrielle en France, 1789–1914*, Paris, Éditions de l'EHESS, 2010.

11 Christophe Bonneuil, Céline Pessis, Sezin Topçu, « Introduction. Pour en finir avec les "Trente Glorieuses" », in Céline Pessis *et al.* (dir.), *Une autre histoire des « Trente Glorieuses »*, Paris, La Découverte, 2013, p. 5 *sq.*

En Alsace, les premières démarches de protestation commencent à s'organiser en 1970 autour du Comité de Sauvegarde de Fessenheim et de la plaine du Rhin pour protester contre la construction d'une centrale électronucléaire[12]. En 1974, c'est le projet d'une usine produisant du stéarate de plomb à Marckholsheim (Bas-Rhin), à une soixantaine de kilomètres au sud de Strasbourg, qui mobilise des militants de la protection de la nature ainsi que les populations riveraines, inquiètes des risques sanitaires éventuels[13].

Très vite, les militants alsaciens nouent une collaboration fructueuse avec leurs homologues allemands qui protestent contre un projet de centrale nucléaire à Wyhl (Bade-Wurtemberg), petit village situé sur la rive droite du Rhin, en face de Marckholsheim. Le 25 août 1974 a lieu une première manifestation commune de part et d'autre du Rhin et, devant son succès, les militants décident alors de préparer une occupation conjointe des deux sites[14]. Un campement est donc installé ; occupé en permanence par quelques personnes venues de part et d'autre de la frontière, il est fréquenté plus ponctuellement par les populations des alentours qui se mobilisent en certaines occasions particulières (visites d'officiels, menace de reprise des travaux) pour donner l'image d'une mobilisation de masse[15]. Ces actions, couronnées de succès à Marckolsheim comme à Wyhl, inspirent directement les antinucléaires suisses qui, confrontés à un projet de centrale à Kaiseraugst (canton d'Argovie), se rendent en Allemagne pour profiter de l'expérience acquise et adopter les mêmes procédés[16].

Par la suite, à partir de 1975, les écologistes de France mais également de Suisse, de RFA et d'Italie s'inquiètent de la construction du surgénérateur Superphénix à Malville, réacteur dont la technologie est encore peu maîtrisée[17]. Le 31 juillet 1977, une très importante marche sur le site rassemble environ 60 000 personnes ; les heurts qui opposent alors les forces de police aux manifestants qui entraînent la mort de l'un d'entre eux, Vital

12 « Qu'est-ce que le CSFR ? », *Ionix*, non numéroté, octobre 1971, p. 1–2.

13 Solange Fernex, « Non-violence triumphant », *The Ecologist*, vol. 5, n° 10, décembre 1975, p. 372.

14 Élisabeth Schulthess, *Solange Fernex l'insoumise*, Barret-sur-Méouge, Éditions Yves Michel, 2004, p. 75.

15 *Ibid.*, p. 76.

16 Henri, « Alsace, poubelle industrielle de l'Europe », *La Gueule ouverte*, n° 51, 30 avril 1975, p. 4.

17 Ivo Rens, *Itinéraire d'un universitaire genevois*, Bruxelles, Éditions Bruylant, 2009, p. 66.

Michalon, ont souvent fait oublier la dimension européenne de cet événement qui a rassemblé de nombreuses personnes venues d'Allemagne, de Suisse et d'Italie, considérant que la construction de ce réacteur en France les concernait également[18].

Cette intense circulation transfrontalière des répertoires d'action sur les deux rives du Rhin s'explique par la combinaison de plusieurs facteurs. L'écologiste française Solange Fernex souligne l'importance du dialecte alsacien comme moyen de communication commun aux différentes populations, qui facilite l'interconnaissance et auquel s'ajoute l'existence d'une culture commune fondée sur une religion chrétienne partagée[19]. Dans ce cas, les frontières étatiques ne constituent pas une barrière mais une interface qui relie différents territoires parcourus quotidiennement. Par ailleurs, le Rhin joue un rôle important dans la mise en évidence de la communauté écologique de destin par-delà les frontières étatiques. Ainsi, en octobre 1972, les ministres de l'Environnement des pays riverains du Rhin se rencontrent à La Haye (Pays-Bas) pour évoquer le sort du fleuve alors très pollué par la saumure des potasses extraites en Alsace[20]. Au même moment, des comités hollandais, suisses, allemands et français de défense de l'homme et de son milieu, regroupés sous la dénomination « Rheintal-Aktion – SOS Plaine du Rhin », tiennent un contre-sommet dans cette même ville pour souligner la gravité des pollutions dans le fleuve (par le mercure notamment), déplorer l'inaction des politiques et déterminer un certain nombre d'actions à mener de concert.

Très vite, ces collaborations sur le terrain sont formalisées dans le cadre d'un « Mouvement Écologique Européen », à l'occasion de la réunion de 74 groupes écologiques à Strasbourg (France, RFA, Suisse, Autriche, Belgique, Luxembourg, Pays-Bas, Italie), les 6 et 7 juillet 1974[21]. La charte européenne de l'environnement rédigée à cette occasion insiste sur la dimension européenne des enjeux environnementaux et le rôle des citoyens dans ce domaine. L'européanisation alors à peine esquissée des politiques publiques de l'environnement suscite donc très rapidement de la part des

---

18 [Collectif d'enquête], *Aujourd'hui Malville, demain la France ! Livre noir*, Chaix, La pensée sauvage, 1978, p. 53.

19 Solange Fernex, « Non-violence triumphant », *op. cit.*, p. 373.

20 Jean-Jacques Rettig, « Quoi de plus "sérieux" qu'un ministre de l'environnement », *La Gueule ouverte*, n° 2, décembre 1972, p. 20.

21 « En marge du mouvement européen », *La Gueule ouverte*, n° 23, septembre 1974, p. 30.

associations écologistes une prise en compte de l'importance de cet espace, comme en atteste également la création précoce du Bureau européen de l'environnement (BEE) installé à Bruxelles en 1974[22].

Néanmoins, pour de nombreux groupes écologistes, l'affichage de la dimension européenne de leur action n'implique alors pas une référence à la construction européenne en tant que telle, pas plus qu'un soutien à cette démarche. À cette époque, la carte de l'Europe écologiste reflète avant tout l'existence de réseaux spécifiques et de solidarités nouées sur le terrain. Ainsi, au milieu des années soixante-dix, le Mouvement Écologique Européen reste avant tout un collectif d'associations en lutte sur des thèmes communs et non pas un mouvement politique structuré et pérenne porteur d'un projet institutionnel alternatif. Néanmoins, dès cette période, à un projet perçu comme technocratique sont opposés la légitimité de la mobilisation citoyenne et le partage d'une culture commune.

La genèse idéologique du projet européen des écologistes

Si les conflits environnementaux ont eu une grande importance dans la prise en compte de l'Europe comme échelle géographique légitime, il revient à d'autres sources de préciser la dimension plus proprement idéologique du projet européen des écologistes. Sur ce point, Denis de Rougemont, intellectuel suisse bien connu pour son engagement en faveur de l'idée européenne, apporte une contribution essentielle à la réflexion des écologistes au travers d'un livre, *L'avenir est notre affaire*, dont l'idée majeure peut être résumée par un slogan « Écologie, régions, Europe fédérée : même avenir »[23].

Intellectuel reconnu dès l'entre-deux-guerres pour son ouvrage *L'amour et l'Occident*[24], Denis de Rougemont appartient alors à la nébuleuse non conformiste avant de s'engager, après la Seconde Guerre mondiale, en faveur de l'unification de l'Europe. Il participe ainsi au congrès de l'Union

22 « About EEB. The environmental voice of European citizens », *European Environmental Bureau*, [<http://www.eeb.org/index.cfm/about-eeb/>], consulté le 25/03/2014.

23 BPUN, fonds Denis de Rougemont, liasse Ecoropa 1, télégramme de Denis de Rougemont au Dr Seilinger, 6 février 1978.

24 Denis de Rougemont, *L'amour et l'Occident*, Paris, 10/18, 2001 [1939].

européenne des fédéralistes à Montreux (1946), puis à celui de La Haye (1948), avant de se consacrer à la promotion de la culture européenne[25].

Au début des années soixante-dix, Denis de Rougemont commence à s'intéresser à l'écologie. Devenu membre du Club de Rome, groupe élitaire se consacrant à la réflexion sur l'avenir des sociétés et notamment aux implications des enjeux environnementaux, il est notamment interpellé par la lecture du rapport de 1972 sur les limites de la croissance[26]. À la suite de la publication de *L'avenir est notre affaire* en 1977, il poursuit dans cette voie en participant à la création du groupe de Bellerive de concert avec Sadruddin Aga Khan, alors haut-commissaire aux réfugiés[27]. La découverte sur la fin de sa vie des questions environnementales et écologiques par Denis de Rougemont a parfois fait naître des doutes sur la réalité cette conversion à un thème alors en vogue[28]. Ce serait oublier l'apport décisif de la nébuleuse non conformiste des années trente à une critique du progrès et de ses conséquences qui induit une corruption des besoins[29] et l'essor d'un règne de la technique qui nie la valeur de la personne[30].

Avec *L'avenir est notre affaire,* Denis de Rougemont devient véritablement un auteur de référence pour les écologistes. Il y opère une synthèse entre ses idées anciennes autour du fédéralisme, du rejet de l'État-nation au profit des communautés et des régions et les mobilisations écologistes et antinucléaires qui le marquent durablement. Denis de Rougemont ne cache pas sa volonté d'infléchir l'énergie militante qui se déploie alors vers une synthèse à la fois écologique et européenne.

25 Nicolas Stenger, *Denis de Rougemont. Les intellectuels et l'Europe au XXe siècle*, Rennes, PUR, 2015.

26 Nicolas Stenger, « Denis de Rougemont et l'écologie : une crise spirituelle d'abord », *Écologie et politique*, 2012/1, n° 44, p. 55 *sq*.

27 Centre des Archives Contemporaines [CAC], fonds Amis de la Terre, 20050521/43, *Declaration of the « Groupe de Bellerive »*, 3 octobre 1977. Cette organisation insiste sur la nécessité de promouvoir des solutions concrètes aux problèmes environnementaux, ce qui implique, à ses yeux, de ne pas refuser absolument le recours à l'énergie nucléaire civile.

28 Olivier Dard, *Le rendez-vous manqué des relèves des années 30*, Paris, PUF, 2002, p. 284.

29 Nicolas Stenger, « Denis de Rougemont et l'écologie : une crise spirituelle d'abord », *op. cit.*, p. 61.

30 Christian Roy, « Charbonneau et Ellul, dissidents du "progrès" : critiquer la technique face à un milieu chrétien gagné par la modernité », in Céline Pessis *et al.* (dir.), *Une autre histoire des « Trente Glorieuses »*, *op. cit.*, p. 162–163.

Comme il le souligne lui-même, « par leurs luttes contre la pollution, et les centrales nucléaires, ils [les écologistes] ont fourni à la révolution régionaliste le *levier politique* qui avait fait défaut aux mouvements personnalistes des années 30, puis aux fédéralistes européens ou mondialistes de l'après-guerre »[31]. À ses yeux, l'ampleur des mobilisations antinucléaires ne reflète pas une peur de cette technologie mais plus profondément un rejet de l'État-nation, grand ordonnateur du programme nucléaire en France et fauteur de guerre d'une manière générale.

Dès lors, Denis de Rougemont promeut une autre vision de l'Europe, très différente des institutions édifiées depuis la fin de la Seconde Guerre mondiale. Dans sa vision, la mobilisation des citoyens est fondamentale car elle garantit le caractère démocratique de cette structure qui ne peut être réduite aux seules pratiques de la démocratie représentative. Denis de Rougemont définit ainsi la politique non pas comme la compétition entre les partis mais comme « l'entretien des relations humaines dans la Cité, la sauvegarde des eaux et des forêts, le progrès vers la paix entre les continents, la naissance d'un nouvel esprit communautaire »[32]. L'intellectuel suisse est en cela fidèle aux théories propres au fédéralisme intégral qui refuse de résumer la construction européenne à la création d'institutions spécifiques[33].

Outre cette extension de la vie démocratique dont il estime que la lutte antinucléaire est porteuse, Denis de Rougemont insiste également sur la nécessité d'une organisation régionale de l'Europe. En cela, il prolonge des réflexions anciennes chez lui, dont certaines remontent aux années trente, autour de la dignité de la personne qui doit être le fondement de toute communauté politique véritable, dans le cadre des régions. La région démocratique, cadre idéal pour l'épanouissement d'une communauté véritable, est également envisagée comme une mutualisation des moyens des communes – sur le modèle suisse –, dans lequel seraient possibles la régulation des pollutions et la mise en œuvre d'un programme de développement des énergies renouvelables adapté à chaque situation, ce dont l'État central serait incapable[34].

---

31 Denis de Rougemont, *L'avenir est notre affaire*, *op. cit.*, p. 130.

32 *Ibid.*, p. 203–204.

33 Bertrand Vayssière, « Alexandre Marc : les idées personnalistes au service de l'Europe », in Gérard Bossuat (dir.), *Inventer l'Europe. Histoire nouvelle des groupes d'influence et des acteurs de l'unité européenne*, Bruxelles, Peter Lang, 2003, p. 385.

34 Denis de Rougemont, *L'avenir est notre affaire*, *op. cit.*, p. 278.

Les idées de Denis de Rougemont connaissent un écho important parmi les écologistes : il est interviewé dans la plupart des périodiques de cette nébuleuse, qu'il s'agisse de *La Gueule Ouverte* ou du *Sauvage*[35] et « L'avenir est notre affaire » est un slogan repris dans les manifestations antinucléaires, à tel point qu'il figure sur la bergerie érigée au début des années quatre-vingt à Plogoff[36].

Une telle appropriation du slogan et, dans une moindre mesure, des idées de Denis de Rougemont, est facilitée par le fait que le rejet de l'État-nation centralisé et la mise en avant de régions autonomes étaient déjà des thèmes importants pour les écologistes en France et ailleurs en Europe, de telle sorte qu'avec *L'avenir est notre affaire,* Denis de Rougemont contribue à donner une légitimité nouvelle et une caution intellectuelle à des réflexions plus anciennes. Ainsi, en France, l'aménagement du territoire tel qu'il est pratiqué durant la république gaullienne alimente toute une série de réflexions sur l'autoritarisme des hauts fonctionnaires et l'impossibilité pour les régions de déterminer elles-mêmes leur mode de développement[37]. Ainsi, la mise en tourisme de la Côte aquitaine, le projet d'extension du camp du Larzac ou encore les premières luttes pour la protection de la nature en Bretagne conduisent certains militants à dénoncer le sort des « minorités nationales » méprisées par le pouvoir central parisien[38]. Plus largement, l'autogestion, notamment promue par le PSU et la CFDT, influence les réflexions des écologistes français sur la réorganisation des institutions. Ainsi, le programme électoral de René Dumont évoque « le transfert à l'ensemble de la population, hommes et femmes, dans le cadre de chacune de ses collectivités, du pouvoir de s'organiser et de décider, ainsi que du pouvoir d'information qui en est la condition »[39].

---

35 Denis de Rougemont, « Cet amour qui nous rendrait la liberté », *Le Sauvage*, n° 63, mars 1979, p. 8.

36 Vincent Porhel, *Ouvriers bretons. Conflits d'usines, conflits identitaires en Bretagne dans les années 1968*, Rennes, PUR, 2008, p. 224.

37 Nous nous permettons de renvoyer à notre thèse de doctorat, en cours de rédaction, *L'émergence de l'écologie politique en France (milieu des années 60-milieu des années 80)*, sous la direction de Bertrand Joly, Université de Nantes, soutenance envisagée en septembre 2014.

38 Tudi Kernalegenn, *Luttes écologistes dans le Finistère. 1967–1981. Les chemins bretons de l'écologie*, Fouesnant, 2006, p. 227 *sq.*

39 René Dumont, *L'écologie ou la mort, la campagne de René Dumont et ses prolongements, objectifs de l'écologie politique*, Paris, 1974, p. 43.

Au-delà du cas français, le fédéralisme intégral et la notion de subsidiarité jouent un grand rôle dans la genèse de l'écologie politique en Wallonie[40]. C'est en effet à Namur que des dissidents du Rassemblement Wallon, parmi lesquels Paul Lannoye, créent en 1973 « Démocratie Nouvelle ». Cette organisation a pour ambition de rénover les pratiques démocratiques par le socialisme autogestionnaire, la lutte contre le programme nucléaire, mais aussi le fédéralisme intégral. Ces réflexions sur l'autogestion et le fédéralisme intégral expliquent donc l'accueil favorable fait aux prises de position de Denis de Rougemont.

L'avenir est notre affaire occupe une place importante dans la genèse idéologique du projet européen des écologistes. Certes, sur l'analyse des questions environnementales, il n'innove guère, se bornant à reprendre des données disponibles ailleurs sur la crise écologique, mais Denis de Rougemont se livre à une synthèse idéologique qui fait sens aux revendications et aux aspirations des écologistes. Grâce à son apport, la société écologique trouve sa forme institutionnelle qui allie ouverture européenne et centralité des citoyens dont la mobilisation est, aux yeux des écologistes, la véritable manière de faire de la politique.

Cette approche institutionnelle serait peut-être restée dans le domaine de la théorie politique et des slogans lancés dans les manifestations s'il n'y avait eu la perspective des premières élections européennes au suffrage universel, qui contraignent les écologistes à une réflexion programmatique poussée, dont l'une des matrices est l'association Ecoropa.

La formalisation programmatique dans la perspective des premières élections européennes

Le 20 septembre 1976, l'acte de Bruxelles entérine le principe d'une élection du Parlement européen au suffrage universel[41]. Dès cette date, les écologistes considèrent que la perspective d'un scrutin à la proportionnelle

40 Benoît Lechat, *Les écologistes wallons et l'hiver 60 : une tradition critique*, Etopia, décembre 2010 [<http://www.etopia.be/spip.php?article1713>], consulté le 3 juillet 2013.

41 D'abord envisagée pour 1978, cette consultation a finalement lieu entre les 9 et 12 juin 1979.

permet d'espérer d'avoir un certain nombre d'élus dans toute l'Europe des Neuf (notamment en France, en RFA et en Belgique).

C'est dans ce cadre qu'en décembre 1976 est créée Ecoropa à l'issue d'une réunion d'intellectuels et de représentants des mouvements écologistes européens à Paris. Il s'agit de fédérer l'ensemble des mouvements écologistes d'Europe en mobilisant les énergies autour d'un projet qui se veut réaliste et européen. Elle est présidée par Denis de Rougemont, même si ses archives conservées à Neuchâtel attestent que cette position est avant tout honorifique[42].

Ecoropa a été étudiée par Jean Jacob dans *Le retour de « l'ordre nouveau ». Les métamorphoses du fédéralisme européen*[43]. Selon lui, Ecoropa a été l'instrument d'« une forme d'entrisme » chez les écologistes de la part de Denis de Rougemont. Les militants écologistes, par « inculture politique »[44], n'auraient pas perçu le caractère réactionnaire de son rejet de l'État-nation au profit d'une Europe constituée d'une multitude de régions. Doit-on faire d'Ecoropa une sorte de comité occulte, qui, sous la houlette de Denis de Rougemont, diffuserait chez de naïfs écologistes les thèses réactionnaires des non-conformistes des années trente ? Cette position ne résiste pas à la consultation des archives conservées.

De fait, loin d'être une organisation occulte, Ecoropa apparaît bien davantage comme un espace de sociabilité élitaire, une sorte de forum où se retrouvent militants et intellectuels intéressés par le lien entre l'Europe et l'écologie. Ainsi, pour le botaniste français Jean-Marie Pelt, Ecoropa doit permettre de débattre posément, entre spécialistes et intellectuels pondérés, des enjeux environnementaux à l'échelle européenne, pour éviter que ceux-ci ne soient indûment politisés par les mouvements gauchistes[45]. Pour le leader du Partito Radicale italien, Marco Panella, rejoindre Ecoropa est un moyen de tisser des liens avec les autres écologistes en Europe et de sortir du relatif isolement où se trouve l'Italie sur cette question[46]. De même, l'association rassemble des écologistes allemands, tels Herbert

42 BPUN, fonds Denis de Rougemont, liasse 1, lettre de Jean-Marie Pelt à Édouard Kressman, 7 juin 1978.

43 Jean Jacob, *Le retour de « l'ordre nouveau »*, Genève, Droz, 2000, p. 99 *sq.*

44 *Ibid.*, p. 143, 165.

45 BPUN, fonds Denis de Rougemont, liasse 1, lettre de Jean-Marie Pelt à Édouard Kressman, 7 juin 1978.

46 Edward Goldsmith, « Quiet Radicals », *The Ecologist*, vol. 9, n° 3, mai/juin 1979, p. 104.

Gruhl ou encore Roland Vogt[47], militant antinucléaire, élu au Bundestag en 1983, tandis qu'en Wallonie Jean Liénard, des Amis de la Terre, en suit également les actions[48]. D'autres enfin, comme Manfred Siebker, sont intéressés par l'élaboration d'un manifeste intellectuel proposant une alternative au modèle de développement occidental[49]. Ainsi, au-delà de ces prises de position individuelles, Ecoropa s'efforce, avec plus ou moins de succès, de formaliser les positions des écologistes à l'égard de l'Europe par le biais de différents manifestes.

Se dégage alors l'idée que la société écologique serait la vocation commune de l'ensemble des pays européens. Son avènement passerait par la remise en cause du productivisme et de l'État-nation au profit d'une organisation sociopolitique articulée autour des régions, les plus autonomes possible, et de l'Europe, qui coordonnerait l'ensemble selon le principe de subsidiarité[50]. Ainsi, pour Manfred Siebker, la région doit être l'espace de « self-reliant local communities », espace qui doit tendre à l'autonomie énergétique mais aussi lieu de la prise de décision responsable de chacun[51]. Ces communautés ne sont donc pas envisagées comme le lieu du contrôle social, de la négation de l'individu au profit du groupe mais au contraire comme le cadre de l'exercice d'une démocratie dans laquelle chacun serait véritablement actif[52]. Selon les auteurs de ce manifeste, c'est à cette seule condition que le défi posé par les travaux du Club de Rome pourra être résolu sans tomber dans une dictature écologique[53].

Malgré ces grandes ambitions, à la fin des années soixante-dix, après la publication de ce manifeste, l'action concrète d'Ecoropa tend à se réduire à l'organisation de quelques colloques et à la publication d'un

47 BPUN, fonds Denis de Rougemont, liasse 1, lettre de Manfred Siebker à Édouard Kressmann, 8 juillet 1978.

48 Entretien avec Jean Liénard, 18 avril 2012.

49 BPUN, fonds Denis de Rougemont, liasse Ecoropa 1, lettre d'Édouard Kressmann à Wouter van Dieren, 2 août 1978.

50 À ce titre, l'ouvrage de Denis de Rougemont, *L'avenir est notre affaire*, Paris, Stock, 1977, en est l'illustration pour le grand public.

51 BPUN, fonds DDR, liasse « travaux Ecoropa », « Ecoropa Manifesto » par Manfred Siebker, avec des contributions de Wouter van Dieren, Sigmund Kvaløy et Jaroslav Langer, 23 septembre 1978.

52 *Ibid.*, compte-rendu de la première rencontre du groupe « Critères politiques » d'Ecoropa par Manfred Siebker, 22 janvier 1978.

53 *Ibid.*, lettre d'Édouard Kressmann à Denis de Rougemont, 20 septembre 1977.

manifeste visant à interpeller l'opinion, mais dont les échos sont pour le moins limités.

Ecoropa constitue ainsi un exemple intéressant de tentative de coopération entre intellectuels et militants partageant des aspirations convergentes à la transformation de la société pour échapper à la crise écologique. Rassemblant de nombreux clercs prestigieux, celle-ci a pu apparaître comme un lieu central d'élaboration programmatique et intellectuel pour les écologistes.

Esquissés à l'occasion des élections européennes de 1979[54], les contacts entre les mouvements d'écologie politique en Europe ne donnent pas dans les urnes les résultats espérés. En France, les écologistes font campagne sans disposer de moyens financiers suffisants et échouent à atteindre la barre des 5 % nécessaires à l'élection des militants placés en tête de liste. Par ailleurs, un temps envisagée, la tentative de bâtir une liste commune avec les régionalistes échoue pour des questions personnelles autant qu'idéologiques[55]. Ailleurs en Europe, les listes écologistes ne connaissent pas davantage de succès. Néanmoins, au lendemain des élections, Manfred Siebker, membre des Grünen et d'Ecoropa, propose la mise en place d'un bureau permanent de coordination et de lobbying écologiste en direction des institutions européennes[56]. Intitulé PEACE (*Platform of Ecopolitical Action for a Peaceful Change of Europe*), il rassemblerait dix partis écologistes et d'extrême-gauche (tels que D'66 aux Pays-Bas ou le Partito Radicale en Italie). Si de nombreux désaccords fondamentaux et la lourdeur du fonctionnement ont finalement raison de cette initiative, il n'en demeure pas moins que les animateurs des partis écologistes européens prennent ainsi l'habitude de se rencontrer et d'échanger, constituant ainsi la première étape avec la création des Verts européens en 1984[57].

L'européanisation des enjeux écologiques s'opère donc dans la perspective des élections européennes de 1979, qui obligent les animateurs des mouvements écologistes à mener une réflexion programmatique de concert en Europe.

---

54 Etopia, fonds Europe Écologie, 1, brochure, « L'Europe des écologistes », s.d. [1er semestre 1979].

55 Solange Fernex, « L'enjeu du 10 juin. L'Assemblée doit devenir une véritable constituante. Entretien avec Patrick Jarreau », *Le Monde*, 7 juin 1979, p. 13.

56 Etopia, fonds Jean Liénard, liasse Europe, projet de bureau PEACE, s.d. [juillet 1979].

57 *Ibid.*, note sur les Verts européens par Raymond Yans et Rudi Winzen, 24 octobre 1984.

Les écologistes ont très rapidement mis en avant la dimension européenne des luttes menées sur le terrain. Ces pratiques transnationales sont fondamentales pour comprendre la genèse du projet institutionnel européen des écologistes. Formalisé par Denis de Rougemont, celui-ci repose plus largement sur une remise en cause de la centralisation des institutions dans le cadre de l'État-nation et sur la mise en avant d'une forme de fédéralisme intégral dans lequel les citoyens, constitués en communautés régionales, formeraient l'acteur politique essentiel.

Les élections européennes de 1979 permettent à ce projet institutionnel de passer de la théorie politique à la réalité programmatique mais cette consécration est paradoxale. En effet, au même moment, la contestation antinucléaire civile s'essouffle, témoignant de la difficulté à fonder un projet politique et institutionnel sur la mobilisation permanente des citoyens. L'affaiblissement de l'écologisme européen l'amène dès lors à se concentrer sur son institutionnalisation (partidaire ou associative). Dans une certaine mesure, la société civile organisée prend le pas sur des citoyens librement mobilisés, ouvrant une nouvelle phase des rapports entre les écologistes et l'Europe.

Beatrice SCUTARU, Université d'Angers

Les jumelages franco-roumains : la voie vers une citoyenneté européenne participative ?

« Nous sommes nés en Europe. Revenons, finalement, en Europe pour y rester », écrit, en janvier 1990, Adrian Marino, critique et historien roumain de la littérature[1]. Cette phrase est tant un cri de reconnaissance de l'européanisme des Roumains qu'un message d'espoir. En effet, après 1945, l'avènement du communisme et l'entrée de la Roumanie dans la sphère d'influence soviétique ont été perçus par les Roumains comme une séparation d'un ensemble auquel ils appartenaient de droit. La chute du régime communiste fait renaître l'espoir d'un « retour en Europe ». Commence alors à se poser la question de l'intégration des pays d'Europe centrale et orientale à la Communauté européenne.

La disparition du rideau de fer permet également aux citoyens des deux Europe de renouer le fil des contacts entretenus avant 1989, ainsi que de créer de nouveaux rapports. Par conséquent, à la fin des années 1980, l'action symbolique initiée par l'« Opération Villages Roumains » (OVR) peut se concrétiser. En 1988, Nicolae Ceausescu annonçait la mise en place d'un vaste plan de systématisation du territoire roumain devant aboutir à la destruction de plus de la moitié des villages du pays. La nouvelle circule rapidement et entraîne de nombreuses réactions d'indignation au niveau international. Pour « sauv[er] les villages roumains »[2], un mouvement de solidarité est initié en Belgique (OVR). Une action symbolique d'« adoption » des villages en danger par des communes européennes est alors mise en place. L'objectif est de créer un effet de bouclier, en signalant aux dirigeants roumains que leurs actions sont connues et désapprouvées à l'étranger. L'opération connaît un franc succès à l'échelle européenne, notamment en Belgique et en France. Après la chute du régime Ceausescu, bouleversés par les images de la « révolution » roumaine

---

1 Adrian Marino, « Revenirea in Europa », *Tribuna*, n° 2, 11 janvier 1990.

2 Archives de la Coordination Anjou-Roumanie, brochure « Sauvons les villages roumains », 1989.

retransmises par les médias français au moment de Noël 1989, les citoyens français – déjà sensibilisés à la cause de la Roumanie – se mobilisent : des voyages de plusieurs milliers de kilomètres sont entamés pour y acheminer des aides en tout genre[3]. C'est donc sous le signe de l'émotion qu'ont lieu les premiers contacts entre Français-es et Roumain-e-s. Les convois sont également l'occasion d'établir un premier contact avec la population roumaine. La situation économique difficile qu'ils découvrent sur place et l'« accueil très chaleureux » qui leur est réservé décident les Français-es à continuer les relations avec la Roumanie. Ils veulent aider leur village parrainé. « Le mouvement est [donc] passé, par une accélération de l'histoire, d'une protestation de principe à une véritable mobilisation sur le terrain »[4]. Ces actions se concrétisent sous la forme de parrainages et de jumelages, posant les bases d'une véritable coopération décentralisée[5].

Ces rencontres et les contacts personnels entre citoyens sont aussi un vecteur de rapprochement entre les peuples européens. En attendant l'intégration à l'Europe, les jumelages doivent aider à l'établissement de liens entre les États membres et les pays qui « frappent à la porte de l'Europe », à la création d'un sentiment d'appartenance à la Communauté européenne. Cependant, malgré les libertés retrouvées, les discours sur la réunification européenne se heurtent à de nouvelles difficultés. Les Roumain-e-s espéraient que le rapprochement avec les sociétés occidentales, imaginées comme des sociétés idéales, conduirait à une amélioration immédiate de leur situation. Cependant, les réalités économiques imposent l'émergence de nouvelles tensions, qui ne sont plus de nature idéologique, ainsi que l'apparition d'aires de traitement différencié sur le continent européen. Cette situation, en partie réelle et en partie construite par les représentations politiques, culturelles et sociales, questionne la capacité des Roumains à dépasser le complexe de la « périphérie », cette vision qu'ils entretiennent depuis le XIXe siècle, et à trouver leur propre place

3 Les produits envoyés lors des convois humanitaires sont principalement des denrées alimentaires, des médicaments, des vêtements, du matériel médical, des fournitures scolaires, des produits d'hygiène, etc.

4 Édith Lhomel, « Opération Villages Roumains », *Politique internationale*, dossier spécial « La Roumanie au seuil de l'Union européenne », n° 105, automne 2004, p. 107.

5 Dans un souci d'efficacité, toutes les formes de coopération décentralisée seront désignées avec le terme « jumelage ». Cependant, en 2014, quatre parrainages et six jumelages franco-roumains peuvent être identifiés dans le Maine-et-Loire.

dans l'ensemble européen. Cette perception est alimentée par l'idée d'un décalage par rapport à l'ouest de l'Europe et d'un « retard » qu'ils doivent rattraper pour rejoindre les rythmes rapides de développement des sociétés occidentales. Après 1989, le sentiment d'être à la fois « dedans » et « dehors », à la fois Européens et aux portes de l'Europe, transforme la fascination pour l'Ouest, sentiment collectif avant 1989, en une dualité fascination/rejet, des sentiments plus mitigés et souvent contradictoires, que l'on pourrait qualifier de frustration[6].

À partir de ce constat, l'étude suivante veut analyser comment se réalise, dans la pratique, le dialogue entre les citoyens français et roumains et questionner ses effets. Ces interactions mènent-elles véritablement à un rapprochement, à une meilleure connaissance de l'autre ? Aident-elles au développement d'un sentiment d'appartenance ou renforcent-elles le constat de la différence ? Attendu que le niveau communal s'avère être un terrain d'investigation idéal, permettant de mieux saisir l'implication personnelle des citoyens, c'est sur le cas du Maine-et-Loire, département fortement impliqué dans la coopération franco-roumaine depuis la fin des années 1980, que va se concentrer cette enquête. Ces expériences transfrontalières peuvent être étudiées à partir de sources variées : les archives publiques (Archives municipales de Cholet-AMC) et des associations ligériennes, la presse écrite et notamment le corpus de sources orales constitué auprès des responsables associatifs. Le croisement de ces sources permet d'établir les réalités des échanges sur le terrain. Pour ce faire, il est indispensable de préciser comment les jumelages deviennent des outils d'aide au développement de l'économie locale roumaine. Cette action s'est accompagnée de nombreux contacts entre citoyens (jeunes et adultes) et nous tenterons d'en présenter les caractéristiques. La question du soutien européen permettra de saisir le sens donné à la « citoyenneté européenne » par les acteurs de la coopération décentralisée.

---

6 Beatrice Scutaru, *Les relations entre les sociétés française et roumaine des années 1960 à 1995 : un atout pour l'ancrage de la Roumanie à l'Europe ?*, thèse de doctorat, Université d'Angers, 2013, p. 602.

Les jumelages, outil d'aide au développement « par le bas »

Pendant plusieurs années, des actions de type humanitaire sont menées en parallèle avec des projets d'aide au développement. Avec le temps, ces derniers deviennent majoritaires, des projets multiples et variés étant mis en place au niveau local, dans les domaines de la santé, de l'école, de l'agriculture, de l'aménagement du territoire, etc. Les actions vont du simple envoi de matériel à la construction et à l'aménagement d'un dispensaire. Ainsi, pour remédier à l'inadaptation des formations scolaires et professionnelles de la population roumaine, les communes soutiennent le développement des échanges professionnels. C'est pourquoi il est possible d'affirmer que le partage d'expériences fait de la coopération décentralisée un instrument au service de l'européanisation de la Roumanie « par le bas ». L'objectif est de faire découvrir aux Roumain-e-s d'autres modalités d'organisation du travail, d'autres techniques, d'autres notions (gestion, investissement, etc.), des éléments inexistants durant la période communiste. Il faut « faire en sorte qu'ils puissent eux-mêmes initier et mettre en place de nouveaux projets »[7].

Les jumelages sont également une manière de faire connaître et d'expérimenter certaines libertés qui caractérisent la citoyenneté européenne, comme la libre circulation des personnes, des biens, des services[8]. Ainsi, des Roumain-e-s sont accueillis pour suivre des formations en France ou se renseigner sur un objet précis. Un des domaines privilégiés par de nombreuses associations ligériennes est celui de l'agriculture. Presque entièrement contrôlée par l'État durant la période communiste, l'agriculture roumaine se privatise à partir de 1990. En 1992, 80 % des terres agricoles sont en propriété privée. Néanmoins, la population ne sait plus comment gérer – de manière autonome – une exploitation agricole[9]. Les Français-es veulent accompagner les agriculteurs roumains dans ce processus. En avril 1992, quinze communes du Maine-et-Loire et l'AFODIP (Association de formation pour le développement des initiatives au pays) font venir en Anjou trente-trois stagiaires roumains. Ce projet naît d'une volonté

7 Karine Emsellem, « L'Opération Villages Roumains, une coopération locale transeuropéenne », *Revue géographique de l'Est*, vol. XXXV, 1995/2, p. 121.

8 Catherine Claeysen, « Les jumelages et l'Europe », *Annuaire des collectivités locales*, n° 19, 1999, p. 133.

9 Eurostat, *Monographie par pays. Roumanie 1995*, Luxembourg, Office statistique des Communautés européennes, 1997, p. 60.

non pas d'« assister » les Roumain-e-s, mais de « situer la coopération à un autre niveau », celui de la « découverte intensive de l'agriculture française ». Sont organisées des visites d'exploitations, des présentations sur l'organisation du travail, les financements, les organisations d'agriculteurs, les formes associatives, etc. Leur séjour de trois semaines doit permettre de renforcer les liens et les échanges existants, faire comprendre le fonctionnement des exploitations agricoles dans une économie de marché, fournir des éléments d'analyse, de réflexion sans pour autant imposer le modèle français, mais pour « aider les Roumains à construire des projets adaptés à leur situation ». De nombreux acteurs français reviennent sur ce dernier aspect, en affirmant ne pas souhaiter que les agriculteurs roumains reproduisent à l'identique le modèle français, mais qu'ils s'en inspirent, en l'adaptant aux réalités de leur pays[10].

Initiée au début des années 1990, la coopération dans le domaine agricole continue à être un des domaines privilégiés des échanges. Ainsi, du 13 au 27 septembre 2002, l'association Beaulieu-Solidarité-Roumanie accueille trois jeunes de la commune roumaine Mereni, située sur les bords de la mer Noire[11]. Plusieurs journées de stage sont organisées, notamment avec l'aide de l'Union agricole des Pays-de-la-Loire, permettant de faire découvrir aux stagiaires « le fonctionnement d'une entreprise française afin de leur permettre, outre une comparaison avec des entreprises roumaines du même type, de réinvestir les apports de ce stage d'observation dans leurs fonctions actuelles ou futures au sein d'une entreprise roumaine »[12]. À dix années d'intervalle, les actions se répètent et se ressemblent, témoignant de la lente évolution de l'économie roumaine. La Roumanie est encore, en 2012, un pays fortement rural. L'agriculture continue à être le domaine qui emploie le plus grand nombre de Roumain-e-s, devançant d'un tiers l'industrie[13].

---

10 Louis Coquin, « Des Roumains en Anjou. La découverte de l'exploitation agricole », *Ouest-France*, 22 mars 1992 ; « Six Roumains dans la commune. Découvrir le monde rural », *Ouest-France*, 1er avril 1992 ; Louis Coquin, « Pour inventer leur agriculture. Des Roumains en Anjou », *Ouest-France*, 11–12 avril 1992.

11 Témoignages de Denis Pares, Jacky Lambert et Jérémy Gouin, entretien réalisé par l'auteure, 15 mars 2008.

12 Archives de l'association Beaulieu-Solidarité-Roumanie, Convention de stage d'observation en entreprise, septembre 2002 ; programme d'accueil des jeunes Roumains, 2002.

13 En 2012, pour 2 682 000 employés dans l'agriculture, on compte seulement 1 957 000 dans le domaine de l'industrie. Cet écart tend à s'accroître depuis le début de la crise

Cependant, dans les années 2000, une action d'un type nouveau voit le jour. L'opération « Bancsol », initiée par l'association française La Bonne Étoile et son homologue roumain Montan Initiativ, propose des micro-crédits de 750 à 2 500 euros avec un taux d'intérêt à 0 %, remboursables en trois ans. Le projet s'adresse aux artisans, aux entrepreneurs qui travaillent pour le marché local et qui, en raison de la taille réduite de leur projet, ne réussissent pas à obtenir le soutien des banques[14]. Dans le Maine-et-Loire, Solidarité-Roumanie-Centre-Mauges-Posesti est la seule association à s'être impliquée dans cette initiative. En 2003, M. Costel est le premier à bénéficier d'un emprunt de 1 000 euros qui lui permet de monter un atelier de menuiserie. Cet apport financier doit donc permettre aux artisans d'avoir un capital de départ, de s'acheter les outillages nécessaires pour « démarrer leur vie localement ». La Bonne Étoile prône le soutien au développement, qu'elle oppose à l'aide humanitaire. M. Costel témoigne :

> Beaucoup d'associations sont venues en Roumanie avec des habits, de la nourriture, qui ont coûté très cher mais qui ne nous ont pas beaucoup aidés. [...] De mon point de vue, les Roumains se sont habitués à attendre l'aide étrangère. [...] L'association La Bonne Étoile a créé la responsabilité de rembourser, d'aider à son tour[15].

Ces affirmations font écho aux conclusions tirées par Assen Slim sur l'aide occidentale aux PECO ; consistant presque exclusivement en « transfert de ressources », cette aide ne peut être efficace que sur le court et le moyen terme. Cette aide finit par se substituer à certaines activités économiques et productives au lieu d'aider les pays à construire, à se développer dans ces domaines[16].

économique (source : Institutul National de Statistica, *Romania in cifre*, Directia Generala de IT si Infrastructura Statistica, Directia de Editare de Publicatii Statistice, Bucarest, 2013, p. 18).

14 Archives de l'association Solidarité-Roumanie-Centre-Mauges-Posesti, dépliant « Bancsol. Montan Initiativ », 2009.

15 Archives de l'association Solidarité-Roumanie-Centre-Mauges-Posesti, *Bancsol. « On ne prête qu'aux pauvres »*, film, durée : 11' 22.

16 Assen Slim, « L'aide occidentale à l'Europe de l'Est : les leçons d'un demi-siècle d'aide au développement ont-elles été tirées ? », *Transition*, Bruxelles, n° 2, 1998, p. 30–71.

Les jeunes au contact de l'Europe

Au-delà des échanges professionnels, les jumelages permettent également aux citoyens de se rencontrer, de nouer des relations amicales durables et de mieux percevoir leurs points communs. Les échanges de jeunes occupent une place de choix dans le cadre de la coopération transfrontalière. L'UE encourage fortement l'implication active des jeunes dans la construction d'une citoyenneté européenne, leur mobilisation étant perçue comme un enjeu majeur pour l'avenir de l'Europe[17]. Cette orientation est également présente au niveau régional et municipal, les actions en direction des jeunes étant plus facilement financées que celles touchant seulement les adultes[18]. Les Mauges, région située au sud-est du département, se sont fortement impliquées, depuis le début des années 1990, dans les échanges scolaires et de jeunes. C'est pourquoi cette partie de notre étude sera principalement axée sur l'analyse des actions initiées par le comité de jumelage Cholet-Dorohoi et l'association Solidarité-Roumanie-Centre-Mauges-Posesti. L'étude des archives municipales, de la presse, ainsi que les témoignages oraux permettent d'identifier deux cadres dans lesquels se déroulent les échanges de jeunes : un cadre institutionnel précis, régi par des accords inter-académies, ainsi qu'un contexte plus relâché, hors du cadre scolaire.

Principale ville des Mauges, Cholet agit, dès 1992, pour encourager la coopération dans le domaine scolaire. Plusieurs collèges et lycées de la ville décident donc d'unir leurs efforts pour parrainer la totalité des établissements scolaires de Dorohoi, ville située au nord-est de la Roumanie. Les premiers échanges ont lieu en 1993. Afin de mieux cerner les problèmes qui peuvent se poser et connaître les véritables besoins des élèves et des enseignants roumains, une quarantaine de jeunes choletais et leurs professeurs se rendent à Dorohoi, du 29 avril au 6 mai. Ce séjour d'une semaine doit créer des liens durables entre jeunes et établissements scolaires et répondre aux besoins des écoles roumaines. À leur tour, les jeunes Roumains et leurs enseignants sont accueillis en France. Ils découvrent, à cette occasion, la région des Pays-de-la-Loire, la ville de Cholet et le système

17 Ditta Dolejsiova, Miguel Angel Garcia Lopez (dir.), *European citizenship – in the process of construction... Challenges for citizenship and democratic practice in Europe*, Strasbourg, Council of Europe Publishing, 2009, p. 5.

18 Témoignage d'Anne-Marie Prinet, entretien réalisé par l'auteure, 22 février 2014.

éducatif français[19]. Les échanges d'élèves et d'enseignants se poursuivent depuis, tant sous la responsabilité du comité de jumelage que dans le cadre d'appariements[20].

Un appariement est également conclu entre les lycées « Nicolae Iorga » de Valenii de Munte de Roumanie et « Notre-Dame de Bonne Nouvelle » de Beaupréau, au cœur des Mauges[21]. L'initiative de ces échanges, qui durent depuis une vingtaine d'années, revient à un habitant de Posesti, enseignant le français. Il souhaite, dès 1990, initier des échanges épistolaires entre jeunes Français et Roumains. Une tentative est réalisée au niveau de l'école primaire et du lycée, mais le succès de l'action est de courte durée. Dans le cadre de l'appariement, tous les deux ans sont organisés des échanges d'élèves. Après avoir eu un rôle important dans l'initiation des relations, l'association française laisse les enseignants prendre en charge la coopération, tout en finançant la venue d'un certain nombre d'enfants roumains. Un aspect important de cette coopération est le travail préparatoire auquel doivent se livrer les élèves ; ils sont censés réfléchir sur des sujets choisis par leurs responsables pédagogiques : histoire de la France, de la Roumanie, de la construction européenne, diagnostic socio-économique de leur région, de leur pays, etc. Au mois d'octobre, les jeunes Français se rendent en Roumanie pour un séjour de 10–15 jours. Au retour, ils sont accompagnés d'une dizaine d'élèves roumains. Pour diminuer les coûts et assurer un véritable échange entre Français-es et Roumain-e-s, les jeunes sont logés par des familles d'élèves. Pendant ce mois passé ensemble, ils assistent aux cours, travaillent en équipe et partagent la vie quotidienne. La fin de ce mois de cohabitation est marquée par une présentation finale : devant des représentants de la Communauté de communes (qui subventionne l'association française), des élus locaux, des enseignants, des membres de l'association et des familles, les jeunes décrivent le déroulement du mois qui

19 Archives personnelles de Christine Pelletier, Parrainage par la ville de Cholet de la ville de Dorohoi (Roumanie).

20 L'appariement est une forme de jumelage entre deux établissements scolaires français et étranger. Il suppose un partenariat durable autour d'une véritable coopération éducative et peut consister en des échanges d'élèves, d'informations, de productions scolaires, etc.

21 Les enfants de Posesti – commune avec laquelle est jumelée la Communauté de communes Centre Mauges – font leurs études secondaires dans la ville Valenii de Munte, au lycée « Nicolae Iorga ».

vient de s'écouler[22]. Cette dernière étape assure une meilleure visibilité des actions réalisées et permet de montrer aux élus comment leurs subventions se traduisent dans la pratique.

Hors de ce cadre institutionnel, d'autres types d'échanges sont initiés, ayant des objectifs à la fois similaires et différents. Solidarité-Roumanie-Centre-Mauges-Posesti lance, en 1992, les camps de jeunes. C'est le constat d'un certain mal-être d'une partie des jeunes de la région qui détermine les médecins Anne-Marie et Jacques Prinet à lancer l'idée d'un voyage en Roumanie. Le but était de lancer un projet basé sur la solidarité qui fasse en même temps découvrir l'Europe aux jeunes. L'objectif était d'« ouvrir les jeunes à la citoyenneté européenne, à l'engagement et à l'Europe »[23]. Si nous pouvons questionner l'utilisation du terme « citoyenneté », qui est sans aucun doute une influence des débats actuels sur la citoyenneté européenne, moins de doutes reposent sur les autres motivations mentionnées. En effet, les époux Prinet ont l'habitude des grands voyages et se sont rendus à plusieurs reprises en Europe centrale et orientale avant la chute du Mur. Leur appétit pour la découverte culturelle ne fait donc pas de doute.

C'est pour des raisons similaires que la ville de Cholet lance le projet « Atelier Jeunes Dorohoi/Cholet ». Issu de la réflexion d'un ensemble d'acteurs sociaux sur la situation des jeunes Choletais en grande difficulté, cette initiative doit leur permettre de réaliser des projets personnels, de s'engager dans un parcours d'insertion, de « passer d'une situation d'échec à un contexte de réussite par la réalisation d'une action constructive, valorisante, socialement utile, basée sur la solidarité dans la communauté européenne ». Cet échange doit permettre l'enrichissement mutuel des deux communautés et est basé sur la participation des jeunes à toutes les phases du projet. Après une première sensibilisation à la découverte du pays, les trois semaines (11–31 juillet 2000) s'articulent autour de journées de travail pendant la semaine et de week-ends culturels. Une inauguration officielle des locaux rénovés, en présence du maire de Dorohoi, marque la fin du séjour. Les organisateurs espèrent que, confrontés à une culture différente et impliqués dans une action socialement utile, les jeunes sans activité porteront un regard différent sur eux-mêmes et sur leur environnement[24].

22 Témoignage d'Anne-Marie Prinet, *op. cit.*

23 Témoignage de Jean-Marie Dessevre, entretien réalisé par l'auteure, 15 novembre 2010.

24 AMC, 239W5, 2000–270, Jumelage Cholet-Dorohoi : atelier de jeunes Dorohoi/Cholet, 2000, 2 p.

Ces voyages jouent donc un rôle important dans le processus de transition des jeunes vers l'âge adulte. D'ailleurs, une partie de ceux ayant participé à des camps de jeunes à Posesti travaille aujourd'hui dans les domaines humanitaire, de l'animation ou médical. Ils ont souvent déclaré aux membres de l'association française que leurs orientations ont été influencées par les séjours en Roumanie. Ces échanges ont souvent constitué, tant pour les Français-es que pour les Roumain-e-s, la première sortie hors du pays et pour certains hors du village. Ces actions mènent à la découverte de l'Autre, de ses habitudes et de ses coutumes, mais aussi à une réappropriation de sa propre culture. La découverte, par Viorica, de la vie économique et du système associatif français oriente sa formation. Après une licence à Bucarest, elle fait des études de management à Paris pour ensuite retourner dans la capitale roumaine, où elle enseigne à l'Université de Bucarest. Une jeune de Beaupréau, ayant participé à un camp de jeunes, prend en 2013 contact avec l'association pour retourner en Roumanie. Elle doit réaliser, dans le cadre de ses études, un stage de trois mois et elle souhaite le faire dans la commune roumaine jumelle. C'est sur la comparaison des systèmes éducatifs français et roumain de la maternelle au lycée qu'elle a choisi de travailler[25]. Mais même ceux qui n'ont pas participé à des voyages antérieurs se laissent tenter par l'expérience roumaine. C'est le cas de Marion, jeune Choletaise qui décide, en 2013, de passer des « vacances actives » en Roumanie. À 26 ans, Marion P., qui n'est pas une novice du bénévolat, décide de passer une semaine en Roumanie pour aider à installer les livres, les vêtements et les meubles pour la vente dans le nouveau local d'Emmaüs. Elle attend, de cette expérience, « un échange culturel » et de « rester au contact des gens »[26]. L'existence des jumelages constitue une base, un substrat qui a rendu possible la multiplication des contacts entre les jeunes. Les Français-es et les Roumain-e-s se rencontrent, apprennent à se connaître et perçoivent l'existence d'opportunités jusque-là impensables.

25 Témoignage d'Anne-Marie Prinet, *op. cit.*

26 « Cholet. Elle choisit de passer des "vacances actives" en Roumanie », *Ouest-France*, 13 août 2013.

La découverte de l'Autre

Malgré ce fort engouement en direction des jeunes, les jumelages concernent surtout des adultes. Depuis les années 1990, les voyages de Français-es en Roumanie et de Roumain-e-s en France se succèdent avec plus ou moins de régularité. Toutes les communes du Maine-et-Loire, sans aucune exception, ont organisé des voyages, rendant possible la rencontre entre les citoyens. Deux types de voyages ont pu être identifiés suite aux entretiens avec les membres d'OVR : ceux réalisés à titre personnel, pour rendre visite à des amis, et ceux organisés par les associations, des voyages de découverte. Ces séjours impliquent généralement entre 15 et 40 personnes. Visites touristiques, découvertes d'entreprises, expositions, débats, etc., sont régulièrement au programme. À chaque fois, l'hébergement se fait chez l'habitant. Cette méthode comporte de nombreux avantages, réduisant le coût du séjour et assurant une implication directe d'une grande partie de la population, même de ceux qui ne sont pas membres des associations. Les Français-es et les Roumain-e-s partagent pendant quelques jours leur vie quotidienne. Les jumelages permettent donc aux citoyens de donner une dimension concrète à la notion floue d'« Europe des citoyens ». L'Autre n'est plus alors seulement perçu comme « celui auquel je ne m'identifie pas et que je tiens à l'extérieur de ma communauté »[27]. Tout au contraire, ces échanges permettent de confronter des modes de vie différents, de nouer des relations solides, de découvrir une nouvelle langue.

La connaissance de la langue est d'ailleurs un élément essentiel dans le déroulement des échanges, son rôle étant souligné par toutes les personnes interviewées. La langue peut parfois constituer une barrière très difficile à surpasser. Les Français-es qui arrivent en Roumanie en 1990 ne parlent pas le roumain. Malgré l'intérêt d'apprendre manifesté par ces derniers, une bonne maîtrise de la langue nécessite du temps. En attendant, des difficultés de communication ne manquent pas de surgir et rendent la coopération difficile. D'ailleurs, dans les communes roumaines qui continuent à entretenir des relations avec la France, au moins une personne parle le français, élément indispensable à la poursuite des relations. Par exemple, à Sopotu-Nou (ouest de la Roumanie), l'infirmier est le seul habitant du village parlant

27 Bertrand Badie, Marc Sadoun (dir.), *L'Autre. Études réunies pour Alfred Grosser*, Paris, Presses de Sciences Po, 1996, p. 17.

le français. C'est donc lui qui s'est beaucoup impliqué dans les relations[28]. Cette situation peut, toutefois, causer des difficultés : la présence d'un seul interlocuteur empêche le développement des contacts avec les autres habitants du village. Ces derniers peuvent se sentir exclus et même perdre tout intérêt pour la coopération. C'est souvent un des regrets formulés par les Français-es interviewés : leurs contacts se limitent à quelques personnes qui maîtrisent plus ou moins la langue française, avec lesquelles ils ont développé des relations d'amitié.

Un élément qui revient régulièrement dans les récits de voyage est l'accueil que la population roumaine réserve aux hôtes français : « Le peuple roumain sait accueillir. L'accueil roumain est quelque chose de fabuleux »[29]. Ils ont été accueillis « comme des rois »[30]. Pour expliquer l'« accueil chaleureux » dont les Roumains semblent les experts, nous allons emprunter à Marcel Mauss la théorie du don et du contre-don[31]. Les logiques du don et les obligations de recevoir et de rendre sont considérées comme des principes universels des rapports sociaux. Dans la majorité des cas, les populations bénéficiaires répondent par un contre-don qui constitue la base de l'établissement de relations durables avec les partenaires occidentaux. Selon le sociologue belge Gautier Pirotte, le contre-don roumain est la gentillesse des gens qui offrent tout alors qu'ils n'ont rien. C'est un « élément fondamental de réinvestissement à l'Ouest en faveur de la Roumanie ». Il explique le désir des Français de retourner en Roumanie et d'aider le peuple roumain par le fait que « les convoyeurs sont les "donneurs initiaux" et qu'ils tentent de se maintenir dans ce rôle »[32].

D'autres acteurs témoignent de l'effet de ces voyages. À chaque fois, après le retour de Roumanie, l'association française se développe. Les Français ayant visité la Roumanie rentrent ravis et rejoignent l'association. Cependant, assez rapidement, « les motivations tombent »[33]. Plusieurs témoins mentionnent avec regret le manque de suivi des relations, les retards

28 Témoignage de Denise Pleurmeau, entretien réalisé par l'auteure, 21 mars 2008.

29 Témoignage de Guy Gendron, entretien réalisé par l'auteure, 5 mars 2008.

30 Témoignage d'Anne-Marie Prinet, *op. cit.*

31 Marcel Mauss, *Essai sur le don : forme et raison de l'échange dans les sociétés archaïques*, Paris, PUF, 2012 [1923–1924].

32 Gautier Pirotte, *L'épisode humanitaire roumain*, Paris, L'Harmattan, 2006, p. 184. Sur l'inégalité, la hiérarchie qui s'impose entre le donneur et le récepteur, voir également Alberto Alesina, David Dollar, « Who Gives Foreign Aid to Whom and Why ? », *Journal of Economic Growth*, vol. 5, 2000/1, p. 33–63.

33 Témoignage de Denise Pleurmeau, *op. cit.*

et parfois même l'absence de réponse aux courriers. Toutes les associations du Maine-et-Loire se heurtent à cette difficulté et n'ont pas encore réussi à trouver une solution. La situation est expliquée par les différences culturelles qui continuent à exister entre les citoyens des deux pays[34]. Le psychiatre français Francis Maqueda s'est intéressé de près à cette situation. Il arrive à la conclusion de l'existence d'une absence de réelle connaissance entre deux sociétés différentes. Cette différence est souvent oubliée par les Occidentaux qui se rendent en Roumanie et encore plus par les Français-e-s, en raison de l'usage répandu de la langue française. La proximité géographique, de langue et même de culture rend parfois difficile la perception des différences qui sont pourtant là, en profondeur. La division en deux blocs opposés pendant une moitié de siècle et l'impact de l'idéologie communiste sur la population roumaine ne peut pas être sans effet[35].

Pour assurer une meilleure visibilité aux échanges, au retour de Roumanie, les associations organisent des réunions d'information. Sont présents à cette occasion les membres de l'association, les personnes ayant participé aux voyages, ainsi que tout autre habitant de la commune souhaitant en apprendre plus sur la Roumanie. Des témoignages accompagnés de photos retracent le séjour. Des documents écrits sont également réalisés et distribués à l'assistance, assurant ainsi une plus ample diffusion[36]. Bien communiquer, faire connaître ces actions est essentiel pour la pérennité de la mobilisation citoyenne. Ces rencontres permettent aux habitants d'être au courant du type de relations qui existent entre leur commune et ses partenaires étrangers. Le témoignage de l'ancienne responsable des relations internationales de la ville de Cholet vient renforcer ce constat : « Les Choletais connaissent très bien la Roumanie, de par un enfant, un cousin, un voisin qui a pu aller là-bas. Je pense que c'est le partenariat qu'ils connaissent le mieux »[37]. Pour faire connaître la Roumanie, d'autres actions sont également mises en place, comme l'« Automne Culturel Roumain », organisé en 2004 et 2007 par la Coordination Anjou-Roumanie. En 2004, 15 communes du Maine-et-Loire décident d'agir contre l'image négative que les médias véhiculent sur la Roumanie. Diffusion de films,

34 Témoignage de Liliane Leger, entretien réalisé par l'auteure, 22 octobre 2013.

35 Francis Maqueda, *Carnets d'un psy dans l'humanitaire. Paysages de l'autre*, Ramonville-Saint-Agne, Éditions Erès, 1998, p. 61–63.

36 Archives de l'association Roumanie-Solidarité-Partage, Voyage en Roumanie du 3 au 13 août 2012, 2012, 24 p.

37 Témoignage de Christine Pelletier, entretien réalisé par l'auteure, 6 février 2008.

expositions, ateliers, spectacles et conférences sont à l'affiche pendant un mois[38]. Les organisateurs veulent montrer la richesse et le dynamisme de la Roumanie sur le plan culturel. C'est aussi l'occasion de faire connaître les relations qui lient, depuis la fin des années 1980, les collectivités françaises et roumaines. En plus du succès remporté auprès du public, les événements sont amplement relayés par les médias locaux et tout particulièrement Ouest-France[39]. Organisé en novembre 2007, le second Automne Culturel Roumain marque l'entrée de la Roumanie dans l'UE.

Des subventions européennes au service du rapprochement des peuples

Ces manifestations sont parfois financées par l'Europe. Depuis 1989, la Commission européenne soutient financièrement les actions de jumelage pour aider à renforcer la cohésion européenne. Comme le souligne Jacques Delors, « l'Europe ne saurait progresser vers son unité sans l'adhésion et l'implication de ses citoyens [...]. Les jumelages de communes offrent à cet égard un cadre d'action privilégié. Ils agissent tel un ciment sur les fondations européennes »[40]. Favorisant les contacts directs entre citoyens, le rapprochement des peuples, les jumelages apparaissent donc comme essentiels à la construction européenne. C'est ce qui motive l'Europe à soutenir leur développement[41].

Cependant, avec la multiplication des jumelages, les critères d'obtention des aides financières deviennent de plus en plus complexes[42]. Pour

38 Témoignage de Lucien Voisine, entretien réalisé par l'auteure, 21 février 2008.

39 « La Roumanie, pays méconnu, à découvrir sous un nouveau jour », *Ouest-France*, 7 octobre 2004 ; « La Roumanie à l'honneur en Anjou, cet automne », *Ouest-France*, 6 septembre 2007 ; « Automne culturel : la Roumanie se décline en photos et en musique », *Ouest-France*, 12 novembre 2007.

40 Barbara Lücke, Elisabetta Bellochi, *Les communes et l'Europe : guide pratique des jumelages*, Luxembourg, Office des publications officielles des Communautés européennes, 1997, p. 3.

41 Catherine Claeysen, « Les Jumelages et l'Europe », *Annuaire des collectivités locales*, n° 19, 1999, p. 125.

42 En 2010, la France avait signé 2 281 jumelages avec l'Allemagne, 1 065 avec le Royaume-Uni, 881 avec l'Irlande. La Roumanie arrive en quatrième position,

obtenir des subventions, les partenaires doivent se plier aux demandes de l'UE. Des termes comme « citoyenneté européenne », « démocratie », « parité », « mélange des cultures » sont désormais utilisés par les associations, sans être toujours compris[43]. La « citoyenneté européenne » est perçue, même par le président de la Coordination Anjou-Roumanie, comme une notion « un peu intellectuelle qui nous vient de l'Europe ». Les acteurs sur le terrain s'approprient ce terme mais ont le sentiment qu'il n'a en rien modifié leur manière d'échanger : « On était déjà dedans quand on faisait des échanges, des voyages en Roumanie, mais on ne parlait pas encore de citoyenneté européenne »[44]. Cependant, cette notion les aide à mieux définir et légitimer leurs actions, leur volonté de faire se rencontrer deux cultures.

Les financements européens sont aussi l'occasion de faire réfléchir les citoyens sur les grands enjeux de l'époque et de les informer sur les réalités des institutions européennes[45]. Pour obtenir un financement, les collectivités locales doivent proposer un thème fédérateur. Au moment du séjour, les associations prévoient une journée de réflexion commune sur le thème sélectionné. Le choix des thèmes se réalise en fonction des intérêts du moment de l'UE : la citoyenneté européenne, l'environnement, l'avenir de l'Europe, les droits de l'homme, l'intégration des personnes marginalisées, etc. Les contraintes se multiplient et, alors qu'avant 2007, il était encore possible d'obtenir un financement pour un projet bilatéral, l'intégration de la Roumanie à l'UE change la donne. Il faut maintenant privilégier les partenariats multiples.

Dans le Maine-et-Loire, Mûrs-Érigné constitue un exemple. Cette commune proche d'Angers, située entre ville et vigne, est une des premières à s'être investie pour sauver les villages roumains en 1989. Elle est également une des premières communes du département à avoir signé un accord de jumelage avec son partenaire roumain (1994)[46]. En 2010, elle obtient un financement européen pour fêter les vingt ans d'existence du

avec 601 jumelages ([<http://www.twinning.org/fr/page/les-jumelages-en-chiffres.html>], consulté le 20 janvier 2014).

43 Témoignage de Liliane Leger, *op. cit.*

44 Témoignage de Jean-Marie Dessevre, *op. cit.*

45 CCRE CEMR, *Les jumelages pour le monde de demain. Guide pratique*, octobre 2007, p. 5.

46 Archives du Comité de jumelage Mûrs-Érigné, fonds Roumanie, carton n° 4, jumelage avec Cornu, 1994, 3 p.

comité de jumelage. Sont présents les quatre partenaires européens : Tudela de Duero (Espagne), Cornu (Roumanie), Egeln (Allemagne) et Bzenec (République tchèque). Suivant les consignes du Conseil des Communes et Régions d'Europe (CCRE), le comité de jumelage choisit d'organiser des actions qui rassemblent, où les citoyens puissent se rencontrer et participer, peu importe l'âge ou l'origine. Liliane Leger, ancienne présidente du comité de jumelage, explique ses choix : les cours de danse folk ont été choisis parce que peuvent y participer des personnes de tout âge ; la médiathèque a proposé des jeux auxquels ont pu participer les membres de toutes les délégations, etc. Un concours culinaire est même organisé, avec des équipes dont les membres sont originaires de trois pays différents. Ils découvrent ainsi les traditions et les habitudes culinaires des uns et des autres. Les Roumains, les Tchèques et les Allemands ont ainsi découvert de nombreux points communs[47]. Le jumelage prouve qu'il est un excellent vecteur de promotion de la diversité culturelle en Europe. Cette action est ce que le Conseil des Communes et Régions d'Europe considère comme un « exemple de bonne pratique » : inviter les autres villes partenaires aux festivités, impliquer le plus grand nombre possible de citoyens, ne pas limiter les échanges aux seuls élus locaux et fonctionnaires, etc.[48]

Ces jumelages permettent aux Français-es de découvrir ainsi un pays souvent inconnu et/ou mal connu et aux Roumain-e-s de faire l'expérience de l'Europe. Cependant, une meilleure connaissance n'est pas synonyme d'égalité. Pour le psychiatre Francis Maqueda, les Roumains, qui ont longtemps idéalisé l'Occident, ont été blessés par le manque de connaissance de leur culture par ces mêmes Occidentaux. Cela a nui à leur confiance en eux-mêmes et a donné naissance à un rapport inégal. Le sentiment de fascination empêcherait la mise en place d'un vrai partenariat et donnerait naissance à « la rupture, [à] de la déception, de la désillusion »[49]. L'origine même de ces relations est source de déséquilibre. À la différence des jumelages franco-allemands, initiés entre deux partenaires égaux[50], les jumelages franco-roumains sont enclenchés, dès le début, entre d'une part des Français-es désireux d'aider et de l'autre des Roumain-e-s démunis,

47 Témoignage de Liliane Leger, *op. cit.*

48 CCRE CEMR, *Les jumelages pour le monde de demain*, *op. cit.*, p. 6.

49 Francis Maqueda, *Carnets d'un psy dans l'humanitaire. Paysages de l'autre*, *op. cit.*, p. 64–66.

50 Corine Defrance, « Les jumelages franco-allemands. Aspects d'une coopération transnationale », *Vingtième Siècle. Revue d'histoire*, n° 99, 2008, p. 189–201.

qui ont besoin de cette aide. La persistance de ce rapport inégal – illustré d'ailleurs par le terme « parrainage », qui désigne près de la moitié des coopérations ligériennes – couplée au complexe d'infériorité des Roumains, donne naissance à des tensions. Dans la plupart des cas, les Roumain-e-s sont les récepteurs de l'expertise, du soutien, de l'aide française. Les aides étrangères, qui rentrent dans la catégorie du « don », du cadeau offert par un acteur à un autre, donnent naissance à une dynamique spéciale entre le donneur et le récepteur. Elles créent une hiérarchie sociale, une inégalité entre celui qui dispose des ressources à donner et celui qui en manque[51]. Pour Pierre Bourdieu, l'aide marque, signale une hiérarchie sociale, la mise en place d'une « domination symbolique »[52]. Afin de mieux saisir la complexité de ces interactions humaines, des enquêtes, entretiens et observations auprès des habitants des communes françaises et roumaines s'avèrent nécessaires. Ces explorations permettraient notamment de montrer comment les Roumain-e-s perçoivent eux-mêmes la coopération avec les partenaires français.

En définitive, ce rapport inégalitaire permet-il le développement d'un sentiment d'appartenance à l'Europe ? Les considérations du politologue Maximos Aligisakis au sujet du lien social européen apportent quelques éléments de réponse : « Il y a des "moments" durant lesquels ce lien est repéré, mais ce n'est pas un phénomène permanent »[53]. À travers des actions concrètes, mises en place dans le cadre de la coopération décentralisée, les Français-es et Roumain-e-s peuvent se rencontrer, échanger, commencer à se connaître. D'ailleurs, de nombreux témoins reconnaissent que, sans l'existence des jumelages, ils ne seraient probablement jamais allés en Roumanie. Selon Eurostat, en 2010, seulement 2 % de la population européenne fait usage de la liberté de circulation[54]. La majorité des Européens ne semblent pas enclins à « bouger ». Les difficultés linguistiques, ainsi que le niveau du capital culturel et humain, expliquent le faible taux de mobilité intra-européenne. Une Europe à deux vitesses se profile alors, celle « des riches » qui pratiquent la mobilité intra- et extra-européenne, et celle

51 Tomohisa Hattori, « Reconceptualizing Foreign Aid », *Review of International Political Economy*, vol. 8, 2001/4, p. 636–646.

52 Pierre Bourdieu, *Le sens pratique*, Paris, Éditions de Minuit, 1980, p. 157.

53 Maximos Aligisakis, « Quelle conception du lien social dans le cadre de l'intégration européenne ? Interrogations et défis », *Pensée plurielle*, n° 29, 2012/1, p. 116.

54 Eurostat, *Key Figures on Europe. 2013 digest of the online Eurostat yearbook*, Luxembourg, Publications office of the EU, 2013, p. 47.

« des pauvres [...] qui se reprolétarise, qui est monolingue, qui reste mono-identitaire, qui se sent délaissée »[55]. Par leur caractère inclusif, de base, ainsi qu'en raison des contraintes imposées par l'UE, les jumelages permettent de dépasser la séparation de l'Europe. Ils assurent l'implication, à des degrés divers, de toutes les franges de la population. Les citoyens roumains et français sont sensibilisés à la dimension européenne. Malgré le flou qui entoure la notion de « citoyenneté européenne », elle se construit chaque jour, en partie à travers ces actions concrètes. Pour le Conseil des communes et régions d'Europe, chaque jumelage constitue une mini-Europe en soi, surtout quand il dépasse le cadre bilatéral[56]. Les collectivités locales construisent donc, à chaque instant, l'Europe à petite échelle, « par le bas ».

55 Maximos Aligisakis, « Quelle conception du lien social dans le cadre de l'intégration européenne ? », *op. cit.*, p. 117.

56 Barbara Lücke, Elisabetta Bellochi, *Les communes et l'Europe : guide pratique des jumelages, op. cit.*, p. 11.

Maurice GUYADER, Université Paris 3 Sorbonne-nouvelle

L'intégration européenne, aboutissement d'un long processus pour l'Europe centrale et orientale

L'exemple du bassin danubien et plus particulièrement de la région Oradea-Debrecen, à la frontière hungaro-roumaine

L'intégration dans l'Union européenne de l'Europe centrale et orientale a été un processus long et progressif qui politiquement a pris plus d'une demi-génération et n'est pas encore terminé. Le mur de Berlin est tombé en 1989, les premiers arrivants ont été absorbés par l'UE en 2004.

Cette mutation a été longue pour des cités comme Prague, Cracovie et Budapest, qui culturellement sont authentiquement européennes et appartiennent à notre patrimoine commun, mais qui ont dû attendre. Dans cette Europe médiane, le bassin danubien apparaît comme le fleuve européen par excellence et un extraordinaire vecteur d'intégration. Depuis l'empire austro-hongrois et, même déjà à cette époque, l'ensemble a rarement été unifié et a fait l'objet de rivalités plus que de coopérations entre des entités culturellement très diverses.

Dans cet ensemble, la petite région frontalière constituée par Oradea et Debrecen, à la limite de la Hongrie et de la Roumanie, avec un très riche passé culturel, a tout à gagner de cette évolution. Pour elle, la mutation actuelle n'apparaît que comme l'aboutissement d'un phénomène naturel qui aurait dû se produire il y a déjà longtemps.

Au cours de cette présentation, nous nous proposons d'examiner comment le riche passé de la région danubienne a dû être confronté aux méandres de l'histoire européenne contemporaine. La chute du mur de Berlin a représenté un espoir extrêmement important, qui doit être conforté par une volonté politique particulièrement forte. La naissance progressive d'une conscience et d'une certaine forme de citoyenneté européenne est passée par les évolutions erratiques d'une histoire riche en soubresauts qui, à travers des avancées et des reculs permanents, a pu aboutir à ce que nous connaissons aujourd'hui.

Le bassin danubien, c'est l'Europe ; cette définition un peu extensive, surtout formulée par un citoyen français, mérite néanmoins quelques éclaircissements. Le bassin danubien *stricto sensu*, c'est-à-dire le Danube et ses affluents, arrose dix-sept États[1], c'est-à-dire sensiblement plus que n'en retient la Stratégie de l'Union européenne pour la région (quatorze États concernés) qui a été lancée en 2010[2]. Mais si l'on ajoute le bassin rhénan relié au Danube par le canal du Main, porté à grand gabarit, c'est-à-dire accessible aux péniches de plus de 3000 tonnes, en 1992, c'est l'Europe de la mer du Nord à la mer Noire, avec plus d'une vingtaine d'États, qui est directement concernée.

Au cours de l'histoire, cette Europe-là n'a que très rarement été partiellement unifiée, même si l'on se limite aux aspects économiques de l'intégration. La meilleure approche de ce concept a été constituée par l'existence de l'empire austro-hongrois. Mais le décès de celui-ci a été acté par les traités de Saint-Germain-en-Laye en septembre 1919 et surtout de Trianon en juin 1920. La relative stabilité qui avait néanmoins prévalu au cours du XIXe siècle et au tout début du XXe siècle, malgré des guerres et l'émergence d'un sentiment national, notamment lors des révolutions de 1848, avait permis l'éclosion d'une civilisation originale qui avait entraîné l'amorce d'un processus de développement économique.

Celui-ci était fondé sur l'existence d'entités nationales ou politico-administratives devant faire une part importante aux extrêmement nombreuses minorités coexistant dans ces territoires. Le compromis austro-hongrois de 1867 et le congrès de Berlin de 1878 avaient consacré et organisé cet état de fait. Dans une assez large mesure, le développement provenait d'une certaine forme de compétition, pas toujours harmonieuse ni pacifique, existant entre ces nombreuses minorités. Dans ce qui était alors l'empire austro-hongrois, mais qui deviendra ultérieurement la Roumanie, la Serbie ou la Slovaquie indépendantes, des Hongrois en nombre significatif étaient présents dans de nombreuses régions, notamment en Transylvanie et en Voïvodine. Jusqu'à la Seconde Guerre mondiale, des Allemands (les « Saxons », en fait des Luxembourgeois) étaient présents en Transylvanie, depuis le Moyen-Âge.

---

1 Olivier Deslondes, « Le Danube, un corridor européen ? » in Yves Jean, Guy Baudelle (dir.), *L'Europe : aménager les territoires,* Paris, Armand Colin, Paris, 2009, p. 343–352.

2 Stratégie européenne pour la région danubienne, proposition de la Commission européenne en date du 8 décembre 2010, décision du Conseil en date du 13 avril 2011.

Aux limites de l'empire turc en déliquescence, la frontière entre la Turquie et la Bulgarie n'a pas été totalement stabilisée par le traité de San Stefano de 1878, ce qui entraîna l'existence d'une minorité turque dans la Bulgarie indépendante actuelle. La Bessarabie roumaine fut le lieu d'origine, au milieu du XXe siècle, de la création de la Moldavie, rattachée à l'Union soviétique, puis indépendante, avec l'existence d'une importante minorité russophone en Transnistrie.

Toutefois, c'est la Yougoslavie, créée à la suite du traité de Trianon de 1920, qui représente, encore aujourd'hui, même après les guerres ethniques de la fin du XXe siècle, l'exemple le plus significatif d'imbrication de ces minorités : une communauté albanophone est toujours présente dans le sud de la Serbie, hors du Kosovo, la Bosnie-Herzégovine qui avait *de facto* été rattachée à l'Autriche-Hongrie par le traité de Berlin de 1878 est maintenant un ensemble totalement composite qui a beaucoup de mal à réunir Serbes, Croates et Bosniaques musulmans, quelques Italiens provenant des anciennes possessions vénitiennes sont demeurés sur la côte dalmate, en Croatie, etc. Cette énumération peut être sans fin, tant ce mode de coexistence représentait la sève de l'empire austro-hongrois, mais aussi de toute la région, après le reflux de l'empire turc au cours du XIXe siècle. Il devrait être le ferment de toute nouvelle forme de coopération et d'intégration, ce qui est, encore aujourd'hui, loin d'être le cas. Cette énumération concerne essentiellement des populations qui ont pu se créer, de manière plus ou moins satisfaisante, un foyer national.

Mais dans la région existent aussi de nombreuses minorités qui ne sont pas dans cette situation ; au moins deux d'entre elles avaient une importance significative : les juifs jusqu'à la Seconde Guerre mondiale et les Roms. Les juifs étaient présents dans l'ensemble de l'empire austro-hongrois ; à la suite de la Deuxième Guerre mondiale et de l'holocauste, presque tous, à l'exception de la communauté roumaine, ont disparu d'Europe centrale et orientale. Après 1945, la plus grande partie de ceux qui étaient toujours en Roumanie ont émigré en Israël.

Les Roms, dont la langue indo-européenne trouve ses origines dans le sanskrit, bien qu'eux aussi atteints par la politique génocidaire nazie (il y eut près d'un million de morts), ont subsisté en nombre significatif dans l'ensemble des pays de la région : en Roumanie (entre 0,4 et 2 millions), en Bulgarie (0,8 millions), en Hongrie (0,8 millions), en République tchèque (de 0,4 à 0,8 millions), en Slovaquie (de 0,3 à 0,8 millions), en Serbie (0,8 millions) et maintenant dans toute l'Union européenne et ailleurs (Ukraine,

Biélorussie, Pologne, Autriche, Allemagne, Albanie, France, etc.). L'existence plus ou moins importante d'une telle minorité soulève certaines difficultés pour nombre de gouvernements de la région et fait l'objet de plusieurs programmes d'intégration de l'Union européenne. Il y aurait, au total, de l'ordre de cinq millions de Roms en Europe. Des programmes de sédentarisation avaient déjà été tentés par les gouvernements communistes, sans beaucoup de succès. La communauté connaît un essor démographique assez important et a statut de minorité en Hongrie. Les concentrations les plus fortes sont dans les régions de Budapest, Bucarest, Sibiu, Cluj, Timisoara. En Hongrie, les 4/5 des Roms sont encore aujourd'hui considérés comme des pauvres, ce qui a entraîné leur migration vers l'ouest, en Allemagne, en Bohême et en France[3].

Cette très riche mosaïque de populations a, au-delà des problèmes nationaux existants, été à l'origine d'un processus de développement important, interne à l'empire austro-hongrois. L'ensemble du bassin danubien était au cœur de cette diversité. Dès 1856, à la suite du Congrès de Paris et sous l'influence des grandes puissances de l'époque, le Royaume-Uni et la France, il a été ouvert à la navigation internationale, avec la création de la Commission européenne pour le Danube[4]. Celle-ci, malgré l'interruption de la Première Guerre mondiale, fonctionnera *de facto* jusqu'à la Seconde Guerre mondiale. À cette époque, le trafic sur le fleuve et ses affluents, notamment la Save et la Tisza, portait essentiellement sur du bois, des minéraux et surtout des céréales. Dès le XIXe siècle, le fleuve était considéré comme une voie de pénétration vers l'ouest.

Très rapidement, il a fallu procéder à un aménagement de son cours, non seulement pour accroître sa navigabilité, mais aussi pour contenir ses fréquents débordements dans les plaines avoisinantes. De nombreux barrages ont été construits dans les zones les plus sensibles. Cette politique a été poursuivie après 1945. Pendant l'ensemble de la période, des chaînes d'ouvrages ont été construites en Allemagne, en Autriche, en aval de Vienne, en Slovaquie, dans la région de Bratislava, en Hongrie, près de Nagymaros, mais les obstacles les plus importants se situaient aux Portes de fer, entre la Roumanie et la Serbie, où le cours du fleuve n'a été régularisé et équipé qu'entre 1964 et 1972.

---

3 Laurent Carroué, Valère Oth, *L'Europe médiane*, Paris, Armand Colin, 1998.

4 André Blanc, Pierre Carrière, « Le bassin du Danube », *Encyclopaedia Universalis France*, Paris, 1996.

Cette régularisation du cours du Danube a aussi permis de procéder à l'irrigation des plaines voisines, notamment autour de la Tisza, ainsi qu'en Voïvodine et en Valachie. La mise en valeur des zones humides, en particulier dans une période plus récente dans le Delta, a aussi été mieux prise en compte. Mais ces nombreux équipements hydroélectriques ont eu un impact important sur l'équilibre énergétique des pays riverains en suscitant nombre de querelles qui sont loin d'être éteintes, en particulier dans la région contigüe entre la Slovaquie et la Hongrie. Dès la fin du XIXe siècle, cette vocation unificatrice du couloir de pénétration qu'était le Danube était évidente, mais aussi à cette époque, outre les obstacles politiques créés par l'homme, les barrières naturelles à ce développement harmonieux étaient nombreuses.

La petite cité d'Oradea, Nagyvarad sous son nom hongrois, Gross Wardem en allemand, en Transylvanie occidentale, qui n'est pas située sur le fleuve, ni même sur son important affluent la Tisza, mais simplement sur un affluent de celle-ci, le Crisul Repede, représente dans une assez large mesure une synthèse de toutes les caractéristiques de cette région. Il s'agit d'une ville située aux confins de différents territoires, qui a un très riche passé culturel, historiquement une très grande variété de populations, qui a connu un développement socio-économique remarquable à plusieurs époques et qui s'est ensuite quelque peu assoupie sous les coups de l'histoire européenne contemporaine, avant d'avoir peut-être la possibilité de repartir avec la nouvelle ouverture des frontières.

Dès le Moyen-Âge et jusqu'à la période de la Renaissance, au-delà de ses populations roumaine, hongroise, allemande, juive, elle a su attirer des Italiens, qui furent souvent à l'époque baroque à l'origine de réussites architecturales remarquables. De nombreux monastères dominicains, franciscains, hospitaliers, augustiniens sont établis dans la région. Une bible hongroise est proposée dès le XVIe siècle. Le district d'Oradea a aussi été un centre de pèlerinages importants. Le statut politique de la ville a varié, à certains moments elle a été intégrée au royaume de Hongrie, à d'autres elle était comprise dans la Transylvanie indépendante ou autonome, les Turcs y ont aussi laissé leur trace. De nombreux artistes italiens ont été attirés à la petite cour des évêques catholiques napolitains. L'humanisme a rayonné à partir d'une riche bibliothèque, d'imprimeries et d'un observatoire, des liens sont établis avec Florence et avec des éditeurs italiens, les Piccolimini. À la suite du Siècle des lumières, des Polonais, Dalmates, Chypriotes, Slovaques s'implantent dans la région. Les Macédo-Roumains contrôlent le commerce en compétition avec les Vénitiens. Ils seront encore présents tout au long du XIXe siècle où leur influence ira jusqu'à Vienne, où ils établiront des banques, dont la deuxième de l'empire, après le Kredit Anstalt des Rothschild[5]. Il y a un renouveau roumanophone avec l'établissement de dictionnaires roumains et polyglottes, des écoles de villages sont créées. Mais des liens sont aussi approfondis avec Budapest et la Hongrie.

La population juive de la cité, d'importance significative depuis le XVe siècle et même avant, augmenta très fortement au XIXe siècle. Les juifs étaient très actifs dans l'industrie, le commerce, la banque, la construction, l'enseignement, la médecine, la culture et même la vie politique. De nombreuses synagogues sont ouvertes à Oradea au XIXe siècle[6], notamment par des juifs d'origine hongroise. Ceux-ci réalisent beaucoup d'investissements dans le pays. La deuxième moitié du XIXe siècle est caractérisée par l'épanouissement d'une société multiculturelle très dynamique avec la création de nombreuses sociétés savantes (cercle populaire, société d'archéologie, d'histoire, de la jeunesse roumaine, etc.). Des journaux à large diffusion sont lancés, dont de nombreux titres en hongrois.

À cette époque et jusqu'à la Première Guerre mondiale, la ville apparaît comme un trait d'union entre le monde roumain et celui d'Europe centrale, c'est-à-dire Vienne et Budapest. Au tout début du XXe siècle, elle est un lieu de prédilection du développement de l'Art nouveau avec de très nombreux bâtiments (hôtel de ville, palais de justice, palais du diocèse orthodoxe, palais du diocèse catholique, palais moscovite, etc.). Le style Sécession prend son essor à Oradea. Les liens se développent tant avec la Roumanie et Bucarest qu'avec l'Autriche-Hongrie et, à travers elle, avec tout l'Ouest européen. Tous ces phénomènes concourent à une uniformisation des modes de vie. Des établissements d'enseignement supérieur sont créés, plusieurs avaient alors un statut universitaire, des musées, des théâtres, des gymnases sont ouverts. La franc-maçonnerie y est très active. La cité est aussi une ville de garnison pour l'armée impériale avec de nombreuses casernes. Cette époque qui va de 1848 à 1914 est caractérisée par un très important essor économique[7] : il y a l'arrivée du chemin de fer,

5 Mihai D. Drecin, *Macedoromanii in Europa centrala, studiu de caz : « Oradea »*, Oradea, 2010.

6 Gabriel Moisa, Mihai D. Drecin, « References marks of the jewish community's implication in the life of Oradea », *Historia Urbana*, Tomul XVII, 2009.

7 Ronald Hochhauser, *Contributie la o istorie a industriei de fabrica la Oradea in perioada 1848–1948*, Oradea, Editura Muzeului Tarii Crisurilor, 2010.

l'ouverture d'hôtels, des usines à gaz sont construites, puis l'électrification et l'adduction d'eau sont entreprises. La « Belle Époque » et le tournant du XXe siècle sont pour Oradea une intense période de développement et de décollage économique qui laissera de nombreuses traces dans la psychologie collective et peut-être aussi une certaine nostalgie, car l'histoire qui succédera à ce riche passé multiculturel sera, dans une très large mesure, beaucoup moins brillante.

La Première Guerre mondiale établit une première fracture en Europe centrale et orientale entre certains États (la Roumanie, la Serbie) qui se retrouvèrent du côté des vainqueurs de l'Entente, et d'autres (l'Autriche-Hongrie, la Bulgarie) qui furent du côté des perdants de l'Alliance. Le traité de Saint-Germain-en-Laye de septembre 1919 et surtout celui de Trianon de juin 1920 ont consacré cette cassure irrémédiable. Le caractère international du Danube a néanmoins été réaffirmé en 1921. Oradea s'est retrouvée en Roumanie, mais très proche de la frontière hongroise, c'est-à-dire coupée de l'influence de Budapest et trop éloignée de celle de Bucarest, dont elle était séparée par les Carpates et les monts métallifères et qui avait sans doute d'autres priorités que le développement d'une cité frontalière éloignée.

La Seconde Guerre mondiale, avec les positionnements plus qu'ambigus du régime de l'amiral Horthy et de celui de Bucarest, aggrava les choses, la Hongrie voulant, dans une certaine mesure, prendre sa revanche sur les conséquences de Trianon. L'ensemble de la zone danubienne paraît être dans l'œil du cyclone avec une insécurité qui se développe du côté des territoires serbes, jusqu'à la main-mise de l'Allemagne nazie sur l'ensemble de la région. La libération de 1945 n'amena pas d'amélioration significative avec, à la suite des accords de Yalta, l'établissement de régimes communistes dans la totalité des pays de la région, à une nuance près en Yougoslavie, quant au degré de soumission à l'Union soviétique et deux exceptions aux extrêmes de la zone : la Grèce après la guerre civile et l'Autriche qui recouvra miraculeusement sa souveraineté en 1955. L'Allemagne divisée est dans l'OTAN pour sa partie occidentale, l'Autriche d'économie libérale est neutre, la Tchécoslovaquie, la Hongrie, la Roumanie et la Bulgarie font partie du Comecon et du Pacte de Varsovie. La Yougoslavie, unifiée pour un temps, d'économie socialiste, est politiquement et militairement neutre. L'Ukraine et la Moldavie font partie de l'Union soviétique.

Le Danube est irrémédiablement coupé par le rideau de fer qui tombe entre Vienne et Bratislava, aucune des deux parties ne présentant des caractéristiques suffisantes pour assurer le développement de l'ensemble. À l'Ouest, la portion est trop courte et n'est pas caractérisée par un débit suffisant pour en faire un vecteur de développement. À l'Est, la partie centrale qui a toujours été la moins fréquentée de l'ensemble n'est pas d'une stabilité totale, avec la rivalité existant entre la Yougoslavie titiste et les pays membres du Comecon et du Pacte de Varsovie. Seul l'extrême Est en Roumanie, jusqu'au Delta, connaît un certain essor, comme bassin arrière à partir de la mer Noire, mais c'est uniquement la réalisation du canal de Constantza qui permettra tardivement (en 1984) d'en assurer un réel développement.

La convention de Paris de 1856 n'étant *de facto* plus applicable, une nouvelle commission pour le Danube fut créée en 1947 sous influence soviétique. Son siège était à Budapest. Des accords commerciaux ont par la suite été signés bilatéralement avec l'Allemagne et l'Autriche, mais aussi avec l'Union soviétique. Le trafic a décollé quelque peu une nouvelle fois et s'est diversifié. Des produits nouveaux pour le trafic fluvial ont remplacé dans une certaine mesure les matériaux traditionnels : les hydrocarbures et le minerai de fer. Une sidérurgie fluviale s'est développée en de nombreux endroits. Le commerce par le Danube représentait alors un pourcentage appréciable du commerce extérieur, relativement faible, des pays membres du Comecon.

Bien qu'ayant le même régime communiste, les relations entre les pays de la région ne sont toujours pas pour autant idylliques, comme le montre la très longue querelle entre la Hongrie et la Tchécoslovaquie/Slovaquie sur les barrages de Nagymaros et de Gabcikovo, qui s'est achevée devant la Cour internationale de justice de La Haye. La question du Delta a aussi été de nouveau posée à la suite de l'ouverture du canal de Constantza par le régime Ceausescu en 1984, qui *de facto* a écarté l'Ukraine et la Moldavie de tout trafic significatif. Les travaux d'aménagement ont néanmoins été poursuivis avec leurs implications en matière d'équipement hydroélectrique et d'irrigation et de régularisation des crues pour les plaines d'inondations avoisinantes. C'est à cette époque, entre 1965 et 1972, qu'ont été effectués les très importants aménagements des Portes de fer entre la Yougoslavie (Serbie) et la Roumanie, essentiels pour la navigabilité du fleuve.

Car, au-delà de la grande diversité des régimes politiques que traverse son cours et de ses sautes d'humeur qui provoquent des crues dévastatrices, le relief que doit franchir le fleuve est un obstacle de toute première importance : il obère largement la possibilité de tout développement de trafic de conteneurs à grande échelle à cause des limites de gabarit imposées par les ponts (hauteur et nombre des conteneurs) et les écluses. La vocation du mode de transbordement demeure essentiellement le vrac ; l'inter-modalité pourrait être la solution, mais on est encore loin à cette époque d'avoir la capacité de la mettre en œuvre effectivement. Pendant toute la période communiste et au-delà de la coupure existant entre l'Est et l'Ouest, le Danube demeure une ressource qui doit être partagée, puisque pendant une très longue partie de son cours, près des deux-tiers, il sert de frontière entre les États riverains. La période comprise entre 1945 et la chute du mur de Berlin n'améliore ainsi pas, pour la région, la tendance lourde amorcée par la Première Guerre mondiale et ses suites d'une fragmentation économique de l'ensemble, préjudiciable pour toutes les entités de la zone.

Heureusement et contrairement à de nombreux pronostics, la guerre froide ne s'est pas terminée de manière violente et l'effondrement interne du régime communiste et les évènements survenus entre 1989 et 1991, en particulier la réouverture de la frontière hungaro-autrichienne en septembre 1989, ont soulevé d'immenses espoirs (fin des barrières frontalières, renouveau régional, intégration à l'Union européenne, etc.). Si globalement la plupart de ces objectifs ont été atteints, quelquefois avec certaines difficultés, d'autres sont encore assez loin de permettre la réalisation effective de toutes leurs promesses initiales.

Il est devenu évident, dès ces évènements, que la totalité des pays ex-communistes avait pour ambition de rejoindre la construction européenne, ils avaient eu la malchance, pendant près d'un demi-siècle, de se retrouver dans la « mauvaise moitié » de l'Europe : le souhait très majoritaire de leurs populations était de rejoindre cette construction qui les avait tant fait rêver. Il ne pouvait être question, maintenant qu'ils avaient retrouvé la liberté, de les laisser se débrouiller par eux-mêmes. Ils désiraient tous rejoindre très fortement le club. Les seules questions demeuraient : quand ? Et comment ? Mais étant donné l'importance des dégâts que tout observateur pouvait constater à ce moment-là, un doute s'insinuait sur la rapidité de la transformation et de l'adhésion éventuelle. Il fallait d'abord amorcer la transition d'une économie étatisée vers une économie de marché et ensuite s'assurer de la capacité administrative de ces pays pour s'intégrer dans un club qui initialement n'avait pas vraiment été pensé pour eux.

Ce sont les trois fameux critères de Copenhague de juin 1993, politique, économique et administratif[8], auxquels devaient répondre tous ces pays avant de pouvoir rejoindre l'Union. La relativement longue période séparant les prémices de la chute du communisme en 1989 de la première adhésion à l'Union européenne en mai 2004 montre très bien l'importance des problèmes à résoudre. Contrairement à une opinion couramment admise, cet immense travail ne s'est pas fait rapidement puisqu'il a nécessité une quinzaine d'années, soit une demi-génération pour les plus rapides.

Pendant cette quinzaine d'années, la volonté de coopération entre les différents États impliqués dans le processus d'intégration à l'Union européenne demeure extraordinairement faible. La course à l'adhésion prime sur toute autre considération. Le conseil leur était régulièrement donné de commencer par s'intégrer entre eux avant de sauter le pas pour rejoindre l'Union européenne, processus qui semblait être naturel. Néanmoins, la plupart d'entre eux ne le considéraient pas de cet œil et l'appréhendaient comme une sorte de « *second best* » à l'adhésion à l'UE et le voyaient comme un « *containment* » dans une espèce de deuxième division, comme l'analyse des flux commerciaux existants pouvait le démontrer.

Depuis 1945, la plus grande partie de la région avait économiquement été intégrée à l'Union soviétique au sein du Comecon à travers le mécanisme d'un pacte colonial inversé : à la différence du Royaume-Uni avec son empire au XIXe siècle, le centre, c'est-à-dire l'Union soviétique, échangeait avec sa périphérie des matières premières qu'elle leur vendait contre des produits médiocrement transformés. Chacune des démocraties populaires s'était spécialisée dans une production déterminée. Mais, déjà à cette époque, les flux étaient extraordinairement faibles entre la Tchécoslovaquie, la Hongrie et les autres démocraties populaires, l'essentiel du commerce étant dirigé vers l'Union soviétique. Une fois le rideau de fer tombé, tous ces pays n'ont eu qu'une seule idée : renouer les courants qui existaient avec l'Occident et notamment l'Allemagne et l'Autriche avant la Seconde Guerre mondiale.

C'est ce qui arriva, puisqu'en 2004, soit seulement une quinzaine d'années après la chute du communisme et grâce aux accords commerciaux qui avaient été passés, les pays d'Europe centrale et orientale réalisaient alors l'essentiel de leur commerce extérieur avec l'Union européenne et

8 Commission européenne « Agenda 2000, pour une Europe plus forte et plus large », *Bulletin de l'Union européenne*, supplément 5/97, Luxembourg, juin 1997.

notamment avec l'Allemagne[9]. Pour certains d'entre eux, la République tchèque et la Hongrie notamment, plus de 70 % des échanges extérieurs se faisaient avec l'Union européenne, ce qui représentait un taux d'intégration supérieur à celui d'anciens États membres. Cette intégration n'était déjà pas le fait d'une zone économique sous-développée avec un partenaire développé, mais l'intégration s'effectuait sur une base relativement égalitaire : les pays de l'Ouest, l'Allemagne et l'Autriche vendant des produits plutôt haut de gamme et ceux de l'Est des produits de qualité moindre, mais néanmoins nécessaires à l'économie de leurs partenaires.

Par contre, les flux commerciaux verticaux entre pays candidats à l'Union européenne restaient extrêmement faibles. À la remarquable exception de la Slovaquie et dans une certaine mesure de la République tchèque, les échanges commerciaux avec les autres pays en négociation ayant adhéré en 2004 et 2007 ne représentaient jamais plus de 10 % de leurs échanges avec l'étranger, ils se situaient en général plutôt entre 5 et 8 % de ceux-ci. L'exception slovaque, et dans une moindre mesure tchèque, s'expliquait par l'origine commune des deux pays et leur forte imbrication dans la Tchécoslovaquie. Ces pourcentages s'élevaient à un peu plus de 20 % dans le cas slovaque et entre 10 % et 12 % dans celui de la République tchèque.

Cet état de fait trouvait son origine dans l'énorme besoin que ces économies avaient de produits que seule l'Europe occidentale pouvait leur procurer. Ils n'avaient donc aucun intérêt à développer leurs échanges avec leurs voisins immédiats. Il s'expliquait aussi par la volonté que ceux-ci avaient de s'arrimer à l'Union européenne au détriment de tout autre lien avec leurs voisins proches. Une voie d'intégration particulièrement rapide s'était par contre développée, dès cette époque, avec l'économie allemande. Alors que l'Union à Quinze (les anciens États membres) représentait, selon les cas, de la moitié aux trois-quarts des échanges extérieurs (dans le cas de la Hongrie) des pays en négociations, en 2004, l'Allemagne, à elle seule, n'en constituait jamais moins de 15 %, sauf dans l'exemple de la Bulgarie et souvent plutôt de l'ordre de 25 % à 30 %, et même près de 40 % dans le cas de la République tchèque. L'intégration économique et commerciale de ces pays avec l'économie allemande était déjà réalisée et plusieurs d'entre eux apparaissaient dès cette époque comme étant des excroissances de la puissance allemande.

9 Document des services de la Commission européenne, Direction générale Élargissement, *Le commerce extérieur des pays en négociation*, 2002/2004.

Des tentatives d'intégration ont néanmoins déjà eu lieu à ce moment-là, mais elles n'ont que très rarement abouti à des résultats concrets. La coopération issue du groupe de Visegrad qui réunissait la Pologne, la République tchèque, la Slovaquie et la Hongrie devait plus être considérée comme un club où se retrouvaient des États qui se situaient historiquement dans une phase comparable à la sortie du communisme. Visegrad avait d'ailleurs été choisie, car cette référence faisait allusion à une très ancienne coopération existant dans la région. Le club de Visegrad a toutefois engendré, par les accords de Varsovie de décembre 1992, un rapprochement un peu plus formalisé avec la création du CEFTA (Central European Free Trade Association)[10] qui réunissait, à partir du 1er mars 1993, ces mêmes États dans une association de libre échange visant au démantèlement progressif des barrières tarifaires sur les produits industriels avant 2001, à une libéralisation partielle des échanges de produits agricoles et à la fin des barrières non tarifaires. La Slovénie rejoint le CEFTA en juillet 1995. Les résultats de l'intégration commerciale dans le CEFTA ne furent pas très probants en volume, malgré quelques taux d'accroissement assez significatifs, mais en partant de niveaux initiaux extrêmement bas.

Les guerres balkaniques des années 1990 ont constitué une nouvelle coupure sur le Danube. Dans un premier temps, la politique d'embargo, décrétée par l'OTAN contre la Serbie, a presque totalement interrompu les flux commerciaux qui pouvaient encore transiter par la partie serbe du Danube, provoquant un énorme impact économique et psychologique négatif dans ce pays. Par la suite, les bombardements effectués sur Belgrade et surtout sur Novi Sad en Voïvodine, avec la coupure du grand pont sur le Danube dans cette ville, ont interrompu totalement le trafic fluvial pendant une dizaine d'années. Il faudra attendre 2005 et la reconstruction d'un nouveau pont financé par l'Union européenne et surtout le dragage du fleuve, ainsi que ceux de la Tisza et de la Save encombrés par de nombreuses épaves de bateaux, pour pouvoir constater un certain renouveau du trafic sur le fleuve.

Après la fin de l'intermède Milosevic en Serbie et le rétablissement d'une zone de paix plus ou moins consentie dans l'ex-Yougoslavie, les pays de la région, notamment ceux dont la perspective d'adhésion à l'Union européenne était plus éloignée, ont amorcé une relance du CEFTA sur de

---

10 Alexandre Sokic, « Élargissements de l'UE et CEFTA, recomposition d'une zone de libre-échange dans les Balkans », *Bulletin de l'Observatoire des politiques économiques en Europe*, hiver 2007.

nouvelles bases géographiques. Il était logique qu'une fois leur adhésion à l'UE réalisée, les membres fondateurs abandonnent cette structure. C'est alors que la Roumanie en 1997, la Bulgarie en 1999, la Croatie en 2003, l'ancienne République yougoslave de Macédoine en 2006 ont rejoint le CEFTA. Le 1er janvier 2007, la Roumanie et la Bulgarie l'ont quitté, au moment de leur adhésion à l'UE. En décembre 2006 furent signés les accords de Bucarest qui procédèrent à la refondation du CEFTA. Aux États toujours membres se sont ajoutés les autres États issus de l'ex-Yougoslavie, ainsi que l'Albanie et la Moldavie. Le 1er juillet 2013, la Croatie est automatiquement sortie du CEFTA. Cette nouvelle version du CEFTA regroupait toutefois des économies dont plusieurs étaient issues des guerres des années 1990 et dont la situation n'était pas particulièrement brillante. Toute cette phase contemporaine nous montre les difficultés d'ordre politique ou psychologique d'établissement d'une coopération pourtant favorable à l'ensemble, dans une zone qui peine à surmonter les divisions et les conflits du passé.

Une volonté politique commune et partagée devrait pourtant permettre de réaliser cette coopération et cette intégration pour le bien de tous. L'exemple d'Oradea, à la frontière entre la Roumanie et la Hongrie, nous montre les bénéfices que l'on peut en attendre. Après une assez longue période difficile depuis le traité de Trianon, les suites de la crise économique de 1929, la Seconde Guerre mondiale et surtout la période communiste, l'ouverture des frontières en cours représente un grand espoir pour cette ville. Avec la ville voisine de Debrecen, en Hongrie, qui a été dans le passé la métropole de la Réforme dans ce pays, elle constitue une zone économique naturelle qui ne devrait trouver que des avantages à cette ouverture. Celle-ci n'est pourtant que progressive : la Hongrie est entrée dans l'Union européenne le 1er mai 2004, la Roumanie le 1er janvier 2007, mais les barrières ne sont pas tombées immédiatement. La libre circulation touristique sans visa est un fait acquis, mais la Roumanie est concernée par une période transitoire de sept années après le 1er janvier 2007, soit jusqu'au 1er janvier 2014, pour ce qui touche au droit d'établissement et à la possibilité de recherche d'emploi.

À l'heure actuelle, elle n'est pas encore admise dans l'espace Schengen. De nombreuses réticences se font jour chez plusieurs États membres de la zone sur ses capacités réelles à satisfaire à ses obligations dans le cadre de cette coopération. Les files de camions existant à la frontière roumano-hongroise, dans les deux sens, tant pour des raisons douanières que pour des motifs de police, montrent que cette libre circulation est encore loin d'être tout à fait acquise. L'existence d'une importante zone industrielle et de logistique entre la ville et la frontière montre pourtant que des progrès sont en marche. Cette zone industrielle, au-delà de certaines entreprises traditionnelles, renferme nombre de jeunes firmes dynamiques, notamment dans les secteurs de l'informatique et des transports.

Oradea, dixième ville de Roumanie, a aujourd'hui un peu moins de 200 000 habitants, dont plus de 130 000 Roumains, près de 50 000 Hongrois, un millier de Roms et de Slovaques, quelques centaines d'Allemands, des juifs, des Ukrainiens, des Bulgares, des Russes, des Serbes, des Tchèques, des Turcs, des Macédoniens et même quelques Chinois. C'est un cocktail de religions, il y a plus de 100 000 orthodoxes, près de 30 000 protestants, près de 20 000 catholiques, un peu moins de 10 000 pentecôtistes, baptistes et uniates, un peu moins d'un millier d'adventistes et d'évangélistes, une centaine de musulmans et quelques dizaines de juifs. Une demi-douzaine de sièges diocésains de rang épiscopal sont présents dans la ville, ainsi que deux synagogues. Il y a aussi une université avec des départements technologiques particulièrement développés, notamment en électronique. Plusieurs hôpitaux publics sont situés sur son territoire. La ville possède un aéroport, mais les liaisons internationales transitent par Cluj et Budapest. Elle est reliée par train à Cluj et Bucarest d'un côté et la Hongrie de l'autre. La route E60 permet aussi de rejoindre Cluj/Bucarest ainsi que la Hongrie, la E71, Timisoara. La coopération tant économique qu'universitaire avec Debrecen (200 000 habitants), située en Hongrie de l'autre côté de la frontière, se développe.

L'économie fait de plus en plus une part significative aux services (logistique, entrepôts le long de la frontière hongroise). Le secteur touristique représente un assez grand nombre d'emplois, notamment grâce à l'existence, dans le voisinage, de centres importants de balnéothérapie liés à la géothermie et au thermalisme, à Baïle Felix. À côté d'une industrie traditionnelle du cuir qui maintient à peu près ses emplois, les secteurs de l'électronique et de l'informatique sont les plus dynamiques, devant ceux de l'agroalimentaire et des matières plastiques. Oradea, avec sa voisine Debrecen, apparaît ainsi aujourd'hui encore, plus qu'autrefois, comme une ville-pont entre deux mondes. Si elle préserve sa pluriculturalité et si les dernières barrières frontalières existant avec la Hongrie sont supprimées dans un futur proche, elle peut retrouver le rôle de carrefour qui était traditionnellement le sien.

L'Europe a un important rôle à jouer dans ce processus. Le genre de coopération à mettre en œuvre dans la région danubienne est tout à fait représentatif de l'essor que peut connaître cette zone dans un proche avenir, si l'on parvient à réamorcer les flux qui n'auraient jamais dû être interrompus. Depuis la fin du dragage effectué jusqu'en 2005 et la reconstruction des ponts détruits à Novi-Sad, le Danube, la Save et la Tisza sont redevenus navigables. Malheureusement, le trafic de bout en bout, de la mer du Nord à la mer Noire, demeure extraordinairement faible, en comparaison de celui existant sur le Rhin. Bien que représentant un maillon très important du Traceca (« Trans Corridor Europe-Caucase-Asie ») et malgré l'ouverture des portions Danube-mer Noire à Constanta en 1984 et surtout plus récemment de la liaison Rhin-Main-Danube en 1992, le trafic n'était que de vingt millions de tonnes en 1994 et de cinquante millions de tonnes en 2005, soit seulement un sixième de celui du Rhin, qui, il est vrai, traverse ou arrose, par son bassin, des régions beaucoup plus industrialisées (Suisse, Alsace, Bade Wurtemberg, Ruhr, Pays-Bas).

Le canal Rhin-Main-Danube, long de 170 km et ouvert en 1992, a permis le passage de péniches de 3 300 tonnes, grâce à une quarantaine d'écluses à un coût élevé. Il a été financé aux deux-tiers par l'État allemand, un tiers par la Bavière et le Bade-Wurtemberg. En référence à ce mode de financement, l'Allemagne s'est opposée à son internationalisation et a signé des accords bilatéraux avec les utilisateurs. Ces travaux ont néanmoins permis un accroissement significatif du trafic sur le Danube occidental, dont le taux de croissance, néanmoins partant d'un niveau initial nettement plus bas, est très sensiblement supérieur à celui du Rhin. Cette nouvelle liaison a aussi entraîné un développement des relations avec l'Est ; c'est ainsi que le port de Rotterdam a ouvert une représentation commerciale à Budapest en 1992 et qu'une compagnie strasbourgeoise de navigation s'est implantée en Roumanie. Jusqu'à Constantza, le bénéfice de cette ouverture se fait sentir. Elle a aussi accru la concurrence pour la sidérurgie occidentale, soumise à la compétition de produits en provenance de la sidérurgie orientale danubienne.

Il faut toutefois toujours près d'un mois de navigation de bout en bout, ce qui explique que le trafic se concentre aux deux extrémités, la partie centrale demeurant sous-utilisée. Au-delà de la problématique des barrages, celle des ponts est tout aussi importante et contraignante, le fleuve devenant un obstacle et l'existence des bacs ne parvient pas à suppléer cette lacune : il y avait un seul pont à Belgrade et, pendant très longtemps, un seul entre la Roumanie et la Bulgarie sur plusieurs centaines de kilomètres de frontière ; la Dobroudja demeure isolée du reste de la Roumanie. La nouvelle approche de la problématique danubienne permet néanmoins d'accomplir des progrès significatifs dans de nombreux domaines. Une convention internationale sur les zones humides a été signée en 1994, malgré la persistance de nombreuses difficultés entre la Roumanie, l'Ukraine et la Moldavie, dans le Delta. Pour faciliter la coopération entre régions limitrophes, des euro-régions, sur le modèle de celles existant à la frontière orientale de l'Allemagne, ont été créées d'une part entre Vienne et Bratislava et, de l'autre, dans le Banat entre la Serbie, la Hongrie et la Roumanie (DKMT).

Dans cette perspective, l'Union européenne a lancé en 2009–2010 la stratégie européenne pour le Danube sur le modèle de la stratégie pour la Baltique. Devant la complémentarité naturelle existant dans la zone, elle a souhaité encourager les paramètres permettant un accroissement de l'intégration. Comme nous l'avons mentionné ci-dessus, cette stratégie englobe quatorze pays, dont neuf de l'Union européenne, y compris la Croatie, trois candidats ou potentiellement candidats et deux membres du Partenariat oriental, et concerne plus de cent millions de riverains. La stratégie a été articulée autour de quatre priorités : l'interconnexion, l'environnement, le développement économique, la sécurité.

Dans le cadre de la première, il s'agissait d'accroître les flux de transport en draguant le fleuve, notamment dans les zones ayant connu les dernières guerres dans les Balkans, de développer l'interconnexion énergétique et le tourisme, de faciliter le franchissement du fleuve par de nouveaux ponts. Pour ce qui concerne la deuxième priorité, il fallait développer la biodiversité, notamment dans les zones humides, lutter contre les inondations dont la période récente a montré la dangerosité, réintroduire certaines espèces comme l'esturgeon, aider les réserves naturelles et les parcs, par exemple dans le Delta, améliorer la qualité de l'eau. Au titre du développement économique, il fallait faciliter l'insertion des Roms dans la région, favoriser les politiques de formation, notamment en octroyant des bourses du centre de formation situé en Bavière. Le quatrième axe, la sécurité, recouvrait, bien entendu, la sécurité des bateaux sur le fleuve en améliorant les contrôles frontaliers, mais aussi la lutte contre la corruption très présente dans nombre de pays riverains, ainsi que l'amélioration institutionnelle.

Trois ans après ce lancement, un premier bilan[11] peut être effectué, car certains résultats non négligeables ont été atteints[12]. Au titre de la première priorité, on a introduit des navires innovants, c'est-à-dire moins polluants, de grands travaux ont été entamés, non seulement sur le Danube, mais aussi sur la Save et la Tisza, et on a facilité l'entretien des voies navigables. L'interconnexion gazière a été lancée entre la Bulgarie et la Serbie pour permettre d'aller de la Baltique à l'Adriatique, la mer Égée et la mer Noire, afin de développer le marché régional du gaz. Le pont de Vidin Calafat a été construit pour relier la Bulgarie et la Roumanie, il constitue seulement le deuxième pont existant sur 600 km de frontière commune. Dans le cadre de la deuxième priorité, les actions sur la biodiversité ont facilité l'amélioration de la qualité de l'eau et la réintroduction de l'esturgeon dans la région, en lui permettant de franchir les barrages existants. Un programme de gestion des crues a été lancé en établissant des bases de données et des cartes de zones inondables. Au titre de la troisième priorité, les crédits du septième programme-cadre ont permis de développer l'infrastructure électronique. Un fonds pour la recherche et l'innovation a été établi sur le modèle de celui existant dans la Baltique, un forum pour les entreprises a été créé en faveur de 300 PME, cinq centres universitaires de transfert de technologie ont été établis. Dans le cadre du quatrième axe, une coopération entre les autorités policières de la région, avec le soutien d'Europol, permet de recueillir des données, d'analyser les dangers et de lutter contre la corruption et le crime organisé.

Au total, onze sous-éléments ont été mis sur pied dans le cadre de onze groupes de travail, bénéficiant de points de contact nationaux. La société civile a été impliquée, notamment dans le cadre de la quatrième priorité. Le forum de Bucarest de l'automne 2013 devait permettre de faire le point sur l'ensemble de ces opérations. De nombreuses actions ont ainsi été lancées, il n'est donc pas possible de dire qu'il y a inaction, mais est-ce que les réponses seront suffisantes, tant l'ampleur des tâches apparaît importante à cause des disparités existant entre un ouest danubien très développé et un sud-est qui a encore du mal à retrouver le chemin d'une croissance harmonieuse ?

---

11 Document des services de la Commission européenne, Direction générale de la politique régionale, *EU Strategy for the Danube Region : Two years flowing*, April 2013.

12 Commission européenne, Direction générale de la politique régionale, *First progress Report on the Danube Macro Region*, juin 2013.

Partiellement financée dans le cadre du programme « Instrument for Pre-Accession Assistance » (IPA) avec les pays candidats et potentiellement candidats, l'Union européenne a aussi proposé la deuxième orientation de celui-ci qui s'applique à la totalité d'entre eux : la coopération transfrontalière. Elle est particulièrement intéressante pour notre propos ; c'est ainsi que douze programmes ont été lancés dans ce contexte, dont cinq nous concernent directement : Bulgarie/Serbie, Hongrie/Croatie, Roumanie/Serbie, Hongrie/Serbie, Slovénie/Croatie. Ce sont souvent des programmes ruraux à l'échelon local, qui font coopérer des administrations locales, mais dont l'impact national est loin d'être négligeable. Ces pays étant généralement de petite taille, il y a de nombreuses zones frontalières. Par exemple, certains projets ont eu pour objet la gestion des crues, l'insertion des Roms, le rejet des eaux usées dans le Danube, le traitement des décharges de déchets domestiques. IPA avait, après 2006, un budget sensiblement supérieur à un milliard d'euros par an. À titre d'exemple, de grands projets financés par IPA ou, par la suite, par les fonds structurels, on peut citer le périphérique de Sibiu, pour un coût total de cent millions d'euros, dont 67 millions de financements européens. Le pont Vidin Calafat de 234 millions d'euros, dont 70 millions de financements européens, entre la Roumanie et la Bulgarie, est aussi un bon spécimen de coopération transfrontalière.

Malgré la richesse de son apport culturel, l'histoire de la région danubienne a été particulièrement tourmentée au XXe siècle, à l'image de celle de l'Europe. L'intégration généralisée n'existe pas encore, à la différence de celle que l'on a pu constater dans le bassin rhénan. Mais il y a des constantes réelles, avec l'existence de pôles de développement. Oradea/Debrecen seraient aujourd'hui totalement bénéficiaires d'un tel processus de coopération économique. Le chenal d'intégration est évident, avec le fleuve et ses affluents ; toutefois, le potentiel n'est pas tout à fait le même que celui du Rhin. Un plus grand ancrage à l'ouest de l'ensemble de la zone pourrait apporter des éléments de solution. Pour y parvenir, il faudrait mobiliser l'énorme capacité que constitue la partie occidentale du bassin, c'est-à-dire l'économie germano-autrichienne, en particulier celle de la Bavière. À court et moyen terme, les différences de statuts entre États membres de l'UE, candidats ou potentiellement candidats, et États participant au Partenariat oriental avec l'UE constituent un obstacle supplémentaire, qui vient s'ajouter aux disparités économiques existantes. Les soubresauts intervenus récemment dans le processus et surtout la grave crise ukrainienne actuellement en cours montrent que l'on n'est pas encore arrivé au port de la naissance d'une certaine forme de citoyenneté paneuropéenne. Le parcours sera encore long et les obstacles probablement encore très nombreux avant d'atteindre un niveau d'intégration satisfaisant pour tous[13].

13 Outre les références déjà indiquées, on pourra se reporter à Ioan Crisan, *Activitatea institutului de credit si economii bihoreana din Oradea (1898–1918)*, Istore financiar bancara, Studii Asupra bancilor romanesti din Transilvania (1867–1918), vol. 1, Dacia ; Zoltan Farkas, Judit Sos, *Transylvania*, Budapest, Kelet Nyugat, 2007 ; M.D. Drecin, *Capitul si creditul din Oradea si Bihorul Interbelic intro monografie inedita a judetului redactata in 1938*, Oradea, 2006 ; Gabriel Wackermann, Violette Rey, Christine Aquatias, *Mutations en Europe médiane*, Paris, Sedes, 1997 ; Edith Bad, *Lumea rurala din Bihor dupa reglementarea urbariala tereziana (1771–1820)*, Oradea, 2011.

Arnauld LECLERC, Université de Nantes

Conclusion. La citoyenneté européenne en temps de crise

Prétendre vouloir conclure des travaux mobilisant de très nombreuses contributions relevant de disciplines différentes, qui chacune intègre des prismes de lecture ou des grilles d'analyse pluriels, relève de la gageure voire de l'illusion. Aussi notre propos ne se situera pas dans l'optique d'établir des conclusions définitives mais plutôt dans la perspective de « Ne pas conclure… », c'est-à-dire d'ouvrir vers des interrogations contemporaines en explorant certaines pistes transversales suggérées par les contributions rassemblées ici.

Quel était exactement l'objet que chacun se proposait d'interroger ? En réalité, il s'agissait de réfléchir aux liens que les Européens entretiennent avec leur citoyenneté à l'échelle de l'Union européenne. Le lien en question se révéla double : d'un côté, il s'agissait de savoir comment les Européens ressentent, vivent le déploiement d'une citoyenneté à l'échelle européenne ; d'un autre côté, l'interrogation impliquait aussi d'évaluer en quoi la citoyenneté européenne nous aide à nous identifier à l'Europe.

Cette double interrogation n'est pas nouvelle ; elle fut portée par chaque génération. Stanislas Jeannesson nous rappelle ainsi que le thème de la citoyenneté européenne fut au cœur de la pensée européiste des années d'entre-deux-guerres et qu'il s'affirma d'autant plus fortement qu'il pouvait se présenter comme un horizon politique par-delà les menaces du fascisme et du nazisme. Joël Mouric souligne, de son côté, que ce thème fut au cœur des réflexions de Raymond Aron dans les années 1950 à 1970, alors que ce dernier doutait de l'aptitude des Européens à se détacher de leur sentiment national. L'idée d'un saut qualitatif impliquant le passage de simples communautés européennes à une union politique impliquant la citoyenneté fut une question récurrente tout au long de la construction européenne. Emmanuel Comte retrace ici une séquence de ce débat sur l'émergence de la citoyenneté européenne entre 1974 et 1992 en soulignant le lien qu'elle entretenait avec la question de la sécurité en Allemagne et la problématique de la formation d'une politique étrangère commune. Le saut vers l'union politique fut effectué avec le traité de Maastricht en 1992, largement sur la base d'une initiative du gouvernement socialiste espagnol et d'un compromis délicat entre partisans d'une option fédéraliste et tenants d'une posture souverainiste[1]. À partir de ce point, une première interrogation surgit : en quoi, la question de la citoyenneté européenne se pose-t-elle en des termes différents dès lors que nous nous situons au milieu des années 2010 ? À n'en pas douter, les contributions comme les débats ont révélé le poids considérable d'un contexte de crise de l'Europe qui dépasse – et de loin – la seule dimension économique. L'Europe est en panne d'imagination ; elle ne se présente plus, ni ne se vit plus comme un projet, ce qui pose avec une nouvelle acuité la question de la citoyenneté, qui agit comme un révélateur de la crise de sens du projet européen (I). Cela rejaillit sur le contenu de cette dernière. Les travaux rassemblés ici montrent en effet l'ambivalence d'une citoyenneté par les droits et le passage à une citoyenneté comme « fait social » qui demeure problématique (II). Une Europe en actes mais sans conscience d'elle-même conduit à interroger la finalité de cette construction politique, les défis qu'elle doit affronter et *in fine* le principe même d'une identité européenne (III).

Le contexte : la citoyenneté européenne comme révélateur de la crise du projet européen

Pourquoi se poser la question de la citoyenneté européenne au milieu des années 2010 ? Les contributions rassemblées dans cet ouvrage tentent toutes d'explorer cette interrogation. Mais elles s'inscrivent dans un triple contexte, qu'il convient de préciser mais aussi de décrypter. Premièrement, le contexte immédiat était celui de la clôture d'un projet de recherche mené à Nantes pendant trois ans portant sur la dynamique de la citoyenneté européenne. Deuxièmement, le contexte environnant peut être rendu à travers un paradoxe que les débats ont mis à jour : d'un côté, l'année 2013 a été proclamée année de la citoyenneté par les institutions européennes ; d'un autre

1 Sur la récurrence de ce débat et la nature du compromis passé, voir Paul Magnette, *La citoyenneté européenne. Droit, Politique, Institution*, Bruxelles, Éditions de l'Université de Bruxelles, 1999.

côté, personne n'a osé fêter les 20 ans de la citoyenneté européenne alors qu'elle entra en œuvre le 1er janvier 1993. La raison de cette occultation doit vraisemblablement être recherchée dans un contexte plus lourd, plus souterrain et profond : la crise de l'Europe. Toutes les contributions et tous les débats ont été surplombés par ce contexte de crise. Il a hanté nos esprits sans que la crise de l'Europe ne soit jamais abordée frontalement. Chacun sent aujourd'hui que l'Europe actuelle – celle que nous observons au quotidien – ne fait pas rêver, ne mobilise pas. Au contraire, elle désespère, elle exaspère jusque dans une enceinte comme celle-ci, constituée de spécialistes de l'Europe qui font profession d'y réfléchir. Mais là se situe aussi une singularité du moment présent qui s'énonce à nouveau sous la forme d'un paradoxe : alors même que le désenchantement vis-à-vis de l'Europe est à un niveau jamais atteint, plus personne ne conteste aujourd'hui l'idée d'Europe. Même ceux qui menacent d'en sortir, comme nos amis anglais, sont favorables à l'Europe ; simplement, ils veulent qu'elle se limite à un grand marché, un espace économique et rien d'autre. Même les forces « populistes » qui montent en Europe s'inscrivent au sein de l'idée européenne tout en réclamant une autre Europe que celle qui se construit. C'est ce que souligne Bernard Bruneteau dans la table ronde finale lorsqu'il suggère que « ce qu'on appelle l'euroscepticisme, voire pour certains l'europhobie, est en fait une composante de la citoyenneté européenne active ». Même s'il s'agit bien d'une revendication d'Europe, nous observons malgré tout une évolution négative parallèle : hier l'Europe affrontait un euroscepticisme ; aujourd'hui, l'Europe souffre d'une europhobie galopante. Elle polarise toutes les critiques du moment et s'est transformée par un processus de politisation purement négative. Les tensions s'accroissent en même temps que l'intensité des oppositions. L'Europe est en crise. C'est le leitmotiv du moment. Mais qu'est-ce que cela signifie ? Le concept de « crise » est peut-être insuffisamment travaillé et trop considéré comme une évidence que l'on n'interroge pas. Or, l'Europe ne subit pas seulement une crise économique et même une crise politique ; elle traverse aussi et surtout une crise de sens c'est-à-dire une crise de la finalité de son projet politique.

La crise économique européenne

C'est la crise la plus visible qui vient immédiatement à l'esprit. Rappelons qu'elle fut au départ une crise de l'endettement privé des ménages américains qui menaça plusieurs banques outre-Atlantique. Dans un second temps, la crise s'internationalisa sous la forme de crise des liquidités bancaires par le mécanisme de la titrisation. Enfin, elle se transforma dans un troisième temps en crise de l'endettement des pays européens principalement. C'est cette dernière forme de la crise qui menaça directement l'euro. Les mécanismes économiques en ont été discutés. Nous savons aujourd'hui que ce n'est ni le sauvetage financier des banques par les États, ni la mauvaise gestion supposée de ces derniers qui en est à l'origine, mais à la fois la financiarisation du financement public des États et surtout la spécialisation économique au sein de la zone Euro qui conduit les États du sud de l'Europe à déployer une économie de services non exportable, laquelle engendre mécaniquement des déficits structurels. C'est la raison pour laquelle, derrière la crise de l'euro, s'est posée la question de la solidarité entre les États européens : non pas simplement pour venir ponctuellement aider les « cigales du Sud » (Portugal, Italie, Grèce, Espagne ou « PIGS » en anglais) mais pour articuler durablement deux logiques économiques dissemblables dans un même espace. Même si la menace d'une implosion de l'euro est aujourd'hui mise à distance, l'essentiel des économistes et des interprètes jugent que la situation n'est pas réglée sur le fond[2]. Mais surtout, personne ne songe un instant que les problèmes de l'Europe, de l'absence d'identification de ses citoyens seront résolus quand bien même chaque pays connaîtrait une période à venir avec 1 % ou 2 % de croissance en plus par an. Certes la crise économique exacerbe les tensions sociales et politiques mais, en retour, ces dernières révèlent le désajustement entre les Européens et l'Union. Ici, les choses prennent un tournant plus politique.

La crise politique de l'Europe

Dès l'arrivée de la crise en Europe, les institutions européennes ont manifesté des dysfonctionnements qui ont engendré très vite leur mise en cause. Au plus fort de la crise, elles se sont montrées trop lentes, trop peu réactives et pas du tout proactives. Mais il y eut beaucoup plus grave. Les décisions draconiennes prises pour juguler la crise le furent sans que les citoyens n'aient jamais eu leur mot à dire. Certes, ces décisions furent

---

2 Sur cette question, voir Arnauld Leclerc, Jean-Marc Ferry, Marie Auffray-Seguette (dir.), *L'Europe. Crise et critique,* Paris, Presses de l'Université Paris-Sorbonne, coll. « Philosophie appliquée », 2015.

adoptées par les responsables des États membres qui sont tous élus, et validées par les Parlements nationaux eux-mêmes élus (souvent sous l'emprise de menaces pesantes). En ce sens, il est sans doute injuste de perpétuellement mobiliser la rhétorique du « déficit démocratique » à l'encontre de l'Europe, du moins si on limite la démocratie à la seule existence d'institutions représentatives élues. Le problème vient de ce que ces institutions représentatives font aujourd'hui l'objet d'une défiance considérable aussi bien à l'échelon national qu'européen. Du coup, si ces décisions furent formellement conformes aux exigences d'une démocratie purement représentative (c'est-à-dire d'une « démocratie délégative »), elles n'en furent pas pour autant légitimes ou justes. En réalité, il y a assurément un déficit de légitimation des décisions prises à l'échelon européen en particulier lorsque ces décisions engagent lourdement à la fois l'avenir et le quotidien des Européens.

Plusieurs indices nous révèlent que les Européens ont une perception aiguë du déficit de légitimation des décisions européennes. D'abord, même s'il s'agit d'un indicateur fragile, les sondages nous révèlent que la confiance dans les institutions européennes a baissé de 30 points depuis 2009 et qu'une majorité d'Européens ne fait pas confiance aux institutions européennes (cela vaut pour la Commission, pour la Banque centrale européenne, pour le Conseil mais aussi pour le Parlement)[3]. *A minima*, force est de constater un désaveu populaire qui vaut aussi dans les économies les plus prospères comme l'Allemagne. Ensuite, les orientations majeures furent arrêtées en catimini, en court-circuitant le débat public, la confrontation avec les opinions publiques et en privilégiant le secret de la négociation internationale entre les dirigeants nationaux. Les parlements nationaux furent ensuite sommés de valider les choix arrêtés par le Conseil européen, l'Eurogroupe, voire par la troïka. Sous cet angle, le contrôle et le débat démocratiques furent évités ou neutralisés. Le symbole de cet évitement fut la tentative avortée du premier ministre grec Papandreou de recourir au référendum pour valider des réformes structurelles massives du pays, qui déboucha sur sa démission forcée en novembre 2011. Enfin, les mécanismes instaurés lors de la crise (par exemple dans le traité sur la stabilité, la coordination et la gouvernance) sont eux-mêmes très peu démocratiques. Désormais, la politique économique échappe largement

3 Voir « Une majorité d'européens n'ont pas confiance dans l'UE », *Le Monde*, 12 mai 2014 et le sondage eurobaromètre n° 145 sur « Les Européens en 2014 » [<http://ec.europa.eu/public_opinion/archives/ebs/ebs_415_data_en.pdf>].

aux gouvernements nationaux qui se bornent à faire une proposition sous la double tutelle du Conseil européen qui fixe la feuille de route et de la Commission européenne qui contrôle la conformité à celle-ci. L'Europe vit donc un « recul démocratique ». Plus précisément, elle découvre qu'une démocratie ne peut pas reposer seulement sur un espace institutionnel représentatif. Pour donner vie à un tel espace, l'animer, le faire fonctionner, il faut une infrastructure majeure et aujourd'hui manquante : un espace public européen actif. Un tel espace existe bel et bien à l'échelon national mais fait défaut à l'échelle européenne. Une simple clarification des compétences de chacun ne saurait donc être un remède à la crise politique de l'Europe. Une augmentation du « paquet de droits » impliqué par la citoyenneté ne suffira pas non plus, tout comme l'adoption de nouveaux « gadgets participatifs », comme les appelle Jean-Marc Ferry dans la table ronde finale. Au demeurant, les études rassemblées ici sur « les citoyens et la participation politique » l'attestent amplement. Par exemple, Eugénie Duval souligne le caractère peu effectif des mécanismes de participation des citoyens aux décisions européennes et rappelle le sentiment de désintérêt des citoyens pour ces techniques, voire leur impression d'une instrumentalisation. De son côté, Frédéric Gloriant relit l'histoire de la construction européenne à partir de l'outil du référendum en montrant comment ce dernier révèle le problème de la légitimation politique de l'Europe. Sans un débat politique actif, sans une infrastructure pour la faire vivre, la citoyenneté européenne restera une chimère théorique, une réalité de papier.

C'est donc l'architecture d'ensemble qui fait problème et en particulier l'absence d'un espace public européen actif. Cela concerne un espace public politique qui doit être enfin structuré car si la démocratie est une intellectualisation de la dispute sociale, cela suppose des instances et procédures permettant le débat sur les grandes orientations politiques de l'Europe. Mais cela concerne aussi un espace public médiatique qu'il faudra réguler pour que l'Europe y trouve une place sérieuse et ne soit pas bornée à quelques lignes marginales dans la presse écrite ou quelques secondes dans un journal télévisé. Et l'Europe ne se limite pas à Strasbourg et Bruxelles. Il nous faut aussi mieux connaître ce qui se passe en Allemagne, en Angleterre, en Italie, au Portugal ou en Pologne. De manière plus générale, l'Europe suppose un décloisonnement de nos espaces publics nationaux qui doivent s'ouvrir les uns aux autres. Et cela suppose aussi un espace public culturel pour que les savoirs circulent au sein de l'Europe. Comment mieux se comprendre si nous n'avons pas un minimum de références communes ?

La crise de sens du projet européen

La crise de l'Europe n'est pas seulement politique ; elle a une signification encore plus fondamentale car c'est la finalité même du processus de construction d'une Union politique qui est aujourd'hui en cause. Depuis sa création, l'Europe était assise sur une justification très solide ; il s'agissait de construire un espace de paix après les traumatismes des guerres mondiales du XXe siècle. Cette exigence de paix était d'autant plus importante et tangible que l'Europe vivait sous la menace d'un bloc soviétique à ses portes. Mais la fin de la guerre froide, l'écroulement du mur de Berlin et la modification des mentalités des opinions ont mis fin à cette justification. Pour les Européens, la constitution d'un espace de paix est un acquis ; ce n'est donc plus une référence mobilisatrice pour les peuples. La menace soviétique s'est au demeurant écroulée. Il faut donc aujourd'hui une autre justification, une légitimation nouvelle. Or, la scène politique européenne comme nationale n'a pas été apte à proposer différentes solutions à ce problème, à les mettre en débat. Cette hypothèque sur le sens de la construction politique de l'Europe n'est pas levée et elle suscite légitimement de nombreuses inquiétudes. Dans les contributions comme dans les débats menés lors du colloque, cette interrogation sourde a rejailli à plusieurs reprises. Quelle personnalité, quelle figure a été la plus invoquée au cours de ces travaux et de ce colloque ? Ce ne fut ni Jean Monnet, ni Robert Schuman, ni Altiero Spinelli, ni même Jacques Delors. Certes, Bertrand Vayssière consacre ici une étude remarquable au mythe d'un Père fondateur mais pour conclure à la « démonétisation de l'image de Jean Monnet ». Le nom qui est le plus revenu au cours des débats fut celui de Jürgen Habermas. Cela en dit long pour deux raisons au moins : d'abord, parce qu'il est un philosophe et un sociologue, ce qui situe bien le débat sur le terrain du sens du projet européen ; ensuite, parce que Habermas, qui fut un fédéraliste convaincu ces dernières années[4], a récemment abandonné

4 Voir notamment « L'État-nation européen. Passé et avenir de la souveraineté et de la citoyenneté », in Jürgen Habermas, *L'intégration républicaine. Essais de théorie politique*, Paris, Fayard, 1998, p. 95–120 ; Jürgen Habermas, *Après l'État-nation. Une nouvelle constellation politique*, Paris, Fayard, 2001 ; Jürgen Habermas, « Conférence

cette position. Dans ses derniers écrits, il renonce au fédéralisme et rejoint le modèle cosmopolitique de Jean-Marc Ferry. Ainsi reconnaît-il que l'Europe est « un système à plusieurs niveaux, ce qui ne veut pas dire qu'il faille, pour autant, la concevoir comme une république fédérale incomplète »[5]. De ce changement de posture, il est possible d'inférer une double mutation : d'une part, la crise de sens du projet européen se manifeste d'abord par une remise en cause de la référence fédérale. Dans un débat récent sur « L'avenir de l'Europe », l'ancien président de Renault, Louis Schweitzer, énonçait ses convictions fédérales tout en filant la métaphore automobile de la manière suivante : « Le problème du fédéralisme, ce n'est pas tant l'existence de freins que l'absence de moteur »[6]. Et en effet, le modèle de l'État fédéral ne trouve plus vraiment d'expression théorique aujourd'hui ; aucune force politique majeure, aucun leader européen de premier plan ne le défend sur la scène publique même s'il continue d'exister sous forme marginale ici et là dans le discours politique, sauf peut-être dans le mouvement écologiste comme nous le montre Alexis Vrignon[7]. Or, comme l'avait noté très tôt Paul Magnette, la citoyenneté européenne est – à tort ou à raison – arrimée à l'imaginaire politique du fédéralisme. C'est la raison pour laquelle la crise du fédéralisme rejaillit à son tour en crise de la citoyenneté européenne.

Cela étant, la désagrégation de la référence fédérale ne résout en rien le problème auquel est confrontée l'Union. Au contraire, elle accroît cette interrogation fondamentale : pourquoi continuer à faire l'Union entre Européens si l'objectif d'un espace de paix est atteint ? Quel nouvel enjeu est susceptible de fournir à l'Europe une finalité mobilisatrice pour tous ?

---

de Jürgen Habermas : Pourquoi l'Europe a-t-elle besoin d'un cadre constitutionnel ? », 7 juin 2001 [<http://urmis.revues.org/10>] ; Jürgen Habermas, *Sur l'Europe*, Paris, Bayard, 2006 (sur sa réaction après l'échec des référendums français et hollandais relatifs à la constitution européenne).

5 Jürgen Habermas, *La Constitution de l'Europe*, Paris, Gallimard, 2012, p. 99. Sur cette évolution, voir aussi Yves Charles Zarka (dir.), *Refaire l'Europe avec Jürgen Habermas*, Paris, PUF, 2012.

6 Louis Schweitzer et Jean-Dominique Giuliani, « L'avenir de la France et de l'Europe », Débat organisé par la Fédération des Maisons de l'Europe, Nantes, le 15 novembre 2014 [<http://www.euradionantes.eu/blog/2014/11/15/15-11_universit-d-automne-des-maisons-de-l-europe>].

7 Outre Daniel Cohn-Bendit ou Joshka Fischer, citons pour une expression récente : Jean Artuis, *L'Europe : dernière chance pour la France !*, Paris, Calmann-Lévy, 2014.

Pour de nombreux spécialistes de la question européenne, cet enjeu est celui de la mondialisation comme le souligne ici le philosophe Jean-Marc Ferry. Face à ce nouvel enjeu, il existe au moins deux formes de réactions : pour les uns, l'Europe se définit principalement comme une « courroie de transmission » des impératifs de la mondialisation et donc comme un instrument d'ajustement. Dans ce cas, l'Union doit se centrer sur un grand marché unifié et demeurer au stade d'un espace économique majeur sans devenir un espace politique important. Pour les autres, l'Europe doit revendiquer sa singularité qui est d'intégrer un espace composé de démocraties, d'États de droit et d'économies sociales de marché. Elle doit alors opérer un « rattrapage politique » de l'économie qui est déjà structurée à une échelle plus grande que celle des États. Dans ce cas, l'Union se projette comme une structure politique susceptible de filtrer les impératifs de la globalisation et de proposer certaines réorientations. En d'autres termes, l'Europe doit affirmer son identité non pas contre mais au sein du processus de mondialisation. C'est à ce prix que la citoyenneté européenne pourra retrouver un sens et un crédit.

La crise du contenu de la citoyenneté européenne

La crise de la citoyenneté européenne ne procède pas seulement du contexte lourd que traverse l'Europe. Elle provient également du contenu de cette citoyenneté ainsi que le soulignent maintes contributions publiées ici. Depuis l'introduction de la citoyenneté dans le traité de Maastricht, de nombreux interprètes s'étaient montrés très réticents sur cette innovation. Certains n'hésitèrent pas à écrire que la citoyenneté européenne n'était « presque rien, si ce n'est un gadget symbolique dénué de contenu substantiel »[8] ou encore que les gouvernants européens s'étaient livrés avec cette notion

8 Hans Ulrich Jessurun d'Oliveira, « European Citizenship: Its Meaning, its Potential », in Renaud Dehousse (dir.), *Europe After Maastricht*, Munchen, Law Books in Europe, 1994, p. 126–148, 141 et 147. Voir aussi Hans Ulrich Jessurun d'Oliveira, « European Citizenship: Pie in the Sky ? », in Allan Rosas, Esko Antola (dir.), *A Citizen's Europe*, 1995, London, Sage, p. 58–84.

« à un simple exercice cynique de relations publiques »[9]. Mais d'autres y voyaient une inflexion majeure de la construction européenne en opérant le grand saut vers la dimension politique et civique. Vingt ans après son apparition dans les traités, comment peut-on évaluer le contenu de la citoyenneté européenne ? Et d'abord, comment peut-on la définir ? Dans une acception large, Sylvie Strudel suggéra que « la citoyenneté européenne désigne les ressorts et potentialités de l'engagement civique de tous les ressortissants communautaires ainsi que leurs identifications en tant que sujet politiques de l'Union européenne »[10]. À la suite de Jean Leca, on peut relever trois dimensions étroitement mêlées dans le concept de citoyenneté : d'une part, « un statut juridique conférant des droits et obligations vis-à-vis de la collectivité politique » ; d'autre part, « un ensemble de qualités morales » ou de valeurs fondamentales ; enfin, « un ensemble de rôles sociaux spécifiques » c'est-à-dire d'attitudes et de comportements. La citoyenneté peut bien octroyer un droit de vote ; cela ne dit rien de la valeur que la société prête au vote et encore moins des usages sociaux que les acteurs lui associent. Les contributions de nature juridique publiées ici soulignent toutes l'essoufflement sinon l'échec d'une citoyenneté par les droits. Mais d'autres contributions, de nature plus sociologique ou de science politique, mettent en valeur le passage à une citoyenneté comme « fait social » qui se révèle problématique.

L'échec de la citoyenneté par les droits

Le traité de Maastricht en 1992 fut le premier à consacrer un chapitre à la citoyenneté européenne. Ce texte fut complété par les traités d'Amsterdam (1997) de Nice (2001) et plus récemment le traité de Lisbonne signé en 2007 et entré en vigueur en 2009. Désormais les articles 20 à 24 du traité sur le fonctionnement de l'Union européenne (TFUE) dressent le catalogue de droits ouverts par cette citoyenneté. Rappelons en les principaux droits : le droit de libre circulation et de séjour dans l'espace européen, le droit de vote et d'éligibilité pour les élections européennes et locales, le droit d'accès au médiateur, le droit de pétition auprès du

9 Joseph Weiler, « Les droits des citoyens européens », *Revue du Marché unique européen*, 1996, n° 3, p. 35–64.

10 Sylvie Strudel, « Citoyennetés », in Céline Belot, Paul Magnette, Sabine Saurruger (dir.), *Science politique de l'Union européenne*, Paris, Economica, 2008, p. 176.

Parlement européen, le droit à une protection diplomatique et consulaire. Le traité de Lisbonne a ajouté le droit d'initiative citoyenne permettant à un million de citoyens européens d'un nombre significatif d'États d'interpeller la Commission pour qu'elle propose une réglementation. La Charte européenne des droits fondamentaux, entrée en vigueur avec le traité de Lisbonne, reprend ce catalogue des droits mais en ajoute deux dans son chapitre sur la citoyenneté : le droit à une bonne administration (art. 41) et le droit d'accès aux documents (art. 42). Le simple énoncé de ce catalogue de droits appelle quelques remarques élémentaires.

Tout d'abord, la citoyenneté européenne est composite car elle est constituée d'un « paquet de droits » à la fois faible, résiduel et hétérogène.

Premièrement, l'ensemble des droits conférés se révèle extrêmement limité, faible au regard de l'ensemble des droits que confère une citoyenneté nationale classique. Au demeurant, ces droits conférés au citoyen européen n'ont pas pour contrepartie des devoirs, alors que la citoyenneté nationale comprend classiquement les devoirs de payer l'impôt, participer au service militaire, participer à la vie politique et manifester une loyauté… Les deux citoyennetés n'ont donc pas le même poids ni sur le terrain symbolique, ni sur le terrain pratique.

Deuxièmement, la citoyenneté européenne est également résiduelle car elle est une citoyenneté de superposition qui s'ajoute à la citoyenneté nationale et qui ne se substitue pas à elle. Remarquons que le traité de Lisbonne reformule ce lien en évoquant un ajout et non une citoyenneté complémentaire comme le faisait la rédaction précédente. C'est la citoyenneté d'un État membre qui confère la citoyenneté européenne mais l'inverse n'est pas vrai : il est impossible d'obtenir d'abord la citoyenneté européenne pour ensuite revendiquer une citoyenneté nationale. Les droits conférés par la citoyenneté européenne sont aussi résiduels en un autre sens ; s'ils concernent virtuellement tous les citoyens, dans les faits, ils ne concernent qu'une fraction minime de citoyens européens qui sont à même d'en faire un usage. Ainsi en 2010, seuls 2,5 % des Européens étaient des citoyens européens résidant dans un autre État de l'Union, c'est-à-dire des ressortissants de l'UE (12,3 millions sur 501,9 millions d'habitants)[11].

Enfin troisièmement, la citoyenneté européenne est hétérogène car elle est constituée par une agrégation de droits hétéroclites dont on sent

11 Commission européenne, *La citoyenneté de l'Union européenne*, Eurobaromètre flash n° 365, février 2013 [<http://ec.europa.eu/public_opinion/flash/fl_365_fr.pdf>].

que la liste est elle-même évolutive. Chaque catégorie de droits est représentée mais d'une manière particulièrement minimale et sans cohérence d'ensemble : les droits de la personne ou libertés civiles avec la protection diplomatique et consulaire, les droits politiques avec le droit de vote limité aux élections européennes et municipales, les droit économiques et sociaux avec la libre circulation. La citoyenneté européenne est aussi construite autour d'un droit flou à géométrie variable. Ces droits s'appliquent à des bénéficiaires virtuels qui sont eux aussi à géométrie variable, ce qui renforce le caractère nébuleux de cette citoyenneté européenne. Par exemple, le droit de vote et d'éligibilité ne concerne que les « électeurs communautaires », c'est-à-dire les seuls ressortissants d'un État membre résidant dans un autre État membre ; cela ne représente que 2 % du corps électoral européen total comme le relevait Sylvie Strudel en 2008. Pourtant, sur le principe, la citoyenneté européenne est conférée à tous les nationaux des États membres, qu'ils soient majeurs ou mineurs. Le cercle des bénéficiaires est donc beaucoup plus large. Quant au droit de pétition ou celui de recours au médiateur, ils bénéficient aussi bien aux ressortissants de chaque État membre et aux résidants de l'Union (ressortissants d'un État non membre). Dans ce cas, le cercle des bénéficiaires est donc encore plus important.

La crise de la citoyenneté européenne par les droits peut aussi être mesurée à partir de deux autres paramètres. D'abord, celui de son effectivité sociologique qui répond à la question : « dans quelle mesure les Européens connaissent-ils cette citoyenneté ? ». Ensuite, la question de l'effectivité juridique de ces principes que l'on peut interroger à partir des « cas-limites » ou « *hard cases* » soumis au juge.

S'agissant de l'effectivité sociale c'est-à-dire de la connaissance de cette citoyenneté par les Européens, les données que nous possédons révèlent une grande ineffectivité de cette citoyenneté qui demeure une notion abstraite et virtuelle qui ne fait globalement pas l'objet d'une appropriation par les populations. Ainsi, si huit Européens sur dix ont entendu parler de la citoyenneté européenne, 54 % de ces citoyens européens déclarent ne pas être sûr de ce que cela signifie ou en ignorer complètement le sens[12]. Cette incompréhension de la citoyenneté européenne atteint des sommets chez des États membres historiques comme la Belgique (66 % n'en comprennent pas le sens), les Pays-Bas (72 %) ou l'Allemagne (81 %). De même,

---

12 *Ibid.*, p. 7–8.

deux Européens sur trois s'estiment mal informés sur leurs droits en tant que citoyen européen. Plus profondément, seule la libre circulation fait exception en étant connue de tous. Si l'on énonce des propositions fausses comme : « en tant que citoyen européen, je peux obtenir n'importe quelle citoyenneté d'un État membre de l'Union », près de huit Européens sur dix pensent que cette affirmation est exacte[13]. Enfin, le profil socio-culturel de ceux qui s'intéressent le plus à l'Europe et en connaissent le mieux la citoyenneté est celui d'une catégorie qui pense bénéficier de la globalisation et se projette comme étant une élite culturelle et économique. Cette catégorie est constituée majoritairement d'hommes, de personnes jeunes (de 25 à 49 ans), plus instruites que la moyenne, résidant dans des zones urbaines ou travaillant comme indépendants. La base sociale et culturelle des Européens qui s'approprient effectivement cette citoyenneté est donc extrêmement étroite.

S'agissant de l'effectivité juridique, les travaux rassemblés ici soulignent l'existence de « cas difficiles » qui constituent autant de tests de la citoyenneté européenne. Par exemple, Alain Fenet montre l'ambiguïté de l'Union européenne à l'égard des minorités. Derrière une attitude de principe bienveillante, se masque une politique d'indifférence et une certaine ambiguïté des développements juridiques autour de la citoyenneté. Il rappelle en conclusion que la citoyenneté européenne cristallise les tensions de cet ordre politique et juridique et que les juges nationaux suprêmes peuvent contrecarrer les velléités de la citoyenneté européenne par exemple en invoquant une « identité constitutionnelle nationale » qui pourrait en réduire la portée. Claire Saas va plus loin encore en traitant le cas emblématique des Roms dont elle souligne qu'ils constituent *de facto* – mais aussi partiellement *de jure* – des citoyens de seconde zone. C'est donc le principe de l'égalité de traitement de tous les citoyens européens qui est ici mis à mal tantôt par des tentatives de discrimination de nature sociale (le plus souvent sanctionnées), tantôt par des tentatives de discrimination de nature ethnique. Sous cet angle, le cas des Roms constitue bien un test pour évaluer la consistance et l'effectivité de la citoyenneté européenne. Et le moins que l'on puisse dire est que ce test n'est guère concluant.

---

13 Commission européenne, *La citoyenneté européenne. Rapport analytique*, Eurobaromètre flash n° 294, octobre 2010, p. 26–27 [<http://ec.europa.eu/public_opinion/flash/fl_294_fr.pdf>].

Le succès ambivalent de la citoyenneté comme fait social

D'une certaine manière, le seul droit qui fasse exception à cette méconnaissance et absence d'appropriation par les citoyens est le droit de libre circulation qui est la vitrine de l'Union européenne. Le succès de ce droit témoigne du fait que l'Europe s'est imposée et est vécue par les citoyens plus comme un « fait social » que comme un fait politique ou une construction juridique. Non seulement les citoyens savent qu'ils peuvent circuler ou résider n'importe où dans l'espace européen mais, en outre, ils plébiscitent une libre circulation en actes à travers les multiples achats opérés dans un autre pays que le leur. Ce phénomène est devenu massif sans pour autant qu'il induise ou repose sur une conscience du fait européen. Ce phénomène d'une citoyenneté en acte vécue comme fait social mais sans aucune conscience de ce qu'elle doit à la construction européenne est un phénomène singulier et instructif. Dans sa contribution orale, Susan Collard en a montré un autre exemple encore plus surprenant. En effet, à partir de ses études sur la participation des ressortissants européens aux élections en Grande-Bretagne, elle a révélé que les citoyens européens non britanniques qui réussissaient l'exploit d'être élus au niveau local ne savaient pas que le droit de voter ou de se présenter dans un autre État que le sien provenait de l'Union européenne et appartenait au concept de citoyenneté européenne. On peut donc faire usage d'un droit sans savoir d'où il vient, sans comprendre ce qui le sous-tend. La question qui se pose alors est la suivante : quel sens a ce « plébiscite de tous les jours » qui s'ignore ? Ou encore, est-il grave de mettre en œuvre un droit sans avoir conscience de ce qu'il signifie ? Il n'est pas aisé de répondre mais nous avons des raisons de croire qu'un tel sentiment et un tel acte ne sont pas anodins. Rappelons sur ce terrain la mise en garde adressée par Habermas dès 1990 : « Le statut juridiquement constitué du citoyen dépend de l'existence favorable d'un arrière-plan approprié de citoyens orientés vers le bien public dont les motivations et les mentalités ne peuvent pas être créées de force par le droit »[14]. En d'autres termes, un droit n'a de sens qu'au regard des valeurs qui le sous-tendent et du projet politique que ces valeurs traduisent. Une liberté de circulation purement utilitariste traduit une valeur et un projet : celui d'une Europe réduite à un grand marché. Un

14 Jürgen Habermas, « Citoyenneté et identité nationale » [1990], in *L'intégration républicaine. Essais de théorie politique*, Paris, Fayard, 1998, p. 76.

droit d'éligibilité purement fonctionnel traduit une intégration dans un espace local mais non dans un espace européen. Cette citoyenneté utilitaire et fonctionnelle a donc bien un caractère idéologique.

La crise des perspectives : quelle identité pour les Européens ?

Terminons par une troisième série de considérations relatives à une question plus fondamentale encore : qu'est-ce que l'Europe et donc qu'est-ce qu'être européen ? Les contributions publiées ici permettent de poser quelques balises, d'explorer quelques pistes mais aussi de souligner des désaccords entre les intervenants. La citoyenneté interroge à la fois le désir de faire société ensemble, c'est-à-dire de construire une société européenne, et l'horizon potentiel d'édification d'une identité européenne. Le thème de l'identité européenne soulève immédiatement une série de questions et de débats assez vifs. L'Europe doit-elle viser la constitution d'une culture commune ou se limiter à un simple cadre politique partagé ? L'identité européenne doit-elle se construire dans le cadre d'un processus de fermeture à l'égard de l'extérieur ou, au contraire, dans le cadre d'un processus d'inclusion vis-à-vis du reste du monde ? Ce sont là quelques-uns des enjeux que l'on peut tenter de clarifier.

Culture européenne commune versus *culture publique partagée*

Aucun chercheur, ni aucun homme politique contemporain ne revendique le développement d'une « nation européenne » qui supposerait une culture unique entre tous comme pouvait encore le suggérer Julien Benda dans les années 1930[15]. Le débat porte entre ceux qui conçoivent l'Union comme un processus de rapprochement des cultures visant à terme à l'émergence d'une culture européenne commune et ceux qui jugent que l'Union doit se borner à fixer « des règles du jeu communes »

15 Julien Benda, *Discours à la nation européenne*, [1933] Paris, Gallimard, coll. « Folio Essai », 1992.

sans présupposer ou induire une culture commune. C'est dans cette dernière perspective que se situe Éric Dacheux lorsqu'il traite du cas suisse. En effet, la Suisse peut être un modèle d'intégration pour l'Europe dans la mesure où les citoyens helvétiques ne partagent entre eux guère plus qu'un cadre politique commun. Pour le reste, Éric Dacheux nous rappelle l'existence de quatre cultures différentes, d'un plurilinguisme affirmé, d'un faible espace médiatique commun (la Suisse romande a ses journaux, ses télévisions tout comme la Suisse alémanique). C'est aussi dans cette direction qu'argumente Jean-Marc Ferry lorsqu'il soutient la nécessité d'une culture publique partagée même s'il ajoute à la nécessité d'une « communauté légale » celle d'une « communauté morale » minimale. Car pour qu'un espace public soit actif, il faut plus qu'un simple cadre institutionnel ; il faut un partage de valeurs ce qui suppose que chaque espace national s'ouvre à la discussion des solutions et des discours de ses voisins, éventuellement pour les contester. C'est à ce stade que des médias comme les « radios européennes » étudiées par Ariane Demonget ont un rôle à jouer exerçant ici une véritable responsabilité publique d'activation du débat. Or, le soutien européen à ces outils cruciaux est faible et tend même à disparaître. C'est aussi à ce titre qu'une politique d'enseignement des langues prend un sens : ouvrir chacun à la culture de son ou ses voisins, sauf à ce que cet apprentissage soit arrimé à la recherche néolibérale d'une simple employabilité comme nous le montre Nuria Garcia dans son étude.

Cependant, même si l'on borne l'Union européenne à un simple cadre politique permettant la discussion et la coopération entre les États et les citoyens, il demeure ici deux options différentes : la première vise à penser l'Europe comme devant développer une démocratie complète. C'est la perspective dans laquelle Adélie Pomade étudie l'Initiative citoyenne européenne (ICE) qui est ici envisagée comme un nouvel outil encore imparfait au service d'une participation de tous. Sur ce terrain, Jean-Marc Ferry objecte qu'il n'est pas dans la mission de l'Union d'édifier une nouvelle démocratie globale. En somme, l'espace politique pertinent et qui fonctionne le mieux est d'abord l'espace national, qui doit être préservé, et c'est à cet échelon que l'Europe doit apparaître et être discutée. Éric Dacheux développe une perspective voisine lorsqu'il souligne qu'en Suisse la citoyenneté s'exerce principalement à l'échelon local des cantons.

L'identité européenne : Habermas versus Schmitt

L'ultime débat s'énonce principalement au sein de la table ronde finale tout en s'adossant à de nombreuses contributions de ce volume. Il concerne la manière dont se construit une identité. Des historiens comme Stanislas Jeannesson ou Joël Mouric semblent suggérer que l'Europe s'est toujours construite face à un « ennemi » du moment : le nationalisme et le totalitarisme dans les années trente, le communisme soviétique dans l'après-guerre comme chez Raymond Aron. Un tel raisonnement suggère que l'identité se forge dans le conflit. Elle procède d'un schéma ami-ennemi qui est au cœur de la politique selon la vision traditionnelle prêtée à Carl Schmitt. Sous cet angle, Bernard Bruneteau est celui qui assume le plus clairement cette option lorsqu'il rappelle que le citoyen grec se définissait contre le barbare, le citoyen romain contre les populations hors de l'Empire, que les nations européennes se sont également construites les unes contre les autres. Cette argumentation est parfaitement exacte sur le plan historique. Mais la question est de savoir si l'Europe doit dupliquer ce modèle historique. Évidemment, il ne s'agit pas de soupçonner Bernard Bruneteau d'une quelconque sympathie pour les orientations politiques de Schmitt mais plutôt de savoir si ce schéma logique de formation de l'identité est valide et exclusif. Plusieurs arguments plaident pour une autre lecture possible de la question de l'identité développée notamment par Jürgen Habermas et Jean-Marc Ferry. Par exemple, le philosophe Paul Ricœur a montré dans ses travaux sur l'identité que l'articulation entre le pôle du même (idem) et le pôle de la permanence de soi (ipséité) se réalise à travers le discours et finalement le rapport à l'Autre que l'on dénomme l'altérité. Or, Ricœur démontre que l'altérité joue un rôle moteur dans la construction de l'identité. L'altérité ne s'ajoute pas du dehors ; elle est le principe actif de l'ipséité. Il écrit ainsi que « soi-même implique l'altérité à un degré si intime que l'une ne se laisse pas penser sans l'autre, que l'une passe plutôt dans l'autre »[16].

Synthétisant les apports des sciences sociales sur la question de l'identité, l'anthropologue canadien Louis-Jacques Dorais souligne également d'abord que l'identité n'est pas une substance, une qualité qui existerait en soi. Elle est relationnelle et procède du rapport aux autres. Ensuite, l'identité n'est pas donnée une fois pour toute. Parce qu'elle est relationnelle, elle

16 Paul Ricœur, *Soi-même comme un autre*, Paris, Le Seuil, coll. « L'ordre philosophique », 1990, p. 14.

se forme patiemment et évolue en permanence. Du coup, l'identité est une construction, un processus dynamique. Enfin, l'identité est une relation avec son environnement aussi bien physique (la nature) que social (les personnes, les paroles et les actes)[17]. Appliquée à l'Europe, cette notion d'identité signifierait que le propre de l'Europe est de toujours se définir dans la relation au reste du monde. C'est aussi ce que souligne Rémi Brague[18] lorsqu'il affirme que l'identité de l'Europe s'est constituée par une succession de renaissances qui toutes ont été chercher ailleurs qu'en soi leur principe de définition : l'Empire romain mobilisa cette autre civilisation que constituait la culture grecque ; le christianisme puisa dans cet autre que constituait le judaïsme, l'humanisme de la Renaissance dans un retour aux antiques… C'est dans sa relation au monde – relation parfois trouble – que l'Europe fut amenée à sans cesse redéfinir ce qu'elle est mais aussi son projet. Certes, la voie apologétique ou schmittienne est possible mais elle est dangereuse. Nul n'ignore la tentation désastreuse qui consiste à s'affirmer comme européen face à un ennemi imaginaire qu'incarneraient les musulmans d'où qu'ils viennent ou contre les grands ordonnanciers de la mondialisation. Rappelons ici que les travaux de psychologie sociale ont montré qu'il existait une très forte corrélation entre l'identification à l'Europe et la xénophobie. Citant les travaux de Licata et Klein, Paul Magnette écrit ainsi : « Il est probable que plus une identité se construit par opposition, plus elle comporte un potentiel d'exclusion »[19]. Or, la citoyenneté européenne a tenté d'explorer une autre voie en esquissant une identité plus ouverte. C'est ce que montre *in concreto* Igor Laï en évoquant le statut des ressortissants des États tiers que le juge tente de rapprocher de celui du citoyen européen même s'il demeure une différence problématique. Finalement, le principe clé d'une identité européenne sérieusement envisagée est celui d'une analyse critique de soi, d'une autoréflexion (*Selbstreflexion*). C'est cette lucidité critique sur nous-mêmes qui conduit à revisiter en permanence nos héritages et doit être au principe de l'*affectio societatis* dont l'Europe est aujourd'hui dépourvue.

---

17 Louis-Jacques Dorais, « La construction de l'identité », in Diane Vincent, Denise Deshaies (dir.), *Discours et constructions identitaires*, Presses de l'Université de Laval, 2004, p. 1–11.

18 Rémi Brague, *Europe, la voie romaine*, Paris, Gallimard, 1992, p. 142 *sq*.

19 Paul Magnette, *Le régime politique de l'Union européenne*, Paris, Presses de Sciences Po, 2009, p. 289.

Le livre qu'on vient de lire est issu d'un programme de recherche sur la dynamique citoyenne en Europe. L'ensemble des chercheurs nantais et des Pays de la Loire centrés sur la question de l'Europe ont justement choisi de prolonger ce premier travail par un programme beaucoup plus vaste ordonné autour de la question de la relation de l'Europe au monde et aux mondialisations. Nul doute qu'un tel cadre permettra de revisiter les questions de la citoyenneté et de l'identité européennes sous un nouveau jour.

Table Ronde
Quelle(s) citoyenneté(s) pour quelle Europe ?

Animée par Philippe Perchoc, de l'Université catholique de Louvain et du Collège d'Europe, cette table ronde s'est déroulée au Lieu Unique à Nantes et faisait le lien entre le colloque universitaire et l'opération citoyenne annuelle « Vivre l'Europe » organisée par la Maison de l'Europe à Nantes.

Nous reproduisons ici l'introduction de Martine Buron, présidente de la Maison de l'Europe à Nantes, et les interventions successives de Gérard Bossuat, professeur émérite d'histoire contemporaine à l'université de Cergy-Pontoise, Anne-Sophie Lamblin-Gourdin, maître de conférences HDR en droit public à l'université de Bretagne Sud, Bernard Bruneteau, professeur de sciences politiques à l'université de Rennes 1, et Jean-Marc Ferry, Chaire Philosophie de l'Europe à l'université de Nantes. Les questions et le débat qui ont suivi ne font pas l'objet d'une reproduction.

Martine Buron

La Maison de l'Europe à Nantes est une fédération d'organismes, d'associations, d'individus attachés aux projets européens. Elle-même association, elle est née il y a une dizaine d'années de la volonté d'acteurs de la société civile, déjà engagés dans des activités centrées sur l'Europe (culturelles, économiques, universitaires, dans tous les domaines). Elle résulte donc de la volonté de ces acteurs de se constituer en réseaux, de mutualiser leurs expériences et leurs savoir-faire pour mieux faire connaître et aimer l'Europe aux Nantais au sens large, ainsi qu'aux habitants de Loire-Atlantique, et de contribuer de ce fait à la dimension européenne de notre territoire. Je tiens à rappeler que l'université de Nantes faisait partie des membres fondateurs de cette démarche ayant abouti à la création de la Maison de l'Europe à Nantes.

Cette année, nous avons un peu changé la formule de notre grand débat « Vivre l'Europe ». Le choix du thème de la citoyenneté remonte déjà à la fin de l'année dernière, puisque nous savions que 2013 serait l'Année européenne des citoyens. Nous avons décidé d'articuler notre manifestation avec le colloque universitaire, et je tiens vraiment à remercier profondément Michel Catala et l'université de Nantes du soutien qu'elle nous a apporté, du travail qui a pu être fait ensemble et de cette bonne interpénétration entre l'université et la société civile. Avec cette table ronde et les ateliers qui suivront, nous souhaitons entendre ce que vous, les citoyens, vous avez à dire à l'Europe, ce que vous attendez encore d'elle, ce qu'on peut lui apporter et ce qu'on peut apporter à sa nécessaire évolution.

Voilà donc, pour débuter cette partie davantage adressée au grand public, une table ronde tout de même composée de spécialistes. Je remercie Philippe Perchoc, chercheur à l'université de Louvain et enseignant au Collège d'Europe à Bruges et à Sciences Po Paris, qui a accepté d'animer non seulement cette table ronde, mais également celle qui se tiendra en conclusion de la journée, ainsi que tous les intervenants. Je tiens aussi à remercier nos membres de la Maison de l'Europe qui sont en même temps partenaires de toutes nos actions, Euradionantes, cet « ovni » exceptionnel de l'audiovisuel européen qui va enregistrer les tables rondes et participer au compte-rendu des ateliers, le Mouvement européen de Loire-Atlantique, le Centre culturel européen de Nantes et l'Union locale 44 de la CFDT qui ont accepté d'animer les ateliers. Je remercie également le Lieu Unique qui nous accueille et les collectivités locales, Nantes Métropole, le Conseil Régional des Pays de la Loire et le Conseil Général. Je tiens à saluer et à remercier Catherine Guy-Quint, ancienne députée européenne et présidente du réseau européen des Maisons de l'Europe, et j'adresse un grand merci, avant même la conclusion, à toute l'équipe de la Maison de l'Europe à Nantes, à ses bénévoles et tout particulièrement à Lætitia Perrin, car ils ont été les moteurs de l'organisation de cette journée.

Gérard Bossuat

Quel rapport entre citoyenneté européenne et histoire ? Il faudrait simplement rappeler que les traités de Rome, finalement, confèrent aux ressortissants des États membres des droits : libre-circulation des personnes, des marchandises, etc. Mais c'est une citoyenneté qui s'apparente uniquement à la sphère économique. Dans les années 1950, c'était un beau progrès, parce qu'on sortait de la guerre et de l'économie administrée, et cela en soi, c'est déjà quelque chose d'important. Mais il est vrai que, par exemple, les milieux fédéralistes portaient l'espoir d'une citoyenneté européenne, d'une citoyenneté politique comme dans nos États. Le colloque a bien fait de parler d'Europe des citoyens et de citoyenneté européenne, parce qu'historiquement, on a cherché à faire d'abord une Europe des citoyens, en ce sens que les opinions publiques ont cherché à dépasser l'Europe des marchands – vous connaissez l'histoire, enfin la présentation du marché commun comme l'expression d'une Europe des marchands. C'est révélateur de beaucoup de choses ; cela veut dire que ce n'est pas véritablement encore l'Europe des citoyens. Mais il me semble que l'historien est plus à l'aise pour parler de l'identité européenne que pour parler de la citoyenneté européenne. C'est ce sujet-là qui est le plus important, le reste me paraît plus technique d'une certaine manière.

C'est en 1972 que l'on commence à envisager une union politique européenne pour 1980, ce qui n'a pas été réalisé ; mais la Communauté européenne a pris le tournant, le tournant politique. À ce titre-là la question de la citoyenneté s'est posée. En 1975, le rapport Tindemans innove en demandant que la Communauté assure la protection des Européens à l'étranger. Mais ce n'est qu'un rapport ; il faut donc attendre les années 1980, en particulier le Conseil de Fontainebleau en juin 1984, qui crée, à la demande du président François Mitterrand, le comité Adonnino sur l'Europe des citoyens, pour relancer le dossier de la citoyenneté européenne, préconiser l'approfondissement de la citoyenneté économique, on le sait, mais aussi politique par l'attribution de nouveaux droits électoraux. Encore une fois, ce n'est qu'un rapport, mais il permet finalement de nourrir le débat sur l'Europe, sur la citoyenneté, et de préparer le traité de Maastricht qui, lui, prévoit effectivement une citoyenneté européenne. Je ne vais pas me transformer en mauvais juriste – les juristes pourront préciser tout ça –, mais je vais quand même vous le dire, cela montre que je vous ai lu et que j'ai lu le traité : droit de circuler et de résider librement dans les pays de l'Union ; droit de voter ou d'être élu dans l'État où l'on réside pour les élections européennes et municipales ; protection du citoyen européen par les ambassades et les consulats de n'importe quel pays de l'Union si vous n'avez pas de représentation consulaire nationale à votre disposition. Je ne sais pas si cela a été appliqué, j'aimerais bien avoir des exemples pour voir comment l'exercice de ce droit a fonctionné effectivement. Droit de pétition au Parlement Européen, droit de plainte au médiateur européen : oui, il y a un médiateur européen concernant l'administration communautaire. En somme, on passe tout de suite à Lisbonne, en ce sens que le traité de Lisbonne confirme finalement qu'est citoyenne de l'Union toute personne ayant la nationalité d'un État membre. En conséquence, la citoyenneté de l'Union – cela a été redit encore tout à l'heure – s'ajoute à la citoyenneté nationale et ne la remplace pas.

Pour terminer ma courte intervention, l'opinion que j'ai sur cette question de la citoyenneté européenne et le bilan qu'on peut en tirer, sont que l'on est dans une impasse. Tout à l'heure, on a parlé de crise, en conclusion ; effectivement on ne va pas se voiler la face, nous sommes en crise au niveau européen. Comment faire pour en sortir ? Je m'interroge d'abord sur le fait de savoir si cette citoyenneté européenne existe vraiment. Les juristes sont là pour nous dire que oui, qu'il y a un certain nombre de droits – je viens de les nommer –, mais je remarque qu'il n'y a pas de devoirs, ce qui crée un problème. On a donc des droits, c'est fort bien – mais cela dénote aussi un penchant de consommateur plus que de responsabilité civique – au niveau politique et au niveau européen. La grande question c'est d'ouvrir un espace à la démocratie européenne et à la discussion, c'est de créer ce fameux espace public européen qui n'existe pas. Nous nous intéressons certes aux affaires du monde à travers les journaux que nous lisons, mais nous ne vivons pas au même rythme que les Allemands, les Italiens, même si nous compatissons à certaines difficultés. Je pense quand même que le drame des migrants, à Lampedusa, a permis au moins de se poser la question d'une action commune. Depuis lors une mission de faible capacité de l'Union a été organisée. C'est vrai qu'il y a eu malgré tout – et je suis optimiste tout d'un coup – une petite prise de conscience, mais c'est tout pour l'instant, cela ne va guère plus loin. Donc, la question de la citoyenneté européenne, pour moi, ce n'est pas uniquement une question de droits, c'est une question aussi de prise en charge par les citoyens, qui utilisent naturellement le mot « citoyen européen », de ce qu'est l'Europe, de ce que peut être l'Europe. Tout à l'heure, en conclusion, Arnauld Leclerc disait qu'il fallait finalement intérioriser en quelque sorte ce sentiment d'appartenance européenne. Nous avons en effet à réfléchir à l'appartenance à un destin commun. Est-ce que nous sommes capables de donner un sens à ce destin commun que nous avons nécessairement ? Il convient maintenant de développer un espace de discussion, d'échange ; ce n'est pas discuter comme autour d'une table de café, c'est essayer de réfléchir à ce qui fait notre unité. On ne va pas s'opposer systématiquement au reste du monde, mais nous avons à définir nos propres valeurs, j'ose utiliser ce terme, des valeurs qui sont des valeurs d'identité, mais évidemment une identité ouverte, c'est une évidence, on ne peut pas faire autrement. Nous sommes en Europe et l'Europe est un continent, une société, une civilisation ouverte, bâtie par des générations de citoyens nationaux, généralement adeptes de la liberté d'expression, d'égalité politique et même de fraternité, éclairés par les Lumières que la Révolution française a inventées largement puis propagées. Je rappelle les travaux qui ont été faits par René Girault et son équipe pendant à peu près dix ans sur « identité et conscience européenne »[1]. Les mots « identité » et « conscience européenne » sont vraiment au cœur de ce que peut être ou pas la citoyenneté européenne. Encore faut-il leur donner un contenu sensible à chaque citoyen avant d'être transcrits en droit public.

Anne-Sophie Lamblin-Gourdin

Gérard Bossuat a évoqué la crise de l'Europe plutôt à la fin de son propos ; moi, je vais peut-être débuter par ça et rebondir sur ce que disait tout à l'heure Arnauld Leclerc. Évidemment, la crise actuelle que traverse l'Europe va bien au-delà de la seule crise économique et financière, mais je pense en même temps que cette crise économique et financière exacerbe cette crise des rapports entre les Européens et l'Europe, et donc la façon dont la citoyenneté européenne se positionne dans cette crise. C'est sous cet angle-là, avec une perspective juridique, que je vais apporter quelques éléments de réflexion. Je voudrais d'abord commencer en soulignant la singularité de la citoyenneté européenne, puisque, traditionnellement dans une perspective juridique, la citoyenneté est rattachée à l'État.

C'est donc assez audacieux, inédit, ambigu que de déterminer une citoyenneté européenne. Telle qu'elle a été conçue il y a vingt ans dans le traité de Maastricht, c'est un moyen, c'est le facteur du « vouloir vivre

---

1 René Girault (dir.), *Identité et conscience européennes au XXe siècle*, Paris, Hachette, 1994 ; Robert Frank (dir.), *Les identités européennes au XXe siècle. Diversités, convergences et solidarités*, Paris, Publications de la Sorbonne, 2004.

ensemble », de l'émergence d'une conscience européenne. Par conséquent, le droit est au service du projet politique. Pour y participer, la citoyenneté européenne repose principalement sur des droits et des devoirs et, justement, on va voir que les devoirs devraient être présents, mais qu'ils n'y sont pas ; des droits qui vont établir d'abord une relation, que je qualifierais de verticale, entre l'Union européenne d'une part et les Européens de l'autre, une relation verticale ascendante, c'est-à-dire la façon dont les citoyens européens vont participer à l'Union européenne. Il s'agit donc de la dimension démocratique de la citoyenneté, et on la voit très nettement dans la formulation de l'article 9 du traité sur l'Union européenne qui s'inscrit dans les dispositions relatives au principe démocratique de l'Union. La citoyenneté européenne, c'est une manière de légitimer le processus institutionnel de l'Union, c'est une manière de donner une place aux Européens dans ce système institutionnel, avec des lieux qui sont disponibles à cet égard : c'est le Parlement européen, c'est le Comité économique et social européen. Il y a également des outils qui sont mis en place de façon plus récente, l'initiative citoyenne européenne qui a été évoquée hier après-midi. Ce rapport vertical ascendant est complété par un rapport vertical, que je qualifierais de descendant, c'est-à-dire l'ensemble des droits civils qui sont reconnus aux Européens par le biais de la citoyenneté européenne. Ce sont là des droits concrets, des droits tangibles, quotidiens : la liberté de circulation des personnes, le droit de séjour, le droit à une protection diplomatique et consulaire. Ce sont des droits qui doivent permettre aux Européens d'avoir le sentiment d'être membres de cette entité qu'est l'Union européenne. Je voudrais à ce sujet souligner, comme l'a fait mon collègue Alain Fenet, le formidable essor que la Cour de justice a donné à cette citoyenneté européenne. Elle s'est efforcée à lui donner du contenu en considérant que le statut de citoyens européens est le statut fondamental des ressortissants des États membres. Puis, depuis quelques années, elle s'efforce de faire en sorte que les citoyens puissent jouir effectivement des droits qu'ils tirent de la citoyenneté.

À côté de ce rapport vertical, il y a un rapport également horizontal. La citoyenneté, c'est aussi le « vouloir vivre ensemble », ce sont ces rapports qui devraient unir les Européens les uns aux autres, indépendamment de leurs nationalités, en complémentarité de leurs nationalités respectives. Cette dimension est moins structurée par le droit, moins organisée, moins institutionnalisée. J'en veux pour exemple la possibilité pour les Européens de participer à l'élection des députés au suffrage universel direct ;

mais il n'y a pas de parti politique européen qui structure cette élection, et l'élection n'a même pas lieu le même jour, ce qui affaiblit le corps que l'on essaye de mettre en place. L'initiative citoyenne européenne a été présentée hier comme étant un élément qui permettrait de donner corps à cette communauté humaine des Européens. Il est un peu trop tôt pour en tirer des conséquences puis des enseignements, puisqu'elle est effective depuis dix-huit mois à peu près. Pour ma part, je m'interroge malgré tout sur sa portée réelle, puisque cet instrument va quand même rester entre les mains de la Commission européenne ; les Européens vont pouvoir effectivement s'entendre pour formuler des propositions, mais c'est la Commission européenne qui va déterminer le sort de ces propositions, de ces initiatives.

Il y a donc des dispositifs qui existent et que je viens de montrer très brièvement mais, malgré cela, il y a une crise de la citoyenneté. Je pense donc que les raisons se trouvent aussi dans les imperfections de cette citoyenneté, dans ses ambiguïtés – c'est un terme qui a été évoqué ce matin. Tout d'abord, parce que les droits, finalement, sont des droits peu nombreux. Ils ont été brièvement énumérés, je ne reviens pas dessus. Pour certains d'entre eux, ils existaient déjà avant la citoyenneté européenne. Quelle est donc la plus-value apportée à la citoyenneté, quand finalement elle ne fait que consacrer des droits qui existaient déjà auparavant ? D'autant plus que, vous le releviez, je ne suis pas certaine que le droit à une protection diplomatique et consulaire soit le droit le plus concret, le plus quotidien pour les Européens. Ce sont des droits qui n'ont pas été enrichis depuis le traité de Maastricht, mise à part l'initiative citoyenne européenne. À ceci s'ajoute le fait que le droit de circuler et de séjourner librement, non dans la dimension matérielle et marchande qu'évoquait Arnauld Leclerc dans ses conclusions, mais envisagé dans sa dimension personnelle, est exercé par peu de gens. Il concerne finalement une minorité, et c'est d'autant plus contradictoire que ce droit à la mobilité et l'exercice de cette mobilité sont la condition des autres droits. Si on n'est pas mobile, le droit de participer aux élections municipales et européennes a moins de sens. Le droit le plus tangible est donc finalement exercé par une partie réduite des Européens et surtout, comme l'a remarqué Claire Saas notamment, il n'est pas absolu, il est relatif, encadré par des conditions d'ordre public, de sécurité publique, de ressources financières qui sont contrôlées, garanties par les États membres.

Je pense que ce sont tous ces éléments qui expliquent cette crise de la citoyenneté européenne et ce sentiment d'inconsistance de la citoyenneté européenne. À mon avis, la voie recherchée pour essayer de lui donner du corps – je partage vos propos –, c'est la question des valeurs, c'est la question du pourquoi vivre ensemble, au service de quel projet. La table ronde était intitulée « Quelle citoyenneté pour quelle Europe ? ». On est vraiment là au cœur du débat, parce qu'en s'interrogeant sur l'avenir de l'Europe, on apportera peut-être des éléments de réponses à la citoyenneté européenne.

Bernard Bruneteau

J'apporterai quelques réflexions qui sont dépendantes d'un travail d'écriture actuel sur l'histoire de l'anti-européisme sur la longue durée du XXe siècle et la prise en compte de cette littérature pose un certain nombre de questions qui va m'amener à formuler ces réflexions. Car fondamentalement, je pense que ce qu'on appelle l'euroscepticisme, voire pour certains l'europhobie, est en fait une composante d'une citoyenneté européenne active, tout simplement parce que cela introduit un débat. La société européenne existe, Arnauld Leclerc l'a évoqué tout à l'heure en parlant d'une citoyenneté en actes quotidiens. C'était la conclusion que tirait en 1988 un historien allemand, Hartmut Kaelble, dans une étude originale qui s'intitulait justement *Vers une société européenne*, où il faisait une étude comparée des structures et des modes de vie des différentes nations européennes sur la longue durée[2]. Mais sa conclusion était celle-ci, je vous la livre, elle est très courte : « Il est raisonnablement permis de supposer que les préalables sociaux à une intégration politique existent déjà dans toute la mesure du possible. Reste à vaincre les résistances politiques ». Si les résistances politiques existent et sont peut-être de plus en plus fortes, si l'indifférence domine parfois, c'est parce qu'une citoyenneté européenne suppose un sentiment d'appartenance. Or, ce que nous pouvons observer, c'est que le processus d'identification à l'Europe, à la communauté politique européenne, a toujours été difficile finalement depuis les années 1950.

2 Hartmut Kaelble, *Vers une société européenne. Une histoire sociale de l'Europe 1880–1980*, Paris, Belin, 1988.

Je voudrais rappeler un certain nombre d'éléments qui montrent la difficulté de cette identification. Tout d'abord, il y a toujours eu une grande incertitude sur le mode de construction de l'Europe : fonctionnalisme, néo-fonctionnalisme, fédéralisme, inter-gouvernementalisme. Quel est le sens de cette construction ? Quel est le point d'arrivée ? Où va-t-on ? Il y a effectivement une première confusion à partir de cette incertitude. Deuxièmement, incertitude sur les objets principaux de l'intégration politique d'abord – n'oubliez pas le congrès de la Haye en 1948, puis le rêve d'une communauté européenne de défense qui serait chapeautée par une véritable communauté politique. Ensuite, communauté économique seulement, puis à nouveau politique depuis les années 1980. Troisième élément, c'est la dialectique contradictoire entre l'élargissement et l'approfondissement institutionnel. L'élargissement pénalise par définition l'approfondissement. L'élargissement induit une dilution institutionnelle qui est préjudiciable effectivement à une identification politique. Par ailleurs, cette fuite en avant dans l'élargissement pose le problème des frontières de l'Union européenne. Or, peut-on concevoir une identité politique sans frontières, sans faire un éloge des frontières que font certains ? Il faut quand même poser cette question. Quatrième élément, c'est le rapport à l'extérieur ; mais ici, je ne partagerai pas les commentaires de mon collègue et ami Arnaud Leclerc sur le rapport à l'autre. Si l'on revient à l'Antiquité, le citoyen grec se définissait par rapport aux barbares, le citoyen romain se définissait par rapport aux populations qui se trouvaient à l'extérieur de l'Empire. Nous savons aussi que les citoyennetés politiques des grandes nations occidentales se sont construites aux XVIIe et XVIIIe siècles dans une relation à un ennemi, sans faire un éloge de la philosophie de Carl Schmitt. Il faut effectivement prendre en compte ce rapport à l'ennemi. Je pense ici à l'étude magistrale d'une historienne britannique, Linda Colley, qui nous a montré il y a peu que la britannité et l'assise de la future communauté politique britannique s'étaient construites dans un rapport, dans la définition d'un ennemi qui était un ennemi catholique et continental aux XVIIe et XVIIIe siècles. Or, nous pouvons constater ici que la citoyenneté européenne apparaît en 1992, au moment où la menace disparaît, c'est-à-dire après l'effondrement du bloc de l'Est et la fin de l'Union soviétique. Je rappelle ici que l'histoire, la première histoire de la construction européenne, est consubstantielle à la guerre froide. Il faut bien évidemment montrer ce rapport important des années 1947 à 1953 entre la menace et la construction de l'Europe. Un autre élément qui pénalise un processus d'identification sur la longue durée de la construction européenne, c'est en fait d'avoir longtemps vécu sur une fausse européanisation. En effet, « l'eurobaromètre » laissait croire à un consensus permissif : une majorité d'Européens était finalement d'accord avec le processus. Pourquoi fausse européanisation ? Parce que l'on croyait à l'Europe surtout à partir des bénéfices nationaux escomptés. En un mot, la construction européenne participait au « sauvetage » européen des États-nations, pour reprendre la formule de l'historien Alan Milward[3]. Il y avait effectivement une instrumentalisation de l'Europe à visée nationale et cela, évidemment, explique que lorsque l'intégration européenne s'accélère à partir des années 1990, cette conception particulière, je dirais nationale, d'européanisation s'efface. Si le processus est difficile, c'est aussi parce que la question de l'identité a longtemps été évacuée, des années 1950 aux années 1970, et lorsque la question devient centrale à partir du milieu des années 1980, elle accouche finalement d'une symbolique assez pauvre, si on la compare à la richesse symbolique des vieux États-nations, notamment avec des lieux de mémoire problématiques et difficiles à identifier et, bien sûr, l'absence d'une langue commune.

Enfin, dernier élément, si ce processus d'identification est difficile, c'est parce que les pouvoirs qui ont été conférés aux institutions européennes par les États ne sont pas toujours exercés de la même façon ou avec les mêmes principes que ceux qui régissent les démocraties nationales. On évoquait tout à l'heure le rapport Tindemans de 1975 qui est un document vraiment très intéressant, très important. L'une des conclusions du rapport Tindemans, c'est de dire que la façon de réincarner l'Europe politiquement, de susciter une allégeance forte des Européens envers les institutions européennes, c'est de redonner une centralité au Parlement européen, tout simplement parce que dans le processus de construction des démocraties européennes depuis le XVIIIe siècle, c'est évidemment la centralité parlementaire qui a été essentielle. Le rapport Tindemans a rappelé qu'il fallait effectivement donner l'initiative législative au Parlement européen, qu'il fallait cristalliser la vie de l'Union à partir d'un grand débat sur l'état de l'Union qui aurait lieu au Parlement européen. Il fallait aussi bien sûr lui donner la possibilité de délibérer sur toutes ces questions. Par conséquent, c'est ce déficit ou cette difficulté du processus d'identification qui, je crois, nous conduit à nous poser aujourd'hui en

3 Alan Milward, *The European Rescue of the Nation-State*, London, Routledge, 1992.

2013 la question « Quelle citoyenneté pour quelle Europe ? ». C'est parce que sur ce long terme nous avons ces difficultés qui heurtent notre définition classique de la citoyenneté. On a parlé tout à l'heure de droits et de devoirs ; la citoyenneté, c'est effectivement des obligations mutuelles entre un État et des citoyens. Devoirs à quel État ? Qui ici serait prêt à mourir pour l'Europe, pour reprendre une formule célèbre ?

Jean-Marc Ferry

Trois questions, je crois, se posent spontanément : qu'a-t-on tenté pour étoffer la citoyenneté européenne ? Pourquoi cela n'a-t-il pas pris ? Et comment sauver le projet européen de son rejet par les Européens ? Je dirais, pour commencer que le concept de citoyenneté européenne est philosophiquement stimulant, mais qu'il est politiquement décevant, ou plutôt, que la réalité est politiquement décevante. C'est ce que j'aimerais tenter d'expliciter auprès de vous. Il y a eu des marques de citoyenneté comme l'hymne, le drapeau, le passeport, la citoyenneté elle-même, puisque nous aurions dû en fêter le vingtième anniversaire. Puis il y a eu des esquisses de fédéralisme parlementaire, mais la Chambre haute, le Conseil a plus de pouvoir que la Chambre basse (le Parlement européen) et veut en outre s'ériger en gouvernement. Quant à la Commission, l'exécutif qui devrait être un gouvernement ne se profile plus comme tel. On a également des esquisses de démocratie participative, mais, toute révérence gardée, nous n'en sommes encore qu'à des gadgets. Or, tout est « pseudo », tout est « quasi », et cela n'a donc pas pris. Pourquoi ? Non parce que ce n'était qu'une esquisse de citoyenneté, mais parce que cette esquisse porte à faux tout simplement. Il y a tout d'abord une inadéquation de l'imaginaire politique à la réalité européenne. Je le dirais crûment, simplement : l'Union européenne n'est pas une République fédérale inachevée. De plus, l'Union européenne n'est pas non plus, contrairement à ce qu'on aime à répéter après Jacques Delors, un objet politique non identifié. L'Union européenne a cette vocation que nous pouvons lire, qui est celle d'une union transnationale post-étatique ; c'est cela qu'il est difficile de penser parce qu'il n'y a pas de précédent. Il y a donc une inadéquation de l'imaginaire politique, qui est un imaginaire, je dirais, supranational, c'est-à-dire national redoublé, répliqué. D'ailleurs, de ce point de vue, nous sommes certains de manquer le projet politique européen. Nous sommes sûrs de l'échec quand on reste fixé sur le paradigme supranationaliste.

Il y a aussi la difficulté d'honorer l'un des autres modèles de citoyenneté disponibles dans notre culture publique. Nous avons un modèle républicain, un peu au sens rousseauiste du mot, c'est-à-dire un modèle de la citoyenneté par l'autonomie civique, par quoi les citoyens devraient se sentir au cœur des normes dont ils sont notaires ; c'est un modèle que j'appellerais « républicain » pour faire simple. Nous avons sinon un modèle libéral, c'est-à-dire que c'est la citoyenneté par les droits. Ces deux modèles ne se contredisent pas. Ils peuvent se compléter, même si le libéralisme a tendance à considérer que le citoyen est destinataire des droits purement et simplement, tandis que le républicanisme a tendance à considérer que ces destinataires de droits en sont aussi les auteurs. Mais voilà, le problème est qu'il est difficile d'honorer l'un ou l'autre modèle ou les deux en complémentarité. Pourquoi ? Parce que d'abord, en ce qui concerne le modèle républicain, c'est-à-dire celui d'une citoyenneté par la participation, l'autonomie civique, je crois sincèrement que les nations ont fait leur devoir, du moins en principe. Si l'on considère que tout État membre, toute nation membre de l'Union doit satisfaire au principe de l'État de droit démocratique, oui, dans ce cas, on peut considérer que cet idéal de citoyenneté est à peu près honoré, sauf rares exceptions, au sein des nations-membres, et qu'en tout cas le cadre des nations est mieux approprié à ce modèle de citoyenneté ou d'autonomie civique que le cadre de l'Union. Il est un peu illusoire de vouloir dilater en quelque sorte ce modèle en perspective d'une démocratie globale. Je crois que c'est une erreur, ce n'est pas la mission de l'Union européenne que de réaliser une démocratie globale. Quant au modèle libéral, la citoyenneté par les droits a été largement réalisée avant la construction européenne ou au cours de la construction européenne par les nations elles-mêmes. L'Union européenne a surtout pour mission de protéger, de garantir ces droits. Elle les étend un peu, mais d'une façon ambiguë. C'est un long débat, je ne peux pas y revenir ici, il y a des choses intéressantes. Mais je dirais que ce plus apporté sur le volet de la citoyenneté par les droits est peut-être annihilé par le moins qui en résulte en ce qui concerne la citoyenneté par la participation, de telle sorte que le bilan est à peu près nul de ce point de vue.

Troisième élément, c'est que l'offre politique – et là je ferai largement écho à la remarquable et stimulante conclusion d'Arnauld Leclerc – l'offre politique n'est pas en prise sur la demande de sens ; je crois que c'est là l'essentiel. Il n'y a pas, hélas, de débats ouverts sur les finalités de la construction européenne et nous savons bien qu'entre les 28, il n'y a pas d'accord et qu'à l'intérieur de chaque nation-membre, il n'y a pas d'accord non plus. Non seulement il n'y a pas d'accord, mais la clarification n'est pas faite. On pourrait imaginer un pluralisme raisonnable, mais nous ne savons pas en quoi il consiste, le débat n'ayant pas eu lieu. L'Union et la classe politique européenne n'ont pas indiqué de légitimation de relève pour le projet européen. C'est important et grave. Voyez-vous, cette légitimation – je voudrais dire : la légitimation première, inaugurale, fondatrice – était évidente : la paix, la fin de la guerre civile européenne même si c'était déjà anachronique au moment de la construction européenne, puisqu'on n'en était plus à redouter une guerre intra-européenne, mais plutôt les guerres intercontinentales. Mais c'était un motif puissant. Puis, avec la chute du mur de Berlin, ce motif, à tort ou à raison, s'est érodé, pour ne pas dire écroulé, momentanément, peut-être… Entre la fin du siècle écoulé et maintenant, il n'y a pas eu de légitimation de relève donnée par la classe politique. Pourtant, cette légitimation était évidente : c'est le défi de la mondialisation, entre une adaptation économique pure et simple ou un rattrapage politique pour domestiquer les marchés sans en briser les mécanismes. Cette légitimation de relève n'a pas été dite suffisamment, ni rendue crédible par la pratique de l'Union qui est plutôt ressentie comme une espèce de courroie de transmission de la gouvernance mondiale néolibérale. C'est plutôt déprimant et ce n'est pas en tout cas stimulant du point de vue politique, car l'Union n'honore pas les attentes d'assurance face aux tsunamis de la mondialisation.

Alors le problème, dirais-je pour terminer, n'est pas tant l'appartenance à une communauté – là, je ne suis pas en plein accord avec Bernard Bruneteau, mais il y aura peut-être débat –, que l'adhésion à un projet, et ce grâce à trois éléments. Il faut d'abord ouvrir un espace public européen qui n'est qu'embryonnaire et il faut donc décloisonner les espaces nationaux ; cela sur leurs deux composantes que sont la composante médiatique ou audiovisuelle et la composante démocratique ou parlementaire. Il y aurait là tout un programme, mais je ne peux pas l'exposer ici. Deuxièmement, la chose n'est pas moins importante, il faut à mon avis un socle social et environnemental européen ; instaurer des *minima* sociaux et environnementaux de santé, d'éducation, de revenus, de qualité de vie, cela me paraît indispensable. Il convient aussi – surtout n'oublions pas, ne nous replions pas sur nous-mêmes – de promouvoir l'exemplarité mondiale de l'Europe sur ses propres principes, qui sont d'ailleurs à l'œuvre de façon assez satisfaisante dans la politique européenne de voisinage. C'est le principe de coopération, le principe de conditionnalité positive, le nouvel *ethos* européen du multilatéralisme, du dialogue. Cela doit être promu et affirmé dans les grandes institutions internationales, et je dirais que c'est seulement à cette condition que le projet européen pourra être sauvé du désaveu par les Européens eux-mêmes.

Les auteurs

Alexandre Bernier est doctorant en histoire contemporaine à l'université de Copenhague, Institut Saxo. Son sujet de thèse, sous la direction de Morten Rasmussen, porte sur l'histoire de la réception du droit communautaire en France entre 1958 et 1981 et sur le rôle que l'Hexagone a joué dans le développement du droit européen au cours de cette même période. Il a notamment publié : "Constructing and Legitimating: Transnational Jurist Networks and the Making of a Constitutional Practice of European Law, 1950–70", *Contemporary European History*, vol. 21, 2012/3, p. 399–415 (Parution thématique : *Towards a New History of European Law*). Courriel : bernier@hum.ku.dk

Gérard Bossuat, chaire Jean Monnet *ad personam* d'histoire de l'unité européenne, est professeur émérite d'histoire contemporaine de l'université de Cergy-Pontoise (Val d'Oise). Professeur associé à l'UMR IRICE 8138 (Paris-1, Paris-4, CNRS), il est membre de plusieurs comités de rédaction de revues dont la *Revue de l'histoire de l'intégration européenne* et *Matériaux pour l'histoire de notre temps* (BDIC), ou de conseils scientifiques de sociétés savantes dont la Fondation Jean Monnet pour l'Europe (Lausanne). Auteur de plusieurs ouvrages académiques et de nombreux articles, il a publié récemment : *La France et la construction de l'unité européenne, de 1919 à nos jours* (Armand Colin, 2012) et dirigé un ouvrage : *Jean Monnet banquier* (CHEFF, 2014).

Bernard Bruneteau est historien et professeur de science politique à l'université Rennes I. Il a notamment publié : *Histoire de l'unification européenne* (A. Colin, 1996, réédition 2014), *L'« Europe nouvelle » de Hitler* (Le Rocher, 2003), *Histoire de l'idée européenne au premier et second XXe siècle* (A. Colin, 2006 et 2008). Il prépare actuellement un ouvrage sur l'antieuropéisme, à paraître fin 2015 aux éditions Vendémiaire.

Michel Catala, professeur d'histoire contemporaine à l'université de Nantes, directeur du Centre de recherches en histoire internationale et atlantique (CRHIA) et responsable de l'Axe *L'Europe, les Européens et le monde* du Labex EHNE (Écrire une histoire nouvelle de l'Europe), est spécialiste de l'histoire des relations internationales au XXe siècle et de l'histoire de l'Europe et de son unification depuis 1945. Il a publié *Penser et construire l'Europe 1919–1992* (avec Laurent Jalabert, Bréal, 2007), « La Communauté à la recherche de son identité. De l'Europe des citoyens à la citoyenneté européenne, 1957–1992 », *Relations internationales*, n° 140, 2009, « Libre circulation et mobilité en Europe : du succès à la remise en cause des accords de Schengen », *Migrations et mobilités en Europe. Politiques publiques et perspectives d'intégration (1992–2012)* (Peter Lang, collection DCIE, vol. 5, 2014).

Sue Collard est chercheure-enseignante en Sciences politiques et Études européennes à l'université du Sussex en Grande Bretagne. Spécialiste de la vie politique française, ses recherches ont porté principalement sur divers aspects de la politique culturelle en France, avant de s'orienter plus récemment vers l'analyse de la participation des citoyens européens non-nationaux aux élections locales dans leur pays de résidence, dans le contexte de l'évolution de la citoyenneté européenne. Son regard porte tout particulièrement sur les relations franco-britanniques, qu'elle observe également en tant que membre du Conseil d'Administration du Conseil franco-britannique (Section britannique) à Londres.

Emmanuel Comte, docteur de l'université Paris-Sorbonne en histoire de l'Europe et des relations internationales, est Max Weber Fellow au European University Institute, Florence. Sa thèse de doctorat sur « La formation du régime européen de migrations, de 1947 à 1992 » a décrit et expliqué l'évolution des relations entre États européens en matière de flux migratoires, vers une certaine ouverture aux flux migratoires intra-européens et la coopération pour réduire les flux d'immigration extra-européenne. La thèse met en évidence le rôle déterminant de l'Allemagne dans l'élaboration de ce régime au cours de la guerre froide.

Thibault Courcelle est maître de conférences en géographie et aménagement au centre universitaire d'Albi, LISST CNRS (UMR 5193), Centre interdisciplinaire d'études urbaines (CIEU), université de Toulouse. Il est l'auteur d'une thèse de géopolitique sur le Conseil de l'Europe et de plusieurs articles portant notamment sur le lien entre identité, citoyenneté et institutions européennes.

Éric Dacheux est professeur en Sciences de l'information et de la communication. Il est directeur du département communication de l'Université Blaise-Pascal (Clermont-Ferrand) où il a fondé le groupe de recherche « communication et solidarité » (EA 4647). Il fut également le premier responsable de la collection « Les Essentiels d'Hermès » (CNRS éditions, 30 titres parus) qui vise à démocratiser le savoir. Aujourd'hui, il est responsable du groupe « communication innovation sociale et économie sociale et solidaire » de l'EA 4647 et membre fondateur du pôle Auvergne de l'Institut des sciences de la communication du CNRS. Il est également responsable de la Licence « communication et solidarité » et coresponsable de la spécialité de master du même nom. Dernier livre paru : *BD et lien social* (CNRS éditions, 2013).

Ariane Demonget est docteure en sciences de l'information et de la communication, chercheure et enseignante associée au CRESEM, Université de Perpignan Via Domitia.

Eugénie Duval prépare actuellement une thèse de doctorat en droit public à l'université de Caen, intitulée : « Participation et démocratie. Les acteurs de la participation et les évolutions du régime représentatif », sous la direction de Jean-Manuel Larralde et de Marie-Joëlle Redor-Fichot. Elle est notamment intervenue en juin 2014 lors des Journées transfrontalières Jean Monnet *Le principe électif en droit de l'Union européenne*, sur le thème : « L'élection et le statut des députés européens : quelles perspectives pour un droit électoral et parlementaire pour l'Union ? », à paraître chez Bruylant. Elle est membre du Centre de recherche sur les droits fondamentaux et les évolutions du droit (CRDFED) et chargée de travaux dirigés en droit constitutionnel et droit administratif.

Alain Fenet est professeur émérite de l'université de Nantes. Spécialiste de droit international et de droit communautaire européen, il a fait l'essentiel de sa carrière aux universités d'Amiens et de Nantes. Il est l'auteur de nombreuses publications sur la question des minorités. Il a notamment dirigé l'ouvrage collectif *Le droit et les minorités – Analyses et textes* (Bruylant, 1995 et 2000). Il a aussi dirigé l'ouvrage collectif *Droit des relations extérieures de l'Union européenne* (Lexis Nexis Litec, 2006). Dernière publication : « La question des minorités en France – entre déni et compromis », *Europa ethnica*, Facultas Verlag, Vienne, 3/4 2012, p. 42–60.

Jean-Marc Ferry est professeur des universités, titulaire de la Chaire de Philosophie de l'Europe, de l'université de Nantes, docteur *honoris causa* de l'université de Lausanne, directeur de trois collections et auteur d'une vingtaine d'ouvrages dont : *L'Éthique reconstructive* (Cerf, 1996), *La Question de l'État européen* (Gallimard, 2000), *De la Civilisation. Civilité, Légalité, Publicité* (Cerf, 2001), *La République crépusculaire* (Cerf, 2010), *Les Lumières de la religion* (entretien avec Elodie Maurot, Bayard, 2013). Son œuvre fut couronnée à deux reprises par l'Institut de France.

Nuria Garcia est docteure en science politique et chercheure associée au Centre d'études européennes de Sciences Po. Elle a soutenu sa thèse intitulée « Gouverner les langues : l'institutionnalisation et la transformation de la politique d'enseignement des langues étrangères en France, en Allemagne et au Luxembourg » sous la direction de Pierre Muller en décembre 2014. Nuria Garcia enseigne actuellement en tant qu'ATER à l'IEP de Lille. Elle est par ailleurs membre du bureau du comité de recherche RC50 « La politique des langues /*The Politics of Language* » de l'IPSA.

Frédéric Gloriant a soutenu une thèse de doctorat en histoire des relations internationales en 2014, à l'université Paris III-Sorbonne Nouvelle, intitulée : « Le grand schisme. La France, la Grande-Bretagne et les problèmes euro-atlantiques, 1957–1963 ». Ancien élève de l'ENS-Ulm, diplômé de l'IEP de Paris et agrégé de Lettres classiques, il a aussi étudié les relations internationales à l'université de Newcastle en Grande-Bretagne. Il enseigne actuellement à l'université de Paris III et au collège de Trilport en Seine-et-Marne.

Maurice Guyader, docteur en sciences économiques et diplômé de l'Institut d'études politiques de Paris a été administrateur à la Commission européenne de 1980 à 2011, maître de conférences à l'IEP Paris et professeur associé à l'université Paris 3 Sorbonne-nouvelle, où il enseigne l'économie européenne. Au cours de sa carrière, en tant que conseiller économique à la direction générale de la Commission européenne en charge de l'élargissement, il a eu la possibilité de s'intéresser à la totalité de ce processus en direction des pays d'Europe centrale, orientale et du Sud-Est, pays où il a effectué diverses missions pour le compte de la Commission. Il a donné des conférences dans de très nombreuses universités européennes et nord-américaines et rédigé de nombreux articles dans différentes revues européennes.

Thomas Hoerber is graduate from Trinity Hall, Cambridge, in European Studies, and Professor in European Studies at ESSCA School of Management, at the EU-Asia Institute. His publications Focus on European Integration Theory (2006, 2014), European Energy and Environmental Policy (2013) European Sustainability Policy (2013) and European Space Policy (2012, 2015).

Stanislas Jeannesson est professeur d'histoire contemporaine à l'université de Nantes et membre du CRHIA (Centre de recherches en histoire internationale et atlantique). Ses recherches portent sur la politique étrangère de la France dans la première moitié du XXe siècle et sur les fonctions, pratiques et acteurs des diplomaties contemporaines. Il a récemment publié *Jacques Seydoux, diplomate (1870–1929)* (Presses universitaires de Paris-Sorbonne, 2013) et dirigé, avec Laurence Badel, le numéro « Diplomaties » de la revue *Monde(s)* (mai 2014). Il est également membre de la commission des archives diplomatiques et co-rédacteur en chef de *Monde(s). Histoire, espaces, relations.*

Igor Lai, docteur en droit de l'université de Nantes, est l'auteur d'une thèse intitulée *Le statut des ressortissants des États tiers dans l'ordre juridique de l'Union européenne* publiée en 2013 par les Presses Académiques Francophones. Il est également titulaire des masters en Droit social de l'université de Nantes et en Études européennes interdisciplinaires du Collège d'Europe. Il est à présent conseiller au Service juridique du Conseil de l'Union européenne.

Anne-Sophie Lamblin-Gourdin est maître de conférences HDR en droit public à la Faculté de droit, des sciences économiques et de gestion de l'université de Bretagne-Sud, membre de l'Institut de recherche sur les entreprises et les administrations (EA 4251), membre associé de Droit et changement social (UMR 6297) et co-directice de l'axe de recherche « Action de l'Union européenne dans le domaine de la sécurité des personnes et des biens ». Ses activités de recherche sont, principalement, consacrées au droit de l'Union européenne et se rapportent aux thèmes suivants : l'articulation entre l'intégration économique et la protection juridique de l'innovation dans l'Union européenne, l'Espace de liberté, de sécurité et de justice, le droit des relations extérieures de l'Union européenne. Elle a notamment co-dirigé avec Éric Mondielli : *Un droit pour des hommes libres ? Études en honneur du Professeur Alain Fenet* (Litec, 2008) et *Le droit des relations extérieures de l'Union européenne après le traité de Lisbonne*, (Bruylant, 2013).

Arnauld Leclerc est professeur de science politique à l'Université de Nantes. Il est co-responsable, avec le philosophe Jean-Marc Ferry, de la Chaire de Philosophie de l'Europe. Il dirige le laboratoire UMR-Droit et Changement Social. Ses travaux portent sur l'analyse de la démocratie et sur la question de l'Europe des Universités. Dernières publications : A. Leclerc, J-M. Ferry, M. Auffray (dir.), *Europe. Crise et critique* (Presses de l'Université Paris-Sorbonne, 2015) ; A. Leclerc, F. Hourmand (dir.), *Les intellectuels et le pouvoir. Déclinaisons et mutations* (Presses universitaires de Rennes, 2012 ; « L'Europe des Universités : les limites de l'intégration systémique », *Divinatio*, vol. 37, 2013 ; « La thèse habermassienne de l'interrelation entre droits de l'homme et démocratie : perspectives critiques », *Klésis*, n° 29, 2014.

Joël Mouric est chercheur associé au Centre de recherche bretonne et celtique de l'université de Bretagne occidentale à Brest. Agrégé d'histoire, docteur en histoire contemporaine, ses recherches participent de l'histoire des idées politiques, de l'histoire de l'Europe et des relations internationales. Les Presses universitaires de Rennes viennent de publier *Raymond Aron et l'Europe*, d'après la thèse réalisée sous la direction de Fabrice Bouthillon, et récompensée par le prix Raymond Aron 2011.

Adélie Pomade est l'auteur de la thèse intitulée *La Société Civile et le droit à l'environnement*, publiée en 2010 à la LGDJ et récompensée par les Prix Choucri Cardahi, de l'Institut de France, et Jean Carbonnier, de la Mission de recherche droit et justice. Ses travaux portent sur le rôle des acteurs (public, secteur privé, experts…) dans l'élaboration et l'application du droit de l'environnement. Publications : « Civil society and energy choices : participation and biodiversity conservation », in M. Boutonnet (dir.), *Après Fukushima. Regards franco-japonais*, PUAM, 2014, p. 111–123 ; « L'information et la participation des citoyens européens dans la politique européenne du climat », in C. Cournil et A.S. Tabau (dir.), *Politiques climatiques de l'Union européenne & droits de l'Homme*, Bruylant, 2013, p. 271–298.

Claire Saas est maître de conférences, HDR à l'université de Nantes et membre du laboratoire Droit et Changement Social (UMR 6297). Elle a été auparavant chargée de recherche à l'Institut Max-Planck de droit pénal international et étranger (Freiburg-im-Brisgau). Ses champs de recherche concernent principalement le droit pénal substantiel et procédural, en France et en Europe, ainsi que le droit des étrangers. Publications récentes : « La catégorisation des peines, socle fragile de normalisation du condamné », *Droit et société*, n° 88, 2014, p. 635–647 ; « Boat-people en Méditerranée : les coulisses d'une action en justice », *AJP*, 2014/10, p. 470–473 ; « La continuité du séjour d'un membre d'une famille de citoyen européen est interrompue par toute incarcération », *La Revue des droits de l'homme* [En ligne], Actualités Droits-Libertés, mis en ligne le 17 mars 2014 ; « 20 ans de jurisprudence pénale sur le harcèlement sexuel – Réflexions sur le corps et la liberté sexuelle des femmes saisis par le droit pénal », in S. Hennette-Vauchez, M. Pichard, D. Roman (dir.), *La loi et le genre*, Éditions du CNRS, 2014, p. 241–259 ; « Détenus et étrangers, relégués parmi les relégués », in N. Ferran, S. Slama (dir.), *Défendre en justice la cause des personnes détenues,* CNCDH, La Documentation française, 2014, p. 113–121.

Beatrice Scutaru est post-doctorante au Centre de recherches historiques de l'Ouest (CERHIO) de l'université d'Angers. Ses recherches portent notamment sur les différentes formes qu'ont pu prendre les relations interpersonnelles entre Français et Roumains au temps de la guerre froide aussi bien qu'après la chute du régime communiste (décembre 1989) : coopération décentralisée, aide humanitaire, échanges culturels, exil/migrations, etc.

François Taulelle est professeur des Universités en géographie et aménagement au centre universitaire d'Albi, LISST CNRS (UMR 5193), Centre interdisciplinaire d'études urbaines (CIEU), université de Toulouse. Il est l'auteur de plusieurs ouvrages et articles sur l'Europe et les politiques d'aménagement du territoire.

Valentina Vardabasso est docteur en histoire contemporaine, rattachée à l'UMR-IRICE. Après un post doctorat à la Sorbonne, elle a été sélectionnée pour participer au XXIIe Congrès des Sciences historiques de Jinan en Chine en août 2015. Elle continue à travailler sous la direction du Pr. Robert Frank sur la diplomatie parlementaire et la construction de l'Europe. À ce sujet elle a consacré plusieurs articles : « Échec aux Colonels. La diplomatie parlementaire dans la crise grecque (1967–1974) », *Revue d'histoire diplomatique*, 2013/2, p. 179–199 ; « La Cendrillon de l'Histoire. La Cour des comptes européenne et la démocratisation des institutions européennes », *Journal of European integration history/Revue d'histoire de la construction européenne*, décembre 2011, p. 285–302 ; « Pas d'impôts sans représentation ! La commission budgétaire du Parlement européen et les élections de juin 1979 », à paraître dans le volume 2013/10 de la *Revue de l'Institut historique allemand* ; « Diplomatie parlementaire : définition », in Umberto Morelli, Gaetano Quagliarello (dir.), *Dizionario dell'integrazione europea*, à paraître aux éditions de l'Université Guido Carli (LUISS).

Bertrand Vayssière est maître de conférences en histoire contemporaine à l'université de Toulouse Le Mirail. Il est également chargé de cours à l'Institut d'études politiques de Toulouse depuis 2008. Il a écrit une thèse sur l'Union européenne des Fédéralistes (soutenance en décembre 2000), sous la direction conjointe de Gérard Bossuat et de Rémy Pech. Il a depuis lors écrit plusieurs articles portant sur l'intégration européenne, la biographie de certains fédéralistes, et le problème des frontières à travers le cas franco-espagnol. Il est membre du laboratoire toulousain FRAMESPA, plus précisément de l'équipe du Groupe de recherches en Histoire immédiate (GRHI). Au sein de ce dernier groupe, il dirige la revue *Cahier d'histoire immédiate.* Il a notamment publié : *Groupes de pression en Europe* (Privat, 2002) ; *Vers une Europe fédérale ? Les espoirs et les actions fédéralistes au sortir de la Seconde Guerre mondiale* (Peter Lang, 2007) ; *Histoire des relations internationales de 1945 à nos jours* (Ellipses, 2011) ; *Reflets de la construction européenne. Réflexions, références et refus du débat sur l'Europe* (Peter Lang, 2012) ; *L'Europe, objet renouvelé des sciences sociales : un état des lieux chez les géographes, les historiens et les juristes* (Méridiennes, 2013) ; *Penser les frontières européennes au XXI*e *siècle* (dir.) (Peter Lang, 2015).

Alexis Vrignon, agrégé et docteur en histoire, est actuellement ATER à l'université de Poitiers. Sa thèse, menée sous la direction de Bertrand Joly (université de Nantes/CRHIA), est consacrée à l'émergence de l'écologie politique en France dans les années soixante-dix. Il s'intéresse plus largement aux rapports entre nature et pouvoir ainsi qu'aux diverses formes de régulation des conflits environnementaux dans les pays industrialisés. Il est en outre membre du bureau du RUCHE (le Réseau universitaire des chercheurs en histoire environnementale) dont il est le chargé de communication. Son site : <http://alexis-vrignon.blog4ever.com/>.

DYNAMIQUES CITOYENNES EN EUROPE

Collection « DCIE »

★★★★★★★★★★★★★★★★★★★★★★★★★★★★

La cristallisation de groupes humains pour faire « cité » est un phénomène complexe qui associe des éléments d'identification et de distinction : langue, origine géographique, genre, catégorie sociale, religion, engagement politique. Dans une perspective pluridisciplinaire, la collection Dynamiques citoyennes en Europe fédère des travaux autour de la problématique commune des « dynamiques citoyennes », elle-même articulée plus particulièrement sur deux axes convergents : « laïcité et religions » ; « citoyennetés et identités ». Elle accueille toute sorte de publications scientifiques en français, anglais, allemand et espagnol.

Vol. 1 Dominique Avon & Jutta Langenbacher-Liebgott (éd.)
(avec la collaboration d'Anna-Susan Franke) :
Facteurs d'identité – Faktoren der Identität.
2012. ISBN 978-3-0343-1230-1

Vol. 2 Vincent Jullien, Efthymios Nicolaidis & Michel Blay (éd.)
Europe et sciences modernes. Histoire d'un engendrement mutuel.
2012. ISBN 978-3-0343-1236-3

Vol. 3 John Tolan, Hassen El Annabi, Benaouda Lebdai, Franck Laurent & Günter Krause (éds.)
Enjeux identitaires en mutations. Europe et bassin méditerranéen.
2014. ISBN 978-3-0343-1480-0

Vol. 4 Amin Elias, Augustin Jomier & Anaïs-Trissa Khatchadourian (éds.)
Laïcités et musulmans, débats et expériences. (XIXe–XXe siècles)
2014. ISBN 978-3-0343-1485-5

Vol. 5 Paul Lees, Stéphanie Couderc-Morandeau, Pilar Martínez-Vasseur, Sylvie Nail & Annie Thiec (éds.)
Migrations et mobilités en Europe. Politiques publiques et perspectives d'intégration (1992-2012).
2014. ISBN 978-3-0343-1523-4

Vol. 6 Dominique Avon (éd.)
Sujet, fidèle, citoyen. Espace européen (XIe–XXIe siècles)
2014. ISBN 978-3-0343-1552-4

Vol. 7 Michel Catala, Stanislas Jeannesson & Anne-Sophie Lamblin-Gourdin (éd.)
L'Europe des citoyens et la citoyenneté européenne. Évolutions, limites et perspectives
2016. ISBN 978-3-0343-2007-8

www.ingramcontent.com/pod-product-compliance
Ingram Content Group UK Ltd.
Pitfield, Milton Keynes, MK11 3LW, UK
UKHW021941290926
8980IPUK00016B/1747

9 783034 320078

Der Durchgriff auf Gesellschafter im Versicherungsrecht

VERSICHERUNGSRECHTLICHE STUDIEN

HERAUSGEGEBEN VON PROFESSOR DR. GERRIT WINTER
UND PROFESSOR DR. ROBERT KOCH, LL.M.

BAND 86

PETER LANG

Matthias von Kossak

Der Durchgriff auf Gesellschafter im Versicherungsrecht

Eine rechtsvergleichende Untersuchung des Gesellschafts- und Versicherungsrechts in Deutschland und den USA

PETER LANG

Bibliografische Information der Deutschen Nationalbibliothek
Die Deutsche Nationalbibliothek verzeichnet diese Publikation in der Deutschen Nationalbibliografie; detaillierte bibliografische Daten sind im Internet über http://dnb.d-nb.de abrufbar.

Zugl.: Hamburg, Univ., Diss., 2022.

D 18
ISBN 978-3-631-84680-3 (Print)
E-ISBN 978-3-631-88534-5 (E-PDF)
E-ISBN 978-3-631-88535-2 (EPUB)
DOI 10.3726/b20043

Peter Lang – Berlin · Bern · Bruxelles · New York · Oxford · Warszawa · Wien

Diese Publikation wurde begutachtet.

www.peterlang.com

Vorwort

Die vorliegende Arbeit wurde im Wintersemester 2020/2021 von der Rechtswissenschaftlichen Fakultät an der Universität Hamburg als Dissertation angenommen. Sie entstand zu einem wesentlichen Teil während meiner Zeit als wissenschaftlicher Mitarbeiter am Seminar für Versicherungswissenschaft an der Universität Hamburg. Die rechtsvergleichenden Teile durfte ich als Gast am Max-Planck-Institut für ausländisches und internationales Privatrecht in Hamburg sowie während eines Forschungsaufenthaltes in den USA verfassen. Die Arbeit ist auf dem Stand von August 2020.

Mein herzlicher Dank gilt zuerst meinem Doktorvater, Herrn Professor Dr. *Robert Koch*, LL.M. (McGill). Er hat den Anstoß für mein Promotionsvorhaben gegeben, mir im Rahmen meiner Tätigkeit als studentischer sowie wissenschaftlicher Mitarbeiter an seinem Lehrstuhl wissenschaftliche Freiräume gewährt und mit seiner großzügigen Förderung viele wertvolle Einblicke ermöglicht. Ihm danke ich auch für die freundliche Aufnahme meiner Arbeit in diese Schriftenreihe. Danken möchte ich zudem Herrn Professor Dr. *Reinhard Bork* für die zügige Erstellung seines Zweigutachtens.

Dank schulde ich außerdem allen, die mir durch ihre kritischen Fragen und Gespräche ein Ansporn waren, dieses anspruchsvolle Thema immer wieder zu hinterfragen, zu durchdringen und anschaulich zu machen. Für die freundliche Aufnahme und die wertvollen Anregungen während meines Forschungsaufenthaltes in den USA danke ich vor allem Herrn Professor *Reinier H. Kraakman* sowie Herrn Professor *Holger Spamann* an der Harvard Law School, Herrn Professor Dr. Dr. h.c. *Franco Ferrari*, LL.M. an der New York University School of Law sowie den Herren Professoren *Phillip I. Blumberg, Peter Siegelmann, Stephen Utz* und *Peter Kochenburger* am Insurance Law Center der University of Connecticut School of Law.

Dankbar bin ich zudem für die finanzielle Förderung dieses Dissertationsvorhabens durch den Deutschen Verein für Versicherungswissenschaften e.V. (DVfVW), die Landesgraduiertenförderung der Universität Hamburg sowie die Freunde des Seminars für Versicherungswissenschaft der UHH e.V.

Größten Dank schulde ich meiner Familie für ihre Geduld und Unterstützung, insbesondere meiner Mutter, die den Abschluss dieser Arbeit leider nicht mehr miterleben durfte – ihr ist diese Arbeit gewidmet.

Hamburg, im Sommer 2022
Matthias von Kossak

Inhaltsverzeichnis

Abkürzungsverzeichnis

a.A.	anderer Ansicht
a.a.O.	an angegebenem Ort
a.F.	alte Fassung
A.L.R.	American Law Reports
A.L.R.	American Law Reports
Abs.	Absatz
AcP	Archiv civilistischer Praxis
AFB	Allgemeine Bedingungen für die Feuerversicherung
AG	Aktiengesellschaft
AktG	Aktiengesetz
Ala. L. Rev.	Alabama Law Review
Am. Jur.	American Jurisprudence
Anm.	Anmerkung
Ariz. St. L.J.	Arizona State Law Journal
Aufl.	Auflage
BAG	Bundesarbeitsgericht
BB	Betriebsberater
Bd.	Band
BeckRS	Beck-Rechtsprechung
Berkeley Bus. L. J.	Berkeley Business Law Journal
BGB	Bürgerliches Gesetzbuch
BGH	Bundesgerichtshof
BGHZ	Entscheidungen des Bundesgerichtshofs in Zivilsachen
BK	Berliner Kommentar
Bus. Law.	Business Lawyer
BVerfG	Bundesverfassungsgericht
bzw.	beziehungsweise
Cal. L. Rev.	California Law Review
COA	Cause of Action
Col.L.Rev.	Colorado Law Review
Colum. L. Rev.	Columbia Law Review
Common L. Rev.	Common Law Review
Conn B.J.	Connecticut Business Journal
Conn.	Connecticut
Cornell L. Rev.	Cornell Law Review

D&O	Directors & Officers
d.h.	das heißt
DAR	Deutsches Autorecht
Del. J. Corp. L.	Delaware Journal on Corporate Law
Denv. L. J.	Denver Law Journal
Drake L. Rev.	Drake Law Review
Duq. L. Rev.	Duquesne Law Review
DVBl.	Deutsches Verwaltungsblatt
EWiR	Entscheidungen zum Wirtschaftsrecht
f.	folgende
ff.	fortfolgende
Fn.	Fußnote
Fordham Urb. L.J.	Forham Urban Law Journal
Geo. Mason L. Rev.	Georgetown Mason Law Review
GmbHG	Gesetz über die Gesellschaft bürgerlichen Rechts
GmbHR	GmbH-Rundschau
Großkomm	Großkommentar
GruchBeitr.	Beiträge zur Erläuterung des deutschen Rechts, begründet v. Gruchot
Harv. L. Rev.	Harvard Law Review
Hrsg.	Herausgeber
ICLQ	The international and Comparative Law Quarterly
IPRG	Gesetz über das Internationale Privatrecht
J. Corp. L.	The Journal of Corporation Law
JA	Juristische Arbeitsblätter
Jura	Juristische Ausbildung
jurisPR	juris Praxis Report
JuS	Juristische Schulung
JW	Juristische Wochenschrift
JZ	Juristenzeitung
KG Berlin	Kammergericht Berlin
L.C.P.	Law and Contemporary Problems
L.Q. Rev.	The Law Quarterly Review
La. L. Rev.	Louisiana Law Review
N.C.L. Rev.	North Carolina Law Review
n.F.	neue Fassung
NJW	Neue Juristische Wochenschrift
NVersZ	Neue Zeitschrift für Versicherung und Recht
NZG	Neue Zeitschrift für Gesellschaftsrecht

Okla. L. Rev.	Oklahoma Law Review
POF	Proof of Facts
r+s	Recht und Schaden
RabelsZ	Rabels Zeitschrift für ausländisches und internationales Privatrecht
Rn.	Randnummer
Rut.L.Rev.	Rutgers Law Review
S.	Seite
St. John's L. Rev.	St. John's Law Review
Suffolk Transnt'l. L.J.	Suffolk Transnational Law Journal
Syracuse L. Rev.	Syracuse Law Review
T&Ins. L. J	Tort & Insurance Law Journal
T.M. Cooley. L. Rev.	Thomas M. Cooley Law Review
Tex. L. Rev.	Texas Law Review
Tort. Ins. L.J.	Tort & Insurance Law Journal
u.a.	unter anderem
U.C.L.A. L. Rev.	UCLA Law Review
U. Chi. L Rev.	University of Chicago Law Review
U. Pitt. L. Rev.	University of Pittsburg Law Review
U.S.	United Stated
UMKC L.R.	University of Missouri Kansas City Law Review
USA	United States of America
VAG	Gesetz über die Beaufsichtigung der Versicherungsunternehmen
VersR	Zeitschrift Versicherungsrecht
VVG	Versicherungsvertragsgesetz
VW	Versicherungswirtschaft
Wake Forest L. Rev.	Wake Forest Law Review
Wash. L. Rev.	Washington Law Review
Willamette L.J.	Williamette Law Journal
WM	Wertpapier Mitteilungen
Wm. & Mary L. Rev.	William and Mary Law Review
WuB	Zeitschrift für Wirtschafts- und Bankrecht
WuR	Wirtschaft und Recht
Yale L.J.	Yale Law Journal
ZGB	Zivilgesetzbuch
ZGR	Zeitschrift für Unternehmens- und Gesellschaftsrecht
ZHR	Zeitschrift für das gesamte Handels- und Wirtschaftsrecht

ZInsO	Zeitschrift für das gesamte Insolvenzrecht
ZIP	Zeitschrift für Wirtschaftsrecht
ZVersWiss	Zeitschrift für die gesamte Versicherungswissenschaft

Einleitung

A. Problemstellung

Es gehört zum Wesenskern (teil-)rechtsfähiger Gesellschaften, dass sie rechtlich und tatsächlich verselbstständigt sind. Hierdurch erlaubt die Rechtsordnung, dass diese Vereinigungen selbstständig im Rechtsverkehr auftreten und Adressat von Rechtsnormen sein können. Sie stellen eigenständige Rechtsgebilde dar und sind von ihren Gesellschaftern in der Rechtsanwendung grundsätzlich getrennt zu behandeln. Dies gilt auch im Versicherungsrecht. Damit kann eine rechtsfähige Gesellschaft alleiniger Versicherungsnehmer, also Vertragspartner eines Versicherungsvertrages sein. Sie ist in der Lage, über ein eigenes Interesse zu verfügen und es versichern zu lassen. Ihre Gesellschafter hingegen werden in einem solchen Versicherungsvertrag regelmäßig nicht berücksichtigt, sondern als Dritte behandelt.[1]

Die rechtliche Selbstständigkeit von Gesellschaften gilt dennoch nicht uneingeschränkt. Gesellschaften sind als genuine Personenzusammenschlüsse in vielerlei Hinsicht auf die hinter ihnen stehenden Personen angewiesen. Dies gilt für die Einmann-Gesellschaft, die sich lediglich aus einem einzigen Gesellschafter zusammensetzt, genauso wie personalistisch organisierte Kapitalgesellschaften im Allgemeinen. Die Selbstständigkeit von Gesellschaften wird deshalb einerseits dadurch infrage gestellt, dass sie nur unter Zuhilfenahme natürlicher Personen tatsächlich handeln oder einen Willen bilden können. Zum anderen ist es Gesellschaftern auch außerhalb von Leitungs- und Kontrollrechten möglich, faktischen Einfluss auf die Geschäftsführung zu nehmen und die Geschicke der Gesellschaft damit zu beherrschen. Zudem können sie die Hülle einer verselbstständigten Gesellschaft bewusst vorschieben, um eigene, möglicherweise treuwidrige Interessen zu realisieren.

Der Begriff „Durchgriff" kennzeichnet die grundlegende Frage, ob und unter welchen Voraussetzungen diese Verselbstständigung durchbrochen und auf die Gesellschafter „durchgegriffen" werden kann. Ein derartiger Durchgriff kann in unterschiedlichen rechtlichen Zusammenhängen von Bedeutung sein. Er

---

1 Schon zu § 67 Abs. 1 VVG a.F. BGH GmbHR 1994, 886; zu § 86 Abs. 1 VVG n.F. für die GbR: BGH VersR 2008, 634, 635; Bruck/Möller/*Voit*, § 86 Rn. 82; für juristische Personen bereits BGH VersR 1985, 983; NJW 1994, 585, 586; Bruck/Möller/*Voit*, § 86 Rn. 84; Beckmann/Matusche-Beckmann/*Hormuth*, § 22 Rn. 33.

kommt bei der Frage, ob Gesellschafter an den Rechten der Gesellschaft teilhaben oder an die Pflichten der Gesellschaft gebunden sind, genauso in Betracht, wie umgekehrt bei der Verantwortlichkeit der Gesellschaft für die Verhaltensweisen, Kenntnisse und Eigenschaften ihrer Gesellschafter. Darüber hinaus ist ein Durchgriff auf kein Rechtsgebiet beschränkt, sondern im Hinblick auf jedes Rechtsverhältnis denkbar, in welchem rechtsfähige Gesellschaften eigenständig auftreten können und sollen. Aufgrund dieser Prämisse dürfte ein Durchgriff im Grundsatz auch im Versicherungsrecht anwendbar sein. In welchen Zusammenhängen und unter welchen Voraussetzungen ein Durchgriff in Bezug auf Versicherungsverträge rechtsfähiger Gesellschaften tatsächlich stattfinden kann, ist nicht abschließend geklärt. Dieser Ausgangsfrage widmet sich die vorliegende Arbeit.

I. Durchgriffsproblem

Das Durchgriffsproblem ist vielschichtig. Es erfasst die Frage, innerhalb welcher Grenzen eine Personenvereinigung ein eigenständiges Rechtssubjekt darstellen soll, und versinnbildlicht das Bedürfnis, die Grenzen jener Selbstständigkeit zu überwinden. Aus dogmatischer Sicht lässt sich dieses Durchgriffsproblem zu den wesentlichen, schwierigsten und umstrittensten Kernfragen des Gesellschaftsrechts zählen.[2]

Einheitlich verwendet wird der Begriff „Durchgriff" nicht. Zu Unrecht wird er häufig nur mit dem vieldiskutierten „Haftungsdurchgriff" assoziiert, also der Haftung des persönlichen Gesellschaftervermögens für die Verbindlichkeiten der Gesellschaft. Hierauf allein beschränkt sich die Problematik aber nicht. Denn das Durchgriffsproblem betrifft ebenso die weitaus relevantere, aber ungleich weniger untersuchte Frage, ob eine Gesellschaft im Rahmen der Rechtsanwendung für Verhaltensweisen, Kenntnissen sowie Eigenschaften ihrer Gesellschafter einzustehen hat. Ein solcher Durchgriff wird Zurechnungsdurchgriff genannt.

Während das Durchgriffsproblem so lange besteht wie die Idee einer rechtlichen Verselbstständigung, hat es in der deutschen Rechtsprechung und rechtswissenschaftlichen Literatur erst seit dem Anfang des 20. Jahrhunderts eine stärkere Aufmerksamkeit erfahren. Ursprünglich auf juristische Personen beschränkt, hat der Durchgriff zudem an Aktualität gewonnen, seitdem in den letzten Jahrzehnten neben den juristischen Personen auch weitere Rechtsgebilde

---

2 Vgl. *K. Schmidt*, Gesellschaftsrecht, § 9 I 2.

(z.B. BGB-Gesellschaft und WEG) zunehmend als rechtsfähig anerkannt worden sind und daher die Grenzen der Rechtsfähigkeit neu zu bestimmen sind.

II. Anwendbarkeit des Durchgriffs im Versicherungsrecht?

Während die Anwendbarkeit des Durchgriffs bereits für mehrere Rechtsgebiete untersucht worden ist,[3] ist sie für das Versicherungsrecht, genauer das Versicherungsvertragsrecht weder umfassend behandelt noch abschließend beantwortet.

Die geringe Auseinandersetzung mit der Durchgriffsproblematik im Versicherungsrecht verwundert zum einen, weil die gesellschaftsrechtliche Literatur das Versicherungsrecht, insbesondere die Herbeiführung des Versicherungsfalls gem. § 81 VVG (§ 61 VVG a.F.) durch einen Gesellschafter,[4] seit jeher als eines der klassischen Anwendungsbeispiele für den Durchgriff anführt.[5] Auch in der versicherungsrechtlichen Literatur haben *Ehrenzweig*[6] und *Bruck*[7] bereits zu Beginn des 20. Jahrhunderts die Notwendigkeit eines Durchgriffs im Versicherungsrecht erkannt. Sie machten, auf Billigkeitserwägungen gestützt, darauf aufmerksam, dass an der rechtlichen Selbstständigkeit einer juristischen Person nicht stets festzuhalten sei und somit auch die Herbeiführung des Versicherungsfalles durch einen Gesellschafter zur Versagung des Versicherungsschutzes

3 Beispielsweise zum Gesellschaftsrecht: z.B. *R. Schmidt*, S. 144, 257, 320; *Dennler*, passim; zum Arbeitsrecht: *Fabricius*, Gesellschaftsrechtliche Unternehmensverbindungen, passim; *Triebel*, S. 143 ff.; zum Schiedsrecht: *Frank*, S. 155 ff.; *Jürschik*, S. 179 ff.; *Meier*, passim; zum Steuerrecht; *v. Beckerath*, passim; *Bühler*, passim; *Raupach*, passim; *Wilser*, passim; zum öffentlichen Recht: *Böckstiegel*, passim; *Degenhart*, passim; zum Internationalen Privatrecht: *R. Müller*, passim; *Wick*, passim; zum Zivilprozessrecht: *Otto*, passim; zum Strafrecht: Leipziger Kommentar/*Tiedemann*, 11. Aufl., Vor § 283 StGB Rn. 76; *Rütsch*, passim.

4 Bereits bei *Wolff*, 54 L.Q. Rev. (1938) 494, 520 f.; später bei *Reinhardt*, in: FS Lehmann, S. 583 f.; *Serick*, S. 18 ff.; *Tröster*, S. 92 f.

5 GroßkommAktG/Brändel, § 1 Rn. 61 ff.; KK/*Daubner-Lieb*, AktG, § 1 Rn. 41; MüKomm-GmbHG/*Merkt*, § 13 Rn. 358; MüKomm-BGB/*Reuter*, 7. Aufl., Vor § 21 Rn. 30; Scholz/Emmerich/*Bitter*, GmbHG, § 13 Rn. 73; Spindler/Stilz/*Fock*, AktG, § 1 Rn. 69; Ulmer/Habersack/*Raiser*, GmbHG, § 13 Rn. 103; *Geißler*, GmbHR 1993, 71, 73; *Hübner*, JZ 1978, 703; *Raiser/Veil*, Kapitalgesellschaftsrecht, § 29 Rn. 10; *Reinhardt*, in: FS Lehmann, S. 583 f.; Rowedder/Schmidt-Leithoff/*Pentz*, GmbHG, § 13 Rn. 150; *K. Schmidt*, Gesellschaftsrecht, § 9 III 3c.

6 *Ehrenzweig*, S. 192.

7 *Bruck*, Privatversicherungsrecht, S. 653 Fn. 25.

führen könne. Daneben hat in jüngerer Zeit *Koch*[8] für das Versicherungsrecht den Zurechnungsdurchgriff auch bei der Frage der Gefahrerhöhung durch Gesellschafter aufgegriffen.[9] Nichtsdestotrotz fehlt bislang eine über den generellen Hinweis auf den Durchgriff[10] hinausgehende, nähere Auseinandersetzung mit dieser Thematik für das Versicherungsrecht.

Die fehlende Beschäftigung mit der Durchgriffsthematik verwundert zum anderen, weil Gesellschafterkonstellationen die versicherungsrechtliche Literatur und Rechtsprechung – wenn auch ohne Rückgriff auf die Terminologie des Durchgriffs – wiederholt beschäftigen. Als prominente Beispiele seien lediglich zwei Fragestellungen genannt:

Seit längerem diskutiert wird etwa, ob Gesellschafter allein aufgrund dieser Rechtsstellung, d.h. ohne ausdrückliche Vereinbarung, am Versicherungsvertrag und Versicherungsschutz ihrer Gesellschaft als (Mit-)Versicherte teilhaben können.[11] Diese Frage wurde lange Zeit beinahe einhellig nur für Gesamthandsgesellschafter befürwortet und für Kapitalgesellschafter verneint, wozu auf die Rechtsformunterschiede zwischen Gesamthandsgemeinschaften und juristischen Personen sowie die rechtliche Verselbstständigung gegenüber Gesellschaftern verwiesen wurde. Mittlerweile erkennen jedoch Rechtsprechung und

8 *R. Koch*, VersR 2012, 1508–1512; *ders.*, in: GS Hübner, 2012, 123–136; *Sellin* in: Koch/Nell/Drees, S. 347, 367; ferner für die Herbeiführung des Versicherungsfalles Bruck/Möller/*R. Koch*, § 103 Rn. 66 ff.

9 Bei der Beurteilung, ob im Rahmen einer D&O-Versicherung eine Gefahrerhöhung deshalb als subjektiv einzuordnen ist, weil ein maßgeblicher, die versicherte Gefahr einer Inanspruchnahme erhöhende Aktienverkauf zwar nicht durch die versicherungsnehmende Gesellschaft selbst, dafür durch ihre Gesellschafter vorgenommen worden ist.

10 Im Ansatz *Bruck*, Privatversicherungsrecht, S. 653 Fn. 25; *Ehrenzweig*, S. 192; *Reinhardt*, in: FS Lehmann, S. 576 ff.; *Wilhelm*, Rechtsform und Haftung bei der juristischen Person, Fn. 72 (innerhalb einer Fußnote!); eingehender *R. Koch*, VersR 2012, 1508–1512; *ders.*, in: GS Hübner, 2012, 123–136.

11 BK/*Baumann*, § 67 Rn. 61 f.; BK/*Hübsch*, § 80 VVG Rn. 34; Bruck/Möller/*Sieg*, 8. Aufl., § 67 Rn. 43; Prölss/Martin/*Kollhosser*, 26. Aufl., Vor § 51 VVG Rn. 45 f.; Prölss/Martin/*Prölss*, 27. Aufl., § 86 Rn. 14; Prölss/Martin/*Prölss/Klimke*, 27. Aufl., § 43 Rn. 39–42; *Römer/Langheid*, 3. Aufl., § 86 Rn. 25; *Armbrüster*, Der Schutz der Haftpflichtinteressen in der Sachversicherung, *ders.* ZVersWiss 1993, 245 ff.; *ders.* BB 1998, 1376 ff.; *ders.* NVersZ 2001, 193 ff.; *Heinicke*, S. 170 ff.; *Krause*, S. 269; *K. Schmidt*, JuS 2008, 655, 656; *Prölss*, r+s 1997, 221, 225; zur Versicherung faktischer Geschäftsführer *Olbrich*, S. 110; *Steinkühler*, VW 2009, 94; *Thomas*, S. 352.

Literatur an, dass auch bei Kapitalgesellschaftern eine solche Berücksichtigung notwendig sein kann.[12]

Als weiteres Beispiel zu erwähnen sind außerdem die Fragen der Zurechnung von Gesellschafterwissen und Gesellschafterverhalten. Grundsätzlich weist das Versicherungsrecht eine eigenständige Zurechnungsdogmatik auf, die weiterhin durch viele unterschiedliche und umstrittene Gesichtspunkte gekennzeichnet ist.[13] Auch hier ist aber zu beobachten, dass, ähnlich wie im bürgerlich-rechtlichen Schrifttum, die Notwendigkeit gesehen wird, die allgemeinen Zurechnungsgrundsätzen zu erweitern und Gesellschafter rechtlich zu berücksichtigen.[14]

Die unzureichende Erforschung des Durchgriffs auf dem Gebiet des Versicherungsrechts lässt damit die Fragen unbeantwortet, ob, wann und unter welchen Voraussetzungen ein Durchgriff im Versicherungsrecht anwendbar ist. Die Frage nach der Anwendbarkeit des Durchgriffs in diesem Rechtsgebiet stellt sich angesichts zahlreicher Hinweise jedoch nach wie vor.

III. Recht der USA als Vorbild

Das Durchgriffsproblem ist keine ausschließliche Besonderheit des deutschen Rechts. Die Notwendigkeit, aus Erwägungen materieller Gerechtigkeit die Selbstständigkeit von Gesellschaften zu missachten, ist ein länderübergreifendes Problem des Gesellschaftsrechts und in vielen ausländischen Rechtsordnungen beheimatet.[15]

Die Auseinandersetzung mit dem Durchgriff ist besonders ausgeprägt in Rechtsordnungen des Common Law, v.a. in den USA und Großbritannien, welche die Rechtsfiguren des „piercing" bzw. „lifting the corporate veil" bzw. „disregard of legal entity" hervorgebracht haben. Die Durchgriffsdiskussion in den

12 BGH VersR 2008, 634, 635.

13 *Jung*, Unternehmergesellschafter, S. 652.

14 Für das Versicherungsrecht etwa Bruck/Möller/*R. Koch*, § 103 Rn. 66 ff.; *Bruns*, S. 269; *Kampmann*, S. 125; im bürgerlichen Recht dagegen *Baum*, S. 371; *Buck-Heeb*, S. 300 ff.; *Ellers*, GmbHR 2004, 934 ff.; *Goldschmidt*, S. 252–260; *Römmer-Collmann*, S. 151 f.

15 Eingehend zu einzelnen ausländischen Rechtsordnungen (insbesondere Argentinien, England, Frankreich, Japan, Österreich, Polen, Spanien, Schweiz, Tschechien, USA) vgl. *Egashira*, ACL 1, 80 (1985); *Farat/Michoň*, 9 Common L. Rev. 21 (2008); *Pardinas*, 14 Suffolk Transnt'l LJ 405, 432 (1991); *Dobson*, 35 ICLQ 839 (1986); *Presser*, Piercing the Corporate Veil, § 5:1, New York, 2004 (Loseblatt); *Kobierski*, passim.

USA betrifft seit ihren Anfängen im frühen 20. Jahrhundert eine große Bandbreite von Anwendungsbereichen.

In den USA wird ein Durchgriff auch im Versicherungsrecht befürwortet.[16] Die dortige Literatur und Rechtsprechung bietet zahlreiche Anhaltspunkte und Erkenntnisse für die Anwendung, Voraussetzungen und Anforderungen des Durchgriffs im Versicherungsrecht.[17] Es wird u.a. diskutiert, ob ein Gesellschafter im Wege eines Durchgriffs den Versicherungsschutz der Gesellschaft für sich in Anspruch nehmen darf, Gesellschafter aufgrund eines Durchgriffs für die Pflichten aus dem Versicherungsvertrag einer Gesellschaft haften müssen oder eine Gesellschaft für ihren Versicherungsanspruch deckungsschädliches Verhalten oder Wissen ihrer Gesellschafter gegen sich gelten lassen muss. Diese Anwendungsfälle des Durchgriffs können auch Anhaltspunkt für die Rechtslage in Deutschland sein. In jedem Fall wird zu klären sein, ob die in den USA entwickelten Grundsätze auch auf deutsches Recht übertragbar sind.

IV. Praktische Relevanz für die Versicherungspraxis

Mag der Ausgangspunkt der Untersuchung mit der rechtlichen Trennung von Gesellschaft und Gesellschaftern theoretischer Natur sein, ist der Durchgriff auf Gesellschafter im Rahmen von Versicherungsverträgen damit in vielerlei Hinsicht praktisch relevant. Er kann in der Versicherungspraxis für die Vertrags- und Schadensregulierungspraxis insgesamt und vor allem im Umgang mit Versicherungsbetrug von Bedeutung sein. Die Vielfalt dieser Fragestellungen veranschaulicht die Auswahl folgender praktischer Beispiele:

- Eine im Eigentum einer Gesellschaft stehende versicherte Sache wird beschädigt (z.B. Fabrikgebäude durch Feuer oder Sturmschaden). Kann der alleinige

16 *Ballantine*, 14 Cal. L. Rev. (1925) 12, 20; *E.O.E*, 13 Cal. L. Rev., No. 3 (Mar., 1925), S. 235, 240; 35 Yale L.J. No. 3 (Jan., 1926), S. 376 ff.; 45 Harv. L. Rev., No. 6 (Apr., 1932), S. 1084, 1088; 32 Col. L. Rev. No. 8 (Dec., 1932), p. 1434. Für die Zeit bis 2006 stellt *Oh* 15 Durchgriffsfälle heraus, die den Versicherungsanspruch betrafen, von denen 6 Entscheidungen schließlich einen Durchgriff zuließen, sodass die Quote bei 40 % liegen soll. Vgl. *Oh,* 89 Tex. L. Rev. 81, 120, 129 (2010); tatsächlich dürfte, wie im Folgenden zu sehen sein wird, die Zahl der Entscheidungen deutlich höher liegen.

17 Weitgehend außer Acht bleiben soll dagegen das englische Recht, in welchem die Durchgriffsproblematik zwar ebenfalls diskutiert und sich in Gerichtsentscheidungen finden lässt, jedoch weitaus restriktiver gehandhabt wird, vgl. dazu *Mülhens,* S. 56 ff.; 69 ff.; 98 ff.

Gesellschafter die Erbringung der Versicherungsleistung, d.h. die Auszahlung der Versicherungssumme an sich verlangen?

- Ein Allein- oder Mehrheitsgesellschafter führt vorsätzlich den Versicherungsfall herbei (z.B. Brandstiftung auf dem Werksgelände oder Beschädigung von Maschinen). Kann die GmbH Leistung des Versicherers z.B. aus einer Feuerversicherung verlangen? Oder wird ihr der Versicherungsschutz gemäß § 81 Abs. 1 VVG versagt, da sie sich behandeln lassen muss, als hätte sie den Schaden selbst herbeigeführt?
- Ein oder mehrere Gesellschafter erhöhen das versicherte Risiko oder weisen die GmbH-Geschäftsführung hierzu an (z.B. durch Veräußerung sämtlicher Aktien im Rahmen einer Unternehmensübertragung, wodurch das Risiko einer Inanspruchnahme des Vorstands oder der Geschäftsführung erhöht wird). Kann sich der Versicherer darauf berufen, dass die versicherte Gesellschaft das Risiko subjektiv erhöht hat und er deshalb gemäß §§ 23 Abs. 1, 24 Abs. 1 VVG berechtigt ist, den Versicherungsvertrag zu kündigen?[18]
- Im Rahmen eines Antrags auf Versicherungsschutz durch die Gesellschaft hält ein Gesellschafter (z.B. ein Kommanditist) der Geschäftsführung wesentliche Informationen vor, welche dadurch Falschangaben macht. Kann der Versicherer unter Berufung auf eine arglistige Täuschung den Versicherungsvertrag nach § 123 BGB anfechten?
- Ein Gesellschafter unterlässt es, bei Eintritt des Versicherungsfalles (z.B. Wasserrohrbruch oder Feuer in den Geschäftsräumen) für die Minderung oder Abwendung des Schadens zu sorgen (z.B. Abhilfe bei einem geplatzten Rohr oder Löschung bei einem ausgebrochenen Feuer). Muss die Gesellschaft den Einwand der Obliegenheitsverletzung nach § 82 Abs. 1 VVG gegen sich gelten lassen, weil der Mehrheitsgesellschafter den Schaden nicht abgewendet oder gemindert hat?
- Eine GmbH kann ihrer Prämienzahlungspflicht für eine Versicherungspolice nicht nachkommen. Kann der Versicherer den Gesellschafter wegen der Prämienzahlung in Anspruch nehmen?

B. Zielsetzung und Gang der Untersuchung

Diese Untersuchung knüpft an der aufgezeigten Forschungslücke an und hat die Zielsetzung, die Zulässigkeit des gesellschaftsrechtlichen Durchgriffs im Versicherungsrecht zu klären. Das Augenmerk liegt dabei auf dem Durchgriff auf

18 Angelehnt an OLG Frankfurt/M. r+s 2012, 292.

Gesellschafter, wohingegen andere Durchgriffskonstellationen, etwa der Durchgriff im Konzern unberücksichtigt bleiben soll. Im Einzelnen sind insbesondere zwei Fragen zu beantworten: Erstens, in welchen Bereichen des Versicherungsrechts ist eine Berücksichtigung der Gesellschafter im Wege eines Durchgriffs erforderlich? Und zweitens, welche Anforderungen sind an einen solchen Durchgriff jeweils konkret zu stellen?

I. Methodische Herangehensweise

Zur Beantwortung dieser Fragen sind zunächst die Grundlagen des Durchgriffs zu untersuchen, um Klarheit über dessen Gegenstand, dogmatische Rechtfertigung und Voraussetzungen zu schaffen. Zudem ist zu beleuchten, welche unterschiedlichen Erscheinungsformen ein Durchgriff haben kann. Erst nach der Klärung dieser Grundlagen werden in einem weiteren Schritt mögliche Anwendungsbereiche des Durchgriffs im Versicherungsrecht identifiziert werden können.

Die Identifizierung derartiger Anwendungsbereiche richtet sich nach der Frage, in welchen Situationen eine Berücksichtigung der Gesellschafter geboten und interessensgerecht erscheint oder diese in anderen Rechtsordnungen praktiziert wird. Hierzu ist jeweils die spezifische Interessenslage zu betrachten. Außerdem ist zu prüfen, ob die Rechtsordnung bereits in sonstiger Weise eine Berücksichtigung der Gesellschafter zulässt.

Zur möglichst umfassenden Bewältigung dieser Untersuchungsschritte geht die Untersuchung rechtsformüberreifend vor. Während sich die allgemeine Durchgriffsproblematik nämlich lange Zeit auf juristische Personen beschränkte, hat sie mit der zunehmenden Ausweitung rechtlicher Selbstständigkeit auf Personengesellschaften auch für diese Gesellschaftsformen an Relevanz gewonnen. Diesem Umstand trägt die folgende Untersuchung Rechnung, indem sie einen weiten, d.h. einheitlichen und rechtsformübergreifenden Gesellschaftsbegriff[19] zugrunde legt. Dieser Gesellschaftsbegriff knüpft im Kern an das Vorliegen eines zweckgebundenen Personenzusammenschlusses an[20] und erfasst damit unterschiedliche, d.h. gleichermaßen korporative wie nicht-korporative

19 Zu weiteren Typisierungen der Personenvereinigungen (z.B. Personengesellschaften-Körperschaften und Gesamthandsgemeinschaften-juristische Personen) und weiteren fünf Unterscheidungskriterien, vgl. allein *Windbichler*, Gesellschaftsrecht, § 2 I, S. 19 ff.

20 Zur Unterscheidung, *Kraft/Kreutz*, A III 1; *K. Schmidt*, Gesellschaftsrecht, § 3 I 1., S. 45, § 4 II 1, S. 61 f.; *Wiedemann*, Gesellschaftsrecht, § 2 I 1, 3; auf gemeinsamen Zweck abstellend Soergel/*Hadding*, § 1 Rn. 1.

Organisationsstrukturen einschließlich der Einmann-Gesellschaft.[21] Auf dieser Grundlage wird im Folgenden grundsätzlich auf „die Gesellschaft" Bezug genommen, jedoch auf mögliche rechtsformbedingte Unterschiede hingewiesen.

Konzernrechtliche Durchgriffsprobleme sollen dagegen nicht Gegenstand dieser Untersuchung sein. Sie bleiben einer separaten Untersuchung vorbehalten.

Viel wichtiger ist hingegen die differenzierte Betrachtung der konkreten Rechtsstellung „Gesellschafter". Diese Rechtsstellung kann in einer Personengesellschaft oder personalistisch geprägten Kapitalgesellschaft gegenüber sog. „einfachen" Gesellschaftern grds. stärker ausgestaltet sein, wenn Gesellschafter zugleich geschäftsführungsbefugt sind.

II. Rechtfertigung der Rechtsvergleichung

Einen besonderen methodischen Schwerpunkt dieser Untersuchung stellt die Rechtsvergleichung dar. Ein rechtsvergleichender Blick auf anerkannte Lösungsansätze im Ausland ist für diese Untersuchung prädestiniert. Hierfür geeignet erscheint insbesondere das Recht der USA. Zum einen hat der Durchgriff dort seinen Ursprung,[22] womit dieser Rechtsordnung eine gewisse Vorbildfunktion zukommt.[23] Zudem bietet die Fülle an US-amerikanischer Rechtsprechung und Literatur zu diesem Thema den wohl größten Erfahrungsschatz.

Durch Rechtsvergleichung lässt sich beobachten, dass selbst unterschiedliche Rechtsordnungen dasselbe Sachproblem häufig gleich oder jedenfalls sehr ähnlich lösen.[24] Diese Beobachtung stellt in Aussicht, dass die Erfahrung der

---

21 Vgl. MüKomm-AktG/*Heider*, § 1 Rn. 13; *Kübler/Assmann*, Gesellschaftsrecht, § 23 I 1. Stellt man anstatt des Vertragsschlusses auf die Verfolgung eines bestimmten und nicht zwangsläufig gemeinsamen Zwecks ab, so ist die Einmann-Gesellschaft vom weiten Gesellschaftsbegriff erfasst, vgl. KK/*Daubner-Lieb*, Bd. 1, § 1 Rn. 3; Spindler/Stilz/*Fock*, § 1 Rn. 11. Im Gegensatz zum engen Begriffsverständnis, welches auf die persönliche Verbundenheit der Gesellschafter abstellt und sich daher auf Personengesellschaften beschränkt, vgl. *Wiedemann*, Gesellschaftsrecht, § 2 I 1, 3.

22 Vgl. *Cohn/Simitis*, 12 ICLQ 219 ff. (1963); *Blumberg*, The law of corporate groups, S. 681 f.

23 Vgl. *Fleischer*, NZG 2004, 1129, 1133, 1135, der den Exporterfolg des US-amerikanischen Gesellschaftsrechts u.a. auf dessen Erfahrungsvorsprung und Innovationsreichtum, Anziehungskraft und Prestige, sowie wirtschaftliche und politische Macht zurückführt.

24 S. *Zweigert/Kötz*, § 3 III S. 38; *Rabel* zufolge ist die Rechtsvergleichung daher eine geradezu notwendige Methode zur Ordnung einer rechtlichen Problematik: „*Rechtsvergleichung, das ist, wie wenn wir ins Gebirge kommen. Mit Freude merkt man, wie das schwer durchdringliche Dickicht der Paragraphen sich reliefartig aufrollt. Je höher,*

US-amerikanischen Rechtsordnung möglicherweise auf das deutsche Recht übertragbar sein und damit für die vorliegende Untersuchung einen Mehrwert darstellen kann. Dies setzt jedoch voraus, dass derartige ausländische Erfahrungen nicht unkritisch und ungeprüft übernommen werden, sondern stets mit Blick auf die Besonderheiten der jeweiligen Rechtsordnung zu hinterfragen sind. Zu diesen Besonderheiten zählen sowohl die historische Entwicklung des jeweiligen Rechtssystems und die Tatsache, dass das Common Law häufig eine konkrete und lebenszugewandte Auseinandersetzung mit Sachproblemen bietet.[25] Zu beachten sein wird nicht zuletzt auch die uneinheitliche Gesetzgebung der einzelnen Bundesstaaten für das Gesellschafts- und Versicherungsrecht.[26] Vor diesem Hintergrund kann die Untersuchung keine Gesamtschau sämtlicher Gesellschaftsrechte der Einzelstaaten bieten. Sie muss sich auf einen Überblick beschränken, der das grundsätzliche Verständnis der Durchgriffsproblematik skizziert und einzelstaatliche Besonderheiten bei Bedarf kenntlich macht.

III. Gang der Arbeit

Aus den vorgegangenen Überlegungen ergibt sich der Gang dieser Untersuchung, welcher sich in fünf Teile gliedert.

Zunächst werden die Grundlagen des Durchgriffs im deutschen und US-amerikanischen Recht herausgearbeitet (1. Teil). Dies ist für die weiteren Teile der Untersuchung erforderlich, um die zum Durchgriff vorgefundenen Lösungsansätze in beiden Rechtsordnungen richtig einordnen und bewerten sowie ihre Übertragbarkeit klären zu können.

In den anschließenden drei Teilen werden erstmalig mögliche, exemplarisch gewählte Anwendungsbereiche eines Durchgriffs im Versicherungsrecht untersucht. Angelehnt an die Durchgriffspraxis in den USA werden folgende

---

desto übersichtlicher die Landschaft. Es zeichnen sich die Straßenzüge durch die Länder hin. Rechtsvergleichung und Rechtsgeschichte sind die empirischen Bildungskollegs des Studierenden der Rechte – Verzeihung, sie sollten es sein.", s. Aufgabe und Notwendigkeit der Rechtsvergleichung, S. 8.

25 Ausführlich zu den Besonderheiten des anglo-amerikanischen Rechtskreises, vgl. *Zweigert/Kötz*, § 14 II S. 177.

26 Diese Gesetzgebungskompetenz folgt für das Gesellschaftsrecht im Umkehrschluss aus der *interstate commerce clause* in Art. I Sec. 8 cl. 3 der Bundesverfassung, vgl. *Tribe*, American Constitutional Law, S. 298 ff.; für das Versicherungsrecht ergibt sich die Gesetzgebungskompetenz der einzelnen Bundesstaaten aus 15 U.S.C. §§ 1011, 1012(a) (b) McCarran-Ferguson Act.

Anwendungsbereiche betrachtet: die Erstreckung des Versicherungsschutzes auf Gesellschafter (2. Teil), die Haftung der Gesellschafter für Prämienzahlungspflichten aus dem Versicherungsvertrag (3. Teil) sowie die Zurechnung von Gesellschafterverhalten und Gesellschafterwissen (4. Teil). In jedem dieser Teile wird zunächst geprüft, inwieweit anerkannte Grundsätze des Versicherungsrechts bereits zulassen, dass Gesellschafter im Rahmen der Normanwendung auf eine Gesellschaft berücksichtigt werden. Im Anschluss wird jeweils mit Blick auf die Durchgriffspraxis in den USA geklärt, ob und unter welchen Voraussetzungen auch eine Berücksichtigung der Gesellschafter im Wege eines Durchgriffs zulässig ist.

Abschließend werden die Ergebnisse der Untersuchung in Thesen zusammengefasst und Anregungen für die Versicherungspraxis gegeben (5. Teil).

1. Teil Grundlagen des Durchgriffs

Im ersten Teil der Untersuchung gilt es zunächst die Grundlagen, d.h. die Ausgangsproblematik und den Durchgriff selbst eingehender zu beleuchten. Diese Grundlagen gilt es in den folgenden Teilen für ausgewählte Bereiche des Versicherungsrechts fortzuentwickeln und mit den Wertungen des Versicherungsrechts in Einklang zu bringen. Die Erarbeitung der jeweiligen Grundlagen ist außerdem für die rechtsvergleichende Herangehensweise dieser Untersuchung notwendig. So gehört es zu den Prämissen jeder Rechtsvergleichung, dass die aus fremden Rechtsordnungen gewonnenen Erkenntnisse nicht für sich isoliert, sondern stets im Zusammenhang mit den Besonderheiten des jeweiligen Rechtssystems zu würdigen sind. Um daher an späterer Stelle prüfen zu können, ob die in den USA praktizierten Lösungsansätze auf das deutsche Recht übertragbar sind, führt an der Gegenüberstellung jener Grundlagen kein Weg vorbei.

Im Folgenden wird nun zunächst, ausgehend vom deutschen Recht, der Ausgangspunkt der Durchgriffthematik beleuchtet. Er besteht in dem konfliktreichen Verhältnis rechtsfähiger Kapital- bzw. Personengesellschaften zu ihren Gesellschaftern, die im Grundsatz rechtlich streng voneinander zu unterscheiden sind, was in Ausnahmefällen jedoch die tatsächlichen Verhältnisse nicht zutreffend abbilden kann (A.). Als Korrektur dieser rechtlichen Trennung kann in bestimmten Situationen ein Durchgriff auf Gesellschafter erfolgen, dessen Begriffsverständnis, Erscheinungsformen und dogmatische Herleitung näher betrachtet werden sollen (B.). Anknüpfend an die Grundlagen des Durchgriffs in Deutschland werden schließlich die Rechtslage in den USA vergleichend gegenübergestellt und Schlussfolgerungen für den weiteren Gang der Untersuchung gezogen (C.).

A. Ausgangspunkt: die Verselbstständigung rechtsfähiger Gesellschaften

Der Durchgriff hat seinen Ausgangspunkt im Verhältnis rechtsfähiger Kapital- und Personengesellschaften zu ihren Mitgliedern, den Gesellschaftern. Im Gegensatz zu natürlichen Personen, die als Ausdruck der Menschenwürde gem. Art. 1, 2 GG mit Rechtsfähigkeit ausgestattet sind,[27] gelten bestimmte

27 Der Begriff Rechtsfähigkeit ist gesetzlich nicht definiert, aber zur verfassungsrechtlichen Verankerung, vgl. MüKomm-BGB/*Spickhoff*, § 1 Rn. 13; *Larenz/Wolf*, § 5 Rn. 7.

Personenvereinigungen, genauer Gesellschaften, aus wirtschaftlichen Gründen als rechtsfähig, soweit sie befähigt sein sollen, im Rechtsverkehr eigenständig und wirksam aufzutreten. Sie stellen zu diesem Zweck eigene Rechtssubjekte dar und sind von ihren Mitgliedern zu unterscheiden. Diese Eigenständigkeit macht einen anerkannten Grundpfeiler des deutschen sowie internationalen Gesellschaftsrechts aus.

Die Verselbstständigung einer Gesellschaft kann allerdings zu Rechtsanwendungskonflikten führen. Die tatsächliche Abhängigkeit von und Beeinflussbarkeit durch natürliche Personen wirft die Frage auf, ob im Rahmen der Rechtsanwendung Tatbestände und Rechtsfolgen stets nur auf die Gesellschaft allein anzuwenden sind oder stattdessen auch auf die hinter ihr stehenden Mitglieder, die Gesellschafter „durchgriffen" werden kann. Diese Konflikte, auch als sog. Durchgriffsproblem bekannt, kennzeichnen die Kehrseite rechtlicher Selbstständigkeit.

Um die Reichweite dieses Durchgriffsproblems zu bestimmen, werden zunächst der Kreis rechtsfähiger Gesellschaften definiert (I.) und anschließend Umfang und Grenzen ihrer Verselbstständigung herausgearbeitet (II.). Erst aus diesem Zusammenhang ergibt sich die Notwendigkeit, die rechtliche Selbstständigkeit in besonderen Fällen zu korrigieren (III.).

I. Die „rechtsfähige Gesellschaft"

Als rechtlich verselbstständigt versteht das Privatrecht vor allem die Gesellschaften im weiteren Sinne, d.h. Personenvereinigungen, die zur Förderung eines vereinbarten gemeinsamen Zwecks durch Rechtsgeschäft begründet werden.[28] Der Kreis rechtlich verselbstständigter Personenvereinigungen ist durch gesetzgeberische Entscheidung oder im Rahmen höchstrichterlicher Rechtsfortbildung mehrfach ausgeweitet worden.[29] Selbst vereinzelte Personenvereinigungen, die keine Gesellschaft darstellen, wie z.B. die Wohnungseigentümergemeinschaft, können aufgrund gesetzlicher Anordnung (§ 10 Abs. 6 WEG)[30] durchaus rechtsfähig sein.[31] Diese zunehmende Anerkennung

---

28 s. *Wiedemann*, Gesellschaftsrecht, S. 3 f.; *Windbichler*, Gesellschaftsrecht, § 1 Rn. 1; *K. Schmidt*, Gesellschaftsrecht, §§ 1 I 1, 4 II 1.

29 Dagegen zur Rechtsfähigkeit als juristisches Verhaltensvermögen, vgl. *Fabricius*, Relativität der Rechtsfähigkeit, S. 31 ff., 43 ff.; *Heinze*, S. 101; *Müller-Freienfels*, S. 155 ff., 176 ff., 182, 185; *Sauer*, Juristische Methodenlehre, S. 467.

30 Zu ihrer Einordnung als modifizierte Bruchteilsgemeinschaft, vgl. BGH NJW 2005, 2061.

31 Anders dagegen Erben- und Ehegattengemeinschaften, vgl. BGH DB 2002, 2527.

rechtsfähiger Personenvereinigungen durch Gesetzgeber und höchstrichterliche Rechtsprechung hat zur Folge, dass auch sie von den soeben skizzierten Durchgriffsproblemen betroffen sein können.

1. *Juristische Personen*

Rechtsfähige Gesellschaften sind zunächst die juristischen Personen des Privatrechts.[32] Hierzu gehören der eingetragene Verein (§ 21 BGB) sowie die an ihm ausgerichteten Körperschaften. Als Kapitalgesellschaften zählten zu den letzteren die Gesellschaft mit beschränkter Haftung (GmbH, GmbHG) bzw. Unternehmergesellschaft (UG, § 5a GmbHG), die Aktiengesellschaft (AG, AktG), die Kommanditgesellschaft auf Aktien (KGaA, §§ 278–290 AktG). Ferner sind der Versicherungsverein auf Gegenseitigkeit (VVaG, §§ 7, 15–53 VAG) und die eingetragene Genossenschaft (eG, GenG) zu nennen. Juristische Person, aber keine Gesellschaft ist dagegen die Stiftung bürgerlichen Rechts (§ 80 BGB), die im Gegensatz zum Verein nur am Stiftungszweck verselbstständigtes Sondervermögen darstellt.[33]

Die juristische Person ist als rechtsfähige zweckgebundene Organisation anerkannt.[34] Kraft gesetzlicher Anordnung[35] teilt sie mit den natürlichen Personen eine weitgehend gleiche Form der Rechtsfähigkeit.[36] Sie verfügt zudem

---

32 Juristische Personen des öffentlichen Rechts (Körperschaften, Anstalten und Stiftungen) unterliegen mit Ausnahme der §§ 31, 89 BGB dem öffentlichen Recht und werden hier nicht berücksichtigt.

33 Vgl. nur BayObLG NJW 1973, 249; OLG Frankfurt NJW-RR 2002, 176, 177.

34 *Bork*, BGB AT, Rn. 186, 188: „*eine juristische Person ist notwendigerweise [sic!] rechtsfähig*“. Der Streit um das Wesen der juristischen Person zwischen der Fiktionstheorie *v. Savignys*, System des heutigen römischen Rechts, Bd. II, S. 236 f., sowie der Theorie von der realen Verbandspersönlichkeit *v. Gierkes*, Deutsches Privatrecht, S. 471 ff., kommt mittlerweile nur noch rechtshistorische Bedeutung zu. Dazu noch eingehend *Larenz/Wolf*, S. 168; *Wiedemann*, Gesellschaftsrecht, S. 191.

35 Vgl. z.B. die gesetzliche Anordnung in § 21 f. BGB, § 13 Abs. 1 GmbHG, § 1 Abs. 1 AktG. Der Erwerb der Rechtsfähigkeit erfolgt mit der Eintragung in das Vereins-, Handels- oder Genossenschaftsregister bzw. der staatlichen Anerkennung oder Verleihung, vgl. *Saenger*, Gesellschaftsrecht, Rn. 15.

36 Nach der ursprünglichen Konzeption des BGB sollte die Rechtsfähigkeit juristischer Personen allein auf die Vermögensfähigkeit beschränkt sein, *Mugdan*, Motive, Bd. I, S. 78.

über eine eigene Rechtspersönlichkeit,[37] ist also in besonders starkem Maße verselbstständigt und von ihren Mitgliedern unabhängig.

2. Personengesellschaften

Zumindest mit Teil-Rechtsfähigkeit ausgestattet sind gem. § 14 Abs. 2 BGB zudem ausgewählte Personengesellschaften, bei denen es sich um keine juristischen Personen,[38] sondern lediglich Gesamthandgemeinschaften handelt. Als solche sind sie auf die gesamthänderische Verbundenheit ihrer Gesellschafter angewiesen.[39]

Zu diesen rechtsfähigen Personengesellschaften zählen aufgrund gesetzgeberischer Anordnung die offene Handelsgesellschaft (oHG, § 124 Abs. 1 HGB), Kommanditgesellschaft (KG, §§ 161 Abs. 2, 124 Abs. 1 HGB), Partnerschaftsgesellschaft (PartG, § 7 Abs. 2 PartGG i.V.m. § 124 Abs. 1 HGB) und Europäische Wirtschaftliche Interessensvereinigung (EWIV, Art. 1 Abs. 2 EWIV-VO)[40] sowie schließlich aufgrund richterlicher Rechtsfortbildung die Gesellschaft bürgerlichen Rechts (GbR), soweit diese im Außenverhältnis in Erscheinung tritt.[41] Als Personengesellschaft nicht rechtsfähig ist dagegen die Stille Gesellschaft

---

37 Vgl. § 1 Abs. 1 S. 1 AktG („eigene Rechtspersönlichkeit"), § 13 Abs. 1 GmbHG. Zum mittlerweile unklaren Begriffsverständnis von „Rechtspersönlichkeit", *Beuthien*, NJW 2005, 855, 856 („Begriffswirrwarr").

38 So ausdrücklich BGH NJW 2001, 1056; vgl. ferner die gesetzliche Unterscheidung zwischen juristischer Person und rechtsfähiger Personengesellschaft (§§ 1059a Abs. 2, 1098 Abs. 3 BGB; § 7 Nr. 3 MarkenG) bzw. Gesellschaft ohne Rechtspersönlichkeit (§§ 11 Abs. 2 Nr. 1 InsO).

39 Den Gesamthandsbegriff ablehnend *Raiser*, AcP 194 (1994), 495 ff.; *ders.*, in FS Zöllner, 1999, S. 469 ff.; *ders.* AcP 199 (1999), 104 ff. Gesamthandsgemeinschaften, aber keine Personengesellschaften sind zudem der nichtrechtsfähige Verein (§ 51 S. 1 BGB), die eheliche Gütergemeinschaft (§ 1416 BGB) sowie die Erbengemeinschaft (§ 2032 BGB).

40 Neben Deutschland ordnen auch Österreich und Italien die EWIV in die Nähe der OHG ein. Dagegen räumen die meisten Mitgliedsstaaten der EU der EWIV aufgrund von Art. 1 Abs. 3 EWIV-VO der EWIV volle Rechtspersönlichkeit ein und erkennen sie als juristische Person an, vgl. Ebenroth/Boujong/Joost/Strohn/*W. Hakenberg*, HGB Bd. 1, Die Europäische wirtschaftliche Interessenvereinigung (EWIV), Rn. 35; *Grüninger*, BB 1990, 2161, 2162.

41 Vgl. BGHZ 142, 316; 146, 341, sowie in weiteren Fallgestaltungen BGH NJW 2002, 368; 2002, 1207; 2003, 1043; 2003, 1445, 1446; 2006, 3716; 2008, 1378, 1379; 2011, 1958; vgl. *K. Schmidt* NJW 2001, 993, 998; *ders.* AcP 209, 181 ff.; zur Entwicklung der GbR, *Armbrüster*, ZGR 2013, 366 ff.

(stG), weil gem. § 230 Abs. 2 HGB nur der Geschäftsinhaber berechtigt und verpflichtet wird.

Rechtsfähige Personengesellschaften stehen den juristischen Personen auch aufgrund gesetzlicher Klarstellung (z.B. in § 1059a Abs. 2 BGB) gleich. Trotzdem unterscheiden sie sich von juristischen Personen im Allgemeinen darin, dass sie viel stärker an den Bestand ihrer Gesellschafter gekoppelt und auch die Gesellschafter stärker in das Organisationsgefüge der Gesellschaft eingebunden sind.[42] Aufgrund dieser schwächeren Verselbstständigung ist der Umfang ihrer Rechtsfähigkeit noch nicht abschließend geklärt. Den Personengesellschaften wird jedenfalls eine (Teil-)Rechtsfähigkeit zugesprochen,[43] die auch als Abgrenzungskriterium zu juristischen Personen dient.[44]

Häufig gerät die Einordnung als Personengesellschaft oder juristische Person allerdings in den Hintergrund, da die für eine Rechtsform typische

---

42 Vgl. *Saenger*, Gesellschaftsrecht, Rn. 12.

43 Anders etwa *Larenz/Wolf*, § 9 Rn. 16 im Hinblick auf die juristische Person selbst; dies ablehnend *Bork*, 3. Aufl., § 5 Rn. 191.

44 Zur Diskussion um ein neues Verständnis der juristischen Person, das sämtliche rechtsfähige Rechtssubjekte, die nicht natürliche Personen sind, umfassen soll, s. *Raiser*, AcP 194 (1994), 510; *ders.* AcP 199 (1999), 104, 121 ff.; *ders.* FS Zöllner Bd. 1, S. 469, 482 ff; ebenfalls *Hadding*, FS Kraft 1998, S. 135, 145; *Kämmerer*, NJW 1966, 801, 803; *Weber-Grellet*, AcP 182 (1982), 316, 328 f. In Frankreich werden Personengesellschaften, jendenfalls die Handelsgesellschaften, teilweise als juristische Personen verstanden, vgl. Art. 5 Gesetz 66–537 sur les sociétés commerciales; *Breuninger*, S. 40 ff. Kritisch allerdings *K. Schmidt*, Gesellschaftsrecht, § 8 I 3, S. 184 f.; zur traditionell vorsichtigen deutschen Denkweise ferner *Wertenbruch*, S. 9, 46 ff.; *Huber*, in: FS Lutter, 2000, S. 110. Kritisch aus rechtsmethodischer Sicht, *Told*, S. 39 ff. In der Folge wäre charakteristisches Merkmal juristischer Personen die Rechtsfähigkeit, sodass sich unter diesen Oberbegriff nicht nur Kapitalgesellschaften, sondern auch Personengesellschaften fassen ließen. Hierfür könnte aus gesetzessystematischer Sicht sprechen, dass „Rechtsfähigkeit" nach der ursprünglichen Terminologie des BGB mit Rechtspersönlichkeit bzw. der juristischen Person gleichgesetzt war, s. *Windbichler*, Gesellschaftsrecht, § 2 I. 1. b), S. 22. Zudem könnte die einfache Dichotomie von natürlichen und juristischen Personen, die von den Gesamthandsgemeinschaften als rechtstechnischem Kompromiss befreit ist, durchaus ansprechend sein. Aufgrund ihrer Vielschichtigkeit und grundlegenden Bedeutung für das Gesellschaftsrecht, sollte sie aber dem Gesetzgeber vorbehalten bleiben und *de lege ferenda* erfolgen, vgl. auch *Jung*, Unternehmergesellschafter, S. 8. Die wohl befriedigendste Lösung bestünde wohl in Anlehnung an das österreichische UGB in der Schaffung eines Unternehmensgesetzbuches, welches die bislang im BGB sowie spezialgesetzlich etwa im GmbHG und AktG geregelten Gesellschaftsformen vereinheitlichen würde.

Organisationsform sich innerhalb dispositiver Vorschriften durch die Gesellschafter abweichend privatautonom gestalten lässt. So kann eine Personengesellschaft körperschaftlich oder umgekehrt eine kleine Körperschaft personalistisch ausgestaltet sein (z.B. personalistische GmbH).[45]

3. *Wohnungseigentümergemeinschaft*

Zu den rechtsfähigen Personenzusammenschlüssen ist schließlich auch die Wohnungseigentümergemeinschaft (WEG) zu zählen, seitdem ihre Rechtsfähigkeit zunächst von der Rechtsprechung anerkannt und sodann vom Gesetzgeber ausdrücklich geregelt worden ist.[46] Teilweise wird vorgeschlagen, die WEG ebenfalls den rechtsfähigen Gesellschaften zuzuordnen.[47] Sie unterscheidet sich aber darin, dass sie als genuine Bruchteilgemeinschaft gerade kein vertraglicher Zusammenschluss zu einem gemeinsamen, zu fördernden Zweck, dem Gesellschaftszweck ist, ihr also der notwendige Gesellschaftsvertrag fehlt. Die WEG soll für die weitere Untersuchung der Probleme rechtlicher Selbstständigkeit deshalb außer Acht bleiben. Denkbare Fragen hinsichtlich der Reichweite bzw. der Durchbrechung des Trennungsprinzips bei der WEG müssen einer gesonderten Untersuchung vorbehalten bleiben.

II. Die Verselbstständigung rechtsfähiger Gesellschaften von ihren Gesellschaftern

Dem eigentlichen Kern der Durchgriffsproblematik nähert man sich an, wenn man die Rechtsfähigkeit von Gesellschaften eingehender betrachtet.

1. *Gegenstand und Zweck rechtlicher Verselbstständigung*

Aufgrund ihrer Rechtsfähigkeit können Gesellschaften eigenständiges Zuordnungsobjekt von Rechten und Pflichten sein und dadurch im Rechtsverkehr selbstständig als „überindividuelle Wirkungseinheit“[48] auftreten.[49] Anders als bei natürlichen Personen geht die Rechtsfähigkeit bei Gesellschaften zu diesem

---

45 Vgl. *Hadding* ordnet die GmbH insofern gänzlich den nicht-körperschaftlichen Gesellschaften zu, vgl. Festgabe Zivilrechtslehrer 1934/35 (1999), S. 147, 166 ff.

46 Vgl. zu den Unterschieden der Wohnungseigentümergesellschaft von den mit Rechtsfähigkeit ausgestatten Gesellschaften *Reuter*, AcP 207 (2007), S. 673, 699–703.

47 Vgl. Staudinger/*N. Habermann*, § 14 Rn. 66.

48 *Raiser*, AcP 194 (1994), 495 ff.

49 Vgl. Staudinger/*Weick*, Einl. zu §§ 21 ff. Rn. 37.

Zweck mit einer rechtlichen Verselbstständigung einher. Gesellschaften sind von ihren Gesellschaftern unabhängig. Diese Verselbstständigung folgt zwei grundlegenden Prinzipien:

Einerseits stellt die Rechtsordnung rechtsfähige Gesellschaften den natürlichen Personen in weiten Teilen gleich (sog. Gleichstellungsprinzip). Dieser Gleichstellung bedarf es notwendigerweise, damit Gesellschaften überhaupt Zuordnungssubjekt von Rechtssätzen sein und am Rechtsverkehr teilnehmen können. Sie sind nämlich, wie im Folgenden noch deutlicher werden wird, ein Rechtskonstrukt ohne eigene physische Existenz. Sie sind natürlichen Personen gerade nicht gleichwertig, sondern diesen von der Rechtsordnung eben nur gleichgestellt um die Teilnahme am Rechtsverkehr zu ermöglichen und zu erleichtern.

Andererseits ist eine rechtsfähige Gesellschaft von ihren Gesellschaftern in personeller als auch vermögensrechtlicher Hinsicht verselbstständigt, d.h. von diesen zu trennen (sog. Trennungsprinzip). Sie verfügt über ein unabhängiges Sondervermögen und eine Gesellschaftsorganisation.[50] Beide sind am eigenständigen und überindividuellen Gesellschaftszweck[51] ausgerichtet und von den Gesellschaftern in mehrerer Hinsicht grds. unabhängig.

2. *Verselbstständigung von juristischen Personen und Gesamthandsgemeinschaften*

Lange Zeit war diese Verselbstständigung das typische Kennzeichen juristischer Personen, die allein neben den natürlichen Personen mit Rechtsfähigkeit ausgestattet waren. Rechtsfähigkeit bzw. Rechtspersönlichkeit war damit Unterscheidungskriterium zwischen den typischerweise rechtsfähigen juristischen Personen einerseits und nichtrechtsfähigen Gesamthandgemeinschaften andererseits.

Spätestens seitdem auch die Gesamthandsgemeinschaft der (Außen-)GbR als Trägerin von Rechtsfähigkeit und damit als (teil-)rechtsfähige Personengesellschaft anerkannt ist, hat diese Unterscheidung an Bedeutung verloren.[52] Das

---

50 Als Kern einer jeden gesellschaftsrechtlichen Zusammenschlusses legt der Zweck einer Gesellschaft das übergeordnete Ziel fest, dem sämtliche Tätigkeit der Vereinigung gewidmet sein soll.

51 Vgl. nur *Flume*, in: FS L. Raiser, S. 27, 29 f.

52 Kritisch schon früh *Stampe*, JW 1922, 517, 518: „die juristische Person hat ja nur einen Platz, den sie mit vollem Recht in Anspruch nehmen kann: v. Jherings Begriffshimmel. Hier auf Erden ist sie nur als Hindernis brauchbarer Rechtssätze wirksam gewesen".

bedeutet, dass rechtsfähig und verselbstständigt nicht *per se* nur natürliche oder juristische Personen,[53] sondern eben auch Personengesellschaften bzw. Gesamthandsgemeinschaften im Rahmen ihrer Rechtsfähigkeit sein können.

Für die Untersuchung hat dies zur Folge, dass die mit rechtlicher Verselbstständigung verbundenen Probleme des Durchgriffs nicht mehr ausschließlich auf juristische Personen beschränkt werden können. Sie stellen universelle Probleme sämtlicher Rechtssubjekte dar, die keine natürlichen Personen sind, soweit sie als rechtsfähig und verselbstständigt gelten.[54] Soweit im Folgenden von (rechtsfähigen) Gesellschaften gesprochen wird, sollen und können damit juristische Personen und rechtsfähige Gesellschaften gleichermaßen erfasst sein.

3. *Merkmale rechtlicher Selbstständigkeit von Gesellschaften*

Es bestehen rechtsformübergreifende Merkmale, die für die rechtliche Selbstständigkeit von Gesellschaften typisch sind, jedoch unterschiedlich stark ausgeprägt sein können. Die konkrete Rechtsform ist insofern von Bedeutung, als sie Anhaltspunkte für den Grad der Verselbstständigung der Gesellschaft vorgibt. So lässt sich als Grundsatz festhalten, dass juristische Personen bzw. Kapitalgesellschaften weiterhin gegenüber rechtsfähigen Gesamthands- bzw. Personengesellschaften stärker verselbstständigt sind. Daneben wird die rechtliche Selbstständigkeit auch von der Realorganisation der Gesellschaft beeinflusst. Im Wesentlichen sind drei Merkmale zu unterscheiden:

Das erste Merkmal rechtsfähiger Gesellschaften ist ihre Unabhängigkeit vom Mitgliederbestand. Diese Verselbstständigung ist bei Körperschaften besonders stark ausgeprägt, sodass sie von wechselnden Mitgliederbestand unabhängig sind und selbst bei deren Austritt oder theoretisch sogar Wegfall fortbestehen können. Dieser Grundsatz gilt, vorbehaltlich abweichender Vereinbarungen im Gesellschaftsvertrag bei Personenhandelsgesellschaften nur abgeschwächt (§§ 131 Abs. 3 S. 1 Nr. 1, 3; 161 Abs. 2 HGB)[55]. Im Gegensatz dazu ist die GbR grundsätzlich zwingend von ihrem Gesellschafterbestand abhängig. Sie ist daher

53 Vgl. *Reuter,* AcP 207 (2007) S. 673, 687 ff., der neben weiteren Voraussetzungen auch die Unterschiede einzelner aufgrund richterlicher Anerkennung mit Rechtsfähigkeit ausgestatteter Rechtspersonen beleuchtet.

54 Vgl. *Jung,* Unternehmergesellschafter, S. 3; *Steffek,* Handwörterbuch des europäischen Privatrechts, Bd. 1, Durchgriff, S. 333 f.

55 Anders noch § 131 Nr. 6 HGB a.F.

bei Wegfall selbst eines Gesellschafters aufzulösen,[56] was allerdings privatautonom abweichend vereinbart werden kann.[57]

Das zweite Merkmal rechtsfähiger Gesellschaften besteht in der Fähigkeit, ein eigenständiges Vermögen zu halten, das von dem persönlichen Gesellschaftervermögen zu trennen ist und für die Verbindlichkeiten der Gesellschaft haftet. Diese Fähigkeit ist neben Körperschaften auch bei Personengesellschaften einschließlich der Außen-GbR zu finden und somit Hauptmerkmal rechtsfähiger Gesellschaften.[58] Die rechtsfähige Gesellschaft bildet insofern eine „Vermögenseinheit".[59] Im Einzelnen sind auch hier Unterschiede zwischen den Gesellschaftsformen zu beobachten. So setzt sich z.B. das Vermögen der Kapitalgesellschaft sich aus einem gesetzlich vorgeschriebenen Mindestkapital zusammen, das von den Gesellschaftern aufzubringen ist und der Befriedigung der Gläubiger dient,[60] wohingegen vergleichbare gesetzliche Mindestkapitalaufbringungsvorschriften bei Personengesellschaften nicht bestehen. Geschäftsführungsberechtigte Personengesellschafter haften stattdessen grundsätzlich mit ihrem Privatvermögen akzessorisch für Gesellschaftsverbindlichkeiten (§§ 128 S. 1, 161 Abs. 2 HGB), sofern eine Haftungsbegrenzung weder einzelvertraglich mit den Gläubigern vereinbart oder in das Handelsregister eingetragen ist. Umgekehrt ist bei der Kommanditgesellschaft die grundsätzliche Haftungsbeschränkung des Kommanditisten auf die Kommanditeinlage (§ 171 Abs. 1 HGB) der des GmbH-Gesellschafters vergleichbar.

Als drittes Merkmal rechtsfähiger Gesellschafter ist schließlich ihre Fähigkeit zu nennen, als eigenständige „Willens-"[61] und „Handlungs-" bzw.

---

56 Für die Auflösung bei Tod eines Gesellschafters, § 747 BGB.

57 Im Gesellschaftsvertrag kann z.B. ein Gesellschafterwechsel nach § 727 BGB vorgesehen oder unter Zustimmung sämtlicher Gesellschafter nachträglich vereinbart sein. Denkbar ist zudem die Vereinbarung einer sog. Fortsetzungsklausel nach § 736 Abs. 1 BGB zum Fortbestand der Gesellschaft bei Kündigung, Tod oder Insolvenz eines Gesellschafters.

58 *Jung*, Unternehmergesellschafter, S. 123.

59 BGHZ 20, 4, 12; *Wiedemann*, WM 1975 Beilage Nr. 4, S. 8 ff.

60 Der Mindestbetrag beträgt bei einer AG € 50.000 Grundkapital (§ 7 AktG), bei der GmbH € 25.000 Stammkapital (§ 3 Abs. 1 Nr. 3 GmbHG), bei der UG € 1 Stammkapital (§ 5a GmbHG) und bei der SE € 120.000 Grundkapital (Art. 4 SE-VO).

61 *Kau*, S. 95 f.; *Larenz/Wolf*, § 9 Rn. 11; eingehend zur Lehre vom Gesamtwillen *Nass*, Person, S. 42 ff.; *Savingny*, System Bd. 2, S. 283; kritisch *v. Gierke*, S. 47 f. „einer Gesellschaft fehle es „in Wahrheit an einer von den verbundenen Individuen abgelösten Willenseinheit".

„Aktionseinheit“[62] im Rechtsverkehr auftreten. In tatsächlicher Hinsicht ist diese Beschreibung, wie im Folgenden noch näher betrachtet wird, allerdings nicht vollständig. Gesellschaften fehlt nämlich die Fähigkeit, eigenständig einen eigenständigen Willen zu bilden und Handlungen oder Aktionen vorzunehmen. Insofern sind sie in tatsächlicher Hinsicht zwangsläufig auf natürliche Personen als ihre Organe oder rechtsgeschäftlichen Vertreter angewiesen.

III. Grenzen der Verselbstständigung

Die Rechtsordnung geht davon aus, dass rechtsfähige Gesellschaften grds. umfassend rechtlichen verselbstständigt sind. Dieses Konzept gilt nicht uneingeschränkt. Die Grenze jener Verselbstständigung findet sich zwar nicht, wie im öffentlichen Recht,[63] durch den vereinbarten Gesellschaftszweck. Dieser hat lediglich für den Umfang der internen Geschäftsführungsbefugnis Bedeutung,[64] nicht aber die Rechtsfähigkeit im Außenverhältnis.[65] Vielmehr ist die Grenze jener Verselbstständigung häufiger tatsächlicher Natur.

1. Angewiesenheit der Gesellschaft auf ihre Gesellschafter

Die „*widersprüchliche Natur rechtsfähiger Gesellschaften*“[66] äußert sich zum einen darin, dass sie zur Verwirklichung ihres Gesellschaftszwecks notwendigerweise auf die Mitwirkung der Gesellschafter angewiesen ist. Hiermit ist allerdings nicht nur der geschäftliche Bereich gemeint, wenn Gesellschafter geschäftliche Kontakte oder Geschäftsgelegenheiten verschaffen und vermitteln. Eine rechtsfähige Gesellschaft kann auch im Rahmen der Rechtsanwendung auf die Berücksichtigung ihrer Gesellschafter angewiesen sein. Dies ist der Fall, wenn Rechtsnormen

---

62 Vgl. *v. Gierke*, S. 614 ff.; *Rittner*, S. 211 f.

63 Anders für juristische Personen des öffentlichen Rechts, vgl. BGHZ 20, 119.

64 Bei GbR-Gesellschaftern richtet sich der Umfang der Geschäftsführungsbefugnis mangels gesetzlicher Regelung nach der Förderlichkeit für den jeweiligen Gesellschaftszweck, vgl. nur MüKomm-BGB/*Schäfer*, § 709 Rn. 23. Bei der oHG und KG erfasst die Geschäftsführungsbefugnis gem. §§ 116 Abs. 1, 161 Abs. 2 HGB hingegen alle Handlungen, die der gewöhnliche Betrieb des Handelsgewerbes der Gesellschaft mit sich bringt.

65 *Flume*, Juristische Person, § 10 II; *ders.*, Körperschaftliche juristische Person und Personenverband, in: FS Kegel, Stuttgart, 1987; *K. Schmidt*, Gesellschaftsrecht, § 8 V 2 a) (S. 214), *ders.* Verbandszweck, 1984, S. 40 f.; *Raiser*, AcP 199 (1999), 134; zu diesem Ansatz aber *v. Gierke*, S. 630 ff.

66 *Jung*, Unternehmergesellschafter, S. 4.

menschliche Eigenschaften oder Umstände voraussetzen, die eine Gesellschaft mangels eigener physischer Existenz nicht aufweisen kann.[67] Solche Umstände können in Handlungen oder Rechtszuständen (z.B. tatsächlicher Sachherrschaft) bestehen oder z.B. in Wissen, Vorsatz oder einem eigenständigen Interesse. Eine Gesellschaft muss sich dann zwangsläufig fremder Eigenschaften und Umstände bedienen, die ihr als eigene zuzurechnen sind. Findet diese Zurechnung aber nicht nur, wie im Grundsatz, im Hinblick auf ihre Organe und rechtsgeschäftliche Vertreter statt (z.B. gem. §§ 31, 278 BGB), sondern auch im Hinblick auf ihre Gesellschafter, kann nicht mehr von einer abschließenden Selbstständigkeit rechtsfähiger Gesellschaften gesprochen werden.

2. *Einflussmacht der Gesellschafter gegenüber der Gesellschaft*

Von der notwendigen Abhängigkeit zu unterscheiden ist die Einflussmacht der Gesellschafter.[68] Die Selbstständigkeit einer Gesellschaft wird relativiert, wenn Gesellschafter auf die Geschicke einer Gesellschaft bestimmend Einfluss nehmen und ihren eigenen Willen bewusst über denjenigen der Gesellschaft stellen können. Für den Rechtsverkehr kann dann unter Umständen nicht mehr erkennbar sein, wem konkrete Kenntnisse oder Verhaltensweisen zuzuordnen sind.

Grundsätzlich steht jedem Gesellschafter die Möglichkeit offen, Einfluss auf die Gesellschaft zu nehmen. Diese Einflussmacht ist allerdings in der Regel bei Gesellschaften mit geringem Gesellschafterbestand größer.[69] So kann ein Alleingesellschafter, der sämtliche Kapital- und Stimmanteile hält und mit der Gesellschaft personell identisch ist, sie weitaus einfacher nach seinen Vorstellungen „beherrschen", als der Kleinaktionär einer AG. Dieser Grundsatz ist allerdings nicht abschließend. Denn die Einflussmacht der Gesellschaft kann

---

67 Vgl. *Jung*, Unternehmergesellschafter, S. 12 ff. zwischen tatsächlicher und rechtlicher Abhängigkeit differenzierend.

68 Eingehend *Jung*, Unternehmergesellschafter, S. 12 m.w.N.; *Leßmann*, AcP 170 (1970), 266, 267; *Badura*, in: FS Rittner, S. 1, 6 ff; zum Begriffsverständnis von „Macht", vgl. *M. Weber*, Wirtschaft und Gesellschaft, Kapitel 1, § 16 (Macht als „Chance, innerhalb einer sozialen Beziehung den eigenen Willen auch gegen Widerstreben durchzusetzen, gleichviel worauf diese Chance beruht").

69 *Drobnig*, S. 90: „der Schirm zwischen juristischer Person und ihren Mitgliedern [wird] umso durchlässiger […], je kleiner die Zahl der Gesellschafter ist"; für die tatsächliche Realstruktur der Gesellschaft kann insofern die gesetzliche Rechtsform nur Anhaltspunkt sein.

unterschiedlich ausgestaltet sein, wobei im Wesentlichen zwischen legitimer und illegitimer Einflussnahme zu unterscheiden ist.

a) Einfluss innerhalb legitimer Gesellschafterrechte

Bereits die Rechtsordnung bzw. der konkrete Gesellschaftsvertrag erlaubt im Rahmen der Gesellschafterrechte, dass Gesellschafter einen legitimen Einfluss auf die Gesellschaft nehmen können. Gesellschafter bzw. die Gesellschafter- und Hauptversammlung sind aufgrund ihrer wirtschaftlichen Beteiligung an der Gesellschaft ihr „oberstes Organ"[70] und deshalb durchaus berechtigt, Einfluss auf die Geschicke der Gesellschaft zu nehmen.

Über die größte Einflussmacht verfügen demnach die eine Organstellung einnehmenden Gesellschafter-Geschäftsführer oder Aktionäre im Vorstand, wie sie insbesondere bei Personengesellschaften und personalistischen Kapitalgesellschaften vorzufinden sind.[71] Sie handeln als wirtschaftliche Eigentümer und Vertreter der Gesellschaft zugleich.

Außerhalb einer Organstellung kommt Gesellschaftern im Rahmen ihrer Leitungs- und Kontrollrechte Einflussmacht zu. Sie besteht z.B. in der Bestimmung der Gesellschaftsorganisation, d.h. der Ausgestaltung des Gesellschaftsvertrages, oder der personalen Zusammensetzung der Gesellschaft und ihrer Organe. Im Rahmen des Weisungsrechts ist es GmbH-Gesellschaftern zudem möglich, durch Beschluss der Gesellschafterversammlung sämtliche Bereiche der Geschäftsführung zu beeinflussen und diese im äußersten Fall zu einem reinen Exekutivorgan herabzustufen.[72]

Der Umfang dieser legitimen Einflussmacht korrespondiert hauptsächlich mit dem Umfang der Beteiligung an der Gesellschaft. Die Einflussnahme der Gesellschafter kann auch erst im Zusammenspiel mit anderen Mit-Gesellschaftern zum Ausdruck kommen. So ist besonders bei institutionellen Anlegern von Kapitalgesellschaften zu beobachten, dass sie durch Ausschöpfung sämtlicher rechtlicher Instrumente versuchen, gezielten Einfluss auf die Verwaltungsorgane und die strategische Ausrichtung der Gesellschaft zu nehmen und ihre Individualinteressen durchzusetzen.[73]

---

70 So jedenfalls für die Kapitalgesellschaften. Die Frage, ob die Organqualität sich auf die Gesamtheit der Gesellschafter oder lediglich die Gesellschafterversammlung erstreckt, ist allerdings strittig, vgl. MünchHandbuchGesR/*Wolff*, Bd. 3, § 36 Rn. 1 m.w.N.

71 Vgl. §§ 709 ff. BGB, §§ 114 ff., 125 ff.; 161 Abs. 2 HGB; § 278 Abs. 2 AktG.

72 MünchHandbuchGesR/*Wolff*, Bd. 3, § 36 Rn. 2.

73 Hierzu seien die Aktionäre auch bereit, sämtliche aktienrechtliche Instrumente auszuschöpfen, vgl. *Wilsing*, in FAZ, 29.01.2014, S. 19.

b) Einfluss aufgrund faktischer Macht

Darüber hinaus ist Gesellschaftern auch aufgrund faktischer Macht eine Einflussnahme auf die Gesellschaft möglich.[74] Faktische Macht setzt regelmäßig eine tatsächliche Konstellation voraus, die es erlaubt, das Denken und Handeln der Gesellschaft, insbesondere der Geschäftsführung zu beeinflussen.

Beispiele faktischer Macht sind vielfältig. Sie kann sich etwa aus wirtschaftlicher Abhängigkeit ergeben, wenn Mehrheitsgesellschafter ihre beherrschende wirtschaftliche Stellung als Druckmittel nutzen, um der Geschäftsführung ein bestimmtes Handeln aufzudrängen, z.B. indem sie androhen, den eigenen Kapitaleinsatz zurückzuziehen. Gleiches kann bei strategischen Minderheitsgesellschaftern der Fall sein, die über relevante Expertise oder geschäftliche Kontakte verfügen. Unabhängig von dem Umfang der Gesellschaftsbeteiligung kann selbst die Vorenthaltung relevanten Wissens faktische Macht darstellen, wenn hierdurch die Geschäftsführung ihre Handlungen auf falsche Entscheidungsgrundlagen stellt oder falsche Erklärungen gegenüber Vertragspartnern abgibt.[75] In Familienunternehmen kann zudem familiäre Bindung eine faktische Machtposition begünstigen, wenn Leitungsorgane und Gesellschafter aus Familienmitgliedern bestehen. Dabei kann es eine faktische Machtposition durchaus begünstigen, wenn ein Weisungsrecht der Gesellschafter, wie etwa bei der GmbH gerade nicht vorgesehen ist.

Die Einflussnahme aufgrund faktischer Macht kann sich ebenso vielfältig äußern. Sie mag in der punktuellen Beeinflussung der Geschäftsführung bestehen. Sie kann aber auch darin bestehen, dass Gesellschafter, ohne vertretungsbefugt zu sein, sich durch ihr Verhalten unmittelbar zu einem Geschäftsführungsorgan aufschwingen und als sog. faktische Geschäftsführer auftreten.

c) Motivationen für Einflussnahme auf Gesellschaft

Die konkrete Einflussnahme auf eine Gesellschaft kann unterschiedlich motiviert sein. Zu unterscheiden sind einerseits Motivationen, die für sich genommen legitim und unbedenklich sind. Dient eine Weisung der Gesellschafterversammlung einer GmbH an den Geschäftsführer der Verwirklichung des gemeinsamen

---

74 Vgl. *Sorge*, S. 1.

75 Die Bedeutung von Wissen als Machtfaktor ist vielfach in der Philosophie untersucht worden. Auf *Bacon* geht auch der berühmte Satz „Wissen ist Macht" (im Original: „knowledge is power" bzw. „nam et ipsa scientia potentas est"), vgl. *Bacon,* De haeresibus, in: Meditationes Sacrae, Sect. 11 sowie *ders.* Essayes, S. 27.

Gesellschaftszwecks, kann sie den Interessen sämtlicher Gesellschafter entsprechen und nicht zu beanstanden sein.

Häufiger dürfte die Einflussnahme auf die Gesellschaft aber durch individuelle Interessen des jeweils handelnden Gesellschafters motiviert sein, wie etwa das Interesse an einer persönlichen Gewinnmaximierung, ideelle Vorstellungen oder die Verfolgung eigener, gesellschaftszweckfremder Ziele. Die Beeinflussung der Gesellschaft kann jedoch auch treuwidrigen und von der Rechtsordnung missbilligten Zwecken dienen, wie z.B. der Umgehung von Verträgen und Gesetzen, der Schädigung der Gesellschaft oder der Erlangung eines ungerechtfertigten Vorteils. Von einer solchen Motivation lässt sich wohl besonders sprechen, wenn die rechtliche Verselbstständigung der Gesellschaft genutzt wird, um die Gesellschaft als „Schutzschild" für eigene Zwecke zu instrumentalisieren.

IV. Notwendigkeit einer Relativierung rechtlicher Selbstständigkeit

Die Tatsache, dass rechtsfähige Gesellschaften in rechtlicher Hinsicht von ihren Gesellschaftern verselbstständigt, in tatsächlicher Hinsicht aber vielfach von ihnen abhängig sind, führt zu einem Dilemma der Rechtsanwendung. Die rechtspolitische Entscheidung, dass zwischen Gesellschaft und Gesellschaftern rechtlich zu trennen ist, spiegelt die wirtschaftliche Realität gelegentlich nicht wieder. Zu jener Realität gehört, dass es Gesellschaftern auf unterschiedliche Weise möglich ist, auf die Gesellschaft Einfluss zu nehmen und ihre Geschicke maßgeblich zu bestimmen.

Als Folge dieses Dilemmas kann die strikte Anwendung des Trennungsprinzips in der Rechtsanwendung geradezu unbillige Ergebnisse hervorrufen. Es besteht dann in der Rechtsanwendung die Gefahr, dass ein Sachverhalt durch den „rechtlichen Mantel" der Rechtsfähigkeit verschleiert und dadurch nicht zutreffend gewürdigt werden kann.[76] Es besteht ein Spannungsverhältnis zwischen rechtlicher Selbstständigkeit der Gesellschaft und tatsächlicher Einflussnahme der Gesellschafter.

Wegen dieses Spannungsverhältnisses ist es rechtspolitisch erforderlich, die Selbstständigkeit einer Gesellschaft zum Zwecke sicherer Rechtsanwendung ausnahmsweise zu korrigieren.[77] Diese Notwendigkeit bestand bislang

76 BGHZ 20, 4, 13: die ausnahmslose Anwendung dieses Prinzips könne sogar zu Ergebnissen führen, „die mit dem Grundsatz der Rechtsstaatlichkeit unvereinbar sind und nicht als Recht anerkannt werden können".

77 Vgl. *Wedemann,* Gesellschafterkonflikte, S. 11 ff. (der Umfang der Rechtsfähigkeit sei im Gegensatz zu seinem Bestehen ein rechtspolitisches Problem).

klassischerweise bei juristischen Personen, betrifft heute jedoch schlechthin sämtliche Gesellschaften, soweit sie rechtsfähig und von ihren Gesellschaftern rechtlich verselbstständigt sind. Es handelt sich damit um kein besonderes Problem bestimmter Rechtsformen, sondern um ein allgemeines Rechtsproblem des Gesellschaftsrechts schlechthin.[78]

B. Der Durchgriff als normatives Korrektiv rechtlicher Selbstständigkeit

Bislang ist die Notwendigkeit, die rechtliche Selbstständigkeit von Gesellschaften in Ausnahmefällen zu relativieren, verdeutlicht worden. Nun gilt es zu untersuchen, auf welche Weise eine solche Relativierung erfolgen kann. In Deutschland besteht – ebenso wie in ausländischen Rechtsordnungen – Einigkeit jedenfalls darin, dass bei der Rechtsanwendung ausnahmsweise die Eigenständigkeit einer Gesellschaft übergangen werden kann und statt dem die hinter ihr stehenden Gesellschafter berücksichtigt werden können. Eine solche Korrektur rechtlicher Selbstständigkeit wird gemeinhin auch mit dem Begriff „Durchgriff" assoziiert.[79]

Was unter einem Durchgriff genau zu verstehen ist, erschließt sich nicht ohne Weiteres. Man kommt daher nicht daran vorbei, zunächst das Begriffsverständnis (I.), die Erscheinungsformen (II.) und die dogmatische Herleitung des Durchgriffs (III.) eingehender zu betrachten.

I. Begriffsverständnis

Die Bezeichnung „Durchgriff" bzw. „Durchgriff durch den Schleier der juristischen Person" ist angelehnt an die aus dem anglo-amerikanischen Rechtskreis stammenden Institute des *„piercing the corporate veil"* bzw. *„disregard of legal entity"*. Sie verbildlicht die Korrektur des Trennungsprinzips, bei dem Gesellschaft

---

78 So u.a. *John*, AcP 185 (1985), 226; *K. Schmidt*, Gesellschaftsrecht, § 9 I 2, S. 219; *Kübler/Assmann*, Gesellschaftsrecht, § 24 II S. 369; *Wedemann*, Gesellschafterkonflikte, S. 11 ff.: Die Trennung zwischen Personen- und Kapitalgesellschaften dürfe keine „unüberwindbare Schlucht" sein; zur gleichen Problematik im schweizerischen Recht, vgl. *Jung*, in: FS Schwenzer, S. 895, 897.

79 Einen vergleichbaren Ansatz verfolgt die sog. „wirtschaftliche Betrachtungsweise", die im nachfolgenden jedoch nicht näher betrachtet werden soll. Zu seiner Übertragbarkeit auf das Privatrecht, vgl. *Ch. Möller*, Die wirtschaftliche Betrachtungsweise im Privatrecht, S. 17 ff.

und ihre Gesellschafter ausnahmsweise nicht getrennt, sondern im Sinne einer Einheitsbetrachtung als Einheit behandelt werden.

1. „Durchgriff" als Schlagwort

Für sich genommen ist der Begriff „Durchgriff" freilich wenig aussagekräftig. Er gibt weder Aufschluss über seinen eigentlichen Gegenstand und seine dogmatische Begründung, noch über die Lösung der zugrundeliegenden Sachprobleme, insbesondere über Anwendungsbereiche und Voraussetzungen. Auch ist er keine subsumtionsfähige Rechtsfigur.[80] Aus diesem Grund kommt es bisweilen vor, dass der Begriff des Durchgriffs wegen der Gefahr der Irreführung und fahrlässigen Benutzung[81] abgelehnt wird.[82]

Diese Untersuchung hält dennoch an dem Terminus „Durchgriff" als griffiger Verbildlichung eines universellen und komplexen Rechtsproblems fest. Eine einheitliche Terminologie ist gerade angesichts der Komplexität und Universalität des Rechtsproblems geboten.

Es lässt sich zudem nicht leugnen, dass der Begriff „Durchgriff" Sinnbild ist für die Frage nach den Grenzen rechtlicher Selbstständigkeit von Gesellschaften und damit einen Wiedererkennungswert für eine zentrale Kernfrage des Gesellschaftsrechts hat.[83] Der Begriff ist zudem im In- und Ausland sowie über die Grenzen des Gesellschaftsrechts anerkannt. Auch in anderen Rechtsgebieten wird regelmäßig vom Durchgriff gesprochen, wenn sich bei der Anwendung spezialgesetzlicher Tatbestände in gesellschaftsrechtlichen Fallgestaltungen die Frage stellt, ob ausnahmsweise über die Selbstständigkeit einer Gesellschaft hinweggegangen und auf die Gesellschafter zurückgegriffen werden darf.

---

80 Von einer „generalklauselartigen Leerformel" sprechend *Rehbinder*, in: FS Fischer 1979, S. 579, 582 und von „zwei Seiten ein und derselben Medaille" *Wiedemann*, Die Unternehmensgruppe im Privatrecht, S. 18 ff.

81 *Bärmann* zufolge sei der Durchgriff ein Slogan, der zur Irreführung und zur fahrlässigen Benutzung durch eilfertige oberflächliche Juristen verleiten könne, s. AcP 159, S. 365, 366; Zur Gefahr der Irreführung sprachlicher Mittel im Allgemeinen *Wittgenstein*, Philosophische Untersuchungen, § 109, S. 52.

82 *Wilhelm,* Rechtsform und Haftung bei der juristischen Person, passim.

83 Ähnlich z.B. *Bork*, ZGR 1994, 237, 241 f. für einen Oberbegriff für Fragen der Zurechnung und Haftung; *Escher-Weingart,* Reform durch Deregulierung, S. 142 spricht von einer „Stichwortfunktion"; ebenso aus pragmatischen Gründen für die bessere Orientierung der Praktiker auch Michalski/Heidinger/Leible/J.Schmidt/*Lieder*, § 13 GmbHG, Rn. 341.

2. *Differenzierung zwischen Durchgriffsproblem und Durchgriffsmethode*

Der Begriff des Durchgriffs wird im Folgenden als Oberbegriff einer einheitlichen Rechtsproblematik verstanden, weil eine Korrektur rechtlicher Selbstständigkeit von Gesellschaften auf unterschiedliche Weise denkbar ist. Will man den Begriff des Durchgriffs verwenden, bietet es sich an, zwischen Durchgriffs*problemen* und der eigentlichen Durchgriffs*methode* zu unterschieden.[84]

Unter dem Durchgriffsproblem ist demnach nur ein Sachverhalt zu verstehen, bei dem die strikte Trennung zwischen Gesellschaft und deren „personalem Substrat", den Gesellschaftern, nicht sachgerecht erscheint. Derartige Sachverhalte bestehen vorwiegend dann, wenn, wie oben aufgezeigt, Gesellschafter eine besondere Einflussmacht auf das Wirken der Gesellschaft ausüben können. Diese Sachverhalte sind zahlreich und unterschiedlich.

Wie diese Durchgriffsprobleme rechtsmethodisch zu lösen sind, entscheidet sich erst in einem zweiten Schritt. Durchgriffsprobleme lassen sich entweder aufgrund gesetzlicher oder vertraglicher Normen lösen, etwa indem eine Haftung der Gesellschaft z.B. durch die Haftungstatbestände §§ 823 Abs. 2, 826 BGB oder §§ 128, 129 HGB herbeigeführt wird.[85] Derartige Lösungen stellen allerdings nur einen *unechten* Durchgriff bzw. Durchgriff im weiteren Sinn dar.[86] Der eigentliche, *echte* Durchgriff, d.h. die ausnahmsweise Durchbrechung des Trennungsprinzips, die Gegenstand dieser Untersuchung ist, kommt erst bei Fehlen gesetzlicher oder vertraglicher Regelungen in Betracht.[87]

84 Zu dieser begrifflichen Unterscheidung *K. Schmidt*, Gesellschaftsrecht, § 9 II 3 a).

85 Weitere Beispiele: §§ 130–136 InsO, § 3 Abs. 1 AnfG, §§ 62 Abs. 2, 307 f., 309 Abs. 4 Satz 3, 317 Abs. 3, 322 AktG. Eine gesetzliche Regelung des Durchgriffs finden sich im Ausland z.B. im chinesischen Unternehmensgesetzbuch, vgl. die englische Übersetzung des Art. 20 Abs. 3 《公司法》英文版vom 29.12.1993, in der Fassung von 27.10.2005, abrufbar unter http://wzj.siac.gov.cn: "*Where any of the shareholders of a company evades the payment of its debts by abusing the independent status of legal person or the shareholder's limited liabilities, and thus seriously damages the interests of any creditor, it shall bear joint liabilities for the debts of the company.*"

86 Vgl. MüKomm-GmbHG/*Merkt*, § 13 Rn. 338; a.A. Hachenburg/*Mertens*, Anh. § 13 Rn. 2 für einen echten Durchgriff; zum weiten und engen Begriffsverständnis, vgl. *Raiser/Veil*, § 29 I 1 Rn. 1, S. 399; zur Kritik an dieser terminologischen Unterscheidung Michalski/Heidinger/Leible/J. Schmidt/*Lieder*, § 13 Rn. 341, im Besonderen *K. Schmidt*, Gesellschaftsrecht, § 9 IV 1 b.

87 Denkbar ist vor allem eine Haftung aus Rechtsschein, culpa in contrahendo (§ 311 Abs. 2, 3, 241 Abs. 2 BGB); Schuldbeitritt, Patronatserklärung, Bürgschaft (§ 765 BGB), Garantie oder deliktischer Haftung (§§ 823, 826 BGB).

II. Dogmatische Herleitung

Über die Funktionsweise und Anforderungen des Durchgriffs gibt seine rechtsdogmatische Herleitung Aufschluss.[88] Die Suche nach einer einheitlichen, gemeinsamen Dogmatik für den Durchgriff beschäftigt die wissenschaftliche Auseinandersetzung bis heute. Es stehen sich hierbei die Erklärungsansätze der Rechtsprechung sowie dogmatische Konzepte des Schrifttums gegenüber. Teilweise werden diese Ansätze als miteinander unvereinbar, bisweilen sogar als im Ansatz gescheitert erklärt.[89] Für das Verständnis des Durchgriffs ist ein Überblick über die wichtigsten Erklärungskonzepte und ihre historische Entwicklung dagegen unentbehrlich.

1. Konzept der höchstrichterlichen Rechtsprechung

Der höchstrichterlichen Rechtsprechung in Durchgriffsproblemen lässt sich kein einheitliches Durchgriffskonzept entnehmen, da diese einzelfallorientiert und von allgemeinen Billigkeitserwägungen geprägt ist.[90] Sie stellt dennoch einen Eckpfeiler der Durchgriffsdiskussion dar, weil sie schon früh die Notwendigkeit anerkannt hat, das Trennungsprinzip in besonderen Fällen einzuschränken.

a) Rechtsprechung des Reichsgerichts

Die Idee eines Durchgriffs auf Gesellschafter findet sich wohl erstmalig in der höchstrichterlichen Rechtsprechung Deutschlands zu Beginn des 20. Jahrhunderts. Nachdem die rechtliche Selbstständigkeit juristischer Personen lange Zeit als selbstverständlich und unangreifbar gegolten hatte,[91] begann sich bereits das Reichsgericht (RG) zunehmend auch mit den Grenzen und Ausnahmen des gesellschaftsrechtlichen Trennungsprinzips zu beschäftigen.

Das RG hatte mehrfach über Fälle zu entscheiden, in denen Gesellschafter mit erheblichem Anteilsbesitz die Tätigkeit der Gesellschaft maßgeblich beeinflussten. Aufgrund dieser persönlichen Verflechtung mit den Gesellschaftern stellte

---

88 *Rüthers*, Rn. 311 (Dogmatik kommt die Aufgabe zu, geltendes Recht mit rationaler Überzeugungskraft zu erklären).

89 So z.B. KK-AktG/*Daubner-Lieb*, § 1 Rn. 50 und MüKomm-AktG/*Heider*, § 1 Rn. 50 für sämtliche Erklärungsansätze.

90 Zur frühen Kritik, vgl. *Erlinghagen*, GmbHR 1962, 169, 170; *Serick*, S. 13.

91 Selbst in Entscheidungen zur Einmann-GmbH stellte das RG die rechtliche Selbstständigkeit nicht infrage, vgl. RGZ 85, 380, 382; 87, 18, 25; 92, 77, 84.

es in unterschiedlichen Zusammenhängen die Selbstständigkeit der Gesellschaft beiseite und maßgeblich auf die wirtschaftlichen Verhältnisse ab.

Es versagte z.B. einem Alleingesellschafter die Berufung auf die rechtliche Selbstständigkeit der Gesellschaft, weil es diesem möglich war, einen ihm widerstrebenden Geschäftsführer zu entlassen und durch einen gefügigeren Nachfolger zu ersetzen.[92] In einem anderen Fall versagte das RG einem GmbH-Alleingesellschafter den Unmöglichkeits-Einwand gegen die von ihm persönlich eingegangene Leistungspflicht, einen Dritten an dem Reingewinn der Gesellschaft zu beteiligen, weil er wegen seiner Einflussmöglichkeiten trotz rechtlicher Selbstständigkeit der Gesellschaft zur Erfüllung dieser Leistungspflicht imstande war.[93] In weiteren Entscheidungen zog das RG die Vermögensverhältnisse des Gesellschafters bei der Anpassung der Leistungsschuld einer Gesellschaft im Wege der „Aufwertung“[94] heran,[95] berücksichtigte die Vertrauenswürdigkeit eines Gesellschafters im Rahmen einer Irrtumsanfechtung gegenüber der Gesellschaft[96] und lehnte wegen der Bösgläubigkeit des Gesellschafters die Möglichkeit eines gutgläubigen Erwerbs durch die Gesellschaft ab.[97]

In methodischer Hinsicht setzte das RG entweder die Gesellschaft mit den Gesellschaftern gleich,[98] zog die hinter der Gesellschaft stehenden Gesellschafter als maßgebliches Zurechnungssubjekt heran[99] oder versagte gleich vollständig

---

92 Bereits in RGZ 99, 232, 234 (Möglichkeit des Alleingesellschafters, den ihm widerstrebenden Geschäftsführer zu entlassen und durch einen gefügigeren Nachfolger zu ersetzen).

93 RGZ 99, 232, 234 (Einwand des GmbH-Alleingesellschafters versagt, sich auf die Unmöglichkeit der von ihm persönlich eingegangenen Leistungspflicht zur Beteiligung eines Dritten an dem Reingewinn der Gesellschaft zu berufen, da er trotz der rechtlichen Selbstständigkeit der Gesellschaft aufgrund seiner Einflussmöglichkeiten zur Erfüllung der Leistungspflicht imstande war).

94 Richterliche Anpassung von Leistungsschulden, die vielfach während der Inflation nach dem Ersten Weltkrieg stattfand, vgl. erstmals RGZ 107, 78 ff.

95 RGZ 129, 50, 53 f.

96 RGZ 143, 431 (für Gesellschafter, die im Innern das Tun und Lassen der Gesellschaft nach Maßgabe der §§ 45 ff. GmbHG beherrschen).

97 Vgl. RGZ 126, 45 ff.

98 Vgl. tendenziell RGZ 169, 240, 248.

99 Zum grundsätzlichen, auf die Organe, Stellvertreter und Geschäftsgehilfen beschränkten Verständnis des Zurechnungssubjekts bei juristischen Personen, vgl. *Buck-Heeb*, S. 114 ff.

die rechtliche Selbstständigkeit der Gesellschaft.[100] Über verallgemeinerungsfähige Voraussetzungen eines Durchgriffs gibt die Rechtsprechung des RG wenig Aufschluss. Stattdessen stützte das RG sich hauptsächlich auf allgemeine, am Grundsatz von Treu und Glauben ausgerichtete Billigkeitserwägungen. Aus diesem Grund fallen die Entscheidungsbegründungen überwiegend vage, nebulös und für die Rechtsanwendung wenig praktikabel aus. Deutlich wird diese Beobachtung bereits in der ersten Durchgriffsentscheidung des RG:

> „Unter Umständen [kann] die Besonderheit des Einzelfalls zu einer abweichenden Handhabung führen […], wenn die Wirklichkeiten des Lebens, die wirtschaftlichen Bedürfnisse und die Macht der Tatsachen es dem Richter gebieten, die juristische Konstruktion hintanzusetzen."[101]

Ähnlich verhält es sich in weiteren Entscheidungen des RG. Demnach gäbe es *„eine engere Grenze, wo man mit der Konsequenz anfängt, sich an der Natur der Sache zu versündigen, und das Rechtsverhältnis geradezu verfälscht"*.[102] Der Durchgriff könne daher ausnahmsweise *„einem mit der Gesellschaft in Rechtsbeziehungen getretenen Dritten zu der ihm nach Treu und Glauben zukommenden Leistung […] verhelfen."*[103] Erst in späteren Entscheidungen lässt das RG die Vermeidung von Rechtsmissbrauch als Motiv für die Durchbrechung des Trennungsprinzips erkennen. Demnach soll ein Durchgriff geboten sein, wenn die Berufung auf die förmliche Verschiedenheit *„gegen Treu und Glauben verstoßen und sich als rechtsmissbräuchlich darstellen"* würde.[104]

b) Rechtsprechung des Bundesgerichtshofes

Der Bundesgerichtshof (BGH) lässt seit seinen Anfängen einen Durchgriff in besonderen Ausnahmefällen ebenfalls zu, deren Erscheinungsformen im

---

100 Wegen der Nähe zur Fiktionslehre von *Savigny,* System des heutigen römischen Rechts, Bd. 2, § 85 S. 235 ff., § 86, S. 243 f. spricht *Flume,* Juristische Person, § 3 I insofern von den *„Kinder[n] der Fiktionstheorie"*.

101 Vgl. RGZ 99, 232, 234. In weiteren Entscheidungen fällt die Begründung eines Durchgriffs sogar noch nüchterner aus: „Bildet eine GmbH nur die Rechtsform, unter welcher der geschäftliche Betrieb geführt wird, [d]ann lässt sich […] die Gleichsetzung von Gesellschaft mit den vor und hinter ihr stehenden natürlichen Personen im praktischen Leben bis zu einem gewissen Umfang nicht vermeiden.", vgl. RGZ 143, 429, 431.

102 Vgl. RGZ 103, 64, 66.

103 Vgl. RGZ 156, 271, 277 (einen Durchgriff im Ergebnis ablehnend).

104 Vgl. RGZ 169, 240, 248.

Folgenden noch näher betrachtet werden.[105] Bei der Entwicklung einer einheitlichen, für sämtliche Erscheinungsformen übergreifenden Dogmatik ist der BGH dagegen weitgehend zurückhaltend geblieben. Abgesehen von anfänglichen Entscheidungen zu sog. „Kriegsgesellschaften"[106] denen wegen der außergewöhnlichen Nachkriegssituation keine grundsätzliche Bedeutung zukommen soll,[107] lässt sich auch der darauffolgenden Rechtsprechung kein einheitliches Durchgriffskonzept entnehmen. Obwohl die Entscheidungsbegründungen Überschneidungen mit den dogmatischen Erklärungsansätzen der Literatur erkennen lassen, sind sie keinem dieser Ansätze eindeutig zuzuordnen.[108]

Die Rechtsprechung des BGH weist dennoch bestimmte Charakteristika auf. Zum einen zeichnet sie sich dadurch aus, dass der BGH einen Durchgriff nur als *ultima ratio* in begründeten Ausnahmefällen zulässt. Es sei zu vermeiden, dass „über die rechtliche Verschiedenheit von juristischen Personen und ihren

---

105 Siehe unten 1. Teil, B. III.

106 Kriegsgesellschaften lagen im alleinigen Eigentum des Deutschen Reichs als Alleingesellschafter, sodass die Aufgaben der Gesellschaft ungewöhnlich eng mit denen der Staats- und Kriegsführung verflochten waren. Die Entscheidungen des BGH betrafen häufig die Identität dieser Kriegsgesellschaften mit dem Reich, z.B. bei der Frage der Aufrechenbarkeit von Reichsschulden gegen Forderungen von Kriegsgesellschaften, vgl. BGH NJW 1952, 817 f.; BGHZ 10, 205; 15, 27; BB 1955, 559; DB 1955, 333; BGHZ 26, 31, 37; oder im Rahmen der Fähigkeit des Reiches (als Nichteigentümerin!) zum mittelbaren Besitz gem. § 14 Nr. 5 UmStG, vgl. BGHZ 3, 316.

107 Zur geringen Verallgemeinerungsfähigkeit und Übertragbarkeit der Rechtsprechung zu „Kriegsgesellschaften" auf Sachverhalte, in denen ein Unternehmer kraft freier, durch die Bedürfnisse des Erwerbslebens eine von ihm abhängige Gesellschaft gegründet hat, vgl. BGHZ 26, 31, 37: „Dort lag eine außergewöhnliche Nachkriegssituation vor, in der einerseits Reichsgesellschaften, die Kriegs- oder Rüstungszwecken dienten und in privatrechtlicher Form organisiert waren, als Gläubiger auftraten. [...] Die autoritäre Staatsführung übte, abgesehen von den gesellschaftsrechtlichen Einflußmöglichkeiten und von der Beeinflussung auf Grund zusätzlicher vertraglicher Vereinbarungen, durch ihre allgemeine Befehlsgewalt eine weitgehende Herrschaft über diese einzelnen Gesellschaften aus. Diese Gesellschaften machten nach dem Kriege Forderungen aus dem Funktionsbereich des Reiches geltend, während andererseits auf die Verbindlichkeiten des Reiches keine Erfüllung zu erlangen war [...]. Bei dieser besonderen Sachlage hätte es einen Verstoß gegen Treu und Glauben dargestellt, wenn dem Gläubiger des Reiches gegenüber der Forderung einer derartigen Gesellschaft, die aus der Wahrnehmung von Reichsaufgaben herrührte, die Aufrechnung versagt worden wäre."

108 Teilweise lehnt der BGH die Ansätze der Literatur auch ausdrücklich ab, wie in BGHZ 20, 4, 13.

Gesellschaftern [...] leichtfertig und schrankenlos hinweggegangen“ wird.[109] So erklärt sich, dass der BGH einen Durchgriff auf Gesellschafter vor allem in haftungsrechtlichen Konstellationen mittlerweile überwiegend ablehnt und stattdessen eine schadensersatzrechtliche Innenhaftung der Gesellschafter bevorzugt.

Zum anderen beruft sich der BGH, ähnlich wie zuvor das RG, zur Begründung des Durchgriffs auf Billigkeitserwägungen und den Grundsatz von Treu und Glauben. Dieser Begründungsansatz lässt auf das Motiv des BGH schließen, insbesondere Rechtsmissbrauch durch die uneingeschränkte Gewährung einer Selbstständigkeit von Gesellschaften zu vermeiden oder gar zu sanktionieren. Hierfür spricht die mehrfach herangezogene Formulierung, dass die Durchbrechung des Trennungsprinzips gerechtfertigt sei, wenn seine strikte Wahrung zu Ergebnissen führt,

> „die mit Treu und Glauben nicht in Einklang stehen, und wenn die Ausnutzung der rechtlichen Verschiedenheit zwischen der juristischen Person und den hinter ihr stehenden natürlichen Personen einen Rechtsmissbrauch bedeutet.“[110]

Insgesamt lässt sich beobachten, dass der Durchgriff in der Rechtsprechung des RG und BGH eine an den Umständen des Einzelfalls ausgerichtete Billigkeitslösung darstellt. Die hierzu herangezogenen unbestimmten, generalklauselartigen und billigkeitsgeprägten Formeln sind jedoch wenig verallgemeinerungsfähig und geben über das dogmatische Konzept eines Durchgriffs wenig Aufschluss.

2. *Konzepte der Literatur*

Die Auseinandersetzung mit einem einheitlichen dogmatischen Konzept des Durchgriffs findet im Wesentlichen in der Literatur statt. Nach ersten Hinweisen bei *Curt Fischer* und *Ludwig Raiser*[111] finden sich erste Begründungsansätze vor allem bei *Serick*,[112] der im Rechtsvergleich mit dem US-amerikanischen Recht das Rechtsinstitut eines sog. „*Durchgriffs durch den Schleier der juristischen Person*“ entwickelte, und später bei *Müller-Freienfels*,[113] der das Durchgriffsproblem lediglich als Frage der Normanwendung betrachtete.[114] Diese historischen

---

109 Vgl. BGHZ 20, 3, 11; 26, 31, 37; 54, 222, 224; 78, 318, 333.

110 BGHZ 29, 385, 392; 54, 222, 224; 78, 318, 333.

111 Vgl. *Schanze*, Einmanngesellschaft und Durchgriffshaftung, S. 56 ff. m.w.N.

112 *Serick*, S. 14 ff. im Wesentlichen angeregt durch den Aufsatz von *Wolf*, 54 L.Q. Rev. 494 1938, S. 522 ff. zu den Grenzen der juristischen Person im englischen Recht.

113 *Müller-Freienfels*, AcP 156 (1957) 522.

114 Ebenfalls grundlegend *Drobnig*, Haftungsdurchgriff bei Kapitalgesellschaften, passim; *Flume*, Juristische Person, Bd. I/2, S. 63 ff.; *Reinhardt*, FS Lehmann, S. 576–593; *Rehbinder*, Konzernaußenrecht und allgemeines Privatrecht, passim; *ders.* FS Fischer,

Ansätze bilden die Grundlage der zahlreichen dogmatischen Erklärungsansätzen. Von ihnen sind bis heute im Wesentlichen die sog. Missbrauchslehre und sog. Normanwendungsbzw. Normzwecklehre präsent geblieben.[115]

a) Die Missbrauchslehre

Der sog. *Missbrauchslehre* zufolge soll die rechtliche Selbstständigkeit einer Gesellschaft vollständig entfallen, wenn sie rechtsmissbräuchlich zweckentfremdet wird. Sie geht von der Annahme aus, dass die Rechtsordnung die selbstständige Gesellschaft, insbesondere das Trennungsprinzip, nur für bestimmte Zwecke anerkennt und in Missbrauchsfällen, d.h. außerhalb dieser Zwecke versagt werden kann.[116] Der Missbrauchslehre zufolge stellt der Durchgriff ein eigenständiges Institut dar, das die Selbstständigkeit der Gesellschaft ausnahmsweise durchbricht.

Die Missbrauchslehre kennt im Wesentlichen zwei Ausprägungen. Nach der maßgeblich auf *Serick* zurückgehenden *subjektiven Missbrauchslehre* soll es für die ausnahmsweise Vernachlässigung der Verselbstständigung einer rechtsfähigen Gesellschaft darauf ankommen, ob die jeweilige Rechtsform „zu unlauteren Zwecken missbraucht"[117] werde. Eine solche subjektive Vorwerfbarkeit sei anzunehmen, wenn die juristische Person geradezu „vorgeschoben" werde um gesetzliche oder vertragliche Verpflichtungen zu umgehen oder Dritte zu schädigen, mithin treu- oder sittenwidrige Zwecke zu erreichen.[118] Wegen der

---

1979, S. 579 f. sowie *ders.* FS Kübler, 1997, 493 f.; *Wiedemann*, Die Unternehmensgruppe, S. 20; *ders.* WM-Sonderbeilage 4/1975; *ders.* Gesellschaftsrecht I, § 4 III; *Wilhelm*, Rechtsform und Haftung bei der juristischen Person, 1981, S. 285 ff.; *ders.* FS Flume II, 1978, S. 337, 391 ff., *ders.* NJW 2003, 175, 178 f.; *Altmeppen*, ZIP 2002, 1553.

115 Hiervon zu unterscheiden sind die Ansätze von *Flume*, *Wilhelm* und *Altmeppen*. Sie halten in Haftungsfragen einen Durchgriff zur Korrektur des Trennungsprinzips für verfehlt und bevorzugen stattdessen eine Gesellschafterhaftung gegenüber der Gesellschaft im Innenverhältnis. Im Übrigen stimmen sie mit den nachfolgend dargestellten Lehren darin überein, dass die rechtsfähige Gesellschaft lediglich eine Wirkungseinheit darstellt, wodurch ihr Gesellschaftereigenschaften ggf. zuzurechnen sein können. Vgl. *Flume*, Juristische Person, Bd. I/2, S. 63 ff.; *Wilhelm*, Rechtsform und Haftung bei der juristischen Person, S. 285 ff.; *ders.*, in: FS Flume II, 1978, S. 337, 391 ff.; *ders.* Zurück zur Durchgriffshaftung – das „KBV"-Urteil des II. Zivilsenats des BGH vom 24. 6. 2002, NJW 2003, 175, 178 f.; *Altmeppen*, ZIP 2002, 1553.

116 *Serick*, S. 3.

117 a.a.O., S. 24, 38.

118 a.a.O., S. 14, 203.

Beschränkung auf subjektive Missbrauchsfälle erscheint diese Missbrauchslehre jedoch zu eng und wird heute nicht mehr vertreten.[119]

Demgegenüber stellt die sog. *objektiv-institutionelle Missbrauchslehre* mit der objektiv zweckwidrigen Verwendung der juristischen Person auf einen weiteren, von subjektiven Merkmalen gelösten Maßstab ab.[120] Anlass für einen Durchgriff bestehe demnach, wenn die Trennung zwischen Verband und Mitglied bereits den Wertungen der Rechtsordnung widerspricht.[121] Für die Beurteilung eines zweckwidrigen Gebrauchs der Rechtsform kommen demnach sowohl rechtliche als auch tatsächliche Aspekte, nicht dagegen die Willensrichtung der Gesellschafter in Betracht. Die rechtliche Selbstständigkeit einer Gesellschaft kann deshalb bereits entfallen, sobald diese lediglich zur Verwirklichung fremder Interessen genutzt wird.[122]

b) Normanwendung- oder Normzwecklehre

Einen anderen Ansatz verfolgt hingegen die sog. *Normanwendungs-* bzw. *Normzwecklehre.*[123] Sie versteht sämtliche Durchgriffsprobleme als Frage der Normanwendung und -auslegung.[124] Sie geht nämlich davon aus, dass die Selbstständigkeit rechtsfähiger Gesellschaften eine „konstruktive Abbreviatur zur gedanklichen Zusammenfassung von Tatbeständen, Beziehungen und Normen"[125] darstellt. Diese Abbreviatur gelte nur nach Sinn und Zweck der konkret anzuwenden Rechtsnorm. Das bedeutet, dass nur im Lichte der jeweiligen

---

119 Von der Rechtsprechung wird sie sogar ausdrücklich abgelehnt, vgl. BGHZ 20, 4, 13.

120 *Kuhn*, S. 35 f.; 146 ff; *Rehbinder*, Konzernaußenrecht und allgemeines Privatrecht, S. 119 f.; *Reinhardt*, FS Lehmann, S. 576, 587; MüKomm-BGB/*Reuter*, 7. Aufl. Vor § 21 Rn. 21.

121 *K. Schmidt*, Gesellschaftsrecht, S. 222.

122 MüKomm-BGB/*Reuter*, 7. Aufl., Vor § 21 Rn. 19.

123 Sie geht maßgeblich auf *Müller-Freienfels*, AcP 156 (1957), 522 ff. zurück; folgende und weitergehend *P. Behrens*, RabelsZ 46 (1982) 308, 313 f.; *Schanze*, Einmanngesellschaft und Durchgriffshaftung, 1975; *Rittner*, S. 271 ff.

124 Für den Rückgriff auf die Terminologie des Durchgriffs im Rahmen der Normanwendungslehre, vgl. *Coing*, NJW 1977, 1793, 1796. Anders dagegen *Flume*, Juristische Person, Bd. 1, S. 84 bereits im Grundsatz und *K. Schmidt*, Gesellschaftsrecht, S. 230, der am sog. „Normanwendungsproblem" festhält.

125 Vgl. *Müller-Freienfels*, AcP 156 (1957), 522, 529 (Einheit der juristischen Person lediglich als „konstruktive Abbreviatur" und „bequemer, zusammenfassender Ausdruck für bestimmte Einheiten, […] eine gedankliche Zusammenfassung von Tatbeständen, Beziehungen und Normen"); *Kelsen*, Reine Rechtslehre, S. 193 f.

Norm oder vertraglichen Bestimmung, ihres Norm- bzw. Regelungszwecks und der jeweiligen Interessenslage geprüft und entschieden werden, ob die Gesellschaft als verselbstständigt gelten soll.[126] In anderen Worten: die Frage, ob im Rahmen der Normanwendung anstelle der Gesellschaft auf ihre Gesellschafter abzustellen ist, beantwortet maßgeblich die interessensorientierte (ergänzende) Gesetz- und Vertragsauslegung im Einzelfall.[127] Ist dies der Fall, so wird eine Norm oder vertragliche Bestimmung so ausgelegt und angewandt, als bildeten Gesellschaft und Gesellschafter eine Einheit.

3. *Eigene Stellungnahme*

Während sich aus der Rechtsprechung keine verallgemeinerungsfähigen dogmatischen Grundsätze ableiten lassen, sind für eine dogmatische Herleitung des Durchgriffs vor allem die Lehren der Literatur geeignet.

Vorzugswürdig unter den vorgestellten Lehren erscheint allein der Ansatz der Normzwecklehre. Sie bietet ein dogmatisch schlüssiges Konzept, das auf der juristischen Methodenlehre fußt. Damit ist sie im Gegensatz zu den Missbrauchslehren nicht dem Vorwurf ausgesetzt, sich außerhalb gesicherter Rechtsanwendung zu bewegen. Zudem überzeugt, dass die Zulässigkeit eines Durchgriffs sich am jeweiligen Normzweck, der „Politik des Gesetzes",[128] bzw. dem jeweiligen Regelungszweck zu orientieren hat. Hierdurch lassen sich Durchgriffsprobleme nicht nur in ihren unterschiedlichen Erscheinungsformen, sondern auch mit Besonderheiten und Wertungen des jeweiligen Rechtsgebiets vereinbaren, dem die konkret anzuwendende Norm oder Bestimmung entspringt.

Die Missbrauchslehren sind dagegen abzulehnen.[129] Die Idee eines eigenständigen Durchgriffsinstituts erscheint dogmatisch zu fragil, da sie mit der vollständigen Leugnung rechtlicher Selbstständigkeit „über das Ziel hinausschießt".[130]

---

126 *Müller-Freienfels*, AcP 156 (1957) 522, 529; ferner u.a. Hachenburg/*Ulmer*, Anh. § 30 Rn. 52; *Schanze*, Einmanngesellschaft, S. 102 ff., 114; *Stimpel*, FS Goerdeler, S. 601; Rowedder/Schmidt-Leithoff/*Pentz*, § 13 Rn. 143, 153.

127 Noch weiter *Bork*, ZGR 1994, 237, 242, der hauptsächlich die Interessenabwägung in den Mittelpunkt stellt.

128 Der Ausdruck geht zurück auf *Steindorff*, in: FS Larenz 1973, S. 217 ff., der die einem Gesetz zugrundeliegenden rechtspolitischen Wertungen und Entscheidungen des Gesetzgebers als „Politik des Gesetzes" versteht.

129 Vollständig abgelehnt etwa von Michalski/Heidinger/Leible/J.Schmidt/*Lieder*, GmbHG § 13 Rn. 390; Rowedder/Schmidt-Leithoff/*Pentz*, § 13 Rn. 142 und Ulmer/Habersack/*Raiser*, § 13 Rn. 51.

130 So Michalski/Heidinger/Leible/J.Schmidt/*Lieder*, GmbHG § 13 Rn. 390.

Ihnen ist zwar zuzugeben, dass die missbräuchliche bzw. zweckwidrige Verwendung der Gesellschaft einen Hauptanwendungsfall des Durchgriffs darstellt. In diesen Fällen dürfte auch nach der Normzwecklehre unzweifelhaft sein, dass das Vorschieben der selbstständigen Gesellschaft zu Umgehungszwecken dem jeweiligen Norm- oder Regelungszweck widersprechen würde. Damit erscheint aber jedenfalls die subjektive Missbrauchslehre zu eng und problematisch, da sie weitere Durchgriffsprobleme ausschlösse und Missbrauch allein grundsätzlich schwer zu beweisen ist. Auch die objektiv-institutionelle Missbrauchslehre vermag nicht zu überzeugen. Ihr Tatbestandsmerkmal der objektiv zweckwidrigen Verwendung der Gesellschaft ist zu weit und ausfüllungsbedürftig.[131] Dieses Merkmal ist auch wenig rechtssicher, weil es weiterhin der Konkretisierung durch die höchstrichterliche Rechtsprechung bedarf, die sich bei der Entwicklung eines dogmatischen Durchgriffskonzepts jedoch bewusst zurückhält.

Für die weitergehende Untersuchung des Durchgriffs lautet somit die Erkenntnis, dass die Durchgriffsmethode kein Institut darstellt, sondern eine am jeweiligen Sinn und Zweck orientierte Normanwendung, an dessen Ende ein Durchgriff auf die Gesellschafter steht. Ein Durchgriff ist demnach zulässig, wenn bei der Anwendung einer konkreten Regelung auf eine rechtsfähige Gesellschaft oder ihre Gesellschafter die rechtliche Unterscheidung zwischen diesen beiden Rechtssubjekten dazu führt, dass der jeweilige Regelungszweck nicht oder nicht vollständig verwirklicht werden kann.

4. *Folgerungen für die Gesetzes- und Vertragsauslegung*

Im Sinne der Normanwendungslehre orientiert sich die Anwendbarkeit des Durchgriffs an einer normzweckorientierten Rechtsanwendung. Dies darf nicht dazu führen, dass rechtlich billigenswerte Ergebnisse im Wege einer methodisch losgelösten Rechtsfortbildung geschaffen werden. Vielmehr erfolgt der Durchgriff rechtstechnisch im Wege der Gesetzes- und Vertragsauslegung. Deshalb gilt es nachfolgend kurz zu beleuchten, welche konkreten Anforderungen an eine solche normzweckorientierte Rechtsanwendung zu stellen sind.

---

131 Vgl. zu weiteren Zweifeln an der inhaltlichen Bestimmtheit und dem verfassungsrechtlichen Bedürfnis nach Rechtssicherheit *Jung*, Unternehmergesellschafter, S. 16; dazu auch *Wilhelm*, NJW 1977, 1887; *Müller-Freienfels*, AcP 156 (1957), 522, 523.

a) Anforderungen der Auslegung

Zunächst ist im Rahmen der einfachen Gesetzes- und Vertragsauslegung zu prüfen, ob die konkrete Regelung, insbesondere ihrem Wortlaut und Sinn nach, eine Berücksichtigung der Gesellschafter zulässt. Die Auslegung von Gesetzen wie auch Verträgen unterliegt grds. demselben Auslegungskanon der grammatischen, historischen, systematischen sowie teleologischen Interpretation.[132] Die Grenze der Auslegung bildet dabei stets der Wortlaut der konkreten gesetzlichen oder vereinbarten Regelung.

b) Anforderungen der Rechtsfortbildung

Da in Durchgriffsfällen der Wortlaut eine Berücksichtigung der Gesellschafter gerade nicht zulässt, erfolgt die normzweckorientierte Rechtsanwendung regelmäßig eher im Bereich der Rechtsfortbildung. Die Rechtsfortbildung setzt sich über den Wortlaut der konkreten Regelung hinweg und korrigiert hiervon abweichend den Regelungsgehalt für einen konkreten Sachverhalt. Diese Normkorrektur geschieht allein deshalb, um der Wertung der Norm, d.h. dem Normzweck, zur Umsetzung zu verhelfen. Sie findet bei gesetzlichen Regelungen ebenso Anwendung, wie bei vertraglichen Regelungen, wo von der ergänzenden Vertragsauslegung gesprochen wird.

aa) Bestehen einer (planwidrigen) Regelungslücke

Die Rechtsfortbildung ist nicht Regelfall, sondern Ausnahme und deshalb an das Vorliegen besonderer Voraussetzungen geknüpft. Voraussetzung der Rechtsfortbildung ist das Bestehen einer Regelungslücke. Dies gilt sowohl für gesetzliche Normen, als auch für vertragliche Regelungen,[133] wo eine Bestimmung fehlen muss, die zur Verwirklichung des Regelungszwecks der Parteien erforderlich wäre.[134] Zu unterscheiden ist einerseits die offene Reglungslücke, die in einem zu eng gefassten Wortlaut besteht, der einen fraglichen Sachverhalt nicht erfasst. Es bedarf damit eines planwidrig offen gebliebenen Regelungspunktes, der zwingend zu ergänzen ist, damit der Widerspruch zwischen dem objektiv geregelten Sachverhalt und der tatsächlich entstandenen Lage beseitigt werden

132 Instruktiv siehe nur MüKomm-BGB/*Busche*, § 133 Rn. 5 ff. m.w.N.

133 BGH NJW 2004, 1590, 1591; 2002, 2310; 1994, 1008, 1011.

134 BGH NJW 2015, 1167, 1168.

kann.[135] Dagegen erfasst bei der verdeckten Regelungslücke ein zu weit gefasster Wortlaut bestimmte Sachverhalte, obwohl dies nicht dem Regelungszweck entspricht.[136]

Bei dem Durchgriff, d.h. der Erstreckung von Regelungen auf die hinter einer Gesellschaft stehende Gesellschafter, handelt es sich regelmäßig um Fälle offener Regelungslücken. Denn die Anwendbarkeit des Durchgriffs stellt sich dann, wenn der Wortlaut einer Regelung eigentlich nur die Gesellschaft erfasst, aber eine Erstreckung auch auf die Gesellschafter durch den Normzweck geboten erscheint.

bb) Schließung durch Analogie, teleologische Reduktion und ergänzende Vertragsauslegung

Bei gesetzlichen Regelungen erfolgt die Korrektur planwidriger offener Regelungslücken im Wege einer Analogie bzw. Erweiterung der Regelung. Dies setzt voraus, dass die Interessenslagen des erfassten und nicht erfassten Sachverhalts vergleichbar sind. Demgegenüber werden verdeckte Regelungslücken durch eine teleologische Reduktion geschlossen, indem der Regelungsgehalt soweit eingeschränkt wird, wie dies der Wertung der Regelung entspricht.

Abweichend hiervon erfolgt die Korrektur vertraglicher Regelungslücken im Wege ergänzender Vertragsauslegung. Sie setzt voraus, dass eine vertragliche Lücke nicht durch dispositives Gesetzesrecht sachgerecht geschlossen werden kann.[137] Erst wenn dies nicht möglich ist, kommt eine Anpassung der vertraglichen Regelung entsprechend dem hypothetischen Parteiwillen in Betracht. Hierfür ist maßgeblich, was die Parteien als redliche Vertragspartner bei angemessener Interessensabwägung nach Treu und Glauben vereinbart hätten, wenn sie den von ihnen nicht geregelten Fall bedacht hätten.[138]

c) Rechtsgebietsspezifische Anforderungen

Rechtsgebietsübergreifende Aussagen über die Anwendungsbereiche und Voraussetzungen des Durchgriffs sind nicht ohne Weiteres möglich. Hierzu sind konkrete auf die Gesellschaft anzuwendende Regelungen und ihre Regelungszwecke zu würdigen, was für das Versicherungsrecht an späterer Stelle erfolgen wird. An dieser Stelle lässt sich lediglich festhalten, dass für den Bereich des

135 Bamberger/Roth/*Wendtland*, § 157 Rn. 35.

136 Eingehend *Schwacke*, S. 128.

137 BGH NJW 1988, 450, 451.

138 BGH NJW 2012, 526; 2009, 679.

Versicherungsvertragsrechts sowohl die Vereinbarungen des jeweiligen Versicherungsvertrages, als auch die gesetzlichen Regelungen des Versicherungsvertragsgesetzes maßgeblich sind. Die Frage der Anwendbarkeit eines Durchgriffs auf Gesellschafter wird sich damit an beiden Rechtsquellen zu orientieren haben.

III. Erscheinungsformen

Auch wenn bei generalisierenden Aussagen über den Durchgriff Vorsicht geboten ist, lassen sich als Erscheinungsformen des Durchgriffs der *Haftungsdurchgriff* und der *Zurechnungsdurchgriff* voneinander unterscheiden.[139] Während die Durchgriffsdiskussion seit ihren Anfängen häufig auf die haftungsrechtliche Frage beschränkt wird, ob Gesellschafter für die Verbindlichkeiten der Gesellschaft einzustehen haben, sind die möglichen Erscheinungsformen weitaus vielfältiger. Sie erfassen daneben auch die wechselseitige Zurechnung von Tatbestandsmerkmalen zwischen Gesellschaft und Gesellschaftern.

1. *Haftungsdurchgriff*

Als *Haftungsdurchgriff*, teilweise auch *Verpflichtungsdurchgriff*[140] wird die Begründung einer persönlichen und unbeschränkten Außenhaftung der Gesellschafter für Verbindlichkeiten der Gesellschaft bezeichnet. Er knüpft auf der Rechtsfolgenseite einer gesetzlichen oder vertraglichen Regelung an und betrifft die Frage, ob eine Haftung oder Verpflichtung der Gesellschaft, d.h. eine die Gesellschaft treffende Rechtsfolge auf ihre Gesellschafter erstreckt werden kann.[141] Diese Erstreckung führt zu einer Durchbrechung des vermögensrechtlichen Trennungsprinzips, d.h. der Haftungsbegrenzung der Gesellschafter.

Indem der Haftungsdurchgriff eine grundsätzliche Haftungsbeschränkung voraussetzt, ist vor allem bei GmbH-Gesellschaftern und Aktionären (§ 13 Abs. 2 GmbHG, § 1 Abs. 1 S. 2 AktG) und daneben bei Kommanditisten denkbar, deren Gesellschafterhaftung zulässigerweise beschränkt oder ausgeschlossen ist (§ 171 Abs. 1 Hs. 2 HGB). Bei den unbeschränkt akzessorisch haftenden Gesellschaftern der OHG, KG und GbR (§ 128 S. 1, § 161 Abs. 1 HGB bzw. § 128 HGB analog)[142] scheidet er dagegen aus.

---

139 Die Unterscheidung geht zurück auf *Wiedemann*, Die Unternehmensgruppe im Privatrecht, S. 19, *ders.* WM 1975, Beil. 4, S. 17f. Differenzierend *K. Schmidt*, Gesellschaftsrecht, § 9 I 2 c; *Raiser*, Kapitalgesellschaften, § 29.

140 *Jung*, Unternehmergesellschafter, S. 664.

141 Vgl. *Bork*, ZGR 1994, 237, 241 f.

142 Für die GbR, vgl. BGH NJW 2014, 1107.

Auf Grundlage der hier vertretenen Normzwecklehre, beruht die dogmatische Herleitung des Haftungsdurchgriffs auf einer teleologischen Reduktion der konkreten Regelung zur Haftungsbeschränkung sowie einer analogen Anwendung der §§ 128, 129 HGB. Einigkeit besteht insoweit, dass der Grundsatz der Haftungsbeschränkung nur in eklatanten Ausnahmefällen versagt werden darf, weil der Haftungsdurchgriff eine Gesellschafterhaftung entgegen der gesetzlichen Haftungsbeschränkung, mithin *contra legem* bewirkt.[143] Dies soll der Fall sein, wenn ihr Sinn und Zweck, der Gläubigerschutz, zu Missbrauchszwecken unterlaufen oder das Haftungsprivileg auf sonstige Weise „verwirkt" wird.[144]

Für den Haftungsdurchgriff werden unterschiedliche Fallgruppen diskutiert, in denen wegen der besonderen Interessenslage das Haftungsprivileg entfallen soll, weil sich die Gesellschafter hierzu in Widerspruch setzen. Im Wesentlichen werden als Fallgruppen die *Vermögensvermischung*, die *Unterkapitalisierung* und die *Existenzvernichtung* unterschieden, die an späterer Stelle eingehender betrachtet werden sollen.[145] Jede der vorbenannten Fallgruppen setzt eine Form der Beherrschung oder Einflussnahme auf die Gesellschaft und ihre Geschäftsführung voraus. Teilweise konkurriert der Haftungsdurchgriff jedoch mit einer schadensersatzrechtlichen Lösung, die eine Haftung lediglich im Innenverhältnis gem. § 826 BGB bevorzugt.

2. *Zurechnungsdurchgriff*

Praktisch häufiger, vielfältiger und relevanter[146] dürften die Fragen der Zurechnung von Verhaltensweisen, Kenntnissen, Erklärungen oder Eigenschaften der Gesellschafter zur Gesellschaft sein. Sie kennzeichnen den *Zurechnungsdurchgriff*.

Diese Erscheinungsform des Durchgriffs knüpft bereits auf der Tatbestandsebene an. Im Wege des Zurechnungsdurchgriffs werden einer Gesellschaft bei der Normanwendung Tatbestandsmerkmale zugerechnet, die nicht von ihr, sondern ihren Gesellschaftern verwirklicht sind.[147] Es handelt sich um eine an der

---

143 Vgl. nur MüKomm-GmbHG/*Merkt*, § 13 Rn. 344; Baumbach/Hueck/*Fastrich*, § 13 Rn. 44.

144 So etwa in BGHZ 176, 204, vgl. Baumbach/Hueck/*Fastrich*, GmbHG, § 13 Rn. 44.

145 Die Fallgruppe der „Sphärenvermischung" ist dagegen nach Maßgabe der Grundsätze zur Rechtsscheinhaftung zu lösen und damit kein echter Durchgriff, vgl. nur *K. Schmidt*, Gesellschaftsrecht, § 9 IV 2 b, S. 236; Michalski/Heidinger/Leible/J.Schmidt/*Lieder*, GmbHG, § 13 Rn. 404; Scholz/Emmerich/*Bitter*, § 13 Rn. 137.

146 Zu dieser Einschätzung auch *Drygala*, in: FS Th. Raiser, S. 63, 64; Schmidt/Lutter/*Lutter*, AktG, § 1 Rn. 13.

147 Vgl. *Bork*, ZGR 1994, 237, 241 f.

jeweiligen Interessenslage ausgerichtete Gesetzesauslegung, dass Gesellschafter und Gesellschaft als Einheit zu betrachten sind. Im Bereich der (ergänzenden) Vertragsauslegung, kann ebenfalls von einem Zurechnungsdurchgriff gesprochen werden. Zweifel, ob es sich hierbei überhaupt noch um einen Durchgriff handelt,[148] vermögen nicht überzeugen. Die interessensgerechte Normanwendung bzw. -auslegung stellt nach der hier vertretenen Normzwecklehre nämlich durchaus einen Durchgriff dar, sobald sie sich über das Trennungsprinzip hinwegsetzt. Sie ist mit anderen Worten die „rechtstechnische Form der Umsetzung des Durchgriffs“.[149]

Angesichts der Fülle subjektiver Tatbestandsmerkmale in gesetzlichen und vertraglichen Normen besteht eine Vielzahl möglicher Anwendungsbereiche.[150] Sie sollen an dieser Stelle deshalb ebenfalls nur im Überblick und im späteren Verlauf der Untersuchung in Bezug auf konkrete Anwendungsbereiche im Versicherungsrecht eingehender betrachtet werden.

Bereits durch die Rechtsprechung des RG ist anerkannt, dass einer Gesellschaft im Rahmen einer Irrtumsanfechtung gem. § 119 Abs. 2 BGB die verkehrswesentliche Eigenschaft der Unzuverlässigkeit ihres Mehrheitsgesellschafters als Anfechtungsgrund zugerechnet werden kann.[151] Erst recht hält die Rechtsprechung und Literatur es für zulässig, einer Gesellschaft im Rahmen der Arglistanfechtung gem. § 123 Abs. 1 BGB eine Veranlassung des Alleingesellschafters zur Willenserklärung durch arglistige Täuschung entgegenzuhalten.[152] Ihr soll nämlich die Berufung auf § 123 Abs. 2 S. 1 BGB zu versagen sein, weil der

148 Hierzu MüKomm-AktG/Heider AktG § 1 Rn. 58. Zweifelnd insbesondere GroßkommAktG/*Brändel*, § 1 Rn. 58, 97; *Geißler*, GmbHR 1993, 71, 73; Kölner Komm AktG/Dauner-Lieb, § 1 Rn. 38; MüKomm-BGB/*Reuter*, 7. Aufl., Vor § 21 Rn. 24; Scholz/Emmerich/*Bitter*, § 13 Rn. 71.

149 Vgl. auch MüKomm-AktG/Heider AktG § 1 Rn. 58.

150 Typisierend in notwendigen und ergänzenden Zurechnungsdurchgriff, vgl. *Jung*, Unternehmergesellschafter, S. 18 ff., 489 ff., 558 ff.

151 RGZ 143, 431; ebenso MüKomm-BGB/*Reuter*, 7. Aufl., Vor § 21 Rn. 29; KK/*Daubner-Lieb*, § 1 Rn. 39; MüKomm-AktG/*Heider*, § 1 Rn. 61.

152 BGH NJW 1990, 1915 (für GmbH-Alleingesellschafter). Der Gesellschaft ist dann die Berufung auf § 123 Abs. 2 S. 1 BGB versagt, indem der maßgebliche Gesellschafter, entgegen dem Trennungsprinzip, nicht als Dritter behandelt, sondern dem Lager der Gesellschafter zugeordnet wird, vgl. Ensthaler/Füller/Schmidt/*Ensthaler*, § 13 Rn. 46; *Geißler* GmbHR 1993, 71, 73; GroßkommAktG/*Brändel*, § 1 Rn. 61; MüKomm-AktG/*Heider*, § 1 Rn. 58; KK-AktG/*Daubner-Lieb*, § 1 Rn. 39.

maßgebliche Gesellschafter, entgegen dem Trennungsprinzip, nicht als Dritter zu behandeln, sondern dem Lager der Gesellschafter zuzuordnen sei.[153]

Ebenso soll auch ein Allein- oder Mehrheitsgesellschafter im Maklerrecht ausnahmsweise nicht als Dritter anzusehen sein und dadurch keinen Provisionsanspruch gem. § 652 BGB begründen können, wenn er einen Vertragsschluss mit seiner Gesellschaft vermittelt.[154] Hierbei soll bereits ausreichen, dass der maßgebliche Gesellschafter wirtschaftlicher Inhaber der Gesellschaft ist, jedoch nicht zwangsläufig darauf, ob er zugleich als Geschäftsführer tätig ist.[155] Umgekehrt sei ein Zurechnungsdurchgriff geboten, wenn ein „die Willensbildung steuernde[r]" Gesellschafter oder Aktionär treuwidrig den Eintritt einer, für seine Gesellschaft günstigen, Bedingung verhindert. Die Bedingung gilt dann gem. § 162 BGB als eingetreten.[156]

Die Rechtsprechung setzt sich zudem bei der Anwendung vertraglicher Regelungen über das Trennungsprinzip hinweg, indem es z.B. das Wettbewerbsverbot, dem eine Gesellschaft unterliegt, aufgrund entsprechender Vertragsauslegung auf ihre Gesellschafter erstreckt.[157] In der Literatur werden zahlreiche weitere Fallgruppen diskutiert, wie etwa die Zurechnung von Kenntnissen[158] und sogar der Rechtsstellung als Kaufmann (§§ 1 ff. HGB), Verbraucher bzw. Unternehmer (§§ 13, 14 BGB), prozessrechtliche Partei, Gewerbetreibender oder des arbeits- bzw. sozialversicherungsrechtlichen Status als Arbeitgeber bzw. Unternehmer (§ 2 Nr. 5a, 3 Abs. 1 Nr. 1, 104, 150 SGB VII).[159] Schließlich wird ein Durchgriff

---

153 BGH NJW 1990, 1915; MüKomm-AktG/*Heider*, § 1 Rn. 58.

154 BGH NJW 1971, 1839; 1974, 1130; NJW 1976, 1228; NJW 1985, 2473; *Dehner* NJW 1991, 3254, 3259 f.; MüKomm-BGB/*Reuter*, 7. Aufl., Vor § 21 Rn. 31; MüKomm-AktG/*Heider*, § 1 Rn. 60.

155 BGH WM 1976, 1158; NJW 1985, 2473.

156 Soergel/*Wolf*, § 162 Rn. 3; GroßkommAktG/*Bachmann*, § 1 Rn. 67; MüKomm-AktG/*Heider*, § 1 Rn. 60.

157 BGHZ 59, 64, 67 f. (unter Berufung auf § 242 BGB und Umgehungsgesichtspunkte); 89, 162, 165 (zur Erstreckung des Wettbewerbsverbot einer Holding-Gesellschaft auf die Muttergesellschaft); *K. Schmidt*, Gesellschaftsrecht, § 9 III 1; Spindler/Stilz/*Fock*, § 1 Rn. 67.

158 Nur unter Heranziehung des Rechtsgedankens des § 166 BGB MüKomm-BGB/*Reuter*, 7. Aufl., Vor § 21 Rn. 30; Scholz/Emmerich/*Bitter* GmbHG § 13 Rn. 77.

159 Hierzu umfassend *Jung*, Unternehmergesellschafter, S. 272–336 (insofern von der „Statusrelevanz der Unternehmergesellschafterstellung" sprechend) jedenfalls zugunsten der Erstreckung der Unternehmereigenschaft durch analoge Anwendung des § 14 Abs. 1 BGB sowie der Kaufmannseigenschaft auf im Geschäftskreis der Gesellschaft

auf Gesellschafter auch im Rahmen der Herbeiführung des Versicherungsfalls gem. § 81 VVG befürwortet.[160]

Insgesamt lässt sich feststellen, dass ein Zurechnungsdurchgriff vorwiegend in Szenarien zur Anwendung gebracht wird, in denen Gesellschafter die Gesellschaft beherrschen, auf sie Einfluss nehmen oder diese jedenfalls könnten.[161] Für die Zulässigkeit des Zurechnungsdurchgriffs lassen sich jedoch nicht ohne Weiteres übergreifende Grundsätze aufstellen. Maßgeblich dafür, ob ein Zurechnungsdurchgriff im Einzelfall erfolgen kann, ist vielmehr die am jeweiligen Normzweck und der Interessenslage ausgerichtete (ergänzende) Gesetzes- und Vertragsauslegung. Ein Zurechnungsdurchgriff setzt daher auch voraus, dass eine Zurechnung bereits nicht aufgrund sonstiger Zurechnungsgrundsätze erfolgen kann.

C. Rechtslage in den USA

Im Vergleich zur Rechtslage in Deutschland findet sich in den USA zu der vorstehend erklärten Problematik ein wesentlich größerer, tatsächlich der weltweit wohl größte Erfahrungsschatz. Die dortige Rechtsprechung und Literatur befassen sich mit der Frage der richtigen Handhabung und Korrektur verselbstständigter Gesellschaften bereits seit Beginn des 19. Jahrhunderts und somit weitaus länger als in Deutschland.

Trotz grundlegender Unterschiede der jeweiligen Rechtsordnungen, finden sich im Bereich des Gesellschaftsrechts beider Länder diverse Gemeinsamkeiten. Als gemeinsamen Grundgedanken teilen sie insbesondere die Erkenntnis, dass das Trennungsprinzip, d.h. die rechtliche Selbstständigkeit einer Gesellschaft, nicht absolut gilt, sondern in besonders gelagerten Fällen aus Billigkeitsgründen außer Acht gelassen werden kann. Bei näherer Betrachtung der Rechtslage in den USA zeigt sich sogar, dass sie nicht nur in den Grundlagen im Hinblick auf den Kreis verselbstständigter Gesellschaftsformen (I.), das Verständnis rechtlicher Verselbstständigung (II.), sowie dessen Korrektur im Wege eines Durchgriffs (III.) mit der Rechtslage in Deutschland vergleichbar ist, sondern sich

---

tätige Gesellschafter durch ausdehnende Anwendung der §§ 348 ff., 346 HGB und des § 109 Abs. 1 GVG.

160 GroßkommAktG/*Bachmann*, § 1 Rn. 67; Kölner Kommentar AktG/*Daubner-Lieb*, § 1 Rn. 41; MüKomm-AktG/*Heider*, § 1 Rn. 60; weitere Nachweise zum Versicherungsrecht siehe unten unter 4. Teil, C III 1.

161 So u.a. MüKomm-AktG/*Heider*, § 1 Rn. 52; Kölner Komm AktG/*Dauner-Lieb*, § 1 Rn. 35.

wegen ihres größeren Erfahrungsschatzes auch für einen Vergleich in den weiteren Teile dieser Arbeit besonders eignet.

I. Die verselbstständigten Gesellschaftsformen

Vergleicht man die in beiden Rechtsordnungen anerkannten Gesellschaftsformen, sind die verselbstständigten Rechtsformen *grosso modo* miteinander vergleichbar. Zwar ist in den USA die für das deutsche Recht typische Unterscheidung zwischen Personen- und Kapitalgesellschaften bzw. juristischen Personen unbekannt.[162] Dagegen findet sich die Unterscheidung von genuin rechtsfähigen Gesellschaften, typischerweise den juristischen Personen, und den nur im Außenverhältnis rechtsfähigen, mithin teilrechtsfähigen Personengesellschaften in ähnlicher Form auch im Gesellschaftsrecht der USA wieder.[163] Diese Ähnlichkeiten sind z.T. dadurch bedingt, dass in den USA Gesellschaftsformen wie die Limited Partnership und LLC bewusst nach kontinentaleuropäischem, mehr noch in Teilen sogar nach deutschem Vorbild (KG und GmbH) rezipiert worden sind.

In den USA sind durch unterschiedliche Rechtsvereinheitlichungsvorhaben, v.a. die Modellegesetze MBCA, UPA, ULPA und ULLCA, mehrere rechtlich verselbstständigte Gesellschaftsformen bundesweit verbreitet. Allerdings ist festzustellen, dass aufgrund der Gesetzgebungskompetenz der Bundesstaaten für das Gesellschaftsrecht und der Gestaltungsspielräume bei der Umsetzung der Modellgesetze die Einzelheiten dieser Gesellschaftsformen durch die

162 *Merkt*, Rn. 147.

163 Diese Zweispurigkeit ist dadurch bedingt, dass das Konzept der Teilrechtsfähigkeit in beiden Rechtsordnungen bekannt ist. Nahezu parallel zur Rechtsentwicklung in Deutschland ist in den USA der partnership zunehmend eine Verselbstständigung geringerer Intensität gewährt worden. Dadurch ist die partnership, die nach früherer Rechtsauffassung und entsprechend der Gesamthand nach deutscher Vermögensordnung lediglich die Gesamtheit der Gesellschafter darstellte, zum eigenständigen Rechtssubjekt aufgewertet worden. Während allerdings in Deutschland zumindest die Teilrechtsfähigkeit der GbR sich aus richterlicher Rechtsfortbildung ergibt, ist für das Recht in den USA bezeichnend, dass jene Rechtsentwicklung auf ein bundesstaatenweites Rechtsvereinheitlichungsvorhaben zurückgeht, das allerdings nicht von sämtlichen Bundesstaaten umgesetzt worden ist. Im Gegensatz zu Deutschland wird sie terminologisch zwar bislang nicht als teilweise Rechtsfähigkeit gekennzeichnet. Das Prinzip, dass die partnership nur rechtsfähig ist, soweit sie auch im Außenverhältnis auftritt, gilt jedoch entsprechend.

Bundesstaaten nicht einheitlich geregelt sind.[164] So gelten in den USA nicht sämtliche, sondern nur ausgewählte Gesellschaftsformen als umfassend rechtlich verselbstständigt. Hierzu zählt in erster Linie die *corporation*. Daneben werden auch andere Gesellschaftsformen, wie die *partnership* und *liability company* teilweise als eigenständige Rechtssubjekte angesehen.[165]

1. Corporation

Die für den Rechtsverkehr wohl größte Bedeutung hat im Privatrecht die *„corporation"*, bzw. *„business corporation"* oder *„stock corporation"*. Sie verfügt klassischerweise über eine eigene Rechtspersönlichkeit (§ 3.02 MBCA 1984)[166] und kann als „business" oder „nonprofit corporation" ausgestaltet sein.[167]

Bei der business corporation als Grundform der Kapitalgesellschaften wird anhand der Übertragbarkeit der Gesellschaftsanteile und Anzahl der Gesellschafter (ca. 30 Gesellschafter)[168] zwischen der *publicly held* bzw. *public corporation* sowie *closely held* bzw. *close* corporation unterschieden. Die close corporation stellt eine kleine Gesellschaft dar, deren Gesellschafter häufiger in die Geschäftsführung eingebunden werden. Dagegen verfügt die public corporation als Form der Publikumsgesellschaft regelmäßig über eine weitaus größere Gesellschafteranzahl, deren Gesellschaftsanteile einfacher übertragbar sind. Während die close

---

164 Entwürfe für die Legislative der Bundesstaaten sind von der Conference on Commissioners of Uniform State Laws ("NCCUSL") entwickelt worden, vgl. für die *partnership* den Uniform Partnership Act ("UPA") von 1914 und von 1997, sowie für die *limited partnership* den Uniform Limited Partnership Act ("ULPA") von 1916 und von 1976 bzw. 1985. Für die *business corporation* entwarf das Committee on Corporate Laws of the Section of Corporation, Banking and Business Law den Model Business Corporation Act ("MBCA") von 1940 und von 1984. Diese Modelgesetze sind von den einzelnen Bundesstaaten teilweise sehr unterschiedlich umgesetzt worden, weshalb das Gesellschaftsrecht nicht vollständig vereinheitlicht ist.

165 Ausdrücklich Kaycee Land & Livestock v. Flahive, 46 P. 3d 323 (WY. 2002), dazu *Helfman*, 114 Am. Jur. Proof of Facts 3d 403 § 1; *O'Kelly/Thompson*, S. 611.

166 Sie als „the most distinct attribute of the corporation" bezeichnend *Cox/Hazen*, § 7.1., S. 122.

167 Zu unterscheiden ist zudem die *public corporation*, die Körperschaft des öffentlichen Rechts, welche nicht dem Recht der business corporation unterliegt.

168 Die Zahl der maximalen Gesellschafter einer close corporation fällt unterschiedlich aus. Während sie von *Kalifornien* bei 35 Gesellschaftern gesehen wird (§ 158(a) Cel. Gen. Corp. L.), liegt sie im Bundesstaat *Delaware* bei 30 Gesellschaftern (§ 342(a)(1) Del.Gen.Corp.L.).

corporation Grundzüge der GmbH aufweist, entsprechen public corporations etwa der deutschen AG. Die Unterscheidung beider Gesellschaftsformen kann im Einzelnen jedoch schwierig sein, da Handelsvolumen, Anzahl der Beschäftigten oder Vermögenswerte nicht zwangsläufig ausschlaggebend sein müssen.[169]

Eine weitere Sonderform ist schließlich die *professional corporation*, die speziell für den Zusammenschluss freiberuflich tätiger Personen geschaffen worden ist, welchen die Ausübung „ihres Berufes als business corporation regelmäßig nicht gestattet ist".[170] Sie gleicht strukturell der business corporation und ist daher ebenfalls rechtlich verselbstständigt.

2. *Partnership*

Als Gegenstück zur corporation und der deutschen Personengesellschaft, genauer der OHG vergleichbar gilt die Gesellschaftsform der „*(general) partnership*".[171] Sie steht, nachdem sie das amerikanische Wirtschaftsleben zunächst dominierte, seit dem 19. Jahrhundert zunehmend mit der corporation im Wettbewerb.[172] Als Zusammenschluss von mindestens zwei Personen zu einem gewinnorientierten Zweck (*business for profit*)[173] ist sie in sämtlichen Bundesstaaten anerkannt und vielfach einheitlich gesetzlich geregelt.[174]

Die ursprüngliche Auffassung, die partnership habe im Sinne der sog. *aggregate theory* lediglich als Summe ihrer verbundenen Gesellschafter, der deutschen Gesamthandgemeinschaft vergleichbar, keine eigenständige Rechtspersönlichkeit, befindet sich mittlerweile im Wandel. Auch ihr wird angesichts ihrer enormen Bedeutung im US-amerikanischen Wirtschaftsleben nunmehr in vielen Bundesstaaten eine rechtliche Verselbstständigung zugestanden.[175] Bezeichnend

---

169 Selbst weltweite Konzerne wie „Mars, Inc." und „Hallmark Cards, Inc." stellen close corporations dar, vgl. *Cox/Hazen*, S. 45.

170 Vgl. für den Anwaltsberuf § 495 N.Y. Jud. Law.

171 Instruktiv zur partnership bereits *Story*, S. 1 ff.

172 In der Praxis ist die partnership u.a. für Familiengesellschaften, venture capital-, private equity- und leveraged buyout-Unternehmen verbreitet, *Merkt*, S. 129 Fn. 8.

173 Vgl. § 6(1) UPA (1997).

174 Während UPA (1914) von sämtlichen Bundesstaaten bis auf Louisiana übernommen worden war, haben UPA (1997) jedoch nur noch lediglich 37 Bundesstaaten umgesetzt.

175 Hierdurch findet die ursprünglich nur für corporations geltende *entity theory* nun in den meisten Bundesstaaten auch für die partnership Anwendung, vgl. UPA (1997) Comment on Art. 2 § 201, S. 28. Zum Streit beider Theorien vgl. *Hillmann/Vestal/Weidner*, S. 48 f.

ist hierbei, dass sich diese Rechtsentwicklung nicht aus richterlicher Rechtsfortbildung, sondern auf ein bundesstaatenweites Rechtsvereinheitlichungsvorhaben zurückgeht. Denn die Gewährung rechtlicher Selbstständigkeit entspringt der Neufassung des von 37 Bundesstaaten[176] umgesetzten Modelgesetzes § 201(a) UPA 1997, wonach die partnership ausdrücklich als *„legal entity distinct from its partners"*[177] definiert wird. Auf diese Weise ist die partnership zum eigenständigen Rechtssubjekt aufgewertet worden.

Im Zusammenhang mit der partnership gilt es zudem zwei Sonderformen zu erwähnen, auf welche die Vorschriften des UPA subsidiär Anwendung finden und die somit ebenfalls als rechtlich verselbstständigt gelten.[178] Zum einen ist dies die *limited partnership*, die 1822 vom Bundesstaat *New York* erstmals geschaffen worden ist.[179] Am Vorbild der deutschen KG bzw. GmbH & Co. KG ausgerichtet,[180] kennzeichnet sie, dass sie neben einem general partner auch zumindest einen nicht geschäftsführungsberechtigten limited partner hat, der nur auf die Höhe seiner Einlage für Gesellschaftsverbindlichkeiten haftet (§ 1 ULPA 1976). Eine zweite Sonderform der partnership ist die *limited liability partnership* (LLP), die insbesondere dem Zusammenschluss von Freiberuflern dient. Anders als bei der limited partnership können hier, mit Ausnahme unerlaubt handelnder Gesellschafter, sogar sämtliche Gesellschafter von einer Haftung für Gesellschaftsverbindlichkeiten ausgeschlossen sein (§ 306(c) UPA 1997).

---

176 Zu diesen Staaten zufolge der National Conference of Commissioners on Uniform State Laws (NCCUSL): Alabama, Alaska, Arizona, Arkansas, California, Colorado, Connecticut, Delaware, District of Columbia, Florida, Hawaii, Idaho, Illinois, Iowa, Kansas, Kentucky, Maine, Maryland, Minnesota, Mississippi, Montana, Nebraska, Nevada, New Jersey, New Mexico, North Dakota, Ohio, Oklahoma, Oregon, South Dakota, Tennessee, Texas, U.S. Virgin Islands, Utah, Vermont, Virginia, Washington, West Virginia und Wyoming.

177 Hierin lag zugleich eine der wesentlichen Neuerungen gegenüber dem UPA 1914, dass eine Selbstständigkeit der partnership noch gerade nicht kannte.

178 Nicht rechtlich verselbstständigt und daher auch für die weitere Untersuchung nicht relevant sind hingegen die weiteren *implied partnership*, *mining partnership* und *subpartnership*. Rechtlich verselbstständigt kann allenfalls die *electing partnership* sein, die nach dem Recht des Bundesstaates *Pennsylvania* vorübergehend den Status einer corporation annehmen und dadurch neben steuerlichen Vorteilen auch eine Haftungsbeschränkung der Gesellschafter ermöglichen kann, vgl. §§ 8701–8708 Pa.Stat. Ann., *Merkt*, S. 136 Rn. 137; *Schoff*, U.Pitt. L. Rev. 43 (1982) 809 ff.

179 Vgl. N.Y. Laws 1822, ch. 244.

180 *Henn/Alexander*, S. 86.

3. *Limited Liability Company*

Die *Limited Liability Company* (*LLC*), welche grundsätzlich ein Zusammenschluss von mindestens zwei Personen ist, in einigen Bundesstaaten aber auch als Einmann-Gesellschaft bestehen kann,[181] verbindet schließlich die Vorteile der corporation und der partnership, d.h. neben steuerlichen Vorzügen insbesondere die eigene Rechtspersönlichkeit.[182] Als „Hybrid" dieser beider Gesellschaftsformen[183] ist sie ursprünglich an die deutsche GmbH angelehnt. Sie wurde erstmals 1977 vom Bundesstaat *Wyoming* geschaffen und seitdem auch von anderen Bundesstaaten adaptiert.[184] Heute ist die LLC in den USA bundesstaatenweit anerkannt.[185]

II. Die „separate legal entity"

Der Grundsatz, dass eine Gesellschaft ein von ihren Gesellschaftern verselbstständigtes und zu trennendes unabhängiges Rechtssubjekt, eine *separate legal entity,* darstellen kann, ist im US-amerikanischen Recht über die Grenzen der einzelnen Bundesstaaten hinweg anerkannt und gehört dort, wie in Deutschland, zu den wesentlichen Grundpfeilern des Gesellschaftsrechts.[186] Um den Personenzusammenschluss zu gemeinsamen Unternehmungen zu fördern,[187] ist der Gedanke rechtlicher selbstständiger Gesellschaftsformen wohl erstmals zu Beginn des 19. Jahrhunderts von amerikanischen Gerichten aus dem englischen

---

181 So etwa in den Bundesstaaten *Delaware, Texas* und *Virginia.*

182 Eingehend Vgl. *Mellon,* S. 2. Vgl zudem President Butler of California: "The limited liability company is the greatest single discovery of modern times […] even steam and electricity are far less important than the limited liability corporation, and they would be reduced to comparative impotence without it.", zitiert in: *Fletcher*, Cyclopedia the Law of Corporations § 21.

183 Turner v. Andrew, 413 S.W.3d 272, 277 (Ky. Nov. 21, 2013).

184 *Hazen/Markham*, Corporations and other Business Enterprises, 3rd ed (2009) 19 f.; vgl. zu dieser Entwicklung auch *Murdock.*, 56 Bus. Law. 499 (2001).

185 Größtenteils haben die Bundesstaaten eigenständige Regelungen für die LLC geschaffen, während das Mustergesetz ULLCA 1995 lediglich von den Bundesstaaten *California, District of Columbia, Florida, Idaho, Iowa, Nebraska, New Jersey, Utah* und *Wyoming* übernommen worden ist.

186 *Fletcher*, Cyclopedia of Private Corporations, § 25; *Krendl/Krendl,* 55 Denv. L.J. 1 (1978): "fundamental tenet of Anglo-American law"; *Helfman*, 114 Am. Jur. Proof of Facts 3d 403 § 1.

187 *Armour/Hansmann/Kraakman* in: *Kraakman/Armour/Davies et al.*, S. 1 ff.

Recht rezipiert worden.[188] Durch die spätere Anerkennung der Rechtsfähigkeit von partnership und LLC hat die rechtliche Verselbstständigung, ähnlich wie in Deutschland, als Unterscheidungsmerkmal zur corporation an Bedeutung verloren. Als Ausgangspunkt der Durchgriffsproblematik ist sie hingegen auch für diese Gesellschaftsformen praktisch relevant geworden.

1. *Natur und Berechtigung der separate legal entity*

Die rechtliche Verselbstständigung wird v.a. durch die praktische Erwägung gerechtfertigt, Gesellschaften am Wirtschaftsleben teilhaben zu lassen.[189] Dagegen herrscht über die rechtliche Natur der separate legal entity keine Einigkeit. Es stehen sich unterschiedliche dogmatische Begründungsansätze gegenüber.[190] Die Literatur hält die separate legal entity teilweise nur für eine Theorie, Fiktion oder gar widerlegbare Vermutung,[191] während andere sie demgegenüber als Tatsache betrachten.[192] Auch die Rechtsprechung ist zu dieser dogmatischen Fragen uneinheitlich und unterscheidet sich je nach Bundesstaat.[193]

---

188 Die Verselbstständigung von Gesellschaften hat ihren Ursprung in den Companies Acts von 1855, 1856 und 1897, in denen das British House of Lords festschrieb, dass nicht nur die Rechtsform der limited liability corporation schuf, sondern auch ihre rechtliche Selbstständigkeit anordnete, vgl. *M. Cohen*, 45 Am. Jur. Proof of Facts 3d §§ 1, 5, at 13 (1998); *Figuera*, 50 Dun. L. Rev. 683 (Fall 2012); *Blumberg*, 15 Del. J. Corp. L. 283, 322 (1990).

189 Daneben wird die Selbstständigkeit der Gesellschaft rechtfertigt mit ökonomischen Gesichtspunkten, wie z.B. der Kosteneffizienz für Investoren, vgl. *Lopez*, 30 U.C.L.A. L. Rev. 129, 133 (1982); *Meier*, S. 664, oder der Kapitalmarkeffizienz, vgl. *Blumberg*, 11 J. Corp. L. 571, 614 f. (1986).

190 Eingehend zu den Begründungsansätzen *H. Butler*, 11 Geo. Mason L. Rev 99, 100 (1989); *Machen*, Corporate Personality, 24 Harv. L. Rev. 253, 347 (1911); *Radin*, 32 Colum. L. Rev 643 (1932).

191 Vgl. *Henn/Alexander*, Corporations, §§ 78, 79; *Dewey*, 35 Yale L.J. 655 (1926); *Machen*, 24 Harv. L. Rev. 253, 347 (1911).

192 *Ballantine*, Cal. L. Rev. 14 (1925) 1, 20 ("The corporate capacity is a legal fact, not a fiction").

193 Im Bundesstaat *Delaware* ist z.B. der Ansatz des vertragsrechtlichen Zusammenschlusses besonders ausgeprägt, wodurch eine Korrektur rechtlicher Selbstständigkeit nur begrenzt und wohl lediglich im Rahmen eines Betrugs infrage kommt, vgl. *D.L. Cohen*, 51 Okla. L. Rev. 427, 429 (1998).

Unabhängig von der praktischen Relevanz dieser rechtstheoretischen Einordnung,[194] besteht ein Grundkonsens jedenfalls dahingehend, dass eine legal entity nicht grenzenlos anerkannt wird und damit nicht absolut gilt. Selbst wenn sich die rechtsfähige Gesellschaft als künstliche Persönlichkeit („*artificial personality*") anerkennen und in bestimmten Situationen als natürliche Person behandeln ließe, könnte diese mit ihr nicht vollständig gleichgesetzt werden.[195]

2. *Merkmale der separate legal entity*

Die rechtliche Verselbstständigung der Gesellschaft wird im Gegensatz zu Deutschland vielfach kunstvoll umschrieben,[196] sodass die *legal entity* weniger eine umfassende Eigenschaft, sondern vielmehr eine heuristische Formel oder ein handliches Label[197] darstellt, das je nach Gesellschaftsform unterschiedlich ausgeprägt sein kann und unterschiedliche Merkmale aufweisen kann.[198]

---

194 Kritisch hierzu etwa *Blumberg*, Vol. 38, Supplement. U. S. Law in an Era of Democratization (1990), p. 49, 69; kritisch zudem *Houseman*, S. 41 ff.

195 *Wormser*, S. 18.

196 Bekannt ist vor allem die weiterhin gültige Definition des Vorsitzenden Richters am Supreme Court *Marshall* in Trustees of Dartmouth College v. Woodward, 17 U.S. (4 Wheat.) 518, 636 (1819): "A corporation is an artificial being, invisible, intangible, and existing only in contemplation of law. Being the mere creature of law, it possesses only those properties, which the charter of its creation confers upon it, either expressly or as incidental to its very existence. These are such as are supposed best calculated to effect the object for which it was created. Among the most important are immortality, and, if the expression may be allowed, individuality; properties by which a perpetual succession of many persons are considered as the same, and may act as a single individual. They enable a corporation to manage its own affairs and to hold property without the perplexing intricacies, the hazardous and endless necessity of perpetual conveyances for the purpose of transmitting it from hand to hand. It is chiefly for the purpose of clothing bodies of men, in succession, with these qualities and capacities that corporations were invented and are in use. By these means, a perpetual succession of individuals are capable of acting for the promotion of the particular object, like one immortal being". Eine ähnliche Bezeichnung findet sich in Fairfield Country Turnpike Co. v. Thorp, 13 Conn. 173, 179 (Conn. 1839): "artificial, intangible being".

197 *Armour/Hansmann/Kraakman*, in: *Kraakman/Armour/Davies et al.*, S. 9; kritisch auch *Cox/Hazen*, S. 3.

198 Die Merkmale werden verschiedentlich differenziert, weshalb die Anzahl der Merkmale teilweise höher ausfällt. Vgl. bereits *Blackstone*, Commentaries, 456, 463–466, der auf die limited liability aber noch nicht eingeht; außerdem die Übersichten bei *Fletcher*, Cyclopedia The Law of Corporations, § 5, S. 13 ff.; *Henn/Alexander*, S. 147.

Die Merkmale der legal entity entsprechen in etwa den auch in Deutschland für Rechtsfähigkeit anerkannten Eigenschaften. Wichtigstes Merkmal ist demnach die Trennung der Gesellschaft als eigenständiges Rechtsgebilde von ihren Gesellschaftern (*separate patrimony*).[199] Durch diese Verselbstständigung wird der Fortbestand der Gesellschaft vom Ausscheiden einzelner Gesellschaft losgelöst, sodass sie auch bei Ausscheiden einer oder mehrerer Gesellschafter fortbesteht.[200] Diese *continuity* besteht klassischerweise bei der corporation (§ 3.02 RMBCA), findet sich aber neuerdings auch bei der partnership, sowie LLP und LLC (§ 201(b) UPA 1997).[201] Weiteres Merkmal der legal entity ist ferner ihre Handlungsfähigkeit, wodurch sie durch das Zutun ihrer Geschäftsführungsorgane eigenständig und im eigenen Namen, somit ohne Bezugnahme auf die Gesellschafter, sich gegenüber Dritten rechtlich zu binden (*delegated management*)[202] sowie klagen und verklagt werden zu können. Schließlich zu nennen ist die Verselbstständigung des Gesellschaftsvermögens, das Gläubigern als selbstständiges Haftungsobjekt zur Verfügung steht (*entity shielding*).[203] Dieser Grundsatz ist freilich bei der partnership durch eine akzessorische Gesellschafterhaftung für die Verbindlichkeiten der Gesellschaft eingeschränkt (§ 306(a) UPA 1997).

Im Gegensatz zu Deutschland, bestehen in den USA allerdings keine einheitlich festgelegten Mindestkapitalvorschriften, die für eine hinreichende Kapitalisierung der rechtlich verselbstständigten Gesellschaften sorgen und Gläubigern damit einen geschützten Haftungsfond gewähren (Haftungsfondprinzip). Die meisten Bundesstaaten sehen entweder keinerlei oder nur sehr niedrige gesetzliche Mindestkapitalvorschriften vor,[204] was auf den bundesstaatenweiten Wettbewerb um ein liberales und für Unternehmen möglichst attraktives

199 *Blumberg*, Corporate Groups, § 10-5.

200 *Armour/Hansmann/Kraakman*, in: *Kraakman/Armour/Davies et al.*, S. 7.

201 Nach alter Rechtslage führte das Ausscheiden eines Gesellschafters, genauso wie Insolvenz eines Gesellschafters oder der Gesellschaft zur Auflösung, vgl. § 31(5) UPA 1914; ausdrücklich nicht dagegen gem. § 201(b) UPA 1997: "A limited liability partnership continues to be the same entity that existed before the filing of a statement of qualification under Section 1001."

202 *Armour/Hansmann/Kraakman*, in: *Kraakman/Armour/Davies et. al*, S. 8.

203 Die jeweilige Ausprägung der Haftungsverfassung einer Gesellschaft lässt eine weitere Unterscheidung in *strong* und *weak entity shielding* zu, vgl. *Hansmann/Kraakman*, 110 Yale L.J. 387 (2000) (noch unter dem Begriff "affirmative asset partitioning"), sowie *Hansmann/Kraakman/Squire*, 119 Harv. L. Rev. 1333 (2006).

204 Vgl. *von Arnim*, NZG 2000, 1001; *Clark*, Corporate Law, § 2.3.4; *Merkt*, Rn. 135.

Gesellschaftsrecht („race to the bottom“) zurückzuführen ist.[205] So ist etwa in Bundesstaaten wie *Delaware*[206] oder *Florida* die Gründung einer corporation ohne jegliches Mindestkapital zulässig, was freilich eine Unterkapitalisierung von Gesellschaftern begünstigen kann und für Gesellschaftsgläubiger die Gefahr birgt, im Ernstfall auf kein Haftungskapital zugreifen zu können.[207]

III. Grenze der separate legal entity

Die Rechtsordnung der USA geht davon aus, dass die rechtliche Selbstständigkeit nur ein durch staatliche Anerkennung verliehenes Privileg darstellt; es wird durch den Staat ausgestaltet und darf daher auch großzügiger beschränkt werden.[208] In diesem Gesichtspunkt besteht ein Unterschied zum deutschen Recht, das im Grundsatz gerade von einer umfassenden rechtlichen Verselbstständigung ausgeht. In den USA gilt die rechtliche Selbstständigkeit von Gesellschaften hingegen von vornherein nicht uneingeschränkt.

1. Ultra-vires Kontrolle

Traditionell ist die Verselbstständigung der legal entity im common law durch eine sog. *ultra-vires*-Kontrolle eingeschränkt. Historisch bedingt durch die ursprünglich hoheitliche Begründung der corporation ist die Verleihung von Rechtsfähigkeit auf den konkreten Gesellschaftszweck beschränkt.[209] Das hatte vormals zur Folge, dass jede Handlung einer Gesellschaft, die außerhalb ihres Gesellschaftszwecks tätig wurde, unwirksam und nichtig war.[210]

Heute gilt diese ultra-vires Kontrolle als Grenze der legal entity nur noch eingeschränkt. Der traditionelle Ansatz ist zum einen der Praxis gewichen, die

205 Vgl. *Roe*, 117 Harv. L. Rev. (2003).

206 Delaware beheimatet wegen seines liberalen Gesellschaftsrechts als „Zentrum des US-amerikanischen Gesellschaftsrechts“ (*Rosenberg*, 6 Berkeley Bus. L. J. 216, 239 (2009): “center of American corporate law for generations”) über eine Million Gesellschaften und allein 50 % sämtlicher publicly-traded companies der USA, vgl. http://www.corp.delaware.gov/aboutagency.shtml (zuletzt abgerufen am 16.07.2014); zur Bedeutung von Delaware auch *Oh*, 89 Tex. L. Rev. 81, 116 (2010).

207 *von Arnim*, NZG 2000, 1001, 1006.

208 Vgl. dazu ausführlich: *Figuera*, 50 Dun. L. Rev. 683, 709 (Fall 2012); *Presser*, § 1:2.

209 Vgl. zur historischen Entwicklung *Henn/Alexander*, Law of Corporations, S. 352 ff.; *Merkt*, Rn. 296 ff.

210 Vgl. *Stevens*, §§ 62, 63; *Henn/Alexander*, S. 353; kritisch aber bereits *Ballantine*, Corporations, VIII.

Vereinbarung sog. multiple purpose clauses, d.h. möglichst weitreichende Gesellschaftszwecke zuzulassen, die neben dem konkreten Gesellschaftszweck auch jeden weiteren rechtlich zulässigen Zweck erfassen. Dadurch wird das Handeln außerhalb des Gesellschaftszwecks nicht mehr als rechtswidrig angesehen.[211] Da somit ultra-vires Gesellschaftshandlungen wesentlich eingeschränkter möglich sind, erkennt die Rechtsprechung in den USA bei Überschreitung der Handlungsbefugnisse nur noch in wenigen Fallgruppen einen ultra-vires Einwand an. Er hat in der Rechtsfolge zudem nicht mehr die Nichtigkeit, sondern lediglich die bloße Anfechtbarkeit der Rechtshandlung zur Folge.[212]

2. *Korrektur insbesondere bei Missbrauchsfällen*

Die Möglichkeit, die rechtliche Selbstständigkeit einer Gesellschaft zu korrigieren, zählt in den USA zur selbstverständlichen Kehrseite der separate legal entity.

Bereits 1809 stellte der U.S. Supreme Court in *Bank of U.S. v. Deveaux*[213] fest, dass die rechtliche Selbstständigkeit einer Gesellschaft bisweilen die wahren wirtschaftlichen Verhältnisse verdecken und schlicht zu unbilligen Ergebnissen führen kann und daher zu korrigieren ist. Erneuten Anlass zu diesem Befund gab später die Weltwirtschaftskrise 1929, als Gerichte vermehrt über Fälle zu entscheiden hatten, in denen mithilfe vorgeschalteter Strohmanngesellschaften versucht worden war, Gläubiger oder Vertragspartner zu benachteiligen oder täuschen, und die Selbstständigkeit von Gesellschaften vermehrt außer Acht ließen.[214] Auch in der Folgezeit haben Fälle des Missbrauchs, Betrugs und der

---

211 Vgl. *Merkt*, Rn. 296 ff.

212 Vgl. *Merkt*, Rn. 296 ff.

213 Bank of U.S. v. Deveaux, 9 U.S. 61 (1809). Um die Anwendung von Verfassungsrecht auf eine Gesellschaft zu ermöglichen, stellte der U.S. Supreme Court maßgeblich auf deren Gesellschafter ab und durchbrach damit erstmals die rechtliche Selbstständigkeit der Gesellschaft. Hierauf ausdrücklich als erste Durchgriffsentscheidung Bezug nehmend Richter *Williams, C. J.*, in Fairfield County Turnpike Co. v. Thorp 13 Conn. 173, 139 (1839). Tatsächlich soll aber Richter Marshall seine Entscheidung, bei der Rechtsanwendung auf die Gesellschafter durchgreifen, nur mit Unbehagen getroffen haben, vgl. dazu *Wayne, J.*, in Louisville, Cincinnati & Charleston R. R. Co. v. Letson (U.S. 1844) 2 How. 497, 558; vgl. später aber jedenfalls United States v. Milwaukee Refrigerator Transit Co., Cir. Wis., 142 F. 247 (255) v. 28.12.1905.

214 *Wormser*, 12 Colum. L. Rev. 496, 498 (1912); zum daraus folgenden Anstieg der Durchgriffsrechtsprechung vgl. *Morris, Glenn G.*, 52 LA. L. Rev. 271, 278 (1992).

Gesetzesumgehung das Vertrauen in das Konzept der rechtlichen Verselbstständigung von Gesellschaften wiederholt erschüttert.[215]

IV. „Piercing the corporate veil"

Erste Hinweise auf die Auseinandersetzung den Grenzfällen rechtlicher Selbstständigkeit von Gesellschaften und die Idee eines Durchgriffs, um in der Rechtsanwendung anstelle einer Gesellschaft auf ihre Gesellschafter abzustellen, findet man in den USA etwas früher als in Deutschland bereits im frühen 19. Jahrhundert.[216] Zum Durchgriff, dem sog. „piercing the corporate veil" verfügen die USA über eine weltweit beispiellose Fülle an Rechtsprechung[217] und wissenschaftlicher Auseinandersetzung, deren Breite und Tiefe nicht zuletzt auch auf die Größe der USA und die Zahl ihrer Bundesstaaten zurückzuführen ist. Im Vergleich zu Deutschland stößt man in den USA somit auf einen wesentlich größeren und älteren Erfahrungsschatz zum Durchgriff, weshalb auch ein Rechtsvergleich wertvolle Erkenntnisse zum Umgang mit Durchgriffsproblemen im Allgemeinen sowie auch auf dem Gebiet des Versicherungsrechts im Besonderen verspricht.[218]

1. Begriffsverständnis

In den USA wird die ausnahmsweise Ausschaltung der Selbstständigkeit einer Gesellschaft kunstvoll mit den unterschiedlichsten metaphorischen Sprachbildern umschrieben. Am bekanntesten ist das über die Landesgrenzen hinweg bekannte Bild des *piercing* oder *lifting the corporate veil,*[219] der Durchstechung oder Anhebung eines die Gesellschaft und ihre tatsächlichen Gesellschafterverhältnisse

---

215 *Merkt*, S. 185 Rn. 249.

216 Als wohl erste Entscheidung, in welcher ausnahmsweise eine Gesellschafterhaftung angenommen wurde, gilt Bank of U.S. v. Deveaux, 9 U.S. 61 (1809).

217 *Oh*, 89 Tex. L. Rev. 81, 145 (2010) zählt allein bis zum Jahr 2006 über 2.908 Entscheidungen. Zuvor zählte *Thompson*, 76 Cornell L. Rev. 1036 (1991) bereits etwa 1.400 Entscheidungen.

218 Zur Entwicklung des piercing the corporate veil, vgl. *Figueroa,* 50 Duq. L. Rev. 683; *Fletcher,* Cyclopedia The Law of Corporations, § 41; *Oh*, 89 Tex. L. Rev. 81 (2010); *Matheson*, 87 N.C. L. Rev. 1091 (2009), *Presser*, Piercing the Corporate Veil (2009).

219 Der Ausdruck „corporate veil" geht zurück auf Fairfield Country Turnpike Co. v. Thorp 13 Conn. 173, 139 (1839), das „piercing the corporate veil" hingegen auf *Wormser,* 12 Colum. L. Rev. 496 (1912).

bedeckenden Schleiers.[220] Daneben werden in diesem Zusammenhang für die betroffene Gesellschaft auch eine Vielzahl von Metaphern verwendet, zu denen u.a. „*alter ego*", „*dummy*", „*alias*" oder „*sham*" zählen.[221] Wohl aus diesem Grund wies einst *Benjamin Cardozo*, der für das 20. Jahrhundert einflussreichste Richter am U.S. Supreme Court, für das US-amerikanische Durchgriffsproblem mit treffenden und mahnenden Worten auf die Gefahr der Verwendung von Metaphern hin[222]:

> "The whole problem [...] is one that is still enveloped in the mists of metaphor. Metaphors in law are to be narrowly watched, for starting as devices to liberate thought, they end often by enslaving it."

Entgegen dieser eindringlichen Warnung haben die Rechtsprechung und Literatur an der Verwendung jener bildlichen Sprache festgehalten, wodurch die Diskussion um den Durchgriff von einigen als diffus, unklar oder inkohärent,[223] von anderen sogar als hoffnungslos verworren und substanzlos beschrieben wird.[224] Tatsächlich erschweren diese kunstvollen Umschreibungen der komplexen

---

220 Von dem Durchgriff zu unterscheiden ist als weiteres Korrektiv das Außerachtlassen rechtlicher Selbstständigkeit bei *defective incorporation*, d.h. fehlerhaften Gesellschaftern. Sind von den Gesellschaftern die Formalien einer wirksamen Gesellschaftsgründung missachtet worden, so kann die Folge sein, dass die rechtliche Selbstständigkeit nicht anerkannt wird und stattdessen lediglich die Gesellschafter maßgebliches Zuordnungsobjekt der Rechtsanwendung sind. Im Gegensatz zu den Durchgriffsfällen, bei welchen eine wirksame Gesellschaft durchaus besteht, fehlt es hier bereits an den formellen Entstehungsvoraussetzungen einer Gesellschaft, vgl. hierzu *Henn/Alexander*, §§ 139 ff., S. 327 ff. Die defective incorporation soll im Weiteren jedoch nicht Gegenstand der Untersuchung sein.

221 *Krendl/Krendl*, 55 Denv. L.J. 1, 8 (1978) zufolge werden folgende Begriffe verwendet: *mere adjunct, agent, alias, alter ego, alter, idem, arm, blind, branch, buffer, cloak, coat, corporate double, cover, creature, curious reminiscence, delusion, department, dry shell, dummy, fiction, form, formality, fraud on the law, instrumentality, mouth piece, name, nominal identity, phrase, puppet, screen, sham, simulacrum, snare, stooge, subterfuge, and tool.*

222 Berkey v. Third Ave. Ry., 244 N.Y. 84, 94, 155 N.E. 58, 61 (1926).

223 S. *Vandekerckhove*, S. 93; *Oh*, 89 Tex. L. Rev. 81, 145 (2010) „mangled and muzzy".

224 *Oh*, 89 Tex. L. Rev. 81 (2010): „From its inception veil-piercing has been a scourge [sic!] on corporate law"; *Michael*, 26 J. Corp. L. 41, 41 (2000) konstatiert, dass die Durchgriffsrechtsprechung regelrecht schlechtgeredet wird.

Problematik nicht nur das Identifizieren von Durchgriffsrechtsprechung, sondern erleichtern letztlich auch die inhaltliche Auseinandersetzung kaum.[225]

2. *Erscheinungsformen*

Ein „piercing the corporate veil" wird in den USA verschiedentlich zur Anwendung gebracht. Obwohl die in Deutschland mittlerweile deutliche Unterscheidung zwischen haftungs- und zurechnungsrechtlichem Durchgriff sich in den USA nicht vergleichsweise wiederfindet, ist auch dort in jenen Zusammenhängen eine Bezugnahme auf die Durchgriffsdogmatik zu beobachten.

a) *Haftungsdurchgriff*

In den USA wird ein Durchgriff, wie in Deutschland, klassischerweise mit Haftungsfragen in Verbindung gebracht, wenn nicht sogar gleichgesetzt.[226] Seit der frühen Durchgriffsentscheidung in *Bank of U.S. v. Deveaux*[227] machen die Durchbrechung der beschränkten Gesellschaftshaftung einen großen Teil der Durchgriffsrechtsprechung aus.

Neben diesem regelmäßigen Durchgriff wird in einigen Bundesstaaten[228] als weitere Spielart auch ein umgekehrter Durchgriff auf die Gesellschaft (*reverse piercing the corporate veil*) anerkannt.[229] Dieser ist in zwei unterschiedlichen Konstellationen möglich, die danach unterschieden werden, wer sich auf den Durchgriff beruft. Häufiger anzufinden ist der als *insider reverse piercing* bezeichnete Fall, dass ein *insider* der Gesellschaft (z.B. ein Gesellschafter) die

---

225 *Oh*, 89 Tex. L. Rev. 81, 84 (2010): „The inherent imprecision in metaphors has resulted in a doctrinal mess [sic!]".

226 *Hansmann/Kraakman*, 100 Yale L.J. 1879, 1932 (1991) ("veil-piercing is itself simply a form of unlimited liability [...] In sum, the distinction between 'liberalized veil-piercing' and 'unlimited liability' is largely rhetorical").

227 Bank of U.S. v. Deveaux, 9 U.S. 61 (1809).

228 Er ist bislang nur in 19 Bundesstaaten ausdrücklich zugelassen: California, Connecticut, D.C., Florida, Idaho, Illinois, Iowa, Louisiana, Minnesota, Montana, Nebraska, Nevada, New York, Pennsylvania, Tennessee, Texas, Utah, Virgina, Wisconsin; vgl. *Kemper*, 2 A.L.R. 6th 195; *Crespi*, 16 J. Corp. L. 33 (1990–1991).

229 Eingehend *Crespi.*, 16 J. Corp. L. 33, 37 (1990); *Helfman*, 114 Am. Jur. Proof of Facts 3d 403 § 1; *Gaertner*, 30 Wm. & Mary L. Rev. 667 (1988–1989).

Missachtung der rechtlichen Selbstständigkeit einer Gesellschaft begehrt, etwa um im eigenen Namen eine Forderung der Gesellschaft geltend machen zu können.[230]

b) Zurechnungsdurchgriff

Daneben wird auch im Rahmen der Anwendung und Auslegung gesetzlicher Normen und vertraglicher Regelungen auf das „veil-piercing" Bezug genommen, um ein die Gesellschaft betreffenden Tatbestand auf ihre (beherrschenden) Gesellschafter anzuwenden.[231] Eine klare dogmatische Abgrenzung beider Erscheinungsformen findet nur teilweise statt. Bisweilen wird auch vorgeschlagen diesen Bereich gänzlich im Wege der Gesetzes- und Vertragsauslegung zu lösen,[232] wodurch es deutlich schwerer fällt, Fälle eines derartigen „verdeckten" Zurechnungsdurchgriffs zu identifizieren.

Die konkreten Anwendungsbereiche des Zurechnungsdurchgriffs sind vielfältig. Es seien nur folgende Beispiele genannt, welche die Vielfalt der möglichen Anwendungsbereiche verdeutlichen sollen, ohne auf die näheren Einzelheiten einzugehen. Beispielsweise wurde jeweils angesichts einer beherrschenden Stellung des maßgeblichen Gesellschafters in *Simmons Creek Coal Co. v. Doran* sowie *J.J. McCaskill Co. v. United States* das Wissen der Gesellschafter sowie des Geschäftsführers der Gesellschaft zugerechnet und dadurch die Gesellschaft für ihre Gesellschafter verantwortlich gemacht.[233] In *Fraser v. Major League Soccer,*

230 Von *outsider reverse piercing* wird hingegen gesprochen, wenn ein Dritter die Haftung der Gesellschaft für Verbindlichkeiten eines Gesellschafters erreichen will, vgl. *Crespi*, 16 J. Corp. L. 37 (1990).

231 Wohl erste Durchgriffsentscheidung in Zurechnungsfragen, vgl. Fairfield Cnty. Tpk. Co. v. Thorp, 13 Conn. 173, 179 (Conn. 1839); eingehend zu dieser Fallgruppe *Henn/ Alexander*, § 150.

232 Vgl. dazu nur *Cox/Hazen*, S. 135.

233 Simmons Creek Coal Co. v. Doran, 142 U.S. 417, 439–440 (1892) (12 S.Ct. 239): „Associated together to carry forward a common enterprise, the knowledge or actual notice of all these corporators and the president was the knowledge or notice of the company, and, if constructive notice bound them, it bound the company."; ähnlich gelagert war der Sachverhalt in J.J. McCaskill Co. v. United States, 216 U.S. 504 (1910), wo der Gesellschaft allerdings das Wissen des Geschäftsführers zugerechnet worden ist: "Undoubtedly a corporation is, in law, a person or entity entirely distinct from its stockholders and officers. It may have interest distinct from theirs. Their interests, it may be conceived, may be adverse to its interest, and hence has arisen against the presumption that their knowledge is its knowledge, the counter presumption that, in transactions with it, when their interest is adverse, their knowledge will not be

LLC. musste eine Gesellschaft den Kartellverstoß ihres Gesellschafters gegen sich gelten lassen, obwohl dieser im eigenen und nicht im Interesse der Gesellschaft handelte.[234] Selbst bei der Beurteilung des Gerichtsstandes einer Gesellschaft bedienen sich Gerichte bisweilen eines Zurechnungsdurchgriffs. So ist in *Harvey v. Grey Wolf Drilling Co.* etwa der Gerichtsstand ausnahmsweise nicht anhand des Geschäftssitzes der Gesellschaft, sondern anhand der Staatsbürgerschaft des alleinigen Gesellschafters ermittelt worden.[235]

3. *Dogmatische Herleitung*

Auch wenn der Durchgriff fest im US-amerikanischen Gesellschaftsrecht verwurzelt ist,[236] bleibt stärker als in Deutschland zu beobachten, dass weder eine einheitliche gesetzliche Regelung[237] noch eine klar konturierte Dogmatik des Durchgriffs besteht. Man ist sich zwar darin einig, dass der Durchgriff eine für die beteiligten Parteien einzelfallgerechte Korrektur der aus der rechtlichen Selbstständigkeit von Gesellschaften resultierender Ergebnisse darstellt.[238] Über die Voraussetzungen besteht dagegen, jedenfalls auf die gesamten USA bezogen, keine Einigkeit.[239] Stattdessen sind Begründungsansätze, Erklärungsmuster und sogar Durchgriffstermini nicht nur zahlreicher und vielfältiger, sondern

---

attributed to it. But while this presumption should be enforced to protect the corporation, it should not be carried so far as to enable the corporation to become a means of fraud or a means to evade its responsibilities."

234 Vgl. für Kartellverstöße Fraser v. Major League Soccer, LLC., 97 F. Supp. 2d 130, 135 (D. Mass. 2000): „[...] unless the members are acting not in the interest of the entity, but rather in their own separate self-interest".

235 Harvey v. Grey Wolf Drilling Co., 542 F. 3d 1077 (5th Cir. 2008); zuvor bereits in Bank of the United States v. Deveaux, 9 U.S. (5 Cranch) 61, 3 L.Ed. 38 (1809).

236 *Barber*, 17 Willamette L. Rev. 371, 373–374 (1981); *Wormser*, S. 40 ("Our Lady of the Common Law").

237 Lediglich der Bundesstaat Texas sieht eine gesetzliche Regelung vor, die eine Haftung der Gesellschafter für Durchgriffsfälle ausdrücklich ausschließt (Art. 2.21. Texas Business Corporation Act).

238 *Helfman,* 114 Am. Jur. Proof of Facts 3d 403,§ 5 unter Verweis auf Jurista v. Amerinox Processing, Inc., 492 B.R. 707 (D.N.J. 2013); vgl. Great Neck Plaza, L.P. v. Le Peep Restaurants, LLC 37 P 3d 485 (Colo. App. 2001): "piercing the corporate veil is an equitable remedy, requiring balancing of the equities in each particular case".

239 Vgl. bereits *Wormser*, 12 Colum. L. Rev. 496 (1912): "The concept is not an 'open sesame' which will open all gates. When to use it, when to ignore it, is the present day dilemma."

aufgrund der föderalen Struktur der USA im Gegensatz zu Deutschland auch zwangsläufig vom jeweiligen Bundesstaat abhängig.

Allein *Thompson*[240] zählt bis zu 85 dogmatische Begründungsansätze für den Durchgriff.[241] Die genaue Zahl der Erklärungsansätze hängt dabei u.a. davon ab, ob lediglich die Lösung eines Durchgriffsproblems beschrieben oder eine eigenständige Durchgriffsmethode anerkannt wird.[242] Die Verwendung der Begriffe „piercing the corporate veil“ oder „disregard of legal entity“ beschränkt sich insofern manchmal sogar nur auf einen Anhaltspunkt für das Bestehen eines Durchgriffsproblems, aber nicht seine Lösung. So kommt es vor, dass nicht nur die Voraussetzungen für haftungs- und zurechnungsrechtliche Durchgriffssachverhalt miteinander vermengt werden oder Gerichte ihre Entscheidungen ausdrücklich unter Bezugnahme auf einen Durchgriff begründen, obwohl sich das rechtliche Ergebnis auch anderweitig, etwa mithilfe einfacher Auslegung, begründen ließe.[243]

Angesichts dieser, schon wegen der Zahl der Bundesstaaten überwältigen Anzahl an Durchgriffskonzepten muss sich die nachfolgende Betrachtung auf die wesentlichen Erklärungsansätze beschränken.

a) Allgemeine Erklärungsansätze in der Rechtsprechung

Bei den allgemeinen Erklärungsansätzen der Rechtsprechung ist, ähnlich wie in Deutschland, zu beobachten, dass ein Durchgriff hauptsächlich mit Billigkeits- und Gerechtigkeitserwägungen des Einzelfalls begründet wird. Nachfolgend sollen diese Ansätze der Rechtsprechung grob skizziert werden, wobei dogmatische Konzepte an dieser Stelle noch auszuklammern und an darauffolgender Stelle betrachtet werden.

---

240 *Thompson*, 76 Cornell L. Rev. 1036, 1044 (1991).

241 Umfassend zu den einzelnen Durchgriffslehren auch *Blumberg*, The law of corporate groups, § 6; *Krendl/Krendl*, 55 Denv L J 1.

242 Vgl. *Helfman*, 14 Am. Jur. Proof of Facts 3d 403, § 1 Rn. 8 „agency, civil conspiracy, aiding and abetting, estoppel, fraud, fraudulent transfer, the trust fund doctrine, the denuding theory, unjust enrichment, and breach of fiduciary duty may provide alternative grounds for imposing liability on the principals of a protected entity“.

243 Zu dieser Beobachtung bereits *Ballantine*, 14 Cal. L. Rev. (1925) 12, 20.

aa) Federal Courts

Zunächst bietet sich ein Blick auf die Erklärungsansätze der *Federal Courts*,[244] u.a. auf den U.S. Supreme Court an, auf welche die Anfänge der Durchgriffsrechtsprechung zurückgehen und dessen Entscheidungen bis heute die Entwicklung eines bundesstaatenweiten Durchgriffsverständnisses prägen.[245]

Die Durchgriffsrechtsprechung der Bundesgerichte fiel in ihren Anfängen noch wenig differenziert aus. So setzte sich etwa der U.S. Supreme Court 1892 in *Simmons Creek Coal Co. v. Doran* ohne vertiefte Begründung über die Selbstständigkeit einer Gesellschaft hinweg und rechnete einer Gesellschaft die Kenntnis ihrer Gesellschafter vom Mangel des Eigentumsrechts am dem Land, das sie erworben hatte, als eigene zu.[246]

Die Rechtsprechung des frühen 20. Jahrhunderts kennzeichnet dagegen eine stärkere Begründungstiefe. Unter anderem ist, vergleichbar zu Deutschland, eine Ausrichtung des Durchgriffs auf die Vermeidung bzw. Sanktionierung von Missbrauchsfällen zu beobachten.[247]

Erste verallgemeinerungsfähige Grundsätze stellte der Supreme Court in *United States v. Milwaukee Refrigerator Transit Co.* auf. Demnach gelte der Grundsatz der rechtlichen Selbstständigkeit nur soweit, wie kein Grund für die Annahme des Gegenteils besteht. Dies könne etwa der Fall sein, wenn unter Berufung auf jene Selbstständigkeit einer Gesellschaft die öffentliche Ordnung bekämpft, Unrecht gerechtfertigt, Betrug verschleiert oder Schutz vor Straftaten gesucht werde.[248]

---

244 Vgl. zur Durchgriffsrechtsprechung nach federal und state law *Figueroa,* 50 Duq. L. Rev. 683; zu ihrem Begründungsansatz Note, 95 Harv. L. Rev. 853, pp. 853 ff.

245 Hierfür dürfte u.a. die prozessrechtliche Regel der *diversity jurisdiction* ursächlich sein, die eine wahlweise Zuständigkeit der Bundesgerichte für Zivilstreitigkeiten vorsieht, wenn die Parteien in unterschiedlichen Bundesstaaten ansässig sind und der Streitwert die Summe von $ 75.000 übersteigt (28 U.S.C. § 1332).

246 Vgl. Simmons Creek Coal Co. v. Doran, 142 U.S. 417, 439 (1892) (12 S.Ct. 239): "Associated together to carry forward a common enterprise, the knowledge or actual notice of all these corporators and the president was the knowledge or notice of the company; and, if constructive notice bound them, it bound the company."

247 *Helfman*, 114 Am. Jur. Proof of Facts 3d 403 note § 1; *Figuera,* 50 Dun. L. Rev. 683, 713 (Fall 2012).

248 U.S. v. Milwaukee Refrigerator Transit Co. 145 F. 1007 C.C.Wis. (1906): "a corporation will be looked upon as a legal entity as a general rule, and until sufficient reason to the contrary appears; but when the notion of legal entity is used to defeat public convenience, justify wrong, protect fraud, or defend crime, the law will regard the corporation as an association of persons."

Immer wieder nehmen Entscheidungsbegründungen auf vergleichbare Billigkeitserwägung Bezug, z.B. auf die Gesichtspunkte der öffentlichen Ordnung („*public policy*") oder Billigkeit („*equity*")[249].[250] Seit der Mitte des 20. Jahrhunderts hat die Rechtsprechung neben allgemeinen Billigkeitserwägungen, wie der Redlichkeit und Gerechtigkeit („*honesty and justice*"),[251] zunehmend Kriterienlisten entwickelt, die an späterer Stelle eingehender betrachtet werden.

bb) State Courts

Die dogmatische Auseinandersetzung auf der Ebene der einzelnen Bundesstaaten fällt demgegenüber seit jeher uneinheitlicher aus. Wegen der Vielzahl der Bundesstaaten[252] ließe sich die Rechtsprechung sämtlicher State Courts an dieser Stelle nicht darstellen. In der Gesamtschau lässt sich beobachten, dass eine einheitliche Durchgriffsrechtsprechung nicht existiert, sondern das dogmatische Konzept eines Durchgriffs vom jeweiligen Bundesstaat abhängt.

Zugleich liegt ein Zusammenhang zwischen Häufigkeit der Durchgriffsentscheidungen und dem dogmatischen Begründungsansatz des jeweiligen Bundesstaates nahe. So sind einige Bundesstaaten traditionell durchgriffsfreundlicher als andere, was u.a. dem an früherer Stelle beschriebenen Wettbewerb um das liberalste Gesellschaftsrecht zugeschrieben werden kann. Zu solchen Bundesstaaten gehört z.B. *New York*, dessen Gerichte die ältesten[253] und bundesstaatenweit

---

249 Zur Bedeutung und dem Ursprung der „equity" im England des 15. Jahrhunderts, namentlich als moralischer Ausgleich der strikten Regeln des Common Law "for the love of God and in the way of charity", vgl. *Kötz/Zweigert*, Einführung in die Rechtsvergleichung, § 14 III S. 184 f.

250 Bangor Punta Operations, Inc. v. Bangor & Aroostook R. Co., 417 U.S. 703 (1974) "Although a corporation and its shareholders are deemed separate entities for most purposes, the corporate form may be disregarded in the interests of justice where it is used to defeat an overriding public policy. […] [W]here equity would preclude the shareholders from maintaining an action in their own right, the corporation would also be precluded."; vgl. auch First Nat. City Bank V. Banco Para El Comercio, 462 U.S. 611 (1983).

251 So z.B. noch in Berkey v. Third Avenue Railway Co. Ry Co., 244. N.Y. 84, 95 (Ct. App. N.Y. 1926).

252 Zur genauen Zahl der Durchgriffsentscheidungen der einzelnen Bundesstaaten, vgl. *Oh*, 89 Tex. L. Rev. 81 (2010); *Thompson*, 76 Cornell L. Rev. 1036, 1052 (1991).

253 Booth v. Bunce, (1865) 33 N. Y. 139 als erste Durchgriffsentscheidung in New York; vgl. zudem *Thompson*, 76 Cornell L. Rev. 1036, 1052 (1991); *Oh*, 89 Tex. L. Rev. 81, 115 (2010).

meisten Durchgriffsentscheidungen hervorgebracht haben.[254] Nach New York weisen zudem die Bundesstaaten *Kalifornien*,[255] *Ohio, Texas* sowie *Pennsylvania* die höchste Rate an Durchgriffsentscheidungen auf.[256] Die dortigen Gerichte begünstigen einen Durchgriff durch geringere Anforderungen bzw. Beweiserleichterungen, indem u.a. auf die Voraussetzung eines Betrugs bisweilen gänzlich verzichtet wird.[257] In den weiteren Teilen der USA, darunter in *Alabama, Arkansas, Connecticut*,[258] *Florida, Georgia, Illinois, Louisiana, Massachusetts, Michigan, Minnesota, Missouri, New Jersey, Tennessee, Virginia* und *Washington*, hatten die Gerichte dagegen bislang seltener über einen Durchgriff zu entscheiden.[259]

b) Konzepte in Literatur und Rechtsprechung

Angesichts der bisweilen willkürlichen und unvorhersehbaren Durchgriffsrechtsprechung ist in den letzten Jahrzehnten die Literatur und Rechtsprechung um eine gewissenhaftere und gründlichere Auseinandersetzung mit dem Durchgriff bemüht.

---

254 Es verwundert daher, dass die Durchgriffsdogmatik in New York als beinahe unüberwindbar („nearly impregnable“) bezeichnet wird, vgl. *Harrington*, 43 Syracuse L. Rev. 25, 65 (1992). Zu unterscheiden sind allerdings die leicht abweichenden Anforderungen der state und federal courts in New York, vgl. dazu Guptill Holding Corp. v. State, 307 N.Y.S.2d 970, 973 (N.Y.App. Div. 1970), vgl. *Oh*, 89 Tex. L. Rev. 81, 120 (2010).

255 Kalifornien wird seit jeher für besonders durchgriffsfreundlich gehalten, vgl. *Presser*, § 2:05, 2–31 ff.; *Oh*, 89 Tex. L. Rev. 81, 119 (2010).

256 Diese Bundesstaaten zählen in der Zeit zwischen 1986 und 2006 die meisten Durchgriffsentscheidungen: New York (269), Kalifornien (232), Texas (211), Ohio (179), Pennsylvania (162), vgl. *Oh*, 89 Tex. L. Rev. 81, 115 (2010); zuvor ähnlich *Thompson*, 76 Cornell L. Rev. 1036, 1052 (1991).

257 So etwa für Ohio, vgl. Bucyrus-Erie Co. v. Gen. Prods. Corp., 643 F.2d 413, 419 (6th Cir. 1981).

258 Eine Besonderheit gilt in *Connecticut*, das zwei unterschiedliche Durchgriffskonzepte nebeneinander beheimatet, vgl. Zaist v. Olson, 154 Conn. 563, 573, 227 A.2d 552 (1967); Saphir v. Neustadt, 117 Conn. 191, 209–210, 413 A.2d 843 (1979); *Blumberg*, Corporate Groups, § 11.02; *Faulkner*, 83 Conn B.J. 251 (2009); *Fletcher*, Cyclopedia The Law of Corporations, § 43.20.

259 Die Zahl der Durchgriffsentscheidungen im Einzelnen: Alabama (40), Arkansas (44), Connecticut (74), Florida (105), Georgia (86), Illinois (80), Louisiana (112), Massachusetts (62), Michigan (83), Minnesota (51), Missouri (87), New Jersey (57), Tennessee (47), Virginia (55), Washington (69), s. *Oh, Peter B.*, Veil-Piercing, 89 Tex. L. Rev. 81, 115 (2010).

Ausgangspunkt der wissenschaftlichen Auseinandersetzung mit dem Durchgriff ist der erste umfassende Erklärungsansatz von *Wormser*,[260] auf den auch die Formulierung „piercing the corporate veil“[261] zurückgeht. Er analysierte 1912 erstmalig die Durchgriffsrechtsprechung und erarbeitete eine Anwendungsformel für die Annahme dieser Korrektur. Demnach ist der Durchgriff, vergleichbar der Missbrauchslehren in Deutschland, ein Instrument, um den Missbrauch der verselbstständigten Gesellschaftsform zu sanktionieren. Wormser zufolge muss die Trennung zwischen Gesellschaft und Gesellschaftern aufgehoben werden wenn die rechtliche Einheit der Gesellschaft benutzt wird, um Gläubigern zu benachteiligen, Gesetze zu umgehen, ein Monopol zu schaffen oder um Unredlichkeit oder eine Straftat zu verdecken.[262]

> "When the conception of corporate entity is employed to defraud creditors, to evade an existing obligation, to circumvent a statute, to achieve or perpetuate monopoly, or to protect knavery or crime, the courts will draw aside the web of entity, will regard the corporate company as an association of live, up-and-doing, men and women shareholders, and will do justice between real persons."

Bemerkenswerterweise wies schon Wormser auf den Ausnahmecharakter dieser Korrektur hin. Obwohl eine Missbrauchsgefahr durch eine geringe Gesellschafterzahl begünstigt werde, soll sie allein für einen Durchgriff noch nicht ausschlaggebend sein.[263] Erst beim Beweis weiterer hinzutretender, außerordentlicher Umstände, dass die Gesellschaft von ihren Eigentümern instrumentalisiert werde, sei ein Durchgriff möglich.[264]

Anknüpfend an dieses frühe Konzept hat das Schrifttum bis heute abermalige Versuche unternommen worden, den Durchgriff umfassend dogmatisch zu begründen. Eine allgemein anerkannte und gesicherte Lehre besteht nach wie vor nicht.[265] Die zahlreichen dogmatischen Erklärungsversuche, die von der

---

260 *Wormser*, 12 Colum. L. Rev. 496 (1912).

261 Tatsächlich bezeichnete er den Durchgriff noch als „piercing the veil of corporate entities“, vgl. *Wormser*, 12 Colum. L. Rev. 496 (1912).

262 *Wormser*, 12 Colum. L. Rev. 496, 517 (1912).

263 *Wormser*, 12 Colum. L. Rev. 496, 503 f., 517 (1912).

264 *Wormser*, 12 Colum. L. Rev. 496, 504, (1912): „It must further appear by clear and convincing evidence that the corporation created is only an adjunct of the business of its creator, - a mere agency, or instrumentality, through which it acts, - a mere business department, or bureau, so to speak.“

265 Vgl. *Cohn/Simitis*, ICLQ Vol. 12 (1963) S. 189 ff., 190; allerdings träge die Vielzahl der Durchgriffstheorien auch wesentlich zur Verwirrung in der Durchgriffsproblematik bei, vgl. *Blumberg*, The Law Of Corporate Group, § 6.10 at 136.

Literatur entwickelt und der Rechtsprechung adaptiert und modifiziert worden sind, ließen sich auch an dieser Stelle wohl kaum darstellen, weshalb im Folgenden lediglich die am weitesten verbreiteten klassischen, zwei- bzw. dreistufigen Durchgriffskonzepte ihrem grundlegenden Verständnis nach beleuchtet werden.

aa) „instrumentality"- und „alter ego"-doctrine

Zu unterscheiden ist auf der einen Seite der wohl bekannteste Begründungsansatz, die sog. *„instrumentality"*-doctrine,[266] der maßgeblich auf *Powell*[267] zurückgeht und deshalb z.T. auch als *Powell-Rule* bezeichnet wird. Ursprünglich für Konzernzusammenhänge geschaffen und seit der Entscheidung des Berufungsgerichts von New York in *Lowendahl v. Baltimore & Ohio Railroad Co.*[268] auch für einen Durchgriff auf natürliche Personen anwendbar, ist sie auch von der Rechtsprechung der Bundesstaaten *Alabama, Connecticut, Florida, Indiana, Kansas, Kentucky, New York, North Carolina, Ohio* und *Tennessee* aufgegriffen worden.[269] Ein Durchgriff setzt demnach das Vorliegen dreier Kriterien voraus:

a. Kontrolle, d.h. nicht nur den mehrheitlichen oder vollständigen Besitz der Gesellschaftsanteile, sondern vollständige Beherrschung, nicht nur der Finanzen, sondern der Strategie und der Geschäftsführung im Hinblick auf die angegriffene Gesellschaftshandlung, sodass die verselbstständigte Gesellschaft zu diesem Zeitpunkt keinen unabhängigen Verstand, Willen oder Bestand hat;
b. die Ausnutzung jener Kontrolle um einen Betrug zu begehen oder Unrecht zu tun, eine gesetzliche oder anderweitig positivrechtliche Pflichtverletzung oder eine unlautere Handlung, die im Widerspruch zu den Rechten des Klägers steht, aufrechtzuerhalten; und
c. eine Verletzung oder ein ungerechter Schaden, der durch die Kontrolle und Pflichtverletzung unmittelbarer herbeigeführt wird.[270]

---

266 Vgl *Krendl/Krendl*, 55 Denv. L.J. 1, 13 (1978).

267 *Powell*, § 1.

268 Lowendahl v. Baltimore & Ohio Railroad Co., 247 A.D. 144, 145 (N.Y. App. Div. 1936).

269 Mit den jeweiligen Rechtsprechungsfundstellen, *Blumberg*, Corporate Groups, § 11.01 [A]; Lowendahl v. Baltimore & Ohio Railroad Co., 247 A.D. 144, 145 (N.Y. App. Div. 1936); Morris v. N.Y. State Dep't of Taxation & Fin., 82 N.Y.2d 135, 623 N.E.2d 1157 (1993); Cordius Trust v. Kummerfeld, 153 Fed. Appx. 761, 2005 U.S. App. (2d Cir. 2005); Connecticut Light & Power Co. v. Westview Carlton Group LLC, 108 Conn. App. 633 (2008).

270 Übersetzt aus dem englischen nach *Lowendahl v. Baltimore & Ohio Railroad Co.*, 247 A.D. 144, 145 (N.Y. App. Div. 1936):

Ähnlich verbreitet ist die sog. *alter-ego-doctrine*, die in den unterschiedlichsten Varianten u.a. in den Bundesstaaten *Kalifornien, Colorado, Delaware, Georgia, Hawaii, Illinois, New Hampshire, New Jersey, New Mexiko, Nevada* und Oregon vertreten wird.[271] Sie besteht lediglich aus zwei Kriterien und verlangt:

a. eine über die Beherrschung der Gesellschaft durch ihre Eigentümer hinausgehende Einheit von wirtschaftlichem Eigentum und Interesse [...], dass ihre Verschiedenheit entfallen ist,
b. sodass das Beibehalten der normalen Attribute der Verselbstständigung der Gesellschaft einen Betrug billigen oder Unrecht fördern würde.[272]

Obwohl diese beiden Durchgriffskonzepte eine unterschiedliche Zahl von Merkmalen vorsehen, werden sie häufig miteinander vermengt oder synonym verwendet.[273] Charakteristisch für beide Ansätze ist das Tatbestandsmerkmal der Einheit zwischen Gesellschaft und Gesellschafter bzw. der Beherrschung der Gesellschaft, die über das Halten der Mehrheit sämtlicher Gesellschaftsanteile

---

„1. Control, not merely majority or complete stock control, but complete domination, not only of finances, but of policy and business practice in respect to the transaction attacked so that the corporate entity hat at the time no separate mind, will or existence of its own, and
2. such control must have been used by the defendant to commit fraud or wrong, to perpetuate the violation of a statutory or other positive legal duty, or a dishonest and unjust act in contravention of plaintiff's legal rights; and
3. the aforesaid control and breach of duty must proximately cause the injury or unjust loss complained of."

271 Mit den jeweiligen Rechtsprechungsfundstellen, *Blumberg*, Corporate Groups, § 11.01 [A]; Baker v. Caravan Moving Corp., 561 F. Supp. 337, 340 (N.D. Ill. 1983); Transition Healthcare Assocs., Inc. v. Tri-State Health Investores, 306 F.App'x 273, 280 (6th Cir. 2009); Wegerer v. First Commodity Corp., 744 F.2d 719 (10th Cir. 1984); Worldwide Carriers, Ltd. v. Aris S.S. Co., 301 F. Supp. 64 (S.D.N.Y. 1968); *Note*, Harv. L. Rev., Vol. 95, No. 4 Feb., 1982, pp. 853–871.

272 Übersetzt aus dem englischen nach *Cohen*, 45 Am. Jur. POF 3d §§ 1, 75 (1998): "1. that not only the corporation is influenced by the owners, but that there is such unity of ownership and interest [...] that their separateness has ceased; and
2. that [...] adherence to the normal attributes of separate corporate existence would sanction a fraud or promote injustice."

273 Vgl. zur Ähnlichkeit beider Theorien *Vandekerckhove*, S. 83; *Figuara*, Dun. L. Rev. 50, 722; für eine synonyme Verwendung daher *Blumberg*, Corporate Groups, § 11.01; dagegen wird ausdrücklich unterscheiden in International Union, United Auto., Aerospace & Agricultural Wkrs. of Am. (UAW) v. Aguirre, 410 F.3d 297 (6th Cir. 2005).

hinausgeht und sich konkret niedergeschlagen haben muss.[274] Das Tatbestandsmerkmal des Missbrauchs oder Unrechts wird dagegen weit gefasst, sodass neben Betrug, auch die Verletzung von Vorschriften, Falschdarstellung, Arglist, unerlaubte Handlungen sowie andere Fälle von Unrecht erfasst sind.[275]

bb) „quasi-agency“

Von den gängigen Durchgriffskonzepten abzugrenzen ist die sog. *quasi-agency-theory*,[276] die sich anlehnt an die besonderen, gegenüber dem kontinentaleuropäischen Recht weitergehenden Regeln der *agency*, d.h. des Stellvertretungsrechts des common law.[277] Üblicherweise setzt agency (1) einen übereinstimmenden Willen zwischen *principal* (Geschäftsherr) und *agent* (Vertreter), (2) die Kontrolle des Geschäftsherrn sowie (3) das Handeln des Vertreters für den Geschäftsherrn voraus.[278] Diese Voraussetzungen werden durch Durchgriffssachverhalte häufig nicht erfüllt, weshalb eine Reihe von Bundesstaaten, darunter *Delaware* und *New York*, aufgrund der beherrschenden Stellung der Gesellschafter ein quasi-agency-Verhältnis annehmen.[279]

4. Kriterien anhand von Wäschelisten („laundry lists“)

Die verschiedenen Begründungsansätze zum Durchgriff mögen sich terminologisch unterscheiden, sind aber in ihrem wesentlichen Kerngehalt durchaus ähnlich. Führt man sie zusammen, ist ihnen jedenfalls gemein, dass sie das Vorliegen einer Beherrschung der Gesellschaft durch einen oder die Gesellschafter (*domination*) sowie ein unbilliges Ergebnis (*inequitable result*) voraussetzen. Freilich sind die Voraussetzungen für sich genommen noch nicht bestimmt

---

274 *Lowendahl v. Baltimore & Ohio Railroad Co.*, 247 A.D. 144, 154 (N.Y. App. Div. 1936); *Matheson*, 87 N.C. L. Rev. 1091, 1155 (2009) 1125.

275 *Schlecht v. Equitable Builders, Inc.*, 535 P. 2d 86, 88 (Or. 1975): "the corporate entity [...] should be disregarded only to prevent fraud or injustice and to protect persons whose rights have been jeopardized"; vgl. *Figuara*, Dun. L. Rev. 50, 723: "(1) actual fraud; (2) violation of a statute; (3) stripping the subsidiary of its assets; (4) misrepresentation; (5) estoppel; (6) torts; and (7) other cases of wrong or injustice."

276 Eingehend *Blumberg*, Corporate Groups, § 10.04; § 29.03–07.

277 Eingehend zu den Grundsätzen der agency in Zurechnungsfragen, vgl. *Blumberg*, Corporate Groups, § 29.

278 *Blumberg*, Corporate Groups, § 10–14, 29-02; Restatement of Agency, § 101 (Tent. Draft No. 2, 2001); *Reuschelein/Gregory*, The Law of Agency and Partnership, S. 3 ff.

279 Walkovszky v. Carlton, N.Y.App., 223 N.E.2d 6, 8 (N.Y. 1966).

genug, um den Anwendungsbereich eines Durchgriffs klar zu definieren.[280] Um das Vorliegen jener Durchgriffsvoraussetzungen festzustellen, wird daher im Sinne der „totality of circumstances rule“[281] eine Gesamtbeurteilung des Sachverhalts vorgenommen.

Um die Beurteilung von Durchgriffsvoraussetzungen zu erleichtern, sind in den USA sog. „laundry lists“, d.h. Kataloge durchgriffsindizierender Kriterien, weit verbreitet. Diese Kriterien können in der Gesamtschau darauf hindeuten, dass eine Gesellschaft im konkreten Fall von einem Gesellschafter maßgeblich beherrscht oder durch eine bestimmte Handlung eine unrechte Rechtslage herbeigeführt wird. Sie werden auf unterschiedliche, d.h. haftungs- wie zurechnungsrechtliche Erscheinungsformen des Durchgriffs, herangezogen.

Beispielhaft für eine „laundry lists“ sei eine von Richter *Michael McHugh* zusammengestellte Liste von Kriterien genannt, die sowohl für haftungs- als auch zurechnungsrechtliche Sachverhalte anwendbar sein soll:[282]

(1) Vermischung von Geldern und anderen Vermögenswerten der Gesellschaft mit denen der einzelnen Aktionäre;
(2) Umleitung der Geldmittel oder Vermögenswerte der Corporation für nicht gesellschaftsbezogene Zwecke (für den persönlichen Gebrauch der Aktionäre der Corporation);
(3) Nichteinhaltung der Unternehmensformalitäten, die für die Ausgabe oder Zeichnung der Aktien der Gesellschaft erforderlich sind, wie z.B. die formelle Genehmigung der Aktienausgabe durch den Vorstand;
(4) ein einzelner Aktionär, der gegenüber Personen ausserhalb der Gesellschaft so auftritt, als sei er oder sie persönlich für die Schulden oder andere Verpflichtungen der Gesellschaft haftbar;

---

280 Mit Blick auf die Anwendungsvoraussetzungen bewusst skeptisch insofern *Easterbrook/Fischel*, U.Chi. L Rev. 52 (1985) 89: "'Piercing' seems to happen freakishly. Like lightning, it is rare, severe, and unprincipled."

281 *Barber*, in: Corporate Practice Commentator, 1982, Vol. 23(4), p. 610, 613; auch Bereits Booth v. Bunce 33 N.Y. 139 (1865) und Dole Food Co. v. Patrickson, 538 U.S. 468, 123 S. Ct. 1655, 155 L. Ed. 2d 643, 188 A.L.R. Fed. 661 (2003): "However, the burden of proof in establishing personal liability based on either doctrine is substantial. The doctrine of piercing the corporate veil is the rare exception, applied in the case of fraud or certain other exceptional circumstances, and is usually determined on a case-by-case basis".

282 Aus dem englischen nach Laya v. Erin Homes, Inc. 352 S.E.2d 93,98 (W.Va. 1986).

(5) das Versäumnis, ein Unternehmensprotokoll oder angemessene Unternehmensaufzeichnungen zu führen;
(6) identisches gleichberechtigtes Eigentum an zwei Unternehmen;
(7) Identität der Vorstände und leitenden Angestellten zweier Unternehmen, die für die Aufsicht und Verwaltung verantwortlich sind (eine Partnerschaft oder Einzelfirma und eine Aktiengesellschaft, die sich im Besitz derselben Parteien befinden und von diesen verwaltet werden);
(8) das Versäumnis, eine Aktiengesellschaft für die angemessenen Risiken des Unternehmens angemessen zu kapitalisieren;
(9) Fehlen von getrennt gehaltenen Unternehmensvermögenswerten;
(10) Verwendung einer Aktiengesellschaft als bloße Hülle oder Leitung, um ein einzelnes Unternehmen oder einen bestimmten Aspekt des Geschäfts einer Einzelperson oder einer anderen Aktiengesellschaft zu betreiben;
(11) alleiniger Besitz aller Aktien durch eine Einzelperson oder Mitglieder einer einzigen Familie;
(12) Nutzung desselben Büros oder Geschäftssitzes durch die Corporation und ihre einzelnen Aktionäre;
(13) Beschäftigung derselben Mitarbeiter oder desselben Anwalts durch die Corporation und ihre(n) Aktionär(en);
(14) Verheimlichung oder falsche Darstellung der Identität des Eigentums, des Managements oder der finanziellen Interessen an der Corporation und Verheimlichung der persönlichen Geschäftsaktivitäten der Aktionäre (Einzelaktionäre geben die Verbindung mit einer Corporation, die ihnen ohne angemessene Sicherheit Darlehen gewährt, nicht preis);
(15) die Missachtung rechtlicher Formalitäten und das Versäumnis, angemessene Beziehungen zwischen verbundenen Unternehmen zu unterhalten;
(16) Nutzung einer Körperschaft als Vermittler von Arbeitskräften, Dienstleistungen oder Waren für eine andere Person oder Gesellschaft;
(17) Abzweigung von Unternehmensvermögen von der Gesellschaft durch oder an einen Aktionär oder eine andere natürliche oder juristische Person zum Nachteil der Gläubiger oder die Manipulation von Vermögenswerten und Verbindlichkeiten zwischen Einheiten, um die Vermögenswerte in einer und die Verbindlichkeiten in einer anderen zu konzentrieren;
(18) Abschluss von Verträgen zwischen der Corporation und einer anderen Person mit der Absicht, das Risiko der Nichterfüllung durch die Verwendung der Unternehmenseinheit zu vermeiden; oder die Verwendung einer Corporation als Ausrede für illegale Transaktionen;
(19) die Gründung und Verwendung der Corporation zur Übernahme der bestehenden Verbindlichkeiten einer anderen Person oder Körperschaft.

Diese Kriteriensammlungen unterliegen im Hinblick auf ihre Praktikabilität und Verallgemeinerungsfähigkeit für die Zulässigkeit eines Durchgriffs gewissen Einschränkungen. Zum einen sind die konkrete Zahl und Gewichtung der Kriterien jener laundry lists ebenso vom jeweiligen Bundesstaat abhängig, wie bereits das jeweils anwendbare Durchgriffskonzept. Dieser Umstand verstärkt nicht nur die Uneinheitlichkeit der Durchgriffsrechtsprechung. Er hat auch zur Folge, dass diesen Kriteriensammlungen keine übergroße Bedeutung beizumessen ist, sondern sie lediglich eine praktisch handhabbare Sammlung von Anhaltspunkten für das Vorliegen der jeweils erforderlichen Durchgriffsvoraussetzungen darstellt.

Darüber hinaus ist im Vergleich zu Deutschland festzustellen, dass ein Durchgriff bisweilen nicht nur undifferenziert und ohne Berücksichtigung der Besonderheiten des einzelnen Falles oder Rechtsgebietes erfolgt.[283] Auch unterscheiden Gerichte im Rahmen der Durchgriffsvoraussetzungen nicht streng zwischen den einzelnen (haftungs- und zurechnungsrechtlichen) Erscheinungsformen des Durchgriffs. Dies hat in Fällen der Zurechnung zur Folge, dass teilweise Kriterien, wie die oben dargestellten, für den Zurechnungsdurchgriff entsprechend herangezogen werden um eine rechtliche Einheit von Gesellschaft und Gesellschaftern im Einzelfall zu begründen.

5. *Empirische Untersuchungen zur Durchgriffsrechtsprechung*

Betrachtet man die Durchgriffsrechtsprechung der USA, lohnt schließlich ein Blick auf die empirischen Untersuchungen von *Thompson* und *Oh*, welche die umfangreiche Durchgriffsrechtsprechung systematisiert und analysiert haben. Obwohl nicht verallgemeinerungsfähig, geben auch sie Aufschluss über die praktische Relevanz sowie die konkreten Anwendungsbereiche des Durchgriffs.[284]

a) *Thompson-Studie*

Die erste empirische Untersuchung des Durchgriffs geht zurück auf *Thompson*.[285] Seine empirische Studie aus dem Jahr 1991 untersucht sämtliche bis zum Jahr 1985 verfügbaren Gerichtsentscheidungen zum „piercing of the corporate veil" (etwa 1.400 Urteile) und fasst sie nach ausgewählten Unterscheidungsmerkmalen zusammen.

---

283 Vgl. *Blumberg*, The Law of Corporate Groups, S. 681 f.

284 Zweifel an der Aussagekraft der Studien hegt *Cox/Hazen*, da diese die jeweiligen Umstände des Einzelfalles nicht genügend berücksichtigen würden, vgl. § 7.2., S. 125.

285 *Thompson*, 76 Cornell L. Rev. 1036 (1991).

Bemerkenswert in diesen Studien ist unter anderem die Gegenüberstellung der Durchgriffsquote im Hinblick auf die Adressaten eines Durchgriffs, d.h. die jeweilige Zahl der von einem Durchgriff betroffenen Gesellschafter.

Tabelle 1:[286] Adressaten des Durchgriffs

Adressat des Durchgriffs	Urteile gesamt	davon Durchgriff	davon kein Durchgriff	Durchgriffsquote (%)
Natürliche Personen:	786	339	447	43,13
– eine	276	137	139	49,64
– zwei oder drei	238	110	128	46,22
– close corporation, – mehr als drei Gesellschafter	263	92	171	34,98
– Publikumsaktionäre	9	0	9	0,00

Diese Aufstellung der Durchgriffsfälle zeigt, dass Gesellschaften mit einer geringen Anzahl von Anteilseignern besonders durchgriffsanfällig sind, wohingegen Gerichte einen Durchgriff mit zunehmender Anzahl an Gesellschaftern tendenziell seltener zulassen. Am häufigsten zugelassen wurde ein Durchgriff demnach im Hinblick auf Einmann-Gesellschaften (in 49,64 % sämtlicher Durchgriffsfälle), gefolgt von Gesellschaften mit lediglich zwei oder drei Gesellschaftern (46,22 %) sowie close corporations (34,98 %), die sich ebenfalls aus wenigen aber mehr als drei Gesellschaftern zusammensetzen.[287] Der Studie zufolge ist ein Durchgriff auf Publikumsaktionäre hingegen in keinem der identifizierten Durchgriffsentscheidungen zugelassen worden.

b) Oh-Studie

Die zweite empirische Untersuchung der Durchgriffs-Rechtsprechung stammt von *Oh* aus dem Jahr 2010.[288] Sie erweitert die Studie auf 2.908 Entscheidungen im Zeitraum von 1658 bis 2006 und stellt damit die umfassendste Darstellung von US-amerikanischen „veil-piercing" Entscheidungen dar.

---

286 a.a.O.

287 a.a.O.; *ders.* 32 Wake Forest L. Rev. 1, 9 (1997).

288 *Oh*, 89 Tex. L. Rev. 81 (2010).

Die Oh-Studie bestätigt wesentliche Gesichtspunkte der früheren Thomson-Studie, etwa die Tendenz der Rechtsprechung, einen Durchgriff nur bei close corporations zuzulassen. Darüber hinaus macht die Studie auf eine explosive Zunahme von Durchgriffsentscheidungen in den letzten Jahrzehnten aufmerksam. Während bis zum Jahr 1986 noch insgesamt 1.415 Entscheidungen gezählt werden, ergingen allein in den beiden darauffolgenden Jahrzehnten weitere 1.514 Entscheidungen, wobei 718 auf die Jahre 1990–1999 entfielen.[289] *Oh* zufolge machen hierbei Missbrauchsfälle den Schwerpunkt der Durchgriffsrechtsprechung aus. Dies wird deutlich an den häufigsten für einen Durchgriff angeführten Gründen, zu denen die Beherrschung der Gesellschaft (*domination*), Sphärenvermischung (*commingling*), Unrecht (*injustice*) sowie Betrug (*fraud*) zählen.[290] Dieses Einschätzung bestätigt sich in der Quote der erfolgreichen, d.h. geltend gemachten und gerichtlich zugelassenen Durchgriffe, die in deliktsrechtlichen Ansprüchen (*tort*)[291] sowie in vertraglichen Beziehungen überwiegend in Betrugsfällen (*fraud*) am höhsten sei.[292]

Von besonderem Interesse ist schließlich *Ohs* Anordnung der Durchgriffsentscheidungen samt jeweiliger Anzahl und Durchgriffsquote nach dem jeweiligen Anspruchsgegenstand, bei dem Gerichte einen Durchgriff auf Gesellschafter bzw. die Gesellschaft zugelassen haben. So werden neben Ansprüchen aus Delikt („tort") auch diverse vertragliche Ansprüche ausgewiesen, was veranschaulicht, dass die Zulässigkeit des *veil-piercing*, d.h. Durchgriffs keineswegs auf ein bestimmtes Rechtsgebiet beschränkt ist.

Für die vorliegende Untersuchung ist von besonderem Interesse, dass im Rahmen jener Durchgriffsentscheidungen bei vertraglichen Ansprüchen auch solche aus Versicherungsverträgen („insurance claims") ausgewiesen sind.[293] Diese Feststellung, dass in den USA im Gegensatz zu Deutschland ein Durchgriff auch im Versicherungsrecht für zulässig erachtet wird und bereits erste Durchgriffsentscheidungen auf diesem Gebiet ergangen sind, nährt die Fragestellung dieser Arbeit, ob gleiches auch für das deutsche Recht gelten kann.

289 *Oh*, 89 Tex. L. Rev. 81, 109 (2010).

290 *Oh*, 89 Tex. L. Rev. 81, 133–137 (2010).

291 *Oh*, 89 Tex. L. Rev. 81, 130 f. (2010).

292 a.a.O.

293 *Oh* weist 15 Entscheidungen über Versicherungsansprüche („insurance claims") mit einer Durchgriffsquote von 40 % aus, wonach ein Durchgriff in 6 Fällen angenommen sein dürfte, vgl. 89 Tex. L. Rev. 81, 129 (2010).

V. Rechtsvergleichende Würdigung

Die Gegenüberstellung der Rechtslage in Deutschland und den USA hat die Gemeinsamkeiten und Unterschiede beider Rechtsordnungen deutlich gemacht. Vor allem hat sie aber gezeigt, dass die Durchgriffsthematik sich nicht auf den Anwendungsbereich des deutschen Rechts beschränkt. Sie ist auch im ausländischen Recht, insbesondere in den USA, zu finden. Zudem ist deutlich geworden, dass für die Untersuchung des Durchgriffs ein rechtsvergleichender Blick auf das Recht in den USA – trotz der Besonderheiten dieser Rechtsordnung – einen Mehrwert verspricht.

Beide Rechtsordnungen gehen vom Konzept rechtsfähiger Gesellschaften aus, die – wie eine natürliche Person – im Rechtsverkehr eigenständig auftreten können und zu diesem Zweck von ihren Gesellschaftern verselbstständigt sind. Die Merkmale dieser Verselbstständigung sind in beiden Rechtsordnungen vergleichbar.

In Deutschland und USA besteht auch Einigkeit darüber, dass die Selbstständigkeit von Gesellschaften nicht uneingeschränkt gelten soll. Dieser Gedanke ist in den USA bereits in der Idee der *seperate legal entity* angelegt. In ihr äußert sich das historisch bedingte Verständnis des Common Law, dass Rechtsfähigkeit ein staatlich anerkanntes Privileg darstellt, welches innerhalb der Grenzen des Gesellschaftszwecks gilt und in Ausnahmefällen aberkannt werden kann. In Deutschland gilt die Verselbstständigung der Gesellschaft dagegen grds. uneingeschränkt. Beide Rechtsordnungen verbinden jedoch, dass in Ausnahmefällen eine weitergehende Korrektur für notwendig gehalten wird. Die Beweggründe hierfür sind vergleichbar. Das rechtliche Konstrukt der rechtsfähigen, verselbstständigten Gesellschaft bietet nicht nur Raum für eine tatsächliche Einflussnahme der Gesellschafter. Es bietet auch einen möglichen Schutzmantel für die Ausnutzung der Gesellschaft zu unlauteren oder missbräuchlichen Zwecken, die es zu verhindern oder sanktionieren gilt. Diese Problematik hat in Deutschland und den USA vor allem in Zeiten wirtschaftlicher und militärischer Krisen besondere Aufmerksamkeit erfahren, etwa der weltweiten Depression zu Beginn des 20. Jahrhunderts sowie die Nachkriegszeit in Deutschland, wenn Leistungsdruck oder eine politische Motivation die Bereitschaft zu rechtsmissbräuchlichem Verhalten erhöht haben.

Der Durchgriff wird in beiden Rechtsordnungen herangezogen, um die Selbstständigkeit von rechtsfähigen Gesellschaften in Ausnahmefällen zu korrigieren. Der Durchgriff hat seine Wurzeln in den USA und stellt damit in Deutschland als Rechtsimport ein sog. legal transplant dar.[294] Dennoch hat der Durchgriff in jeder Rechtsordnung sein eigenes Begriffsverständnis, seine eigene

---

294 *Fleischer*, NZG 2004, 1129, 1133.

dogmatische Herleitung und praktische Relevanz. Hierbei sind Gemeinsamkeiten beider Rechtsordnungen festzustellen, jedoch auch Schwierigkeiten, die für die weitere Untersuchung zu beachten sind.

Eine Herausforderung stellt die Durchgriffsterminologie dar. Sie eignet sich zur Kennzeichnung von Konstellationen, in denen aufgrund der Interessenslage und Wertungen im Einzelfall die strikte Trennung der Gesellschaft von ihren Gesellschaftern nicht sachgerecht erscheint. Die Terminologie selbst ist für beide Rechtsordnungen jedoch nicht deckungsgleich. In Deutschland geht der Begriff „Durchgriff" bzw. „Durchgriff durch den Schleier der Gesellschaft" zwar auf die Formulierung „piercing the corporate veil" in den USA zurück und hat einen gewissen Wiedererkennungswert. Es werden als Erscheinungsformen des Durchgriffs seit *Wiedemann*[295] insbesondere der Haftungs- und Zurechnungsdurchgriff unterschieden, was eine differenzierte Würdigung der jeweiligen Wertungen zulässt. Dagegen wird in den USA, vor allem in der Rechtsprechung, teilweise eine ganze Reihe weiterer bildlicher Metaphern bedient, um die Durchgriffsproblematik zu umschreiben. Diese uneinheitliche Terminologie erschwert die Identifizierung von Durchgriffsfällen und Beurteilung gleichgelagerter Durchgriffsprobleme.

Besonderes Augenmerk verdient zudem die dogmatische Begründung des Durchgriffs, in welcher beide Rechtsordnungen – trotz augenfälliger Unterschiede – diverse Parallelen aufweisen. Eines besonderen dogmatischen Begründungsaufwands bedarf es typischerweise in Deutschland, wo die Eigenständigkeit von Gesellschaften grundsätzlich eine umfassende ist.[296] In den USA wird dagegen ein Durchgriff nicht nur leichter und häufiger erwogen, sondern auch gerechtfertigt, da die Selbstständigkeit der Gesellschaft von vornherein nicht als unbegrenzt konzipiert ist. Auf der anderen Seite ist dort die Auseinandersetzung um eine dogmatische Grundlage des Durchgriffs unübersichtlich und verworren. Bereits angesichts der föderalen Struktur, der bundesstaatenbedingten Unterschiede und uneinheitlichen Rechtsprechung in den USA übersteigt die Zahl der dortigen Begründungsansätze und ihrer Abwandlungen die in Deutschland vertretenen Ansichten um ein Vielfaches.

Die jeweils in beiden Rechtsordnungen vertretenen und seit längerem unvereinbaren dogmatischen Begründungsansätze des Durchgriffs weisen allerdings Schnittmengen auf. Der Missbrauchslehre in Deutschland und der in den USA vertretenen „alter ego"- und „instrumentality"-doctrine ist gemein, dass sie

---

295 *Wiedemann*, WM Sonderbeilage 4/1975, S. 18.

296 Vgl. auch *Frank*, S. 189.

neben der Beherrschung der Gesellschaft den Tatbestand des Missbrauchs oder Unrechts voraussetzen. Sie gehen von einer Einheitsbetrachtung von Gesellschaft und Gesellschaftern aus und stützen einen Durchgriff auf Gesichtspunkte der Billigkeit. Der Durchgriff gilt demnach in den USA als Rechtsbehelf der *equity*, die im common law eine Einzelfallgerechtigkeit zulässt, bzw. in Deutschland als auf die Grundsätze von Treu und Glauben gem. § 242 BGB gestütztes Billigkeitsrecht. Vorzugswürdig für das deutsche Recht ist zwar die hier vertretene Normzwecklehre, die sich teilweise auch in den USA wiederfindet. Sie wird auch dem oben angesprochenen, besonderen Begründungsaufwand am überzeugendsten gerecht. In der Regel dürfte dieser Ansatz jedoch zu keinem anderen Ergebnis gelangen. Sie verankert den Durchgriff methodisch in der Normauslegung, sodass im Rahmen der (ergänzenden) Gesetzes- und Vertragsauslegung ebenfalls zu berücksichtigen ist, ob und inwieweit Gesellschafter sich auf die Selbstständigkeit einer Gesellschaft berufen können, wenn sie diese beherrschen und zweckwidrig zu Missbrauch oder sonstigen Zwecken einsetzen.

Einen entscheidenden Mehrwert für die Untersuchung des Durchgriffs bietet weiterhin die Vielzahl von Durchgriffsentscheidungen in den USA. Sie versprechen empirische Rückschlüsse auf die Anwendungsbereiche und Voraussetzungen des Durchgriffs. So lässt die opulente Durchgriffsrechtsprechung erkennen, dass Gesellschaften mit einer geringen Anzahl von Gesellschaftern (*closely held corporations*),[297] stärker für einen Durchgriff anfällig sind als solche mit einer breit gestreuten oder breiten Gesellschafterstruktur (*publicly held corporations*).[298] Ähnliches gilt für den in den USA verbreiteten Ansatz, Durchgriffsvoraussetzungen anhand von Kriterienkatalogen inhaltlich zu ergänzen. Diese bieten Anhaltspunkte für die Beurteilung von Durchgriffsfällen. Sie sind jedoch in der Aussagekraft für das deutsche Recht begrenzt, weil sie die Besonderheiten des Einzelfalls nicht abschließend wiedergeben können und sich teilweise je nach Bundesstaat unterscheiden. Die zuvor herausgestellten Unterschiede machen zudem deutlich, dass eine Übertragung der dortigen Erfahrungen, Erkenntnisse und Grundsätze keineswegs undifferenziert erfolgen kann, sondern stets unter Berücksichtigung der Wertungen des deutschen Rechts stattfinden muss.

---

297 So bereits Richmond & I. Construction Co. v. Richmond R. R. Co. (895) 68 Fed. 105, 108, 15 C. C. A. 289; Lange v. Burke (1901) 69 Ark. 85, 88; Waycross Airline R. R. Co. v. Offerman & W. R. R. Co. (1900) 109 Ga. 827; N. Y. Airbrake Co. v. International Steam Pump Co. (N. Y. 1909) 64 Misc. 347, 12o N. Y. Supp. 683.

298 *O'Kelly/Thompson*, S. 609; *Morris*, 52 La. L. Rev. 271, 278 (1992).

D. Zusammenfassung und Schlussfolgerungen

Durchgriffsprobleme stellen ein allgemeines, nicht allein nationales Problem des Gesellschaftsrechts dar. Sie betreffen die Frage, wann eine rechtsfähige Gesellschaft wegen der Einflussmöglichkeiten oder einer tatsächlichen Beherrschung ihrer Gesellschafter ihre Selbstständigkeit verliert.

Der Durchgriff stellt nach der hier vertretenen Normzwecklehre eine (ergänzende) Gesetzes- und Vertragsauslegung dar, die zu klären hat, ob im Einzelfall jene rechtliche Selbstständigkeit mit der jeweiligen Interessenslage und dem jeweiligen Norm- und Regelungszweck vereinbar ist. Ist dies nicht der Fall, so wird eine Norm oder Regelung so ausgelegt, als seien Gesellschaft und Gesellschafter eine Einheit. Der Durchgriff ist in unterschiedlichen Erscheinungsformen, etwa als Haftungs- oder Zurechnungsdurchgriff denkbar und kann rechtsgebietsübergreifend zur Anwendung gelangen.

Auf dieser Grundlage ist zu schlussfolgern, dass auch das Versicherungsrecht für Durchgriffsprobleme der vorstehend skizzierten Art anfällig ist. Das Versicherungsrecht geht als besonderes Schuld- bzw. Vertragsrecht[299] ebenfalls von der Selbstständigkeit rechtsfähiger Gesellschaften aus. Diese Gesellschaften können daher Adressat des auf Versicherungsverträge anwendbaren Versicherungsvertragsgesetzes (VVG) sowie der jeweils vereinbarten und anwendbaren Versicherungsbedingungen sein. Ebenso können rechtsfähige Gesellschaften die im Zusammenhang mit Versicherungsverträgen denkbaren Rechtsstellungen, insbesondere die des Versicherungsnehmers und der versicherten Person, eigenständig einnehmen.[300] Sobald eine rechtsfähige Gesellschaft Versicherungsnehmerin oder versicherte Person ist, kann sich daher konsequenterweise die Frage nach einem ausnahmsweisen Durchgriff auf Gesellschafter stellen.

In den folgenden Teilen der Untersuchungen gilt es, die Anwendbarkeit des Durchgriffs im Hinblick auf ausgewählte Bereiche des Versicherungsrechts erstmals eingehender zu untersuchen. Die Auswahl dieser Anwendungsbereiche ist ergebnisoffen, exemplarisch und nicht abschließend. Sie richtet sich danach, wo eine Berücksichtigung der Gesellschaft im Versicherungsrecht grds. in Betracht kommt oder sogar bereits erörtert oder – wie in den USA – bereits praktiziert wird. Diese Bereiche betreffen die Erstreckung des Versicherungsschutzes auf die

299 *Armbrüster*, Privatversicherungsrecht, Rn. 6; Bruck/Möller/*Beckmann*, Einf. A Rn. 15; *Werber/Winter*, Rn. 1; zur historischen Entwicklung *Deutsch*, Rn. 30.

300 Für Versicherer kommen nur die in § 7 VAG aufgeführten Gesellschaftsformen in Betracht (AG, SE, VVaG, Körperschaften und Anstalten des öffentlichen Rechts).

Gesellschafter (2. Teil), die Haftung der Gesellschafter für die Prämienzahlungspflicht der Gesellschaft (3. Teil) sowie die Berücksichtigung von Verhalten und Wissen der Gesellschafter beim Versicherungsschutz der Gesellschaft (4. Teil).

Für diesen Anwendungsbereich eines Durchgriffs im Versicherungsrecht ist jeweils zu erörtern, ob eine Berücksichtigung der Gesellschafter bereits aufgrund anerkannter Grundsätze möglich und zulässig ist. In einem zweiten Schritt ist dann – auf Grundlage der hier vertretenen Normzwecklehre – zu untersuchen, ob die jeweilige Interessenslage und der Norm- und Regelungszweck konkreter Normen einen ausnahmsweisen Durchgriff auf Gesellschafter zulassen. Hierbei ist jeweils die Durchgriffsrechtsprechung in den USA ergänzend heranzuziehen und kritisch zu erörtern, ob und inwieweit die dortigen Grundsätze auf die Rechtslage in Deutschland übertragbar sind.

2. Teil Versicherungsschutz der Gesellschafter aufgrund eines Durchgriffs

Als erster möglicher Anwendungsbereich eines Durchgriffs im Versicherungsrecht kommt die Erstreckung des Versicherungsschutzes auf Gesellschafter in Betracht. Es geht um die Frage, ob und inwieweit Gesellschafter wegen einer Beherrschung der Gesellschaft Versicherungsansprüche der Gesellschaft als eigene geltend machen können.

Anhaltspunkte für eine solche Berücksichtigung der Gesellschafter gibt vor allem die Rechtslage in den USA. Es finden sich dort gleich mehrere Beispiele dafür, dass der Versicherungsanspruch einer Gesellschaft auch im Wege eines Durchgriffs auf einen Gesellschafter erstreckt werden kann.[301] Ein solcher Durchgriff wird erwogen, sobald ein Allein- oder Mehrheitsgesellschafter maßgeblichen Einfluss auf die Gesellschaft ausübt und eine Identität mit der Gesellschaft besteht. Doch auch in Deutschland findet eine Auseinandersetzung darüber statt, ob Gesellschafter von dem Versicherungsvertrag ihrer Gesellschaft miterfasst, d.h. mitversichert sein können. Ein Bedürfnis hierfür wird von Literatur und Rechtsprechung bei solchen Gesellschaftern befürwortet, die mit dem versicherten Risiko bestimmungsgemäß in Berührung kommen. Vor diesem Hintergrund ist die Zulässigkeit eines Durchgriffs in diesem Anwendungsbereich von umso großerem Interesse und nachfolgend zu klaren.

Im Anschluss an eine einleitende Skizzierung der Ausgangslage (A.) wird zunächst dargestellt, inwiefern Gesellschafter bereits nach allgemeinen Grundsätzen in den Versicherungsvertrag einer rechtsfähigen Gesellschaft eingebunden sein können (B.). Anknüpfend an die Durchgriffspraxis in den USA, wird danach untersucht, ob ein Durchgriff ausnahmsweise den Versicherungsschutz einer Gesellschaft auf ihre Gesellschafter erstrecken kann (C.).

---

301 Vgl. Roepke v. Western Nat. Mut. Ins. Co., 302 NW2d 350 (Minn, 1981); Kuennen v. Citizens Security Mutual Insurance Company, 330 N.W.2d 886 (Minn. 1983), siehe unten 2. Teil, C. I. 2. a), S. 91.

A. Ausgangslage

Bevor die Einbeziehung der Gesellschafter in den Versicherungsvertrag rechtsfähiger Gesellschaften untersucht werden kann, gilt es zunächst die rechtliche Ausgangslage zu skizzieren. Ausgehend vom deutschen Recht ist zu betrachten, welche relevanten Rechtsstellungen im Versicherungsverhältnis einer rechtsfähigen Gesellschaft zu unterscheiden sind und ob diese von Gesellschaftern eingenommen werden.

Die konkrete Rechtsstellung im Versicherungsverhältnis entscheidet darüber, wessen Risiken durch den Versicherer übernommen und wem dadurch Versicherungsschutz, d.h. ein Anspruch gegen den Versicherer auf Versicherungsleistung[302] gewährt wird. Sie ist zudem für mehrere Rechtsfragen von Bedeutung, die noch an späterer Stelle eingehender behandelt werden, z.B. die Haftung für die Prämienzahlungspflicht die Maßgeblichkeit von Verhalten und Wissen für den Versicherungsschutz oder die Möglichkeit eines Regresses durch den Versicherer nach Erbringung der Versicherungsleistung, wenn diese Person den Versicherungsfall schuldhaft herbeigeführt hat (§ 86 Abs. 1 VVG).

Als wesentliche Rechtsstellungen eines Versicherungsverhältnisses, aus denen sich Versicherungsschutz ergeben kann, sind die des Versicherungsnehmers und des Versicherten zu unterscheiden.[303]

I. Gesellschafter als Versicherungsnehmer

Bei Abschluss eines Versicherungsvertrages wird eine rechtsfähige Gesellschaft im Grundsatz selbst Versicherungsnehmerin.[304] Der Versicherungsnehmer ist

302 Zum traditionellen Streitstand über Rechtsnatur und Gegenstand des Versicherungsvertrages s. nur *Schimikowski*, Versicherungsvertragsrecht, Rn. 29 ff. m.w.N., wonach die Leistungspflicht des Versicherers entweder in der Erbringung einer Geldleistung im Versicherungsfall (Geldleistungstheorie) oder der Risikoübernahme (Gefahrtragungstheorie) bestehen soll.

303 Hiervon wiederum zu unterschieden ist der „Dritte“ (relevant z.B. im Rahmen der Regressvorschrift des § 86 Abs. 1 VVG) und als jemand verstanden wird, der weder Versicherungsnehmer noch Versicherter ist, vgl. BGHZ 117, 151, 158.

304 Hiervon ausgenommen sind Gruppenversicherungsverträge, bei denen die Gruppenspitze zugunsten und als bevollmächtigte Vertreterin ihrer Gruppenmitglieder auftritt, wodurch kein einheitlicher, sondern eine durch Rahmenvereinbarungen äußerlich und wirtschaftlich zusammengefasste Vielzahl von Versicherungsverträgen geschlossen wird und die Gruppenmitglieder selbst Versicherungsnehmer werden (unechte Gruppenversicherung), vgl. nur *Schimikowski*, Versicherungsvertragsrecht, Rn. 76.

neben dem Versicherer Vertragspartner des Versicherungsvertrags (§ 1 S. 1 VVG) und grds. alleiniger Schuldner der Prämienzahlung (§ 1 S. 2 VVG).[305] Nach Maßgabe des bürgerlichen Rechts ist Versicherungsnehmer, in dessen Namen der Vertrag abgeschlossen wird bzw. demgegenüber er bindend sein soll.[306]

Gesellschafter treten in Versicherungsverträgen rechtsfähiger Gesellschaften deshalb nicht ohne Weiteres als Versicherungsnehmer auf. Sie teilen nicht die Rechtsstellung der Gesellschaft. Es findet auch seit der höchstrichterlichen Anerkennung der teilrechtsfähigen Außen-GbR[307] keine Unterscheidung rechtsfähiger Gesamthandsgesellschaften statt, wonach nur die Gesellschafter in ihrer gesamthänderischen Verbundenheit Versicherungsnehmer werden.[308]

Gesellschafter können zwar Versicherungsnehmer sein, wenn sie einzeln oder gemeinschaftlich mit weiteren Gesellschaftern einen Versicherungsvertrag für sich oder zugunsten der Gesellschaft abschließen,[309] vereinbarungsgemäß neben der Gesellschaft Versicherungsnehmerin oder Prämienschuldnerin sein sollen oder wenn umgekehrt die Gesellschaft in Stellvertretung der Gesellschafter einen Versicherungsvertrag abschließt. Diese Fälle betreffen die hier zu untersuchende Frage, ob Gesellschafter im Wege eines Durchgriffs Versicherungsschutz erlangen können, jedoch nur am Rande.

II. Gesellschafter als versicherte Person

Anders verhält es sich im Hinblick auf die Rechtsstellung des Versicherten bzw. der versicherten Person. Diese Rechtsstellung bestimmt, wessen Risiken vom

---

305 Beckmann/Matusche-Beckmann/*Armbrüster*, 3. Aufl., 99, 102.

306 *Armbrüster*, Privatversicherungsrecht, Rn. 61.

307 S. zur Rechtsfähigkeit der GbR BGHZ 146, 341, 344 = VersR 2001, 510, 511 m. Anm. Reiff; zur Rechtstellung der GbR als Versicherungsnehmer MüKomm-VVG/*Looschelders*, 2. Aufl. 2016, VVG § 1 Rn. 91; MüKomm-VVG/*Looschelders*, § 215 Rn. 9; Anders MünchKomm-VVG/*Littbarski*, § 102 Rn. 68.

308 Zur KG, s. BGHZ 175, 374 ff. = VersR 2008, 634, 635; anders noch: BGHZ 110, 127, 128 f. Zur GbR: BGHZ 146, 341 = VersR 2001, 510 m. Anm. *Reiff*; BGHZ 175, 374 = VersR 2008, 634, 635; *Armbrüster*, NVersZ 2001, 193, 197; Beckmann/Matusche-Beckmann/*Armbrüster*, § 6 Rn. 13; *Armbrüster*, ZGR 2013, 366; 367 ff.; *Brand*, VersR 2009, 306; Prölss/Martin/*Prölss*, VVG, 27. Aufl., § 80 Rn. 20; 74 Rn. 2. Zum Begriff der „Gesamthandsgesellschaft“, vgl. *K. Schmidt*, Gesellschaftsrecht, 4. Aufl., § 8 I 3 c, S. 185.

309 Zur Fremdversicherung durch Gesellschafter, vgl. *Armbrüster*, ZVersWiss 1993, 245, 250.

Versicherer übernommen werden und wem im Versicherungsfall ein Versicherungsanspruch gegen den Versicherer zusteht.

Soll daher die Gesellschaft als Versicherungsnehmer selbst durch den Versicherungsvertrag begünstigt werden (*Eigenversicherung*) stehen ihr der Versicherungsanspruch und sonstige Rechte aus dem Versicherungsvertrag zu.[310] Der Versicherungsvertrag kann zudem als Versicherung für fremde Rechnung gem. § 43 VVG drittschützend ausgestaltet sein und andere Personen allein (*Fremdversicherung*) oder zusätzlich neben dem Versicherungsnehmer erfassen (*Fremdversicherung* oder *kombinierte Eigen- und Fremdversicherung*). Bei der Versicherung für fremde Rechnung als echtem Vertrag zugunsten Dritter i.S.v. § 328 BGB[311] bleibt die versicherte Person am Versicherungsvertrag selbst unbeteiligt. Ihr steht als Trägerin des versicherten Interesses lediglich der Versicherungsanspruch gem. § 44 Abs. 1 S.1 VVG materiell zu, über den sie bei Besitz des Versicherungsscheins (§§ 44 Abs. 2, 45 Abs. 1 VVG) verfügen darf. Obliegenheiten und subjektive Risikoausschlüsse treffen sie gem. § 47 Abs. 1 VVG mit dem Versicherungsnehmer gemeinsam, da sie demselben Lager zugeordnet werden und regelmäßig durch ein rechtliches Innenverhältnis verbunden sind (z.B. Vertrag, Geschäftsführung ohne Auftrag, familiäre Nähebeziehung).[312]

Der Versicherungsvertrag einer rechtsfähigen Gesellschaft kann sich damit nach allgemeinen versicherungsrechtlichen Grundsätzen auf die Gesellschafter erstrecken, wenn ihnen als versicherte Personen Versicherungsschutz gewährt wird. Hierbei kommt es im Wesentlichen, wie noch gezeigt wird, auf das Vorliegen eines entsprechenden, zu versichernden Interesses der Gesellschafter sowie einer Vereinbarung an, dieses Interesse zu versichern.

---

310 Streng genommen ist damit der Versicherungsnehmer in der Eigenversicherung ebenfalls versicherte Person. Allerdings wird im Rahmen der Eigenversicherung allein auf den Begriff des Versicherungsnehmers abgestellt und vorwiegend bei der Versicherung für fremde Rechnung vom Versicherten gesprochen, vgl. *Littbarski*, ZVersWiss 1977, 454. Besondere Drittbegünstigte können bei der Lebensversicherung der Bezugsberechtigte (§ 159 VVG), in der Unfallversicherung die Gefahrperson (§ 179 VVG) oder bei der Kfz-Haftpflichtversicherung der geschädigte Dritte sein, dem gegen den Versicherer ein Direktanspruch (§ 115 VVG) zusteht.

311 BGH VersR 1979, 176, 178; Beckmann/Matusche-Beckmann/*Armbrüster*, § 6 Rn. 91; BK/*Hübsch*, § 74 Rn. 5, 14; *Ehrenzweig*, S. 211.

312 Beckmann/Matusche-Beckmann/*Armbrüster*, § 6 Rn. 110; Zum Treueverhältnis: BGH VersR 1994, 1101, 1102; BGHZ 113, 151, 155 = VersR 1991, 299, 300; BGHZ 64, 260, 264 = VersR 1975, 703, 704; Beckmann/Matusche-Beckmann/Armbrüster, § 6 Rn. 99, 111; BK/Hübsch, § 77 Rn. 1.

Zu klären bleibt, ob es auch zulässig ist, dass ein Gesellschafter den Versicherungsschutz seiner Gesellschaft selbst geltend machen darf. Dies kann praktisch z.B. bei einem alleinigen Gesellschafter relevant sein, der versichertes Gesellschaftseigentum (als deren mittelbarer, wirtschaftlicher Eigentümer) in großem Umfang wie sein eigenes gebraucht.

B. Versicherungsschutz der Gesellschafter nach allgemeinen Grundsätzen

Bevor ein Durchgriff außerhalb allgemeiner Grundsätze untersucht werden kann, ist im Folgenden erst zu klären, unter welchen Voraussetzungen Gesellschafter bereits nach allgemeinen Grundsätzen Versicherungsschutz erhalten können, wenn ihre Gesellschaft einen Versicherungsvertrag abschließt.

I. Ermittlung des Versicherungsschutzes anhand des versicherten Risikos bzw. Interesses

Der Kreis der versicherten Personen eines Versicherungsvertrages richtet sich grds. danach, wessen Risiko[313] bzw. Interesse versichert sein und wer bei Eintritt des Versicherungsfalles gegen den Versicherer einen Anspruch auf Versicherungsleistung erhalten soll. Das versicherte Interesse wird insbesondere im Bereich der Sachversicherung herangezogen, um das versicherte Risiko zu konkretisieren und den Gegenstand der Versicherung zu umschreiben, da sich die Versicherung regelmäßig auf Sachen bezieht und zu klären ist, wer an der versicherten Sache ein versichertes Interesse bzw. eine „Wertbeziehung" aufweist.[314]

Das versicherte Risiko bzw. Interesse wird durch Auslegung der ausdrücklichen oder konkludenten Vereinbarung im Versicherungsvertrag ermittelt, insbesondere der primären Risikoabgrenzung der jeweiligen Versicherungsbedingen, die das versicherte Interesse allgemein umschreibt.[315] Außerdem ist der Versicherungsvertrag bei Vertragslücken der ergänzenden Vertragsauslegung[316] zugänglich.[317] Das bedeutet, dass der Vertragsinhalt im Wege einer

313 Vgl. *Armbrüster*, Privatversicherungsrecht, Rn. 75; *Wandt*, Rn. 653.

314 *Schimikowski*, Versicherungsvertragsrecht, Rn. 299.

315 *Armbrüster*, Privatversicherungsrecht, Rn. 1116; BK/*Schauer*, Vorbem. §§ 49–68a Rn. 7; *Schimikowski* Versicherungsvertragsrecht, Rn. 291.

316 Das auch für AVB geltende Verbot der geltungserhaltenden Reduktion wird insofern abgemildert, vgl. Graf von Westphalen/*Präve*, 40. EL, Rn. 218.

317 BGHZ 145, 393 = BGH VersR 2001, 94; VersR 2006, 1530; MüKomm-BGB/*Busche*, § 157 Rn. 26; Staudinger/*Roth*, § 157 Rn. 5. Weitergehend dagegen *Guth*, S. 162, der

objektiv-generalisierten, an den Interessen der beteiligten Adressatenkreise ausgerichtete Auslegung ermittelt wird,[318] besonders daran, wie ein durchschnittlicher Versicherungsnehmer bei verständiger Würdigung den erkennbaren Sinnzusammenhang verstehen muss.[319] Bereits im Allgemeinen lässt sich daher sagen, dass die Ermittlung des versicherten Risikos jedenfalls im Falle ergänzender Vertragsauslegung von Vertragslücken – ähnlich wie beim Durchgriff – unter Beachtung normativer Gesichtspunkte stattfindet.

II. Versicherungsschutz der Gesellschafter als Fremdversicherung durch Gesellschaft

Gesellschafter können als (Mit-)Versicherte im Rahmen einer Versicherung für fremde Rechnung gem. § 43 VVG aus dem Versicherungsvertrag ihrer Gesellschaft einen Versicherungsschutz herleiten.

1. Reine Fremdversicherung

Wie bereits dargestellt, kann der Versicherungsvertrag einer Gesellschaft zum einen als reine Fremdversicherung ausgestaltet sein, die keine Risiken des Versicherungsnehmers, sondern ausschließlich fremde Risiken, etwa diejenigen ihrer Gesellschafter erfasst.

Eine solche Fremdversicherung setzt eine entsprechende ausdrückliche oder konkludente Vereinbarung der Gesellschaft und des Versicherers voraus. Dazu können die Gesellschafter entweder ausdrücklich als solche im Versicherungsschein benannt oder anhand der vertraglich festgelegten Merkmale als versicherte Personen bestimmbar sein. Beispielsweise kann durch den Abschluss

---

eine Mitversicherung notfalls mit der Unklarheitenregel in § 305c Abs. 2 BGB begründet, da Zweifel der Vertragsauslegung zum Nachteil des Verwenders gehen; für eine einfache Auslegung dagegen *Armbrüster*, Schutz von Haftpflichtinteressen in der Sachversicherung, S. 106 f.; *ders*, r+s 2011, 89, 95.

318 BGH NJW 2013, 3647; 2013, 1805, 1806; Beckmann/Matusche-Beckmann/*Beckmann*, § 10 Rn. 167 ff.; *Koch*, VersR 2015, 133, 137; zur problematischen Auslegung von Rechtsbegriffen, vgl. *Dreher*, AcP 189 (1989) 342, 360 ff. Hierbei ist zu beachten, dass die Vertragsfreiheit vielfach durch halbzwingende Vorschriften des VVG zum Nachteil des Versicherers begrenzt ist und nach § 210 VVG allein bei der Versicherung von Großrisiken uneingeschränkt gilt, vgl. hierzu *Greite*, Die Versicherung von Großrisiken im Sinne des § 210 Abs. 2 VVG, S. 2.

319 BGHZ 123, 83, 85; BGH NVersZ 2001, 259.

einer *D&O-Versicherung*[320] eine unternehmensleitende Gesellschaft ihre Gesellschafter versichern, die geschäftsführend oder als leitende Angestellte tätig sind.[321] Das versicherte Risiko besteht dabei in der Inanspruchnahme für einen Vermögensschaden wegen einer bei Ausübung ihrer Tätigkeit begangenen Pflichtverletzung aufgrund gesetzlicher Haftpflichtbestimmungen.[322]

Eine reine Fremdversicherung der Gesellschafter knüpft an deren eigenes versichertes Risiko an und lässt damit die Vermögenszuordnung bei der rechtsfähigen Gesellschaft unberührt. Selbst wenn sich die Versicherung solcher Interessen erst im Wege ergänzender Vertragsauslegung ergibt, ist sie für die Frage, ob der Versicherungsschutz einer Gesellschaft im Wege eines Durchgriffs auf ihre Gesellschafter erstreckt werden kann, nicht relevant.

2. *Kombinierte Eigen- und Fremdversicherung*

Zum anderen können im Rahmen einer kombinierten Eigen- und Fremdversicherung neben den Risiken der Gesellschaft als Versicherungsnehmerin auch solche der Gesellschaft als (mit-)versicherte Person erfasst sein.

a) Ausdrückliche oder konkludente Mitversicherung

Die Ermittlung, ob die Interessen der Gesellschafter von der Versicherung ihrer Gesellschaft mitversichert sind, richtet sich nach dem Wortlaut des konkreten Versicherungsvertrages bzw. der jeweiligen AVB.[323] Diverse Versicherungen sehen ausdrücklich neben einer Eigen- auch die Fremdversicherung Dritter vor.

Beispielsweise können in der Sachversicherung die eigenen Sacherhaltungsinteressen der Gesellschafter mitversichert sein, so z.B. in der Feuerversicherung oder Einbruchdiebstahlversicherung hinsichtlich der Gebrauchsgegenstände von Gesellschaftern als Betriebsangehörigen.[324]

---

320 Directors' and Officers' Liability Insurance bzw. Vermögensschadenhaftpflichtversicherung für Vertretungs- und Aufsichtsorgane und leitende Angestellte.

321 Zur Rechtsstellung der versicherten Person, vgl. *Koch*, ZVersWiss 2012, 151 ff.; *ders.*, GmbHR 2004, 18 ff., 160 ff.; 288 ff.; regelmäßig ausgeschlossen ist hingegen der Versicherungsschutz für persönliche haftende Personengesellschafter, vgl. Bruck/Möller/*Baumann*, AVB/AVG 2011/2013 Ziff. 1 Rn. 7, 16; Beckmann/Matusche-Beckmann/*Baumann*, § 28 Rn. 77.

322 Vgl. MüKomm-VVG/*Dageförde*, VVG § 44 Rn. 20; Looschelders/Pohlmann/*R.Koch*, § 43 Rn. 32.

323 BGH VersR 2008, 634, 635.

324 Vgl. § 3 AFB 2010 (Vgl. für Gebrauchsgegenstände Betriebsangehöriger § 3 AFB 2010 (Feuerversicherung), § 2 Nr. 6 AERB 87 (Einbruchdiebstahlversicherung).

Im Bereich der Haftpflichtversicherung können Gesellschafter vor allem im Rahmen der Betriebshaftpflichtversicherung einer rechtsfähigen Gesellschaft als Unternehmen[325] mitversicherte Personen sein. Dies ist der Fall, wenn sie i.S. des § 102 Abs. 1 S. 2 VVG zur Vertretung des Unternehmens befugten Personen sind oder in einem Dienstverhältnis zum Unternehmen stehen,[326] gilt aber nicht für mutwillige oder nur bei Gelegenheit dienstlicher Verrichtung erfolgte Schadensverursachungen.[327] Hiernach sind regelmäßig die geschäftsführenden Gesellschafter vom Versicherungsschutz erfasst,[328] was für faktische Gesellschafter-Geschäftsführer entsprechend gelten sollte.[329] Einfache Gesellschafter ohne Vertretungsbefugnis (Kommanditisten,[330] Gesellschafter der GmbH sowie Aktionäre der AG) erfasst der Versicherungsvertrag dagegen nur bei Bestehen eines Dienstverhältnisses, d.h. einer betriebsbezogenen Tätigkeit, die mit Wissen und Willen des Versicherungsnehmers, der Gesellschaft, weisungsabhängig oder weisungsunabhängig[331] ausgeübt wird und zu einem

325 Eingehend zum weiten Begriffsverständnis von „Unternehmen" i.S.v. § 102 VVG Bruck/Möller/*R.Koch*, § 102 Rn. 12 f.

326 Gem. AVB BHV definiert diese als die „gesetzlichen Vertreter des Versicherungsnehmers und solche Personen, die er zur Leitung oder Beaufsichtigung des versicherten Betriebes oder eines Teiles desselben angestellt hat, in dieser Eigenschaft" (A1–2.1.1) sowie „sämtliche übrigen Betriebsangehörigen für Schäden, die sie in Ausführung ihrer dienstlichen Verrichtungen für den Versicherungsnehmer verursachen" (A1–2.1.2).

327 Vgl. BGH VersR 1987, 1181; BGH VersR 1988, 1283; MüKomm-VVG/Littbarski, § 102 Rn. 92; Prölss/Martin/*Voit/Knappmann*, 27. Aufl. 2004, § 151 Rn. 4; Prölss/Martin/*Lücke* § 102 Rn. 5; dagegen Bruck/Möller/*R.Koch*, § 102 Rn. 30 mit Verweis auf die diesbezügliche Befreiung des Versicherers von der Leistungspflicht gem. § 103 VVG.

328 GmbH-Geschäftsführer (§ 35 Abs. 1 S. 1 GmbHG), Vorstand der AG (§ 78 Abs. 1 S. 1 AktG), persönlich haftende Gesellschafter der OHG (§ 125 Abs. 1 HGB) sowie KG (Komplementäre) (§§ 161 Abs. 2 i.V.m. 125 Abs. 1 HGB); zur Versicherung geschäftsführender Gesellschafter Bruck/Möller/*Koch*, § 102 Rn. 18; Schwintowski/Brömmelmeyer/*Retter* § 102 Rn. 13; MüKomm-VVG/*Littbarski* § 102 Rn. 85; zur UG *Baumann*, GmbHR 2014, 953.

329 Für faktische Geschäftsführer auch Bruck/Möller/*Koch*, § 102 Rn. 18; MüKomm-VVG/*Littbarski* § 102 Rn. 85.

330 Als solche früher noch mitversichert gem. § 74 VVG a.F.

331 A.A. Bruck/Möller/*R.Koch*, § 102 Rn. 20 mit Bezug auf das Begriffsverständnis von „Dienstverhältnis i.S. von § 576 Abs. 1 BGB.

Schaden führt.[332] Typischerweise dürfte dies auf Gesellschafter zutreffen, die mit einer Prokura oder Handlungsvollmacht ausgestattet[333] oder als Arbeitnehmer für die Gesellschaft tätig sind[334] und einen Schaden in Ausführung dieser Tätigkeit verursachen, da beide Personengruppen üblicherweise jeweils mit Kenntnis des Versicherungsnehmers in dessen Sphäre tätig werden.

Eine Betriebshaftpflichtversicherung kann eine darüberhinausgehende Tätigkeit einfacher Gesellschafter aufgrund extensiver Auslegung des Begriffs „Dienstverhältnis" in § 102 Abs. 1 S. 1 Var. 2 VVG und A1-2.1.2 AVB BHV erfassen. Dies kann die Tätigkeit im Hinblick auf Gesellschafterversammlungen sein oder im Rahmen der Herstellung von Geschäftskontakten, Begleitung von Vertragsabschlüssen oder Einbringung in die operative Tätigkeit eines Unternehmens. Nimmt man eine Mitversicherung selbst bei mithelfenden Familienangehörigen und Bekannten des Betriebsinhabers eines Unternehmens an,[335] muss die Möglichkeit einer Mitversicherung konsequenterweise auch Kommanditisten[336] sowie einfachen GmbH-Gesellschaftern und Aktionären offenstehen, sofern sie lediglich in dieser Funktion erkennbar für die Gesellschaft tätig werden. Insofern hilft eine Ausdehnung des Versicherungsschutzes auch, Spannungen zwischen den Mitarbeitern und dem Versicherungsnehmer zu vermeiden.[337]

b) *Zulässigkeit konkludenter Mitversicherung aufgrund ergänzender Vertragsauslegung*

Darüber hinaus war längere Zeit umstritten, ob eine konkludente Mitversicherung auch aufgrund ergänzender Vertragsauslegung begründet werden kann. Dies war ursprünglich für die Frage von Bedeutung, ob Dritte, z.B. Nutzer der versicherten Sache im Falle ihrer Beschädigung vor einem Regress des

---

332 Vgl. zur Intention des Gesetzgebers Bruck/Möller/*Koch*, § 102 Rn. 18, 20; MüKomm-VVG/*Littbarski*, § 102 VVG, Rn. 94; Prölss/Martin/*Lücke*, BetriebsHaftPfl. Rn. 9; Vgl. Prölss/Martin/*Voit/Knappmann*, 27. Aufl., § 151 Rn. 4.

333 Zu Prokuristen und Handlungsbevollmächtigten MüKomm-VVG/*Littbarski*, § 102 Rn. 89.

334 Zu Arbeitnehmern vgl. MüKomm-VVG/*Littbarski*, § 102 Rn. 91; ferner Beckmann/Matusche-Beckmann/*v.Rintelen*, § 26 Rn. 26a; Prölss/Martin/*Voit/Knappmann*, 27. Aufl., Teil III E. (Va) Betriebshaftpflichtversicherung, Ziff. 7.1.2 Rn. 6; Prölss/Martin/*Lücke* BetrH AT Ziff. 7.1.2 Rn. 9; Schwintowski/Brömmelmeyer/*Retter* § 102 Rn. 14.

335 MüKomm-VVG/*Littbarski*, § 102 VVG, Rn. 94; Prölss/Martin/*Lücke* BetriebsHaftPfl. Rn. 9; Vgl. Prölss/Martin/*Voit/Knappmann*, 27. Aufl., § 151 Rn. 4.

336 So aber BK/*Baumann* § 151 Rn. 11; Bruck/Möller/*K. Sieg*, 8. Aufl., § 74 Anm. 24.

337 Bruck/Möller/*Brand*, § 43 Rn. 22.

Sachversicherers gem. § 86 VVG geschützt werden können. Gegenüber einer haftungsrechtlichen Lösung, die von einem konkludenten Haftungsausschluss zwischen versichertem Eigentümer und dem Nutzer für leicht fahrlässig verursachte Schäden ausging,[338] haben sich mittlerweile als versicherungsrechtliche Lösungen durchgesetzt,[339] dass entweder ein Regressverzicht vereinbart oder die fremden Interessen des Dritten mitversichert werden können.[340]

Liegt demnach keine vertragliche oder gesetzliche Regelung vor, kann sich eine konkludente Mitversicherung fremder Interessen aus ergänzender[341] bzw. einfacher[342] Vertragsauslegung ergeben. Diese knüpft in Anlehnung an das Rechtsinstitut des Vertrages mit Schutzwirkung für Dritte,[343] an drei Voraussetzungen an. Erstens muss die Erstreckung der Versicherung auf die fremden Risiken der Gesellschafter der Interessenslage der Vertragsparteien entsprechen,[344] zweitens muss der zu versichernde Dritte bestimmungsgemäß mit dem versicherten Risiko in Berührung kommen und drittens muss die Drittbegünstigung des Versicherungsvertrages für den Versicherer zumindest abstrakt erkennbar sein.[345] Es bedarf hierzu eines nach objektiven Merkmalen bestimmbaren[346] bzw. erkennbaren[347] Personenkreises oder

338 S. nur BGH NJW 1996, 715 f.; BK/*Hübsch*, § 80 Rn. 28 ff.; *E. Lorenz*, VersR 1992, 399 ff.

339 BGHZ 145, 393 = BGH VersR 2001, 94 ff. (konkludenter Regressverzicht zugunsten von Wohnungsmietern) in Anschluss in *Armbrüster*, Schutz von Haftpflichtinteressen in der Sachversicherung, S. 126 f.; *ders.*, NJW 1997, 177; *Prölss*, r+s 1997, 221, 223; zuvor bereits *Honsell*, VersR 1985, 301, 303; *Kisch*, Handbuch des Privatversicherungsrechtes, S. 120 ff.; insgesamt eingehend *Guth*, S. 144 ff.

340 Ein Regress gegen die versicherte Person bleibt in der Sachversicherung vor allem bei Leistungsfreiheit des Versicherers wegen Vorsatz oder grober Fahrlässigkeit in Betracht vgl. Langheid/Rixecker/*Langheid*, 5. Aufl., § 86 Rn. 2.

341 Bereits E. Lorenz, VersR 2001, 96, 97.

342 So Beckmann/Matusche-Beckmann/*Armbrüster*, § 6 Rn. 134; *Armbrüster*, Haftpflichtinteressen, S. 106 f.; *ders.*, NVersZ 2001, 193, 195; für § 242 BGB als dogmatische Grundlage *Staudinger/Kassing*, VersR 2007, 10, 14 f.

343 Hierzu instruktiv *Armbrüster*, Haftpflichtinteressen, S. 125.

344 Looschelders/Pohlmann/*Koch*, § 43 Rn. 45; für Österreich bereits OGH VersR 1993, 639; *Honsell*, VersR 1985, 301 f.; zu den Parallelen zum Vertrag mit Schutzwirkung für Dritte eingehend *Armbrüster*, Schutz von Haftpflichtinteressen, S. 111 ff.

345 *Armbrüster*, Schutz von Haftpflichtinteressen in der Sachversicherung, S. 125; *Guth*, S. 162; MüKomm-VVG/*Dageförde*, § 43 Rn. 39; Prölss/Martin/*Klimke*, § 43 Rn. 2 ff.

346 BGH VersR 2001, 53, 54; Beckmann/Matusche-Beckmann/*Armbrüster*, § 6 Rn. 96; Prölss/Martin/*Prölss*, § 80 Rn. 4.

347 OLG Karlsruhe VersR 1991, 1048 f.; ÖOGH VersR 1987, 1204.

Interesses,[348] wobei die Kenntnis des Versicherers vom tatsächlichen Träger dieses Interesses nicht zwingend ist.[349]

c) *Konkludente Mitversicherung der Gesellschafter aufgrund ergänzender Vertragsauslegung*

Für Gesellschaftsverhältnisse ist eine konkludente Mitversicherung im Wege ergänzender Vertragsauslegung für die Sach- und Haftpflichtversicherung anerkannt.

Nach den dargestellten Grundsätze erkennt die Rechtsprechung an, dass einer Gesellschaft als Versicherungsnehmerin in der Regel daran gelegen ist, nicht in haftungsrechtliche Auseinandersetzungen mit ihren Gesellschaftern und Organen verwickelt zu werden, auf die sie zur Ausübung der unmittelbaren Sachherrschaft angewiesen ist.[350] Es entspricht daher zum einen dem Interesse der Gesellschaft, dass „die Gesellschafter und Geschäftsführer, die Einwirkungsmöglichkeiten auf die Sache haben, einen eigenen Anspruch gegen den Versicherer erlangen und diesem gegenüber geltend machen können".[351] Zusätzlich soll jedenfalls bei solchen Gesellschaftern, die mit den versicherten Sachen in Berührung kommen, auch die erkennbare Erwartung bestehen, als Versicherte mit einem eigenen Anspruch gegen den Versicherer ausgestattet zu werden.[352]

Die Erwartung, vom Versicherungsschutz erfasst zu sein, ist im Hinblick auf die Sachversicherung primär bei Gesellschaftern rechtsfähiger Personengesellschaften schutzwürdig, die regelmäßig geschäftsführungsbefugt sind und einer akzessorischen Gesellschafterhaftung unterliegen, aber weder Versicherungsnehmer, noch Versicherte sind. Die Rechtsprechung erkennt z.B. bei Gesellschaftern ein Sachersatzinteresse als mitversichert an, die gesellschaftsintern dazu berufen

348 Da der Steller des Antrags auf Abschluss eines Versicherungsvertrages nach § 43 Abs. 2 VVG im Zweifelsfall ein Eigen- und kein Fremdgeschäft für einen begünstigten Dritten vornimmt, müssen allerdings besondere Umstände vorliegen, welche die Annahme eines Fremdgeschäfts rechtfertigen. Als *lex specialis* gegenüber § 164 Abs. 2 BGB schützt § 43 Abs. 2 VVG insbesondere das Interesse des Versicherers, an keinen ihm unbekannten Versicherungsnehmer gebunden zu werden, vgl. *Ehrenzweig*, S. 212; Bruck/Möller/*Sieg*, 8. Aufl., § 43 Anm. 17; Bruck/Möller/*Brand*, § 43 Anm. 2.

349 Looschelders/Pohlmann/*Koch*, § 43 Rn. 45.

350 *Armbrüster*, VersR 1994, 893, 895; MüKomm-VVG/*Dageförde*, § 43 Rn. 14.

351 BGH r+s 2008, 286, 288.

352 Beckmann/Matusche-Beckmann/*Armbrüster*, § 6 Rn. 137: *Armbrüster*, Haftpflichtinteressen, S. 169; *Prölss*, r+s 1997, 221, 224, der eine Mitversicherung aber im Ergebnis offen lässt.

sind, ein versichertes Fahrzeug zu nutzen.[353] Denn das Interesse von Gesellschaft und Gesellschaftern an einer Einbeziehung in den Versicherungsschutz sei für den Versicherer bereits angesichts der rechtlichen Struktur der Gesellschaft bei Abschluss des Versicherungsvertrages erkennbar, da die Eigentümerbefugnisse nicht von der Gesellschaft selbst ausgeübt werden können, sondern es für die tatsächliche Einwirkungsmöglichkeit auf einen Pkw zwangsläufig einer natürlichen Personen bedarf.[354]

Bei juristischen Personen und Kapitalgesellschaften hatte die frühere Rechtsprechung eine Mitversicherung unter Berufung auf die Rechtsformunterschiede, darunter insbesondere die nur juristischen Personen zustehenden rechtlichen Selbstständigkeit, strikt abgelehnt. Hieraus folgte, dass das einfache Mitglied eines Fliegervereins bei der Beschädigung eines Vereinsflugzeugs im Rahmen der bestimmungsgemäßen Nutzung genauso dem Regress des Versicherers ausgesetzt war,[355] wie der geschäftsführende Gesellschafter einer Ein-Mann-GmbH bei Beschädigung des Gesellschaftseigentums.[356] Seitdem die Rechtsprechung auch rechtsfähigen Personengesellschaften ein eigenständiges versichertes Interesse zubilligt, gelten für juristische Personen und Kapitalgesellschaften nun die gleichen Grundsätze wie bei der Personengesellschaft. So können im Rahmen der Sachversicherung auch die Sachersatzinteressen von Kapitalgesellschaftern mitversichert sein, soweit diese mit der versicherten Sache bestimmungsgemäß in Berührung kommen (z.B. Nutzung von Dienst-Fahrzeugen).[357]

Entsprechendes gilt nach den dargestellten Grundsätzen für die Mitversicherung von Gesellschaftern im Bereich der Haftpflichtversicherung. Obwohl das eigenständige Haftpflichtinteresse einer rechtsfähigen Gesellschaft grundsätzlich vom dem ihrer Gesellschafter zu unterscheiden ist und eine Erstreckung der Haftpflichtversicherung auf im Vertrag nicht genannte Personen gewöhnlicherweise ausscheidet,[358] sind hiervon Ausnahmen zu machen. So gelten zum einen Personengesellschafter aufgrund (ergänzender) Vertragsauslegung hinsichtlich ihrer akzessorischen Haftung für Gesellschaftsschulden als

353 BGH r+s 2008, 286, 288.

354 BGH r+s 2008, 286, 288.

355 BGH VersR 1985, 981, 983.

356 BGH VersR 1994, 85; a.A. OLG Frankfurt GmbHR 1993, 71; insgesamt hierzu MüKomm/*Dageförde*, § 43 Rn. 12.

357 OLG Hamm VersR 2013, 55 f. (Luftfahrzeug-Kaskoversicherung eines Luftsportvereins); Beckmann/Matusche-Beckmann/*Armbrüster*, § 6 Rn. 137; Armbrüster, *Haftpflichtinteressen*, S. 170.

358 Prölss/Martin/*Klimke*, 30. Aufl., § 43 Rn. 80.

konkludent mitversichert.[359] Stärker als in der Sachversicherung besteht hier nämlich das Bedürfnis, die als Organwalter auftretenden geschäftsführungsbefugten Gesellschafter im Rechtsverkehr zu schützen. Insofern entspricht es der schutzwürdigen Interessenlage, dass jene Gesellschafter in der Haftpflicht- bzw. Rechtsschutzversicherung einer Personengesellschaft soweit versichert sind, wie sie wegen eines Einflusses auf das versicherte Risiko der Gesellschaft haftpflichtig sein können.[360] Vergleichbares gilt im Rahmen der Versicherung von Kapitalgesellschaften in einer Eigenschaft, die nicht sie selbst besitzen, sondern ihre Organwalter für sie ausüben.[361] Außerhalb der persönlichen Gesellschafterhaftung kommt eine Mitversicherung beschränkt haftender Kommanditisten sowie Kapitalgesellschafter nur im Hinblick auf eine tätigkeitsbezogene Haftpflicht in Betracht, die gerade auf die Ausübung ihrer Gesellschafterstellung zurückgeht (z.B. im Rahmen einer Gesellschafterversammlung).[362]

III. Versicherungsschutz der Gesellschafter aus Eigenversicherung der Gesellschaft?

Während eine Gesellschaft ihre Gesellschafter im Rahmen einer Fremdversicherung bewusst versichern kann, stellt sich im Hinblick auf einen möglichen Durchgriff die Frage, ob Gesellschafter auch bereits aus der Eigenversicherung bzw. dem Eigenversicherungsteil der Gesellschaft Versicherungsschutz herleiten können. Nach den dargestellten Grundsätzen wäre diese skizzierte Eigenversicherung nur anzunehmen, wenn Gesellschafter das versicherte Interesse der Gesellschaft „teilen" würden, d.h. die Gesellschafter aufgrund ihrer Beteiligung an der Gesellschaft dasselbe versicherte Interesse aufweisen würden, wie die Gesellschaft selbst. Dies ist in der Regel aber nicht der Fall.

---

359 KG Berlin VersR 2003, 726 (für OHG-Gesellschafter im Rahmen einer Bauherrenhaftpflichtversicherung); Prölss/Martin/*Prölss*, 26. Aufl., § 67 Rn. 12; Beckmann/Matusche-Beckmann/*Armbrüster*, § 6 Rn. 141; Prölss/Martin/*Klimke*, 30. Aufl., § 43 Rn. 80, 83.

360 OLG Hamm VersR 2012, 1425, 1428; KG Berlin VersR 2003, 726; Prölss/Martin/*Klimke*, § 43 Rn. 80; Terbille/Höra/*Schünemann*, § 14 Rn. 33.

361 Prölss/Martin/Klimke, § 43 Rn. 11; a.A. Mitversicherung des geschäftsführenden GmbH-Gesellschafters ablehnend AG Lebach VersR 1995, 287, 289 (Kfz-Haftpflichtversicherung).

362 Anders *Guth*, S. 174, der eine Mitversicherung bei Sachbezogenheit der Haftpflichtversicherung befürwortet.

1. *Alleinige Zuordnung des versicherten Interesses zur Gesellschaft*

In der Eigenversicherung einer rechtsfähigen Gesellschaft wird das versicherte Interesse im Grundsatz ihr allein zugeordnet. Dies folgt aus dem gesellschaftsrechtlichen Trennungs- und Gleichbehandlungsgrundsatz, wonach eine rechtsfähige Gesellschaft nicht nur alleinige und unabhängige Trägerin von Rechten und Pflichten, sondern eben auch des versicherten Interesses bzw. Risikos sein kann.

a) Haftpflichtversicherung

Bei Abschluss einer Haftpflichtversicherung durch eine Gesellschaft wird aufgrund ihrer vermögensrechtlichen Selbstständigkeit grds. das alleinige Haftpflichtinteresse der Gesellschaft erfasst. Es handelt sich um das Risiko der Gesellschaft, dass das verselbstständigte Gesellschaftsvermögen wegen eines Personen-, Sach- oder sonstigen Vermögensschadenseintritts aufgrund gesetzlicher Haftpflichtbestimmungen mit einer Verbindlichkeit belastet wird.[363]

Daneben lassen sich wegen der sog. „Spezialität der versicherten Gefahr“[364] besondere Haftpflichtrisiken einer rechtsfähigen Gesellschaft separat absichern. Es seien nur einige Beispiele genannt. In der *Betriebshaftpflichtversicherung* betrifft das eigene versicherte Risiko der Gesellschaft die für den jeweiligen Unternehmensgegenstand branchenüblichen Haftpflichtrisiken,[365] die individualvertraglich durch den jeweiligen Gegenstand des Unternehmens im Versicherungsschein definiert sind.[366] In der *Kfz-Haftpflichtversicherung* kann die Gesellschaft gem. Ziff. A.1.2 AKB[367] ein eigenes Risiko versichern etwa bzgl. der Haftung als Halter aufgrund Verfügungsmacht über das Fahrzeug (§ 7 StVG) oder als Eigentümer des versicherten Fahrzeugs aufgrund ihrer formalen Rechtsstellung[368] sein. Die *Produkthaftpflichtversicherung* erfasst gem. Ziff. 1 ProdHM[369] grds. das eigene Haftpflichtrisiko der Gesellschaft für Personen-,

---

363 Bei einer Betriebshaftpflichtversicherung tritt regelmäßig eine Fremdversicherung der Haftpflichtinteressen des in § 102 Abs. 1 VVG benannten Personenkreises hinzu.

364 Zum Begriff *Wandt*, Rn. 1052.

365 Vgl. Beckmann/Matusche-Beckmann/*v. Rintelen*, § 26; Bruck/Möller/*R.Koch* § 102 Rn. 15; MüKomm-VVG/*Littbarski*, § 102 Rn. 67; Schwintowski/Brömmelmeyer/*Retter* § 102 Rn. 12; zum VVG a.F. BK/*H. Baumann* § 151 Rn. 7.

366 Bruck/Möller/*R.Koch*, AHB 2012 Ziff. 3 Rn. 121.

367 Allgemeine Bedingungen für die Kfz-Versicherung (AKB 2019).

368 Prölss/Martin/*Prölss/Martin*, 30. Aufl., AKB 2015 A.1.2 Rn. 8.

369 Besondere Bedingungen und Risikobeschreibungen für die Produkthaftpflichtversicherung von Industrie- und Handelsbetrieben (Produkthaftpflicht-Modell).

Sach- und sich daraus ergebende Vermögensschäden, soweit diese durch von ihr hergestellte oder gelieferte Erzeugnisse oder erbrachte Arbeiten oder sonstige Leistungen verursacht wurden. Erfasst sind zudem die Vermögensschäden wegen Ansprüchen gegen die Gesellschaft nach §§ 437 Nr. 3, 280 Abs. 1, 241 Abs. 2 BGB aufgrund von Sachmängeln gem. § 434 BGB.[370] Schließlich kann im Rahmen einer *Umwelthaftpflichtversicherung* gem. Ziff. 2 USV[371] auch das eigene Haftungsrisiko der Gesellschaft als Betreiberin umweltgefährender Anlagen für Umwelteinwirkungen versichert sein.[372]

b) Sachversicherung

Entsprechendes gilt im Bereich der Sachversicherung. Auch hier kann eine Gesellschaft hinsichtlich der versicherten Sache das erforderliche Interesse aufweisen. Dieses kann insbesondere im sog. Sacherhaltungsinteresse bestehen, d.h. dem Interesse am Sacherhalt der in ihrem Eigentum oder Besitz stehenden Sache, oder im sog. Sachersatzinteresse, dem Interesse wegen der Beschädigung einer fremden Sache besteht nicht in Haftung genommen zu werden.[373] Wegen der formalen Vermögenszuordnung kommt es nämlich allein darauf an, dass die versicherte Sache im Eigentum oder Besitz der Gesellschaft steht oder das Gesellschaftsvermögen für die Beschädigung einer fremden Sache eigenständig haften kann.

Folglich kann die Gesellschaft als Versicherungsnehmerin auch in den Sparten der Sachversicherung ein eigenes versichertes Interesse aufweisen. Es seien auch hier einige wenige Beispiele genannt. In der *Kfz-Kaskoversicherung* hat die Gesellschaft ein eigenes Eigentümerinteresse i.S.d. Ziff. A.2.3. AKB 2019, wenn sie als Eigentümerin des versicherten Fahrzeugs die Versicherung abschließt.[374] Gleiches gilt für versicherte Sachen, für die eine Gesellschaft eine *Feuerversicherung, Einbruchdiebstahl- und Raubversicherung* oder *Maschinenversicherung* abschließt, wobei z.B. eine Feuerversicherung gem. § 3 AFB 2010[375] nicht zwangsläufig das Eigentum an dieser Sache voraussetzt.

---

370 Bruck/Möller/*R.Koch*, ProdHM 2008 Einl. 1.

371 Allgemeine Versicherungsbedingungen für die Umweltschadensversicherung (USV).

372 Bruck/Möller/*R.Koch*, UmweltHM 2009 Vor Rn. 1; Beckmann/Matusche-Beckmann/*Schneider*, § 25 Rn. 2; MüKomm-VVG/*Thürmann*, ProdHaftpflV Rn. 4.

373 *Armbrüster*, Schutz von Haftpflichtinteressen in der Sachversicherung, S. 1 ff.; *Heinicke*, S. 7; *Prölss*, r+s 1997, 221.

374 BGH VersR 1994, 85, 86.

375 Allgemeine Bedingungen für die Feuerversicherung (AFB 2010).

2. *Kein gemeinsames Risiko von Gesellschaft und Gesellschaftern*

Die Gesellschafter einer Kapitalgesellschaft teilen das versicherte Interesse ihrer Gesellschaft nicht und können dieses daher auch nicht für sich selbst in Anspruch nehmen. Sie sind in dieser Eigenschaft im Hinblick auf eine Eigenversicherung der Gesellschaft grds. am Versicherungsvertrag unbeteiligte, nicht-versicherte Dritte, deren eigene Interessen nur separat versichert werden können.[376] Grund hierfür ist erneut die strikte vermögensrechtliche Trennung beider Rechtssubjekte und beschränkte Gesellschafterhaftung für Gesellschaftsverbindlichkeiten.

Diese Vermögenstrennung hat u.a. zur Folge, dass in der Kfz-Haftpflichtversicherung dem Versicherer die Berufung auf einen Deckungsausschluss für Eigenschäden gem. Ziff. A. 1.5.6 AKB 2019 verwehrt ist, selbst wenn der GmbH-Alleingesellschafter durch das im Gesellschaftseigentum stehende Kfz geschädigt wird und Schadensersatz verlangt.[377] Umgekehrt kann ein Gesellschafter gegen den Versicherer keinen eigenen Versicherungsanspruch wegen eine Sachschadens herleiten, wenn diese Sache im Gesellschaftseigentum steht und die Gesellschaft hierfür eine Sachversicherung abgeschlossen hat.[378] Sie können nur ihr Sachersatzinteresse, d.h. ihr Risiko, gegenüber der Gesellschaft wegen der Zerstörung oder Beschädigung versicherten Gesellschaftseigentums haftpflichtig zu werden, gesondert absichern.[379]

3. *Keine Unterscheidung zwischen Personen- und Kapitalgesellschaften*

Das Prinzip, dass eine rechtsfähige Gesellschaft mit ihren Gesellschaftern im Grundsatz kein gemeinsames versichertes Interesse aufweist, gilt für

376 BGH VersR 2008, 634, 635; 1994, 85, 86 (zum Alleingesellschafter einer GmbH); 1985, 981, 983 (zum Idealverein); OLG Celle VersR 1972, 1015; *Depping*, GmbHR 1994, 886, 887; *K. Schmidt*, JuS 1994, 802, 803.

377 LG Erfurt, ZfS 2000, 291; LG Coburg NZV 1995, 195 (im Hinblick auf AKB § 11 Nr. 2 a.F.); AG Bayreuth NJW-RR 1986, 459; Bruck/Möller/*R.Koch*, § 100 Rn. 138.

378 *Armbrüster*, BB 1998, 1376.

379 *Wandt*, Versicherungsrecht, Rn. 681; zur Versicherbarkeit des Sachersatzinteresses in der Sachversicherung, BGHZ 145, 393; 175, 374, 379 f.; zuvor bereits *Armbrüster*, S. 168; *ders.* ZVersWiss 1993, 245, 252; *ders.* NVersZ 2001, 193, 197; *ders.* NJW 1997, 177; Prölss/Martin/*Prölss*, 27. Aufl., § 74 Rn. 2, § 80 Rn. 20; *ders.* r+s 1997, 221, 224; *ders.* ZMR 2001, 157; *ders.*, in: Drittwirkung von Versicherungsverträgen, S. 9, 20–21; *Honsell*, VersR 1985, 301, 303 (zum öVVG); a.A. damals noch BGHZ 22, 109; BGH VersR 1992, 311; *Lorenz*, VersR 1992, 399, 400; *Schirmer*, ZVersWiss 1981, 637.

Personen- wie Kapitalgesellschaften gleichermaßen. In beiden Fällen weist die Gesellschaft ein eigenes, von ihren Gesellschaftern unabhängiges versichertes Interesse auf, da sie sowohl selbstständiges Haftungsobjekt, als auch Zuordnungssubjekt des Gesellschaftsvermögens ist.[380]

Gegenüber Kapitalgesellschaften weniger selbstverständlich ist die Geltung dieses Prinzips bei den als Gesamthandsgemeinschaft ausgestalteten Personengesellschaften. Bei ihnen ist zu beachten, dass sie zwar nach außen hin rechtsfähig und verselbstständigt sind, aber ihrem Wesen nach eine gesamthänderisch verbundene Personenmehrheit darstellen. Dieser Wesensunterschied hat ursprünglich eine unterschiedliche Zuordnung des versicherten Interesses bei Personen- und Kapitalgesellschaften gerechtfertigt, was erst in jüngerer Zeit einen Wandel erfahren hat. Dieser Rechtsprechungswandel und seine Folgen für diese Untersuchung sollen im Folgenden kurz skizziert werden.

a) Frühere Auffassung

Nach früherer Rechtsauffassung, d.h. vor Anerkennung der rechtsfähigen Außen-GbR, wurde den Gesellschaftern der GbR, OHG und KG zumindest in der Sachversicherung[381] ein gemeinschaftliches, gleichartiges und ungeteiltes Interesse der Gesamthandsgesellschafter am Gesamthandseigentum bescheinigt.[382] Dieses Interesse sollte den Gesellschaftern der OHG und KG neben der Gesamthand, GbR-Gesellschaftern sogar ausschließlich zugeordnet sei. Nichts anderes sollte selbst für Kommanditisten gelten, obwohl sie wegen ihrer begrenzten Gesellschafterhaftung den GmbH-Gesellschaftern durchaus vergleichbar sind.[383] Begründet wurde diese Zuordnung ausdrücklich mit den strukturellen

---

380 BGH VersR 1994, 85, 86; bereits Bruck/Möller/*Sieg*, 8. Aufl., § 67 Rn. 43; BK/*Baumann*, § 67 Rn. 61; BK/*Hübsch*, § 80 Rn. 34; *Möller*, DAR 1953, 107, 109; *Krause*, S. 269; eingehend hierzu auch *Brand*, VersR 2009, 306.

381 In der Haftpflichtversicherung dagegen nur einzelne Individualinteressen der persönlich haftenden Gesellschafter auf eigene Haftungsfreistellung, vgl. BGH NJW 1957, 1233; Beckmann/Matusche-Beckmann/*Hormuth*, § 22 Rn. 57.

382 Vgl. BGHZ 110, 127, 128 f.; BGH VersR 1964, 485; MDR 1964, 485, 486; KG Berlin VersR 2003, 726; OGH VersR 1980, 372; *K. Schmidt*, JuS 1990, 1021; Prölss/Martin/*Prölss*, 26. Aufl., § 74 Rn. 2.

383 OLG Düsseldorf r+s 1989, 43, 44; OLG Frankfurt a.M. r+s 1993, 131, 132; BK/*Hübsch*, § 80 Rn. 36; OGH VersR 1980, 372; a.A. BK/*Baumann*, § 67 Rn. 63; vgl. ferner eingehend *Heinicke*, S. 173.

Unterschieden der juristischen Person und ihrer formellen Zuordnung des Vermögens zur Gesellschaft.[384]

Als Folge dieser Zuordnung wurden Gesamthandsgesellschafter im Rahmen der Eigenversicherung der Gesellschaft als Mit-Versicherungsnehmer oder (Mit-)Versicherte[385] angesehen.[386] Besondere Auswirkungen hatte diese Zuordnung des versicherten Interesses in der Sachversicherung. Hier teilten die Gesellschafter nach Auffassung der Rechtsprechung das versicherte Interesse der Gesamthand, sodass z.B. in der Kfz-Kaskoversicherung die einzelnen Gesamthandsgesellschafter ein Sacherhaltungsinteresse hinsichtlich des im Eigentum der Gesamthand stehenden versicherten Fahrzeugs geltend machen konnten. Folglich stand ihnen für Schäden an der versicherten Sache ein Versicherungsanspruch mit der Begründung zu, dass das Eigentumsrecht der Teilhaber *„einen Verlust des Fahrzeugs als eine unmittelbare Beeinträchtigung der dinglichen Rechtsstellung des einzelnen Teilhabers erscheinen [lässt]"*.[387] Die Gesellschafterstellung allein sollte folglich Versicherungsschutz vermitteln können.

384 Vgl. nur BGH NJW 1994, 585 („Eigentum der Gesellschaft ist deshalb nicht Eigentum der Gesellschafter, auch nicht des Alleingesellschafters"); OLG Celle VersR 1972, 1015 („Der Gesellschafter einer GmbH ist gegenüber der Gesellschaft Dritter, da diese als juristische Person ein selbständiges Rechtssubjekt ist").

385 BGH NJW 1990, 1181 (für Kommanditisten im Rahmen einer Rechtsschutzversicherung).

386 Diese Zuordnung des versicherten Interesses ermöglichte, dass die Gesellschafter hinsichtlich Gesamthandseigentums einen Versicherungsvertrag im eigenen Namen als Versicherungsnehmer abschließen und als versicherte Personen berechtigt sein konnten und die Mitgesellschafter als Mitversicherungsnehmer bzw. Mitversicherte in den Versicherungsschutz einbeziehen konnten, vgl. BK/*Hübsch*, § 80 Rn. 36, 37; OLG Düsseldorf 1989, 43, 44 (Kommanditist); zur Rechtsstellung der Mitgesellschafter als Versicherungsnehmer: BGHZ 24, 378, 384 (Kfz-Haftpflichtversicherung); OGH VersR 1991, 248 (Kfz-Haftpflichtversicherung); zur Rechtsstellung der Mitgesellschafter als Mitversicherte: BGH NJW 1990, 1181 (Komplementär bei Rechtschutzversicherung); OLG Düsseldorf 1989, 43, 44 (Kommanditist); OGH VersR 1980, 372; BGH VersR 1964, 479; OLG Frankfurt a.M. r+s 1993, 131, 132; BK/*Hübsch*, § 80 Rn. 36 f.; *Römer/Langheid*, § 74 Rn. 8. Maßgeblich sollte dabei auch das jeweilige Auftreten des vertragschließenden Gesellschafters sein, vgl. Bruck/Möller/*Sieg*, 8. Aufl., § 47 Rn. 24; *Armbrüster*, ZVersWiss 1993, 245, 250 f.

387 BGH VersR 1964, 479 (für die Kfz-Kaskoversicherung einer OHG).

b) Rechtsprechungswandel

Im Anschluss an die Anerkennung der Teil-Rechtsfähigkeit der GbR hat sich der BGH von der bisherigen Zuordnung des versicherten Interesses gelöst und schlechthin sämtlichen rechtsfähigen Gesamthandsgemeinschaften die Fähigkeit zugesprochen ein eigenes, von ihren Mitgliedern getrenntes versichertes Interesse zu haben.[388] Seither finden die zu Kapitalgesellschaften dargestellten Grundsätze auf die rechtsfähige Gesamthandsgemeinschaft entsprechende Anwendung.

Die Rechtsprechung hat hierdurch die rechtliche Verselbstständigung der Gesamthand gestärkt und das Konzept der rechtsfähigen Gesamthandsgemeinschaft der juristischen Person angenähert.[389] Gleichzeitig hat sie aber ihrer bisherigen Begründung, weshalb das versicherte Interesse den Gesamthandsmitgliedern zuzuordnen ist, den strukturellen Unterschieden von Gesamthand und juristischen Person, die argumentative Grundlage entzogen. Außerdem hat der Pradigmenwechsel zur Folge, dass selbst ein durch die Gesellschafterstellung vermitteltes „Interesse" der Gesellschafter am Erhalt der versicherten Sache[390] für sich genommen nicht mehr versicherbar ist.[391]

Die Rechtsprechung erkennt nunmehr allerdings an, dass nicht nur der einzelne Personen-, sondern selbst der Kapitalgesellschafter *„aufgrund seines Innenverhältnisses zur Gesellschaft, […] die berechtigte Erwartung hegen [könne], dass ihm der Schutz der abgeschlossenen Kaskoversicherung zugute kommt"*.[392] Diesen Versicherungsschutz soll er jedoch aufgrund seiner Stellung als Gesellschafter nur als Mitversicherter erhalten, indem sein eigenes, separates Interesse mitversichert wird.

Für die Untersuchung lässt sich damit feststellen, dass die Ermittlung des versicherten Interesses bei Personen- und Kapitalgesellschaften sich an der formellen Vermögenszuordnung orientiert. Eine Umgehung des Trennungsprinzips und der Verselbstständigung rechtsfähiger Gesellschaften findet nicht statt.

---

388 BGHZ 146, 341 = VersR 2001, 510; BGHZ 175, 374 = VersR 2008, 634, 635; OLG Hamm VersR 2012, 1425, 1426; *Brand*, VersR 2009 306, 308 ff.; im Allgemeinen: *Kießling*, in: FS Hadding, 477, 478, 492; *Raiser*, AcP 199 (1999), 104; *Raiser*, in: FS Zöllner, S. 469, 470; *Timm*, ZGR 1996, 247, 252; aus versicherungsrechtlicher Sicht: *Armbrüster*, BB 1998, 1376;

389 Vgl. kritisch hierzu *Brand*, VersR 2009, 306, 311.

390 Vgl. *Armbrüster*, ZVersWiss 1993, 245 Fn. 23.

391 Prölss/Martin/*Klimke*, § 43 Rn. 11.

392 BGHZ 175, 374; Prölss/Martin/*Prölss*, 27. Aufl., § 80 Rn. 18, 20; *Armbrüster*, VersR 1994, 893, 895.

Zugleich ist im Versicherungsrecht (weiterhin) die Notwendigkeit und schutzwürdige Erwartung anerkannt, Gesellschafter am Versicherungsvertrag ihrer Gesellschaft teilhaben zu lassen.

IV. Zwischenergebnis

Insgesamt ist festzuhalten, dass Gesellschafter nicht *per se* am Versicherungsschutz einer rechtsfähigen Gesellschaft teilnehmen, diesen also nicht für sich beanspruchen können. Ein *einheitliches* versichertes Interesse beider Rechtssubjekte wird nicht anerkannt. Stattdessen sind die jeweiligen versicherten Interessen unterschiedlichen Vermögensmassen zugeordnet und damit streng voneinander zu unterscheiden. Das vermögensrechtliche Trennungsprinzip bleibt unberührt.

Nach allgemeinen Grundsätzen kann der Versicherungsvertrag einer rechtsfähigen Gesellschaft Versicherungsschutz für die Gesellschafter nur gewähren, indem ihre Interessen versichert werden. Eine solche Versicherung kann sich aus ausdrücklicher oder konkludenter Vereinbarung ergeben. Hierbei ist eine wertende Korrektur von Versicherungsverträgen im Wege ergänzender Vertragsauslegung möglich. So ist anerkannt, dass auch Gesellschafter trotz fehlender Nennung im Versicherungsvertrag hinsichtlich ihrer *eigenen* Sachersatz- und Haftpflichtinteressen versichert sein können, wenn sie mit dem versicherten Risiko bestimmungsgemäß in Berührung kommen und einen Versicherungsschutz erwarten können. Ein gleichartiges, einheitliches und ungeteiltes Interesse von Gesellschaft und Gesellschaftern wird jedoch nicht anerkannt. Eine Durchbrechung der rechtlichen Selbstständigkeit von Gesellschaften findet damit nicht statt.

Diese allgemeinen Grundsätze haben zur Folge, dass selbst Allein-Gesellschafter einer Einmann-GmbH, die wirtschaftlich und ggf. auch personell mit der Gesellschaft eine Einheit darstellen, der Versicherungsanspruch versagt wird, wenn eine versicherte Sache aus dem Gesellschaftseigentum beschädigt oder zerstört wird, z.B. ein Dienstfahrzeug durch einen Unfall, eine Maschine wegen Funktionsversagens oder eine Fabrikhalle durch Brand oder Naturgefahren. Auch in diesen Fällen bleibt weiterhin allein die Gesellschaft gegenüber dem Versicherer berechtigt, die Versicherungsleistung zu verlangen.

Für die Anwendbarkeit des Durchgriffs bleibt damit die Frage zu klären, ob Gesellschaftern ausnahmsweise auch darüber hinaus Versicherungsschutz zu gewähren ist. Auf Grundlage der dargestellten Grundsätze ist zu fragen, ob eine wertende Korrektur von Versicherungsverträgen es zulässt, dass Gesellschafter selbst den Versicherungsschutz der Gesellschaft als Eigenversicherung in

Anspruch nehmen können, indem jedenfalls bezüglich des Gesellschaftsvermögens ein einheitliches versichertes Interesse anerkannt wird.

C. Versicherungsschutz der Gesellschafter aufgrund eines Durchgriffs

Anknüpfend an die dargestellten allgemeinen Grundsätze soll nun der Frage nachgegangen werden, ob Gesellschafter auch aufgrund eines Durchgriffs, also durch Gleichsetzung mit der Gesellschaft, Versicherungsschutz erhalten können, wie dies teilweise in den USA für zulässig gehalten wird.

I. Ausgangspunkt: Rechtslage in den USA

Ausgangspunkt der Erwägung, Gesellschafter könnten aus dem Versicherungsvertrag einer rechtsfähigen Gesellschaft eigene Ansprüche, mithin Versicherungsschutz genießen, ist die Rechtslage in den USA. Dort besteht im Grundsatz ebenfalls Einigkeit darin, dass in den Versicherungsvertrag einer rechtsfähigen partnership oder corporation deren Gesellschafter nicht *per se* einbezogen sind.[393] Stattdessen gilt auch hier, dass eine zugunsten und auf dem Namen der Gesellschaft abgeschlossene Eigenversicherung nur diese „legal entity" als policyholder und insured, d.h. Versicherungnehmer und versicherte Person, selbst erfasst.

1. Grundlagen zum Versicherungsschutz der Gesellschafter

Eine weitergehende, drittbegünstigende Fremdversicherung und damit Erstreckung des Versicherungsschutzes auf die Gesellschafter ist, wie in Deutschland, grundsätzlich nur bei entsprechender ausdrücklicher oder konkludenter Vereinbarung möglich. Unproblematisch versichert sind daher Gesellschafter, die im Versicherungsvertrag ausdrücklich als Versicherte („*insured*") genannt sind, insbesondere, wenn sie namentlich bezeichnet werden.[394] Die bei der

393 American Mut. Liability Ins. Co. v. Condon, 280 Mass. 517, 522, 183 N.E. 106 (1932); Steinwinder v. Aetna Cas. and Sur. Co., 742 So. 2d 1150, 1151 (Miss. 1999); 3 Couch on Insurance, § 40: 4, 13.

394 3 Couch on Insurance § 40: 15; vgl. Goodwin v. Woodbridge Country Club, Inc., 170 Conn. 191, 197, 365 A.2d 1158, 1161 (1976); Shapiro v. DiGuilio, 95 Ill. App. 2d 184, 192, 237 N.E.2d 771, 775 (1st Dist.1968); American Family Mut. Ins. Co. v. Enright, 334 Ill. App. 3d 1026, 1036, 269 Ill. Dec. 597, 606, 781 N.E.2d 394, 403, 19 I.E.R. Cas. (BNA) 905 (2d Dist. 2002); Flynn v. Hartford Fire Ins. Co., 146 N.J. Super. 484, 488–489, 370 A.2d 61, 64 (App. Div. 1977).

Auslegung der Versicherungsbedingungen erforderliche Ermittlung des wahren Parteiwillens[395] hat dabei zu Lasten des Verwenders und zugunsten des Versicherungsnehmers zu erfolgen.[396] Sie kann u.a. problematisch sein, wenn Versicherungsbedingungen den insured lediglich umschreiben[397] oder, wie in den USA häufig, den vertragschließenden Versicherten schlicht in der direkten Rede als *„you"* adressieren.

Bei der corporation und der rechtlich verselbstständigten partnership ist allerdings gleichermaßen anerkannt, dass jedenfalls die ausdrückliche Nennung der Gesellschaft als *insured*, d.h. versicherten Person, zu keiner Mitversicherung der Gesellschafter oder Geschäftsführer führt.[398] Eine Parallele zur Rechtslage in Deutschland besteht zudem bei der in einigen Bundesstaaten der USA nicht rechtsfähigen partnership, wo die Vertragsauslegung ergibt, dass ein in ihrem Namen abgeschlossener Versicherungsvertrag die jeweiligen partner und deren gesellschaftsbezogene, d.h. akzessorische Haftungsrisiken[399] auch bei fehlender Nennung erfasst.[400]

---

395 American Aviation & General Insurance Company v. Georgia Telco Credit Union, 5 Cir.1955, 223 F.2d 206; 29 Am. Jur. § 247, 628 f., 19; 13 J. Appleman, § 7385, 29 ff.

396 Centraal Stikstof Verkoopkanter, NV v. Walsh Stevedoring Co., 5 Cir. 1967, 380 F.2d 523, 534; Trinity Universal Ins. Co. v. Robert P. Stapp, Inc., 1963, 278 Ala. 209, 177 So.2d 102, 104; Trans-Continental Mut. Ins. Co. v. Harrison, 1955, 262 Ala. 373, 78 So.2d 917, 921. Vgl. 29 Am. Jur. § 258, S. 640–642 n. 9; 13 J. Appleman, § 7401, S. 50 n. 1.

397 4 J. Appleman, § 2341, S. 51 (Supp. 1968).

398 3 Couch on Insurance, § 40: 15; Shapiro v. DiGuilio, 95 Ill. App. 2d 184, 192, 237 N.E.2d 771, 775 (1st Dist. 1968); Chrysler Ins. Co. v. Greenspoint Dodge of Houston, Inc., 297 S.W.3d 248 (Tex. 2009).

399 McKinney v. Truck Ins. Exchange, 324 S.W.2d 773, 777 (Mo. Ct. App. 1959); Hartigan v. Casualty Co. of America, 227 N.Y. 175, 178–179, 124 N.E. 789, 790 (1919); 3 Couch on Insurance, § 40: 13. Nicht erfasst werden allgemeine, persönliche Haftungsrisiken, vgl. Cochrane v. American Sur. Co. of N.Y., 108 So. 2d 315, 318 (Fla. Dist. Ct. App. 2d Dist. 1959).

400 Vgl. Sterling v. Ohio Cas. Ins. Co., 936 So. 2d 43, 47 (Fla. Dist. Ct. App. 2d Dist. 2006); Continental Cas. Co. v. Pro Machine, 2007 PA Super 18, 916 A.2d 1111, 1120 (2007) (die separate legal entity einer family partnership allerdings abstreitend); vgl. auch Patrevito v. Country Mut. Ins. Co., 118 Ill. App. 3d 573, 575, 74 Ill. Dec. 259, 261, 455 N.E.2d 289, 291 (3d Dist. 1983) (nur hinsichtlich von unincorporated trade names); Hogs Unlimited v. Farm Bureau Mut. Ins. Co., 401 N.W.2d 381, 384 (Minn. 1987); Ferrara v. Ins. Co. of N. Am., 521 N.Y.S.2d 668, 669 (N.Y. App. Div. 1987); dazu 3 Couch on Insurance, § 40: 13; New Appleman on Insurance Law Library Edition, Vol. 5, § 41.05(4)(b).

Anders als im deutschen Recht wird in den USA jedoch die Versicherung des wirtschaftlichen Interesses der Gesellschafter befürwortet,[401] wozu das von einer konkreten Rechtsbeziehung losgelöste wirtschaftliche Interesse am Fortbestand der versicherten Sache genügen soll.[402] Gesellschafter sollen demnach aufgrund ihrer Beteiligung an der Gesellschaft bereits ein Interesse am Gesellschaftseigentum aufweisen und versichern, wenn sich aus dessen Beschädigung für den Gesellschafter ein geldwerter Nachteil ergeben würde.[403] Da ein Schaden am Gesellschaftseigentum sowohl die Höhe der Dividenden wie auch den Wert der Gesellschaftsanteile nachteilig beeinflussen kann, haben mehrere Gerichte Gesellschaftern ein versichertes Interesse an der Erhaltung des Gesellschaftseigentums, mithin ein Sacherhaltungsinteresse zugestanden.[404] Es ist hierfür lediglich das bloße Bestehen einer wirtschaftlichen Beteiligung sowie die Gefahr eines möglichen wirtschaftlichen Verlusts maßgeblich.[405] Neben einem alleinigen oder beherrschenden Gesellschafter, bei denen ein versichertes Interesse

---

401 Dazu *Vukowich*, 7 Willamette L.J. 1 1971 m.w.N.

402 3 Couch on Insurance, § 24: 13, 86–88; 39 ALR 2d. 723 (1955); 3 Couch on Insurance, § 12:10.

403 3 Couch on Insurance, § 42: 10; *Blumberg*, Corporate Groups, 73-6 jeweils m.w.N.

404 Schon früh: Warren v. Davenport Fire Ins. Co., (1871) 31 Iowa 464, 7 Am Rep 160; Seaman v. Enterprise F. & M. Ins. Co., 18 F. 250 (C.C.D. Mo. 1883). S. Agency Mgmt. Corp. v. green Acres Realty, Inc., 286 So. 2d 465 (La. Ct. App. 1973), cert. denied, 289 So. 2d 155 (1974) (64%iger-Mehrheitsgesellschafter); American Indem. Co. v. Southern Missionary College, 195 Tenn. 513, 260 S.W. 2d 269 (1953); Bergeron v. Fontaine, 256 A. 2d 656, 658 (N.H. 1969) (beherrschender Gesellschafter); Booker T. Washington Ins. Co. v. Transcontinental Ins. Co., 263 F. Supp. 1005 (N.D. Ala. 1966); Hansen & Rowland, Inc. v. Fidelity & Deposit Co., 72 D.2d 151 (9th Cir. 1934); Harris v. American Modern Home Ins. Co., 571 F. Supp. 2d 1066 (E.D. Mo.2008); Miller v. Stuyvesant Ins. Co., 223 A.D., 227 N.Y.S. 326 (1st Dep't 1928); Nationwide Mut. Fire Ins. Co. v. Rhee, 160 Ga. App. 468, 287 S.E.2d 257 (Ga.App.,1981); National Grocery Co. v. Kotzebue Fur & Trading Co., 3 Wash. 2d 288, 100 P.2d 408 (1940); Nye & Nissen, Inc. v. Central Sur. & Ins. Corp., 71 Cal. App. 2d 570, 163 P.2d 100 (1945); Pacific Fire Ins. Co. v. John E. Morris Co., 12 S.W.2d 978 (Tex. Civ. App. 1929) (98%-iger Gesellschafter); Providence Washington Ins. Co. v. Stanley, 403 F.2d 844 (5th Cir. 1968), reh'g denied, 406 F.2d 735 (5th Cir. 1969); Teague v. Tennessee Farmers Mut. Ins. Co., 588 S.W.2d 888 (Tenn. Ct. App. 1979) (Allein-Gesellschafter); Travelers Indem. Co. v. Israel, 354 F.2d 488 (2d Cir. 1965); Welch v. Northern Assur. Co., Limited, of London, 223 Ill. App. 77, 1921 WL1896 (1st Dist. 1921), cert. denied; kritisch allerdings Riggs v. Commercial Mut. Ins. Co., 125 N. Y. 7, 25 N. E. Io58 (1890).

405 3 Couch on Insurance, § 42: 10.

leichter zu begründen ist,[406] kann folglich auch ein einfacher Anteilseigner sein versichertes Interesse am Gesellschaftseigentum im eigenen Namen und für eigene Rechnung versichern.[407] Anhand dieser Kriterien ist eine Versicherung der Gesellschafter u.a. für Schäden durch Feuer,[408] Sturm (Tornado),[409] Einbruch(-Diebstahl),[410] sowie Unfall[411] zugelassen worden.

2. *Heranziehung des Durchgriffs*

Einzelne Gerichte erwägen jedenfalls in der Sachversicherung die Heranziehung des Durchgriffs um den Versicherungsanspruch einer Gesellschaft auf ihre Gesellschafter zu erstrecken. Es handelt sich hierbei freilich um keine klassische haftungsrechtliche Durchgriffskonstellation, bei welcher die Haftung des Gesellschafters für Gesellschaftsverbindlichkeiten begehrt wird. Stattdessen wird in diesem Zusammenhang von einem sog. *reverse piercing*, d.h. einem umgekehrten Durchgriff gesprochen.[412]

---

406 Teague v. Tennessee Farmers Mut. Ins. Co., 588 S.W.2d 888 (Tenn. Ct. App. 1979) [100 %]; Booker T. Washington Ins. Co. v. Transcontinental Ins. Co., 263 F. Supp. 1005 (N.D. Ala 1966) [83,3 %]; Crawford v. Aachen & Munich Fire Ins. Co., 100 Ill. App. 454 (1902) aff'd, 199 Ill. 367, 65 N.E. 134 (1902) [Gesellschaftsanteile im Wert von über $ 20,000].

407 Agency Mgmt. Corp. v. green Acres Realty, Inc., 286 So. 2d 465 (La. Ct. App. 1973), cert. denied, 289 So. 2d 155 (1974) (64 % Beteiligung), Pacific Fire Ins. Co. v. John E. Morris Co., 12 S.W.2d 978 (Tex. Civ. App. 1929) (98 % Beteiligung), Bergeron v. Fontaine, 256 A. 2d 656, 658 (N.H. 1969) (beherrschender Gesellschafter), Teague v. Tennessee Farmers Mut. Ins. Co., 588 S.W.2d 888 (Tenn. Ct. App. 1979) (Allein-Gesellschafter), Travelers Indem. Co. v. Israel, 354 F.2d 488 (2d Cir. 1965) (individual controlling shareholder).

408 Providence Washington Ins. Co. v. Stanley, 403 F.2d 844 (5th Cir. 1968), reh'g denied, 406 F.2d 735 (5th Cir. 1969); Travelers Indem. Co. v. Israel, 354 F.2d 488 (2d Cir. 1965); Booker T. Washington Ins. Co. v. Transcontinental Ins. Co., 263 F. Supp. 1005 (N.D. Ala. 1966); Agency Mgmt. Corp. v. green Acres Realty, Inc., 286 So. 2d 465 (La. Ct. App. 1973), cert. denied, 289 So. 2d 155 (1974); Teague v. Tennessee Farmers Mut. Ins. Co., 588 S.W.2d 888 (Tenn. Ct. App. 1979); Bergeron v. Fontaine, 256 A. 2d 656, 658 (N.H. 1969).

409 Pacific Fire Ins. Co. v. John E. Morris Co., 12 S.W.2d 978 (Tex. Civ. App. 1929).

410 American Indem. Co. v. Southern Missionary College, 195 Tenn. 513, 260 S.W. 2d 269 (1953).

411 Shelby Ins. Co. v. Ford, 454 S.E.2d 464 (Ga. 1995).

412 Eingehend zum Typus und den Anwendungskriterien dieses Durchgriffs; ferner *Allen*, 85 St. John's L. Rev. 1147 (2011); *Crespi*, 16 J. Corp. L. 33 (1990–1991).

a) *Durchgriff befürwortende Rechtsprechung*

Die Rechtsprechung zur Ausweitung des Versicherungsanspruchs im Wege eines Durchgriffs, hat ihren Ursprung im Bundesstaat Minnesota. Ausgehend von seiner Grundsatzentscheidung in *Roepke v. Western Nat. Mut. Ins. Co.*[413] und der Folgeentscheidung *Kuennen v. Citizens Security Mutual Insurance Company*[414] hat der Supreme Court of Minnesota sich eingehend mit der Anwendbarkeit eines solchen Durchgriffs auseinandergesetzt. Weitere Entscheidungen lehnten diese Herangehensweise nicht im Grundsatz ab, versagten einen Versicherungsanspruch aber, weil die Voraussetzungen im Einzelfall nicht erfüllt waren.

aa) *Roepke v. Western Nat. Mut. Ins. Co*

In der Entscheidung *Roepke v. Western Nat. Mut. Ins. Co* erstreckte der Supreme Court of Minnesota den Versicherungsschutz einer Gesellschaft auf ihren Alleingesellschafter, indem es diesen im Versicherungsvertrag als versicherte Person behandelte. Dabei stützte es sich, von den allgemeinen Grundsätzen abweichend, nicht auf eine Auslegung der Versicherungspolice, sondern zog erstmalig die Grundsätze des Durchgriffs heran.

(1) *Sachverhalt*

Der geschäftsführende Allein-Gesellschafter einer corporation war mit einem der sechs gesellschaftseigenen Fahrzeuge bei einem Verkehrsunfall tödlich verunglückt, wobei seine Ehefrau und Kinder verletzt worden waren. Für sämtliche Fahrzeuge, die der Gesellschafter und seine Familie auch privat genutzt hatten und unter dem Namen der Gesellschaft versichert waren, bestand eine verschuldensunabhängige Insassenversicherung in Höhe von jeweils bis zu \$10.000. Als die Ehefrau und Kinder des Gesellschafters vom Versicherer Deckung begehrten, stellte sich die Frage, ob die Deckung sämtlicher Policen im Wege eines sog. *stackings* gestapelt und eine Versicherungsleistung von bis zu \$60.000 verlangt werden dürfe. Eine solche Vorgehensweise stand laut Versicherungsvertrag nur versicherten natürlichen Personen, nicht aber Gesellschaften zu.

413 Roepke v. Western Nat. Mut. Ins. Co., 302 NW2d 350 (Minn, 1981).

414 Kuennen v. Citizens Security Mutual Insurance Company, 330 N.W.2d 886 (Minn. 1983).

(2) *Insider reverse piercing of the corporate veil*

Obwohl die Gesellschaft selbst Eigentümerin der Fahrzeuge sowie als Versicherungsnehmerin versichert war, missachtete der Supreme Court of Minnesota ausdrücklich die rechtliche Selbstständigkeit der Gesellschaft und sah den Alleingesellschafter als versichert an, womit ein *stacking* im konkreten Fall zulässig war. Das Gericht sprach den klagenden Angehörigen des Gesellschafters die vollständige Versicherungssumme für sämtliche sechs Fahrzeuge zu.

Das Gericht erkannte den Ausnahmecharakter des Durchgriffs an,[415] zog aber aufgrund der besonderen Umstände des Einzelfalls einen umgekehrten Durchgriff (*reverse piercing of the corporate veil*) heran, um ein billiges Ergebnis zu ermöglichen, das anderenfalls nicht möglich wäre.[416] Genauer handelt es sich hierbei um ein sog. „insider reverse piercing", da das Gericht den Durchgriff nicht, wie üblich, zugunsten eines außenstehenden Gläubigers der Gesellschaft, sondern eines Gesellschafters zusprach.[417]

Der Supreme Court of Minnesota begründete einen solchen Durchgriff neben dem allgemeinen Kriterium, dass ein Gesellschafter sämtliche oder beinahe sämtliche Gesellschaftsanteile halten muss,[418] vorliegend damit, dass der Gesellschafter zugleich Geschäftsführer und Alleingesellschafter der jeweiligen Gesellschaft war und sämtliche Fahrzeuge der Gesellschaft auch als Familienfahrzeuge genutzt wurden. Darüber hinaus stellte das Gericht auch fest, dass keine Interessen anderer Gesellschafter oder Gläubiger der Gesellschaft nachteilig betroffen waren,[419] ließ die Schutzwürdigkeit des Versicherers jedoch ungewürdigt.[420]

bb) *Kuennen v. Citizens Security Mutual Insurance Company*

Ein weitgehend gleich gelagerter Fall lag dem Supreme Court of Minnesota zwei Jahre später mit *Kuennen v. Citizens Security Mutual Insurance Company*[421]

---

415 Roepke v. Western Nat. Mut. Ins. Co., 302 NW2d 350, 353 (Minn) "limited to the facts peculiar to this case".

416 Roepke v. Western Nat. Mut. Ins. Co., 302 NW2d 350, 352 (Minn): "The concept of piercing of the corporate veil is equitable in nature. […] [T]he 'reverse pierce' makes possible an equitable result otherwise unavailable".

417 *Crespi*, 16 J Corp L 33, 38 (1990–1991).

418 Roepke v. Western Nat. Mut. Ins. Co., 302 NW2d 350, 352 (Minn).

419 Roepke v. Western Nat. Mut. Ins. Co., 302 NW2d 350, 353 (Minn).

420 Kritisierend *Crespi*, 16 J. Corp. L. 33, 40 (1990–1991).

421 Kuennen v. Citizens Security Mutual Insurance Company, 330 N.W.2d 886 (Minn. 1983).

zugrunde, in welchem das Gericht erstmals seine zuvor für den Durchgriff entwickelten Kriterien zur Anwendung bringen konnte.[422]

(1) Sachverhalt

Unter Berufung auf *Roepke v. Western Nat. Mut. Ins. Co.* begehrte die Klägerin ebenfalls Deckung aus der Versicherungspolice der Gesellschaft, da ihr Ehemann mit einem der Fahrzeuge der Gesellschaft tödlich verunglückt war. Eine Besonderheit gegenüber der vorhergehenden Entscheidung bestand darin, dass es sich nun um eine aus zwei Gesellschaftern bestehende, d.h. mehrgliedrige close corporation handelte, deren Mehrheitsgesellschafter im Besitz von 51 % der Gesellschaftsanteile war. Zudem standen von den insgesamt vier gesellschaftseigenen Fahrzeugen nur zwei im privaten Gebrauch des Mehrheitsgesellschafters.

(2) Einschränkung der Grundsätze auf Alleingesellschafter

Der Supreme Court of Minnesota legte seine zuvor aufgestellten Grundsätze in diesem Fall eng aus und lehnte im Ergebnis einen Durchgriff ab, da es die Voraussetzungen für nicht erfüllt hielt. Es verweigerte daher einen Anspruch auf Versicherungsleistung.

Mit dieser zweiten Entscheidung ergänzte das Gericht seine bisherigen Grundsätze und schränkte sie in den Anwendungsvoraussetzungen ein, indem es für die Herbeiführung eines Durchgriffs die Bedeutung einer hinreichenden Identität zwischen Gesellschaft und Anteilseigner unterstrich.[423] Auf den Grad dieser Identität komme es maßgeblich an, da die einem reverse piercing zugrundeliegenden „alter-ego" Lehre anderenfalls nicht zur Anwendung kommen könne.[424]

Auf dieser Grundlage stellte das Gericht eine von *Roepke v. Western Nat. Mut. Ins. Co.*[425] abweichende Interessenslage fest, weil der verunglückte Gesellschafter lediglich Mehrheitsgesellschafter war und das gesamte versicherte

---

422 Auf *Roepke* hatte sich der Supreme Court of Minnesota im gleichen Jahr zwar auch in dem Fall *Rademacher v. INA.*, 330 N.W.2d 858 (Minn. 1983) berufen, der jedoch nicht in einem versicherungsrechtlichen Zusammenhang stand.

423 Kuennen v. Citizens Security Mutual Insurance Company, 330 N.W.2d 886 (Minn. 1983).

424 Kuennen v. Citizens Security Mutual Insurance Company, 330 N.W.2d 887 (Minn. 1983): "where that degree [of identity] is not high the alter ego theory which underlies that doctrine of piercing the corporate veil cannot operate".

425 Roepke v. Western Nat. Mut. Ins. Co., 302 NW2d 350 (Minn, 1981).

Gesellschaftseigentum nicht ausschließlich in seinem Besitz stand. Im konkreten Fall war ein Durchgriff auf den Mehrheitsgesellschafter daher im Ergebnis verwehrt.

cc) Vergleichbare Entscheidungen

Dem Präzedenzfall *Roepke v. Western* folgte eine Reihe ähnlich gelagerter Entscheidungen, die einen Durchgriff jedoch aufgrund der jeweiligen Umstände des Einzelfalls im Ergebnis ablehnten.[426] So lehnte z.B. der District Court of Minnesota einen Durchgriff in *Zayed v. Arch Insurance Company*[427] wegen mangelnder Identität mit der Gesellschaft ab, da der Gesellschaft nur 34 % der Gesellschaftsanteile hielt und weitere 125 Mitgesellschafter hatte. In weiteren Fällen scheiterte ein Durchgriff dagegen an dem Kriterium des ausschließlichen Zugriffs auf das versicherte Gesellschaftseigentum. In dem Fall *Interstate Indemnity Co. v. Ulven,*[428] begehrte der alleinige Gesellschafter eines Gebrauchtwagenhandels die Zahlung der Versicherungsleistung aus der UM/UIM-Versicherung[429] der Gesellschaft an sich. Obwohl er von einem gesellschaftseigenen Pkw angefahren worden war, lehnte der District Court of Minnesota einen Durchgriff ab, da es an der vollständigen Nutzung der mehreren hundert versicherten Gebrauchtwagen durch den Gesellschafter fehlte.

Ähnlich lag es in *West Bend Mut. Ins. v. Allstate Ins.*[430] In dieser Entscheidung scheiterte ein Durchgriff des Alleingesellschafters einer Reparaturwerkstatt daran, dass er keinen gesellschaftseigenen, sondern lediglich den Pkw eines Kunden benutzt hatte.

---

426 Turner v. Andrew, 413 S.W.3d 272 (Ky.,2013).

427 Zayed v. Arch Ins. Co., 932 F.Supp.2d 956 (D.Minn. Mar 20, 2013).

428 *Interstate Indemnity Co. v. Ulven,* 2009 WL 2208213 (D.Minn.).

429 Die *uninsured motorist (UM) bzw. underinsured motorist (UIM) insurance* ist eine Versicherung gegen nicht bzw. unterversicherte Unfallgegner und versichert Personenschäden aus Verkehrsunfällen, für welche der Schädiger aufgrund fehlenden oder mangelnden Versicherungsschutzes keinen oder keinen ausreichenden Schadensersatz zahlen kann. Eine Pflicht zur Versicherung dieser Risiken besteht in: Connecticut, District of Columbia, Illinois, Kansas, Maine, Maryland, Massachusetts, Minnesota, Missouri, Nebraska, New Hampshire, New Jersey, New York, North Carolina, North Dakota, Oregon, South Carolina, South Dakota, Vermont, Virginia, West Virginia, and Wisconsin.

430 West Bend Mut. Ins. v. Allstate Ins., 776 N.W.2d 693 (Minn. 2009).

b) Durchgriff ablehnende Rechtsprechung

Außerhalb des Bundesstaates Minnesota ist die Anwendbarkeit eines umgekehrten versicherungsrechtlichen Durchgriffs von vornherein auf wenige Bundesstaaten beschränkt. Die Anwendung der in *Roepke v. Western* aufgestellten Grundsätze setzt nämlich zunächst die Zulässigkeit des „insider reverse piercing" als besonderer Erscheinungsform des Durchgriffs voraus. Neben Minnesota lassen jedoch lediglich 18 weitere Bundesstaaten ein reverse piercing als Durchgriffsform überhaupt zu.[431] Selbst innerhalb dieser Bundesstaaten lehnen mehrere Gericht die in *Roepke v. Western* aufgestellten Durchgriffskriterien eines insider reverse piercings bereits im Grundsatz ab, darunter vom District Court Hawai'i in *Kauai Scuba Center, Inc., Et Al., Plaintiffs, v. Lexington Insurance Co.*[432] sowie dem District Court Louisiana in *Lightfoot v. Hartford Fire Ins. Co.*[433] In anderen Bundesstaaten ist hingegen zu beobachten, dass Gerichte ein insider

431 *California*: Brownfield Inv. Corp., N.V. v. U.S., 28 F.3d 105, 74 A.F.T.R.2d 94-5452 (9th Cir.1994); *Connecticut*: Litchfield Asset Management Corp. v. Howell, 70 Conn. App. 133, 799 A.2d 298 (2002); *Distric of Columbia*: Pacific Development, Inc. v. U.S., 79-1 U.S. Tax Cas. (CCH) 9138, 43A.F.T.R.2d 79-421, 1979 WL 1283 (D.D.C. 1979), judgment aff'd on other grounds, 629 F.2d 162, 80-2 U.S. Tax Cas. (CCH) 9554, 46 A.F.T.R.2d 80-5424 (D.C. Cir. 1980); *Florida*: Sweeney, Cohn, Stahl & Vaccaro v. Kane, 6 A.D.3d 72, 773 N.Y.S.2d 420 (App.Div. 2d Dep't 2004), leave to appeal dismissed (N.Y. Nov. 23, 2004); *Idaho*: Minich v. Gem State Developers, Inc., 99 Idaho 911, 591 P.2d 1078 (1979);, *Illinois*: Boatmen's Nat. Bank of St. Louis v. Smith, 706 F. Supp. 30 (N.D. Ill. 1989); *Iowa*: In re Skillen, 2004 WL 764675 (Bankr. N.D. Iowa 2004); *Louisiana*: U.S. v. Newman, 100 Fed. Appx. 958 (5th Cir. 2004); *Montana*: Towe Antique Ford Foundation v. I.R.S., 999 F.2d 1387, 93-2 U.S. Tax Cas.(CCH) 50430, 72 A.F.T.R.2d 93-5495 (9th Cir. 1993); *Nebraska*: Medlock v. Medlock, 263 Neb. 666, 642 N.W.2d 113 (2002); *Nevada*: Mallard Automotive Group, Ltd. v. Le Clair Management Corp., 153 F. Supp. 2d 1211, 87 A.F.T.R.2d 2001-1684 (D. Nev. 2001), *New York*: Miramax Film Corp. v. Abraham, 2003 WL 22832384 (S.D. N.Y. 2003) (applying New York law); *Pennsylvania*: In re Mass, 178 B.R. 626 (M.D. Pa. 1995); *Tennessee*: Select Creations, Inc. v. Paliafito America, Inc., 852 F. Supp. 740 (E.D. Wis. 1994); *Texas*: Zahra Spiritual Trust v. U.S., 910 F.2d 240, 90-2 U.S. Tax Cas. (CCH) 50473, 66 A.F.T.R.2d 90-5491 (5th Cir. 1990); *Utah*: Dahl v. Gardner, 583 F. Supp. 1262 (D. Utah 1984); *Vermont*: C.F. Trust, Inc. v. First Flight L.P., 266 Va. 3, 580 S.E.2d 806, 2 A.L.R. 6th 719 (2003); *Wisconsin*: Olen v. Phelps, 200 Wis. 2d 155, 546 N.W.2d 176 (Ct. App. 1996).

432 Kauai Scuba Center, Inc., Et Al., Plaintiffs, v. Lexington Insurance Co., 2012 WL 527845 (D.Hawai'i).

433 Lightfoot v. Hartford Fire Ins. Co., 2012 WL 967086 (E.D.La.).

reverse piercing zulassen, allerdings die Kriterien eines traditionellen Durchgriffs heranziehen.[434]

c) *Kritik in der Literatur*

In der Literatur ist weniger die Heranziehung eines insider reverse piercings, dafür aber die Gewichtung der konkreten Durchgriffskriterien aus *Roepke* und *Kuennen* auf kritische Resonanz gestoßen. So wird eine stärkere Differenzierung der Interessensabwägung vorgeschlagen, indem auch das öffentliche Interesse an einem Durchgriff, die berechtigten Erwartungen sämtlicher betroffener Parteien, bei mehrgliedrigen Gesellschaften die betroffenen, aber unbeteiligten Gesellschafter[435] und eine mögliche Missbräuchlichkeit des Gläubigers berücksichtigt werden.[436]

Insbesondere *Crespi*[437] hält die Kriterien für unausgewogen, da sie sich vornehmlich auf die Identität von Gesellschaft und Gesellschafter beschränken, den Versicherungsvertrag selbst sowie die Interessen des Versicherers unberücksichtigt lassen.[438] Wegen der einseitigen Interessensabwägung sieht *Crespi* in dieser Rechtsprechung ein Missbrauchspotential, da sich der Versicherungsschutz zum Nachteil der Versicherer ausweiten lässt.[439] Erforderlich sei daher eine primäre Ausrichtung eines Durchgriffs an den Interessen des Versicherers. Zu ermitteln sei, ob der Versicherer sich auf die Selbstständigkeit der Gesellschaft verlassen hat bzw. die Gesellschaft oder Gesellschafter diese Erwartung gefördert haben.

---

434 U.a. Goya Foods, Inc. v. Unanue, 233 F.3d 38,44 (1st Cir. 2000), cert. denied, 532 U.S. 1022 (2001); LFC Mktg. Group, Inc. v. Loomis, 8 P.3d 841, 846–847 (Nev. 2000); Select Creations, Inc. v. Paliafito Am., Inc., 852 F. Supp. 740, 774–776 (E.D. Wis. 1994); Minich v. Gem State Developers, Inc., 591 P.2d 1078, 1083-1084 (Idaho 1979); Central Nat'l Bank & Trust Co. of Des Moines v. Wagener, 183 N.W.2d 678,682 (Iowa 1971); Shamrock Oil & Gas Co. v. Ethridge, 159 F. Supp. 693, 698 (D. Colo. 1958).

435 Kritisch im Hinblick auf unbeteiligte Dritte bereits Kingston Dry Dock Co. v. Lake Champlain Transportation Co., 31 F.2d 265, 267 (2d Circ. 1929); zu unbeteiligten Gesellschaftern, Cascade Energy & Metals Corp. v. Banks, 896 F.2d 1557, 1577 (10th Cir. 1990); Floyd v. Internal Revenue Serv., 151 F.3d 1295, 1299 (10th Cir. 1998).

436 Eingehend zu geeigneten Voraussetzungen *Crespi*, 16 J. Corp. L. 33, 67, 69 (1990–1991); zur Zulässigkeit des reverse piercing *Allen*, 85 St. John's L. Rev. 1147, 1187 (2011); *Heilman*, 28 Del. J. Corp. L. 619, 624; für einen zweistufigen „unitary interest" Test, der die Interessensidentität von Gesellschaft und Gesellschaftern prüft, *Gaertner*, 30 Wm. & Mary. L. Rev. 667, 697 (1988–1989).

437 *Crespi*, 16 J. Corp. L. 33 (1990–1991).

438 Vgl. *Crespi*, 16 J. Corp. L. 33, 52 (1990–1991) „largely irrelevant factors".

439 *Crespi*, 16 J. Corp. L. 33, 52 (1990–1991).

Außerdem komme es darauf an, ob eine Ausweitung des Versicherungsschutzes auf den Gesellschafter dem beabsichtigten Sinn und Zweck der konkreten vertraglichen Regelung oder gesetzlichen Norm entspreche.[440]

3. *Würdigung und Zwischenergebnis*

Es ist festzuhalten, dass in den USA der Durchgriff vereinzelt im Bereich der Sachversicherung zur Anwendung gebracht wird, um den Versicherungsschutz einer rechtsfähigen Gesellschaft auf ihre Gesellschafter zu erstrecken.

Bereits hinsichtlich der rechtlichen Ausgangslage ist jedoch im Gegensatz zur Rechtslage in Deutschland festzustellen, dass Gesellschaftern teilweise ein bares Sachersatzinteresse am Gesellschaftseigentum gewährt wird, wenn eine erhebliche wirtschaftliche Beteiligung an der Gesellschaft vorliegt. Gegenüber Deutschland ist damit eine grundsätzliche Tendenz zu erkennen, den Versicherungsschutz einer Gesellschaft auf ihre Gesellschafter zu erstrecken.

Die herangezogene Form des Durchgriffs, das insider reverse piercing, unterliegt in den USA verhältnismäßig hohen Anforderungen, die restriktiv gehandhabt werden, was möglicherweise die bislang geringe Anzahl an Durchgriffsfällen in der Rechtsprechung erklärt. Für die Rechtslage in Deutschland wird somit die Zulässigkeit eines solchen Durchgriffs in Deutschland zu klären sein.

Ausgehend von der alter-ego Theorie ist für diesen Durchgriff einerseits Voraussetzung die überwiegende wirtschaftliche Beteiligung an der Gesellschaft als Allein- oder Mehrheitsgesellschafter, sowie andererseits die Einbindung in die Geschäftsführung oder der Zugriff auf die versicherten Sachen bzw. Risiken. Mit der Literatur ist zudem die Interessenslage des Versicherers, vor allem die Erkennbarkeit, und der Zweck der konkreten vertraglichen Regelung zu würdigen. Diese Herangehensweise und Kriterien der Interessensabwägung finden eine Parallele in der ergänzenden Vertragsauslegung, die im deutschen Versicherungsrecht bereits herangezogen wird, um eine (Mit-)Versicherung der Gesellschafter zu klären. Ob diese Voraussetzungen und die Rechtsfolge eines insider reverse piercings sich auch im deutschen Versicherungsvertragsrecht wiederfinden oder auf dieses übertragbar sind, bedarf im Folgenden ebenfalls der Klärung.

440 *Crespi,* 16 J. Corp. L. 33, 54–55 (1990–1991).

II. Vergleichbare Lösungsansätze in Deutschland

Ein den Gesellschaftern Versicherungsschutz vermittelnder Durchgriff wird in Deutschland bislang nicht ausdrücklich diskutiert. Dennoch finden sich vereinzelt vergleichbare Ansätze, wonach Personen bzw. Gesellschafter aufgrund wirtschaftlicher Erwägungen in Vertrags- bzw. Versicherungsverhältnisse einzubeziehen sind.

1. Versicherungsschutz des Alleingesellschafters einer Einmann-GmbH

Die größte Ähnlichkeit zu den US-amerikanischen Entscheidungen *Roepke* und *Kuennen* ist einem Lösungsansatz des OLG Frankfurt a.M. im Hinblick auf den Versicherungsschutz des GmbH-Alleingesellschafters zu bescheinigen.

a) OLG Frankfurt a.M.

In einer Entscheidung des OLG Frankfurt a.M.[441] nahm das Gericht aufgrund einer wirtschaftlichen Betrachtungsweise ein Sacherhaltungsinteresse des alleinigen Gesellschafters an, der als Geschäftsführer einen Sachversicherungsvertrag über eine im Gesellschaftseigentum stehende Sache in der Erwartung abschloss, selbst Versicherungsnehmer zu werden. Hintergrund war, vergleichbar der oben dargestellten, zum damaligen Zeitpunkt noch nicht ergangenen Entscheidungen zur konkludenten Mitversicherung der Gesellschafter aufgrund ergänzenden Vertragsauslegung, ein beabsichtigter Regress des Versicherers nach Entschädigung der GmbH gegen einen mit dem Alleingesellschafter in häuslicher Gemeinschaft lebenden Familienangehörigen.

Ausgehend von der grundsätzlichen Rechtssubjektivität der GmbH, ließ das Gericht in der vorliegenden Entscheidung die formale Trennung von Gesellschafts- und Gesellschaftervermögen ausnahmsweise außer Acht und nahm aufgrund der Sonderstellung der personalistisch organisierten Einmann-Gesellschaft vielmehr ein Sondervermögen des Alleingesellschafters an:

> „Das Gesellschaftsvermögen stellt sich wirtschaftlich als ein Sondervermögen des Alleingesellschafters dar […]. Daher erleidet der von einem Dritten schuldhaft verletzte Alleingesellschafter einer GmbH einen persönlichen Schaden, wenn der Schaden an seinem Sondervermögen, nämlich der Gesellschaft, eintritt. Trotz rechtlicher Verschiedenheit der beiden Rechtssubjekte stellt der BGH daher im Schadensrecht die

441 OLG Frankfurt a.M. r+s 1993, 131, 132 f.

Ein-Mann-GmbH dem alleinigen Gesellschafter gleich. Die Gesellschaft ist nur ein in besonderer Form verwalteter Teil des Vermögens des Gesellschafters."[442]

Im Hinblick auf die Rechtsstellung des Gesellschafters hatte die Annahme eines Sondervermögens zur Folge, dass unter Berücksichtigung der Zweckrichtung der Sachversicherung auch dem Alleingesellschafter einer GmbH ein Sacherhaltungsinteresse an der versicherten Sache zuzusprechen und dieser damit Mitversicherter war. Ein Rückgriff gegen den in häuslicher Gemeinschaft lebenden Familienangehörigen war nach Maßgabe des § 67 VVG a.F. daher nur bei vorsätzlicher Herbeiführung des Schadensfalls möglich.

„Da die Fahrzeugversicherung dazu dient, Vermögenswerte der Gesellschaft, die VN ist, wirtschaftlich zu erhalten, werden durch die Versicherung gleichzeitig auch die Vermögenswerte des Alleingesellschafters geschützt. Der wirtschaftlichen Verflechtung der Ein-Mann-GmbH mit dem alleinigen Gesellschafter wird daher eine Betrachtungsweise nicht gerecht, die allein auf die rechtliche Verschiedenheit der beiden Rechtssubjekte abstellt und das mit dem Abschluß der Versicherung verfolgte wirtschaftliche Ziel außer acht läßt. Da sich das Eigentümerinteresse des Alleingesellschafters an der Erhaltung des versicherten Fahrzeugs der Gesellschaft im Abschluß der Versicherung manifestiert, ist der Alleingesellschafter nach Ansicht des Senats kein Dritter, sondern eine von der Fahrzeugversicherung mitversicherte Person."[443]

Im Hinblick auf das auch für die Einmann-GmbH geltende Trennungsprinzip setzte sich das OLG Frankfurt a.M. mit diesem Lösungsansatz folglich von dem Grundsatz ab, dass Gesellschafter kein unmittelbares Eigentümerinteresse am Gesellschaftseigentum haben können.

b) Resonanz in Rechtsprechung und Literatur

Der Lösungsansatz des OLG Frankfurt a.M. ist nicht ohne Kritik geblieben. In seiner Revisionsentscheidung bekräftigte der BGH[444] die an der Gesellschaftsform orientierte Trennung der unterschiedlichen Vermögensmassen und wies die wirtschaftliche Betrachtungsweise des OLG Frankfurt a.M. zurück, da es für das Sacherhaltungsinteresse maßgeblich auf die vermögensrechtliche Zuordnung des Eigentums ankomme:

„Auch bei der sogenannten Einmann-GmbH, bei der sich alle Geschäftsanteile in einer Hand befinden, ist stets zwischen der Gesellschaft als selbständigem Rechtssubjekt und deren Eigentum einerseits und dem Gesellschafter und dessen Eigentum andererseits

442 OLG Frankfurt a.M. r+s 1993, 131, 132 f.
443 OLG Frankfurt a.M. r+s 1993, 131, 132 f.
444 BGH VersR 1994, 85, 86.

> zu unterscheiden. Die Konzentration der Geschäftsanteile in einer Hand läßt die rechtliche Zuordnung des Eigentums unberührt. Deshalb kommt dem Alleingesellschafter ein Eigentümerinteresse an der versicherten Sache nicht zu. Das ist die Folge der von ihm herbeigeführten Trennung zwischen seinem Vermögen und dem der Gesellschaft. Sie kann durch eine wirtschaftliche Betrachtungsweise nicht aufgehoben werden."[445]

In ähnlicher Weise ist auch im Schrifttum, teilweise unter Berufung auf eine mögliche Benachteiligung einfacher Kaufleute, Alleingesellschaftern ein eigenständiges Sacherhaltungsinteresse aberkannt worden.[446] Sofern dagegen ein Schutzbedürfnis alleiniger Gesellschafter in Versicherungsverhältnissen gesehen worden ist, ist dem Lösungsansatz des OLG Frankfurt a.M. eine haftungsrechtliche Lösung vorgezogen worden, bei welcher die dem Regress zugrundeliegende Gesellschafterhaftung gegenüber der Gesellschaft insoweit zu beschränken ist, als der Gewinn durch die Prämie geschmälert wird.[447]

c) *Eigene Bewertung*

Obwohl das OLG Frankfurt a.M. in seiner Entscheidungsbegründung nicht die Durchgriffsterminologie verwendet, stellt seine Einbeziehung des Gesellschafters in den Versicherungsvertrag einen Durchgriff dar.

Von *insider reverse piercing* nach US-amerikanischem Vorbild unterscheidet sich die Entscheidung zwar darin, dass sie nicht vordergründig der Begründung eines eigenen Versicherungsanspruches dient, sondern allein dem Regressschutzes eines mit dem Alleingesellschafter in häuslicher Gemeinschaft lebenden Familienangehörigen. Die vom OLG Frankfurt a.M. befürwortete ausnahmsweise Gleichstellung von Alleingesellschaft und Einmann-GmbH ist jedoch für den Durchgriff charakteristisch.

Ob die gegen den Lösungsansatz des OLG Frankfurt a.M. erhobene Kritik des BGH und des Schrifttums weiterhin Bestand haben kann, ist unklar. Sie hat ihre argumentative Grundlage in mehrerer Hinsicht verloren, seitdem die Rechtsprechung nicht nur die Möglichkeit der Versicherung sachfremder Interessen, darunter von Sachersatzinteressen, sondern auch die konkludente Mitversicherung von Gesellschaftern im Wege ergänzender Vertragsauslegung höchstrichterlich

---

445 BGH VersR 1994, 85, 86.

446 Bruck/Möller/*Sieg*, 8. Aufl., § 67 Anm. 43; *Möller*, DAR 1953, 107, 109; *Krause*, S. 271; *Heinicke*, S. 178 (mit dem Argument, dass anderenfalls Kaufleute, die ihr Gewerbe nicht in einer rechtsfähigen Gesellschaftsform organisieren und das volle Haftungsrisiko tragen, schlechter gestellt würden).

447 BK/*Baumann*, § 67 Rn. 62; Bruck/Möller/*Sieg*, 8. Aufl., § 67 Anm. 43.

anerkannt worden. Es ist daher unwahrscheinlich, dass die gegen die Entscheidung des OLG Frankfurt a.M. vorgebrachten konkreten Argumente gegen die Schutzwürdigkeit von Gesellschaftern und die Heranziehung von Durchgriffserwägung, heute weiterhin Bestand haben.

2. *Konkludente Mitversicherung der Gesellschafter aufgrund Vertragsauslegung*

Betrachtet man die übrigen, für die Einbeziehung von Gesellschaftern vertretenen Lösungsansätze, so mag man auf den ersten Blick bereits die oben dargestellte konkludente Mitversicherung der Gesellschafter im Wege ergänzender Vertragsauslegung für durchgriffsähnlich halten.

Mit einem Durchgriff hat insbesondere die nach nun allgemeiner Auffassung zulässige Erstreckung des Versicherungsschutzes auf die Gesellschafter in methodischer Hinsicht gemein, dass es sich um eine wertende Korrektur der Vertragsbeziehungen handelt, die im Sinne der Normzwecklehre im Wege einer an den Interessen ausgerichteten ergänzenden Vertragsauslegung erfolgt. Auch die Argumentationsstruktur ist der des Durchgriffs vergleichbar, wenn auf die wirtschaftlichen Zusammenhänge des Gesellschaftsverhältnisses, insbesondere die Schmälerung des Gesellschaftergewinns durch Zahlung der Versicherungsprämie,[448] abgestellt und die Erwartung der Gesellschaft als Vertragspartei bzw. hierüber mittelbar auch die der Gesellschafter hinsichtlich der Einbeziehung in den Versicherungsvertrag für schutzwürdig gehalten werden.

Bei näherem Hinsehen unterscheidet diesen Lösungsansatz aber von einem Durchgriff, dass er das gesellschaftsrechtliche Trennungsprinzip nicht infrage stellt. Im Gegenteil: bei der (Mit-)Versicherung von Gesellschafterinteressen handelt es sich um eine normative Korrektur einer privatautonomen Vereinbarung zwischen Gesellschaft und Versicherer, bei der die Zuordnung des versicherten Interesses gerade unangetastet bleibt. Dies wird etwa in der Sachversicherung daran deutlich, dass gerade kein gemeinsames Sacherhaltungsinteresse von Gesellschaft und Gesellschaftern anerkannt, sondern nur das eigene Sachersatzinteresse der Gesellschafter mitberücksichtigt wird. Auf diese Weise teilen die Gesellschafter nicht die Rechtsstellung der Gesellschaft, wie u.a. in *Roepke* und *Kuennen*, sondern treten vielmehr eigenständig neben der Gesellschaft als versicherte Personen auf.

448 So auch für die Mitversicherung von Gesellschaftern durch ergänzende Vertragsauslegung, vgl. BGHZ 175, 374 = VersR 2008, 634, 635.

3. *Umgekehrter (gesellschaftsfreundlicher) Durchgriff*

Darüber hinaus lässt sich feststellen, dass der aus den Entscheidungen *Roepke* und *Kuennen* bekannte „umgekehrte Durchgriff" auch im deutschen Gesellschaftsrecht diskutiert wird.

Unter den Fallgruppen eines umgekehrten Durchgriffs[449] findet sich insbesondere der sog. „gesellschafterfreundliche Durchgriff".[450] Mit dem US-amerikanischen Gegenstück hat er gemein, dass ein Schaden der Gesellschaft jedenfalls für den GmbH-Alleingesellschafter ausnahmsweise durchaus einen persönlichen Schaden darstellen soll.[451] Ein solcher Durchgriff wird damit begründet, dass der alleinige Gesellschafter einer GmbH unmittelbar wirtschaftlich berührt wird, wenn seine Gesellschaft einen Verlust erleidet, da diese bei einer GmbH als „Sondervermögen", d.h. „in besonderer Form verwalteter Teil des dem Alleingesellschafter gehörenden Vermögens" anzusehen ist.[452] Im Gegensatz zu den USA, betrifft der in Deutschland diskutierte Durchgriff jedoch eine andere Fallkonstellation. Er setzt voraus, dass der Schaden der Gesellschaft durch die Schädigungshandlung eines Dritten gegenüber dem Gesellschafter herbeigeführt wird. Dieser diskutierte Durchgriffstypus dürfte auf die Erstreckung von Versicherungsschutz für allein der verletzten Gesellschaft zugefügte Schäden damit nicht anwendbar sein.

In Deutschland wird ebenfalls diskutiert, ob Gesellschafter aus der Schädigung der Gesellschaft eigene Ansprüche geltend machen können, was dem US-amerikanischen *insider reverse piercing* näherkommt. Allerdings wird die Wertminderung des jeweiligen Gesellschaftsanteils, die bei einer Schädigung der Gesellschaft entsteht, lediglich als sog. Reflexschaden des Gesellschafters behandelt. Auch dies stellt keinen eigentlichen Durchgriff dar, weil allein die

449 Vorliegend nicht von Bedeutung ist die Fallgruppe der Haftung der Gesellschaft für Schulden der Gesellschafter, die von Rechtsprechung und Literatur wegen Verstoßes gegen die Kapitalerhöhungsvorschriften der GmbH abgelehnt werden, BGH NJW-RR 1990, 738 f.; Scholz/Emmerich/*Bitter*, § 13 Rn. 185; Michalski/Heidinger/Leible/J.Schmidt/*Lieder*, § 13 Rn. 479; Baumbach/Hueck/*Fastrich*, § 13 Rn. 16; Lutter/Hommelhoff/*Bayer* § 13 Rn. 47; Michalski/Heidinger/Leible/J.Schmidt/*Lieder*, § 13 Rn. 479; Ulmer/Habersack/Löbbe/*Raiser* § 13 Rn. 56; zuvor befürwortend OLG Karlsruhe DR 1943, 811; OLG Hamm NJW 1977, 1159; in der Literatur *Serick*, S. 32, 79 ff.

450 Dagegen zugunsten einer Lösung über die Grundsätze zur Drittschadensliquidation Ulmer/Habersack/Löbbe/*Raiser*, § 13 Rn. 60; Baumbach/Hueck/*Fastrich*, § 13 Rn. 16, dagegen Michalski/Heidinger/Leible/J.Schmidt/*Lieder*, § 13 Rn. 480.

451 BGHZ 61, 380, 383 f.; BGH NJW-RR 1995, 864, 865.

452 BGH NJW-RR 1995, 864, 865.

Gesellschaft zu Schadensersatz berechtigt sein soll, d.h. Gesellschafter vom Schädiger lediglich Leistung an die Gesellschaft verlangen können sollen.[453]

4. Rechtsfigur des „wahren wirtschaftlich Versicherten"

Losgelöst von Durchgriffserwägungen lässt sich im Versicherungsrecht mit der Rechtsfigur des „wahren wirtschaftlich Versicherten"[454] ein weiterer Lösungsansatz ausmachen, der sich zur Einbeziehung Dritter in ein Versicherungsverhältnis auf wirtschaftliche Erwägungen stützt und das jeweils versicherte Interesse einer Person auf eine andere, wirtschaftlich maßgebliche Person ausdehnt. Demnach ermöglicht in der Schadenversicherung die Berücksichtigung wirtschaftlicher Verhältnisse bei der Ermittlung der versicherten Person, etwa in Treuhandverhältnissen.

Mit dem „wahren wirtschaftlich Versicherten" hat das RG eine Rechtsfigur geschaffen,[455] um solche Personen als Versicherte behandeln zu können, die der Versicherungsschein zwar nicht aufführt, die aber das versicherte Interesse mit dem im Versicherungsschein ausgewiesenen Versicherungsnehmer entweder teilt oder ganz allein halten.[456] Dem lag die Erwägung zugrunde, dass die Schadensversicherung das versicherte Interesse als objektiven Wert einer Beziehung zwischen Person und Sache erfasst, insofern sie durch den Gefahrenbereich, auf den sich die betreffende Versicherung bezieht, gefährdet ist.[457]

Als wirtschaftlich Versicherte sollen demnach z.B. Personen infrage kommen, die hinsichtlich einer versicherten Sache ein „materielles" Eigentümerinteresse haben, obgleich die Versicherungspolice nur das Eigentümerinteresse des formellen Eigentümers erfasst.[458] Nach diesen Maßstäben wurde z.B. der Ehemann der Versicherungsnehmerin in einer Hausratsversicherung als versichert

---

453 BGH NJW 1992, 368, 369; BGHZ 105, 121, 130 f.; Scholz/*Emmerich*, § 13 Rn. 141; Baumbach/Hueck/*Fastrich*, § 13 Rn. 16.

454 RG JW 38, 381; RGZ 149, 69; KG Berlin JR 36; JR 37, 40; im Schrifttum *Schneider*, Süddt. JZ 1950, S. 39 f., *F. Enke*, Zeitschrift für das gesamte Handelsrecht, 1951, S. 17; ZfgVW 1942, 42 f.; Jahrbuch des deutschen Rechts 1938, 526; Sozialistische Finanzwirtschaft, 19 (1965) S. 16; für Österreich: *Jabornegg*, VRdSch 75, 100.

455 Ferner Bruck/Möller/*Möller*, 8. Aufl., § 61 Anm. 69.

456 RG JW 38, 381; *Deutsch*, Rn. 95, Beckmann/Matusche-Beckmann/*Armbrüster*, § 6 Rn. 101.

457 RGZ 149, 69, 73.

458 Vgl. *Braun*, VersR 1987, 1162 (bzgl. der Erstreckung der Gebäudeversicherung eines Bauherrn auf den Bauunternehmern); ferner RGZ 149, 69; *Raiser*, AFB, 2. Aufl., S. 399 f. und 320.

angesehen, da die Versicherungsnehmerin zwar Eigentum und Besitz am versicherten Schmuck hielt, jedoch insofern nur als Treuhänderin des Ehemannes eingeordnet wurde.[459]

Unter die Figur des wahren wirtschaftlich Versicherten fallen auch Fälle, in denen andere als die vom Versicherungsvertrag angeführten Personen über die versicherte Sache tatsächlich verfügen.[460] Während die gelegentliche Verfügungsmöglichkeit etwa aufgrund eines familienrechtlichen Mitbenutzungsrechts nicht für ausreichend befunden wurde,[461] ist eine solche Verfügungsbefugnis bei einer Verantwortlichkeit für das versicherte Risiko aufgrund endgültiger und vollständiger Besitzüberlassung angenommen worden (z.B. Kraftfahrzeug).[462] Im Unterschied zum Repräsentanten, der für den Eigentümer der versicherten Sache handelt, kennzeichnet den wahren wirtschaftlich Versicherten, dass er die Obhut über die Sache im eigenen Interesse hält.[463]

Bis heute ist mit dieser Rechtsfigur eine wirtschaftliche Betrachtungsweise in der Seeversicherung verbreitet, in welcher das Sachinteresse traditionellerweise nicht an die formale Eigentümerstellung anknüpft, sondern die Zuordnung des konkreten Schadens anhand der tatsächlichen Verhältnisse erfolgt.[464] Selbst außerhalb des Versicherungsrechts wird auf die Rechtsfigur des wahren wirtschaftlich Versicherten Bezug genommen. So soll im Zusammenhang mit einer Strafbarkeit für das Vortäuschen eines Versicherungsfalls (§ 263 StGB) sowie Versicherungsmissbrauchs (§ 265 StGB) ein Versicherungsnehmer strafrechtlich auch belangbar sein, indem ihm neben dem Verhalten der Repräsentanten auch gerade das der wahren wirtschaftlich Versicherten zugerechnet wird.[465]

Die Anwendbarkeit der Rechtsfigur des wahren wirtschaftlich Versicherten auf Gesellschaftsverhältnisse ist nicht endgültig geklärt.[466]

---

459 Beispiel nach RG 15.10.1935, RGZ 149, 69; dazu Beckmann/Matusche-Beckmann/*Armbrüster*, § 6 Rn. 101.

460 Vgl. BGHZ 32, 44, 50.

461 RGZ 38, 421; OLG Hamm VersR 1988, 240; OLG Hamm r+s 1998, 455; *Wussow*, Feuerversicherung, § 16 Anm. 23.

462 OLG Stuttgart VersR 1977, 173; LG Münster VersR 1976, 921 (Pächter für auf dem gepachteten Hof befindliches, feuerversichertes landwirtschaftliches Gebäude).

463 *Eisele*, Strafrecht Besonderer Teil 2, Rn. 661; für die Feuermonopolversicherung *Braun*, VersR 1987, 1162, 1164.

464 So OLG Frankfurt BeckRS 2013, 10679 (Rz. 192).

465 *Wessels/Hillenkamp*, 37. Aufl., Rn. 665; *Eisele*, Rn. 661; *Haft*, S. 107; *Rengier*, § 15 Rn. 16; *Leipziger Kommentar*, § 265 StGB Rn. 30.

466 In Erwägung ziehend aber im Ergebnis offenlassend BGHSt 1, 209 ff.

In jüngerer Zeit hat die Figur des „wahren wirtschaftlichen Versicherten" weniger Beachtung gefunden und dafür zunehmend Kritik erfahren.[467] An ihre Stelle wird bei der Ermittlung, ob vom Versicherungsnehmer abweichende, d.h. fremde Interessen (mit-)versichert sind, häufiger die einfache oder ergänzende Vertragsauslegung gestellt.[468] Auch die Rechtsprechung hat, sofern sie das Vorbingen einer Partei als wahrer wirtschaftlich Versicherter tatsächlich versichert zu sein, nicht bereits im Grundsatz abgelehnt hat[469] die wirtschaftlichen Verhältnisse mehrfach bereits durch Auslegung der konkreten Versicherungsbedingungen gewürdigt.[470] So kommt es vor, dass die „schillernde Figur"[471] des wahren wirtschaftlich Versicherten bisweilen für obsolet gehalten wird,[472] da sich manche von der Rechtsprechung mithilfe jener Rechtsfigur gelöster Fall rückblickend auch anhand der Vertragsauslegung plausibel erklären lassen sollen.[473]

III. Zulässigkeit eines Durchgriffs auf Gesellschafter

Es lässt sich festhalten, dass die in Deutschland vorgefundenen Lösungsansätze nur bedingt mit dem umgekehrten Durchgriff nach US-amerikanischem Vorbild vergleichbar sind. Sie lassen eine vergleichbare Erstreckung der Anspruchsberechtigung auf Gesellschafter nicht zu. Damit bleibt klärungsbedürftig, ob ein Durchgriff nach US-amerikanischem Vorbild auch im deutschen Versicherungsrecht dazu führen kann, dass Gesellschafter eigene Ansprüche aus dem Versicherungsvertrag ihrer rechtsfähigen Gesellschaft herleiten können. Außerdem ist von Interesse, inwieweit die Erkenntnisse aus den USA für einen Durchgriff im deutschen Versicherungsrecht übertragbar sind. Da ein derartiger Durchgriff jedoch die Trennung zwischen Gesellschaft und Gesellschaftern zur Folge hat, bedarf er einer sorgfältigen Begründung.

---

467 Die Anwendbarkeit offenlassend OLG Hamm VersR 1988, 240 f.

468 Beckmann/Matusche-Beckmann/*Armbrüster*, § 6 Rn. 101.

469 OGH 7. Juni 1979, 7 Ob 22/79 – RIS.

470 Z.B. BGHZ 32, 44 = VersR 1963, 913 (Insassen-Unfallversicherung); OLG Köln VersR 1996, 839.

471 Beckmann/Matusche-Beckmann/*Armbrüster*, § 6 Rn. 101; BK/*Hübsch*, § 61 Rn. 22.

472 Beckmann/Matusche-Beckmann/*Armbrüster*, § 6 Rn. 101; Prölss/Martin/*Klimke*, § 47 Rn. 22; zuvor bereits *Ehrenzweig*, Versicherungsvertragsrecht, S. 214 Fn. 6; BK/*Hübsch*, § 61 Rn. 22.

473 Prölss/Martin/*Klimke*, § 47 Rn. 22 unter Verweis auf RG JW 38, 381; Berlin KG JR 36; JR 37, 40.

1. Praktische Relevanz

Ein Durchgriff kommt in Deutschland von vornherein nur dort in Betracht, wo nicht bereits die allgemeinen Grundsätze über die Begründung eines Versicherungsschutzes ein sachgerechtes Ergebnis für Gesellschafterverhältnisse erlauben.

Als Anwendungsbereich für einen Durchgriff scheiden von vornherein diejenigen Fälle aus, in denen mittlerweile anerkannt ist, dass Gesellschafter aufgrund ergänzender Vertragsauslegung in der Sach- oder Haftpflichtversicherung einer rechtsfähigen Gesellschaft konkludent mitversichert sind. Dies betrifft in der Haftpflicht- und Sachversicherung rechtsfähiger Personen- und Kapitalgesellschaften die Mitversicherung der Haftpflicht- bzw. Sachersatzinteressen der Gesellschafter, soweit diese mit der versicherten Sache bzw. dem versicherten Risiko bestimmungsgemäß in Berührung kommen. Hier besteht für einen weitergehenden Durchgriff, der Gesellschaftern unter Durchbrechung des vermögensrechtlichen Trennungsprinzips, Versicherungsschutz gewährt, kein Bedürfnis.

Dagegen kommt ein Durchgriff dort praktisch in Betracht, wo Gesellschaftern Versicherungsschutz nur unter Übergehung der Selbstständigkeit rechtsfähiger Gesellschaften möglich ist, indem ein einheitliches, gemeinsames und ungeteiltes versichertes Interesse von Gesellschaft und Gesellschaftern anerkannt wird. Im Bereich der Haftpflichtversicherung ist dies nicht der Fall. Es ist bereits kein einheitliches Haftungsrisiko denkbar, sofern die Haftung der Gesellschafter ausgeschlossen ist. Hinsichtlich der akzessorischen Haftung der Personengesellschafter für Gesellschaftsverbindlichkeiten besteht dagegen ein Individualinteresse der einzelnen Gesellschafter, das regelmäßig im Wege der Mitversicherung von der Haftpflichtversicherung einer Gesellschaft erfasst ist.

Ein möglicher Anwendungsbereich kommt daher nur in der Sachversicherung im Hinblick auf das Sacherhaltungsinteresse bezüglich Gesellschaftseigentums in Betracht. Ein einheitliches Sacherhaltungsinteresse von Gesellschaft und Gesellschaftern entspricht nicht der allgemeinen Vermögenszuordnung und ist daher weder gesetzlich, noch in AVB vorgesehen. Insofern ist eine Regelungslücke denkbar.

2. Methodische Verankerung

Als nächstes ist zu klären, wie ein Durchgriff nach US-amerikanischem Vorbild, der den Versicherungsschutz einer Gesellschaft auf ihre Gesellschafter zu erstrecken vermag, methodisch zu verankern ist.

Anknüpfend an die obigen Ausführungen zu den Grundlagen des Durchgriffs geht diese Untersuchung mit der Normzwecklehre davon aus, dass ein Durchgriff stets das Ergebnis einer (ergänzenden) Gesetzes- und Vertragsauslegung darstellt, die sich an der Interessensabwägung im Einzelfall zu richten hat. Das bedeutet, dass Zulässigkeit und Voraussetzungen eines Durchgriffs sich nicht aufgrund abstrakter Erwägungen klären lassen. Es bedarf vielmehr einer Würdigung des konkreten Regelungszwecks und der Abwägung der jeweiligen beteiligten Interessen. Nur auf dieser Grundlage lässt sich ermitteln, ob ausnahmsweise gesetzliche oder vertragliche Regelungen so auszulegen sind, als seien Gesellschaft und Gesellschafter als Einheit zu behandeln und ein einheitlicher Versicherungsanspruch zu gewähren.

Diese methodische Einordnung steht zudem im Einklang mit dem allgemeinen Grundsatz im Versicherungsrecht, dass das versicherte Risiko bzw. versicherte Interesse im Wege der ggf. (ergänzenden) Gesetzes- und Vertragsauslegung zu ermitteln ist.[474]

Hieraus folgt, dass die unterschiedlichen Lösungsansätze in den USA und in Deutschland als eigenständige Institute abzulehnen sind und stattdessen lediglich Argumentationsansätze einer solchen Gesetzes- und Vertragsauslegung darstellen können.

3. *Analyse der allgemeinen Interessenslage*

Um sich nun der Zulässigkeit einer Erstreckung eines Versicherungsschutzes auf Gesellschafter weiter zu nähern, gilt es im Folgenden die allgemeine Interessenslage der beteiligten Personen herauszuarbeiten. Die für eine ergänzende Vertragsauslegung erforderliche Interessensabwägung hat sich an den Interessen der Vertragsparteien zu orientieren. Hierbei sind aber auch die Interessen der Gesellschafter zu berücksichtigen, da die Gesellschaft als Versicherungsnehmerin ihrerseits daran interessiert ist, diese Erwartungen ihrer Gesellschafter nicht zu enttäuschen.[475]

Im Rahmen dieser Interessensanalyse zeigt sich, dass die Anerkennung eines einheitlichen Sacherhaltungsinteresses vor allem dem Interesse der Gesellschafter entspricht, was teilweise mit den Interessen der Gesellschaft und des Versicherers kollidieren kann.

---

474 *Wandt*, Rn. 665.

475 *Armbrüster*, ZVersWiss 93, 245, 247 für das versicherte Sachersatzinteresse der Gesellschafter in der Sachversicherung.

a) Interesse der Gesellschafter

Wie von der Rechtsprechung anerkannt, resultiert eine Erwartung der Gesellschafter, am Versicherungsschutz der Gesellschaft teilzuhaben, sobald diese die Prämie im wirtschaftlichen Ergebnis mittragen, weil die Versicherungsprämie aus Mitteln der Gesellschaft entrichtet wird und diese als Betriebsausgabe den Gewinn zu Lasten jedes einzelnen Gesellschafters mindert.[476] Diese Aussage dürfte im Grundsatz unabhängig von dem Umfang der wirtschaftlichen Beteiligung an der Gesellschaft gelten. Mehrheits- und erst recht Alleingesellschaftern dürften eine gesteigerte Erwartung hegen, da sie nicht nur am wirtschaftlichen Erfolg und Misserfolg teilhaben, sondern auch am Wirken der Gesellschaft einen größeren oder wesentlichen Einfluss ausüben können.

Das Interesse der Gesellschafter an einer Erstreckung des Versicherungsschutzes hängt zudem von der jeweiligen Gesellschaftsform, der konkreten Beteiligung und der Möglichkeit ab, auf das versicherte Risiko bestimmungsgemäß Einfluss zu nehmen. Das Interesse an dem Versicherungsschutz der Gesellschaft teilzuhaben, ist deshalb bei Personengesellschaften gesteigert. Bei Kapitalgesellschaften, deren Gesellschaftern und Aktionären lässt sich ein solches Interesse dagegen nur bei Hinzutreten weiterer Anhaltspunkte als schutzwürdig anerkennen. Hierbei kann die konkrete Gesellschaftsstruktur von Bedeutung sein. Während bei eingliedrigen Gesellschaften (Einmann-GmbH oder Einmann-AG) die jeweiligen Allein-Gesellschafter bzw. -Aktionäre ein vergleichbares schutzwürdiges Interesse an der Einbeziehung in den Versicherungsschutz hegen können, ist dies bei zunehmender Anzahl der Gesellschafter, z.B. bei einer mehrgliedrigen Publikumsgesellschaft, abzulehnen.

b) Interesse der Gesellschaft

Für eine Gesellschaft zielt der Abschluss eines Versicherungsvertrages auf die möglichst umfassende Absicherung von Risiken ab, die ihrer eigenen Sphäre entspringen und die für sie erkennbar sind. Dass hierzu auch die Absicherung ihrer geschäftsführenden Organe und ihres Personals zählt, derer sich eine Gesellschaft im Rahmen ihrer Tätigkeit bedient, verdeutlicht auch die gesetzlich in § 102 Abs. 1 und 2 VVG vorgesehene Mitversicherung dieser Personengruppen im Rahmen einer Betriebshaftpflichtversicherung.

Darüber hinaus besteht anerkannterweise auch ein für den Versicherer erkennbares Interesse der Gesellschaft, „nicht in haftungsrechtliche

476 BGH NJW 2008, 1737, 1739 (für Personengesellschafter).

Auseinandersetzungen mit ihren eigenen Gesellschaftern verwickelt zu werden", sofern sie auf diese angewiesen ist.[477] Dieses Interesse kann, wie oben bereits dargestellt, zur Mitversicherung der Haftpflichtrisiken führen.

Im Hinblick auf den Sacherhalt einer versicherten, im Gesellschaftseigentum stehenden Sache ist die vorgenannte Aussage zu ergänzen. Es dürfte nämlich auch zum Interesse der Gesellschaft zählen, dass der eigene Versicherungsteil durch einen zusätzlich den Gesellschaftern gewährten Versicherungsschutz jedenfalls nicht gemindert oder unterlaufen wird.

c) *Interesse des Versicherers an Wirtschaftlichkeit der Risikoübernahme*

Für den Versicherer ist schließlich im Rahmen der Gewährung von Versicherungsschutz vor allem die Kalkulierbarkeit der Leistungspflicht von Bedeutung.[478] Dies spiegelt sich neben den Kriterien der Messbarkeit und Beherrschbarkeit des Risikos auch in dem versicherungsmathematischen Bedürfnis wieder, die Wahrscheinlichkeit des Gefahreintritts berechnen zu können.

Vor diesem Hintergrund kann die Erstreckung des Versicherungsschutzes auf Gesellschafter für den Versicherer unter Umständen interessensgerecht sein, wenn ihre Einbeziehung bei Vertragsschluss erkennbar und wirtschaftlich ist.

4. *Vereinbarkeit eines Durchgriffs mit Sinn und Zweck des Sacherhaltungsinteresses*

Schließlich ist im Wege der ergänzenden Vertragsauslegung zu ermitteln, ob ein einheitliches Sacherhaltungsinteresse der Gesellschaft und der Gesellschafter am versicherten Gesellschaftseigentum mit dem Sinn und Zweck der Sachversicherung vereinbar ist. Die unterschiedlichen Sparten der Sachversicherung haben mit dem Schutz des Sacherhaltungsinteresses gemein, dass sie grundsätzlich den Eigentümer vor dem Verlust des Substanzwerts der versicherten Sache schützen wollen, der ihrem Vermögen entzogen wird.[479]

---

477 Bereits Prölss/Martin/*Prölss*, 27. Aufl., § 80 Rn. 18, 20; *Armbrüster*, VersR 1994, 893, 895; dem folgend BGHZ 175, 374 im Hinblick auf die Ausübung der unmittelbaren Sachherrschaft durch Gesellschafter.

478 MüKomm-VVG/*Bruns*, 1. Aufl., § 307 BGB, Rn. 59.

479 Bruck/Möller/*Brand*, § 43 Rn. 35 und Prölss/Martin/*Klimke*, § 43 Rn. 14 sprechen jeweils vom „Haben" des Substanzwerts im eigenen Vermögen.

a) Einbeziehung des „wirtschaftlichen Eigentümers“

Bereits die Rechtsordnung selbst kennt Ausnahmen von diesem Grundsatz. So ist anerkannt, dass selbst Dritte ein Sacherhaltungsinteresse an der versicherten Sache aufweisen können, wenn diese als „wirtschaftliche Eigentümer“ anzusehen sind, um hierdurch Auseinandersetzungen zwischen dem Versicherungsnehmer und dem Dritten zu vermeiden.[480]

Die Rechtsprechung erkennt z.B. in der Gebäudeversicherung des Vermieters ein eigenes Sacherhaltungsinteresse des Mieters an seinen Einrichtungen an, die als wesentliche Bestandteile des Gebäudes gem. § 93 BGB in das Eigentum des Vermieters übergegangen sind.[481] Während mit der formellen Vermögenszuordnung das Sacherhaltungsinteresse dem Vermieter zugeordnet werden müsste, wird dieses dem Mieter zugeordnet, soweit ihm hinsichtlich der Sache ein Wegnahmerecht gem. § 539 Abs. 2 BGB zusteht.[482] Ein Sacherhaltungsinteresse wird u.a. dem dem Eigentumsvorbehaltskäufer[483] oder Leasingnehmer mit Kaufoption[484] zugestanden. Das Sacherhaltungsinteresse ist damit nicht ausnahmslos dem Eigentümer zuzuordnen.

b) Erstreckung von Versicherungsschutz auf Gesellschafter

Vor diesem Hintergrund ist zu untersuchen, ob ausnahmsweise ein gemeinsames Sacherhaltungsinteresse der Gesellschaft und Gesellschafter am versicherten Gesellschaftseigentum sachgerecht und zulässig ist.

Für diese Frage bietet sich an, die bereits im Hinblick auf die konkludente Mitversicherung der Gesellschafterinteressen, auf Treu und Glauben gem. § 242 BGB gestützten Grundsätze zum Vertrag mit Schutzwirkung zugunsten Dritter heranzuziehen.[485] Demnach ist für eine Einbeziehung in den Versicherungsvertrag eine Leistungsnähe zur geschuldeten Leistung, ein berechtigtes Interesse an der Einbeziehung, die Erkennbarkeit für den Schuldner sowie die Schutzbedürftigkeit des Dritten erforderlich. Diese Voraussetzungen entsprechen im Wesentlichen auch den Durchgriffkriterien, die in den USA u.a. in den Entscheidungen *Roepke* und *Kuennen* zu finden sind.

---

480 Bruck/Möller/*Brand*, § 43 Rn. 35; MüKomm-VVG/*Dageförde*, § 43 Rn. 11; und Prölss/Martin/*Klimke*, § 43 Rn. 14.

481 BGH NJW 1991, 3031; Prölss/Martin/*Klimke*, § 43 Rn. 71.

482 Prölss/Martin/*Klimke*, § 43 Rn. 71.

483 Prölss/Martin/*Klimke*, § 43 Rn. 77; *Martin*, SVR, J III Rn. 6.

484 BGH BB 1998, 1126; Schwintowski/Brömmelmeyer/*Hübsch*, § 43 Rn. 38.

485 *Armbrüster*, ZVersWiss 93, 245, 248 f.

Grundsätzlich können diese Voraussetzungen bei Gesellschaftern erfüllt sein. So wurde bereits zur konkludenten Mitversicherung von Sachersatzinteressen dargestellt, dass eine Leistungsnähe der Gesellschafter jedenfalls dann angenommen werden kann, wenn der maßgebliche Gesellschafter mit dem versicherten Risiko, z.B. der versicherten Sache unmittelbar und bestimmungsgemäß in Berührung kommt. Die wirtschaftliche Beteiligung an der Gesellschaft und die mittelbare Finanzierung der Versicherungsprämie sind demnach regelmäßig mit der Erwartung verbunden, selbst am Versicherungsschutz teilzuhaben.

Ein entsprechendes Interesse und eine Erkennbarkeit für den Versicherer dürften vor allem bei Alleingesellschaftern zu finden sein. Sie sind am wirtschaftlichen Erfolg und Misserfolg der Gesellschaft ungeteilt beteiligt und weisen daher einen hohen Grad an wirtschaftlicher Identität auf. Dies wird bereits bei Mehrheitsgesellschafter nicht zwangsläufig in vergleichbarer Weise der Fall sein.

Fraglich ist allerdings die Schutzwürdigkeit von Alleingesellschaftern. Die Erstreckung des Sacherhaltungsinteresses mag ihrer wirtschaftlichen Beteiligung entsprechen. Sie begegnet allerdings der Gefahr einer verbotenen Vermögensvermischung, wenn sie dazu führt, dass Gesellschafts- und Privatvermögen in unzulässigerweise vermischt werden. Hierbei ist zu berücksichtigen, dass es die Haftungsmasse der Gesellschaft vor einer Schmälerung zu Lasten der Gesellschaftsgläubiger grundsätzlich zu schützen gilt.[486] Die Auszahlung der Versicherungsleistung an die Gesellschafter kann daher die Gefahr einer zweckfremden Verwendung jener Leistung und damit die Schädigung der Gesellschaft begünstigen, wenn man mit dem wirtschaftlichen Interesse des Alleingesellschafters im Rahmen der Sachversicherung ausnahmsweise einen Versicherungsanspruch wegen der Beschädigung von Gesellschaftseigentum zuerkennt.

D. Zusammenfassung

Gesellschafter können bereits nach anerkannten Grundsätzen verschiedentlich in den Versicherungsvertrag einer rechtsfähigen Gesellschaft einbezogen sein. Aufgrund entsprechender Vereinbarung im Versicherungsvertrag können ihre separaten, fremden Interessen in diesem Versicherungsvertrag mitversichert sein. Darüber hinaus gelten persönlich haftende Personengesellschafter hinsichtlich ihrer akzessorischen Gesellschafterhaftung sowie Personen- und Kapitalgesellschafter aufgrund ergänzender Vertragsauslegung hinsichtlich ihrer sachbezogenen Haftpflichtinteressen als mitversichert. In Bezug auf die

486 Ulmer/Habersack/Löbbe/*Raiser*, § 13 Rn. 58.

Eigenversicherung der Gesellschaft sind die Gesellschafter dagegen nicht versichert. Sie teilen das versicherte Interesse der Gesellschaft nicht. Als möglicher Anwendungsbereich des Durchgriffs eignet sich daher allein die Gleichsetzung von Gesellschaft und Gesellschaftern im Hinblick auf die Eigenversicherung, insbesondere in der Sachversicherung.

In den USA wird ein Durchgriff von der Rechtsprechung vereinzelt herangezogen, um in der Sachversicherung den Versicherungsschutz der Gesellschaft auf Gesellschafter zu erstrecken. Ein solcher Durchgriff wird bei Allein- und Mehrheitsgesellschaftern für zulässig gehalten, wenn diese eine hinreichende Identität mit der Gesellschaft aufweisen sowie umfassenden Zugriff auf das (versicherte) Gesellschaftseigentum haben. Sind diese Voraussetzungen erfüllt, so wird die Gesellschaft als Versicherungsnehmer mit dem Gesellschafter ausnahmsweise gleichgesetzt, wodurch dieser den Versicherungsschutz selbst beanspruchen darf.

In Deutschland findet sich eine Reihe vergleichbarer Lösungsansätze, die entweder aufgrund normativer Wertung oder wirtschaftlicher Erwägungen ausnahmsweise Dritte als versichert behandeln. Der Durchgriff selbst wird bislang nicht diskutiert. Auf der Grundlage der Normzwecklehre dürfte ein Durchgriff in Deutschland, vergleichbar der Rechtslage in den USA, allenfalls ausnahmsweise der konkreten Interessenslage der beteiligten Personen entsprechen. Ein solcher Durchgriff kann grds. mit dem Sinn und Zweck des Sacherhaltungsinteresses vereinbar sein. Hierzu ist allerdings ein hoher Grad an wirtschaftlicher Beteiligung zu verlangen, der lediglich bei Alleingesellschaftern vorzufinden ist. Eine Erstreckung des Sacherhaltungsinteresses birgt allerdings die Gefahr einer unzulässigen Vermögensvermischung, wenn sie erlaubt, dass durch die Gewährung eines Versicherungsanspruchs die vermögensrechtliche Trennung umgangen wird.

3. Teil Haftung der Gesellschafter für Prämienzahlungspflicht und Obliegenheiten aufgrund eines Durchgriffs

Als weiterer Anwendungsbereich eines Durchgriffs im Versicherungsrecht kommt die Haftung der Gesellschaft für die aus einem Versicherungsvertrag resultierenden Pflichten der Gesellschaft in Betracht. Hiermit ist gemeint, ob und inwieweit Gesellschafter als Schuldner derartiger Pflichten der Gesellschaft herangezogen und mit ihrem eigenen, persönlichen Vermögen haftbar gemacht werden können. Die Zulässigkeit eines Haftungsdurchgriffs im Allgemeinen ist in der Rechtsprechung und Literatur bereits umfänglich diskutiert und weitestgehend geklärt worden. Hierzu soll nachfolgend kein weiterer Beitrag geleistet werden. Insofern ist dem Haftungsdurchgriff auch kein größerer Raum zu gewähren. Im Folgenden sind vielmehr die Anwendbarkeit sowie die Besonderheiten und praktische Relevanz eines Haftungsdurchgriffs im Versicherungsrecht zu erörtern und zu klären. Zu dieser Frage geben erneut Beispiele aus den USA Anlass, in denen ein Durchgriff im diesem Rechtsgebiet zur Anwendung gebracht worden ist.

Im Anschluss an eine einleitende Darstellung der Ausgangslage (A.) wird daher zunächst geklärt, inwieweit anerkannte Haftungstatbestände eine Haftung der Gesellschafter für versicherungsrechtliche Pflichten der Gesellschafter aus einem Versicherungsvertrag zulassen (B.). Anknüpfend hieran wird daraufhin untersucht, ob eine Haftung auch aufgrund eines Durchgriffs nach US-amerikanischen Vorbild herbeigeführt werden kann (C.).

A. Ausgangslage

Der Katalog versicherungsrechtlicher „Pflichten“ umfasst im Wesentlichen die Prämienzahlungspflicht des Versicherungsnehmers (I.) sowie die versicherungsrechtlichen Obliegenheiten (II.).

I. Prämienzahlungspflicht

Während der Versicherer sich verpflichtet, ein bestimmtes Risiko durch eine Leistung abzusichern, die er bei Eintritt des vereinbarten Versicherungsfalles zu erbringen hat (§ 1 S. 1 VVG), ist wesentliche Gegenleistungspflicht[487] des Versicherungsnehmers die Zahlung eines vereinbarten Entgelts, der Prämie (§ 1 S. 2 VVG).[488] Sie ist die einzige Hauptleistungspflicht des Versicherungsnehmers[489] und als echte Rechtspflicht auch einklagbar.[490] Die vom Versicherungsnehmer zu vertretene Nichtzahlung der Erst- und Folgeprämien ist an Rechtsfolgen geknüpft. Sie hat nach Maßgabe der §§ 37, 38 VVG ein Rücktritts- bzw. Kündigungsrecht und bei Eintritt des Versicherungsfalles die Leistungsfreiheit zur Folge.

Eine rechtsfähige Gesellschaft als Versicherungsnehmerin haftet als selbstständige Schuldnerin für die Prämienzahlungspflicht.[491] Dasselbe trifft auf die Haftung für sonstige vermögensrechtliche Pflichten, wie bereicherungsrechtlicher Herausgabeansprüche oder Schadensersatzpflichten wegen missbräuchlicher Inanspruchnahme des Versicherers zu.

Gesellschafter als am Versicherungsvertrag unbeteiligte Personen trifft die Prämienzahlungspflicht grundsätzlich nicht. Der Versicherer ist nämlich daran interessiert, sich haftungsrechtlich an den Versicherungsnehmer als seinen ausgewählten Vertragspartner zu halten. Sind die Gesellschafter als versicherte Personen vom Versicherungsvertrag erfasst, steht ihnen vorbehaltlich eines Widerspruchs des Versicherungsnehmers lediglich ein allgemeines Ablösungsrecht zu (§§ 267 Abs. 2, 268 BGB i.V.m. § 34 Abs. 1 VVG). Sie sind berechtigt, durch die Zahlung der Prämie solche Rechtsnachteile abzuwenden, die bei Verletzung der Prämienzahlungspflicht entweder die Gesellschaft als Versicherungsnehmer oder sie selbst als versicherte Personen treffen können. Hierzu zählen Leistungsfreiheit v.a. des Versicherers bei Eintritt des Versicherungsfalls (§§ 37 Abs. 2, § 38 Abs. 1 und 2 VVG) sowie das Recht des Versicherers, sich vom

---

487 Vgl. Motive zum VVG, S. 72.

488 Synonym auch „Beitrag“ (z.B. § 1 Abs. 1 AKB). Die Prämie kann einmalig (Einmalprämie) oder wiederholt (laufende Prämien) zu zahlen sein. Selbst bei einer vorläufigen Deckung, bei der ein Hauptvertrag überhaupt nicht zustande kommt, ist der Versicherungsnehmer zur Zahlung einer Prämie verpflichtet, vgl. OLG Düsseldorf VersR 2000, 1355, 1356; HK-VVG/*Karczewski*, § 50 Rn. 1; a.A. *Maenner*, Theorie und Praxis der Rückwärtsversicherung, 1987, S. 220, 226.

489 Bruck/Möller/*Baumann*, § 1 Rn. 172; MüKomm-VVG/*Looschelders*, § 1 Rn. 51, Beckmann/Matusche-Beckmann/*Hahn*, § 12 Rn. 5; Looschelders/Pohlmann/*Pohlmann*, § 1 Rn. 66.

490 Looschelders/Pohlmann/*Pohlmann*, § 1 Rn. 66; Terbille/Höra/*Terbille*, § 2 Rn. 151.

491 Beckmann/Matusche-Beckmann/*Armbrüster*, § 6 Rn. 98.

Versicherungsvertrag durch Rücktritt oder Kündigung zu lösen (§§ 37 Abs. 1, 38 Abs. 3 VVG).

II. Obliegenheiten

Von der Prämienzahlungspflicht abzugrenzen sind die mit einem Versicherungsverhältnis verbundenen Obliegenheiten. Obliegenheiten unterscheiden sich von der Prämienzahlungspflicht in ihrer Rechtsnatur darin, dass sie keine echten, erzwingbaren und unmittelbar vermögensbelastenden Verbindlichkeiten sind. Sie stellen der sog. Voraussetzungstheorie zufolge Pflichten gegen sich selbst dar, also Verhaltensnormen, die der Versicherungsnehmer zur Erhaltung seines Versicherungsanspruchs beachten muss.[492]

Obliegenheiten folgen aus dem Gesetz (z.B. §§ 19–27 und §§ 30, 31 VVG) oder einer vertraglichen Vereinbarung (z.B. gem. § 28 VVG) und können u.a. auf Auskunft, Aufklärung oder Schadensminderung gerichtet sein. Sie lassen sich nach dem jeweiligen Erfüllungszeitpunkt unterteilen in Obliegenheiten, die vorvertraglich (§§ 19–22 VVG), vor dem Versicherungsfall (§§ 23–27 VVG) sowie nach Eintritt des Versicherungsfalls (§§ 30, 31 VVG) zu erfüllen sind. Weitere gesetzliche Obliegenheiten sind z.B. die Anzeige von Mehrfachversicherung (§ 77 Abs. 1 VVG), Rettungsobliegenheit (§ 82 Abs. 1, 2 VVG) und Veräußerungsanzeige (§ 97 Abs. 1 VVG).

1. *Rechtsfolgen der Verletzung von Obliegenheiten*

Obliegenheiten sind nicht einklagbar und auch die Verletzung von Obliegenheiten hat grds. keine einklagbaren, vermögensrechtlichen Haftungsansprüche zur Folge. In Fällen des Versicherungsmissbrauchs sind deliktische Ansprüche (§ 823 Abs. 1, 2 BGB i.V.m. § 265 StGB; § 826 BGB) oder ein bereicherungsrechtlicher Anspruch des Versicherers (§ 812 Abs. 1, S. 1, Var. 1 BGB) auf Rückerstattung einer zu Unrecht bereits erbrachten Versicherungsleistung denkbar.[493]Eine Schadensersatzpflicht wegen Obliegenheitsverletzung ist dem VVG dagegen fremd.[494]

---

492 S. nur BGH VersR 2009, 1659, 1662; Beckmann/Matusche-Beckmann/*Marlow*, § 13 Rn. 4; Rüffer/Halbach/Schimikowski/*Felsch*, § 28 Rn. 5.

493 Zum bereicherungsrechtlichen Rückforderungsanspruch des Versicherers, vgl. BGH NJW 2000, 1718, 1719.

494 Vgl. *Bartholomäi*, S. 20.

Die Verletzung von Obliegenheiten kann stattdessen zur Folge haben, dass der Versicherungsnehmer bzw. die versicherte Person des Versicherungsschutzes, d.h. des Leistungsanspruchs gegen den Versicherer verlustig wird. Das Versicherungsrecht sieht entsprechend der jeweiligen Obliegenheit, unterschiedliche Rechtsfolgen vor. Beispielsweise führt die grob fahrlässige oder vorsätzliche Verletzung vorvertraglicher Pflichten gem. § 19 Abs. 2 VVG dazu, dass der Versicherer vom Versicherungsvertrag zurücktreten kann. Vorbehaltlich abweichender gesetzlicher Regelungen sieht § 28 VVG für die Verletzung vertraglicher Obliegenheiten ein Kündigungsrecht sowie ein Leistungskürzungsrecht vor, das je nach Verschuldensgrad und Kausalität unterschiedlich ausgestaltet ist. So führt gemäß § 28 Abs. 2 und 3 VVG die arglistige Obliegenheitsverletzung – unabhängig von ihrer Kausalität für Versicherungsfall oder Schaden – zwangsläufig zur Leistungsfreiheit des Versicherers. Die grob fahrlässige Verletzung hat dagegen grds. nur eine anteilige Kürzung des Leistungsanspruchs zur Folge (z.B. §§ 26 Abs. 1, 28 Abs. 2, 82 Abs. 3 VVG).

Die Rechtsfolgen der Obliegenheitsverletzung verdeutlichen, dass der Bestand des Versicherungsanspruchs maßgeblich von der Frage abhängt, wer Obliegenheiten einzuhalten hat und auf wessen Verhalten oder Wissen im Rahmen der Einhaltung oder Verletzung von Obliegenheiten maßgeblich abzustellen ist.

2. Adressat von Obliegenheiten

Adressat von Obliegenheiten sind primär Versicherungsnehmer als „potentielle Gläubiger des Versicherungsanspruchs“[495].[496] Gleiches gilt insofern für eine Gesellschaft im Hinblick auf den von ihr abgeschlossenen Versicherungsvertrag.[497]

Ob darüber hinaus die versicherte Person ihrerseits mit Obliegenheiten belastet wird, ist umstritten. Ursprünglich sah der historische Gesetzgeber vor, dass *„Obliegenheiten [...] bei der Versicherung für fremde Rechnung den Versicherungsnehmer oder den Versicherten treffen“*.[498] Im Hinblick auf die Vorschrift des § 47 VVG, der das Verhalten und Wissen des Versicherungsnehmers und der

495 *Schirmer*, FS Schmidt, S. 821, 825.

496 Beckmann/Matusche-Beckmann/*Marlow*, § 13 Rn. 38; Looschelders/Pohlmann/*Pohlmann*, § 28 Rn. 35; *Schirmer*, FS Schmidt, S. 821, 825.

497 BGHZ 146, 341, 343, 348; *Reiff*, VersR 2001, 510, 516 f. (zur rechtsfähigen Gesamthandsgemeinschaft).

498 Amtl. Begr. RT-Drucks. 364/12 95: „inwieweit die Obliegenheiten [...] bei der Versicherung für fremde Rechnung den Versicherungsnehmer oder den Versicherten treffen“.

versicherten Person gleichstellt, wird teilweise vertreten, dass versicherte Personen mit eigenen Obliegenheiten zu belasten sind.[499] Die besseren Argumente sprechen aber dafür, § 47 VVG als Zurechnungsvorschrift zu verstehen um eine Umgehung von Obliegenheiten durch die Versicherung für fremde Rechnung zu verhindern.[500] Dabei sind der versicherten Person jedenfalls im Hinblick auf ihr eigenes versichertes Interesse eigenständige Obliegenheiten aufzuerlegen,[501] weil sonst der Versicherungsnehmer allein mit der Erfüllung von Obliegenheiten belastet wäre, ohne selbst durch einen Anspruch auf Versicherungsleistung begünstigt zu sein.[502] Diese Obliegenheiten stellen insofern einen Beleg zulässiger Drittbelastung von Schuldverhältnissen kraft Gesetzes dar.[503]

3. Grundsätzlich keine Erstreckung von Obliegenheiten auf Gesellschafter

Nach den obigen Grundsätzen können auch Gesellschafter mit Obliegenheiten belastet sein, wenn sie als versicherte Personen durch den Versicherungsvertrag mit einem Anspruch gegen den Versicherer begünstigt sind. Sowohl im Rahmen einer Fremdversicherung, als auch einer kombinierten Eigen- und Fremdversicherung einer Gesellschaft betreffen die Obliegenheiten jedoch stets nur den eigenen Versicherungsteil der Gesellschafter als versicherte Person, nicht aber den der versicherten Gesellschaft.[504] Für letztere kann ein deckungsschädliches

499 MüKomm-BGB/*Gottwald*, § 328 Rn. 270; *Schirmer*, FS Schmidt, S. 821, 826 ff.; Prölss/Martin/*Klimke* § 47 Rn. 4 ff.; Beckmann/Matusche-Beckmann/*Armbrüster*, § 6 Rn. 99 Bruck/Möller/*Brand*, § 47 Rn. 8, wonach § 47 VVG keine Zurechnungs-, sondern allein Verpflichtungsnorm sein soll.

500 In diesem Sinne BGH VersR 1991, 1404 ff.; OLG Hamm VersR 1994, 1464; BK/Voit, § 16 Rn. 54; Looschelders/Pohlmann/*Koch*, § 47 Rn. 1; a.A. Bruck/Möller/*Brand*, § 47 Rn. 8 und wohl auch Beckmann/Matusche-Beckmann/*Armbrüster*, § 6 Rn. 99.

501 BGH VersR 2003, 445, 446; 1971, 239; 1957, 814; Beckmann/Matusche-Beckmann/*Armbrüster*, § 6 Rn. 99; Bruck/Möller/*Brand*, § 47 Rn. 7; Looschelders/Pohlmann/*Koch*, § 47 Rn. 1; Prölss/Martin/*Klimke*, § 47 Rn. 5.

502 Diese Lesart entspricht auch dem bei der kombinierten Eigen- und Fremdversicherung geltenden Trennungsprinzip, wonach Eigenversicherungsteil des Versicherungsnehmers und Fremdversicherungsteil der versicherten Person zu unterscheiden sind und deckungsschädliches Verhalten nur zu Lasten des jeweiligen Versicherungsteils gehen soll, vgl. BGHZ 49, 130, 133, 138; *Schirmer*, in: FS Sieg, S. 451, 478.

503 Vgl. *Bettermann*, JZ 1951, 321 ff. im Hinblick auf § 79 Abs. 1 VVG a.F.

504 Vgl. zur Obliegenheitsbelastung bei der Versicherung für fremde Rechnung, Beckmann/Matusche-Beckmann/*Marlow*, § 13 Rn. 40–42, Prölss/Martin/*Klimke*, § 47 Rn. 10.

Verhalten der Gesellschafter allein im Wege der Zurechnung von Bedeutung werden. Diese Frage wird an späterer Stelle eingehender zu untersuchen sein.

Anders als bei der Prämienzahlungspflicht lässt sich für eine Erstreckung von Obliegenheiten der Gesellschaft auf ihre Gesellschafter kein Bedürfnis feststellen. Die Belastung eines nicht versicherten Gesellschafters mit Obliegenheiten stünde bereits ihrer charakteristischen verhaltenssteuernden Funktion entgegen, die sie typischerweise nur in Verbindung mit einem konkreten Versicherungsanspruch erfüllen können. Sie sollen den Versicherungsnehmer und die versicherte Person zu einem bestimmten Verhalten anhalten, um den Anspruch gegen den Versicherer auf Versicherungsleistung zu wahren, da die Verletzung einer Obliegenheit den Versicherungsanspruch einschränkt. Würden Obliegenheiten auf Gesellschafter isoliert übertragen, d.h. ohne Versicherungsanspruch, dessen sie verlustig werden können, beschränkten sie sich lediglich auf einfache Verhaltensgebote ohne konkrete Rechtsfolgenandrohung. Ob Obliegenheiten der Gesellschaft durch ihre Gesellschafter verletzt werden können, ist damit vielmehr als Frage der Zurechnung, d.h. der Verantwortlichkeit für Dritte einzuordnen.

B. Haftung der Gesellschafter aufgrund anerkannter Tatbestände

Nach den skizzieren Grundsätzen haften Gesellschafter für die Prämienzahlungspflichten der Gesellschaft grundsätzlich nur, wenn sie selbst Versicherungsnehmer sind.[505] Im Folgenden ist zu beleuchten, ob und unter welchen Voraussetzungen diese Pflichten ausnahmsweise auf die Gesellschafter erstrecken werden kann, obwohl diese am Versicherungsvertrag unbeteiligt sind. Diese Frage stellt sich besonderes mit Blick auf die Pflicht des Versicherungsnehmers zur Prämienzahlung und mögliche schadensersatzrechtliche Pflichten.

Eine echte Pflicht der Gesellschafter, für die vertraglichen Pflichten, insbesondere die Prämienzahlung der Gesellschaft einzustehen, lässt sich nur ausnahmsweise aufgrund anerkannter Haftungstatbestände herleiten, wie nachfolgend zu zeigen ist.

---

505 Sind sie gemeinsam mit der Gesellschaft Versicherungsnehmer, haften sie gesamtschuldnerisch nach den §§ 421 ff. BGB, vgl. OLG Hamm VersR 2014, 361 ff.

I. Haftung aufgrund der Haftungsverfassung der Personengesellschaft

Im Gegensatz zu Kapitalgesellschaften, bei denen die Außenhaftung der Gesellschafter ausgeschlossen ist (§ 13 Abs. 2 GmbHG, § 1 Abs. 1 S. 2 AktG), besteht eine akzessorische Haftung der Gesellschafter typischerweise im Bereich der Personengesellschaften. Sie ergibt sich nicht mehr daraus, dass die gesamthänderisch verbundenen Gesellschafter als Versicherungsnehmer und damit Prämienschuldner behandelt werden.[506] Hierfür besteht mittlerweile kein Bedarf mehr, seitdem die Personengesellschaft anerkannterweise selbst Versicherungsnehmer sein kann. Die Gesellschafterhaftung für die Verbindlichkeiten aus dem Versicherungsvertrag der Gesellschaft folgt aus der besonderen Haftungsverfassung der Personengesellschaften als Gesamthand.

Eine akzessorische, umfassende persönliche Gesellschafterhaftung besteht bei Personenhandelsgesellschaften aufgrund gesetzlicher Anordnung (§§ 128, 171, 230 Abs. 2 HGB) und bei der rechtsfähigen GbR aufgrund höchstrichterlicher Anerkennung.[507] Sie ergibt sich zudem aus Rechtsscheingesichtspunkten und trifft nach Anspruchsentstehung eintretende Gesellschafter (§§ 130, 173 HGB) sowie in den Grenzen der Nachhaftung auch ausgeschiedene Gesellschafter (§ 160 HGB).[508] Die Haftung der Kommanditisten ist dagegen grundsätzlich auf die geleistete Vermögenseinlage beschränkt (§ 171 Abs. 1 HGB), jedoch weiterhin aufgrund Einlagenrückgewähr (§ 172 Abs. 4 HGB), rechtsscheinbegründender Handelsregistereintragung (§ 172 Abs. 1 HGB) sowie Geschäftsbeginns bzw. Eintritts in die Gesellschaft vor Eintragung in das Handelsregister (§ 176 Abs. 1, 2 HGB) möglich.

Unabhängig davon, dass die Akzessorietät einer Haftung das Bestehen einer Gesellschaftsverbindlichkeit voraussetzt, handelt es sich nicht nur um eine einheitliche Schuld von Gesellschaft und Gesellschaftern mit verschiedenen Haftungsmassen. Es besteht eine eigene, unmittelbare und primäre Haftung der

506 So noch früher BGHZ 36, 24, 26; BK/*H.Baumann*, § 151 Rn. 7; weiterhin wohl MüKomm-VVG/*Littbarski*, § 102 Rn. 68.

507 BGH NJW 2001, 1056 ff. in Anerkennung der Akzessorietätstheorie, die eine akzessorische Haftung auf die analoge Anwendung der §§ 128, 129 HGB stützt, vgl. *Flume*, Personengesellschaft, § 16 II 2; *Ulmer*, ZIP 1999, 554, 559 ff.; *Wiedemann*, WM 1975 Sonderbeilage 4 7/4. Die hiergegen streitende Doppelverpflichtungstheorie ging dagegen von der gleichzeitigen Verpflichtung von Gesellschaft und Gesellschaftern aus, vgl. nur BGHZ 79, 374, 377; 117, 168, 176; Soergel/*Hadding*, § 714 Rn. 10.

508 Beck PersGes-HB/*Müller*, § 4 Rn. 222; zur Nachhaftung BGH NJW 1986, 1690.

Gesellschafter,[509] sodass sie von einem Versicherer für die Prämienzahlungspflicht sowie weitere vermögensrechtliche Pflichten in Anspruch genommen werden können.

II. Haftung aufgrund vertraglicher Vereinbarung

Im Rahmen der vertraglichen Gestaltungsfreiheit ist eine vom Regelfall abweichende Erstreckung der Prämienzahlungspflicht auf die Gesellschafter nur in engen Grenzen möglich bzw. überhaupt praktisch von Bedeutung.

1. Keine Haftung aufgrund Mitversicherung

Eine Erstreckung der Prämienzahlungspflicht jedenfalls auf solche Gesellschafter, die durch den Versicherungsvertrag einer Gesellschaft geschützt und damit Versicherte sind, legt allein die Bezeichnung der Versicherung für *fremde Rechnung* in § 43 VVG nahe.[510]

Einer Erstreckung der Hauptleistungspflicht auf die Versicherten steht jedoch zum einen entgegen, dass die Versicherung für fremde Rechnung rechtstechnisch einen Vertrag zugunsten eines Dritten i.S. des § 328 BGB darstellt und der Versicherungsnehmer den Vertrag somit für fremde Interessen, tatsächlich aber im eigenen Namen abschließt.[511] Der Belastung der begünstigten, aber am Vertragsschluss unbeteiligten Versicherten steht insofern das Verbot drittbelastender Verträge entgegen.[512]

Darüber hinaus besteht auch kein Bedürfnis, die Prämienzahlungspflicht auf Versicherte zu erstrecken, da diese nach Maßgabe des § 44 Abs. 1 S. 1 VVG aus dem Versicherungsvertrag u.a. mit dem Anspruch auf eine Versicherungsleistung begünstigt werden, jedoch zur Geltendmachung von Ansprüchen nur eingeschränkt berechtigt sein sollen (§ 44 Abs. 2 VVG).

2. Vereinbarung isolierter Prämienzahlungspflicht

Die anfängliche Vereinbarung einer isolierten, d.h. an keine Rechtsstellung geknüpfte Prämienzahlungspflicht der Gesellschafter ist bei entsprechendem

509 *Flume*, Personengesellschaft, § 16 II 1; *K. Schmidt*, GesR, § 49 II 1, 2 (S. 1413 f.); zum älteren Verständnis der Gesellschafterschuld, vgl. nur RGZ 139, 252, 254.

510 Ähnlich hierzu auch *Guth*, S. 139 ff.

511 S. nur BGH VersR 1988, 362, 363.

512 BGHZ 61, 359, 361; 58, 216, 219; *Martens*, AcP 177 (1977), 113, 139; Staudinger/*Jagmann*, Vor § 328 Rn. 44 ff.; MüKomm-BGB/*Gottwald*, § 328 Rn. 261.

Regelungsbedarf und vorbehaltlich der Zustimmung der hiervon betroffenen Gesellschafter allenfalls im Rahmen einer Individualvereinbarung und der Versicherung von Großrisiken zulässig, die gem. § 210 Abs. 1 VVG den Einschränkungen der Vertragsfreiheit nicht unterliegen.

Die Erstreckung der Prämienzahlungspflicht auf am Versicherungsverhältnis (als Versicherungsnehmer) unbeteiligte Gesellschafter durch AVB ist hingegen unzulässig. Weicht das AVB-Regelwerk unerwartet von dem Regelfall ab, indem entgegen der jeweiligen Haftungsverfassung den Gesellschaftern die Pflicht zur Zahlung der Prämie statt oder neben einer Gesellschaft auferlegt wird, wird eine derartige Klausel wegen des Verbots überraschender Klauseln im Zweifel nicht Vertragsbestandteil (§ 305c Abs. 1, 2 BGB). Eine derartige Haftungsvereinbarung liefe auf einen unzulässigen Vertrag zu Lasten Dritter hinaus. Sofern sie zudem von einer gesetzlichen Beschränkung der Gesellschafterhaftung abweicht (z.B. bei Kommanditisten, GmbH-Gesellschaftern und Aktionären), hält sie einer Inhaltskontrolle nach § 307 Abs. 2 Nr. 1 BGB wegen der Abweichung von wesentlichen gesetzlichen Grundgedanken nicht stand und ist unwirksam.[513] Es bleibt dann bei der grundsätzlichen Prämienzahlungspflicht einer Gesellschaft als Versicherungsnehmer.

Die nachträgliche Übertragung der Prämienzahlungspflicht auf Gesellschafter ist nach den allgemeinen schuldrechtlichen Grundsätzen zur Schuldübernahme (§§ 414, 415 BGB) zulässig. Demnach ist für die Wirksamkeit einer Vereinbarung zwischen Schuldner und Übernehmer auch die Genehmigung des Gläubigers, d.h. des Versicherers erforderlich. Da ein erforderlicher Entlastungswille des Gläubigers im Zweifel nur für einen begünstigenden Schuldbeitritt angenommen wird,[514] ist das Interesse des Versicherers am Eintritt des ggf. wechselnden Gesellschafterbestands als Prämienzahlungsschuldner wegen der Gefahr ihrer Zahlungsunfähigkeit jedoch gering. Im Übrigen dürfte es auch regelmäßig nicht dem Interesse des Versicherers entsprechen, sich vertraglich an den möglicherweise wechselnden Gesellschafterbestand als Prämienschuldnerin und Erklärungsempfängerin zu binden, sondern allein mit der rechtlich und finanziell verselbstständigten Gesellschaft zu kontrahieren und sich mit ggf. auseinanderzusetzen.[515]

---

513 Zum Verbot geltungserhaltender Reduktion im Hinblick auf Allgemeine Versicherungsbedingungen, vgl. Bruck/Möller/*Beckmann*, Einf. C Rn. 302.

514 BGH NJW 1983, 678 f.; *Grigoleit/Herresthal*, Jura 2002, 393, 394; MüKomm-BGB/*Heinemeyer*, § 414 Rn. 3.

515 Siehe eingehend zur Haftungserstreckung auf Gesellschafter unter 3. Teil B.

III. Haftung aufgrund Erwerbs der versicherten Sache

Eine Pflicht zur Prämienzahlung ergibt sich zudem aus § 95 Abs. 2 VVG, wenn Gesellschafter eine versicherte Sache erwerben. Sie treten dann in die Rechte und Pflichten des Versicherungsnehmers ein (§ 95 Abs. 1 VVG) und haften gesamtschuldnerisch für die Prämie, die eine noch laufende Versicherungsperiode betrifft (§ 95 Abs. 2 VVG). Für Folgeprämien sind erwerbende Gesellschafter dagegen alleinige Prämienschuldner. Die Prämienzahlungspflicht ergibt sich insofern bereits aus der Rechtsstellung als Versicherungsnehmer.[516] Für den Fall des gesetzlichen Vertragsübergangs (§§ 95 Abs. 1, 122 VVG) gilt dies entsprechend.[517]

Gesellschafter, die vor Erwerb der Sache am Versicherungsvertrag nicht unmittelbar beteiligt waren, stellen damit im Verhältnis zum Versicherer eigentlich Dritte dar. Ein unzulässiger Vertrag zuungunsten Dritter besteht hier nicht. Denn die Belastung des Erwerbers rechtfertigt sich dadurch, dass dieser ab Erwerb der versicherten Sache aus dem Versicherungsvertag eben nicht mehr unbeteiligter Dritter ist, sondern bereits unmittelbar berechtigt wird. Er tritt mit Vollendung des Eigentumsübergangs gem. § 95 Abs. 1 VVG in die Rechtsstellung des Veräußerers und vorherigen Versicherungsnehmers bzw. Versicherten ein, indem sämtliche Rechte und Pflichten aus dem Versicherungsvertrag im Wege der *cessio legis* auf ihn übergehen. Zur Prämienzahlung verpflichtet ist ein erwerbender Gesellschafter somit nicht mehr als Dritter, sondern tatsächlich bereits als aus dem Versicherungsvertrag unmittelbar Berechtigter. Eine Verpflichtung ergibt auch durchaus Sinn, will der Erwerber den Anspruch auf Versicherungsleistung für einen künftigen Versicherungsfall behalten.

IV. Haftung aufgrund Rechtsscheins

Im Zusammenhang mit der vertragsähnlichen Haftung ist zudem die gegenüber einem Versicherer unmittelbare Rechtsscheinhaftung der Gesellschafter zu nennen, wenn sie als *falsus procurator* ohne entsprechende Vertretungsmacht einen Versicherungsvertrag im Namen der Gesellschaft abschließen. Verweigert die vertretene Gesellschaft die Genehmigung des Vertrages, sind sie gem. § 179 Abs. 1 BGB dem Versicherer nach dessen Wahl entweder zur Erfüllung der Prämienzahlungspflicht oder Schadensersatz verpflichtet. Der handelnde

516 BGH r+s 1989, 22, 23.

517 Bruck/Möller/*Beckmann*, § 33 Rn. 38; Beckmann/Matusche-Beckmann/*Hahn*, § 12 Rn. 19.

Gesellschafter wird dadurch an dem ursprünglich im fremden Namen geschlossenen Vertrag selbst Vertragspartei, sofern sich dies nicht bereits aus der Auslegungsregel des § 43 Abs. 3 VVG ergibt, wonach der im fremden Namen geschlossene Versicherungsvertrag im Zweifel als Fremdversicherung im eigenen Namen geschlossen gilt.

V. Haftung aufgrund culpa in contrahendo

Eine unmittelbare eigene Gesellschafterhaftung wird zudem nach den Grundsätzen der *culpa in contrahendo* durch Verschulden bei Abschluss des Versicherungsvertrages begründet (§§ 311 Abs. 2, 3, 241 Abs. 2, 280 Abs. 1 BGB). Eine Haftung der Allein- und Mehrheitsgesellschafter aufgrund besonderen wirtschaftlichen Eigeninteresses, wie sie von der älteren Rechtsprechung zugelassen worden ist,[518] kommt wegen ihres Widerspruchs zur gesetzlichen Haftungsprivilegierung zwar nicht in Betracht. Dafür muss ein Gesellschafter für etwaige Schäden des Versicherers aus dem Vertragsschluss bzw. den Vertragsverhandlungen einstehen, wenn er als Sachwalter besonderes Vertrauen für sich in Anspruch nimmt, indem er persönliches Vertrauen auf die Richtigkeit seiner Erklärungen geweckt hat (Sachwalterhaftung, § 311 Abs. 3 S. 2 BGB).[519] Hierbei sind an eine Haftung jedoch hohe Anforderungen zu stellen, um keine allgemeine Gesellschafterhaftung zu begründen. Daher rechtfertigt nicht bereits die Stellung als Gesellschafter bzw. Gesellschafter-Geschäftsführer eine persönliche Haftung, sondern erst ein über das normale Vertrauen beim Versicherer als Verhandlungspartner ein zusätzliches Vertrauen in Vollständigkeit und Richtigkeit seiner Erklärungen, das von ihm selbst ausgeht.[520] Dies ist etwa der Fall, wenn ein Gesellschafter bei Vertragsschluss gleichsam in eigener Sache auftritt.[521]

VI. Haftung aufgrund deliktischer Tatbestände

Schließlich wird eine unmittelbare Eigenhaftung der Gesellschafter durch deliktische Tatbestände ausgelöst, wenn dieser die Gesellschaft rechtswidrig nutzt, um den Versicherer zu schädigen. Sie ergibt sich im strafrechtlichen Bereich aus § 823 Abs. 2 BGB i.V.m. strafrechtlichen Schutzgesetzen, womit vor allem Fälle

518 BGHZ 87, 27, 33 f.; BGH NJW 1983, 676, 677 f.; BGH NJW 1984, 2284, 2286.
519 BGHZ 126, 181, 189; BGH NJW 1994, 2019, 2020; MüKomm-GmbHG/*Merkt*, § 13 Rn. 340.
520 BGHZ 126, 181, 189; BGH NJW 1994, 2019; NJW-RR 1991, 1312 ff.
521 MüKomm-GmbHG/*Merkt*, § 13 Rn. 340; Scholz/*Emmerich*, § 13 Rn. 67.

des Versicherungsmissbrauchs gem. § 265 StGB erfasst sind.[522] Eine Deliktshaftung der Gesellschafter kann im Zusammenhang mit Versicherungsverträgen vor allem eingreifen, wenn sie die Gesellschaft vorschalten, eine unberechtigterweise Versicherungsleistung zu verlangen, z.B. indem sie die Verletzung von Aufklärungspflichten durch arglistige Täuschung verursachen.[523]

Parallel greift bei einem Verstoß der Gesellschafter gegen die guten Sitten eine Haftung nach § 826 BGB ein. Inwieweit die Missachtung der Kapitalisierungsvorschriften durch die Gesellschafter haftungsauslösend sein kann, ist umstritten. Die Rechtsprechung lässt – alternativ zur diskutierten Durchgriffshaftung – unter dem Gesichtspunkt der „Existenzvernichtungshaftung" bei kompensationslosen Eingriffen in das Gesellschaftsvermögen eine solche Haftung zu.[524] Eine deliktische Haftung gem. § 826 BGB ist zudem denkbar, sofern ein Haftungsdurchgriff mit der neueren Rechtsprechung abgelehnt wird, in Fällen der qualifizierten materiellen Unterkapitalisierung der Gesellschaft sowie in Fällen der Existenzvernichtung.

VII. Zwischenergebnis

Es ist festzuhalten, dass im Hinblick auf die Haftung der Gesellschafter für die Prämienzahlungspflicht zwischen Kapitalgesellschaften und Personengesellschaften zu unterscheiden ist.

In Personengesellschaften können aufgrund ihrer Haftungsverfassung die persönlich haftenden Gesellschafter vom Versicherer vermögensrechtlich in Anspruch genommen werden (§§ 128, 171, 230 Abs. 2 HGB). Die akzessorische Haftung der Personengesellschafter ist in der gesamthänderischen Bindung der Gesellschafter wurzelt.

Darüber hinaus bestehen unterschiedliche Tatbestände, die eine Haftung der Gesellschafter für Verbindlichkeiten aus dem Versicherungsvertrag auslösen können. Sie ergeben sich nicht bereits aus der Rechtsstellung als begünstigte versicherte Person (§ 43 VVG) und können allenfalls individualvertraglich vereinbart werden, wofür in der Regel das praktische Bedürfnis fehlt. Sofern eine Haftung aufgrund gesetzlicher Tatbestände in Betracht kommt, knüpft diese als Kehrseite einer Begünstigung an eine konkrete oder zukünftige Rechtstellung an (z.B. § 95 VVG). Neben einer durch Gesellschaftsverbindlichkeiten ausgelösten

522 Zur Einordnung des § 265 StGB als Schutzgesetz des § 823 Abs. 2 BGB, vgl. OLG Düsseldorf VersR 1996, 884; OLG Köln r+s 2003, 497.

523 Zur parallelen Haftung nach § 826 BGB, vgl. BGH NJW-RR 1991, 1312 ff.

524 BGHZ 176, 204 ff.

Haftung besteht zudem eine Eigenhaftung der Gesellschafter für verhaltensbedingte Schäden. Sie ergibt sich entweder unter dem Gesichtspunkt des Rechtsscheins, des Verschuldens bei Vertragsschluss (§§ 311 Abs. 2, 3, 241 Abs. 2, 280 Abs. 1 BGB) oder aufgrund deliktischer Tatbestände (§§ 823 Abs. 2, 826 BGB).

C. Haftung der Gesellschafter aufgrund Haftungsdurchgriffs

Die Haftung außerhalb der anerkannten Haftungstatbestände ist eigentlicher Anwendungsbereich des Haftungsdurchgriffs. Es geht hierbei um eine echte Durchbrechung des vermögensrechtlichen Trennungsprinzips, indem das private Gesellschaftervermögen unter besonderen Voraussetzungen für Gesellschaftsverbindlichkeiten haften soll. Grundsätzlich betrifft dies lediglich die beschränkt haftenden Gesellschafter, d.h. Kommanditisten sowie GmbH-Gesellschafter und Aktionäre.

Wie eingangs erläutert, sind Fragen der Anwendbarkeit und Voraussetzungen eines Haftungsdurchgriffs im Allgemeinen bereits in Rechtsprechung und Literatur eingehend behandelt worden sind. Im Folgenden ist daher hauptsächlich zu klären, ob ein derartiger Haftungsdurchgriff auf die Gesellschafter auch im Versicherungsrecht, wie dies teilweise in den USA zu beobachten ist, anwendbar ist und ob Besonderheiten zu beachten sind.

I. Ausgangspunkt: Rechtslage in den USA

Teilweise wird ein Durchgriff in den USA herangezogen, um vermögensrechtliche Pflichten aus dem Versicherungsvertrag einer Gesellschaft auf ihre Gesellschafter zu erstrecken. Als wesentliche Pflicht des Versicherungsvertrages ist dort ebenfalls die Pflicht zur Zahlung der Prämie (*premium*) anerkannt. Sie ist Gegenleistung für die vereinbarte Übernahme eines bestimmten Risikos durch den Versicherer.[525] Daneben bestehen unterschiedliche Anzeige- und Mitwirkungspflichten der versicherten Person (u.a. *representations* und *post-loss duties*), für die eine Erstreckung auf Gesellschafter jedoch nicht erörtert wird.

525 Hartland v. Progressive County Mut. Ins. Co., 290 S.W.3d 318 (Tex. App. Houston 14th Dist. 2009).

1. *Grundlagen zur Haftung der Gesellschafter für die Prämienzahlungspflicht*

Die Prämienzahlungspflicht ist in den USA vergleichbar zur Rechtslage in Deutschland ausgestaltet. Als Adressat der versicherungsrechtlichen Prämienzahlungspflicht gilt grundsätzlich der Versicherungsnehmer.[526] Dagegen haftet für die Prämienzahlung die vom Versicherungsnehmer personenverschiedene versicherte Person nicht.[527] Sie können nur aufgrund ausdrücklicher oder konkludenter Vereinbarung zur Zahlung der Versicherungsprämie verpflichtet werden.[528]

Für Versicherungsverträge einer corporation und, sofern sie im jeweils anwendbaren Bundesrecht als rechtsfähig angesehen werden, einer partnership haften daher grundsätzlich nur diese mit ihrem verselbstständigen Gesellschaftsvermögen für die Zahlung der Prämie.[529] Daneben haben aufgrund ihrer akzessorischen Gesellschafterhaftung allein die partner für die Verpflichtung der partnership zur Prämienzahlung einzustehen.[530]

Wird ein Versicherungsvertrag auf den Namen einer corporation abgeschlossen und werden die Rechnungen an diese adressiert sowie über das Bankkonto der Gesellschaft beglichen, sind die Gesellschafter keiner zusätzlichen Haftung ausgesetzt.[531] Selbst die Haftung des alleinigen Anteilseigners einer versicherten

---

526 Bezugnehmend auf den vertragschließenden Versicherten (insured) 5 Couch on Insurance, § 74: 1; in der Rechtsprechung: Markel Service, Inc. v. National Farm Lines, 426 F.2d 1123 (10th Cir. 1970); Yant v. Bowker, 248 Ark. 826, 454 S.W.2d 84 (1970); Little v. Barry, 417 A.2d 966 (D.C. 1980); Georgia Cas. & Sur. Co. v. Bradshaw, 105 Ga. App. 416, 124 S.E.2d 657 (1962); Thilman & Co. v. Esposito, 87 Ill. App. 3d 289, 42 Ill. Dec. 305, 408 N.E.2d 1014 (1st Dist. 1980); Winslett v. Smith, 449 So. 2d 1161 (La. Ct. App. 2d Cir. 1984); zur corporation American Cas. Co. of Reading, Pa. v. Schafer, 204 Ga. App. 906, 420 S.E.2d 820 (1992).

527 Midland Ins. Co. v. Universal Technology, Inc., 199 Conn. 518, 508 A.2d 427 (1986); A. Copeland Enterprises v. Pickett & Meador, Inc., 422 So. 2d 752 (Miss. 1982); 5 Couch on Insurance, § 74: 19.

528 A. Copeland Enterprises v. Pickett & Meador, Inc., 422 So. 2d 752 (Miss. 1982); 44 Am. Jur. 2d Insurance § 874.

529 Liberty Mut. Ins. Co. v. Petroleum Venture Capital Corp., App. 1968, 216 So 2d. 925; Appleman on Insurance 2D, Vol. 5, § 24.11, S. 80, 82.

530 44 Am. Jur. 2d Insurance § 874.

531 Hall v. Sullivan-Dollars, Inc., 1970 OK 97, 471 P.2d 453 (Okla. 1970): "A corporation can only act through its officers and agents. When those acts are within the power and purpose of the corporation the liability lies with the corporate structure".

Gesellschaft wird abgelehnt, soweit er sich hierzu nicht vertraglich verpflichtet hat.[532] Insofern bleibt umgekehrt ein Gesellschafter, der bereits vor Gründung der corporation einen Versicherungsvertrag abgeschlossen hat, auch weiterhin gegenüber dem Versicherer für die Prämienzahlungspflicht für diesen Vertrag verpflichtet.[533]

2. Heranziehung eines Durchgriffs

Ausnahmsweise wird eine Haftung der Gesellschafter für die Prämienzahlungspflicht ihrer Gesellschaft im Wege eines Haftungsdurchgriffs begründet. Wegen der vermögensrechtlichen Natur der Prämienzahlungspflicht handelt es sich dabei um den klassischen Anwendungsbereich des haftungsrechtlichen Durchgriffs.

Obwohl sich in den USA zahlreiche Entscheidungen dem Haftungsdurchgriff widmen, haben nur wenige von ihnen ein Bezug zum Versicherungsrecht.

a) C.T. Lowndes & Co. v. Suburban Gas & Appliance Co., Inc.

Zu den wenigen Entscheidungen, die überhaupt im versicherungsrechtlichen Kontext einen haftungsrechtlichen Durchgriff in Erwägung ziehen, zählt *C.T. Lowndes & Co. v. Suburban Gas & Appliance Co., Inc.*[534] Der *Court of Appeals of South Carolina* ließ in diesem Fall einen Durchgriff ausdrücklich zu, um die Haftung eines Alleingesellschafters für die Prämienzahlungspflicht einer versicherten Gesellschaft zu begründen.

aa) Sachverhalt

Ein Versicherungsmakler begehrte vom alleinigen Anteilseigner einer versicherten Gesellschaft (corporation) die Zahlung von Versicherungsprämien in Höhe von insgesamt $ 18.398,62, die der Makler für sie verauslagt hatte. Zuvor hatte der Alleingesellschafter am selben Tag zunächst über eine weitere Gesellschaft, deren einziger Anteilseigner er ebenfalls war, sämtliche Aktien für $ 1,5 Mio. erworben und das „Gesellschaftsvermögen für $ 1,58 Mio. sodann weiter veräußert. Die Gesellschaft war überschuldet und hatte zahlreiche unbeglichene

532 FPS, Inc. v. Continental Contractors, Inc., 537 So. 2d 831 (La. Ct. App. 5th Cir. 1989), writ denied, 540 So. 2d 328 (La. 1989).

533 Smith v. Edward M. Thompson Agency, Inc., 430 So. 2d 859 (Ala. 1983).

534 C.T. Lowndes & Co. v. Suburban Gas & Appliance Co., Inc., 307 S.C. 394, 415 S.E.2d 404 (S.C. App., 1991).

Forderungen. Der Alleingesellschafter hatte dagegen die sich aus der Anteilsveräußerung ergebende Differenzsumme in Höhe von $ 626.073,35 für eigene Zwecke, u.a. seine Familie und Freunde, verwendet, wobei er die Auszahlungen von dem Gesellschaftskonto ohne Rechnung oder sonstige Aufzeichnung vornahm. Er hatte zudem für keine ausreichende Kapitalisierung der versicherten Gesellschaft gesorgt, d.h. keine Vermögensrückstellungen für die Befriedigung der Gläubiger vorgenommen und mehrere Steuererklärungen für die Gesellschaft nicht eingereicht. Ferner stellte das erstinstanzliche Gericht fest, dass es an einer Buchführung sowie klaren Trennung der Gesellschaftssphäre fehlte und der Gesellschafter bis auf seinen Sohn ohne Beteiligung weiterer Geschäftsführer die Geschicke der Gesellschaft allein in den Händen hielt.[535]

bb) Heranziehung klassischer Durchgriffskriterien

Der Court of Appeals of South Carolina zog die Grundsätze des „piercing of the corporate veil" heran und stützte sich entsprechend der im Bundesstaat South Carolina geltenden „alter ego"-doctrine auf einen zweistufigen Durchgrifftest.[536] Bei der Prüfung der ersten Stufe, der Beherrschung der Gesellschaft, zog es einen Kriterienkatalog von 8 Merkmalen heran, bestehend aus (1) starke Unterkapitalisierung, (2) Missachtung von Formvorschriften, (3) keine Zahlung von Dividenden, (4) Insolvenz der Gesellschaft, (5) Vermögensverschiebungen durch den beherrschenden Gesellschafter, (6) Fehlen einer funktionsfähigen Geschäftsführung, (7) Fehlen von Geschäftsbüchern sowie (8) die Tatsache, dass die Gesellschaft alleinige Fassade für die Tätigkeiten des beherrschenden Gesellschafters ist.[537] Für die zweite Stufe prüfte das Gericht, ob das Aufrechterhalten des Trennungsprinzips zu einer Ungerechtigkeit oder grundlegenden Unbilligkeit führen

---

535 Aus dem Englischen übersetzt nach C.T. Lowndes & Co. v. Suburban Gas & Appliance Co., Inc., 307 S.C. 394, 415 S.E.2d 404 (S.C. App., 1991).

536 Vgl. Sturkie v. Sifly, 280 S.C. 453, 313 S.E.2d 316 (Ct. App. 1984).

537 C.T. Lowndes & Co. v. Suburban Gas & Appliance Co., Inc., 307 S.C. 394, 415 S.E.2d 404 (S.C.App., 1991): "The factors of the first prong are (1) whether the corporation was grossly undercapitalized; (2) failure to observe corporate formalities; (3) non-payment of dividends; (4) insolvency of the debtor corporation at the time; (5) siphoning of funds of the corporation by the dominant stockholder; (6) non-functioning of other officers or directors; (7) absence of corporate records; and, (8) the fact the corporation was merely a facade for the operations of the dominant stockholder".

würde.[538] Diese Billigkeitsprüfung des Gerichts erfolgte durch freie Würdigung der Tatsachen und Beweise des konkreten Falles.[539]

Im konkreten Fall sah das Gericht die Voraussetzungen für einen Durchgriff als überwiegend bewiesen an. Beide Gesellschaften wurden maßgeblich von dem Alleingesellschafter beherrscht und dienten nur seinem finanziellen Vorteil. Hierfür sprach auch die Tatsache, dass er sich beim Anteilsverkauf mit der Entnahme des Erlöses selbst bereichert hatte. Der Court of Appeal of South Carolina bestätigte damit das erstinstanzliche Urteil, in dem der erkennende Richter bereits im Wege eines Haftungsdurchgriffs eine persönliche Haftung des Alleingesellschafters für die Prämienzahlungspflicht zugelassen hatte.

b) Vergleichbare Entscheidungen

In weiteren Entscheidungen ist ein Haftungsdurchgriff dem Grunde nach für anwendbar gehalten worden, um Gesellschafter für die Prämienzahlungspflicht einer Gesellschaft haftbar zu machen. Im konkreten Fall scheiterte ein Durchgriff jedoch entweder am Beweis einer Beherrschung der Gesellschaft oder der Unbilligkeit des Einzelfalls.

In *Sturdivant v. Chapman*[540] lehnte der Court of Appeals of Georgia beispielsweise einen Haftungsdurchgriff auf den Alleingesellschafter der jeweils versicherten Gesellschaften ab, weil hinreichende Anhaltspunkte, wie Betrug, arglistige Täuschung oder Missbrauch der Gesellschaftsform, als nicht erwiesen galten.

Ähnlich lehnte der United States District Court in *St. Paul Fire & Marine Ins. Co. v. CEI Florida, Inc.*[541] einen Haftungsdurchgriff auf die drei Gesellschafter einer versicherten corporation ab, da sich eine hinreichende Sphärenvermischung nicht nachweisen ließ. Zudem hielt das Gericht fest, dass das durch einen

---

538 C.T. Lowndes & Co. v. Suburban Gas & Appliance Co., Inc., 307 S.C. 394, 415 S.E.2d 404 (S.C.App., 1991): „there be an element of injustice or fundamental unfairness if the acts of the corporation be not regarded as the acts of the individuals".

539 C.T. Lowndes & Co. v. Suburban Gas & Appliance Co., Inc., 307 S.C. 394, 415 S.E.2d 404 (S.C.App., 1991): "An action to pierce the corporate veil is one in equity. In an action in equity, this Court may determine the facts according to its own view of the preponderance of the evidence".

540 Sturdivant v. Chapman, 146 Ga. App. 26, 245 S.E.2d 311 (1978): "[...]we have no evidence of fraud, misrepresentation or any other misconduct or abuse of the corporate structure [...] to disregard the concept that a corporation is generally viewed as a separate entity from the shareholders even where all shares are owned by one individual".

541 St. Paul Fire & Marine Ins. Co. v. CEI Florida, Inc., 864 F.Supp. 656 (E.D.Mich., 1994).

Durchgriff zu beseitigende, Unrecht minimal sei wenn sich die Gesellschafterhaftung anderweitig begründen lässt.[542]

3. *Würdigung und Zwischenergebnis*

Zur Anwendbarkeit eines Haftungsdurchgriffs im Versicherungsrecht findet sich in den USA gegenüber der allgemeinen Durchgriffsdiskussion keine differenzierte Auseinandersetzung in Rechtsprechung und Literatur. Soweit die Rechtsprechung eine Haftung der Gesellschafter aufgrund Durchgriffs zulässt, zieht sie die allgemeinen, überwiegend für Haftungsfälle entwickelten Durchgriffskriterien heran. Diese Beobachtung deutet darauf hin, dass ein Haftungsdurchgriff wegen der versicherungsrechtlichen Prämienzahlungspflicht keinen versicherungsrechtlichen Besonderheiten, sondern lediglich den allgemeinen Durchgriffsgrundsätzen unterliegt.

II. Zulässigkeit eines Haftungsdurchgriffs auf Gesellschafter

Zurückkehrend zum deutschen Recht ist festzustellen, dass sich auch in der deutschen Rechtsprechung und Literatur keine konkreten oder mittelbaren Hinweise auf eine Auseinandersetzung mit dem Haftungsdurchgriff im Versicherungsrecht ausmachen lassen. Diese Frage ist daher nachfolgend zu erörtern.

1. *Übertragbarkeit der Grundsätze über den Haftungsdurchgriff auf das Versicherungsrecht*

Die an früherer Stelle herausgearbeiteten Grundsätze zum Haftungsdurchgriff sind grundsätzlich nicht auf ein Rechtsgebiet beschränkt. Sie sind vielmehr grundsätzlich auf sämtliche Fallkonstellation anwendbar, in denen die persönliche Haftung der Gesellschafter für Gesellschaftsverbindlichkeiten ausnahmsweise, d.h. entgegen der Beschränkung der Gesellschafterhaftung, begehrt wird. Auf dieser Grundlage ist ein Haftungsdurchgriff auch im Hinblick auf die versicherungsrechtliche Prämienzahlungspflicht der Gesellschaft als Versicherungsnehmerin anwendbar. Insofern sind, vergleichbar der Rechtslage in den USA, gegenüber anderen Rechtsgebieten keine Besonderheiten eines Haftungsdurchgriffs im Versicherungsrecht zu erkennen.

542 St. Paul Fire & Marine Ins. Co. v. CEI Florida, Inc., 864 F.Supp. 656 (E.D.Mich., 1994): "There is no evidence that the Individual Defendants failed to abide by corporate formalities or keep separate corporate records. Furthermore, the Court believes that the injustice done to Plaintiff by not piercing the corporate veil is minimal".

2. *Haftungsdurchgriff innerhalb anerkannter Fallgruppen*

Im Einzelnen richten sich auch im Versicherungsrecht die Voraussetzungen eines Haftungsdurchgriffs auf die Gesellschafter, wie dies auch in den USA praktiziert wird, nach den allgemeinen Grundsätzen. Demnach ist ein Haftungsdurchgriff im Rahmen der herausgearbeiteten Fallgruppen zulässig, soweit nicht mit der Rechtsprechung eine Haftung gem. §§ 823, 826 BGB im Innenverhältnis zur Gesellschaft vorgezogen wird. Dies betrifft die Fallgruppen der Vermögensvermischung, Existenzvernichtung und Unterkapitalisierung.

Ein Haftungsdurchgriff auf einen Gesellschafter wegen der unterbliebenen Prämienzahlungspflicht kommt damit unter den Voraussetzungen der jeweiligen Fallgruppen in Betracht, die nachfolgend im Wesentlichen dargestellt werden sollen.

a) *Vermögensvermischung*

Die größte Bedeutung dürfte auch im Versicherungsrecht die Fallgruppe der Vermögensvermischung haben, die sowohl von der Literatur, als auch Rechtsprechung weitgehend anerkannt ist.

Von einer Vermögensvermischung wird gesprochen, wenn das Vermögen der Gesellschaft und das Privatvermögen der Gesellschafter nicht hinreichend klar getrennt sind und keine eindeutige Zuordnung möglich ist.[543] Im Einzelnen setzt eine Vermögensvermischung voraus, dass *„eine Vermögensabgrenzung zwischen Gesellschafts- und Privatvermögen durch eine undurchsichtige Buchführung oder auf andere Weise allgemein verschleiert wird, so dass insbesondere die Beachtung der Kapitalerhaltungsvorschriften […] unkontrollierbar wird"*.[544] Hier entfällt das Haftungsprivileg der Gesellschafter, da es seine Rechtfertigung verliert, wenn die Gesellschaftsgläubiger durch das Unterlaufen der Kapitalsicherungsvorschriften schutzlos gestellt werden.[545] Ein Haftungsdurchgriff dieser Fallgruppe setzt zudem voraus, dass der oder die Gesellschafter einen Einfluss auf die Gesellschaft ausüben können und für die Vermögensvermischung verantwortlich sind.[546]

---

543 BGHZ 95, 330, 332 ff; 125, 366, 368 f; 165, 85, 91 ff; 173, 246, 257; Baumbach/Hueck/*Fastrich*, § 13 Rn. 45; Michalski/Heidinger/Leible/J.Schmidt/*Lieder*, GmbHG, § 13 Rn. 396; Scholz/Emmerich/*Bitter*, § 13 Rn. 131 ff.

544 BGHZ 95, 330, 322 ff.; 165, 85, 91 ff.

545 Michalski/Heidinger/Leible/J.Schmidt/*Lieder*, GmbHG, § 13 Rn. 396.

546 BGHZ 165, 85, 93; Michalski/Heidinger/Leible/J.Schmidt/*Lieder*, GmbHG, § 13 Rn. 398; Scholz/Emmerich/*Bitter*, § 13 Rn. 133.

Im Versicherungsrecht ist demnach ein Haftungsdurchgriff des Versicherers auf Gesellschafter einer versicherungsnehmenden Gesellschaft denkbar, wenn diese wegen der maßgeblichen Vermögensvermischung etwa eines Alleingesellschafters zur Prämienzahlung wirtschaftlich außer Stande ist.

b) Unterkapitalisierung

Die umstrittene Fallgruppe der insolvenzverursachenden Unterkapitalisierung betrifft den Fall des Durchgriffs, dass die Gesellschafter über das gesetzlich vorgeschriebene Mindestkapital hinaus für keine ausreichende bzw. angemessene Kapitalausstattung der Gesellschaft sorgen. Sie ist nicht hinreichend gesichert und dürfte daher für das Versicherungsrecht von geringer Relevanz sein.

Die materielle Unterkapitalisierung, d.h. die im Verhältnis zur Geschäftstätigkeit nicht ausreichende Kapitalausstattung der Gesellschafter wird vorwiegend von der Literatur[547] befürwortet. Sie wird u.a. begründet mit der „unzulässigen Risikoabwälzung auf die Gläubiger“[548] und einem Leerlaufen der Kapitalschutzvorschriften bei einer „unerträglichen Disparität zwischen Umfang der geschäftlichen Tätigkeit und des Haftkapitals“.[549] Die Rechtsprechung,[550] der Gesetzgeber[551] und Teile der Literatur[552] lehnen diese Fallgruppe jedoch nach einer zuvor uneinheitlichen Rechtsprechung mittlerweile ab. Sie ziehen mangels gesetzlicher Pflicht der Gesellschafter zur angemessenen Kapitalausstattung eine Innenhaftung der Gesellschaft gem. §§ 823, 826 BGB vor.[553]

---

547 *Raiser*, ZGR 1995, 156, 162 ff.; *Immenga*, Kapitalgesellschaft, S. 400 ff.; *Wiedemann*, GesR Bd. 1, § 10 IV 3b.

548 *Kalter*, KTS 1970, 267, 274.

549 Michalski/Heidinger/Leible/J.Schmidt/*Lieder*, GmbHG, § 13 Rn. 415 mit Verweis auf Scholz/Emmerich/*Bitter*, GmbHG, § 13 Rn. 146; *Westermann*, Vertragsfreiheit und Typengesetzlichkeit, S. 289; *Wiedemann*, WM-Beilage 4/1975, S. 19.

550 BGHZ 176, 204, 216 f.; zuvor bereits kritisch RGZ 158, 302, 310; 166, 51, 57 f.; BGHZ 22, 226, 230 f.; 31, 258, 268 f.; gegen eine Haftungsdurchgriff zuletzt auch BGHZ 95, 330 „Autokran“; BGHZ 122, 123 „TBB“; vgl.; dagegen für einen Haftungsdurchgriff: *Raiser*, ZGR 1995, 156, 162 ff.; *Immenga*, Kapitalgesellschaft, S. 400 ff.

551 RegBegr. BR-Drs. 354/07, 66 (MoMiG).

552 MüKomm-BGB/*Reuter*, 7. Aufl., Vor § 21 Rn. 36 ff.; MüKomm-AktG/*Heider*, § 1 Rn. 72.

553 Zwischen einem Durchgriff und einer Haftung gem. § 826 BGB schwankend: BGHZ 54, 222, 224; 68, 312, 316; BGH NJW 1977, 1683, 1686; 1979, 2104; BGH NJW-RR 1991, 1312; BGHZ 142, 116; BGHZ 176, 204, 216 f.; Baumbach/Hueck/*Fastrich*, § 13 Rn. 47; MüKomm-GmbHG/*Merkt*, § 13 Rn. 344; Rowedder/Schmidt-Leithoff/*Pentz*, § 13 Rn. 153 f.

Dagegen stellt die sog. nominelle Unterkapitalisierung, bei welcher die Kapitalausstattung z.B. durch Gesellschafterdarlehen erfolgt, wegen des anerkannten Vorranges des Eigenkapitalersatz im Innenverhältnis zwischen Gesellschafter und Gesellschaft keinen Durchgriff im eigentlichen Sinne dar.[554]

c) Existenzvernichtung

Auch für die Fallgruppe der Existenzvernichtung ist für das Versicherungsrecht keine größere praktische Bedeutung festzustellen. Sie betrifft den insolvenzverursachenden oder -vertiefenden Entzug von Gesellschaftsvermögen durch Gesellschafter.

Auch hier wird mittlerweile allein vom Schrifttum ein Haftungsdurchgriff für notwendig und anwendbar gehalten.[555] Die Rechtsprechung hatte einen Haftungsdurchgriff ursprünglich bei einem „Eingriff" des (Allein-)Gesellschafters in das Gesellschaftsvermögen ausdrücklich befürwortet, wenn auf die eigenen Belange der Gesellschaft nicht angemessen Rücksicht genommen werde.[556] Ein solcher Eingriff sei anzunehmen bei „Außerachtlassung der gebotenen Rücksicht auf die Zweckbindung des Gesellschaftsvermögens".[557] Während die Rechtsprechung an einer Haftung der Gesellschafter weiterhin festhält, hat sie jedoch von der Heranziehung des Durchgriffs inzwischen Abstand genommen und zieht, wie bei der Unterkapitalisierung, eine schadensersatzrechtloche Innenhaftung der Gesellschafter gem. § 826 BGB gegenüber der Gesellschaft vor.[558]

3. Geringe praktische Relevanz des Durchgriffs im Versicherungsrecht

Unabhängig von den Fragen der ohnehin eingeschränkten Anwendbarkeit und der konkreten Voraussetzungen eines Haftungsdurchgriffs im Versicherungsrecht, deutet wohl auch die mangelnde Auseinandersetzung mit der

---

554 Vgl. BGHZ 31, 258, 270 ff.; 68, 312, 318 ff.; Baumbach/Hueck/*Fastrich*, GmbHG, § 13 Rn. 47; *Jung*, S. 462; *Lutter/Hommelhoff*, ZGR 1979, 31, 64.

555 Scholz/Emmerich/*Bitter*, § 13 Rn. 157; Lutter/Hommelhoff/*Bayer*, § 13 Rn. 46; *Lieder* DZWIR 2008, 145, 147 f.; Michalski/Heidinger/Leible/J.Schmidt/*Lieder*, GmbHG, § 13 Rn. 434.

556 Zunächst BGHZ 149, 10 ff. (Bremer Vulkan); 150, 61, 67 (L.Kosmetik); 151, 181, 187 (KBV).

557 BGHZ 151, 181, 187 (KBV).

558 BGHZ 173, 246 ff. (Trihotel); 176, 204 ff. (Gamma); 179, 344 ff. (Sanitary); 193, 96 ff. (Wirtschaftsakademie).

Durchgriffsproblematik in den USA und Deutschland auf seine geringe praktische Relevanz in diesem Rechtsgebiet hin.

a) Zeitpunkt der Prämienzahlung und Schutz es Versicherers bei Nichtzahlung der Prämie

Dass eine Haftungserstreckung auf Gesellschafter selten begehrt wird, mag auf den Umstand zurückzuführen sein, dass der Versicherer im Falle der Nichtzahlung der Prämie regelmäßig hinreichend geschützt ist.

Die Prämienzahlungspflicht als wesentliche vermögensrechtliche Pflicht eines Versicherungsnehmers und „Voraussetzung" der versprochenen Risikoübernahme durch den Versicherer ist in der Regel bereits zu Beginn der Versicherungsperiode zu entrichten. Sie wird abweichend von § 271 BGB zwar nicht sofort, gem. § 33 Abs. 1 VVG aber unverzüglich nach Ablauf von 14 Tagen nach Zugang des Versicherungsscheins fällig.

Für den Fall der Nichtzahlung der Prämie sieht das Versicherungsrecht zudem ein besonderes Leistungsstörungsrecht vor. Im Falle der zu vertretenen Nichtzahlung einer einmaligen oder Erstprämie ist der Versicherer zum Rücktritt (§ 37 Abs. 2 VVG), im Falle der Folgeprämie nach fruchtlosem Ablauf einer zweiwöchigen Zahlungsfrist zur fristlosen Kündigung (§ 38 Abs. 1, 3 S. 1 VVG) berechtigt. Unterbleibt die Prämienzahlung, ruht zudem das Leistungsversprechen des Versicherers (§ 37 Abs. 2 S. 1, 38 Abs. 2 VVG). Das bedeutet, dass der Versicherer zur Leistung nicht mehr verpflichtet ist und sich daher gar nicht erst um den Erhalt der ausgebliebenen Prämie bemühen muss. Insofern dürfte auch selten Bedarf bestehen, Gesellschafter für die Prämienzahlungspflicht einer Gesellschaft haftbar zu machen.

b) Möglichkeit des Versicherer zur Verweigerung des „renewals"

Zudem ist bei zeitlich befristeten Versicherungsverträgen zu beobachten, dass diese nach Ablauf der Versicherungsperiode einer Erneuerung („*renewal*") durch den Versicherer bedürfen, der bei Vorliegen besonderer Gründe auch abgelehnt werden kann.[559] Anstatt Gesellschafter für die Verbindlichkeiten einer Gesellschaft aus einem Versicherungsvertrag haftbar zu machen, mag es daher für Versicherer ggf. einfacher und wirtschaftlich günstiger sein, den entsprechenden Versicherungsvertrag schlichtweg nicht zu verlängern.

---

559 Für das Versicherungsrecht in den USA: *Stempel*, § 3.16, 3–127.

D. Zusammenfassung

Für die Pflichten aus dem Versicherungsvertrag einer rechtsfähigen Gesellschaft, insbesondere die Prämienzahlungspflicht, haften Gesellschafter grundsätzlich nur eingeschränkt. Es bestehen zahlreiche Haftungstatbestände, aufgrund welcher Gesellschafter für diese Pflichten mit ihrem eigenständigen Gesellschaftsvermögen haften können.

Ein Haftungsdurchgriff in Bezug auf die Prämienzahlungspflicht findet in den USA vereinzelt Anwendung, wobei die allgemeinen Grundsätze zum haftungsrechtlichen Durchgriff herangezogen werden.

In Deutschland richtet sich die Zulässigkeit eines vergleichbaren Haftungsdurchgriffs im Versicherungsrecht ebenfalls nach allgemeinen Durchgriffsgrundsätzen. Damit ist ein Haftungsdurchgriff vor allem innerhalb der Fallgruppen der Vermögensvermischung zulässig. Die Fallgruppen des existenzvernichtenden Eingriffs und der Unterkapitalisierung sind hingegen nicht hinreichend gesichert und werden von der Rechtsprechung zugunsten einer deliktischen Innenhaftung der Gesellschafter gem. § 826 BGB abgelehnt.

Insgesamt dürfte die praktische Relevanz eines Haftungsdurchgriffs jedoch eingeschränkt sein, weil der Versicherer in der Regel hinreichend geschützt ist. Er kann sich bei einer Verletzung der Prämienzahlungspflicht auf Leistungsfreiheit und Kündigungsrechte stützen, sodass es regelmäßig keiner Inanspruchnahme der Gesellschafter bedarf.

4. Teil Verantwortlichkeit für Gesellschafter aufgrund eines Durchgriffs

Für die Heranziehung des Durchgriffs im Versicherungsrecht bietet sich schließlich der Bereich der Verantwortlichkeit der Gesellschaft als Versicherungsnehmerin für Gesellschafter an. Auch hier stellt sich die Frage, ob und inwieweit einer (teil-)rechtsfähigen Gesellschaft im Rahmen ihres Versicherungsverhältnisses deckungsschädliches Verhalten und Wissen ihrer Gesellschafter zuzurechnen ist. Hierfür spricht einerseits, dass es sich dabei um einen klassischen Anwendungsbereich des Zurechnungsdurchgriffs handelt. Zum anderen ist auch hierzu in den USA zu beobachten, dass ein derartiger Durchgriff im dortigen Versicherungsrecht vielfach zur Anwendung gebracht wird. Dieser Umstand wirft die Frage auf, ob in Deutschland ein Durchgriff in vergleichbarer Weise dazu führen kann, dass Gesellschaften gegenüber einem Versicherer für das Verhalten und Wissen ihrer Gesellschafter einzustehen haben.

Beginnend mit der Ausgangslage hinsichtlich der Verantwortlichkeit für Dritte im Versicherungsrecht (A.), wird entsprechend der Herangehensweise bei den bisherigen Anwendungsbereichen zunächst die Verantwortlichkeit für Dritte aufgrund allgemeiner Zurechnungsgrundsätze skizziert (B.). Anschließend wird unter Bezugnahme auf die Rechtslage in den USA untersucht, ob, inwieweit und unter welchen Voraussetzungen ein Zurechnungsdurchgriff im Versicherungsrecht zulässig ist (C.).

A. Ausgangslage

I. Bedeutung von Verhalten und Wissen für das Versicherungsverhältnis

Verhalten und Wissen sind als subjektive, personengebundene Umstände für den Bestand eines Versicherungsanspruchs von maßgeblicher Bedeutung. Zahlreiche subjektive Risikoausschlüsse bzw. Risikobegrenzungen (z.B. § 81 VVG) sowie Obliegenheiten (z.B. §§ 19, 23, 28, 82 VVG) knüpfen an Verhaltensweisen, Erklärungen und bestimmtes Wissen[560] an. Durch ein bestimmtes Verhalten

560 Für wissensbezogenes Verhalten BGH VersR 1993, 828, OLG Hamm r+s 1996, 296; Bruck/Möller/*Brand*, § 47 Rn. 7; *Bruns*, ZVersWiss 2007, 487, 488; *Knappmann*,

kann etwa das versicherte Risiko beeinflusst werden. Zugleich bedeutet Wissen nicht nur einen potentiellen wirtschaftlichen Vorsprung für den Wissensträger.[561] Es ist zugleich für den Versicherer relevant, um anhand risikospezifischer Informationen das zu versichernde Risiko angemessen beurteilen zu können, weil die Kenntnisse einer Person in der Regel nicht ohne Weiteres in Erscheinung treten.[562] Schließlich können sowohl Verhaltensweisen, als auch ein bestimmtes Wissen deckungsschädlich sein, d.h. zum teilweisen oder vollständigen Verlust des Versicherungsanspruchs führen.[563]

II. Grenzen versicherungsrechtlicher Zurechnungsgrundsätze in Gesellschaftsverhältnissen

Die Vorschriften des VVG knüpfen bei subjektiven Umständen regelmäßig an die Person des Versicherungsnehmers oder der versicherten Person an. Dieser Grundsatz kennzeichnet das sog. Selbstverschuldensprinzip.[564] Eine umfassende Haftung für Dritte ist dem Versicherungsrecht insoweit fremd.[565] Vielmehr ist das Verhalten und Wissen Dritter nur ausnahmsweise maßgeblich.

Unter den Voraussetzungen der versicherungsrechtlichen Zurechnungsdogmatik ist unter bestimmten Voraussetzungen dem Versicherungsnehmer und der versicherten Person fremdes Verhalten und Wissen zuzurechnen, wodurch sie behandelt werden, als wiesen sie jene subjektiven Umstände selbst auf. Dadurch soll vermieden werden, dass versicherungsrechtliche Risikoausschlüsse und Obliegenheiten unterlaufen und der Versicherungsschutz konserviert werden können, indem das versicherte Risiko Dritten überlassen wird, für die keine Verantwortlichkeit besteht.[566] Aus diesem Grund entspricht eine begrenzte Verantwortlichkeit für Dritte durchaus der Vorstellung des historischen Gesetzgebers,

---

in: Drittwirkung von Versicherungsverträgen, S. 29; *Nobbe*, S. 121, 122; *Taupitz*, in: Karlsruher Forum 1994, S. 16, 30.

561 *Bruns*, ZVersWiss 2007, 487, 493; *Nobbe*, S. 121, 122; *Taupitz*, in: Karlsruher Forum 1994, S. 16, 30.

562 *Knappmann*, in: DAV, Drittwirkung von Versicherungsverträgen, S. 29, 42.

563 *Knappmann*, in: DAV, Drittwirkung von Versicherungsverträgen, S. 29.

564 Bruck/Möller/*Heiss*, § 28 Rn. 73; Beckmann/Matusche-Beckmann/*Heß*, § 16 Rn. 26; noch strenger von einem Selbstverschuldensprinzip ausgehend bereits *Bruck*, Privatversicherungsrecht, § 6 Anm. 14 f., § 61 Anm. 10 f.; *Winter*, FS E. Lorenz (1994), 723, 728.

565 Beckmann/Matusche-Beckmann/*Wandt*, § 28 Rn. 105.

566 Bereits RG JW 1903, 251; ebenfalls BGH VersR 1990, 736; BGH VersR 1996 1229, 1230; BGH VersR 2007, 673; *Römer*, NZV 1993, 249 ff.

demzufolge ein vollständiger Haftungsausschluss für Dritte „notwendigerweise die Großen vor den Kleinen begünstigen [würde], weil letztere ihre Angelegenheiten meist selbst wahrzunehmen pflegten und jene sich in weiterem Umfang dritter Personen bedienten".[567]

Nun stellt sich die Frage der Zurechnung aber erst recht, wenn es sich bei einem Versicherungsnehmer um eine rechtsfähige Gesellschaft handelt, die zwar rechtlich verselbstständigt, aber, um eigenständig tätig werden zu können, zwangsläufig auf Dritte, insbesondere ihre Organe und rechtsgeschäftliche Vertreter angewiesen ist. Diesen Gesellschaftsverhältnissen wird die versicherungsrechtliche Zurechnungsdogmatik nur unzureichend gerecht, da sie hauptsächlich für natürliche Personen und weitgehend außerhalb gesellschaftsrechtlicher Sachverhalte entwickelt worden ist.[568] Insbesondere die Frage, inwiefern Gesellschaften für ihre Gesellschafter einzustehen haben, ist als Randbereich der versicherungsrechtlichen Zurechnungsdogmatik „durch viele unterschiedliche und umstrittene Gesichtspunkte gekennzeichnet"[569] und bislang kaum eingehend untersucht.[570]

Praktische Bedeutung kann die Verantwortlichkeit für Gesellschafter in unterschiedlichen Konstellationen haben: Zu denken ist vor allem an Allein- oder Mehrheitsgesellschafter, die den Versicherungsfall vorsätzlich herbeiführen. Hier ist regelmäßig zu fragen, ob der versicherten Gesellschaft der Versicherungsschutz gemäß § 81 Abs. 1 VVG versagt werden muss. Bei einer Gefahrerhöhung durch Gesellschafter kann ebenfalls für den Versicherungsschutz der Gesellschaft fraglich sein, ob hierdurch nicht nur eine objektive, sondern eine subjektive Risikoerhöhung gem. § 23 VVG vorliegt. Die Frage der Anfechtbarkeit des Versicherungsvertrages gem. § 123 BGB kann sich zudem stellen, wenn ein nicht vertretungsbefugter Gesellschafter wesentliche Informationen nicht weiterleitet und dadurch im Rahmen des Versicherungsantrages Falschangaben gemacht werden. Ebenso kann zu fragen sein, ob von Gesellschaftern die Einhaltung von Obliegenheiten (z.B. zur Schadensminderung) zu verlangen ist.

Vor diesem Hintergrund erscheint es umso erforderlicher, im Folgenden die Verantwortlichkeit für Gesellschafter sowohl auf der Grundlage bestehender

567 Bericht der XIII. Kommission, RT-Drucks. 12/364, I. Session, 1907 An. II S. 60.

568 *Jung*, S. 652.

569 *Jung*, S. 652: „Die Diskussion um die Zurechnung des Gesellschafterverhaltens im Rahmen der §§ 6 und 61 VVG [a.F.] scheint noch immer durch zu viele unterschiedliche und umstrittene Gesichtspunkte gekennzeichnet".

570 Für die Zurechnung von Gesellschaftersverhalten *v. Kossak*, ZVersWiss 2015, 635 ff.

Zurechnungsgrundsätze, als auch im Wege eines Durchgriffs eingehend zu prüfen.[571]

B. Verantwortlichkeit aufgrund allgemeiner Zurechnungsgrundsätze

Vor der möglichen Heranziehung eines Durchgriffs ist zunächst zu klären, inwieweit Gesellschaften für das Verhalten und Wissen ihrer Gesellschafter nach allgemeinen Zurechnungsgrundsätzen einzustehen haben, wobei als Verhalten nicht nur tatsächliche Handlungen, sondern auch pflichtwidriges Unterlassen zu verstehen sind.[572] Bei dieser Frage stehen sich gesellschafts-, versicherungs- sowie ggf. subsidiär bürgerlich-rechtliche Zurechnungsgrundsätze gegenüber.

I. Verantwortlichkeit aufgrund organschaftlicher Vertretungsbefugnis

Vorranging gegenüber den versicherungsrechtlichen Zurechnungsfiguren sowie den bürgerlich-rechtlichen Zurechnungsregeln (z.B. § 278 BGB),[573] besteht nach gesellschaftsrechtlichen Grundsätzen zunächst eine Verantwortlichkeit für solche Gesellschafter, die über eine organschaftliche Vertretungsbefugnis verfügen.[574]

1. Verhaltenszurechnung

Aus der analogen Anwendung der Grundsätze zur Organhaftung gem. § 31 BGB ergibt sich, dass Versicherungsnehmer für das Verhalten solcher Gesellschafter verantwortlich sind, die als ihre Organwalter, Organmitglied oder verfassungsmäßig berufener Vertreter vertretungsbefugt auftreten.[575] Diese

---

571 Hierzu eingehend *v. Kossak*, ZVersWiss 2015, 635 ff.

572 Das mit einem positiven Tun gleichzusetzen ist, vgl. *Knappmann*, in: Drittwirkung von Versicherungsverträgen, S. 29.

573 Gegen die Anwendbarkeit des § 278 BGB im Versicherungsvertragsrecht: BGHZ 11, 120, 122 ff.; Beckmann/Matusche-Beckmann/*Wandt*, § 28 Rn. 110; *Knappmann*, VersR 1997, 261, 262; MüKomm-VVG/*Looschelders*, § 81 Rn. 104.

574 Zum Verhältnis zu § 278 BGB: Soergel/*Hadding*, § 31 Rn. 4; *K. Schmidt*, Gesellschaftsrecht, § 10 IV 3; *Martinek*, Repräsentantenhaftung, S. 46 f.; zu den Grundsätzen der Repräsentation: OLG Koblenz r+s 2012, 482.

575 Bereits RGZ 66, 181, 184 f.; OLG Karlsruhe VersR 1982, 1189, 1190; OGH VersR 1992, 520; *Baumann*, GmbHR 2014, 953; Beckmann/Matusche-Beckmann/*Wandt*, § 28 Rn. 99; *V. Behrens*, S. 86–91; BK/*Beckmann*, § 61 Rn. 43; Bruck/Möller/*Möller*,

Verhaltenszurechnung erfolgt nicht nur bei körperschaftlich organisierten Gesellschaften, sondern als konsequente Fortsetzung der Anerkennung von Teilrechtsfähigkeit auch bei rechtsfähigen Personengesellschaften.[576]

Eine Verhaltenszurechnung findet damit bei vertretungsbefugten Personengesellschaften genauso statt wie z.B. bei Vorstandsmitgliedern der AG und Gesellschafter-Geschäftsführern der GmbH. Dies gilt selbst dann, wenn trotz Gesamtvertretung nur ein einzelner Gesamtvertreter handelt.[577] Besonderheiten gelten bei Kommanditisten der KG, die gem. § 164 Abs. 1 HGB von der Geschäftsführung ausgeschlossen sind und deren Verhalten daher grds. nicht berücksichtigt wird.[578] Ob zusätzlich erforderlich ist, dass der Gesellschafter dabei „in Ausführung der ihm zustehenden Verrichtung" handelt, ist umstritten,[579] für die Versicherungspraxis jedoch nicht von Bedeutung. Denn man gelangt auch ohne das Erfordernis eines sachlichen Zusammenhangs zwischen Handlung und Zuständigkeit des Organs zu keinem abweichenden Ergebnis, da der Versicherer berechtigterweise erwarten darf, dass sämtliche Organmitglieder stets im Rahmen einer ordnungsgemäßen Risikoverwaltung handeln.[580]

---

8. Aufl., § 61 Anm. 61; Bruck/Möller/*R.Koch,* § 103 Rn. 55; Bruck/Möller/*Heiss,* § 28 Rn. 74; *Lücke,* VersR 1996, 785, 795; a.A. *Schimikowski,* VW 1996, 626, 628, da durch § 31 BGB der Rechtscharakter von Obliegenheiten verkannt würde; zur ergänzenden Anwendung der allgemeinen Bestimmung des BGB im allgemeinen Beckmann/Matusche-Beckmann/*Wandt,* § 28 Rn. 105; Beckmann/Matusche-Beckmann/*Marlow* § 13 Rn. 29; Römer/Langheid/*Römer* § 6 Rn. 145.

576 BGHZ 146, 341, 344; BGHZ 154, 88, 93; BGH NJW 2003, 1445; Bruck/Möller/*R.Koch,* § 103 Rn. 57; Beckmann/Matusche-Beckmann/*Looschelders,* § 17 Rn. 17, 18; Römer/Langheid/*Rixecker,* § 28 Rn. 32; BGH NJW 2003, 1445, 1446 f.; BGH NJW 2007, 2490, 2491; bereits früher in der Literatur *Fabricius,* GS R. Schmidt, S. 171 ff.; *Flume,* Personengesellschaft S. 322; MüKomm-BGB/*Reuter,* 7. Aufl. § 705 Rn. 262 f.; anders dagegen noch BGHZ 45, 311 ff.

577 Bruck/Möller/*Möller,* 8. Aufl., § 61 Anm. 61.

578 Bruck/Möller/*Baumann,* § 81 Rn. 92; Prölss/Martin/*Prölss,* 27. Aufl. § 6 Rn. 40; *Knappmann,* VersR 1997, 261 ff.; keine Anwendung des § 31 auf Kommanditisten, vgl. BGH VersR 1962, 664, 665; dagegen noch ohne Rücksicht auf die Vertretungsbefugnisse Bruck/Möller/*Möller,* 8. Aufl., § 61 Anm. 62; BK/*Beckmann,* § 61 Rn. 36.

579 Kritisch bereits RGZ 66, 181, 184; vgl. zudem Bruck/Möller/*Möller,* 8. Aufl., § 61 Anm. 61; Bruck/Möller/*Baumann,* § 81 Rn. 91; Bruck/Möller/*Koch,* § 103 Rn. 56; anders dagegen Beckmann/Matusche-Beckmann/*Looschelders,* § 17 Rn. 16; MüKomm-VVG/*Halbach,* § 81 Rn. 99; hierzu eingehend *Wagner,* S. 138.

580 RGZ 66, 181, 184; Bruck/Möller/*Möller,* 8. Aufl., § 61 Anm. 62 (Versicherer vertraue regelmäßig auf ordnungsgemäße Risikoverwaltung der Organmitglieder); ähnlich nun auch OLG Koblenz r+s 2012, 482; offen lassend BK/*Beckmann,* § 61 Rn. 43;

Beschädigt daher z.B. ein geschäftsführender Gesellschafter oder Vorstandsmitglied absichtlich versichertes Gesellschaftseigentum, muss sich der Versicherungsnehmer diese schuldhafte Herbeiführung des Versicherungsfalls vom Versicherer als seine eigene entgegen halten lassen.[581]

2. *Wissenszurechnung*

Wie im Hinblick auf die Verhaltenszurechnung, besteht auch hinsichtlich der Verantwortlichkeit für Wissen zunächst eine umfassende Einstandspflicht rechtsfähiger Gesellschaften für solche Gesellschafter, die als ihre Organwalter tätig sind. Diese Wissenszurechnung ergibt sich aus gesellschaftsrechtlichen Grundsätzen, die wegen der Sachnähe dogmatisch überzeugend mit § 166 Abs. 1 BGB analog,[582] teilweise aber auch mit § 31 BGB analog[583] oder einer wertenden Betrachtung[584] begründet werden.[585] Demnach ist das Wissen solcher Gesellschafter zu berücksichtigen, die der Geschäftsführung oder dem Vorstand angehören und am Geschäftsbetrieb oder zumindest an Entscheidungsprozessen teilnehmen.[586]

---

a.A. MüKomm-VVG/*Looschelders*, § 81 Rn. 99; Beckmann/Matusche-Beckmann/*Looschelders*, § 17 Rn. 16, der eine sachgemäße Auslegung des Merkmals befürwortet, aber zugleich den Einwand nicht zulassen will, dass das Organ nicht in amtlicher Eigenschaft gehandelt hat.

581 Für Gesamtvertreter Bruck/Möller/*Möller*, 8. Aufl. § 61 Anm. 61.

582 Gesamthandsgemeinschaften: für viele BGH NJW 1995, 2159; 1996, 1205; juristische Personen: für viele BGHZ 109, 327; BGH NJW 1996, 1139, 1140 f.; Erman/*Maier-Reimer/Finkenauer*, § 166 Rn. 2; MüKomm/*Schramm*, § 164 Rn. 17, 20 f.; Soergel/*Leptien*, § 166 Rn. 4; *Römmer-Collmann*, S. 119 ff.; *Schilken*, S. 127 ff; *Hirte*, Rn. 3.316, bereits die Gesetzesmaterialien zu § 31 BGB erklärten für Gesellschaftsverhältnisse die §§ 116 f. BGB des ersten Entwurfs (die Vorgängervorschriften der heutigen §§ 164 ff.) für anwendbar, vgl. *Mugdan*, Die gesammelten Materialien des BGB, S. 408; hierzu auch *Ellers*, GmbHR 2004, 934, 935.

583 Auf Grundlage der Organtheorie u.a. *Hartung* NZG 1999, 524, 526; *K. Schmidt*, Gesellschaftsrecht, S. 249; *Westerhoff*, Organ und gesetzlicher Vertreter, S. 75 f.

584 BGHZ 135, 202, 205: „Wessen Wissen [...] zuzurechnen ist, lässt sich nur in wertender Beurteilung entscheiden", *Schilken*, S. 129 ff.

585 BGHZ 117, 104 = NJW 1992, 1099; zur dogmatischen Begründung eingehend *Baum*, S. 317 ff.; *Buck-Heeb*, Wissen und juristische Person, S. 308; *Grunewald*, in: FS Beusch, S. 301 ff.; *Goldschmidt*, Wissenszurechnung, S. 252 ff.; Staudinger/*Schilken*, § 166 Rn. 6; für GmbH, AG und Konzern *Spindler*, ZHR 181 (2017), 311 f.

586 Bereits RG HRR 1938, Nr. 411; *Buck-Heeb*, Wissen und juristische Person, S. 304; *Ellers*, GmbHR 2004, 934, 935.

Ferner ist aufgrund der Pflicht zur Organisation geschäftsinterner Kommunikation, der sog. Wissensorganisationspflicht,[587] einer Gesellschaft jenes Wissen zuzurechnen, das typischerweise aktenmäßig festgehalten werden und zur Kenntnis des handelnden Organs kommen muss.[588] Unter diesen Voraussetzungen findet eine sog. Wissenszusammenrechnung selbst mit den an einem konkreten Rechtsgeschäft nicht beteiligten oder bereits ausgeschiedenen Organmitgliedern statt.[589] Gleichzeitig ergibt sich aus jenen Grundsätzen, dass eine Zurechnung bei der Hauptversammlung und dem Aufsichtsrat der AG ausscheiden muss, da diese keine Handlungsorgane darstellen und lediglich der internen Willensbildung dienen.[590]

Diese gesellschaftsrechtlichen Grundsätze der Wissenszurechnung gelten auch im Versicherungsrecht uneingeschränkt. Insofern ist die dogmatische Verankerung nicht in § 31 BGB (analog)[591] oder § 164 BGB[592], sondern wenn überhaupt ebenfalls in § 166 Abs. 1 BGB analog[593] zu sehen. Diese Grundsätze finden im Versicherungsrecht auf Gesellschafter als Organe vorrangig Anwendung, weil sie die primäre Frage der Handlungsfähigkeit der Gesellschaft an sich betreffen.[594] Findet hiernach eine Zurechnung statt, kommt auf die – nachstehend

587 Vor allem Staudinger/*Schilken*, § 166 Rn. 5; *Bayreuther*, § 166 I BGB als zivilrechtliche Einstandspflicht für fremdes Handeln, JA 1998, 459, 464; *Grunewald*, in: FS Beusch, S. 301, 304; *Medicus*, in: Karlsruher Forum 1994 (1995), S. 3, 9 f.; *Roth*, in: FS Gaul (1997), S. 585 f.; *Schüler*, S. 84 ff.: für eine wertende Betrachtungsweise; *Schilken*, S. 302 ff.; *Taupitz*, in: Karlsruher Forum 1994, S. 16 ff.; für eine Verankerung in § 164 BGB, vgl. *Baum*, S. 372 ff.; *Bruns*, S. 160 ff.; *dies.* ZVersWiss 2007, 487; für § 166 BGB aber *Buck-Heeb*, Wissen und juristische Person, S. 393.

588 BGHZ 132, 30, 37; BGHZ 135, 202; eingehend zur Begründung einer Wissensorganisationspflicht *Canaris* Karlsruher Forum 1994, 33 ff.; *Medicus*, Karlsruher Forum 1994, 16, 25 ff.; *Taupitz*, in: Karlsruher Forum 1994, S. 4, 10 ff.; vgl. ferner *Grunewald*, in: FS Beusch, 1993, S. 301, 304 f.; *Buck-Heeb*, Wissen und Juristische Person, S. 312 f.; *Naumann/Siegel*, Wissensorganisation, ZHR (181) 2017, S. 273.

589 BGHZ 109, 297 = NJW 1990, 976; Lutter/Hommelhoff/*Kleindiek*, GmbHG, § 35 Rn. 58; *Medicus* Karlsruher Forum 1994, 16, 25 ff.; MüKomm-GmbHG/*Stephan*/*Tieves*, § 35 Rn. 216.

590 *Buck-Heeb*, AG 2015, 801, 808.

591 Vgl. MüKomm-VVG/*Wandt*, § 28 Rn. 99; *Knappmann*, VersR 1997, 261; Beckmann/Matusche-Beckmann/*Marlow* § 13 Rn. 29; Römer/Langheid/*Römer* § 6 Rn. 145.

592 *Bruns*, S. 229 ff.

593 Beckmann/Matusche-Beckmann/*Looschelders*, § 17 Rn. 126 f.

594 In diesem Sinne wohl auch *Knappmann*, VersR 1971, 261, 262.

dargestellten – versicherungsrechtlichen Zurechnungsfiguren in der Regel nicht mehr an, gleichwohl sie zu ähnlichen Ergebnissen kommen können.

II. Verantwortlichkeit aufgrund versicherungsrechtlicher Zurechnungsdogmatik

Außerhalb der allgemeinen Zurechnungsgrundsätze für Organwalter kommen die versicherungsrechtlichen Zurechnungsgrundsätze zur Anwendung.

Abgesehen von vereinzelten gesetzlichen, im Anwendungsbereich aber beschränkten Zurechnungsvorschriften (z.B. §§ 2 Abs. 3, 6, 20, 47, 156, 179 Abs. 3 VVG), verfügt das Versicherungsrecht zwar nach der Novelle des VVG von 2008[595] weiterhin über keine allgemeine Zurechnungsnorm. Der Gesetzgeber hat jedoch die Entwicklung einer Zurechnungsdogmatik wegen der „vielfältigen Kriterien der Einzelfälle, die für die Zuordnung zur Repräsentation des Versicherungsnehmers maßgeblich sein können"[596] ausdrücklich der Rechtsprechung überlassen. Diese hat mit den Figuren des Repräsentanten, Wissenserklärungs- und Wissensvertreters[597] eigenständige, mittlerweile wohl gewohnheitsrechtlich anerkannte[598] Zurechnungsfiguren geschaffen, die ihren dogmatischen Ursprung im Wesentlichen in Billigkeitserwägungen haben und auf das Risikoprinzip, d.h. die Überlassung der Gefahrbeherrschung an eine fremde Person abstellen.[599]

595 Gesetz zur Reform des Versicherungsvertragsrechts, BGBl. I 2007, 2631.

596 RegE VVG-Entwurf, BT-Drucks. 16/3945, S. 79.

597 Sie übernehmen gegenüber dem Repräsentanten nur einen Teil der Risiko- und Vertragsverwaltung, vgl. *Knappmann*, in: DAV, Drittwirkung von Versicherungsverträgen, S. 29, 44; im Hinblick auf die Außenwirksamkeit des Wissensvertreters *Bruns*, ZVersWiss 2007, 487, 496.

598 So bereits BK/*Beckmann*, § 61 Rn. 46; Bruck/Möller/*Möller*, § 61 Anm. 74; *Cyrus*, Rn. 53; *Schirmer*, S. 46; restriktiv nicht im Hinblick auf einzelne Merkmale *Kampmann*, Repräsentantenhaftung, S. 85 f.; *ders.* VersR 1994, 277, 280; kritisch dagegen *Behrens*, Drittzurechnung, S. 67; BK/*Schwintowski*, § 6 Rn. 206; Prölss/Martin/*Prölss*, § 6 Rn. 57; *Sieg*, Versicherungsvertragsrecht, S. 30; *Knappmann*, NJW 1994, 3147 ff; gänzlich ablehnend Beckmann/Matusche-Beckmann/*Looschelders*, § 17 Rn. 37.

599 Daneben sind weitere Zurechnungsprinzipien das *Verschuldensprinzip*, welches an ein bestimmtes objektives Fehlverhalten anknüpft, sowie das *Veranlassungsprinzip;* hiergegen aber *Canaris*, Vertrauenshaftung im deutschen Privatrecht 1997, S. 473 ff. mit Verweis auf die terminologische Nähe zum Verschuldensprinzip.

1. *Versicherung für fremde Rechnung (§ 47 VVG)*

Eine Zurechnung von Gesellschafterverhalten lässt in geringem Umfang zunächst die Versicherung für fremde Rechnung mit ihrer Zurechnungsnorm in § 47 Abs. 1 VVG zu,[600] wenn Gesellschafter ausdrücklich oder konkludent versichert sind.[601] Nach Maßgabe des § 47 Abs. 1 VVG ist im Rahmen gesetzlicher und vertraglicher Regelungen das Verhalten der versicherten Person zu berücksichtigen, sofern es auf das Verhalten des Versicherungsnehmers ankommt.[602] Wird der Versicherungsvertrag dagegen ohne Wissen des Versicherten abgeschlossen, erfolgt eine Wissenszurechnung gem. § 47 Abs. 2 VVG dagegen nur unter erhöhten Anforderungen.

a) *Verhältnis zu den versicherungsrechtlichen Zurechnungsfiguren*

Die Zurechnungsnorm[603] des § 47 VVG findet als geschriebenes Recht vor den aus richterlicher Rechtsfortbildung hervorgegangenen Zurechnungsfiguren vorrangig Anwendung. Ob sie zugleich als *lex specialis* auch gegenüber § 31 BGB Vorrang genießt, ist streitig, dürfte jedoch mit den besseren Argumenten abzulehnen sein.[604] Denn es ist bereits nicht ersichtlich, dass der historische Gesetzgeber mit der Konzeption von § 47 VVG und auch im Übrigen gesellschaftsrechtliche Fragestellung berücksichtigen wollte. Es ist zwar zuzugeben, dass die Vorschrift der Informationsasymmetrie zwischen Versicherungsnehmer, versicherter Person und Versicherer Rechnung trägt und in seinen

---

600 Hinweisend *Armbrüster*, ZVersWiss 1993, 245 Fn. 1.

601 Für juristische Personen OLG Hamm VersR 2013, 55 f. (Luftfahrzeug-Kaskoversicherung); OLG VersR 2012, 1425, 1428 (Kfz-Haftpflichtversicherung).

602 Dem § 47 VVG vergleichbar, für die Zurechnung von Gesellschafterverhalten jedoch von eingeschränkter praktischer Bedeutung, sind § 156 VVG für die Lebensversicherung, § 179 Abs. 3 VVG für die Unfallversicherung sowie § 193 Abs. 2 VVG für die Krankenversicherung an.

603 Zur Einordnung als Zurechnungsregel BGH VersR 1991, 1404; OLG Hamm VersR 1994, 1464; Beckmann/Matusche-Beckmann/*Looschelders*, § 17 Rn. 9; BK/*Voit*, § 16 Rn. 54; MüKomm-VVG/*Dageförde*, § 47 Rn. 2; Römer/Langheid/*Rixecker*, § 47 Rn. 1; für eine gleichzeitige Belastung des Versicherten mit eigenständigen Obliegenheiten, vgl. BGH VersR 2003, 445, 446; 1971, 239; 1957, 814; Beckmann/Matusche-Beckmann/*Armbrüster*, § 6 Rn. 99; Bruck/Möller/*Brand*, § 47 Rn. 7; Looschelders/Pohlmann/*Koch*, § 47 Rn. 1; Prölss/Martin/*Klimke*, § 47 Rn. 5.

604 Vgl. zu beiden Ansichten *Gädtke*, r+s 2013, 313, 319; für eine Spezialität bei der Wissenszurechnung Gruber/Mitterlechner/Wax, § 9 Rn. 112 f.; *Winterling/Harzenetter*, VW 2007, 1792, 1794; *Koch*, WM 2007, 2173, 2181; dagegen *Rudzio*, S. 150.

Wirkungen über die allgemeinen Zurechnungsgrundsätze hinausgeht. Ob dies jedoch auch in Gesellschaftsverhältnissen gilt, erscheint zweifelhaft, da die versicherungsrechtlichen Zurechnungsgrundsätze gerade überwiegend für natürliche Personen entwickelt worden sind.

b) Anwendbarkeit auf Gesellschaftsverhältnisse

Entgegen seinem Wortlaut lässt § 47 Abs. 1 VVG eine Zurechnung von Verhalten und Wissen in Gesellschaftsverhältnissen nur beschränkt zu. So wird in der ausschließlichen Fremdversicherung im Rahmen subjektiver Risikoausschlüsse und Obliegenheiten das Verhalten und Wissen versicherten Gesellschafter zwar einer Gesellschaft als Versicherungsnehmerin zugerechnet.[605] Geht es aber darum, wessen Versicherungsschutz hierdurch beeinträchtigt wird, so kann jenes Verhalten und Wissen freilich nur für den eigenen Versicherungsschutz der Gesellschafter selbst deckungsschädlich sein, da bei einer ausschließlichen Fremdversicherung die vertragsschließende, aber nicht versicherte Gesellschaft gerade keinen Versicherungsschutz genießt.

In der kombinierten Eigen- und Fremdversicherung wirkt sich das Verhalten und Wissen der Gesellschafter noch eingeschränkter aus, da als Folge des Prinzips der Trennung von Eigen- und Fremdversicherungsteil (Trennungsgrundsatz)[606] grundsätzlich keine wechselseitige Zurechnung zwischen versicherten Personen stattfindet. Das Verhalten und Wissen mitversicherter Gesellschafter schadet daher – mit Ausnahme von Arglistfällen – eigentlich nur dem eigenen Fremdversicherungsteil des Versicherten und wirkt sich auf den Eigenversicherungsteil des Versicherungsnehmers nach den allgemeinen versicherungsrechtlichen Zurechnungsgrundsätzen grundsätzlich nur bei Vorliegen einer Repräsentantenstellung aus.[607]

---

605 Beckmann/Matusche-Beckmann/*Looschelders*, § 17 Rn. 9; gleiches galt nach alter Rechtslage gem. § 79 VVG a.F., die allerdings lediglich auf die Schadensversicherung unmittelbar anwendbar war, vgl. BK/*Hübsch*, § 79 Rn. 1.

606 Bruck/Möller/Brand, § 47 Rn. 1.

607 BGH r+s 2003, 186; VersR 1971; Looschelders/Pohlmann/*Koch*, § 47 Rn. 15; Bruck/Möller/*Brand*, § 47 Rn. 32. Im Falle der Verletzung vorvertraglicher Anzeigeobliegenheiten findet dagegen ausnahmsweise eine Wissenszurechnung statt, vgl. BGH VersR 1971, 1119, 1121; hierzu eingehend *Guth*, S. 215; BGHZ 24, 378, 284; BGHZ 26, 133, 136; BGH VersR 1971, 1119, 1121; BGH VersR 2003, 445; Beckmann/Matusche-Beckmann/*Looschelders*, § 17 Rn. 10; BK/*Hübsch*, § 79 Rn. 12; Prölss/Martin/*Prölss*, § 79 Rn. 2; Römer/Langheid/*Römer*, § 79 Rn. 4; *Schirmer*, in: FS Sieg, S. 451, 479;

2. *Repräsentantenhaftung*

Nach Maßgabe der Grundsätze zur Repräsentantenhaftung bzw. Repräsentation[608] ist für den Versicherungsnehmer das Verhalten seiner Gesellschafter erheblich, wenn diese als seine Repräsentanten in Erscheinung treten. Die Stellung als Repräsentant des Versicherungsnehmers kann sich aus der Verwaltung des Versicherungsvertrages (Vertragsverwaltung) oder des versicherten Risikos (Risikoverwaltung) ergeben.

a) *Repräsentation kraft Risikoverwaltung*

Eine Repräsentation kraft Risikoverwaltung kann insbesondere eine Verhaltenszurechnung auslösen, da die Vertragsverwaltung hauptsächlich im Hinblick auf vertragsrelevantes Wissen und wissensbezogenes Verhalten, d.h. Wissenserklärungen, von Bedeutung ist.[609] Dazu ist erforderlich, dass eine Person in dem Geschäftsbereich, zu dem das versicherte Risiko gehört, aufgrund eines Vertretungs- oder ähnlichen Verhältnisses vollständig an die Stelle des Versicherungsnehmers tritt.[610] Da außerdem ein innerer Zusammenhang der Handlung mit den übernommenen Aufgaben erforderlich ist, kann eine Zurechnung zwar nicht auf weitere Tätigkeitsbereiche erweitert werden, ist jedoch schon dann möglich, wenn sich der Repräsentant im Rahmen der ihm eingeräumten Möglichkeiten bewegt.[611]

Besonderheiten gelten im betrieblichen Bereich, wo der Versicherungsnehmer auch vor schuldhaftem Verhalten seiner Beschäftigten zu schützen ist und daher höhere Anforderungen an eine Repräsentantenstellung zu stellen sind.[612]

---

§ 137 Abs. 2 VVG schließt dagegen für die Transportversicherung eine Zurechnung des Verhaltens der Schiffsbesatzung bei der Führung des Schiffs aus.

608 Abgrenzend zum Begriff der Repräsentantenhaftung, Beckmann/Matusche-Beckmann/*Wandt*, § 28 Rn. 103.

609 Die Bedeutung der Vertragsverwaltung für eine Repräsentatenstellung hinsichtlich Verhaltensanforderungen BGH VersR 2007, 673, 674; Beckmann/Matusche-Beckmann/*Looschelders*, § 17 Rn. 45.

610 Vgl. BGHZ 24, 378, 385 f.; BGHZ 107, 229, 230; BGH VersR 1969, 1086, 187; Bruck/Möller/*Heiss*, § 28 Rn. 83 m.w.N.; zur Entwicklung des Repräsentantenbegriffs eingehend *Schirmer*, Repräsentantenbegriff, S. 19 ff.

611 Vgl. nur BGH VersR 1981, 1545, 1546 f.; BK/*Beckmann*, § 61 Rn. 46; Bruck/Möller/*R.Koch*, § 103 Rn. 60; *Knappmann*, VersR 1997, 261, 263; anders *Looschelders*, VersR 1999, 666, 673; *Winter*, in FS E. Lorenz, 723, 727 f.

612 Beckmann/Matusche-Beckmann/*Looschelders*, § 17 Rn. 61 ff.; *Martin*, Sachversicherungsrecht, Rn. O II 74.

Von entscheidender Bedeutung ist demnach, ob die fragliche Person eine derart herausgehobene Stellung im Betrieb hat, dass sie außerhalb der Kontrollmöglichkeiten des Versicherungsnehmers umfassende selbständige Entscheidungsbefugnisse hinsichtlich des versicherten Risikos hält.[613] Hieraus folgt, dass Personen, die als faktische Geschäftsführer den Betrieb führen, eher als Repräsentanten in Betracht zu ziehen sind als Personen niedrigerer Leitungsebenen, derer sich ein Versicherungsnehmer bedient und die der Kontrolle des Versicherungsnehmers unterliegen.[614]

Die mit der Geschäftsführung bzw. Vertretung der Gesellschaft betrauten Gesellschafter erfüllen regelmäßig die Anforderungen an eine Repräsentantenstellung, soweit nicht bereits die vorrangige Anwendung des § 31 BGB eine Verhaltenszurechnung zulässt.[615] Ob dagegen einfache Gesellschafter als Repräsentanten an die Stelle des Versicherungsnehmers treten, wird bei „Nur-Gesellschaftern" zwar im Regelfall abzulehnen sein,[616] ist im Übrigen jedoch von der Würdigung der Umstände des Einzelfalls einschließlich des jeweils versicherten Risikos abhängig.[617]

aa) Repräsentantenstellung der Gesellschafter in der Sachversicherung

In der Sachversicherung setzt die Repräsentantenstellung maßgeblich eine tatsächliche Obhut über die versicherte Sache sowie die Befugnis voraus, selbstständig für den Versicherungsnehmer zu handeln.[618] Die Obhut muss dem Repräsentanten allein übertragen worden sein. Da bloße Mitobhut[619] genauso wenig genügt wie vorübergehender Besitz,[620] scheiden als Repräsentanten solche

---

613 Beckmann/Matusche-Beckmann/*Looschelders*, § 17 Rn. 61.

614 Für faktische Geschäftsführer OLG Köln VersR 1990, 1270, 1996, 94; anders für Betriebsleiter unter Aufsicht des Versicherungsnehmers BGH VersR 1992, 865, 866.

615 Für geschäftsführende Gesellschafter aber u.a. *Koch*, VersR 2005, 1192 ff.

616 Kritisch LG Bremen ZfS 1990, 315 = VersR 1990, 892, wonach Nur-Gesellschafter vom versicherungsrechtlichen Repräsentantenbegriff ohne weiteres nicht umfasst sind.

617 BGH r+s 2003, 367, 368; *Kampmann*, Repräsentantenhaftung, S. 105 f.

618 BGH NJW 1993, 1862.

619 OLG Hamm VersR 1988, 240, 241; Beckmann/Matusche-Beckmann/*Looschelders*, § 17 Rn. 39; *ders.* VersR 1999, 666, 672 zur Obhutslockerung im privaten und geschäftlichen Bereich; *Römer*, NZV 1993, 249, 251.

620 Zur ausschließlichen Obhut BGHZ 107, 229, 233, VersR 1989, 737; zur Dauer der Obhut BGH VersR 1993, 1098; *Römer*, NZV 1993, 249, 251; abstellend auf den maßgeblichen Zeitraum, etwa den Eintritt des Versicherungsfalls Römer/*Langheid*, § 81 Rn. 20.

Gesellschafter aus, die mit dem Gesellschaftseigentum nicht bzw. nicht bestimmungsgemäß in Berührung kommen. Gleiches gilt auch für den Kleinaktionär einer AG, der im Rahmen einer Betriebsbesichtigung technische Anlagen begutachten darf. Selbst der alleinige GmbH-Gesellschafter muss nicht ohne weiteres Repräsentant hinsichtlich des Fuhrparks oder des Firmengebäudes sein, nur weil er hiermit in Berührung kommt.

Zudem muss die Risikoverwaltung, etwa die Verhinderung des Eintritts des jeweils versicherten Risikos, übertragen worden sein.[621] Je anspruchsvoller die Risikoverwaltung ist, umso strenger sind auch die Anforderungen an eine Repräsentation.[622] Der Umfang, in dem Risikoverwalter selbstständig für den VN zu handeln haben, bestimmt sich danach, was unternommen werden muss, um die Verwirklichung des versicherten Risikos zu verhindern.[623]

Ob auch Gesellschafter als Repräsentanten zu qualifizieren sind, kann damit nicht abstrakt beurteilt werden, sondern nur im Hinblick auf das konkrete versicherte Risiko. Trotzdem dürften sich die Fälle, in denen sie in der Risikoverwaltung als Repräsentant vollständig an die Stelle des Versicherungsnehmers treten, im Wesentlichen beschränken lassen auf die Überlassung kleinerer Gegenstände des Gesellschaftseigentums zum dienstlichen oder privaten Gebrauch, z.B. dienstliche Mobiltelefone oder Notebooks, sofern die übertragene Risikoverwaltung nur in der Vermeidung von Beschädigung und Zerstörungen besteht. Ein Gesellschafter wird so auch durch die Überlassung eines Dienstfahrzeugs hinsichtlich der aus dem Gebrauch des Fahrzeugs resultierenden Risiken zum Repräsentanten des Versicherungsnehmers, sofern er nicht bereits als Fahrer mitversichert ist (§ 10 Nr. 2c AKB)[624] wenn ihm neben Verkehrssicherungs- auch Instandhaltungspflichten übertragen worden sind.[625]

---

621 Vgl. BGHZ 122, 250, 252 = VersR 1993, 1098; BGH VersR 1964, 475; MüKomm-VVG/*Littbarski*, § 103 Rn. 68; HK-VVG/*Schimikowski*, Ziff. 7 AHB Rn. 12.

622 BGH VersR 1989, 737; Beckmann/Matusche-Beckmann/*Looschelders,* § 17 Rn. 43.

623 BGHZ 107, 229, 234; Beckmann/Matusche-Beckmann/*Looschelders,* § 17 Rn. 43.

624 Für Dienstfahrzeug BGH VersR 1996, 1229, 1231; VersR 1989, 737 f.; Beckmann/Matusche-Beckmann/*Looschelders,* § 17 Rn. 43.

625 BGH VersR 1996, 1229, 1231; BGHZ 107, 229, 234 f.; Beckmann/Matusche-Beckmann/*Looschelders,* § 17 Rn. 43.

bb) Repräsentantenstellung der Gesellschafter in der Haftpflichtversicherung

Ein wesentlich kleinerer Anwendungsbereich verbleibt für eine Risikoverwaltung durch Gesellschafter in der Haftpflichtversicherung. Sie ist in der Praxis ohnehin seltener anzutreffen,[626] da sie eine herausgehobene Stellung hinsichtlich des versicherten Risikos samt eigenständigen Entscheidungsbefugnissen voraussetzt, ohne dass hierzu eine rechtsgeschäftliche Vertretungsmacht erforderlich ist.[627]

In jedem Fall ist erforderlich, dass dem Versicherungsnehmer, etwa aufgrund von Kontrollmaßnahmen, ein Eingreifen jederzeit möglich sein muss.[628] Wenn daher die Rechtsprechung im betrieblichen Bereich eine Repräsentantenstellung für den faktischen Inhaber eines Unternehmens nur annimmt, wenn dieser den laufenden Betrieb umfassend und nicht nur teilweise führt,[629] dürfte nach denselben Maßstäben der „einfache" Gesellschafter, der sich außerhalb einer Geschäftsführungsbefugnis unternehmerisch einbringt, im Regelfall nicht als Repräsentant der Gesellschaft ansehen lassen.

b) Repräsentation kraft Vertragsverwaltung

Die Grundsätze der Repräsentantenhaftung kommen für die Zurechnung von Gesellschafterwissen nur in begrenztem Umfang zum Tragen. So können sie eine Wissenszurechnung allein auslösen, wenn der Repräsentant zur Vertragsverwaltung eingesetzt, d.h. mit Abschluss und Verwaltung des Versicherungsvertrages sowie Geltendmachung von Versicherungsansprüchen betraut ist.[630] Die Zurechnung folgt daraus, dass der Repräsentant im Rahmen dieses Aufgabenbereichs mit vertragsrelevanten Kenntnissen über das versicherte Risiko notwendigerweise in Berührung kommt und diese ggf. gegenüber dem Versicherer

---

626 HK-VVG/*Schimikowski*, § 103 Rn. 8, Ziff. 7 AHB Rn. 12; MüKomm-VVG/*Littbarski*, § 103 Rn. 68 f.

627 Beckmann/Matusche-Beckmann/*Looschelders*, § 17 Rn. 61; Bruck/Möller/*R.Koch*, § 103 Rn. 61.

628 BGH VersR 1992, 865, 866.

629 OLG Koblenz VersR 2004 642; OLG Köln VersR 1996, 94.

630 Zu den Voraussetzungen der Vertragsverwaltung Beckmann/Matusche-Beckmann/*Looschelders*, § 17 Rn. 42; Bruck/Möller/*Heiss*, § 28 Rn. 88; *Cyrus*, S. 92 ff.; *Knappmann*, VersR 1997, 261; *Winter*, in FS E. Lorenz (1994) 723, 726; eine Repräsentantenstellung bei Vertragsverwaltung ablehnend Beckmann/Matusche-Beckmann/*Looschelders*, § 17 Rn. 133.

erklären muss. Insofern hat der Versicherungsnehmer umgekehrt dafür einstehen, wenn sein Repräsentant dem Versicherer relevante Informationen vorenthält, z.B. indem er eine ihm bekannte Gefahrerhöhung entgegen § 23 Abs. 3 VVG nicht anzeigt.

Außerhalb einer Organstellung dürfte sich eine maßgebliche Verantwortlichkeit der Gesellschafter für die Betreuung eines Versicherungsvertrages allein aus der Gesellschafterstellung nicht ergeben, dafür aber, wenn sie etwa als leitende Angestellte für die Gesellschaft tätig sind oder ihnen die eigenständige Betreuung des Versicherungsvertrages übertragen worden ist.

3. *Wissenserklärungsvertreter*

Neben Willenserklärungen, auf welche die allgemeinen Vorschriften in § 164 BGB anwendbar sind, werden dem Versicherungsnehmer über die an § 166 BGB (analog) angelehnte Rechtsfigur des Wissenserklärungsvertreters auch fremde Wissenserklärungen gegenüber dem Versicherer zugerechnet.

Bei Wissenserklärungen handelt es sich um Erklärungen über Tatsachen, die regelmäßig im Zusammenhang mit dem Vertragsschluss oder nach Eintritt des Versicherungsfalls bei der Regulierung abgegeben werden. Gibt ein Wissenserklärungsvertreter, d.h. eine Person, die vom Versicherungsnehmer mit der Erfüllung seiner Informationsobliegenheiten betraut ist, eine solche Erklärung gegenüber dem Versicherer ab, so gilt diese uneingeschränkt und ohne Rücksicht auf die rechtsgeschäftliche Vertretungsmacht für und gegen den Versicherungsnehmer.[631]

Für die Einordnung der Gesellschafter als Wissenserklärungsvertreter gelten ähnlich hohe Maßstäbe wie für die Repräsentantenstellung. Nicht nur müssen sie die relevanten Erklärungen gegenüber dem Versicherer bestimmungsgemäß abgeben, sie müssen dies auch eigenverantwortlich anstelle des Versicherungsnehmers tun. Einfache, nicht zur Geschäftsführung befugte bzw. hierzu nicht ausdrücklich beauftragte Gesellschafter treten gegenüber dem Versicherer als Wissenserklärungsvertreter üblicherweise nur dann auf, wenn sie mit dem Vertragsmanagement betraut sind. Im Übrigen sind sie aber im Regelfall kein Wissenserklärungsvertreter der Gesellschaft.

---

631 BGH VersR 1993, 960; VersR 1995, 281; BK/*Schwintowski*, § 6 Rn. 238; Bruck/Möller/*Möller*, 8. Aufl., § 6 Anm. 78 ff.; Beckmann/Matusche-Beckmann/*Looschelders*, § 17 Rn. 85.

4. *Wissensvertreter*

Bedient sich der Versicherungsnehmer zum Zweck der Arbeitsteilung bei der Erfüllung seiner Pflichten aus dem Versicherungsvertrag seiner Gesellschafter, hat er zusätzlich für deren Wissen einzustehen, sofern diese seine Wissensvertreter sind.[632]

Unter der Rechtsfigur des Wissensvertreters, die auf einer analogen Anwendung des § 166 BGB bzw. § 164 BGB[633] beruht,[634] wird eine Person verstanden, die für den Versicherungsnehmer im Rechtsverkehr in eigener Verantwortung bestimmte Aufgaben erledigt und für den Versicherungsvertrag relevante Informationen zur Kenntnis zu nehmen und ggf. weiterzuleiten hat.[635] Darauf, ob er auch als rechtsgeschäftlicher Vertreter oder ausdrücklich als Wissensvertreter bestellt worden ist, kommt es nicht an.[636] Es genügt daher bereits eine stillschweigende Übertragung einer Aufgabe.[637] Hierbei muss der Wissensvertreter, anders als der Repräsentant, lediglich mit einem abgrenzbaren Teilbereich der eigentlich dem Versicherungsnehmer obliegenden Aufgaben betraut sein.[638] Dem konkreten Aufgabenbereich kommt dabei keine besondere Bedeutung zu, da der Wissensvertreter im Gegensatz zum Repräsentanten eben nicht außenwirksam an die Stelle des Versicherungsnehmers treten soll.[639]

Entsprechend der Grundsätze zur Stellung des Repräsentanten und Wissenserklärungsvertreter können Gesellschafter nur Wissensvertreter sein, wenn sie

---

632 *R. Schmidt,* Obliegenheiten, S. 286 mit Verweis auf *Oldenbourg*, S. 42.

633 *Bruns,* ZVersWiss 2007, 487, 494, die § 164 Abs. 3 BGB analog zur Anwendung bringen will. § 166 BGB soll hingegen ungeeignet sein, da eine Wissenszurechnung nur in der Rechtsfolge anordnet und der Zurechnungsgrund aus anderen Vorschriften ableitet wird.

634 Noch zum VVG a.F.: BGH VersR 1993, 960; VersR 1995, 281; OLG Koblenz VersR 2006, 1120; kritisch Prölss/Martin/*Prölss*, § 28 Rn. 87.

635 BGH VersR 1968, 453; VersR 1970, 613; VersR 1971, 538; VersR 2000, 1133; *Wandt*, Versicherungsrecht, Rn. 632.

636 BGH VersR 1993, 960.

637 *Schimikowski*, Versicherungsvertragsrecht, Rn. 283.

638 *Knappmann*, in: DAV, Drittwirkung von Versicherungsverträgen, S. 29, 44.

639 BGH VersR 1980, 613; *Wandt,* Versicherungsrecht, Rn. 640; *Armbrüster*, Privatversicherungsrecht, Rn. 1532; Wäre der Versicherungsnehmer schlicht für jede Hilfsperson verantwortlich, derer er sich bedient bzw. denen er den Zugang zum versicherten Risiko zulässt, würde der Versicherungsschutz unverhältnismäßig entwertet, so aber *Knappmann*, in: DAV, Drittwirkung von Versicherungsverträgen, S. 29, 44; *ders.* VersR 1997, 261.

nach der Arbeitsorganisation der Gesellschaft zur Entgegennahme von Wissen berufen sind und angefallene Informationen zur Kenntnis zu nehmen sowie weiterzuleiten haben.[640] Dazu müssen sie überhaupt mit versicherungsrelevanten Informationen bestimmungsgemäß in Kontakt kommen können. In diesem Zusammenhang gibt die konkrete Einbindung des Gesellschafters in das Gesellschaftsleben Anhaltspunkte. Gerade die personalistische Gesellschafterstruktur und die Zahl der Gesellschafter kann Anhaltspunkt dafür sein, inwiefern einzelne Tätigkeiten auf Gesellschafter übertragen sind, im Rahmen derer ihr Wissen zu berücksichtigen ist. Da ein Wissensvertreter jedoch mit Aufgaben betraut sein muss, ist für die Einordnung als Wissensvertreter jedenfalls die Gesellschafterstellung allein nicht ausreichend.

III. Verantwortlichkeit aufgrund bürgerlich-rechtlicher Grundsätze

Aufgrund der lückenhaften gesetzlichen Regelung der Zurechnungsregeln im VVG sind die bürgerlich-rechtlichen Vorschriften ergänzend heranzuziehen. Die Geltung der allgemeinen gesetzlichen Regelungen des bürgerlichen Rechts wird durch die rechtsfortgebildete Zurechnungsdogmatik des Versicherungsrechts nicht ausgeschlossen. Ihr steht auch die gesetzgeberische Entscheidung nicht entgegen, wegen der vielfältigen Kriterien des Einzelfalles von einer gesetzlichen Regelung für die Verantwortlichkeit des Versicherungsnehmers für fremdes Verhalten und Wissen abzusehen.[641] Vielmehr entspricht es sogar der ausdrücklichen Intention des Gesetzgebers, die versicherungsrechtlichen Vorschriften stärker dem BGB, insbesondere an das allgemeine Schuldrecht anzunähern, sofern dem keine versicherungsrechtlichen Besonderheiten entgegenstehen.[642]

1. Verhaltenszurechnung

a) Erfüllungsgehilfenhaftung (§ 278 BGB)

Die allgemeine Zurechnungsvorschrift des bürgerlichen Rechts in § 278 BGB findet für die Verhaltenszurechnung im Versicherungsrecht keine Anwendung.[643]

---

640 BGHZ 117, 104, 106 f.

641 BT-Drucks. 16/3945, S. 79.

642 RegE, BT-Drucks. 16/3945, S. 47.

643 Weit überwiegend abgelehnt, vgl. bereits RGZ 83, 43, 44; 117, 327, 329; BGHZ 11, 120, 122; Beckmann/Matusche-Beckmann/Wandt, § 28 Rn. 110; BK/*Beckmann*, § 61 Rn. 46; Bruck/Möller/*Möller*, § 61 Anm. 72; *Cyrus*, Rn. 32; *Kampmann*, S. 39; *Knappmann*, VersR 1997, 261, 262; *Looschelders*, VersR 1999, 666, 669; *Mordfeld*, S. 51;

Eine hierfür erforderliche echte Verbindlichkeit des Versicherungsnehmers fehlt im Versicherungsrecht, folgt man jedenfalls der Auffassung, dass versicherungsrechtliche Obliegenheiten keine Rechtspflichten darstellen.[644] Die Voraussetzungen des § 278 BGB sind, zumindest bei unmittelbarer Anwendung dieser Vorschrift, nicht erfüllt und können allenfalls bei der Wahrnehmung echter versicherungsvertraglicher Pflichten des Versicherungsnehmers, v.a. der Pflicht zur Zahlung der Prämie, gegeben sein.[645]

Selbst bei Anwendung des § 278 BGB auf versicherungsrechtliche Sachverhalte scheitert eine Verhaltenszurechnung bei Gesellschaftern jedenfalls an ihrer Eigenschaft als Erfüllungsgehilfen der Gesellschaft. Da diese Zurechnungsnorm lediglich eine Verantwortlichkeit für Hilfspersonen des Schuldners auslöst,[646] wäre erforderlich, dass Gesellschafter in einem durch Vertrag oder Gesetz begründetem Pflichtenkreis der Gesellschaft als Hilfsperson tätig werden.[647] Sofern sie nicht zugleich als Angestellte im Unternehmen tätig sind, fehlt Gesellschaftern eine solche Eigenschaft.

Eine entsprechende oder analoge Anwendung des § 278 BGB ist hingegen mangels vergleichbarer Interessenslage nicht zu begründen, da sie ihrer Zweckrichtung nach im Widerspruch zum Zweck der Versicherung steht. Die normative Intention des § 278 BGB, eine Einstandspflicht des Schuldners für sämtliche Hilfspersonen zu schaffen, untergräbt den Sinn und Zweck einer Versicherung,[648] den Versicherungsnehmer zumindest teilweise vor einer Einstandspflicht für das Fehlverhalten solcher Personen zu befreien, derer er sich bedient.[649] Um eine „unerträgliche Entwertung“[650] des Versicherungsschutzes

---

MüKomm-VVG/*Looschelders,* § 81 Rn. 104; *Münstermann*, in: Laum/Klein/Strauch, Rheinische Justiz, S. 129, 131; *Schimikowski*, VW 1996, 626; *Werber/Winter*, Grundzüge des Versicherungsvertragsrechts, 1986, Rn. 280. Dagegen nimmt *Weyers*, Rn. 364 eine Anwendbarkeit von § 278 BGB an, sieht Hilfspersonen des Versicherungsnehmers jedoch regelmäßig nicht als Erfüllungsgehilfen bezüglich versicherungsvertraglicher Pflichten an; für § 278 BGB analog, Prölss/Martin/*Prölss*, 27. Aufl., § 6 Rn. 48.

644 Bereits RGZ 83, 43, 44; BGHZ 11, 120, 122; *Behrens*, S. 86; Bruck/Möller/*Möller*, 8. Aufl., § 61 Anm. 72; BK/*Beckmann,* § 61 Rn. 46; *Cyrus*, Rn. 31; *Knappmann*, VersR 1997, 261, 262; a.A. *Gerhard/Hagen*, § 61 Anm. 4; *Gottschalk,* ZVersWiss 1917, 191, 220.

645 *Schimikowski*, VW 1996, 626.

646 *Mugdan,* Motive, Bd. II, S. 30.

647 *Jung,* Unternehmergesellschafter, S. 543.

648 Hierzu *Wagner*, S. 140 ff.

649 *Behrens*, S. 86; *Cyrus*, Rn. 33; *Looschelders*, VersR 1999, 666, 670.

650 *Schirmer,* Repräsentantenbegriff, S. 7.

zu vermeiden, ist daher eine erweiterte Verhaltenszurechnung nach Maßgabe des § 278 BGB abzulehnen.[651]

b) Verrichtungsgehilfenhaftung (§ 831 BGB)

Für eine Verhaltenszurechnung nach Maßgabe des § 831 BGB ist ebenfalls kein Raum, da Gesellschafter sich für gewöhnlich nicht in dem hierfür notwendigen sozialen Abhängigkeitsverhältnis befinden werden.[652] Zu einem abweichenden Ergebnis mag man ausnahmsweise bei Personengesellschaftern gelangen, sofern sie weisungsabhängig sind und in einem angestelltenähnlichen Verhältnis zur Gesellschaft stehen.[653] Diese Frage kann allerdings unerörtert bleiben, da es jedenfalls für eine Anwendung des § 831 BGB im Versicherungsrecht typischerweise an einer erforderlichen deliktischen Schädigung fehlt. Der Versicherungsnehmer setzt im Hinblick auf versicherungsrechtliche Obliegenheiten und Risikoausschlüsse nämlich keine weisungsabhängigen Verrichtungsgehilfen ein.[654] Die im älteren Schrifttum vereinzelten Versuche, diese Zurechnungsnorm für das Versicherungsrecht heranzuziehen,[655] verdienen daher keine Zustimmung.[656]

2. Wissenszurechnung

Soweit nicht bereits die anerkannten Zurechnungsgrundsätze des Versicherungsrechts zu einer Zurechnung von Gesellschafterwissen führen, kommt daneben eine Wissenszurechnung unter Rückgriff auf die bürgerlich-rechtlichen Zurechnungsgrundsätze in Betracht.

Abweichend von dem Grundsatz, dass das Wissen einfacher Gesellschafter nicht zugerechnet wird,[657] lässt § 166 Abs. 2 BGB in entsprechender bzw. analoger Anwendung eine Wissenszurechnung insoweit zu, wie eine Handlung der

---

651 BGH 11, 120, 123; BK/*Beckmann*, § 61 Rn. 46; Bruck/Möller/*Möller*, § 61 Anm. 72; Beckmann/Matusche-Beckmann/*Looschelders*, § 17 Rn. 25; *Looschelders*, VersR 1999, 666, 670; *ders.* VersR 2008, 1, 4.

652 *Jung*, Unternehmergesellschafter, S. 543.

653 Zu OHG Gesellschaftern *Martinek*, Repräsentantenhaftung, S. 115; *Nitschke*, NJW 1969, 1737, 1739.

654 *Möller*, Verantwortlichkeit, S. 70.

655 *Kisch*, WuR 1939, 41, 43; darstellend *Marohn*, WuR 1929, 68, 97 f.; *Pinckernelle*, S. 50.

656 Bereits Bruck/Möller/*Bruck*, 8. Aufl., § 61 Anm. 73; vgl. heute Beckmann/Matusche-Beckmann/*Looschelders*, § 17 Rn. 23; *Knappmann*, VersR 1997, 261, 262.

657 *Ellers*, GmbHR 2004, 934.

Geschäftsführung auf die Weisung der Gesellschafter zurückgeht.[658] Erteilt die Gesellschafterversammlung als oberstes Willensbildungsorgan durch Beschluss der Geschäftsführung oder dem Vorstand eine Weisung oder regt sie ein Rechtsgeschäft an, können ihre Kenntnisse der Gesellschaft zurechenbar sein.[659] Es ist dann das Wissen der an der Willensbildung in der Gesellschafterversammlung beteiligten Gesellschafter zuzurechnen.[660] Abgesehen von der formellen Anweisung zu einer konkreten Maßnahme kann ein billigender Beschluss der Gesellschafterversammlung dazu führen, dass auf das Wissen der beteiligten Gesellschafter abzustellen ist.[661] Bindenden und formellen Weisungen gleichzustellen sind selbst Wünsche oder Empfehlungen der Gesellschafter oder informelle Abstimmungen, wenn sie im Einzelfall von den Geschäftsführern mit Billigung der Gesellschafter wie bindende Weisungen behandelt werden.[662] Praktisch bedeutsam ist diese Wissenszurechnung damit bei GmbH-Gesellschaftern, die im Rahmen ihres Weisungsrechts unmittelbaren Einfluss auf die Geschäftsführung nehmen können, nicht dagegen bei Aktionären, denen eine vergleichbare Weisungsmöglichkeit gerade fehlt.

III. Zwischenergebnis

Es ist festzuhalten, dass im Hinblick auf Gesellschafter eine Verhaltens- und Wissenszurechnung nur eingeschränkt möglich ist. Eine Zurechnung nach gesellschaftsrechtlichen Grundsätzen hängt maßgeblich vom Vorliegen einer Organwalterstellung ab (§ 31 BGB analog bzw. § 166 Abs. 1 BGB analog). Bei „einfachen“ Gesellschaftern greift sie deswegen in der Regel nicht. Sie ist auch für die Fälle eines Durchgriffs nicht relevant.

Die versicherungsrechtlichen Grundsätze lassen eine Verhaltens- und Wissenszurechnung bei einfachen Gesellschaftern nur im Rahmen der Zurechnungsfiguren des Repräsentanten, Wissens- und Wissenserklärungsvertreters zu, die maßgeblich darauf abstellen, inwieweit eine Person mit dem versicherten Risiko, dem damit verbundenen Wissen oder der Vertragsverwaltung

---

658 *Medicus*, in: Karlsruher Forum 1994 (Sonderheft zum VersR), S. 4; *Knappmann*, in: DAV, Drittwirkung von Versicherungsverträgen, S. 29, 42; *Scheuch*, S. 828–833.

659 RGZ 119, 126, 129 f.; FG Köln GmbH-Stpr 2015, 88; *Wiedemann*, WM 1975, Sonderbeilage Nr. 4, S. 17; *Wilhelm*, Rechtsform, S. 46 f.; *Baumann*, ZGR 1973, 284, 297; MüKomm-BGB/*Reuter*, 7. Aufl., Vor § 21 Rn. 29; *Pawlowski*, AT BGB, § 5 II 3.

660 MüKomm-GmbHG/*Stephan/Tieves*, § 35 Rn. 223 m.w.N.

661 a.a.O.

662 BGH WM 1968, 1352; MüKomm-GmbHG/*Stephan/Tieves*, § 35 Rn. 223.

bestimmungsgemäß in Berührung kommt. Dazu muss ein Gesellschafter aber vollständig an die Stelle des Versicherungsnehmers treten oder eigenverantwortlich für die Gesellschaft tätig werden dürfen, was auf einfache Gesellschafter außerhalb einer Tätigkeit als Organwalter oder leitender Angestellter weniger zutreffen dürfte.

Außerhalb dieser Grundsätze ist zudem eine Zurechnung von Gesellschafterwissen nach Maßgabe des § 166 Abs. 2 BGB möglich, soweit einfache Gesellschafter das Handeln der Geschäftsführung durch Weisungen maßgeblich bestimmen, was aufgrund des Weisungsrechts der Gesellschafterversammlung insbesondere bei der GmbH anzutreffen sein kann.

C. Verantwortlichkeit aufgrund Zurechnungsdurchgriffs

Bisher ist herausgearbeitet worden, unter welchen Voraussetzungen sich Gesellschaften Verhaltenweisen und Kenntnisse ihrer Gesellschafter nach allgemeinen Zurechnungsgrundsätzen als ihre eigenen entgegenhalten lassen müssen. Im Folgenden geht es nun darum, ob über die dargestellten Grundsätze hinaus eine Verantwortlichkeit für die nicht vertretungsbefugten Gesellschafter aus einem Zurechnungsdurchgriff resultieren kann. Anders als bei den bisher untersuchten Anwendungsbereichen, finden sich hierzu nicht nur in den USA, sondern auch in Deutschland zahlreiche Hinweise auf einen Zurechnungsdurchgriff im Versicherungsrecht.

I. Ausgangspunkt: Rechtslage in den USA

Ausgangspunkt eines möglichen Durchgriffs im Versicherungsrecht ist erneut die Rechtslage in den USA, wo die Verantwortlichkeit versicherter Gesellschaften für ihre Gesellschafter den bislang größten Anwendungsbereich ausmacht.

1. Grundlagen zur Verantwortlichkeit für Gesellschafter

Wie in Deutschland ist auch in den USA Verhalten und Wissen für einen Versicherungsanspruch von Bedeutung, wenn Versicherungsbedingungen den Versicherungsschutz im Rahmen von Risikobeschreibungen (*condition precedents* oder *condition subsequents*) sowie Risikoausschlüssen (*policy exclusions*) definieren und hierbei an konkretes Verhalten oder Wissen des Versicherten anknüpfen, z.B. für Fehlverhalten (*misconduct*) oder Falschangaben (*misrepresentation*). So ist u.a. die Leistungspflicht des Versicherers für die schuldhafte Herbeiführung des Versicherungsfalls, sofern nicht bereits aufgrund öffentlicher Ordnung (*public policy*), häufig durch deckungsausschließende Klauseln (*intentional acts exlusions*) ausgeschlossen, wenn die Schäden von dem Versicherten vorhersehbar oder beabsichtigt waren.[663]

Nicht immer regeln Versicherungsbedingungen die Zurechnungsfrage. Die Beurteilung einer Drittverantwortlichkeit erschweren zudem Klauseln, welche die versicherte Person lediglich als „*insured*" oder „*you*" adressieren, sodass zu ermitteln ist, inwiefern Verhalten und Wissen Dritter im Rahmen des Versicherungsvertrages von Bedeutung sein soll. Es finden daher auf Gesellschaftsverhältnisse in der Regel die allgemeinen Zurechnungsgrundsätze Anwendung, die es im Folgenden darzustellen gilt.

a) Verantwortlichkeit für Dritte nach den Grundsätzen der „agency"

Die Zurechnung richtet sich in den USA nach den allgemeinen und gegenüber dem deutschen Recht weitergehenden Stellvertretungsregeln des Common Law zur *agency*. Demnach wird ist der Geschäftsherr (*principal*) für seine Vertreter (*agents*) verantwortlich, sofern diese innerhalb ihrer Handlungsbefugnis handeln.[664] Dieser Grundsatz gilt für Fragen der Verhalten- wie Wissenszurechnung gleichermaßen.[665] Ist daher ein agent z.B. für die Abgabe von Wissenserklärungen autorisiert, werden seine Erklärungen denen einer versicherten Gesellschaft gleichgestellt.[666] Entsprechendes gilt für sonstiges Verhalten und ähnliches für Kenntnisse, wo eine verhaltensunabhängige Zurechnung stattfindet und damit unerheblich ist, ob, wie in Deutschland, relevantes Wissen auch ordnungsgemäß weitergeleitet worden ist.[667]

---

663 Ein in Versicherungsbedingungen üblicher Wortlaut erfasst etwa: „*damage which is either expected or intended from the standpoint of the insured*"; vgl. hierzu und im Ganzen, *Anderson/Stanzler/Masters*, Insurance Coverage Litigation, § 7.01.

664 Vgl. People v. American Med. Ctrs. of Mich., Ltd., 118 Mich.App. 135, 324 N.W.2d 782, 793 (1982); United States v. Bank of Eng., N.A., 821 F.2d 844 (1st Cir. 1987); *Ballantine*, Law of Corporations, § 61; *Fletcher*, Cyclopedia of the Private Law of Corporations, §§ 789, 790, 814.10.

665 Dazu auch für Gesellschaftsverhältnisse *Blumberg*, The law of corporate groups, § 50.01 f.

666 Indovina v. Metropolitan Life Ins. Co., 334 Pa. 167, 5 A.2d 556 (1939).

667 United States v. Bank of Eng., N.A., 821 F.2d 844 (1st Cir. 1987).

b) Anwendung der Zurechnungsgrundsätze auf Gesellschafter

Da Gesellschaften nicht selbst, sondern nur durch ihre Vertreter handeln können,[668] sind auch sie nach den Grundsätzen der agency für ihre Vertreter verantwortlich.

aa) partnership

Wie bei den Personengesellschaften in Deutschland führt dies bei der partnership dazu, dass diese für das Verhalten und Wissen ihrer regelmäßig als Organ vertretungsbefugten Gesellschafter umfassend verantwortlich ist.

Die Zurechnung folgt der Geschäftsführungsbefugnis sowie der persönlichen Haftung der partner. Eine Zurechnung erfolgt selbst bei gemeinschaftlicher Vertretungsbefugnis mehrerer Gesellschafter, sodass bei einem deckungsschädlichen Verhalten eines Gesellschafters ein Anspruch der partnership auf Versicherungsleistung vollständig versagt werden kann.[669]

Dagegen findet keine Zurechnung statt, wenn Gesellschafter außerhalb ihrer Geschäftsführungsbefugnis bzw. der üblichen Geschäftstätigkeit der Gesellschaft handeln.[670] Etwas anderes gilt nur, wenn ein missbräuchliches Verhalten nicht allein eigennützig motiviert ist, sondern auch der Gesellschaft, z.B. der Begleichung von Gesellschaftsschulden, zugute kommen soll.[671]

bb) corporation

Die Grundsätze der agency sind für die corporation hauptsächlich für Angestellte und andere Stellvertreter anwendbar.[672]

Eine Zurechnung bei Gesellschaftern findet aufgrund ähnlicher Erwägungen nach allgemeinen gesellschaftsrechtlichen Grundsätzen statt, soweit Gesellschafter im Rahmen einer Handlungsbefugnis als Geschäftsführungsorgan (director, president und manager) tätig werden.[673] Bei einfachen Gesellschaftern

---

668 Vgl. Mossman v. Millenbach Motor Sales, 284 Mich. 562, 280 N.W. 50, 53 (1938).

669 Bellman v. Home Ins. Co., 178 Wis. 349, 189 N.W. 1028, 27 A.L.R. 944, 948 (Wis. Sup. Ct. 1922); Travelers Fire Ins. Co. v. Wright, Okl., 322 P.2d 417, 70 ALR 2d 1170, 1177).

670 Courts of the Phoenix v. Charter Oak Fire Insurance Co, 560 FSupp 858 (ND Ill 1983) (unter Anwendung des Uniform Partnership Acts sowie des Rechts von Illinois).

671 *Ey*, 15 COA 213, § 14.

672 *Fletcher*, Cyclopedia of the Private Law of Corporations, §§ 789, 790, 793; *Blumberg*, The law of corporate groups, § 50.01, § 50.03.

673 Am. Jur. 2d, Corporations § 1145.

ist eine Zurechnung daher grundsätzlich ausgeschlossen, wenn sie nicht in die Geschäftsführung eingebunden sind.[674]

Wegen dieser rechtlichen Trennung bleibt damit im Grundsatz selbst das Verhalten und Wissen beherrschender Gesellschafter, die maßgeblichen Einfluss auf die Geschäftsführung nehmen können, unberücksichtigt und wirkt sich nicht deckungsschädlich auf den Versicherungsschutz der Gesellschaft aus.[675]

2. Heranziehung eines Durchgriffs

Wegen des mit den tatsächlichen Einflussmöglichkeiten der Gesellschafter verbundenen Missbrauchspotentials erwägen und praktizieren in den USA Rechtsprechung und Literatur auch in versicherungsrechtlichen Zurechnungsfragen einen Durchgriff, insbesondere um versicherte Gesellschaften abweichend von den allgemeinen Zurechnungsgrundsätzen für deckungsschädliches Verhalten oder Wissen ihrer Gesellschafter verantwortlich zu machen.

a) Durchgriff befürwortende Rechtsprechung

In einer beachtlichen Fülle von Entscheidungen rechnen Gerichte versicherten Gesellschaften das Verhalten und Wissen ihrer Gesellschafter zu und nehmen dabei auf den Durchgriff und die entsprechende Durchgriffsrechtsprechung Bezug. Es bestehen zudem bundesübergreifend mehrere Leitentscheidungen, die sich der Anwendbarkeit des Durchgriffs zur Verhaltens- und Wissenszurechnung im Versicherungsrecht grundlegend widmen.

aa) Hintergrund: „barn burning cases“

Aufgrund der anhaltenden Präsenz der Versicherungsbetrugsproblematik in den USA hat diese Durchgriffsrechtsprechung ihren Ausgangspunkt und bislang größten Anwendungsbereich in den sog. „*barn burning cases*“. Hierbei handelt es sich um eine verbreitete Problematik des Versicherungsbetrugs in der Feuerversicherung, bei welcher ein Versicherungsnehmer seine Scheune (*barn*) missbräuchlich in Brand setzt, um den Anspruch auf Versicherungsschutz auszulösen.[676]

Seit Beginn des 20. Jahrhunderts wird diskutiert, ob nicht nur eine natürliche Person, sondern eben auch eine Gesellschaft als versicherte Person ihren

---

674 *Blumberg*, The law of corporate groups, § 50.03.

675 Vgl. Am. Jur Insurance § 495; *Murphy/Maneval*, 7 Fordham Urb. L.J. 541, 607.

676 Vgl. hierzu eingehend *Witten*, 22 Torts&Ins. L. J. 511 (1986–1987).

Anspruch auf Versicherungsleistung verwirkt, wenn ihr Gesellschafter durch Brandstiftung den Versicherungsfall vorsätzlich herbeigeführt hat.[677] Den meisten dieser Entscheidungen liegt ein ähnlicher Sachverhalt zugrunde. Ein Gesellschafter setzt wegen der schwierigen finanziellen Lage seines Unternehmens das eigene Firmengebäude in Brand und führt damit den Versicherungsfall aus einer Feuerversicherungspolice absichtlich herbei. Während die Gesellschaft sich auf ihre rechtliche Selbstständigkeit beruft und Versicherungsleistung beansprucht, lehnt der Versicherer seine Leistungspflicht mit der Begründung ab, dass eine rechtliche Unterscheidung aus wirtschaftlichen Gründen ausnahmsweise versagt sei und ihr das missbräuchliche Verhalten jenes Gesellschafters zugerechnet werden müsse.

Bereits die ersten Entscheidungen in *Kirkpatrick v. Allemania Fire*[678] und *Meily Co. v. London & L. Fire Ins. Co.*[679] aus den Jahren 1905 bzw. 1906 versagten Gesellschaften einen Versicherungsschutz aus Feuerversicherungspolicen, da der Schaden durch die vorsätzliche Brandstiftung ihrer Gesellschafter verursacht worden war. Es folgte eine bis heute ungebrochene bundesstaatenweite Flut von Entscheidungen, die sich allesamt damit befassen, in welchen Situationen das Verhalten und Wissen der Gesellschafter für den Anspruch auf Versicherungsleistung ausnahmsweise schädlich sein kann. Während die Gerichte ihre Entscheidungen anfangs noch im Wesentlichen allein auf die Tatsachen des Falles stützten, galt das zunehmende Interesse seither auch ihrer rechtlichen Begründung.

bb) Wesentliche Wertungsgesichtspunkte

Bei Auswertung der zahlreichen, einen Durchgriff befürwortenden Entscheidungen lassen sich mehrere wesentliche, wiederholt herangezogene Wertungsgesichtspunkte feststellen.

---

677 Kirkpatrick v. Allemania Fire Ins. Co. (1905) 102 App. Div. 327, 92 N. Y. Supp. 466, affirmed in 184 N. Y. 546, 76 N. E. 1098; Meily Co. v. London & L.F. Ins. Co. 142 Fed. 873, 79 C.C.A. 454, 148 Fed. 683 (1906) (3rd Cir.C.C.A.); D.I. Felsenthal Co. v. Northern Assurance Co. 284 Ill. 343, 120 N. E. 268, (1918), 1 Am. Law Rep. 610; im Schrifttum bereits *Ballantine*, 14 Cal. L. Rev. (1925) 12, 20; *E. O. E.* (1925), 13 Cal. L. Rev. No. 3, 239 f.

678 Kirkpatrick v. Allemania Fire Ins. Co. (1905) 102 App. Div. 327, 92 N. Y. Supp. 466, affirmed in 184 N. Y. 546, 76 N. E. 1098.

679 Meily Co. v. London & L.F. Ins. Co. 142 Fed. 873, 79 C.C.A. 454, 148 Fed. 683 (1906) (3rd Cir.C.C.A.).

(1) Billigkeit

Ein sich in vielen Entscheidungen wiederholender Wertungsgesichtspunkt für einen Durchgriff ist die Billigkeit (*equity*). Diese Beobachtung verwundert kaum, da der Durchgriff teilweise in allgemeinen Gerechtigkeitserwägungen verwurzelt ist. Insofern fallen selbst versicherungsspezifische Erwägungen bisweilen vage aus. Besonders deutlich wird dies z.B. in *D.I. Felsenthal Co. v. Northern Assurance Co.*,[680] wo der Supreme Court of Illinois seine Entscheidung sogar schlicht mit „jedem Prinzip des Versicherungsrechts und dem gesunden Verstand" („*[every] principle of insurance law and sound resoning*") begründete.

(2) Vermeidung von Rechtsumgehung und Versicherungsmissbrauch

Die meisten Entscheidungen begründen einen Durchgriff im Versicherungsrecht mit der Vermeidung und Sanktionierung von Rechtsumgehungen. Sie stützen sich dabei entweder auf den allgemeinen Grundsatz, dass niemand einen Vorteil aus dem eigenen Unrecht herleiten dürfe (*"no one can take advantage of his own wrong"*),[681] oder stützen sich auf das allgemeine mit ihrer Selbstständigkeit einhergehende Potential der Gesellschaft, von ihren Gesellschaftern für betrügerische Zwecke instrumentalisiert zu werden. Andere Gerichte adressieren die Vermeidung von Versicherungsmissbrauch, da ein Anreiz für Gesellschaften bestehe, die tatsächliche Kontrolle auf einen Gesellschafter zu übertragen, der den Versicherungsfall vorsätzlich herbeiführt, und unter Berufung auf die Unschuld der sonstigen Gesellschafter den Versicherungsanspruch gelten zu machen.[682] Gesellschaften dürfen demnach weder Unrecht begünstigen oder verwirklichen,[683] noch „Schutzschild" gegen die Folgen von Rechtsmissbrauch sein und die wirtschaftlichen Vorteile, die Versicherungsleistung, sichern.[684]

---

680 D.I. Felsenthal Co. v. The Northern Assurance Co., Ltd., 284 Ill. 343, 120 N.E. 268 (1918).

681 Bereits Columbia Ins. Co. of Alexandria v. Lawrence, 10 Peters 507 (1836); Merchants Ins. Co. v. Lilgeomont Ins., 84 Fed. 2.d. 685 (5th Cir. 1936).

682 Kimball Ice, 18 F2d 567.

683 *Ballantine*, 14 Cal. L. Rev. (1925) 12, 20.

684 D.I. Felsenthal Co. v. The Northern Assurance Co., Ltd., 284 Ill. 343, 120 N.E. 268 (1918) ("[T]o allow such a recovery would allow a wrongdoer to benefit from his own illegal act. The corporate form could not be used in this case to protect Fox and to aid him in his plan to defraud the insurance company."); Miller & Dobrin Furniture Co. v. Camden Fire Ins. Co., 150 A.2d 276 (N.J. Superior Court 1959); *Ballantine*, 14 Cal. L. Rev. (1925) 12, 20.

(3) Vorrang des Versicherer-Regresses

Für die Anwendung eines Durchgriffs in Zurechnungsfragen spielt ebenfalls eine Rolle, ob der Versicherer nicht bereits durch sein Recht, bei der schadensverursachenden Person Regress zu nehmen, hinreichend geschützt wird. Mit dieser Frage setzt sich etwa das Gericht in *United Gratiot Furniture Mart v. Mbpia* eingehend auseinander.[685] Die klagende Gesellschaft begehrte die vollständige Versicherungsleistung für einen Schaden, den ihr beherrschender Gesellschafter verursacht hatte, und wehrte sich gegen den Einwand des Versicherers auf die Herbeiführung des Versicherungsfalles unter Berufung auf dessen Regressrecht. Der Versicherer könne demnach das Fehlverhalten nicht auf die Gesellschaft abwälzen, sondern habe sich beim maßgeblich handelnden Gesellschafter freizuhalten.

Der *Michigan Court of Appeals* wies die Klage zurück und rechnete der Gesellschaft das Verhalten ihres Gesellschafters im Wege eines Durchgriffs zu.[686] Es sei einerseits ungewiss, ob der Versicherer sich im Wege des Regresses gegen den Gesellschafter überhaupt freihalten könne, weil diese lediglich mit seinem persönlichen Vermögen hafte. Der Versicherer wäre somit durch ungewisse oder schlechte Erfolgsaussichten eines Regresses benachteiligt. Ein Regress bei Gesellschaftern entspreche deshalb nicht dem Interesse des Versicherers, wenn er mit dem Insolvenzrisiko des Gesellschafters belastet wird und nur Befriedigung in Höhe des persönlichen Vermögens des jeweiligen Gesellschafters erwarten kann.[687] Andererseits zweifelte das Gericht an, ob die Auszahlung der Versicherungssumme an die Gesellschaft überhaupt den Interessen sämtlicher Gesellschafter entspräche. Hat nämlich der maßgebliche Gesellschafter in der versicherten Gesellschaft eine beherrschende Stellung inne und zahlt der Versicherer die Versicherungssumme aus, so wäre das Schicksal dieser Zahlung ungewiss. Es bestünde die Gefahr, dass der Gesellschafter den Gebrauch der ausgezahlten Summe kontrollieren kann und diese nicht den Mitgesellschaftern, sondern unter dem „Mantel der Gesellschaft" mittelbar ihm selbst zukommen wird.[688]

---

685 Vgl. United Gratiot Furniture Mart, Inc. v. Michigan Basic Property Insurance Association (1987) 159 Mich App 94, 406 NW2d 239.

686 Vgl. United Gratiot Furniture Mart, Inc. v. Michigan Basic Property Insurance Association (1987) 159 Mich App 94, 406 NW2d 239.

687 a.a.O.

688 a.a.O.

cc) Kriterien für eine beherrschende Gesellschafterstellung

Die von der Rechtsprechung für einen Durchgriff herangezogenen Kriterien sind, auch wenn die Gerichte hierauf nur teilweise ausdrücklich hinweisen, an die allgemeinen Durchgriffskriterien der *instrumentality-* und *alter ego*-Lehre angelehnt. Zentrale Gesichtspunkte sind demnach im Wesentlichen das Merkmal der Beherrschung der Gesellschaft sowie die Unbilligkeit des, durch die Selbstständigkeit der Gesellschaft bedingten, rechtlichen Ergebnisses im konkreten Fall. Hat der Gesellschafter die vollständige Kontrolle über die Gesellschaft inne und handelt missbräuchlich, wird folglich auch die Gesellschaft so behandelt, als hätte sie selbst missbräuchlich gehandelt.[689]

Die Gerichte nehmen regelmäßig eine Würdigung der gesamten Umstände des Falles vor. Während das unbillige Ergebnis bereits aus der treuwidrigen Inanspruchnahme des Versicherers geschlossen wird, wird das Vorliegen einer beherrschenden Gesellschafterstellung unterschiedlich beurteilt. Diese nehmen Gerichte erst an, wenn ein Gesellschafter die exklusive Kontrolle über die Gesellschaftsangelegenheiten ("exclusive control of the corporate affairs")[690] hat und damit das Gesellschaftsgeschehen maßgeblich beeinflussen kann. Diese Kontrolle erfordert einen derart hohen Grad, dass Gesellschaft und Gesellschafter gerade gleichzusetzen sind. Für diese Schlussfolgerung ziehen die Gerichte unterschiedliche Anhaltspunkte heran.[691]

(1) Wirtschaftliche Beteiligung an der Gesellschaft

Maßgebliche Bedeutung für die Annahme einer Kontrolle der Gesellschaft kommt der konkreten Höhe des Anteilsbesitzes zu, die nicht nur anzeigt, in welchem Maß Gesellschafter die Meinungsbildung der Gesellschaft beeinflussen können, sondern auch wie stark dem jeweiligen Gesellschafter die Versicherungsleistung

---

689 D.I. Felsenthal Co v. Northern Assurance Co, 284 Ill 343; 120 NE 268 (1918); Northern Assurance Co v. Rachlin Clothes Shop, Inc, 32 Del 406, 125 A 184 (1924); Kimball Ice Co v. Hartford Fire Ins Co, 18 F2d 563 (CA 4, 1927); Miller & Dobrin Furniture Co. v. Camden Fire Ins. Co., 150 A.2d 276 (N.J. Superior Court 1959); Vicksburg Furniture Manufacturing Ltd. Aetna Casualty & Surety Co., 625, F2d 1167, 1170 (5th Circ. 1980); Continental Insurance Co. v. Gustav's Stable Club Inc., 211 Neb 1, 317 N.W.2d. 734 (1982).

690 Vicksburg Furniture Manufacturing Ltd. Aetna Casualty & Surety Co., 625, F2d 1167, 1170 (5th Circ. 1980).

691 Erlin-Lawler Enterprises, Inc. v. Fire Ins. Exchange 267 Cal App 2d 381, 73 Cal Rptr 182, (1968); Continental Ins Co v. Gustav's Stable Club, Inc, 211 Neb 1; 317 NW2d 734 (1982); Kimball Ice Co. v. Hartford Fire Ins. Co. (C.C.A. 4 1927) 18 F.2d 563, 565–566.

bei wirtschaftlicher Betrachtung mittelbar zukommen soll.[692] Daneben kann für ein wirtschaftliches Interesse an der Versicherungsleistung auch eine Stellung als maßgeblicher Gesellschaftsgläubiger von Bedeutung sein.[693]

(a) *Alleingesellschafter*

Ohne Weiteres nehmen Gerichte eine personelle Identität von Gesellschaft und Inhaber bei vollständigem Anteilsbesitz an. Er ist in der Rechtsprechung starkes Indiz dafür, dass die Gesellschaft lediglich von einer einzigen Person kontrolliert und beherrscht wird.[694] Insofern wird das Verhalten eines Alleingesellschafters einer Gesellschaft zugerechnet. Umgekehrt soll die Brandstiftung des Geschäftsführers nicht zu verantworten sein, wenn die Gesellschaft ohne Zustimmung oder Mitwirkung des alleinigen Gesellschafters stattgefunden hat.[695]

(b) *Mehrheits- und Minderheitsgesellschafter*

Komplizierter ist die Zulässigkeit eines Durchgriffs bei mehrgliedrigen, also aus mehreren Gesellschaftern bestehenden Gesellschaften. Abweichend von den allgemeinen Zurechnungsregeln lässt die Rechtsprechung einen Durchgriff bei mehrgliedrigen Gesellschaften unter bestimmten Voraussetzungen zu, wenn ein Gesellschafter die absolute Überlegenheit über die Angelegenheiten der Gesellschaft innehat. Da sich eine Beherrschung jedoch nicht aus einer anteiligen Beteiligung an der Gesellschaft allein ergeben soll, werden bei mehrgliedrigen Gesellschaften regelmäßig weitere Anhaltspunkte zusätzlich berücksichtigt.

---

692 Kirkpatrick v. Allemannia Ins. Co., 102 App. Div. 327, 92 N. X. Supp. 466; Meily v. London & Lancaster Ins. Co. (C. C.) 142 Fed. 873, on appeal 148 Fed. 683, 79 C. C. A. 454; D.I. Felsenthal Co. v. Northern Assurance Co., 284 Ill. 343, 120 N. E. 268 (1918), 1 A. L. R. 602.

693 D.I. Felsenthal Co. v. The Northern Assurance Co., Ltd., 284 Ill. 343, 120 N.E. 268 (1918).

694 Erlin-Lawler Enterprises Inc v. Fire Insurance Exchange, 267 Cal App 2d 381, 73 Cal Rptr 182 (1968); Shelby Mut. Ins. Co. v. Dual State Constr. Co. (1985) 75 NC App 330, 330 SE2d 508, cert den 314 NC 669, 335 SE2d 496. Imperial Kosher Catering, Inc. v. Travelers Indem. Co. (1977) 73 Mich App 543, 252 NW2d 509; Firemen's Mut. Ins. Co. v. Aponaug Mfg. Co. (1945, CA5 Miss) 149 F2d 359; Meily Co. v. London & L.F. Ins. Co. 142 Fed. 873, 79 C.C.A. 454, 148 Fed. 683 (1906) (3rd Cir.C.C.A.); D.I. Felsenthal Co. v. Northern Assurance Co., 284 Ill. 343, 120 N. E. 268, 1 A. L. R. 602 (1918).

695 Owl & Turtle Inc v. Travelers Indemnity Co, 554 F2d 196 (5th Cir. 1977).

(aa) Beschränkter Schutz von unbeteiligten Mitgesellschaftern

Typischerweise belastet ein Durchgriff, der zur Versagung des Versicherungsanspruchs einer Gesellschaft führt, die sonstigen, ggf. unbeteiligten Mitgesellschafter. Bei einer beherrschenden Stellung eines Mehrheitsgesellschafters sollen die übrigen Mitgesellschafter dennoch an dessen Verhalten gebunden sein,[696] da eine Gesellschaft sonst unter Berufung auf die Unschuld der Mitgesellschafter einen missbräuchlich ausgelösten Versicherungsanspruch sichern könnte, indem sie die alleinige Obhut über die versicherte Sache auf einen einzelnen Gesellschafter überträgt, ohne sich dessen Verhalten und Wissen zurechnen lassen zu müssen.[697]

(bb) Höhe der Gesellschaftsbeteiligung

Unterschiedlich beurteilt wird, welchen Umfang die wirtschaftliche Beteiligung an der Gesellschaft haben muss, damit ein Durchgriff auf einen Gesellschafter erfolgen kann.

Teilweise wird der Besitz beinahe sämtlicher („*substantially all*") Gesellschaftsanteile verlangt.[698] Andere Gerichte halten dagegen eine bestimmte Höhe für nicht erforderlich und damit einen Durchgriff sowohl bei Mehrheits- wie Minderheitsgesellschaftern für zulässig.

---

696 Vgl. United Gratiot Furniture Mart, Inc. v. Michigan Basic Property Insurance Association (1987) 159 Mich App 94, 406 NW2d 239 „*complete dominance and control over the affairs of the corporation*".

697 Vgl. Kimball Ice Co. v. Hartford Fire Ins. Co., 18 F.2d 563 (1927) (4th Circ. Ct. of App.) "If recovery could be had in the present instance, all that would be necessary would be to turn over the property of a corporation to the exclusive management and control of a single person, who could procure insurance fraudulently and effect the willful burning of the insured premises, and assert a mere claim of innocence on the part of those interested in the company, who would thereby secure the benefit of the direct fraud".

698 Cora Pub Inc. v. Continental Casualty Co, 619 F2d 482 (5th Ci Fla 1980) reh den 629 F2d 1349 (5th Cir. 1980); Danish Inn, Inc. v. Drake Ins. Co. of New York, 126 Mich App 349, 337 NW2d 63 (1983) (für Mehrheitsgesellschafter); Erlin-Lawler Enterprises Inc v. Fire Insurance Exchange, 267 Cal App2d 381, 73 Cal Rptr 182 (1968); Fidelity-Phenix F. Ins. Co. v. Queen City Bus & Transfer Co. (1925, CA4 Md) 3 F2d 784 (keine Zurechnung bei 25%-iger Beteiligung); Moss & Son Inc v. Continental Casualty Co, 629 F2d 1350 (5th Cir. 1980); Vicksburg Furniture Manufacturing Ltd. Aetna Casualty & Surety Co., 625, F2d 1167, 1170 (5th Circ. 1980).

In *Miller & Dobrin Furniture Co. v. Camden Fire Ins. Co.*[699] ließ das Gericht einen Durchgriff bei einem nur zu 50 % an der Gesellschaft beteiligten Gesellschafter zu. Es stützte sich darauf, dass der Gesellschafter in der Höhe seiner Gesellschaftsbeteiligung von einer Zahlung der Versicherungssumme substantiell profitieren würde. Das Festhalten an einer bestimmten Höhe der gehaltenen Gesellschaftsanteile lehnte es ab, da anderenfalls der mittelbare wirtschaftliche Nutzen des Gesellschafters an der Versicherungssumme unberücksichtigt bliebe.[700] Wörtlich heißt es:

> "To hold that the rule does not apply in this case because [the shareholder] owned only 50 % of the stock, instead of all or practically all of it, would enable him to profit by his own wrongdoing to the extent of 50 % of the amount of the recovery. This would render a salutary principle of law ineffective. The rule should be applied after consideration not only of the stock situation, but of all other pertinent facts."[701]

Einige Gerichte ließen auch einen Durchgriff auf Minderheitsgesellschafter zu, die jedoch zusätzlich als Organ oder Vertreter der Gesellschaft tätig waren. So wurde etwa in *Kimball Ice Co. v. Hartford Fire Ins. Co.*[702] das Verhalten eines Gesellschafters berücksichtigt, der nur im Besitz eines Viertels der Gesellschaftsanteile war, aber dafür als Generaldirektor (*general manager*) die Gesellschaftsangelegenheiten vollständig in den Händen hielt.[703] Ähnlich zog in *Gratiot Furniture Mart, Inc. v. Mbpia*[704] das Gericht das Verhalten eines Gesellschafters heran, der mit lediglich 44 % die meisten Gesellschaftsanteile hielt, zusätzlich aber als Vorstandsvorsitzender tätig war.

(2) Kontrolle über die Geschäftsführung

Als weiteres Indiz für die beherrschende Stellung eines Gesellschafters wird die Kontrolle der Geschäftsführung herangezogen. Tatsächlich liegt mehreren der Durchgriffsentscheidungen Sachverhalte zugrunde, in denen der maßgeblich

---

699 Miller & Dobrin Furniture Co. v. Camden Fire Ins. Co., 150 A.2d 276 (N.J. Superior Court 1959).

700 Miller & Dobrin Furniture Co. v. Camden Fire Ins. Co., 150 A.2d 276 (N.J. Superior Court 1959).

701 Miller & Dobrin Furniture Co. v. Camden Fire Ins. Co., 150 A.2d 276 (N.J. Superior Court 1959).

702 Kimball Ice Co. v. Hartford Fire Ins. Co., 18 F.2d 563 (1927) (4th Circ. Ct. of App.).

703 Ebenso Vicksburg Furniture Mfg, Ltd v. Aetna Casualty & Surety Co, 625 F2d 1167 (CA 5, 1980).

704 United Gratiot Furniture Mart, Inc. v. Mbpia, 406 N.W.2d 239, 243, 244 (159 Mich. Ct. App. 1987).

handelnde Gesellschafter zugleich für die Gesellschaft geschäftsführend oder in sonstiger Weise tätig (z.B. *president*, *director* oder *officer*).[705]

Treffe ein mit der Geschäftsführung beauftragter Gesellschafter für den Versicherungsschutz nachteilige Entscheidungen, sprechen Gerichte den Mitgesellschaftern die Schutzwürdigkeit ab. Der Schutz ihrer Interessen hänge maßgeblich von den Entscheidungen der jeweiligen Geschäftsführung ab.[706] Beschließe daher ein geschäftsführender Gesellschafter, Gesellschaftseigentum zu zerstören und die Versicherungsleistung unter Vorspiegelung falscher Tatsachen zu beanspruchen, sei dies eine unternehmerische Entscheidung, die der Gesellschaft anzulasten ist. Entsprechendes gelte, wenn eine solche Maßnahme von der Mehrheit der Gesellschafter beschlossen werde.

> "Those in a corporation who have charge of its control are supposed to manage its assets in the way they regard as most advantageous to its welfare. If instead for instance of selling the personal property for profit, those who do the thinking and planning for the corporation think it best to burn it up and collect much more than its value from an insurance company, in our judgment all that need be said about the matter is that such is the manner in which the responsible management deems it best to handle the corporate affairs".[707]

Daneben kann eine Kontrolle über die Geschäftsführung auch faktisch ausgestaltet sein. Es kommt also nicht zwangsläufig darauf an, ob der Gesellschafter zugleich im Rahmen einer Organstellung geschäftsführend für die Gesellschaft tätig ist. Sie kann auch dadurch indiziert sein, dass bis auf den maßgeblichen Gesellschafter keine weiteren Gesellschafter eine aktive Rolle im Wirken der Gesellschaft einnehmen.[708]

---

705 Meily Co. v. London & L.F. Ins. Co. 142 Fed. 873, 79 C.C.A. 454, 148 Fed. 683 (1906) (3rd Cir.C.C.A.) ("president and sole shareholder"); Merchants Ins. Co. v. Lilgeomont Ins., 84 Fed. 2.d. 685 (5th Cir. 1936) ("president and sole shareholder").

706 United Gratiot Furniture Mart, Inc. v. Michigan Basic Property Insurance Association (1987) 159 Mich App 94, 406 NW2d 239 "In other words, the value of a noncontrolling interest in a corporation is always largely dependent on the judgments and choices which the controlling faction makes".

707 Northern Assurance Co v. Rachlin Clothes Shop, Inc, 32 Del 406, 125 A 184 (1924); ebenso United Gratiot Furniture Mart, Inc. v. Michigan Basic Property Insurance Association (1987) 159 Mich App 94, 406 NW2d 239.

708 United Gratiot Furniture Mart, Inc. v. Michigan Basic Property Insurance Association (1987) 159 Mich App 94, 406 NW2d 239.

(3) Billigung der Gesellschaft

Einen anderen Ansatz verfolgen hingegen Gerichte, die einen Durchgriff mit der Kenntnis und Billigung der Gesellschaft begründen. So ist z.B. in *Crown Colony Distributors Inc v. United States Fire Insurance Co.* eine Zurechnung zugelassen worden, weil das Geschäftsführungsorgan der maßgeblichen Handlung des Gesellschafters zugestimmt bzw. an ihr selbst teilgenommen hat.[709] In *Miller & Dobrin Furniture Co. v. Camden Fire Ins. Co* rechnete das Gericht einer Gesellschaft das betrügerische Verhalten ihres Gesellschafters sogar mit der Begründung zu, dass die Mitgesellschafter dieses Verhalten wegen des Fehlens von Gesellschafterversammlung und einer geordneten Buchführung, mithin einer unzureichenden Kontrolle des maßgeblich handelnden Gesellschafters gebilligt hätten.[710]

b) Durchgriff ablehnende Rechtsprechung

Die Heranziehung des Durchgriffs im Versicherungsrecht begegnet sowohl grundsätzlicher Kritik, als auch alternativen Lösungsansätzen.

Bereits im Jahr 1924 hat der *Supreme Court of Delaware* in seiner Entscheidung *Northern Assurance v. Rachlin Clothes Shop*[711] an der Idee eines zurechnungsrechtlichen Durchgriffs Kritik geübt und einen Durchgriff nach den Vorstellungen der bisherigen Rechtsprechung abgelehnt. Impraktikabel sei vor allem das Kriterium der Gesellschaftsbeteiligung.[712] Vor allem bei mehrgliedrigen Gesellschafen wäre unklar, wie viele Gesellschafter an einer Handlung teilnehmen müssten, um von einem beträchtlichen Teil sprechen zu können, ob hierfür eine einfache Mehrheit genügt oder ein konkreter prozentualer Anteil notwendig ist.[713]

---

709 Crown Colony Distributors Inc v. United States Fire Insurance Co, 510 F 2d 544 (5th Cir Fl 1975); ähnlich auch Charles Stores, Inc. v. Aetna Ins. Co., 428 F.2d. 989, 992 (5th Cir. 1970) für den Vizepräsidenten und Director.

710 Miller & Dobrin Furniture Co. v. Camden Fire Ins. Co., 150 A.2d 276 (N.J. Superior Court 1959) "[I]t must also be found that […] he dominated the affairs of the plaintiff and that the other officers, directors and stockholders permitted him so to do, thereby becoming legally bound by his acts".

711 Northern Assurance Co v. Rachlin Clothes Shop, Inc, 32 Del 406, 125 A 184 (1924).

712 Northern Assurance Co v. Rachlin Clothes Shop, Inc, 32 Del 406, 125 A 184 (1924) „The suggested rule is highly impracticable".

713 Northern Assurance Co v. Rachlin Clothes Shop, Inc, 32 Del 406; 125 A 184 (1924) "To the suggestion that if the view contended for be accepted it would be difficult to formulate a legal principle governing recovery by corporations against insurance companies where some, but not all, of the stockholders are guilty of the willful burning,

> "What proportion of the stockholders, for instance, would have to be shown as participating in the act in order to make them ‚substantially all'? Would a mere majority suffice? If not, what percentage above fifty and below one hundred would suffice? What right would ninety-nine per cent. possess to so misbehave as to defeat the rights of an innocent one per cent. Which reason would deny to the latter by a like misbehavior to defeat the former? Rights cannot be made to thus turn on comparative numerical strength."

Wolle man mit dem Durchgriff die Zurechnungsregeln der partnership auf die corporation übertragen, wonach das Verhalten der partner wechselseitig zugerechnet wird, sei zudem eine von der Größe der Gesellschaftsbeteiligung abhängige Verhaltenszurechnung unvereinbar.[714]

Dagegen scheiterte in mehreren Entscheidungen ein Zurechnungsdurchgriff am Beweis der beherrschenden Stellung der Gesellschafter im Einzelfall.[715] Einige Gerichte befürworten zwar im Grundsatz eine Verantwortlichkeit für Gesellschafter, lehnen jedoch einen Durchgriff auf Grundlage einer beherrschenden Stellung ab. In *K & T Enterprises, Inc. v. Zurich Insurance Company* lehnte das Gericht einen Durchgriff ab, da die hohen Anforderungen an den Durchgriff und die Beweisbarkeit einer beherrschenden Stellung für den Versicherer zu einem „moral hazard"-Problem führen könne, weil versicherten Unternehmen durch Einschaltung von Gesellschaftern, denen die notwendige beherrschende Stellung fehlt, die Versicherungsbedingungen umgehen könnten.[716]

First, that the company could have relief in equity against the payment of so much of the money as would represent the share of the guilty stockholders, and, second, that a mere majority might be held to constitute such a substantial number as would defeat altogether any right to recover."

714 Northern Assurance Co v. Rachlin Clothes Shop, Inc, 32 Del 406; 125 A 184 (1924).

715 Vgl. z.B. Erlin-Lawler Enterprises Inc v. Fire Insurance Exchange, 267 Cal App 2d 381, 73 Cal Rptr 182 (1968); Fidelity-Phenix Fire Ins. Co of New York v. Queen City Bus & Transfer Co, 3 F2s 784 (CA, 1925); Firemen's Mut. Ins. Co. v. Aponaug Mfg. Co. (1945, CA5 Miss) 149 F2d 359.

716 K & T Enterprises, Inc., D/B/A Dairy Queen of Blissfield, and Tahani Khoury v. Zurich Insurance Company, Cross-Appellee, 97 F.3d 171 (6th Cir. 1996): "First, it will be extremely difficult for any insurance company to demonstrate that an arsonist had complete control over a corporation. This is especially true in a corporation with a sizable management staff. [...] Second, such a rule would encourage some corporate officers deliberately to remain blissfully ignorant of any plans for arson by other corporate officers. Third, such a rule gives an incentive to a financially-distressed corporation plotting arson of the corporate property to disperse control, or perhaps create formal titles giving the impression of dispersed control, in order to insure that fire insurance proceeds can be collected later. Fourth, and most distressingly, by making

Daher wird einem Durchgriff teilweise eine Verhaltenszurechnung vorgezogen, die sich auf die ausdrückliche oder vermutete Zustimmung der Gesellschaft zum Gesellschafterverhalten stützt. Dabei soll der Beweis hinsichtlich einer solchen Zustimmung oder eines kollusiven Zusammenwirkens durch Indizienbeweis (*circumstancial evidence*) möglich sein.[717] So ist in der Rechtsprechung etwa die Einstellung der Geschäftstätigkeit, eine finanzielle Notlage der Gesellschafter und sogar die Übersicherung der versicherten Sache als Indiz für die Billigung der vorsätzlichen Herbeiführung des Versicherungsfalls durch die Gesellschaft gewertet worden.[718]

c) *Auseinandersetzung mit dem Durchgriff in der Literatur*

Der Gedanke eines Durchgriffs im Versicherungsrecht wird auch von der Literatur mehrfach angeführt.

Ballantine hat sich schon im Jahr 1926 unter Berufung auf die damalige Durchgriffsrechtsprechung in *Kirkpatrick v. Allemannia*[719] und *Meily Co. v. London*[720] dafür ausgesprochen, dass ein Durchgriff zur Berücksichtigung von Gesellschafterverhalten erfolgen müsse, wenn die Anerkennung rechtlicher Selbstständigkeit und eines Anspruchs auf Versicherungsleistung Unrecht verwirklichen

---

it more difficult for insurance companies to deny liability in cases of arson, it is clear that the ultimate effect of this rule would be to encourage arson for profit. In the language of the economics of insurance, a broad reading of United Gratiot expands the potential for moral hazard problems. […] Moral hazard problems increase the costs of providing insurance and therefore the premiums that law-abiding insureds must pay. There is no reason to encourage this shifting of costs."

717 Cora Pub Inc v. Continental Casualty Co, 619 F2d 482 (5th Cir Fla 1980) reh den (request for rehearing denied) 629 F2d 1349 (5th Cir. 1980); Don Burton, Inc. v. Aetna Life & Cas. Co., 575 F.2d 702 (9th Cir. 1978); Crown Colony Distributors, Inc. v. United States Fire Ins. Co., 510 F.2d 544 (5th Cir. 1975); Jamaica Time Petroleum, Inc. v. Federal Ins. Co., 366 F.2d 156 (10th Cir. 1966). Cf., Sullivan v. American Motorist Ins. Co., 605 F.2d 169 (5th Cir. 1979); vgl. Robert Michael Ey, Cause of Action Against Insurer to Recover Benefits for Fire Loss, 15 COA (Causes of Action) 213, § 14.

718 Crown Colony Distributors Inc v. United States Fire Insurance Co, 510 F2d 544 (5th Cir Fla 1975); Vicksburg Furniture Manufacturing Ltd v. Aetna Casualty & Surety Co, 625 F2d 1167 (5th Cir. 1980); Cora Pub Inc v. Continental Casualty Co, 619 F2d 482 (5th Cir Fla 1980) reh den (request for rehearing denied) 629 F2d 1349 (5th Cir. 1980).

719 Kirkpatrick v. Allemannia Ins. Co., 102 App. Div. 327, 92 N. X. Supp. 466.

720 Meily Co. v. London & L.F. Ins. Co. 142 Fed. 873, 79 C.C.A. 454, 148 Fed. 683 (1906) (3rd Cir. C.C.A.).

würde.[721] Demnach sollte ein Durchgriff bei der vorsätzlichen Herbeiführung des Versicherungsfalls durch Gesellschafter ausnahmsweise gerechtfertigt sein, damit der Versicherer gegenüber einer versicherten Gesellschaft seine Leistung verweigern könne.[722]

An diesen Unrechtsgedanken knüpft auch *Fuller* an, der die Anwendung des Durchgriffs für denkbar hält, wenn anderenfalls Betrugsfälle begünstigt würden.[723] Noch weiter geht *Cataldo*, der mit einem Durchgriff auf das Verhalten der Gesellschafter nicht nur Missbrauch im Allgemeinen vermeiden will, sondern auch dass unter Berufung auf die Gesellschaftsform gesetzliche wie vertragliche Normen und Verpflichtungen umgangen werden können.[724] Maßgeblich sei hierzu auf das Verhalten der alleinigen sowie beherrschenden Gesellschafter abzustellen.[725]

Mit der Zunahme der entsprechenden Rechtsprechung hat auch das Schrifttum sich eingehender mit den versicherungsrechtlichen Wertungen und konkreten Voraussetzungen auseinandergesetzt. Größte Beachtung hat dabei der Versicherungsmissbrauch durch die Brandstiftung eines Gesellschafters gefunden.[726] *Horowitz*[727] stellt im Wesentlichen auf eine wirtschaftliche Betrachtungsweise ab und hält für einen Durchgriff auf das Verhalten des Gesellschafters erforderlich, wenn dieser den Versicherungsfall hervorruft und selbst von der ausgezahlten Versicherungssumme wirtschaftlich profitieren wird.[728] Dagegen hält *Scearce* unter Berufung auf die Entscheidung *Owl & Turtle, Inc. v. Travelers Indemnity Co.*,[729] in welcher der 5th Circuit Court of Appeal mangels Gesellschafterstellung einer die Gesellschaft faktisch beherrschenden Person ablehnte,

721 *Ballantine*, 14 Cal. L. Rev. (1925) 12, 20.

722 *Ballantine*, 14 Cal. L. Rev. (1925) 12, 20 ("If the sole shareholder of a corporation sets fire to its property in order to get the insurance, his act would be a defense to a suit for the insurance"); ebenfalls *E. O. E.*, 13 Cal. L. Rev. No. 3, 239 f. ("The most striking case in which the corporation is held bound by the acts of its sole stockholder is when the sole stockholder sets fire to the corporate property to obtain the insurance. The corporation will, of course, be denied recovery on the insurance policy.").

723 *Fuller*, 51 Harv. L. Rev. (1938) 1373, 1402.

724 *Cataldo*, 18 LCP 473, 480–481 (Fall 1953).

725 *Cataldo*, 18 LCP 473, 480–481 (Fall 1953).

726 Zu den unterschiedlichen Rechtsprechungsansätzen *Murphy/Maneval*, 7 Fordham Urb. L.J. 541, 607–609 (1978–1979).

727 *Horowitz*, 15 Wash. L. Rev. (Vol. 14, 1939) 285.

728 *Horowitz*, 15 Wash. L. Rev. (Vol. 14, 1939) 285.

729 Owl & Turtle, Inc. v. Travelers Indemnity Co., 554 F.2d 196 (5th Cir. 1977).

die beiden Durchgriffskriterien „Kontrolle der Gesellschaft“ und „Gesellschafterstellung“ für zwingend, konstatiert jedoch, dass diese vor allem bei close corporations häufig zusammenfallen.[730] Da vielfach diskutiert wird, wie stark diese beiden Kriterien ausgeprägt sein müssen,[731] schlägt *Reid*[732] die Gesamtabwägung beider Kriterien vor.

Einen gänzlich anderen Lösungsansatz schlägt *Karp*[733] ein, demzufolge die wahre Lösung des Problems anstelle des Durchgriffs als „common law principle“ in der Auslegung der jeweiligen Versicherungsbedingungen liegt.[734]

3. *Zwischenergebnis*

Rechtsvergleichend ist festzustellen, dass sich in Fragen der Zurechnung neben rechtsformbedingten Unterschieden größere Gemeinsamkeiten der deutschen und US-amerikanischen Rechtsordnung ausmachen lassen, als in den bisher untersuchten Anwendungsbereichen des Durchgriffs. Diese Feststellung betrifft vor allem die in beiden Rechtsordnungen jeweils geltende Ausgangslage, dass im Rahmen eines Versicherungsverhältnisses, freilich mit jeweils unterschiedlicher dogmatischer Begründung, eine Verantwortlichkeit der Gesellschaft im Grundsatz vor allem für ihre geschäftsführenden Gesellschafter besteht, dagegen für einfache Gesellschafter nur ausnahmsweise eingreifen soll.

Aufschlussreich ist die Rechtslage in den USA insbesondere im Hinblick auf die Durchgriffspraxis in Zurechnungsfragen. Die zahlreiche Rechtsprechung verdeutlicht nicht nur die große praktische Relevanz und Anerkennung dieser Durchgriffsform im Versicherungsrecht. Sie beleuchtet zugleich mit der Literatur die tragenende Wertungsgesichtspunkte und Voraussetzungen eines solchen Zurechnungsdurchgriffs auf Gesellschafter ähnlich eingehend, wie entgegenstehende rechtliche Vorbehalte gegen eine Zurechnung hinsichtlich einfacher Gesellschafter im Versicherungsrecht. Soweit ein Durchgriff für zulässig gehalten wird, lassen sich unter den unterschiedlichen Durchgriffsentscheidungen im Wesentlichen drei Kriterien erkennen: eine maßgebliche, wirtschaftliche Beteiligung an der Gesellschaft (Allein- oder Mehrheitsgesellschafter), die Kontrolle über die Geschäftsführung sowie die Billigung der Gesellschaft bzw. Mitgesellschafter. Diese Kriterien können im Einzelfall unterschiedlich stark ausgeprägt

730 *Scearce*, 47 UMKC Law Review 389, 402 (1993–1995).
731 Dazu im Allgemeinen *Pate*, 33 Tort & Insurance Law Journal 659, 671 (1998).
732 *Reid*, 11 Ala. L. Rev. 338 (1958–1959).
733 *Karp*, 22 SPG-Brief 9, 15 (1992–1993).
734 *Karp*, 22 SPG-Brief 9, 15 (1992–1993).

sein, müssen für die ausnahmsweise Anwendung eines Durchgriffs aber in der Regel kumulativ erfüllt sein.

II. Zulässigkeit eines Zurechnungsdurchgriffs auf Gesellschafter

Für Deutschland wird, anders als bei den bisher untersuchten Anwendungsbereichen eines Durchgriffs, ein Zurechnungsdurchgriff im Hinblick auf versicherungsrechtliche Tatbestände seit längerem diskutiert, jedoch kaum eingehend betrachtet. Umso mehr stellt sich daher die Frage, wie, wann und unter welchen Voraussetzungen ein Zurechnungsdurchgriff im Versicherungsrecht zulässig ist und inwieweit die Erkenntnisse aus den USA auf die Rechtslage in Deutschland übertragbar sind.[735] Diese Fragen gilt es zunächst – soweit noch ohne konkreten Normbezug möglich – abstrakt zu klären, bevor die Zulässigkeit des Zurechnungsdurchgriffs anschließend mit Blick auf ausgewählte Anwendungsbereiche untersucht wird.

1. Praktische Relevanz

Ein Zurechnungsdurchgriff auf Gesellschafter wird für das Versicherungsrecht beider Rechtsordnungen schon seit den Anfängen der Durchgriffsdiskussion in Erwägung gezogen.

a) Relevanz bei Versicherungsmissbrauch

Dass das Versicherungsrecht sogar als „*vortrefflicher Beleg für die Relativität der ‚juristischen Person*‘“[736] angesehen wird, dürfte wohl im Wesentlichen mit seiner Anfälligkeit für Missbrauchsfälle, dem klassischen Anwendungsbereich des Durchgriffs, zu erklären sein. Tatsächlich stellt sich das Problem des Versicherungsmissbrauchs in besonderem Maße,[737] da das Bestehen des Versicherungsanspruchs u.a. von der jeweiligen Risikodefinition und der Einhaltung von Obliegenheiten abhängt und daher für versicherte Personen ein wirtschaftlicher Anreiz besteht, einen Versicherungsanspruch erst durch Umgehung der jeweiligen Risikoausschlüsse zu erlangen.

---

735 Hierzu *v. Kossak*, ZVersWiss 2015, 635 ff.

736 *Ehrenzweig*, Versicherungsvertragsrecht, S. 192.

737 Zu den tatsächlichen und wirtschaftlichen Hintergründen des Versicherungsbetruges, vgl. *Biersack*, S. 3 ff.

b) Relevanz bei Einhaltung von Obliegenheiten

Das angesprochene Missbrauchsrisiko wird überwiegend mit dem subjektiven Risikoausschluss der Herbeiführung des Versicherungsfalles gem. § 81 VVG in Verbindung gebracht. Hierauf beschränkt sich die Bedeutung des Zurechnungsdurchgriffs aber nicht. Er ist in besonderem Maße auch – was bislang weniger Beachtung gefunden hat – bei der Einhaltung von Obliegenheiten in sämtlichen Stadien des Versicherungsverhältnisses relevant, d.h. von fälschlichen Angaben bei der Antragstellung bis hin zur Schadensbearbeitung.

Während bei Risikoausschlüssen für einen bestimmten Sachverhalt bereits kein Versicherungsschutz besteht, kann der Versicherungsnehmer bzw. Versicherte unter bestimmten Voraussetzungen seinen Versicherungsanspruch ganz oder teilweise verlieren, wenn er die mit Obliegenheiten verbundenen „Verhaltenspflichten“ verletzt. Der wesentliche Zweck von Obliegenheiten besteht somit u.a. darin, den Versicherungsnehmern im Interesse des Versicherers und der Versichertengemeinschaft zu einer Verhaltensdisziplin anzuhalten.[738] Die Erfüllung von Obliegenheiten liegt damit – mag sie auch keine einklagbare schuldrechtliche Pflicht sein – im eigenen Interesse des Versicherungsnehmers bzw. des Versicherten, mithin der Gesellschaft.

2. Methodische Verankerung

In methodischer Hinsicht ist das kontroverse Spannungsverhältnis „Durchgriff ja oder nein“[739] am ehesten aufzulösen, indem der Zurechnungsdurchgriff als ggf. ergänzende Auslegung der gesetzlichen Tatbestände im VVG sowie der jeweiligen AVB zu sehen ist.

Im Gegensatz zu den USA, wo der Durchgriff überwiegend institutionalisiert wird, stellt nach der hier vertretenen Normzwecklehre der Zurechnungsdurchgriff gerade kein eigenständiges Rechtsinstitut dar, sondern lediglich das Ergebnis einer am jeweiligen Normzweck orientierten Normauslegung und Normanwendung. Eine Verantwortlichkeit für einfache Gesellschafter ergibt sich demnach aus der Auslegung oder Rechtsfortbildung der konkreten gesetzlichen oder vertraglichen Norm, die Verhalten oder Wissen voraussetzt, soweit es der konkrete Normzweck erfordert.

Diese methodische Verankerung des Zurechnungsdurchgriffs beantwortet zugleich die Frage nach dem Konkurrenzverhältnis zu den dargestellten

---

738 Looschelders/Pohlmann/*Pohlmann*, § 28 Rn. 1; ähnlich zu § 6 VVG a.F.: Motive, S. 80.
739 *Buck-Heeb*, S. 308.

allgemeinen Zurechnungsgrundsätzen, indem er lediglich subsidiär Anwendung findet, d.h. erst, wenn eine Zurechnung nicht bereits nach den übrigen Grundsätzen der Repräsentantenhaftung erfolgen kann. Diesem Fall, dass Gesellschafter gerade nicht der Repräsentantenhaftung unterfallen, widmet sich die nachfolgende Untersuchung.

3. *Bestehen einer Regelungslücke als Voraussetzung*

Grundsätzlich beziehen sich subjektive Risikoausschlüsse und Obliegenheiten hauptsächlich auf den Versicherungsnehmer. Entsprechendes gilt im Falle entsprechender AVB-Klauseln. Fremdes, d.h. anderes Verhalten und Wissen als das des Versicherungsnehmers ist nur dann relevant, wenn dieser hierfür nach den oben dargestellten Grundsätzen der Zurechnung verantwortlich ist.

Es wurde bereits gezeigt, dass Gesellschafter in der Regel nicht Versicherungsnehmer des von ihrer Gesellschaft abgeschlossenen Versicherungsvertrages sind. Auch sind sie nur eingeschränkt von den Zurechnungsgrundsätzen erfasst. Deckungsschädliches Verhalten der Gesellschafter hat die Gesellschaft demnach nur gegen sich gelten zu lassen, wenn der jeweilige Gesellschafter die Stellung eines Organs (§ 31 BGB) oder (Mit-)Versicherten innehat. So sind z.B. die gesetzlichen Vertreter juristischer Personen bzw. geschäftsführungsbefugten Gesellschafter von (Außen-)Personengesellschaften anerkanntermaßen mit den Obliegenheiten des Versicherungsnehmers unmittelbar belastet.[740] Daneben greifen die Zurechnungsgrundsätze des Versicherungsrechts. Die Gesellschaft als Versicherungsnehmerin ist demnach verantwortlich für das Verhalten des Repräsentanten sowie auch das Wissen bzw. Wissenserklärungen des Wissensvertreters und Wissenserklärungsvertreters. Eine Zurechnung bei einfachen Gesellschaftern findet darüber hinaus – auch unter Zuhilfenahme dispositiven Rechts – regelmäßig nicht statt.

Der Ausschluss einfacher Gesellschafter von der Zurechnung als Regelfall entspricht dem gesetzlichen Trennungsprinzip und damit der Intention des Gesetzgebers sowie dem regelmäßigen Parteieninteresse. Eine Regelungslücke ist damit weder in Gesetz noch Versicherungsverträgen zu erkennen.

Anders ist die Frage nach einer Regelungslücke im Hinblick auf solche Gesellschafter zu beantworten, die aufgrund ihrer tatsächlich oder wirtschaftlich beherrschenden Stellung faktische Macht über die Gesellschaft ausüben können.

---

740 RGZ 66, 181, 184 f.; BGH VersR 1953, 316, 317; Prölss/Martin/*Armbrüster*, § 28 Rn. 85.

Eine solche beherrschende Stellung spiegelt gerade nicht das Trennungsprinzip wieder. Ob ein pauschaler Ausschluss von jeder Form der Zurechnung – außerhalb der oben dargestellten Zurechnungsgrundsätze – hier dem Willen des Gesetzgebers sowie dem Parteiinteressen noch entspricht, ist daher zweifelhaft. Näherliegender ist, dass dieser Fall von dem grundsätzlichen Zurechnungskonzept in Gesetz und Vertrag schlichtweg nicht berücksichtigt worden ist. Insofern ist vielmehr von einer offenen Regelungslücke im VVG und ggf. in AVB auszugehen, die unter Würdigung des Norm- bzw. Regelungszwecks sowie des Willens des Gesetzgebers oder der Interessenslage und des hypothetischen Willens der Parteien geschlossen werden kann.

4. Analyse der allgemeinen Interessenslage

Um sich der Schließung der beschriebenen Regelungslücke anzunähern, gilt es im Folgenden bereits die allgemeine Interessenslage der beteiligten Personen herauszuarbeiten. Diese Analyse betrifft zunächst die abstrakte Frage, ob eine Verantwortlichkeit für Gesellschafter der allgemeinen Interessenslage entspricht, während eine genauere Untersuchung in Bezug auf ausgewählte Anwendungsbereiche an späterer Stelle norm- bzw. regelungszweckbezogen erfolgen wird.

In der Gesamtschau der beteiligten Interessen zeigt sich bereits, dass die Verantwortlichkeit der Gesellschaft für ihrer maßgeblichen Gesellschafter insbesondere dem Interesse des Versicherers und der Versichertengemeinschaft entspricht.

a) Interesse des Versicherers

Die Ausdehnung der Einstandspflicht auf Gesellschafter liegt vordergründig im Interesse des Versicherers. Sein Interesse ist darauf gerichtet, Versicherungsschutz nur im Rahmen der vereinbarten AVB zu gewähren und vor der Umgehung dieser Versicherungsbedingungen durch Dritte geschützt zu werden. Dabei entspricht es regelmäßig seinem Interesse, dass das versicherte Risiko weder vom Versicherungsnehmer beeinflusst wird, noch von anderen Personen, die der Sphäre des Versicherungsnehmers zuzuordnen sind.

Für den Versicherer ist zudem das Regressrisiko von Bedeutung. Führt z.B. ein maßgeblicher Gesellschafter als „Dritter" grob fahrlässig einen Versicherungsfall herbei und steht der Gesellschaft als Versicherungsnehmerin gegen diesen Gesellschafter ein Regressanspruch zu, so geht gem. § 86 Abs. 1 S. 1 VVG dieser Anspruch insoweit auf den Versicherer über, wie er den Schaden ersetzt. Der Versicherer bleibt somit zur Versicherungsleistung verpflichtet, muss aber beim Gesellschafter Regress nehmen. Bei einem Regress ist der Versicherer dem

Insolvenzrisiko des Gesellschafters vollständig ausgesetzt. Dieses mag bei der Versicherung einer Handelsgesellschaft durchaus höher sein, wenn der Versicherer einen substantiellen Schaden zu ersetzen hat, und der Gesellschafter nicht seinerseits einen ausreichenden Versicherungsschutz oder Privatvermögen vorhalten kann. Dieses Regressrisiko wird umgangen, wenn z.B. das Verhalten des Gesellschafters der versicherten Gesellschaft zugerechnet werden kann und der Versicherer seine Leistungspflicht gem. § 81 Abs. 2 VVG anteilig entsprechend dem Verschuldensgrad kürzen kann.

Im Rahmen von Obliegenheiten ist zudem der Schutz der Versicherten- bzw. Gefahrengemeinschaft als dem „Kollektiv der Versicherten" zu berücksichtigen.[741] Ihm kommt Bedeutung im Rahmen von Obliegenheiten zu, die auch als Bedingung[742] für die Garantiefunktion der Gefahrengemeinschaft verstanden werden können,[743] da der vom Versicherer versprochene Risikoausgleich maßgeblich durch das Kollektiv der Versicherten getragen wird, weshalb ein grenzenloser Versicherungsschutz auch insofern nicht interessensgerecht ist.[744]

b) *Interesse der Gesellschaft*

Dem Interesse der Gesellschaft als Versicherungsnehmerin entspricht die Ausdehnung ihrer Verantwortlichkeit grds. nicht. Sie begehrt eine möglichst umfassende Deckung von Risiken. Die Ausweitung der Zurechnungsgrundsätze entwertet insofern den Versicherungsschutz und verändert das wirtschaftliche Verhältnis zur Versicherungsprämie.[745]

Eine Gesellschaft als Versicherungsnehmer verliert jedoch hinsichtlich dieses Interesses dann an Schutzwürdigkeit, wenn sie zulässt, dass ihre Gesellschaft auf

---

741 Es entsteht durch das Zusammenfassen einer Vielzahl gleichartiger Risiken mit dem Ziel eines Risikoausgleichs nach dem Gesetz der großen Zahl, s. dazu grundlegend Bruck/*Möller*, 8. Aufl., § 1 Anm. 4, 40 ff.; *Prölss*/Martin Vorbem. II Rn. 1; *Deutsch*, Rn. 13; *Scherpe*, S. 128.

742 *R. Schmidt*, Obliegenheiten, S. 203 f. spricht gar von *„versicherungstechnischen Spielregeln"*. Freilich ist hiermit nichts über die Rechtsnatur der Obliegenheit gesagt, die äußerst streitig sind.

743 Zur Gefahrengemeinschaft als Grundlage versicherungsrechtlicher Obliegenheiten Bruck/Möller/*Möller*, 8. Aufl., § 6 Anm. 5; *Schmidt-Hollburg*, S. 6; vertiefter *Scherpe*, S. 228.

744 Dieser Umstand wird etwa bei den vorvertraglichen Anzeigepflichten deutlich, die darüber entscheiden, ob und zu welchen Konditionen der Versicherungsnehmer in das Kollektiv aller Versicherungsnehmer aufgenommen wird, vgl. *Scherpe*, S. 220, 235.

745 *Schirmer*, Repräsentantenbegriff, S. 7.

das versicherte Risiko Einfluss nehmen oder zugreifen kann. In diesen Fällen dürfte sie den Einwand einer unangemessenen Benachteiligung nicht berechtigterweise erheben dürfen.

c) Interesse der Gesellschafter

Zuletzt ist auch das Interesse der Gesellschafter, zumindest mittelbar, zu berücksichtigen. Die Gesellschafter prägen einerseits das Interesse der Gesellschaft, bei ihnen lässt sich daneben aber andererseits auch ein eigenes, individuelles Interesse feststellen. Im Hinblick auf die Einbeziehung in den Versicherungsschutz wurde bereits herausgearbeitet, dass der einzelne Personen-, wie auch Kapitalgesellschafter *„aufgrund seines Innenverhältnisses zur Gesellschaft, […] die berechtigte Erwartung hegen [kann], dass ihm der Schutz der abgeschlossenen Kaskoversicherung zugute kommt"*[746]. Dieses Interesse dürfte auch umfassen, dass der einzelne Gesellschafter gerade nicht als Dritter behandelt werden und ggf. einem Regress des Versicherers ausgesetzt sein will.

Für die Frage der Verantwortlichkeit der Gesellschaft hat dies folgende Konsequenz: will und darf der einzelne Gesellschafter am Versicherungsschutz der Gesellschaft teilhaben, so kann er auf der anderen Seite nicht von der Einhaltung subjektiver Risikoausschlüsse und Obliegenheiten ausgenommen sein. Andernfalls würde die Gefahr geschaffen, dass genau diese Verhaltensanforderungen durch die rechtliche Selbstständigkeit der Gesellschaft unterlaufen werden könnten. Auch das deckungsschädliche Verhalten und Wissen der Gesellschafter muss daher im Rahmen des Versicherungsschutzes der Gesellschaft und erst recht seines eigenen Versicherungsschutzes berücksichtigt werden.

III. Ausgewählte Anwendungsbereiche eines Zurechnungsdurchgriffs

Die Zulässigkeit eines Zurechnungsdurchgriffs und damit auch die Übertragbarkeit der in den USA gefundenen Erkenntnisse lassen sich letztlich nur anhand der konkret anzuwendenden Normen bzw. Regelungen klären. Deshalb werden im Folgenden ausgewählte mögliche Anwendungsbereiche eines Zurechnungsdurchgriffs im Versicherungsrecht eingehender untersucht.

---

746 BGHZ 175, 374; Prölss/Martin/*Prölss*, 27. Aufl., § 80 Rn. 18, 20; *Armbrüster*, VersR 1994, 893, 895.

1. *Herbeiführung des Versicherungsfalls (§§ 81, 103, 137 VVG)*

Vergleichbar der Rechtslage in den USA ist der prominenteste Anwendungsfall des Durchgriffs im Versicherungsrecht der subjektive Risikoausschluss bzw. die subjektive Risikobegrenzung für die Herbeiführung des Versicherungsfalls (§§ 81, 103, 137 VVG bzw. vertragliche Regelungen in AVB),[747] wonach die Leistungspflicht des Versicherers bei schuldhafter Herbeiführung des Versicherungsfalls durch den Versicherungsnehmer ausgeschlossen oder beschränkt ist.

Tatsächlich handelt es sich hierbei um den einzigen versicherungsrechtlichen Tatbestand, bei dem die Zulässigkeit eines Durchgriffs auf Gesellschafter, konkret die Zurechnung von Gesellschafterverhalten, bereits mehrfach und eingehender diskutiert worden ist. So war bereits für *Ehrenzweig* die Norm zur Herbeiführung des Versicherungsfalls „*ein vortrefflicher Beleg für die Relativität der ‚juristischen Person', d.h. für die Notwendigkeit, an der Hand der gegebenen Norm zu prüfen, ob und inwieweit für diesen Rechtsbereich ein selbstständiges Rechtssubjekt neben den Verbandsmitgliedern besteht.*“[748] Wie in den USA führt auch in Deutschland das gesellschaftsrechtliche Schrifttum seit Beginn der Durchgriffsdiskussion die schuldhafte Herbeiführung des Versicherungsfalls (§ 81 VVG bzw. § 61 VVG a.F.) als Vorzeigebeispiel eines Zurechnungsdurchgriffs an.[749] In der versicherungsrechtlichen Literatur haben sich dagegen im Wesentlichen *Ehrenzweig*,[750] *Bruck*[751] und *Koch*[752] der Zulässigkeit des Zurechnungsdurchgriffs gewidmet.

747 Die entsprechende Regelung in § 201 VVG für den Bereich der Krankenversicherung ist für die hier behandelten Gesellschaftsverhältnisse von untergeordneter Bedeutung. Dagegen findet § 103 VVG für die Vertrauensschadenversicherung entsprechende Anwendung, BGH VersR 1998, 1504.

748 *Ehrenzweig*, Versicherungsvertragsrecht, S. 192.

749 *Wolf*, 54 L.Q. Rev. 494 1938, 520 f.; *Serick*, S. 18 ff.; *Reinhardt*, in: FS Lehmann, S. 583 f.; *Tröster*, Die Einmann-GmbH, S. 92 f.; *Wilhelm*, Rechtsform und juristische Person, Fn. 72 (innerhalb einer Fußnote!).

750 *Ehrenzweig*, Versicherungsvertragsrecht, S. 192.

751 *Bruck*, Privatversicherungsrecht, S. 653 Fn. 25.

752 Bruck/Möller/*Koch*, § 103 Rn. 66 ff.

a) Norm- bzw. Regelungszweck

Ausgehend vom Norm- bzw. Regelungszweck subjektiver Risikoausschlüsse, ist die Herbeiführung des Versicherungsfalles nicht ohne Grund für einen Zurechnungsdurchgriff prädestiniert.

Der Zweck subjektiver Risikoausschlüsse besteht hauptsächlich darin, das subjektive Risiko, d.h. die Gefahrtragung des Versicherers für die durch den Versicherungsnehmer begründeten, gefahrrelevanten Einflüsse,[753] auszuschließen bzw. zu begrenzen. Dem liegt die Erwägung zugrunde, dass die Risikoübernahme des Versicherers grundsätzlich auch die Schadensverursachung durch „normales“ Fehlverhalten des Versicherungsnehmers bzw. Versicherten umfassen kann, da aus dem Versicherungsvertrag keine allgemeine Schadensverhütungspflicht resultiert,[754] umgekehrt aber die Leistungspflicht des Versicherers bei sorglosem Umgang mit der versicherten Gefahr dem Grundsatz von Treu und Glauben (§ 242 BGB) widerspräche.[755]

Dieser Normzweck liegt jeder subjektiven Risikobegrenzung bzw. jedem subjektiven Risikoausschluss zugrunde, auch wenn die Risikoübernahme für unterschiedliche Verschuldensgrade beschränkt oder ausgeschlossen wird. So schließt § 81 VVG die Risikoübernahme für die Schadensversicherung für Vorsatz vollständig und für grobe Fahrlässigkeit teilweise aus, § 103 VVG für die Haftpflichtversicherung lediglich Vorsatz, dagegen § 137 VVG für die Transportversicherung Vorsatz und grobe Fahrlässigkeit.

Ein weiterer Normzweck besteht im Interesse der Versichertengemeinschaft darin, sog. moralische Risiken („moral hazard“) auszuschließen. Es gilt also verhaltenssteuernde Anreize für den Versicherungsnehmer bzw. Versicherten einzuschränken, gerade aufgrund des Bestehens eines Versicherungsvertrages den Versicherungsanspruch durch Herbeiführung des Versicherungsfalles missbräuchlich auszulösen und geltend zu machen.[756]

---

753 *Terbille*, r+s 2000, 45, 46.

754 Zu § 61 a.F.: RGZ 117, 327, 329; BGHZ 11, 120, 122 f.; 43, 88, 93 f.; BGH VersR 1986, 696, 697; Bruck/Möller/*Baumann* § 81 Rn. 21; a.A. *Deutsch*, Rn. 275; zu § 81: Prölss/Martin/*Armbrüster*, § 81 Rn. 3; Beckmann/Matusche-Beckmann/*Heß*, § 16 Rn. 1.

755 MüKomm-VVG/*Looschelders*, § 81 Rn. 1; Prölss/Martin/*Armbrüster*, § 81 Rn. 1 kritisch hinsichtlich Rücksichtslosigkeit und Gleichgültigkeit.

756 MüKomm-VVG/*Looschelders*, § 81 Rn. 1; Prölss/Martin/*Armbrüster*, § 81 Rn. 1 kritisch hinsichtlich Rücksichtslosigkeit und Gleichgültigkeit; *Terbille*, r+s 2000, 45, 46.

b) Vereinbarkeit eines Durchgriffs mit dem Normzweck

Ein Zurechnungsdurchgriff auf Gesellschafter, d.h. die Gleichsetzung maßgeblicher Gesellschafter einer Gesellschaft als Versicherungsnehmer, ist in bestimmten Gesellschaftersituationen für die Verwirklichung des Norm- und Regelungszweck erforderlich. Es liegt nämlich insofern eine vergleichbare Interessenslage vor, sodass ein Zurechnungsdurchgriff auf Gesellschafter geboten und zulässig ist. Dieser erfolgt durch teleologische-extensive Auslegung von § 81 VVG bzw. §§ 103 VVG für die Haftpflichtversicherung und § 137 VVG für die Transportversicherung.[757] Bei entsprechenden Klauseln in AVB ist der Zurechnungsdurchgriff hingegen Ergebnis einer ergänzenden Vertragsauslegung.

aa) Vermeidung von Missbrauch und „moral hazard"

Das Interesse des Versicherers an der Vermeidung von Missbrauch und moral hazard-Anreizen lässt sich auch in Gesellschaftsverhältnissen feststellen. Die rechtliche Selbstständigkeit von Gesellschaften erlaubt einfachen Gesellschaftern, subjektive Risikoausschlüsse bewusst zu unterlaufen. Durch dieses Missbrauchspotential kann das ohnehin bei Versicherungsverträgen bestehende moralische Risiko erheblich verstärkt werden.

Tatsächlich eröffnet die strenge Anwendung des Trennungsprinzips geradezu die Möglichkeit, dass Gesellschafter Versicherungsansprüche ihrer versicherten Gesellschaft auslösen und hiervon wirtschaftlich profitieren, ohne dass sich ihr Verhalten deckungsschädlich auswirkt.

Die Beispiele der „barn burning cases" in den USA und entsprechend der sog. „warmen Sanierung"[758] in Deutschland machen deutlich, dass es nicht viel Phantasie bedarf, allein anhand der gewählten Rechtsform der Versicherungsnehmer subjektive Risikoausschlüsse zu unterlaufen. Wie aufgezeigt, hat eine versicherte Gesellschaft außerhalb der Repräsentantenhaftung für das Verhalten ihrer einfachen Gesellschafter grundsätzlich nicht einzustehen. Diese können daher unter Umständen den Versicherungsfall sogar vorsätzlich herbeiführen, indem sie z.B. eine versicherte Sache in Brand setzen, und gleichzeitig als Anteilseigner mittelbar von der Auszahlung der Versicherungsleistung profitieren.

---

757 Die normative Grundlage im Normzweck des § 103 VVG oder Treu und Glauben offenlassend. Bruck/Möller/*Koch*, § 103 Rn. 66 ff.

758 Hierzu als Form des Versicherungsbetrugs, vgl. *Biersack*, S. 63.

bb) Regressrisiko des Versicherers

Auf die Rechtslage in Deutschland übertragbar ist ferner der in der US-amerikanischen Entscheidung *United Gratiot Furniture Mart v. Mbpia*[759] angeführte Wertungsgesichtspunkt des Regressrisikos des Versicherers.

In Deutschland wie in den USA bleibt der Versicherer zur Versicherungsleistung gegenüber einer versicherten Gesellschaft verpflichtet, wenn das deckungsschädliche Verhalten eines Gesellschafters nicht nach allgemeinen Zurechnungsgrundsätzen berücksichtigt werden kann. Der Versicherer mag dann gem. § 86 VVG berechtigt sein, gegen den maßgeblich handelnden Gesellschafter Regress zu nehmen, wenn er die Versicherungsleistung gegenüber der versicherten Gesellschaft erbringt.

Wie in *United Gratiot Furniture Mart v. Mbpia* beanstandet, erscheint auch in Deutschland der Verweis auf diesen Regressanspruch gegen einen maßgeblichen Gesellschafter für den Versicherer jedoch unbefriedigend. Der Versicherer bleibt nämlich gegenüber der Gesellschaft weiterhin zur Leistung verpflichtet und hat bei prozessualer Inanspruchnahme des Gesellschafters dessen Insolvenzrisiko zu tragen. Dieses Insolvenzrisiko dürfte für Versicherer in der Tat insbesondere dann ungünstig sein, wenn angesichts der Höhe der Regressforderung Zweifel an der Zahlungsfähigkeit des maßgeblichen Gesellschafters bestehen und nur in das Privatvermögen des Gesellschafters vollstreckt werden kann. Es ist zwar denkbar, dass der Versicherer die Pfändung seiner Gesellschaftsanteile erwirken kann oder Inanspruchnahme der privaten Haftpflichtversicherung des jeweiligen Gesellschafters. Ob gerade letzteres für den Versicherer interessensgerecht ist, dürfte jedenfalls bei der vorsätzlichen Schädigungshandlung eines Gesellschafters bedenklich sein, da die Deckung aus der Haftpflichtversicherung ihrerseits wegen des subjektiven Risikoausschlusses in § 103 VVG für vorsätzliches Handeln in der Regel ausscheiden dürfte.

cc) Keine Beschränkung auf Alleingesellschafter

Eine Zurechnung bei einfachen Gesellschaftern scheidet in der Regel berechtigerweise aus. Sie wäre weder für das Interesse des Versicherers an einem kalkulierbaren Risiko erforderlich, noch mit dem schutzwürdigen Interesse der Gesellschaft vereinbar, einen möglichst weitgehenden Versicherungsschutz zu erlangen.

---

759 Vgl. United Gratiot Furniture Mart, Inc. v. Michigan Basic Property Insurance Association (1987) 159 Mich App 94, 406 NW2d 239.

Umgekehrt ist aber eine Begrenzung des Zurechnungsdurchgriffs auf Alleingesellschafter, wie etwa von *Reuter*[760] vorgeschlagen, abzulehnen. Der vorgebrachte Einwand, dass dieser sich nicht ohne Einverständnis der Mitgesellschafter über die interne Zuständigkeit hinwegsetzen könne und ihm daher der für § 81 VVG erforderliche beliebige Zugriff auf die Gesellschaft fehle,[761] kann nicht überzeugen. Zum einen ist der Mehrheitsgesellschafter jedenfalls bei der GmbH nicht auf das Einverständnis der Mitgesellschafter angewiesen, wenn er sich über diese mit seiner Stimmenmehrheit hinwegsetzen kann. Zum anderen ist im Zusammenhang mit den §§ 81, 103, 137 VVG zu würdigen, dass der maßgeblich handelnde Gesellschafter aufgrund seiner wirtschaftlichen Beteiligung stets größter mittelbarer Profiteur einer Auszahlung der Versicherungsleistung an die Gesellschaft ist. Im Hinblick auf das für die Herbeiführung des Versicherungsfalles einzuschränkende moralische Risiko dürfte deshalb auch bei einer Mehrheitsbeteiligung der Anreiz missbräuchlicher Auslösung des Versicherungsanspruchs durch Herbeiführung des Versicherungsfalles nicht zu leugnen sein. Welche konkreten Anforderungen an die Gesellschaftsbeteiligung zu stellen sind, bleibt nachfolgend näher zu untersuchen.

c) Kriterien für einen Zurechnungsdurchgriff

Schließlich ist die Frage zu klären, ob die in den USA für einen Zurechnungsdurchgriff vorgefundenen Kriterien für die Rechtslage in Deutschland übertragbar sind. Festzuhalten ist, dass jegliche Kriterien nicht zwingend sein, sondern allenfalls Anhaltspunkte darstellen können, die in der Einzelfallabwägung für die Zulässigkeit eines Zurechnungsdurchgriffs sprechen können. Von besonderem Interesse ist dabei die Frage, bei welchen Gesellschaftern ein Zurechnungsdurchgriff als besonders sachgerecht erscheint.

aa) Alleingesellschafter und Alleinaktionäre

Wie in den USA, drängt sich auch in Deutschland ein Zurechnungsdurchgriff zunächst bei Alleingesellschaftern auf, die vor allem bei den körperschaftlich organisierten Kapitalgesellschaften als Einmann-GmbH[762] und Einmann-

---

760 MüKomm-BGB/*Reuter*, 7. Aufl., Vor § 21 Rn. 30.

761 MüKomm-BGB/*Reuter*, 7. Aufl., Vor § 21 Rn. 30.

762 Befürwortend: *K. Schmidt*, Gesellschaftsrecht, § 9 III 3c; *Geißler*, GmbHR 1993, 71, 73; *Hübner*, JZ 1978, 703; *Reinhardt*, in: FS Lehmann, S. 583 f.; Ulmer/Habersack/*Raiser*, § 13 Rn. 103; MüKomm-GmbHG/*Merkt*, GmbHG, § 13 Rn. 358; MüKomm-BGB/*Reuter*, 7. Aufl., Vor § 21 Rn. 30; *Tröster*, S. 93.

AG[763] anzutreffen sind. Diese Gesellschaftsformen sind nicht zuletzt wegen der Haftungsbegrenzung des Einzelunternehmers bis hin zur Möglichkeit der Strohmanngründung zu Umgehungsgeschäften von besonderer Relevanz.

Ein Zurechnungsdurchgriff kann einerseits durch die Interessensidentität mit der Gesellschaft begründet sein. Der alleinige Gesellschafter oder Aktionär hält typischerweise nicht nur sämtliche Geschäftsanteile, sondern hegt aufgrund seiner ungeteilten Gewinnbeteiligung zudem ein besonders starkes Interesse an den finanziellen Verhältnissen der Gesellschaft. Er wird durch Gewinne und Verluste der Gesellschaft unmittelbar wirtschaftlich berührt.[764] Aus diesem Grund liegt bei der Einmanngesellschaft bei wertender Betrachtung die Annahme einer Interessensidentität zwischen Gesellschaft und einzigem Gesellschafter nahe, da auch der einzige Gesellschafter im Versicherungsfall durch den Erhalt der Versicherungsleistung in besonderem Maße wirtschaftlich profitiert.[765] Dieses ausgeprägte wirtschaftliche Interesse des Alleingesellschafters fördert zwangsläufig das moralische Risiko (*moral hazard*), den Versicherungsanspruch der Gesellschaft bewusst auszulösen, vor dem der subjektive Risikoausschluss der schuldhaften Herbeiführung des Versicherungsfalles in § 81 VVG den Versicherer und die Versichertengemeinschaft gerade in Schutz nehmen will.

Andererseits spricht für einen Zurechnungsdurchgriff bei Einmanngesellschaften, dass für den Gesellschafter selbst außerhalb einer Organstellung als sog. Gesellschafter-Geschäftsführer, die bereits eine Zurechnung nach allgemeinen Grundsätzen auslösen kann, unterschiedliche faktische Einflussnahmemöglichkeiten bestehen. Diese Einflussnahmemöglichkeiten sind in Deutschland beim GmbH Alleingesellschafter mit dem Weisungsrecht der Gesellschafterversammlung gegenüber der Geschäftsführung am stärksten ausgeprägt,[766] welche dieser selbst wahrnehmen und damit die Tätigkeit der Gesellschaft maßgeblich

---

763 Befürwortend: MüKomm-AktG/*Heider*, Vor § 21 BGB Rn. 30; KK/*Daubner-Lieb*, AktG, § 1 Rn. 41; Scholz/Emmerich/*Bitter*, GmbHG, § 13 Rn. 73; GroßkommAktG/*Brändel*, § 1 Rn. 61 ff.; Spindler/Stilz/*Fock*, AktG, § 1 Rn. 69. Zu Besonderheiten der Einmann-AG, vgl. *Bachmann*, NZG 2001, 961 ff.

764 Für Alleinaktionäre: BGH NJW 1971, 1839; BGH VersR 62, 6; *R. Werner*, DK 2008, 639, 641.

765 Für die GmbH, vgl. *Tröster*, S. 93 („*von keiner unabwendbaren Gefahr kann dann die Rede sein, wenn der Schaden auf ein vorsätzliches oder grob fahrlässiges Handels dessen zurückzuführen ist, der durch die Versicherung unmittelbar wirtschaftlich sichergestellt werden soll*").

766 Ein entsprechendes Weisungsrecht steht Allein-Aktionären nicht zu, da der Vorstand die Gesellschaft unter eigener Verantwortung zu leiten hat (§ 76 Abs. 1 AktG).

bestimmen und die Geschäftsführung zu einer Herbeiführung des Versicherungsfalles veranlassen kann. Ein entsprechendes Weisungsrecht besteht für Aktionäre zwar nicht. Dennoch können auch sie maßgeblichen faktischen Einfluss auf die Gesellschaft nehmen. Gerade Alleingesellschaftern und Alleinaktionären ist es aufgrund ihrer wirtschaftlichen Machtstellung möglich, ihren Einfluss gegenüber der Geschäftsführung oder dem Vorstand durch faktischen Druck geltend zu machen und dadurch zu einem bestimmten Verhalten zu veranlassen. Im Falle einer solchen eingliedrigen Gesellschaftsstruktur ist aber auch die Möglichkeit des tatsächlichen Zugriffs des Alleingesellschafters auf die versicherte Sache zu bedenken.

Sämtliche der vorgenannten Einflussmöglichkeiten begründen damit Anreize zu missbräuchlicher Geltendmachung des Versicherungsanspruchs durch die Gesellschaft, ein moralisches Risiko, das es zu begrenzen gilt. Ist bereits zweifelhaft, ob überhaupt noch von einer unabwendbaren Gefahr zu sprechen ist, wenn der Alleingesellschafter den Versicherungsanspruch durch Herbeiführung des Versicherungsfalles nach eigenem Belieben auslösen kann,[767] muss dies erst recht gelten, wenn der Alleingesellschafter oder Aktionär außerhalb einer Organstellung von ihren Einwirkungsmöglichkeiten auf die Gesellschaft und das versicherte Risiko Gebrauch machen.

bb) Beherrschende Gesellschafter

Schwieriger zu beurteilen ist die Zulässigkeit eines Zurechnungsdurchgriffs bei mehrgliedrigen Gesellschaften. In Deutschland wird in diesem Zusammenhang ein Zurechnungsdurchgriff auf „beherrschende“[768] Gesellschafter bzw. „steuernde“[769] Aktionäre befürwortet.[770] Wie in den USA verbietet sich grundsätzlich eine generalisierende Beurteilung der beherrschenden Stellung, da es maßgeblich auf eine Gesamtbetrachtung der Umstände des Einzelfalles ankommt. In Anlehnung an die Durchgriffspraxis in den USA ist insofern die Heranziehung

767 Vgl. *Tröster*, S. 92 ff.

768 *Geißler*, GmbHR 1993, 71, 73; GroßKommAktG/*Brändel*, § 1 Rn. 61; *Hachenburg/Mertens*, § 13 GmbHG Anh. § 13 Rn. 73; *K. Schmidt*, GesR § 9 III 3c; kritisch MüKomm-BGB/*Reuter*, 7. Aufl., Vor § 21 Rn. 30.

769 MüKomm-AktG/*Heider*, § 1 Rn. 60.

770 Dagegen bevorzugen *Merkt* und *Pentz* im Rahmen des § 81 VVG eine Verschuldenszurechnung nur nach Maßgabe des § 31 BGB, vgl. MüKomm-GmbHG/*Merkt*, § 13 Rn. 363; Rowedder/Schmidt-Leithoff/*Pentz*, § 13, Rn. 150; dagegen auch außerhalb § 31 BGB Michalski/Heidinger/Leible/J.Schmidt/*Lieder*, § 13 GmbHG, Rn. 365.

von Indizien zu befürworten, um eine Beherrschung durch Gesellschafter zu identifizieren.

(1) Beherrschung bei Mehrheitsbeteiligung

Eine beherrschende Stellung kann neben den Alleingesellschaftern vor allem bei Mehrheitsgesellschaftern anzunehmen sein. Für eine beherrschende Stellung dürfte erforderlich sein, dass ein Gesellschafter aufgrund mehrheitlicher Stimmrechte (> 50 %), die häufig mit einer mehrheitlichen Beteiligung am Nennkapital der Gesellschaft einhergehen, die Willensbildung der Gesellschaft einseitig nach seinem Belieben bestimmen kann. Eine derartige Stimmrechtsmehrheit begründet ebenfalls die Annahme einer Interessensidentität zwischen Gesellschaft und Gesellschaftern, sodass das zu Alleingesellschaftern Gesagte entsprechende Anwendung findet. Hierfür spricht nicht nur die insofern vielschichtigere Durchgriffspraxis in den USA, die einen Zurechnungsdurchgriff bei Mehrheitsgesellschaftern regelmäßig für zulässig hält. Auch in anderen Normzusammenhängen, z.B. bei der Unterscheidung abhängiger und herrschender Unternehmen (§ 17 AktG),[771] der Ermittlung beherrschenden Einflusses eines Mutterunternehmens (§ 290 Abs. 2 Nr. 1 HGB),[772] sowie der steuerrechtlichen Einkommensermittlung (§ 8 EStG)[773] und der Beurteilung verdeckter Gewinnausschüttung an beherrschende Gesellschafter,[774] knüpft eine beherrschende Stellung (als Gesellschafter) regelmäßig an die Mehrheit der Stimmrechte an.

Zu beachten gilt, dass sich hier eine Zurechnung bereits nach den allgemeinen Grundsätzen der Organhaftung oder Repräsentantenhaftung ergeben kann. Dies trifft z.B. auf einen GmbH-Geschäftsführer zu, der allein aufgrund der Weisung der Gesellschafterversammlung tätig wird und sich das von den Gesellschaftern angewiesene Verhalten oder Wissen zu Eigen macht bzw. zwangsläufig machen muss.

(2) Beherrschung bei Minderheitsbeteiligung

Eine Beherrschung der Gesellschaft ohne Stimmenmehrheit ist ebenfalls denkbar. Hierzu ist allerdings das Vorliegen weiterer Indizien erforderlich, die den Schluss auf eine herausgehobene Stellung des Gesellschafters zulassen, da

771 Vgl. nur MüKomm-AktG/*Bayer*, § 17 AktG Rn. 25.

772 S. nur Ebenroth/Boujong/Joost/Strohn/*Böcking/Gros/Schurbohm-Ebneth*, § 290 Rn. 15

773 Vgl. BFH I R 45/84 v. 13.12.89, BFH/NV 90, 455; BFH I R 52/96 v. 9.4.97, BFH/NV 97, 808.

774 Michalski/Heidinger/Leible/J. Schmidt/*Lieder*, § 13 Rn. 183.

anderenfalls bei tausenden Gesellschaftern selbst das Verhalten oder Wissen eines Einzelnen zu berücksichtigen wäre.[775] Vergleichbar der Durchgriffspraxis in den USA und der Ermittlung einer sog. kombinierten Beherrschung im Rahmen des § 17 AktG in Deutschland, bei welcher eine beherrschende Stellung ohne Stimmenmehrheit sich auch aus der Kombination verschiedener Beherrschungsmittel ergeben können soll,[776] ist hierzu eine Gesamtschau sämtlicher Einwirkungsmöglichkeiten des jeweiligen Gesellschafters erforderlich, da erst ihr Zusammenwirken eine Beherrschung der Gesellschaft begründen kann.[777]

Im Rahmen dieser Gesamtschau muss es darauf ankommen, ob ein Gesellschafter die Geschicke der Gesellschaft, außerhalb gesellschaftsrechtlicher Mittel, tatsächlich beeinflussen kann und dabei auf das versicherte Risiko Zugriff hat. Aufschluss kann dabei die konkrete Organisation der Gesellschaft geben, wobei die Einwirkungsmöglichkeiten auf die Gesellschaft in personalistisch geprägten Gesellschaften mit einer geringen Anzahl von Gesellschaftern grundsätzlich größer sind als in körperschaftlich geprägten. Im Übrigen kann auch von Bedeutung sein, dass die übrigen Gesellschafter von der Einflussnahme Kenntnis haben und diese dulden, d.h. den Mehrheitsgesellschafter jedenfalls nicht hindern. Abzulehnen ist dagegen ein Zurechnungsdurchgriff, wenn Minderheitsgesellschafter, wie u.a. in *Kimball Ice Co. v. Hartford Fire Ins. Co.* und *Gratiot Furniture Mart, Inc. v. Mbpia*, entweder als Geschäftsführer bzw. Vorstand oder sonst vollständig an die Stelle des Versicherungsnehmers treten, da hier eine Zurechnung im Regelfall entweder nach gesellschaftsrechtlichen Grundsätzen oder den Grundsätzen der Repräsentantenhaftung eingreift.

cc) *Billigung der Mitgesellschafter oder gemeinschaftliches Handeln*

Erst recht erscheint ein Zurechnungsdurchgriff sachgerecht, wenn der Versicherungsfall durch einen Gesellschafter mit Billigung der Mitgesellschafter oder durch alle Gesellschafter gemeinschaftlich schuldhaft herbeigeführt wird.[778] Führt etwa ein Minderheitsgesellschafter mit Billigung der übrigen Mitgesellschafter den Versicherungsfall vorsätzlich herbei, ist, wie in *Miller & Dobrin Furniture Co. v. Camden Fire Ins. Co.*, auch dieses Verhalten der

---

775 Vgl. *Baumann*, ZGR 1973, 284, 298; zuvor bereits *Planck/Knoke*, § 26 Anm. 3.

776 Dazu s. nur BGHZ 90, 381, 397; 121, 137 ff.; MüKomm-AktG/*Bayer*, § 17 Rn. 31 f.; Spindler/Stilz/*Schall*, § 17 Rn. 20 ff.; dagegen *Mertens*, AG 1996, 241, 246.

777 Für § 17 AktG vgl. MüKomm-AktG/*Bayer*, § 17 Rn. 31 f.

778 So auch Ulmer/Habersack/*Raiser*, GmbHG, § 13 Rn. 103; MüKomm-BGB/*Reuter*, 7. Aufl., Vor § 21 Rn. 30.

Versicherungsnehmerin vollumfänglich zuzurechnen. Gleiches gilt, wenn Anteilseigner z.B. in der Gesellschafterversammlung deckungsschädliches Verhalten aufweisen oder Kenntnisse haben. Sie sind dann nicht anders zu behandeln als alleinige oder mehrheitliche Gesellschafter. Entsprechend der bisherigen Fallgruppen muss jedoch auch für mehrere Gesellschafter gelten, dass die maßgeblich handelnden Gesellschafter gemeinsam die Mehrheit der Stimmrechte auf sich vereinen.

dd) Kollusives Zusammenwirken

Einen Grenzbereich des Zurechnungsdurchgriffs machen schließlich Fälle des kollusiven Zusammenwirkens zwischen Versicherungsnehmerin und Gesellschafter aus.

Grundsätzlich ist die Grundaussage in *Crown Colony Distributors Inc v. United States Fire Insurance Co.* zuzustimmen, dass eine Zurechnung nicht am gesellschaftsrechtlichen Trennungsprinzip scheitern darf, wenn ein Gesellschafter mit Zustimmung oder Duldung der Geschäftsführung oder beide bewusst zum Nachteil des Versicherers tätig werden. Denn es gilt insofern zu verhindern, dass ein Versicherungsnehmer sich bewusst seines einfachen Gesellschafters bedient, da er dessen Verhalten rechtlich nicht zu verantworten hat. Wird daher ein Gesellschafter vorgeschaltet, so kann dessen Verhalten und Wissen der Gesellschaft wegen der sonstigen Umgehungsgefahr ebenfalls zu beachten sein. Dies dürfte jedoch nur dann anzunehmen sein, wenn eine Zurechnung nicht bereits nach den versicherungsrechtlichen Zurechnungsfiguren des Repräsentanten, Wissens- oder Wissenserklärungsvertreters möglich ist oder bereits das Verhalten oder Wissen der Geschäftsführung selbst relevant ist und es daher keiner weitergehenden Zurechnung bedarf.

2. Vorvertragliche Anzeigeobliegenheiten (§§ 19–22 VVG)

Als möglicher Anwendungsbereich für einen Zurechnungsdurchgriff kommen auch versicherungsrechtliche Obliegenheiten infrage. Zunächst sind vorvertragliche Anzeigeobliegenheiten zu betrachten.

Vor Abschluss eines neuen, genauso wie bei der Verlängerung eines bestehenden Versicherungsvertrages besteht für den Versicherungsnehmer gem. § 19 VVG eine vorvertragliche Anzeigeobliegenheit. Demnach sind die dem Versicherungsnehmer bekannten Gefahrumstände, die für den Vertragsschluss erheblich sind und nach denen der Versicherer in Textform gefragt hat, diesem anzuzeigen.

Verletzt der Versicherungsnehmer diese Obliegenheit, kann dies bei grober Fahrlässigkeit oder Vorsatz des Versicherungsnehmers zur Wiederherstellung der Äquivalenz von übernommenem Risiko und zu zahlender Prämie ein Rücktrittsrecht (§ 19 Abs. 2 VVG) bzw. Kündigungsrecht des Versicherers (§ 19 Abs. 3 VVG) oder die Anpassung des Vertrages (§ 19 Abs. 4 VVG) zur Folge haben.[779]

Adressat der vorvertraglichen Anzeigepflicht ist der Versicherungsnehmer bzw. Versicherte. Es stellt sich gleichwohl die Frage, inwieweit auch fremdes Wissen, insbesondere das von Gesellschaftern zugerechnet wird.

a) Norm- bzw. Regelungszweck

Die Obliegenheit, relevante Risikoumstände zutreffend anzuzeigen, bezweckt, dass der Versicherer das zu versichernde Risiko richtig bewerten und über Vertragsschluss, Ausgestaltung der AVB sowie Prämienhöhe entscheiden kann.[780] Dies ist erforderlich, weil der Versicherer sich Kenntnisse über die Risikoumstände nicht selbst verschaffen kann, wenn diese aus der Sphäre des Versicherungsnehmers stammen.[781] Die vorvertragliche Anzeigeobliegenheit sieht in anderen Worten einen Ausgleich von Informationsdefiziten des Versicherers vor und hat damit den Normzweck, den Versicherer und die Versichertengemeinschaft davor zu schützen, dass der Versicherungsnehmer einen Wissensvorsprung zu ihren Lasten ausnutzt.[782]

b) Vereinbarkeit eines Durchgriffs mit dem Normzweck

Grundsätzlich gilt auch hier das bereits zu subjektiven Risikoausschlüssen Gesagte. Ein Zurechnungsdurchgriff ist zu befürworten, wenn Gesellschafter oder Aktionäre in der Lage sind, die Gesellschaft treffenden Obliegenheiten zu vereiteln und sich hierdurch einen wirtschaftlichen Vorteil zu verschaffen.[783] Dies ist insbesondere dann der Fall, wenn sie sowohl maßgeblichen Einfluss auf die Gesellschaft nehmen können, als auch wirtschaftlich so stark mit der Gesellschaft verbunden sind, dass sich das Schicksal des Versicherungsschutzes über ihre Gesellschaftsbeteiligung in hohem Maße bei ihnen auswirkt.

---

779 Zur bezweckten Wahrung der Äquivalenz zwischen Risiko und Prämie, vgl. Looschelders/Pohlmann/*Looschelders*, § 19 Rn. 8; *Harke*, ZVersWiss 2006, 391, 394.

780 Prölss/Martin/*Armbrüster*, § 19 Rn. 1; *Schäfers*, S. 31 ff., 87 ff.

781 Vgl. Looschelders/Pohlmann/*Looschelders*, § 19 Rn. 2.

782 *Armbrüster*, Privatversicherungsrecht, Rn. 314 ff.

783 KK/*Kraft*, § 1 Rn. 44; auf einen Zurechnungsdurchgriff bei Obliegenheiten hinweisend auch GroßkommAktG/*Brändel*, § 1 Rn. 66.

Hieraus folgt aber noch nicht, dass die zur Herbeiführung des Versicherungsfalles herausgearbeiteten Grundsätze sich ohne Weiteres auf Obliegenheiten übertragen lassen. Vielmehr erfordert die Beurteilung eines Zurechnungsdurchgriffs auch hier die differenzierte Betrachtung der einzelnen Obliegenheiten mitsamt der jeweiligen Normzwecke.

Der Normzweck vorvertraglicher Obliegenheiten lässt einen Zurechnungsdurchgriff dann geboten erscheinen, wenn Gesellschafter Wissen über vertragsrelevante Risikoumstände besitzen, dieses aber der Gesellschaft vorenthalten bzw. nicht oder unzutreffend weiterleiten, sodass keine entsprechende Anzeige gegenüber dem Versicherer erfolgen kann. Insofern besteht eine vergleichbare Interessenslage.

Eine bei Gesellschaftern nach allgemeinen Grundsätzen fehlende Wissenszurechnung lässt sich dann nicht mit dem Normzweck rechtfertigen, wenn die Berufung auf die rechtliche Selbstständigkeit einer Gesellschaft erst eine unzutreffende Risikobewertung und damit den Abschluss eines für Versicherer und Versichertengemeinschaft nachteiligen Versicherungsvertrages ermöglicht. So ist es der Gesellschaft als Versicherungsnehmerin unmittelbar und den Gesellschaftern aufgrund ihrer wirtschaftlichen Beteiligung mittelbar unter bestimmten Bedingungen möglich, einen relevanten Wissensvorsprung bezüglich relevanter Risikoumstände für sich auszunutzen. Zu denken ist etwa an einen Gesellschafter, der – ohne eine aktive Rolle in der Geschäftsführung einzunehmen – der Gesellschaft beratend zur Verfügung steht. Sind ihm nun risikorelevante Umstände bekannt, die er der Geschäftsführung verschweigt, wie z.B. die beabsichtigte Inanspruchnahme eines Geschäftsführers im Rahmen einer D&O-Versicherung, so ist dies der Interessenslage vergleichbar, wenn die Geschäftsführung selbst hiervon Kenntnis hat.

Vor diesem Hintergrund erscheint es sachgerecht, das Wissen der Gesellschaft zu risikorelevanten Umständen nicht vollständig unberücksichtigt zu lassen, sondern ausnahmsweise im Rahmen eines Zurechnungsdurchgriffs anrechnen zu können. Dies gilt erst recht, wenn man berücksichtigt, dass Gesellschafter aufgrund ihrer wirtschaftlichen Beteiligung an der Gesellschaft zumindest mittelbar von der Versicherungsleistung profitieren.

c) Arglistige Täuschung (§ 22 VVG i.V.m. § 123 BGB)

Eine Berücksichtigung der Gesellschafter kommt im Rahmen der vorvertraglichen Anzeigeobliegenheit im Falle arglistiger Täuschung gem. § 22 VVG i.V.m. § 123 BGB in Betracht, wobei Zurechnungsgrund sowohl die (Mit-)Versicherung eines Gesellschafters, als auch seine beherrschende Stellung sein kann.

aa) Anfechtungsrecht bei Täuschung durch Versicherungsnehmer und Dritte

Grundsätzlich ist der Versicherer nach Maßgabe des § 123 BGB nur dann zur Anfechtung des Versicherungsvertrages berechtigt, wenn der Versicherungsnehmer selbst arglistig täuscht.

Eine arglistige Täuschung setzt insofern die Irrtumserregung durch Vorspiegelung falscher Tatsachen oder Unterdrückung bzw. Verschleierung wahrer Tatsachen voraus.[784] Hierzu ist notwendig, dass der Versicherungsnehmer entweder selbst Kenntnis über die wahren Tatsachen hat. Sie kommt aber auch in Betracht, wenn sich der Versicherungsnehmer der Kenntnis angabepflichtiger Umstände arglistig entzieht, „blindlings" wichtige Umstände verschweigt oder in gutem Glauben objektiv unrichtige Angaben „ins Blaue hinein" macht.[785] Insofern hat der Versicherungsnehmer dafür zu sorgen, angabepflichte Umstände intern zu erfragen und für die Weiterleitung zu sorgen.

Eine Täuschung durch Dritte berechtigt dagegen gem. § 123 Abs. 2 BGB dagegen nur zur Anfechtung, wenn der Erklärungsempfänger, d.h. der Versicherer, die Täuschung kannte oder kennen musste.

bb) Arglistige Täuschung durch (mit-)versicherte Gesellschafter

Bei einer arglistigen Täuschung durch Gesellschafter kommt bereits eine Arglistanfechtung gem. § 123 Abs. 1 BGB in Betracht, wenn diese im Rahmen einer Versicherung für fremde Rechnung gem. § 43 VVG mitversichert sind.

Während das Fehlverhalten des Versicherten grundsätzlich nur seinem Fremdversicherungsteil schaden kann, soll eine arglistige Täuschung des Mitversicherten auf den Eigenversicherungsteil des Versicherungsnehmers durchschlagen. Dieses Ergebnis folgt aus einer normzweckorientierten Auslegung von § 123 Abs. 1 BGB. Der Mitversicherte steht insofern im Lager des Versicherungsnehmers und ist nicht Dritter.[786] Strittig ist, ob eine Zurechnung zum Eigenversicherungsteil *per se* oder erst bei Hinzutreten weiterer Umstände als Zurechnungsgrund erfolgen soll.[787]

---

784 Langheid/Rixecker/*Langheid*, § 22 Rn. 6.

785 Langheid/Rixecker/*Langheid*, § 22 Rn. 6.

786 Langheid/Rixecker, § 47 Rn. 1; Looschelders/Pohlmann/*Koch* § 47 Rn. 14; *Sommer* ZVersWiss 2013, 503; a.A. Prölss/Martin/*Klimke*, § 47 Rn. 13.

787 Für generelle Zurechnung: Looschelders/Pohlmann/*Koch* § 47 Rn. 14; *Sommer* ZVersWiss 2013, 503; für besondere Umstände: *Klimke*, FS 100 Hamburger Seminar, S. 153 ff.

Eine Zurechnung der arglistigen Täuschung zur Gesellschaft als Versicherungsnehmerin kommt damit grundsätzlich auch bei (selbst konkludent) mitversicherten Gesellschaftern in Betracht, ohne dass es hierbei auf ihre konkrete wirtschaftliche Beteiligung oder Beherrschung ankommt. Doch selbst wenn weitere Umstände für eine Zurechnung verlangt werden, muss eine Zurechnung erst recht bei Allein- und Mehrheitsgesellschaftern Anwendung finden. Der Umstand, dass sie beherrschenden Einfluss auf die Gesellschaft nehmen können und an der Gesellschaft maßgeblich wirtschaftlich beteiligt sind, lässt eine Zurechnung in Fällen der Arglistanfechtung insofern sachgerecht erscheinen.

Die vorvertragliche Anzeigepflichtverletzung eines versicherten Gesellschafters durch arglistige Täuschung schlägt auf den gesamten Versicherungsvertrag durch. Auf eine Unterscheidung beider Versicherungsteile kommt es dann nicht mehr an. Die Anfechtung des Versicherers erfasst folglich nicht nur den Fremdversicherungsteil des Gesellschafters als Versicherten, sondern auch den Eigenversicherungsteil der Gesellschaft als Versicherungsnehmerin.[788] Die Anfechtung des Versicherers gem. § 142 Abs. 1 BGB bewirkt also die Nichtigkeit des Versicherungsvertrages als Ganzes.[789] Etwas anderes gilt nur, wenn der Versicherer seine Anfechtungserklärung auf den Fremdversicherungsteil beschränkt, etwa weil er an dem Versicherungsvertrag festhalten will, wodurch der Eigenversicherungsteil möglicherweise nach § 139 BGB weiterhin wirksam bleibt.[790]

cc) Arglistige Täuschung durch einfache Gesellschafter

Entsprechendes dürfte allerdings nach den Grundsätzen des Zurechnungsdurchgriffs auch bei solchen Gesellschaftern möglich sein, die nicht (mit-)versichert sind, aber aufgrund ihrer wirtschaftlichen Stellung als Allein- oder Mehrheitsgesellschafter beherrschenden Einfluss auf die Gesellschaft nehmen können.

Die Rechtsprechung und Literatur erkennen für das bürgerliche Recht an, dass eine Gesellschaft sich bei einer Täuschung ihrer Allein- oder Mehrheitsgesellschafter nicht darauf berufen kann, es handele sich hierbei um einen Dritten i.S. von § 123 Abs. 2 BGB – dieser stehe vielmehr im Lager der Gesellschaft.[791] Hierdurch wird der Gesellschafter mit der Gesellschaft ausnahmsweise im Wege

---

788 Bruck/Möller/*Brand*, § 47 Rn. 32.

789 Bruck/Möller/*Brand*, § 47 Rn. 32.

790 Looschelders/Pohlmann/*Koch*, § 47 Rn. 15; a.A. *Rudzio*, S. 176 f.

791 BGH NJW 1990, 1915; Baumbach/Hueck/*Fastrich*, § 13 Rn. 15; *Geißler* GmbHR 1993, 71, 73; Michalski/Heidinger/Leible/J. Schmidt/*Lieder*, § 13 Rn. 347; Rowedder/Schmidt-Leithoff/*Pentz*, § 13 Rn. 162; Scholz/Emmerich/*Bitter*, § 13 Rn. 77.

eines Zurechnungsdurchgriffs gleichgesetzt. Entsprechendes gilt im Versicherungsrecht. Zurechnungsgrund ist damit nicht die (Mit-)Versicherung, sondern die beherrschende Stellung des Gesellschafters.

Für einen derartigen Zurechnungsdurchgriff ist ein maßgeblicher Einfluss des Gesellschafters erforderlich, der es erlaubt, entweder allein oder kollusiv die Gesellschafter für ihre Zwecke zu missbrauchen.[792] Ein solcher Einfluss kann bei GmbH-Gesellschaftern etwa durch eine bösgläubige Ausübung des Weisungsrechts gegenüber der Geschäftsführung erfolgen. So wurde etwa die Berufung auf § 123 Abs. 2 BGB verwehrt, als der Gesellschafter zur arglistigen Täuschung durch Abgabe einer Willenserklärung gegenüber dem Versicherer veranlasst hatte.[793] Darüber hinaus dürften auch andere Formen der Einflussnahme einen Zurechnungsdurchgriff rechtfertigen. Dies dürfte insbesondere bei Aktionären zu verlangen sein, denen ein Weisungsrecht vergleichbar GmbH-Gesellschaftern nicht zusteht.

Die Arglistanfechtung des Versicherers wirkt sich in Fällen beherrschender Gesellschafter ebenfalls auf den gesamten Versicherungsvertrag aus. Weil insofern kein Fremdversicherungsteil des (nicht versicherten) Gesellschafters besteht, kommt es auf eine Unterscheidung zum Eigenversicherungsteil nicht an.

d) Wissenszurechnung bei Verletzung vorvertraglicher Anzeigeobliegenheiten

Neben der arglistigen Täuschung kommen weitere Verletzungen der vorvertraglichen Anzeigeobliegenheiten infrage, insbesondere wenn Gesellschafter von anzeigepflichtigen Umständen Kenntnis haben, dieses jedoch nicht an die Gesellschaft weitergeben. Hier kommt es maßgeblich auf die Frage an, ob der Gesellschaft als Versicherungsnehmerin das Wissen ihrer Gesellschafter zuzurechnen ist.

aa) Durchgriffsdiskussion zur Wissenszurechnung im bürgerlichen Recht

Bislang ist die Zulässigkeit eines Zurechnungsdurchgriffs im Rahmen der Wissenszurechnung vor allem für das bürgerliche Recht diskutiert worden.

Für das bürgerliche Recht befürworten Literatur und Rechtsprechung wegen der starken persönlichen und wirtschaftlichen Identität beider Rechtssubjekte eine Verantwortlichkeit der Gesellschaft für das Wissen ihrer Alleingesellschafter

---

792 Für die GmbH: BGH NJW 1990, 1915; für die AG: GroßkommAktG/*Brändel* § 1 Rn. 61; KK/*Dauner-Lieb*, § 1 Rn. 39; MüKomm-AktG/*Heider*, § 1 Rn. 59.

793 BGH NJW 1990, 1915.

sowie beherrschenden Gesellschafter,[794] wohingegen eine generelle Wissenszurechnung bezüglich sämtlicher Gesellschafter heute einhellig abgelehnt wird.[795] Uneinheitlich wird hingegen beurteilt, ob eine Wissenszurechnung aus einem Durchgriff oder der Normanwendung und -auslegung resultieren soll.[796]

Teilweise wird eine Wissenszurechnung bei Gesellschaftern auf eine entsprechende bzw. analoge[797] Anwendung von § 166 Abs. 2 BGB oder in Verbindung mit § 166 Abs. 1 BGB[798] gestützt. Demnach kann sich nicht auf die Unkenntnis des Vertreters berufen, wenn der rechtsgeschäftliche Vertreter nach bestimmten Weisungen des Vollmachtgebers gehandelt hat und dabei – anders als der Vollmachtgeber – maßgebliche Umstände nicht kannte oder kennen musste. Eine vergleichbare Interessenslage besteht etwa bei GmbH-Gesellschaftern, wenn die Geschäftsführung auf Weisung der Gesellschafterversammlung handelt.[799] Hier soll bereits die Bösgläubigkeit eines Gesellschafters, d.h. die Kenntnis bestimmter Umstände, ausreichen, um eine Wissenszurechnung zur Gesellschaft zu begründen.[800]

Soweit auch darüber hinaus eine Wissenszurechnung im Wege eines Zurechnungsdurchgriffs, d.h. ohne Rückgriff auf § 166 Abs. 2 BGB erfolgen soll, soll das Wissen der Gesellschafter, was den hier zuvor herausgearbeiteten Grundsätzen für einen Zurechnungsdurchgriff entspricht, nicht generell,[801] sondern nur bei

---

794 Vgl. auch *Baumann*, ZGR 1973, 297; *Brodmann*, § 2 Anm. 8a S. 17; *Flume*, Juristische Person § 3 II S. 74; MüKomm-BGB/*Reuter*, 7. Aufl., Vor § 21 Rn. 29; Hachenburg/*Mertens*, Anh. § 13 Rn. 70; KK/*Kraft*, § 1 Rn. 43; *Schumacher*, JW 1937, 2249; *Wilhelm*, Juristische Person, S. 46 f.; Scholz/Emmerich/*Bitter*, § 13 Rn. 71.

795 *Serick*, S. 124 Fn. 3; so aber ursprünglich *v. Gierke*, Genossenschaftstheorie, S. 627 Fn. 1; *Heinsheimer*, GruchBeitr 72 (1932), 174 ff.; *Stoffel*, S. 172 f.

796 Hierzu vgl. *Schanze*, Einmanngesellschaft, S. 102, *ders.*, AG 1982, 42 ff.; *Wilhelm*, Rechtsform, S. 47 f.

797 Scholz/Emmerich/*Bitter*, GmbHG, § 13 Rn. 72.; Hachenburg/*Mertens*, Anh. § 13 Rn. 70; Scholz/*Winter*, § 13 Rn. 26; Baumbach/Hopt/*Beurskens*, GmbHG, § 35 Rn. 65; MüKomm-BGB/*Reuter*, 7. Aufl., Vor § 21 Rn. 29; Kölner Kommentar/*Kraft*, § 1 Rn. 43–45; *Ellers*, GmbHR 2004, 934, 937; Ulmer/Habersack/*Raiser*, § 13 Rn. 101; Roth/Altmeppen/*Altmeppen*, GmbHG, § 35 Rn. 118; Staudinger/*Schilken*, § 166 Rn. 32.

798 *Heinsheimer*, GruchBeitr 72 (1932), 174, 185; *Reinhardt*, FS Lehmann, S. 576, 580 f.; *Wilhelm*, Juristische Person, S. 47.

799 Roth/Altmeppen/*Altmeppen*, GmbHG, § 35 Rn. 118.

800 BGH ZIP 2004, 957, 960; *Ellers*, GmbHR 2004, 934; Roth/Altmeppen/*Altmeppen*, GmbHG, § 35 Rn. 118.

801 Anders *v. Gierke*, S. 627 Fn. 1; *Wilhelm*, Rechtsform, S. 48; *Stoffel*, 172 f.

Hinzutreten besonderer Umstände möglich sein. Als solche kommen vor allem Missbrauch,[802] das Unterlassen der erwartungsgemäßen Weiterleitung von Kenntnissen über vertragsrelevante Umstände (z.B. Mängel) an den Geschäftsführer,[803] Anweisung der Geschäftsführung[804] oder Duldung einer Handlung der Geschäftsführung trotz Hinderungsmöglichkeit in Betracht.[805] Jedes dieser Umstände setzt zwingend die Möglichkeit und Ausübung der Einflussnahme auf bzw. Beherrschung der Gesellschaft voraus.

bb) Übertragbarkeit der Durchgriffserwägungen auf das Versicherungsrecht

Wegen der Verankerung der versicherungsrechtlichen Zurechnungsdogmatik im bürgerlichen Recht sowie § 166 BGB sind die zum bürgerlichen Recht vorgefundenen Durchgriffserwägungen auf das Versicherungsrecht grundsätzlich übertragbar. Wesentliche Unterschiede im Hinblick auf die Interessenslage sind nicht festzustellen.

Im Sinne der hier vertretenen Normzwecklehre ist auch im Versicherungsrecht eine normative Verankerung für einen Zurechnungsdurchgriff zu verlangen. Diese Verankerung ist jedoch nicht in der Zurechnungsnorm des § 166 BGB, sondern bereits in der Norm zu finden, die ein konkretes Verhalten oder Wissen voraussetzt. Sie gilt es im Hinblick auf den Norm- und Regelungszweck dahingehend auszulegen, dass Versicherungsnehmer und Gesellschafter ausnahmsweise als Einheit anzusehen sind. Eines Rückgriffs auf die Zurechnungsnorm des § 166 BGB bedarf es, vorbehaltlich der Zurechnungsfiguren des Versicherungsrechts, daher nicht.[806]

---

802 *Schilken*, S. 143 f.

803 *Schumacher,* JW 1937, 2249, 2254.

804 Baumbach/Hueck/*Beurskens*, § 35 Rn. 65; *Baumann,* ZGR 1973, 284; *Eller,* GmbHR 2004, 934; MüKomm-GmbHG/*Stephan*/*Tieves,* § 35 Rn. 223.

805 BGHZ 132, 30; MüKomm-GmbHG/*Merkt,* § 13 Rn. 348; Scholz/Emmerich/*Bitter*, § 13 Rn. 72; Michalski/Heidinger/Leible/J.Schmidt/*Michalski*, § 13 Rn. 381, Rowedder/Schmidt-Leithoff/*Pentz,* § 13 Rn. 149; teilweise wird eine Wissenszurechnung sogar bei fehlender Kenntnis eines konkreten Rechtsgeschäfts befürwortet, vgl. *Müller-Freienfels,* S. 416 Fn. 7; *Wilhelm*, Rechtsform, S. 47. Darin kann jedoch eine unzulässige Wortlautauslegung des § 166 BGB gesehen werden, da eine Wissenszurechnung über diesen Gesetzeswortlaut hinaus die Grenze der Rechtsfortbildung überscheitet, vgl. Scholz/Emmerich/*Bitter*, § 13 GmbHG Rn. 26; *Buck-Heeb,* Wissen und juristische Person, S. 308.

806 *Baumann*, ZGR 1973, 284, 298: Die ausnahmsweise, sachlich gerechtfertigte Zurechnung im Wege eines Durchgriffs und die begrenzte Wissenszurechnung nach

e) *Kriterien für einen Zurechnungsdurchgriff*

Die für einen Zurechnungsdurchgriff geeigneten Kriterien sind im Rahmen der Verletzung vorvertraglicher Anzeigepflichten grundsätzlich denen für die Herbeiführung des Versicherungsfalles vergleichbar.

Anhaltspunkte können im Rahmen der Einzelfallabwägung insbesondere das Vorliegen einer Allein- oder Mehrheitsbeteiligung sein, die es dem konkreten Gesellschafter erlaubt, maßgeblichen Einfluss auf die Gesellschaft zu nehmen. Daneben kommt auch bei einer Minderheitsbeteiligung ein Zurechnungsdurchgriff infrage, wenn eine Billigung der oder Kollusion mit Mitgesellschafter vorliegt. Gegenüber der Herbeiführung des Versicherungsfalles kommt es jedoch maßgeblich darauf an, dass der maßgebliche Gesellschafter im Rahmen der Einhaltung vorvertraglicher Anzeigepflichten auch tatsächlichen Einfluss genommen hat. Während diese Einflussnahme in der Herbeiführung des Versicherungsfalles selbst besteht, bezieht sie sich im Rahmen vorvertraglicher Anzeigeobliegenheiten auf den Umgang mit deckungsrelevanten Kenntnissen.

3. *Weitere Anzeige-, Auskunfts- und Mitteilungsobliegenheiten*

Für weitere Anzeige-, Auskunfts-, und Mitteilungspflichten des Versicherungsnehmers gilt im Wesentlichen das oben Gesagte. So dient etwa die Anzeige des Versicherungsfalls gem. § 30 Abs. 1 VVG dazu, dem Versicherer die Abwehr oder Minderung weiterer Schäden (§ 82 VVG) sowie die beweiskräftige Feststellung des relevanten Sachverhalts zu ermöglichen, und vermeiden, dass der Tatbestand, der seiner Leistungspflicht zugrunde liegt, zu seinem Nachteil manipuliert wird.[807] Dieser Normzweck kann durch das Verhalten der Gesellschafter vereitelt werden.

Auch hier gilt daher, dass die Gesellschaft für Gesellschafter verantwortlich ist, die Anzeigen (z.B. gem. §§ 30 Abs. 1, 77 Abs. 1, 97 Abs. 1 VVG), Auskünfte (z.B. gem. § 31 VVG oder sonstige Mitteilungen bewusst vereiteln, um die Gesellschaft zum Werkzeug für ihre Zwecke zu machen. Der Gesellschaft sind ebenso relevante Kenntnisse der Gesellschafter zuzurechnen, die diese der Gesellschaft bewusst vorenthalten. Zurechnungsgrund ist hierbei die maßgebliche wirtschaftliche Beteiligung an der Gesellschaft (Allein- oder Mehrheitsgesellschafter), aufgrund derer eine Verletzung jener Obliegenheiten einen wirtschaftlichen

---

§ 166 Abs. 2 BGB sollen lediglich Extreme darstellen, zwischen denen sachgerechte und flexible Mittellösungen zu suchen sind.

807 MüKomm-VVG/*Wandt*, § 30 Rn. 2.

Vorteil der Gesellschafter bedeutet. Außerdem ist eine beherrschende Stellung erforderlich, die etwa durch bösgläubige Weisung, kollusive Zusammenwirkungen oder bösgläubiges Unterlassen einer Einflussnahmemöglichkeit kausal zur Verletzung der Obliegenheit führt.

4. Gefahrerhöhung (§§ 23 ff. VVG)

Ein weiterer möglicher Anwendungsbereich des Zurechnungsdurchgriffs auf Gesellschafter sind die Vorschriften über die Gefahrerhöhung gem. § 23 VVG.

Die Gefahrerhöhung ist die nachträgliche Änderung des ursprünglichen, im Zeitpunkt der Vertragserklärung des Versicherungsnehmers tatsächlich vorhandenen Risikos, der den Eintritt des Versicherungsfalls oder eine Vergrößerung des Schadens wahrscheinlicher erscheinen lässt.[808] Dem Versicherungsnehmer obliegt es nach § 23 Abs. 1 VVG, sich der bewussten, d.h. subjektiven Gefahrerhöhung ohne Einwilligung des Versicherers zu enthalten und auch deren Vornahme durch Dritte nicht zu gestatten (Gefahrstandsobliegenheit oder Gefahrerhöhungsverbot).

Wird die Gefahr dagegen ohne seine Einwilligung durch Dritte, d.h. objektiv erhöht, so obliegt dem Versicherungsnehmer nach § 23 Abs. 3 VVG jedenfalls die unverzügliche Anzeige gegenüber dem Versicherer. Verletzt der Versicherungsnehmer die Gefahrstandsobliegenheit, hat dies für den Versicherer ein Recht zur Kündigung (§ 24 VVG) bzw. Prämienerhöhung (§ 25 VVG) oder im Falle vorsätzlicher Verletzung der Gefahrstandsobliegenheit die Leistungsfreiheit zur Folge.

a) Norm- bzw. Regelungszweck

Die Vorschriften über die Gefahrerhöhung betreffen die Änderung des Äquivalenzverhältnisses der Leistungspflichten im Versicherungsvertrag, also die nachträgliche Verschiebung der Gefahrenlage zuungunsten des Versicherers.[809] Als Spezialvorschriften zu § 313 BGB im bürgerlichen Recht gewähren sie insofern die Anpassung des Vertragsverhältnisses.

---

808 Vgl. nur BGHZ 42, 295.

809 Looschelders/Pohlmann/*Looschelders*, § 23 Rn. 1 m.w.N.

b) Vereinbarkeit eines Durchgriffs mit dem Normzweck

Ähnlich wie im Rahmen der bisherigen Anwendungsbereiche kann ein Zurechnungsdurchgriff auf Gesellschafter auch mit dem Norm- bzw. Regelungszweck der Gefahrerhöhungsvorschriften vereinbar sein.

Koch[810] zufolge widerspräche es im Rahmen von § 23 Abs. 1 VVG dem Grundsatz von Treu und Glauben, wenn bei der Einhaltung von Gefahrstandsobliegenheiten durch eine Gesellschaft als Versicherungsnehmerin die Allein- oder Mehrheitsgesellschafter nicht berücksichtigt werden müssten. Denn entsprechend der Intention des Gesetzgebers wäre es für den Versicherer unzumutbar, die von ihm übernommene Haftung auch unter geänderten Umständen zu übernehmen.[811]

Darüber hinaus dürfte im Rahmen der Gefahrerhöhung maßgeblich sein, dass Gesellschafter, wie im Rahmen der subjektiven Risikoausschlüsse, auf das versicherte Risiko Einfluss nehmen können und diese Einflussmöglichkeit aufgrund der Selbstständigkeit einer rechtsfähigen Gesellschaft verschleiern können. Diese Einflussnahmemöglichkeiten mögen von der Rechtsordnung teilweise durchaus gewollt sein. Kommt eine Versicherung jedoch den Gesellschaftern mittelbar zugute, muss auch ihre Einflussnahme auf das versicherte Risiko der Gesellschaft zuzurechnen sein, weil anderenfalls die Gefahrerhöhungsvorschriften umgangen werden könnten.

Ein Zurechnungsdurchgriff kommt einerseits in Betracht bei der Abgrenzung einer subjektiven, d.h. willentlich herbeigeführten,[812] von der objektiven Gefahrerhöhung. Die subjektive Gefahrerhöhung setzt neben der Vornahme oder Gestattung der Gefahrerhöhung auch die Kenntnis der gefahrerhöhenden Umstände voraus.[813] Wie im Rahmen der Anzeigeobliegenheiten, kann außerhalb der versicherungsrechtlichen Zurechnungsgrundsätze auch hier ein Zurechnungsdurchgriff auf das Verhalten und Wissen der Gesellschafter geboten sein. Dies kommt nach Maßgabe der obigen Anhaltspunkte vor allem dann in Betracht, wenn ein Gesellschafter die Gefahrerhöhung selbst vornimmt. Es kann dann entweder seine Vornahme der Gefahrerhöhung oder jedenfalls seine

---

810 Prölss/Martin/*Prölss*, 28. Aufl., § 23 Rn. 3; *Koch*, in: GS Hübner, S. 123–136; ebenso *Sellin*, in: Koch/Nell/Drees, Aktuelle Probleme, Bd. 5, S. 347, 367; MüKomm-VVG/*Ihlas*, VVG, 320. Rn. 348.

811 *R. Koch*, in: GS Hübner, S. 123, 132.

812 OLG Karlsruhe VersR 2003, 1124, 1125; Looschelders/Pohlmann/*Looschelders*; § 23 Rn. 24.

813 BGHZ 50, 385, 388.

Kenntnis hiervon der Gesellschaft zugerechnet werden. Entsprechendes gilt bei der Anzeigepflicht nach objektiver und nachträglich erkannter subjektiver Gefahrerhöhung gem. § 23 Abs. 2 und 3 VVG, wenn ein maßgeblicher Gesellschafter relevantes Wissen von einer Gefahrerhöhung nicht ordnungsgemäß an die Gesellschaft weiterleitet oder hierüber täuscht.

5. *Schadensabwendungs- bzw. Schadensminderungsobliegenheit (§ 82 VVG)*

Ein Zurechnungsdurchgriff auf Gesellschafter kann zudem im Rahmen der Schadensabwendungs-/minderungsobliegenheit (§ 82 VVG) zur Anwendung kommen. Diese Obliegenheit hat zum Gegenstand, ab Eintritt des Versicherungsfalles nach Möglichkeit, d.h. im Rahmen der Zumutbarkeit von Gegenmaßnahmen, für die Abwendung und Minderung des Schadens zu sorgen.

a) Norm- bzw. Regelungszweck

Der Zweck der Rettungsobliegenheit besteht darin, bei Eintritt des Versicherungsfalles den Schaden nach Möglichkeit abzuwenden oder wenigstens zu mindern und dient dem Interesse des Versicherers und der Versichertengemeinschaft.[814] Darüber hinaus soll die Obliegenheit die Gefahr vermeiden, dass der Versicherungsnehmer der Entwicklung des Schadens freien Lauf lässt, weil er sich seines bestehenden Versicherungsschutzes bewusst ist.[815] Die Rettungsobliegenheit weist damit eine Sachnähe zur Herbeiführung des Versicherungsfalles gem. § 81 VVG auf.[816] Beide Vorschriften unterscheiden sich jedoch unter anderem darin, dass § 81 VVG die aktive Herbeiführung des Versicherungsfalles sanktioniert, die Rettungsobliegenheit hingegen das Unterlassen der Schadensminderung.[817]

b) Vereinbarkeit eines Durchgriffs mit dem Normzweck

Vergleichbar der Herbeiführung des Versicherungsfalles kann auch im Hinblick auf die Rettungsobliegenheit ein Zurechnungsdurchgriff mit dem Norm- und

---

814 MüKomm-VVG/*Looschelders* VVG § 82 Rn. 1.

815 BGH VersR 1972, 1039, 1040; VersR 1985, 730; Beckmann/Matusche-Beckmann/*Beckmann* § 15 Rn. 1; Bruck/Möller/*Koch* § 82 Rn. 6; BK/Beckmann § 62 Rn. 2; MüKomm-VVG/*Looschelders* VVG § 82 Rn. 1.

816 Looschelders/Pohlmann/*Koch*, § 82 Rn. 5.

817 a.a.O.

Regelungszweck vereinbar sein. Es gilt insofern das hierzu Gesagte weitgehend entsprechend.

Ein Zurechnungsdurchgriff kann demnach auf beherrschende Gesellschafter geboten sein, wenn sie den Versicherungsfall sonst „sehenden Auges" geschehen lassen könnten, um damit den Versicherungsanspruch ihrer Gesellschaft zu beeinflussen. Gerade bei Allein- und Mehrheitsgesellschaftern gelten insofern die obigen Wertungen zur Herbeiführung des Versicherungsfalles in vergleichbarer Weise. Aufgrund ihrer wirtschaftlichen Beteiligung an der Gesellschaft und damit mittelbar an der Versicherungsleistung kann auch hier ein moral-hazard Anreiz bestehen, wenn sie durch das Unterlassen möglicher, ihr zumutbarer Schadenminderung die Höhe des Versicherungsanspruchs bestimmen können. Gleiches gilt freilich, wenn eine zumutbare Gegenmaßnahme einem Minderheitsgesellschafter möglich ist, er jedoch von anderen Gesellschaftern oder der Gesellschaft hiervon abgehalten wird. Auch hier muss der Gesellschaft das Unterlassen ihres Gesellschafters zurechenbar sein.

Dies gilt freilich für mitversicherte Gesellschafter erst recht, da sie ohnehin mit der Schadensabwendungs- bzw. Schadensminderungsobliegenheit belastet sind und, sofern ihnen zumutbar, den Schaden abzuwenden oder zu mindern haben.[818]

IV. Vertragliche Gestaltungsmöglichkeiten

Die Möglichkeit eines vollständigen Ausschlusses der gesellschaftsrechtlichen Zurechnungsgrundsätze ist abzulehnen.[819]

Um Auseinandersetzungen im Hinblick auf die Verantwortlichkeit für Dritte zu vermeiden, ist in der Praxis eine entsprechende Vereinbarung in den AVB (z.B. Repräsentantenklauseln) üblich. Zwar ist anerkannt, dass Klauseln als AGB der Inhaltskontrolle nach § 307 Abs. 2 S. 1 BGB unterliegen, weshalb die Vereinbarung eines Repräsentanten, der nach höchstrichterlicher Rechtsprechung nicht als solcher zu qualifizieren ist, regelmäßig zur Unwirksamkeit der Klausel führt.[820] Auch ohne Korrektur möglicher Repräsentantenklauseln im Wege einer ergänzenden

---

818 Prölss/Martin/*Voit*, § 82 Rn. 18.

819 Für die gesellschaftsrechtlichen Grundsätze zur Wissenszurechnung, vgl. *Gädtke*, r+s 2013, 313, 320; anders mit Blick auf die Privatautonomie *Rudzio*, Vorvertragliche Anzeigepflicht bei der D&O-Versicherung der Aktiengesellschaft, 2010, S. 215.

820 *Schimikowski*, VP 1993, 217 ff.

Vertragsauslegung[821] muss jedoch für den regelmäßig ungeregelten und ggf. unbedachten Fall des Gesellschafterverhaltens ein Zurechnungsdurchgriff im Wege normzweckorientierter Rechtsanwendung und -auslegung möglich bleiben. Ein Zurechnungsdurchgriff kann insbesondere nicht ausgeschlossen werden, wenn eine Versicherungsnehmerin um die beherrschende Stellung eines einfachen, nicht geschäftsführungsbefugten Gesellschafters weiß und dies billigt. Tritt sie diesem Missstand nicht entgegen und lässt ein schädliches Verhalten des Gesellschafters zu, so macht sie sich dieses konkludent zu Eigen. Eine Berufung auf die rechtliche Selbstständigkeit der Gesellschaft muss dann verwehrt bleiben. Im Übrigen wird dem missbräuchlichen Leistungsbegehren der Versicherungsnehmerin jedenfalls die Einrede des Rechtsmissbrauchs (§ 242 BGB) entgegen zu halten sein.

D. Zusammenfassung

Die Verantwortlichkeit einer rechtsfähigen Gesellschaft im Rahmen ihres Versicherungsvertrages für ihre Gesellschafter richtet sich nach unterschiedlichen Zurechnungsregelungen. Eine solche Verantwortlichkeit besteht sowohl für organschaftlich tätige Gesellschafter, nach versicherungsrechtlichen Grundsätzen für Repräsentaten, Wissenerklärungs- sowie Wissensvertreter sowie ergänzend nach bürgerlich-rechtlichen Grundsätzen der Wissenszurechnung. Diese Zurechnungsregeln bieten jedoch im Hinblick auf einfache Gesellschafter keinen hinreichenden Schutz.

Ein Zurechnungsdurchgriff auf das Verhalten und Wissen der Gesellschafter wird in den USA für das Versicherungsrecht sowohl von der Rechtsprechung, als auch der Literatur umfangreich behandelt. Dabei ist zu beobachten, dass eine Zurechnung durch Bewertung des jeweiligen Einzelfalls stattfindet, wobei insbesondere der Umfang der wirtschaftlichen Beteiligung, die Kontrolle der Geschäftsführung und eine mögliche Billigung der Gesellschaft als Kriterien eines Durchgriffs gewürdigt werden.

In Deutschland ist ein vergleichbarer Zurechnungsdurchgriff auf Grundlage der Normzwecklehre, d.h. einer an der Interessenslage ausgerichteten ergänzenden Gesetzes- und Vertragsauslegung möglich. Hierbei zeigt sich, dass sowohl

---

821 *Dreher/Thomas*, ZGR 2009, 31, 71 f. halten jedenfalls für die Wissenszurechnung bei juristischen Personen Repräsentantenklauseln für korrigierbar; ebenso *Gädtke*, r+s 2013, 313, 320; hierzu auch *Winterling/Harzenetter*, VW 2007, 1792, 1794.

eine zu den USA vergleichbare Interessenslage besteht, als auch die Erkenntnisse aus den USA sich auf die Rechtslage in Deutschland vielfach übertragen lassen.

Es wurden mehrere Anwendungsbereiche des Zurechnungsdurchgriffs identifiziert, in denen eine ausnahmsweise Verantwortlichkeit für Gesellschaft notwendig erscheint, weil anderenfalls der jeweilige Normzweck unterlaufen werden könnte. Dies betrifft im Rahmen von subjektiven Risikoausschlüssen insbesondere die Herbeiführung des Versicherungsfalles gem. § 81 VVG. Außerdem ist ein Zurechnungsdurchgriff auf die Gesellschafter im Rahmen von Obliegenheiten, v.a. Anzeigeobliegenheiten (z.B. §§ 19 ff. VVG), den Obliegenheiten zur Gefahrerhöhung (§§ 23 ff. VVG) sowie Schadensabwendungs- und Schadensminderungsobliegenheit (§ 82 VVG) zulässig.

Pauschale Aussagen über die Zulässigkeit eines Zurechnungsdurchgriffs sind nur bedingt möglich. Vielmehr bedarf es in jedem Fall einer Einzelfallabwägung. Ähnlich wie in den USA können bestimmte tatsächliche Anhaltspunkte im konkreten Fall darauf hinweisen, dass ausnahmsweise ein Zurechnungsdurchgriff auf Gesellschafter geboten und zulässig ist. Solche Anhaltspunkte sind insbesondere, aber nicht ausschließlich, die Einflussnahme eines Allein- oder Mehrheitsgesellschafters sowie die – selbst bei einer Minderheitsbeteiligung – die Billigung weiterer Mitgesellschafter oder das Zusammenwirken mehrerer Gesellschafter. Im Bereich der Wissenszurechnung kann auch das unterlassene Weiterleiten relevanter Kenntnisse oder die beglaubige Veranlassung der Geschäftsführung einen Zurechnungsdurchgriff rechtfertigen.

5. Teil Schlussbetrachtungen

Abschließend werden die Ergebnisse der Arbeit in Thesenform zusammengefasst (A.). Hierauf folgen Empfehlungen für die Versicherungspraxis (B.)

A. Zusammenfassung der Ergebnisse in Thesen

Diese Untersuchung untersucht und bestätigt die Ausgangsthese, dass ein Durchgriff auf Gesellschafter im Versicherungsrecht zulässig ist. Sie stützt sich auf eine rechtsvergleichende Betrachtung des US-amerikanischen Rechts, dessen Erkenntnisse nicht nur die grundsätzliche Legitimität eines Durchgriffs im Versicherungsrecht bekräftigen und wesentliche Erkenntnisse zur praktischen Handhabe eines Zurechnungsdurchgriffs in versicherungsrechtlichen Sachverhalten zu Tage fördern. Die Untersuchung widmet sich auch eingehend den Voraussetzungen und ausgewählten Anwendungsbereichen des Zurechnungsdurchgriffs im deutschen Versicherungsrecht. Zusammenfassend lassen sich die wesentlichen Ergebnisse der Untersuchung in folgenden Thesen zusammenfassen:

I. Grundlagen des Durchgriffs

1. (Teil-)Rechtsfähige Personen- und Kapitalgesellschaften sind rechtlich verselbstständigte Rechtssubjekte, die von ihren Gesellschaftern zu trennen sind (Trennungsprinzip). Diese Selbstständigkeit spiegelt nicht immer die tatsächliche Gesellschafterstruktur wieder. Es bestehen für Gesellschafter unterschiedliche Möglichkeiten, auf eine Gesellschaft Einfluss zu nehmen und ihr Wirken maßgeblich zu bestimmen. Die Beherrschung einer Gesellschaft durch ihre Gesellschafter stellt jedoch ihre rechtliche Eigenständigkeit infrage. Das Bedürfnis nach Rechtssicherheit, das sich in der grundsätzlichen Gewährung von Rechtsfähigkeit bzw. rechtlicher Selbstständigkeit ausdrückt, konkurriert daher mit dem Bedürfnis nach einzelfallgerechter Billigkeit.
2. In besonderen Ausnahmefällen ist die rechtliche Verselbstständigung im Wege eines sog. Durchgriffs zu korrigieren. Bei einem „Durchgriff" handelt es sich um eine billigkeitsrechtliche Korrektur der Rechtsanwendung und Rechtsauslegung, indem eine Gesellschaft und ihre Gesellschafter als Einheit betrachten werden. Diese Korrektur greift ein, wenn durch die Aufrechterhaltung des Trennungsprinzips der jeweilige Regelungszweck gefährdet würde.
3. Es sind unterschiedliche Erscheinungsformen des Durchgriffs möglich. Die Begründung einer weitergehenden Gesellschafterhaftung für

Gesellschaftsschulden wird als *Haftungsdurchgriff* bezeichnet. Um einen *Zurechnungsdurchgriff* handelt es sich, wenn Umstände der Gesellschafter, wie z.B. Verhalten, Wissen oder Eigenschaften der Gesellschaft zuzuordnen sind. Den unterschiedlichen Durchgriffstypen ist gemein, dass es stets auf eine besonders enge Verbindung von Gesellschaft und Gesellschaftern ankommt. Sie spiegelt sich regelmäßig in einer beherrschenden Stellung der Gesellschafter wieder, die eine Einflussnahme auf die Gesellschaft erlaubt.

4. Wegen der unterschiedlichen Interessenslagen verbieten sich rechtsgebietsübergreifende, allgemeingültige Kriterien. Es kommt vielmehr auf Wertungen des jeweiligen Rechtsgebietes und die Vereinbarkeit mit dem Norm- und Regelungszweck der konkreten anzuwendenden vertraglichen oder gesetzlichen Regelung an. Zugleich ist ein Durchgriff nur insoweit zulässig, wie dasselbe rechtliche Ergebnis sich nicht bereits nach allgemeinen, anerkannten Grundsätzen begründen lässt.

II. Versicherungsschutz der Gesellschafter

5. Im Versicherungsrecht kommt eine Berücksichtigung der Gesellschafter in mehreren Zusammenhängen in Betracht. Hierzu zählt vor allem die Einbeziehung der Gesellschafter in den Versicherungsvertrag einer Gesellschaft. Teilweise ist eine Berücksichtigung der Gesellschafter bereits nach anerkannten Grundsätzen möglich. Daneben ist in bestimmten Anwendungsbereichen ein Durchgriff auf Gesellschafter sach- und interessensgerecht.
6. Gesellschafter sind aufgrund des Trennungsprinzips im Versicherungsvertrag einer rechtsfähigen Gesellschaft nicht ohne Weiteres Versicherungsnehmer oder versicherte Person. Mitversichert sind die persönlich haftenden Personengesellschafter lediglich hinsichtlich ihrer akzessorischen Gesellschafterhaftung. Darüber hinaus sind Gesellschafter im Wege ergänzender Vertragsauslegung hinsichtlich sachbezogener Haftpflichtinteressen als mitversichert anzusehen. Sie werden davor geschützt, durch die Beschädigung oder Zerstörung der versicherten Sache Haftpflichtansprüchen ausgesetzt zu sein. Darüber hinaus verbietet die vermögensrechtliche Selbstständigkeit des Gesellschaftsvermögens eine weitergehende Versicherung solcher wirtschaftlichen Interessen, die sich aus dem Anteilsbesitz ergeben. Die wegen deliktischer Schädigung der Gesellschaft entstehenden Wertverringerungen des Geschäftsanteils sind nicht versicherbar.
7. Außerhalb der anerkannten Grundsätze ist in der Sachversicherung ausnahmsweise ein einheitliches versichertes Sacherhaltungsinteresse der Gesellschaft und der Gesellschafter anzuerkennen. Hierzu ist ein hoher Grad

an wirtschaftlicher Beteiligung sowie die bestimmungsgemäße Zugriffsmöglichkeit auf die versicherte Sache notwendig. Diese Voraussetzungen werden lediglich von Alleingesellschaftern erfüllt. Ein Zurechnungsdurchgriff auf Alleingesellschafter begegnet allerdings der Gefahr einer unzulässigen Vermögensvermischung mit der Gesellschaft.

III. Haftung der Gesellschafter

8. Eine rechtsfähige Gesellschaft haftet für ihre vermögensrechtlichen Pflichten aus dem Versicherungsvertrag mit ihrem eigenständigen Gesellschaftsvermögen. Diese Haftungstrennung ist lediglich bei persönlich haftenden Personengesellschaftern gelockert, die neben der Gesellschaft in Anspruch genommen werden können. Eine weitergehende Haftung der Gesellschafter kann sich nach allgemeinen Grundsätzen lediglich aus vertraglicher Vereinbarung ergeben oder den gesetzlichen Haftungstatbeständen unter dem Gesichtspunkt der Rechtsscheinhaftung, des Verschuldens bei Vertragsschluss (§§ 311 Abs. 2, 3, 241 Abs. 2, 280 Abs. 1 BGB) oder aufgrund deliktischer Tatbestände (§§ 823 Abs. 2, 826 BGB).
9. Ein weitergehender Haftungsdurchgriff auf die Gesellschafter, soweit dieser anerkannt wird, ist durch den Versicherer wegen der Prämienzahlungspflicht denkbar. Er kommt im Falle einer unzulässigen Vermögensvermischung in Betracht, wohingegen die Fälle des existenzvernichtenden Eingriffs und der Unterkapitalisierung nicht hinreichend gesichert sind. Insgesamt dürfte für einen Haftungsdurchgriff jedoch häufig das praktische Bedürfnis fehlen, weil der Versicherer bei Nichtzahlung der Prämienzahlung regelmäßig geschützt ist und sich auf Leistungsfreiheit berufen kann.

IV. Verantwortlichkeit für das Verhalten und Wissen der Gesellschafter

10. Grundsätzlich hat eine Gesellschaft als Versicherungsnehmer das Fehlverhalten und deckungsschädliches Wissen ihrer Gesellschafter nur zu verantworten, wenn diese zugleich ihre geschäftsführenden Organe (§ 31 BGB analog) oder Repräsentanten, Wissenserklärungsvertreter oder Wissensvertreter sind. Darüber hinaus ist eine Gesellschaft für das Verhalten und Wissen ihrer Gesellschafter nicht verantwortlich.
11. Ergänzend zu den allgemeinen Zurechnungsgrundsätzen ist im Versicherungsrecht ein Zurechnungsdurchgriff auf Gesellschafter zulässig, wenn anderenfalls subjektive Risikoausschlüsse und Obliegenheiten unterlaufen

würden. Ein solcher Zurechnungsdurchgriff ergibt sich aus der normzweckorientierten Auslegung der konkret anzuwendenden Vorschrift.

12. Als möglicher Anwendungsbereich kommt unter den subjektiven Risikoausschlüssen, ähnlich wie in den USA, insbesondere die Herbeiführung des Versicherungsfalles (§ 81 VVG) in Betracht. Außerdem ist ein Zurechnungsdurchgriff bei der Verletzung von Obliegenheiten (z.B. §§ 19, 23, 28, 82 VVG) von Bedeutung. Er kann dazu führen, dass relevantes deckungsschädliches Verhalten und Wissen der Gesellschafter der Gesellschaft zuzurechnen ist.
13. Die Zulässigkeit eines Zurechnungsdurchgriffs ist in jedem Fall im Wege einer Einzelfallabwägung zu beantworten, welche den konkreten tatsächlichen Anhaltspunkten Rechnung trägt. Ein Zurechnungsdurchgriff kommt demnach insbesondere bei Allein- oder Mehrheitsgesellschafter in Betracht, die weder Organ noch Repräsentant sind, wenn sie die Gesellschaft maßgeblich beherrschen. Gleiches gilt für mehrere gemeinschaftlich handelnde Gesellschafter sowie mit dem Versicherungsnehmer kollusiv zusammenwirkende Gesellschafter.

B. Empfehlungen für die Versicherungspraxis

Die Möglichkeit einer Berücksichtigung von Gesellschaftern aufgrund Zurechnungsdurchgriffs hat Einfluss auf die Versicherungspraxis, insbesondere die Vertragsgestaltung sowie Schadensbearbeitung.

1. Bereits bei Antragstellung bedarf es einer Klärung, inwiefern Gesellschafter von dem Versicherungsvertrag vereinbarungsgemäß versichert sein sollen. Zudem kommt den Angaben der Gesellschafter rechtliche Bedeutung zu. Falschangaben der Gesellschafter bei Antragstellung einer Gesellschaft auf Abschluss eines Versicherungsvertrags können unter dem Gesichtspunkt der arglistigen Täuschung den Versicherer zur Anfechtung des Versicherungsvertrages berechtigen.
2. Ein Ausschluss der Zurechnung von Gesellschafterverhalten oder -wissen im Wege eines Durchgriffs dürfte in der Regel nicht möglich sein. Soweit deckungsschädliches Verhalten beherrschender Gesellschafter im Versicherungsvertrag nicht bewusst geregelt oder unbewusste unbedacht geblieben ist, bleibt eine Zurechnung im Wege normzweckorientierter Normauslegung statthaft, soweit eine Versicherungsnehmerin um die beherrschende Stellung eines einfachen, nicht geschäftsführungsbefugten Gesellschafters weiß und dies billigt. Tritt sie diesem Missstand nicht entgegen und lässt

ein schädliches Verhalten des Gesellschafters zu, so macht sie sich dieses konkludent zu Eigen. Eine Berufung auf die rechtliche Selbstständigkeit der Gesellschaft muss dann verwehrt bleiben. Im Übrigen steht dann dem missbräuchlichen Leistungsbegehren der Versicherungsnehmerin auch die Einrede des Rechtsmissbrauchs (§ 242 BGB) entgegen.

3. Besonderheiten ergeben sich ferner für die Schadensbearbeitung. Ist der Versicherungsnehmer als (teil-)rechtsfähige Gesellschaft organisiert, kann für subjektive Risikoausschlüsse und Verhaltensobliegenheiten auch das Verhalten ihrer Gesellschafter von Bedeutung sein. Daher sind die konkreten Gesellschaftsverhältnisse und die Identität der Gesellschafter zu klären. Ergeben sich Anhaltspunkte für ein maßgebliches Verhalten der Gesellschafter, können diese zur teilweisen oder vollständigen Leistungsfreiheit des Versicherers führen.
4. Im Versicherungsprozess stehen dem Versicherer hinsichtlich Gesellschafterverhaltes und -wissens Beweiserleichterungen zu, da es sich insofern um die Sphäre des Versicherungsnehmers handelt. Der Versicherer kann den Indizienbeweis führen, indem Umstände beweisen werden, die den Schluss auf ein Handeln der Gesellschafter zulassen. Hierzu gehören z.B. finanzielle Situation der Gesellschaft, Anwesenheit am Schadenort oder widersprüchliche Angaben. Liegt ein Anfangsverdacht für einen Versicherungsmissbrauch gem. § 265 StGB vor, ist zudem die Möglichkeit einer Strafanzeige bei der Staatsanwaltschaft zu erörtern.

Literaturverzeichnis

American Jurisprudence: 29 Am. Jur. § 247, 628 f., 19.

American Law Reports: Federal cases and annotations, 2nd series, Thomson, St. Paul, Minnesota, 2005–.

Allen, Nicolas B.: Reverse Piercing Of The Corporate Veil: A Straightforward Path To Justice, in: 85 St. John's L. Rev. 1147 ff. (2011).

Altmeppen, Holger: Zur Entwicklung eines neuen Gläubigerschutzkonzepts in der GmbH: Zugleich Besprechung von BGH, Urt. v. 24.06.2002 – II ZR 300/00, ZIP 2002, 1578, in: ZIP 2002, 1553 ff.

Appleman, John Alan, Insurance Law and practice, New Providence 2009.

Armbrüster, Christian: Das versicherte Interesse bei Sachversicherungen im Zusammenhang mit Kapital- und Personengesellschaften, in: ZVersWiss 1993, 245 ff.

–: Deckungsumfang der Valoren-Transportversicherung, in: r+s 2011, 89 ff.

–: Der Schutz von Haftpflichtinteressen in der Sachversicherung, Berlin, 1994.

–: Die Entwicklung der Rechtsfähigkeit der GbR seit „ARGE Weißes Ross", in: ZGR 2013, 366 ff.

–: Privatversicherungsrecht, Tübingen 2013.

–: Schutz der GmbH und ihrer Gesellschafter/Geschäftsführer vor einem Rückgriff durch Sachversicherer, in: BB 1998, 1376 ff.

–: Zum Schutz von Haftpflichtinteressen in der Sachversicherung, in: NVersZ 2001, 193 ff.

–: Zur Haftung des Mieters für Sachschäden bei bestehender Sachversicherung des Vermieters, in: NJW 1997, 177 ff.

Arnim, Christoph von: U.S. Corporation und Aktiengesellschaft im Rechtsvergleich: Haftungsdurchgriff im deutschen Kapitalgesellschaftsrecht und Piercing the Corporate Veil im Recht der U.S.-amerikanischen Corporation, in: NZG 2000, 1001 ff.

Arnold, Arnd / Zöllner, Wolfgang: Kölner Kommentar zum Aktiengesetz, Bd. 1: §§ 1–75 AktG, 3. Auflage, Köln 2011.

Bacon, Francis: De haeresibus, in: Meditationes Sacrae, London 1597.

–: Essayes: Religious Meditations. Places of Perswasion and Disswasion. Seene and Allowed, London 1598.

Bachmann, Gregor: Die Einmann-AG, NZG 2001, 961 ff.

Badura, Peter: Mitbestimmung und Gesellschaftsrecht – Verfassungsrechtliches Korollarium zur Rolle des Privatrechts in der Rechtsordnung, in: Löwisch, Manfred (Hrsg.), Festschrift für Fritz Rittner, München 1991, S. 1 ff.

Ballantine, Henry Winthrop.: Separate Entity of Parent and Subsidiary Corporations, in: 14 Cal. L. Rev. 12 ff. (1925).

–: Ballantine on Corporations, Chicago 1946.

Bamberger, Hans Georg / Roth, Herbert: Bürgerliches Gesetzbuch: Kommentar, 4. Auflage, München 2019.

Barber, David H., Piecing the Corporate Veil, in: 17 Willamette L. Rev. 371 (1981).

–: Piercing the Corporate Veil, in: Corporate Practice Commentator, 1982, Vol. 23(4), p. 610 ff.

Bärmann, Johannes: Buchbesprechung zu Ulrich Drobnig, Haftungsdurchgriff bei Kapitalgesellschaften, in: AcP 159 (1960) 365 ff.

Bartholomäi, Carina: Die Begrenzung von Anzeigepflichten durch berechtigte Interessen, Karlsruhe 2014.

Baum, Marcus: Die Wissenszurechnung, Berlin 1999.

Baumann, Horst: Die Kenntnis juristischer Personen des Privatrechts von rechtserheblichen Umständen, in: ZGR 1973, 284 ff.

–: Haftungsersetzung und Haftungsfondsersetzung durch Versicherungsschutz im Gesellschaftsrecht, in: GmbHR 2014, 953 ff.

Baumbach, Adolf/Hopt, Klaus J.: Handelsgesetzbuch: mit GmbH & Co., Handelsklauseln, Bank- und Börsenrecht, Transportrecht (ohne Seerecht), 39. Auflage, München 2020.

Baumbach, Adolf/Hueck, Alfred: GmbHG: Gesetz betreffend die Gesellschaften mit beschränkter Haftung, 22. Auflage, München 2019.

Bayreuther, Frank: § 166 I BGB als zivilrechtliche Einstandspflicht für fremdes Handeln, in: JA 1998, 459 ff.

Beckerath, Hans-Jochem von: Der Durchgriff im deutschen Außensteuerrecht, Berlin 1978.

Beckmann, Roland Michael / Matusche-Beckmann, Annemarie: Versicherungsrechts-Handbuch, 3. Auflage, 2015.

Behrens, Peter: Der Durchgriff über die Grenze, in: RabelsZ 46 (1982) 308 ff.

Behrens, Volker: Drittzurechnung im Privatversicherungsrecht, Karlsruhe, 1980.

Bettermann, Karl August: Verpflichtungsermächtigung und Vertrag zu Lasten Dritter, in: JZ 1951, 321 ff.

Beuthien, Volker: Zur Begriffsverwirrung im deutschen Gesellschaftsrecht, in: JZ 2003, 715 ff.

–: Zur Grundlagenungewissheit des deutschen Gesellschaftsrechts, in: NJW 2005, 855 ff.

Biersack, Cornelia: Versicherungsbetrug im deutschen und US-amerikanischen Zivil- und Zivilprozessrecht, München 2009.

Blackstone, Sir William: Commentaries on the laws of England, San Francisco 1915–1916.

Blumberg, Philip I.: The law of corporate groups: procedural problems in the law of parent and subsidiary corporations, Boston 1984.

–: Limited Liability and Corporate Groups, in: 11 J. Corp. L. 573 ff. (1986).

–: The Corporate Personality in American Law: A Summary Review, The American Journal of Comparative Law, Vol. 38, Supplement. U. S. Law in an Era of Democratization (1990).

–: The Corporate Entity in an Era of Multinational Corporations, 15 Del. J. Corp. L. 283, 322 (1990).

Böckstiegel, Karl-Heinz: Der Durchgriff auf den Staat: Thesen zur funktionellen Identifizierung staatlichen Handelns, Frankfurt am Main 1972.

Bork, Reinhard: Allgemeiner Teil des Bürgerlichen Gesetzbuchs, 3. Auflage, Tübingen 2011.

–: Zurechnung im Konzern, in: ZGR 1994, 237 ff.

Brand, Christian: Rechtsfähige Gesamthand und Versicherungsrecht, in: VersR 2009, 306 ff.

Braun, Joachim: Erstreckt sich der Schutz der Gebäudeversicherung des Bauherrn im Rohbaustadium auf den Bauunternehmer?, in: VersR 1987, 1162 ff.

Breuninger, Gottfried: Die BGB-Gesellschaft als Rechtssubjekt im Wirtschaftsverkehr, Köln 1991.

Brodmann, Erich: Kommentar zur GmbHG, 2. Auflage, Berlin 1930.

Bruck, Ernst / Möller, Hans: Versicherungsvertragsgesetz: Großkommentar, 9. Auflage, Berlin 2008–,

Bruck, Ernst / Möller, Hans: Kommentar zum Versicherungsvertragsgesetz und zu den Allgem. Versicherungsbedingungen unter Einschluss des Versicherungsvermittlerrechtes, 8. Auflage, Berlin 1953/61-2002.

Bruck, Ernst: Privatversicherungsrecht, Mannheim 1930.

Bruns, Christina: Ist Wissen Macht? - Die Zurechnung von Wissen und Wissenserklärungen im Privatversicherungsrecht, in: ZVersWiss 2007, 487 ff.

–: Voraussetzungen und Auswirkungen der Zurechnung von Wissen und Wissenserklärungen im allgemeinen Privatrecht und im Privatversicherungsrecht, Karlsruhe 2007.

Buck-Heeb, Petra: Wissen und juristische Person: Wissenszurechnung und Herausbildung zivilrechtlicher Organisationspflichten, Tübingen 2001.

Bühler, Ottmar: Steuerrecht der Gesellschaften und Konzerne, 3. Auflage, Berlin 1956.

Butler, Henry N.: The Contractual Theory of the Corporation, in: 11 Geo. Mason L. Rev. 99, 100 ff. (1989).

Butler, Paul B./Freemon, Bob G.: Innocent Co-Insured, He Burns It, She Claims, in: 17 Forum 187 ff. (1981–1982).

Canaris, Claus-Wilhelm: Die Feststellung von Lücken im Gesetz, 2. Auflage, Berlin 1983.

–: Vertrauenshaftung im deutschen Privatrecht, München 1997.

Cataldo, Bernard: Limited Liability With One-Man Companies and Subsidiary Corporations, in: 18 LCP 473 ff. (Fall 1953).

Clark, Robert Charles: Corporate Law, Boston 1986.

Cohen, David L.: Theories of the Incorporation and the Limited Liability Company: How Should Courts and Legislatures Articulate Rules for Piercing the Veil, Fiduciary Responsibility and Securities Regulation for the Limited Liability Company?, in: 51 Okla. L. Rev. 427 ff. (1998).

Cohen, Mark S.: Grounds for Disregarding the Corporate Entity and Piercing the Corporate Veil, in: 45 Am. Jur. POF 3d §§ 1, 75 (1998).

Cohn, E. J. / Simitis C.: Lifting the veil in the Company Laws of the European Continent, in: 12 I.C.L.Q. 219 ff. (1963).

Coing, Helmut: Zum Problem des sogenannten Durchgriffs bei juristischen Personen, in: NJW 1977, 1793 ff.

Cox, James D. / Hazen, Thomas L.: Business Organizations Law, 3. Auflage, New York 2011.

Crespi, Gregory S.: The Reverse Pierce Doctrine: Applying Appropriate Standards, in: 16 J. Corp. L. 33 ff. (1990).

Cyrus, Rolf: Repräsentantenhaftung des Versicherungsnehmers, Karlsruhe 1998.

Degenhart, Christl: Der Durchgriff auf den Staat bei Beteiligung der öffentlichen Hand an Gesellschaften des privaten Rechts, Berlin 1980.

Dehner, Walter: Die Entwicklung des Maklerrechts seit 1989, NJW 1991, 3254 ff.

Dennler, Markus: Durchgriff im Konzern, Zürich 1984.

Depping, Bernd: Anmerkung zu BGH, Urteil vom 27.10.1993 – IV ZR 33/93, in: GmbHR 1994, 886 ff.

Deutsch, Erwin: Versicherungsvertragsrecht, 7. Auflage, Karlsruhe 2015.

Dewey, John: The Historic Background of Corporate Legal Personality, in: 35 Yale L. J. 655 ff. (1926).

Dobson, Juan M.: „Lifting the Veil“ in Four Countries: The Law of Argentina, England, France and the United States, in: 35 ICLQ 839 ff. (1986).

Dreher, Meinrad: Die Auslegung von Rechtsbegriffen in Allgemeinen Geschäftsbedingungen, in: AcP 189 (1989) 342 ff.

Dreher, Meinrad / Thomas, Stefan: D&O-Versicherung nach der VVG-Novelle 2008, ZGR 2009, 31 ff.

Drobnig, Ulrich: Haftungsdurchgriff bei Kapitalgesellschaften, Frankfurt am Main 1959.

Drygala, Tim: Gesellschafterregress im Personengesellschaftskonzern, in: Damm, Rüdiger/Heermann, Peter W./Veil, Rüdiger (Hrsg.), Festschrift für Thomas Raiser zum 70. Geburtstag am 20. Februar 2005, Berlin 2005, S. 63.

Easterbrook, Frank H. / Fischel, Daniel R.: Limited Liability and the Corporation, in: U. Chi. L. Rev. 52 (1985) 89.

Ebenroth, Karlheinz/Boujong, Carsten Thomas/Joost, Detlev: Handelsgesetzbuch, Bd. 1: §§ 1–342 e, 3. Auflage, München 2014.

Egashira, Kenjiro: Disregarding of the Corporate Personality, in: Annotated Corporations Law, 1, 80 ff. (1985).

Ellers, Holger: Die Zurechnung von Gesellschafterwissen an die GmbH – insbesondere beim gutgläubigen Erwerb eines Sacheinlagegegenstands, in: GmbHR 2004, 934 ff.

Ensthaler, Jürgen / Füller, Jens, Thomas / Schmidt, Burkhard: Kommentar zum GmbH-Gesetz: GmbH, 2. Auflage, Köln 2009.

Erlinghagen, Peter: Haftungsfragen bei der unterkapitalisierten GmbH, GmbHR 1962, 169 ff.

Escher-Weingart, Christina: Reform durch Deregulierung im Kapitalgesellschaftsrecht, Tübingen 2001.

Ey, Robert Michael: Cause of Action Against Insurer to Recover Benefits for Fire Loss, in: 15 COA 213, § 14.

E.O.E, Corporations: Disregarding Corporate Entity: One Man Company, 13 Cal. L. Rev., No. 3 (Mar., 1925), S. 235 ff.

Fabricius, Fritz: Gesellschaftsrechtliche Unternehmensverbindungen und Arbeitsgeberbegriff in der betrieblichen Krankenversicherung, Neuwied 1971.

–: Relativität der Rechtsfähigkeit, München 1963.

–: Zur Haftung der BGB-Gesellschaft für unerlaubte Handlungen aus der Geschäftsführung von Gesellschaftern, in: Seidl (Hrsg.), Aktuelle Fragen aus modernem Recht und Rechtsgeschichte: Gedächtnisschrift für Rudolf Schmidt, Berlin 1966, S. 171 ff.

Farat, Anna/Michoň, Denis: Lifting the Corporate Veil: Limited Liability of the Company Decision-Makers Undermined? Analysis of English, U.S., German, Czech and Polish Approach, in: 9 Common L. Rev. 21 ff. (2008).

Faulkner, Brendan: Piercing the Corporate Veil in Connecticut, in: 83 Conn B. J. 251 ff. (2009).

Figuera, Dante: Comparative Aspects of Piercing the Corporate Veil in the United States and Latin America, in: 50 Duq. L. Rev. 683 ff. (2012).

Fleischer, Holger / Goette, Wulf: Münchener Kommentar zum Gesetz betreffend die Gesellschaften mit beschränkter Haftung – GmbHG, Bd. 1: §§ 1–34, 3. Auflage, München 2018; Bd. 2: §§ 35–52, 3. Auflage, 2019, München.

Fleischer, Holger: Legal Transplants im deutschen Aktienrecht, in: NZG 2004, 1129 ff.

Fletcher, William Meade: Fletcher Cyclopedia of the Law of Private Corporations, Chicago 1927–.

Flume, Werner: Die Personengesellschaft; Allgemeiner Teil des Bürgerlichen Rechts, Bd. 1, Teil 1, Berlin 1977.

–: Die juristische Person, Allgemeiner Teil des Bürgerlichen Rechts; Bd. 1, Teil 2, Berlin 1983.

–: Gesamthandgesellschaft und juristische Person, in: Baur (Hrsg.), Funktionswandel der Privatrechtsinstitutionen, Festschrift für Ludwig Raiser zum 70. Geburtstag, Tübingen 1974, S. 27 ff. Körperschaftliche juristische Person und Personenverband, in: Musielak (Hrsg.), Festschrift für Gerhard Kegel zum 75. Geburtstag, Stuttgart, 1987, S. 147 ff.

Frank, Christian: Der Durchgriff im Schiedsvertrag, Berlin 2000.

Fuller, Warner: A Study of the One-Man Company, in: 51 Harv. L. Rev. 1373 ff. (1938).

Gaertner, Michael J.: Reverse Piercing The Corporate Veil: Should Corporation Owners Have It Both Ways?, in: 30 Wm. & Mary L. Rev. 667 ff. (1988–1989).

Gädtke, Thomas: Schutz gutgläubiger Organmitglieder bei Anfechtung des Versicherers, r+s 2013, 313.

Geißler, Markus: Zukunft, Stillstand oder Geltungsverlust für die Durchgriffshaftung im Recht der GmbH?, GmbHR 1993, 71, 73.

Gerhard, Stephan/Hagen, Otto: Kommentar zum Deutschen Reichsgesetz über den Versicherungsvertrag, Berlin 1908.

Gierke, Otto von: Die Genossenschaftstheorie und die deutsche Rechtsprechung, Berlin 1887.

Goldschmidt, Christof-Ulrich: Die Wissenszurechnung. Ein Problem der jeweiligen Wissensnorm entwickelt am Beispiel des § 463 S. 2 BGB, Berlin 2001.

Gottschalk, Alfred: Der Begriff der Obliegenheit und die Haftung des Versicherungsnehmers für Hilfspersonen, in: ZVersWiss 1917, 191 ff.

Graf von Westphalen, Friedrich: Vertragsrecht und AGB-Klauselwerke, 40. EL Oktober 2017.

Greite, Söhnke Manfred: Die Versicherung von Großrisiken im Sinne des § 210 Abs. 2 VVG, Hamburg 2015.

Grigoleit, Hans Christoph / Herresthal, Carsten: Die Schuldübernahme, Jura 2002, 393 ff.

Gruber, Michael / Mitterlechner, Hermann / Wax, Thomas: D&O-Versicherung: mit internationalen Bezügen, München 2012.

Grunewald, Barbara: Wissenszurechnung bei juristischen Personen, in: Beisse, Heinrich/Lutter, Marcus/Närger, Heribald (Hrsg.), Festschrift für Karl Beusch zum 68. Geburtstag am 31. Oktober 1993, S. 301 ff.

Grüninger, Michael: Die Europäische Wirtschaftliche Interessenvereinigung beratender Freiberufler, in: BB 1990, 2161 ff.

Guth, Maximilian: Die Versicherung des Ship-Managers, Karlsruhe 2011.

Hachenburg, Max: Kommentar zum Gesetz betreffend die Gesellschaften mit beschränkter Haftung, 6. Auflage, Berlin 1956–1959.

Hadding, Walther: Zum Erlangen von Rechtsfähigkeit nach deutschem Zivilrecht, in: Festschrift für Alfons Kraft zum 70. Geburtstag, Neuwied 1998, S. 135 ff.

–: Zur Systematik von Strukturelementen deutscher Gesellschaftsformen, in: Hadding (Hrsg.), Festgabe Zivilrechtslehrer 1934/35, Berlin 1999, S. 147 ff.

Hansmann, Henry / Kraakman, Renier: Toward Unlimited Shareholder Liability for Corporate Torts, in: 100 Yale L. J. 1879 ff. (1991).

–/–: The Essential Role of Organizational Law, in: 110 Yale L. J. 387 ff. (2000).

Hansmann, Henry / Kraakman, Reinier / Squire, Richard: Law and the Rise of the Firm, in: 119 Harv. L. Rev. 1333 ff. (2006).

Harke, Jan Dirk: Versicherungsvertragliche Anzeigepflicht und Garantiehaftung für culpa in contrahendo, ZVersWiss 2006, 391 ff.

Harrington, William D.: Business, Associations, in: 43 Syracuse L. Rev. 25 ff. (1992).

Hartung, Manfred: Wissenszurechnung beim Unternehmenskauf, in: NZG 1999, 524 ff.

Hazen, Thomas Lee / Markham, Jerry W.: Corporations and other Business Enterprises, 3. Auflage St. Paul 2009.

Heilman, Leslie C.: Reverse Piercing, in: 28 Del. J. Corp. L. 619 ff. (2003).

Heinicke, Corinna: Sachversicherung und fremde Interessen, Karlsruhe 2002.

Heinsheimer, Rudolf: Die Anwendung des § 892 BGB auf Rechtsgeschäfte zwischen denselben natürlichen Personen und mit Verbänden, in: GruchBeitr 72 (1932), 174 ff.

Heinze, Meinrad: Rechtsnachfolge in Unterlassen, ein Beitrag zur dogmatischen Struktur des Unterlassungsanspruchs § 1004 I 2 BGB und der Rechtsnachfolge, Tübingen 1974.

Helfman, Neil A.: Establishing Elements for Disregarding Corporate Entity and Piercing Entity's Veil, in: 114 Am. Jur. Proof of Facts 3d 403.

Henn, Harry G. / Alexander, John R.: Laws of corporations and other business enterprises, 3. Auflage, St. Paul 1983.

Hillmann, Robert W. / Vestal, Allan W./Weidner, Donald J.: General and Limited Liability Partnerships under the Revids Uniform Partnership Act, St. Paul 1996.

Hirte, Heribert / Mülbert, Peter B. / Roth, Markus: Aktiengesetz: Großkommentar, 5. Auflage, München 2015.

Hirte, Heribert: Kapitalgesellschaftsrecht, 8. Auflage, Köln 2016.

Honsell, Heinrich: Berliner Kommentar zum Versicherungsvertragsgesetz: Kommentar zum deutschen und österreichischen VVG, Berlin 1999.

–: Der Regreß des Sachversicherers nach § 67 VVG bei Gebrauchsüberlassung an Dritte im österreichischen Recht, in: VersR 1985, 301 ff.

Horowitz, Charles: Disregarding the entity of private corporations, in: 15 Wash. L. Rev. 285 ff. (Vol. 14, 1939).

Houseman, Gerald L.: Questioning the Law in Corporate America, Westport 1993.

Huber, Ulrich: Rechtsfähigkeit, juristische Person und Gesamthand, in: Schneider (Hrsg.), Festschrift für Marcus Lutter zum 70. Geburtstag, Köln 2000.

Hübner, Ulrich: Der Durchgriff bei juristischen Personen im europäischen Gesellschafts- und Unternehmensrecht, in: JZ 1978, 703 ff.

Immenga, Ulrich: Die personalistische Kapitalgesellschaft, Bad Homburg 1970.

Jabornegg, Peter: Die Verantwortlichkeit des Versicherungsnehmers für Dritte, VRdSch. 1975, 100 ff.

John, Uwe: Personenrecht und Verbandsrecht im Allgemeinen Teil des Bürgerlichen Rechts – Werner Flumes Buch über „Die juristische Person", in: AcP 185 (1985), 226 ff.

Jung, Peter: Der Unternehmergesellschafter als personaler Kern der rechtsfähigen Gesellschaft, Tübingen 2002.

–: Relativierung der Verselbstständigung von Gesellschaften im Vertragsrecht, in: Büchler/Müller-Chen (Hrsg.), Private Law: national – global – comparative; Festschrift für Ingeborg Schwenzer zum 60. Geburtstag, Bd. 1, Bern 2011, S. 895 ff.

Jürschik, Corina: Die Ausdehnung der Schiedsvereinbarung auf konzernzugehörige Unternehmen, Hamburg 2011.

Kämmerer, Ludwig: Die Rechtsnatur der Offenen Handelsgesellschaft: Versuch einer Neubegründung, in: NJW 1966, 801 ff.

Kampmann, Axel: Änderung der höchstrichterlichen Rechtsprechung zum Repräsentantenbegriff, in: VersR 1994, 277 ff.

–: Die Repräsentantenhaftung im Privatversicherungsrecht, Karlsruhe 1996.

Karp, Marvin L.: Drafting insurance policies to protect against arson and fraud, in: 22 SPG-Brief 9, 15 (1992–1993).

Kau, Wolfgang: Persönlichkeitsschutz, Heidelberg 1989.

Kelsen, Hans: Reine Rechtslehre: Einleitung in die rechtswissenschaftliche Problematik, Leipzig 1934.

Kemper, Kurtis A.: Acceptance and Application of Reverse Veil-Piercing – Third-Party Claimant, in: 2 A. L. R. 6th 195.

Kießling, Erik: Das Gesamthandsprinzip bei Personengesellschaften, in: Häuser (Hrsg.), Festschrift für Walther Hadding zum 70. Geburtstag am 8. Mai 2004, Berlin 2004, S. 477 ff.

Kisch, Wilhelm: Handbuch des Privatversicherungsrechtes III / Die Lehre von dem Versicherungsinteresse, München 1922.

–: Herbeiführung des Versicherungsfalls durch den gesetzlichen Vertreter des Versicherungsnehmers, in: WuR 1939, 41.

Klimke, Dominik: Täuschungsanfechtung bei der Fremdversicherung, in: Koch/Werber/Winter/Basedow (Hrsg), Der Forschung – der Lehre – der Bildung: 100 Jahre Hamburger Seminar für Versicherungswissenschaft und Versicherungswissenschaftlicher Verein in Hamburg e.V., Karlsruhe 2016, S. 153 ff.

Knappmann, Ulrich: Zurechnung des Verhaltens Dritter im Privatversicherungsrecht, in: NJW 1994, 3147.

–: Zurechnung des Verhaltens Dritter zu Lasten des VN, in: VersR 1997, 261 ff.

–: Zurechnung des Verhaltens Dritter zu Lasten des VN, in: ARGE DAV (Hrsg)., Drittwirkung von Versicherungsverträgen, S. 29 ff.

Kobierski, Marlene: Der Durchgriff im Gesellschafts- und Steuerrecht, Bern 2012.

Koch, Robert: Anmerkung zum BGH-Urteil vom 12.09.2012 (IV ZR 171/11, VersR 2012, 1506) – Zur Frage der abschließenden AVB-Regelung der Anzeigepflicht bei nicht veranlasster Gefahrerhöhung, in: VersR 2012, 1508 ff.

–: Aktuelle und zukünftige Entwicklungen in der D&O-Versicherung, WM 2007, 2173 ff.

–: Das Dreiecksverhältnis zwischen Versicherer, Versicherungsnehmer und versicherter Personen in Innenhaftungsfällen der D&O-Versicherung, in: ZVersWiss 2012, 151 ff.

–: Die Auslegung von AVB, in: VersR 2015, 133 ff.

–: Die Rechtsstellung der Gesellschaft und des Organmitglieds in der D&O-Versicherung, in: GmbHR 2004, 18 ff. (Teil I), 160 ff. (Teil II), 288 ff. (Teil III).

–: Die Vertrauensschadensversicherung in ihrer aktuellen Erscheinungsform, in: VersR 2005, 1192 ff.

–: Die Vertrauensschadenversicherung, Karlsruhe 2006.

–: Zur Qualifikation des Wechsels in der Beherrschung der Versicherungsnehmer und der erstmaligen Begründung eines Beherrschungsverhältnisses in der D&O-Versicherung als Gefahrerhöhung, in: Weitsicht in Versicherung und Wirtschaft: Beckmann (Hrsg.), Gedächtnisschrift für Ulrich Hübner, Heidelberg, Hamburg, 2012, S. 123 ff.

Kossak, Matthias von, Die Zurechnung von Gesellschafterverhalten im Versicherungsrecht, ZVersWiss 2015, 635 ff.

Kraakman, Reinier / Armour, John / Davies, Paul / Enriques, Luca / Hansmann, Henry / Hertig, Gerard / Hopt, Klaus / Kanda, Hideki / Rock, Edward: The Anatomy of Corporate Law: A Comparative and Functional Approach, Oxford 2009.

Kraft, Alfons / Kreutz, Peter: Gesellschaftsrecht, 12. Auflage, Neuwied 2007.

Krause, Martin Norbert: Der Begriff des versicherten Interesses und seine Auswirkungen auf die Versicherung für fremde Rechnung, Karlsruhe 1997.

Krendl, Cathy S. / Krendl, James R.: Piercing the Corporate Veil: Focusing the Inquiry, in: 55 Denv. L. J. 1 (1978).

Kübler, Friedrich / Assmann, Heinz-Dieter: Gesellschaftsrecht: die privatrechtlichen Ordnungsstrukturen und Regelungsprobleme von Verbänden und Unternehmen, 6. Auflage, Heidelberg 2006.

Kuhn, Ottmar: Strohmanngründung bei Kapitalgesellschaften, Tübingen 1964.

Langheid, Theo / Wandt, Manfred: Münchener Kommentar zum Versicherungsvertragsgesetz, Bd. 1: Systematische Darstellungen, Erläuterungen zum EGVVG, §§ 1–99 VVG, München 2010; Bd. 2: §§ 100–216 VVG, 2. Auflage, München 2017.

Langheid, Theo / Rixecker, Roland: Versicherungsvertragsgesetz: mit Einführungsgesetz und VVG-Informationspflichtenverordnung: Kommentar, 6. Auflage, München 2019.

Larenz, Karl / Wolf, Manfred: Allgemeiner Teil des Bürgerlichen Rechts, 9. Auflage, München 2004.

Leßmann, Herbert: Persönlichkeitsschutz juristischer Personen, in: AcP 170 (1970) 266 ff.

Lieder, Jan: Die neue Existenzvernichtungshaftung, DZWIR 2008, 145 ff.

Littbarski, Sigurt: Die Bedeutung der Begriffe „Versicherungsnehmer" und „Versicherter" im Privatversicherungsrecht, in: ZVersWiss 1977, 453 ff.

Looschelders, Dirk / Pohlmann, Petra: VVG-Kommentar, 3. Auflage, Köln 2016.

Looschelders, Dirk: Die Haftung des VN für seinen Repräsentanten – eine gelungene Rechtsfortbildung?, in: VersR 1999, 666 ff.

–: Schuldhafte Herbeiführung des Versicherungsfalls nach der VVG-Reform, in: VersR 2008, 1 ff.

Lopez, Antoinette S.: The Alter Ego Doctrine: Alternative Changes to the Corporate Form, in: 30 U.C.L.A. L. Rev 129 (1982).

Lorenz, Egon: Zum Regreß des Gebäudeversicherers gegen den seinem Versicherungsnehmer haftpflichtigen Mieter – Zugleich Anmerkung zu dem Nichtannahmebeschluß des BGH vom 18.12.1991 (IV ZR 259/91) VersR 92, 311, in: VersR 1992, 399 ff.

Lutter, Marcus / Hommelhoff, Peter: GmbH-Gesetz, 20. Auflage, Köln 2020.

Machen, Arthur Jr.: Corporate Personality, in: 24 Harv. L. Rev. 253.

Maenner, Rolf: Theorie und Praxis der Rückwärtsversicherung, Karlsruhe 1987.

Marohn, Georg: Herbeiführung des Versicherungsfalls durch den Versicherungsnehmer, in: WuR 1929, 68.

Martens Klaus-Peter: Rechtsgeschäft und Drittinteressen, in: AcP 177 (1977), 113.

Martin, Anton: Sachversicherungsrecht: Kommentar zu den allgemeinen Versicherungsbedingungen für Hausrat, Wohngebäude, Feuer, Einbruchdiebstahl und Raub, Leitungswasser, Sturm einschließlich Sonderbedingungen und Klauseln, 3. Auflage, München 1992.

Martinek, Michael: Repräsentantenhaftung: die Organhaftung nach § 31 BGB als allgemeines Prinzip der Haftung von Personenverbänden für ihre Repräsentanten; ein Beitrag zum System der Verschuldenszurechnung, Berlin 1979.

Matheson, John: The Modern Law of Corporate Groups: An Empirical Study of Piercing the Corporate Veil in the Parent-Subsidiary Context, in: 87 N.C. L. Rev. 1091 (2009).

Meier, Werner: Grenzüberschreitender Durchgriff in der Unternehmensgruppe nach US-amerikanischem Recht: Jurisdiktions- und Prozeßrecht, Kollisionsrecht, materielles Recht, Frankfurt am Main 2000.

Mellon, Francis X.: Limited Liability Companies, New York 1996.

Merkt, Hanno: US-amerikanisches Gesellschaftsrecht, 3. Auflage, Frankfurt am Main 2013.

Mertens, Hans-Joachim: Verpflichtung der Volkswagen AG, einen Bericht gem. § 312 AktG über ihre Beziehungen zum Land Niedersachsen zu erstatten?, AG 1996, 241 ff.

Michael, Douglas C.: To Know a Veil, in: 26 J. Corp. L. 41 (2000).

Michalski, Lutz / Heidinger, Andreas / Leible, Stefan / Schmidt, Jessica: Kommentar zum Gesetz betreffend die Gesellschaften mit beschränkter Haftung, §§ 35–85 GmbHG, §§ 1–4 EGGmbHG, 3. Auflage, München 2017.

Möller, Hans: Der Regress des Kraftverkehrsversicherers nach § 67 VVG, in: DAR 1953, 107 ff.

–: Verantwortlichkeit des Versicherungsnehmers für das Verhalten Dritter, Berlin 1939.

Mordfeld, Friedbert: Der Repräsentant im Privatversicherungsrecht, Hamburg 1995.

Morris, Glenn G.: Piercing the Corporate Veil in Louisiana, in: 52 La. L. Rev. 271 ff. (1991).

Mugdan, Benno: Die gesamten Materialien zum Bürgerlichen Gesetzbuch für das Deutsche Reich: 5 Bände und Sachregister sowie Ergänzungsband, Berlin 1899.

Mülhens, Jörg: Der sogenannte Haftungsdurchgriff im deutschen und englischen Recht, Tübingen 2006.

Müller, Robert: Kollisionsrechtliche Probleme der Durchgriffslehre bei Kapitalgesellschaften, Frankfurt am Main 1974.

Müller-Freienfels, Wolfram: Die Vertretung beim Rechtsgeschäft, Tübingen 1955.

Münstermann, in: Laum/Klein/Strauch (Hrsg.), Rheinische Justiz – 175 Jahre Oberlandesgericht Köln, Köln 1994.

Murdock, Charles W.: Limited Liability Companies in the Decade of the 1990s: Legislative and Case Law Developments and Their Implications for the Future, in: 56 Bus. Law. 499 (2001).

Murphy, Anne Winslow / Maneval, Andrew: Arson Fraud: Criminal Prosecution and Insurance Law, in: 7 Fordham Urb. L.J. 541 ff. (1978–1979).

Nass, Gustav: Person, Persönlichkeit und juristische Person, Berlin 1964.

Naumann, Klaus-Peter/Siegel, Daniel P.: Wissensorganisation, ZHR (181) 2017, S. 273 ff.

Nitschke, Manfred: Die Anwendung des in § 3 1 BGB enthaltenen Rechtsgedankens auf alle Unternehmensträger, in: NJW 1969, 1737 ff.

Nobbe, Gerd: Die Wissenszurechnung in der Rechtsprechung des Bundesgerichtshofs, in: Hadding/Hopt/Schimansky (Hrsg.), Neues Schuldrecht und Bankgeschäfte – Wissenszurechnung bei Kreditinstituten, Berlin 2003.

O'Kelly, Charles R.T./Thompson, Robert B.: Corporations and Other Business Associations, 6. Auflage, New York 2010.

Oh, Peter B.: Veil-Piercing, in: 89 Tex. L. Rev. 81 ff. (2010).

Olbrich, Carola: Die D&O-Versicherung, 2. Aufl., Karlsruhe 2007.

Oldenbourg, Hans: Die Wissenszurechnung, Leipzig 1934.

Otto, Mathias: Der prozessuale Durchgriff, München 1993.

Pardinas, Claudia M.: The Enigma of the Legal Liability of Transnational Corporations, in: 14 Suffolk Transnt'l. L.J. 405 ff. (1991).

Pate, Stephen P.: Recent Developments in Property Insurance Law, in: 33 T&Ins. L.J. 659 ff. (1998).

Pawlowski, Hans Martin: Allgemeiner Teil des BGB: Grundlehren des bürgerlichen Rechts, 7. Auflage, Heidelberg 2003.

Pinckernelle, Ascan: Die Herbeiführung des Versicherungsfalls – Rechtvergleichende nach deutschem, schweizerischem, französischem und englischem Recht, Karlsruhe 1966.

Planck, Gottlieb: Planck's Kommentar zum Bürgerlichen Gesetzbuch, 4. Auflage, Berlin 1913.

Powell, Frederick J.: Parent and Subsidiary Corporations: Liability of a Parent Corporation for the Obligations of Its Subsidiary, Chicago 1931.

Presser, Stephen B.: Piercing the Corporate Veil, New York 2004.

Priester, Hans-Joachim: Münchener Handbuch des Gesellschaftsrechts; Band 3, 5. Auflage, München 2018.

Prölss, Erich R. / Martin, Anton / Knappmann, Ulrich: Versicherungsvertragsgesetz: Kommentar zu VVG und EGVVG sowie Kommentierung wichtiger Versicherungsbedingungen – unter Berücksichtigung des ÖVVG und österreichischer Rechtsprechung, 26. Auflage, München 1998; 27. Auflage, München 2004; 28. Auflage, München 2010; 29. Auflage, München 2015; 30. Auflage, München 2018.

Prölss, Erich R., in: ARGE Versicherungsrecht (Hrsg.). Drittwirkung von Versicherungsverträgen, Berlin 1997, S. 9 ff.

–: Einbeziehung von Drittinteressen in der Sachversicherung, in: r+s 1997, 221 ff.

–: Anmerkung zu BGHZ 49, 130 = VersR 1968, 185, in: VersR 1968, 268 ff.

Rabel, Ernst: Aufgabe und Notwendigkeit der Rechtsvergleichung, München 1925.

Radin, Max: The Endless Problem of Corporate Personality, in: 32 Colum. L. Rev. 643 ff. (1932).

Raiser, Rolf: Kommentar der Allgemeinen Feuerversicherungsbedingungen, 2. Auflage, Berlin 1937.

Raiser, Thomas / Veil, Rüdiger: Recht der Kapitalgesellschaften: ein Handbuch für Praxis und Wissenschaft, 5. Auflage, München 2010.

Raiser, Thomas: Der Begriff der juristischen Person – Eine Neubesinnung, in: AcP 199 (1999) 104 ff.

–: Gesamthandsgesellschaft oder juristische Person – Eine Geschichte ohne Ende?, in: Lieb (Hrsg.), Festschrift für Wolfgang Zöllner: zum 70. Geburtstag, Köln 1998, S. 469 ff.

–: Gesamthand und juristische Person im Licht des neuen Umwandlungsrechts, in: AcP 194 (1994) 495 ff.

–: Konzernhaftung und Unterkapitalisierungshaftung – Besprechung der Entscheidung BGH AG 1994, 179 (EDV-Peripherie), in: ZGR 1995, 156 ff.

Raupach, Arndt: Der Durchgriff im Steuerrecht: zugleich ein Beitrag zum Verhältnis des Deutschen und Internationalen Steuerrechts zum Zivil-, Verfassungs- und Völkerrecht, München 1968.

Rehbinder, Eckard: Konzernaußenrecht und allgemeines Privatrecht: eine rechtsvergleichende Untersuchung nach deutschem und amerikanischem Recht, Bad Homburg v.d.H. 1969.

–: Zehn Jahre Rechtsprechung zum Durchgriff in Deutschland, in: Lutter (Hrsg), Festschrift für Robert Fischer, Berlin 1979.

Reid, Robert C.: Liability of Insurance Company to one insured after fire policy when the property is intentionally destroyed by the other insured, in: 11 Ala. L. Rev. 338 ff. (1958–1959).

Reiff, Peter: Zur Rechtsfähigkeit und Parteifähigkeit sowie der Haftungsverfassung der GbR, in: VersR 2001, 510 ff.

Reinhardt, Rudolf: Gedanken zum Identitätsproblem bei der Einmanngesellschaft, in: Nipperdey (Hrsg.), Das deutsche Privatrecht in der Mitte des 20. Jahrhunderts: Festschrift für Heinrich Lehmann zum 80. Geburtstag, Bd. 2, Berlin 1956, S. 576 ff.

Rengier, Rudolf: Strafrecht Besonderer Teil, Bd. 1, Vermögensdelikte, München 2015.

Reuschelein, Harold Gill /Gregory, William A.: The Law of Agency and Partnership, St. Paul, 1979.

Reuter, Dieter: Rechtsfähigkeit und Rechtspersönlichkeit, in: AcP 207 (2007), S. 673.

Rittner, Fritz: Die werdende juristische Person, Tübingen 1973.

Roe, Mark J.: Delaware's Competition, in: 117 Harv. L. Rev. 588 ff. (2003).

Römer, Wolfgang / Langheid, Theo: Versicherungsvertragsgesetz, 3. Auflage, München 2012; 6. Auflage, München 2019.

Römer, Wolfgang: Die Haftung des Versicherungsnehmers für seinen Repräsentanten, in: NZV 1993, 249 ff.

Römmer-Collmann, Carsten: Wissenszurechnung innerhalb juristischer Personen, Frankfurt am Main 1998.

Rosenberg, David: Supplying the Adverb: The Future of Corporate Risk-Taking an the Business Judgement Rule, in: 6 Berkeley Bus. L. J. 216 ff. (2009).

Roth, Wulf-Henning: Irrtumszurechnung, in: Schilken (Hrsg.), Festschrift für Hans Friedhelm Gaul zum 70. Geburtstag, Bielefeld 1997, S. 585 ff.

Rowedder, Heinz / Schmidt-Leithoff, Christian: Gesetz betreffend die Gesellschaften mit beschränkter Haftung: (GmbHG); Kommentar, 6. Auflage, München 2017.

Rudzio, Moritz: Vorvertragliche Anzeigepflicht bei der D&O-Versicherung der Aktiengesellschaft, Berlin 2010.

Rüffer, Wilfried / Halbach, Dirk / Schimikowski, Peter: Versicherungsvertragsgesetz: K Handkommentar, 4. Auflage, Baden-Baden 2020.

Russ, Lee R.: Couch on Insurance, 3. Auflage, Deerfield 1995.

Rüthers, Bernd / Fischer, Christian / Birk, Axel: Rechtstheorie mit juristischer Methodenlehre, 7. Auflage, München 2013.

Rütsch, Claus-Jörg: Strafrechtlicher Durchgriff bei verbundenen Unternehmen?: rechtsvergleichende Untersuchung zum Konzept der wirtschaftlichen Einheit als Sanktionsansatz bei verbundenen Unternehmen unter besonderer Berücksichtigung des Kartellordnungswidrigkeitenrechts, Köln 1987.

Säcker, Franz Jürgen: Münchener Kommentar zum Bürgerlichen Gesetzbuch, 7. Auflage, München 2015; 8. Auflage, München 2018.

Saenger, Ingo: Gesellschaftsrecht, 4. Auflage, München 2018.

Sauer, Wilhelm: Juristische Methodenlehre, Stuttgart 1940.

Savigny, Friedrich Carl von: System des heutigen römischen Rechts, Bd. 2, Berlin 1840.

Scearce, Michael A.: Avoiding Liability in Arson Case: Suggestions for the Defense, in: 47 UMKC Law Review 389 ff. (1993–1995).

Schäfers, Dominik: Die vorvertragliche Anzeigepflicht des Versicherungsnehmers und das allgemeine Leistungsstörungsrecht, Karlsruhe 2014.

Schanze, Erich: Durchgriff, Normanwendung oder Organhaftung?, in: AG 1982, 42 ff.

–: Einmanngesellschaft und Durchgriffshaftung als Konzeptionalisierungsprobleme gesellschaftsrechtlicher Zurechnung, Frankfurt am Main 1975.

Scherpe, Julia Caroline, Das Prinzip der Gefahrengemeinschaft im Privatversicherungsrecht, Tübingen 2011.

Scheuch, Silke: „Wissenszurechnung" bei GmbH und GmbH & Co., in: GmbHR 1996, 828 ff.

Schilken, Eberhard: Wissenszurechnung im Zivilrecht. Eine Untersuchung zum Anwendungsbereich des § 166 BGB innerhalb und außerhalb der Stellvertretung, Bielefeld 1983.

Schimikowski, Peter: Haftung des Versicherungsnehmers für Verhalten und Kenntnis anderer Personen, in: VW 1996, 626 ff.

–: Versicherungsvertragsrecht, 6. Auflage, München 2017.

Schirmer, Helmut: Der Repräsentantenbegriff im Wandel der Rechtsprechung, Karlsruhe 1995.

–: Die Rechtsstellung mitversicherter Personen in der Haftpflichtversicherung, in: Baumann (Hrsg.), Festschrift für Karl Sieg, Die Rechtsstellung mitversicherter Personen in der Haftpflichtversicherung, Karlsruhe 1976, S. 451 ff.

–: Zur Vereinbarung von Obliegenheiten zu Lasten Dritter, insbesondere in Verträgen zu ihren Gunsten, in: Reichert-Facilides (Hrsg.), Festschrift für Reimer Schmidt, Karlsruhe 1976, S. 821 ff.

Schmidt, Karsten / Lutter, Marcus: Aktiengesetz: Kommentar, Bd. 1: §§ 1–149, 4. Auflage, Köln 2020.

Schmidt, Karsten: Die BGB-Außengesellschaft – rechts- und parteifähig: Besprechung des Grundlagenurteils II ZR 331/00 vom 29.1.2001, in: NJW 2001, 993 ff.

–: Gesellschaftsrecht, 4. Auflage, Köln 2002.

–: Rechtsprechungsübersicht: Übertragung sämtlicher KG-Anteile auf eine Gesellschaft des bürgerlichen Rechts, in: JuS 1990, 1021 ff.

–: Rechtsprechungsübersicht: Kaskoversicherung des Kfz einer Personengesellschaft, in JuS 2008, 655 ff.

–: Verbandszweck und Rechtsfähigkeit im Vereinsrecht: eine Studie über Erwerb und Verlust der Rechtsfähigkeit nichtwirtschaftlicher und wirtschaftlicher Vereine, Heidelberg, 1984.

Schmidt, Reimer: Obliegenheiten, Karlsruhe 1953.

Schmidt-Hollburg, Hartwig: Die Abgrenzung von Risikoausschlüssen und Obliegenheiten, Karlsruhe 1991.

Schoff, Paul J.: The New Pennsylvania Electing Partnership Statue - An Alternative to the Professional Corporation, in: U. Pitt. L. Rev. 43 809 ff. (1982).

Scholz, Franz / Emmerich, Volker: Kommentar zum GmbH-Gesetz: mit Nebengesetzen und den Anhängen Konzernrecht sowie Umwandlung und Verschmelzung, Bd. 1: §§ 1–44, 6. Auflage, Köln 1983.

Schüler, Wolfgang: Wissenszurechnung im Konzern, Berlin 2000.

Schumacher, Kurt: Die Gleichstellung der GmbH mit ihren Gesellschaftern, in: JW 1937, 2249 ff.

Schwacke, Peter: Juristische Methodik, 5. Auflage, Stuttgart 2011.

Schwintowski, Hans-Peter / Brömmelmeyer, Christoph: Praxiskommentar zum Versicherungsvertragsrecht, 3. Auflage, Bonn 2017.

Sellin, Robert: Die Neubeherrschung der Versicherungsnehmerin in der D&O-Versicherung, in: Koch/Nell/Drees (Hrsg.), Aktuelle Probleme des Versicherungsvertrags-, Versicherungsaufsichts- und Vermittlerrechts, Hamburger Reihe D, Bd. 5, Karlsruhe 2014, S. 347 ff.

Serick, Rolf: Rechtsform und Realität juristischer Personen, Tübingen 1955.

Sieg, Karl: Allgemeines Versicherungsvertragsrecht, 3. Auflage, Wiesbaden 1994.

Soergel, Hans Theodor / Siebert, Wolfgang: Bürgerliches Gesetzbuch: mit Einführungsgesetz und Nebengesetzen, 13. Auflage, Stuttgart 1999–.

Sommer, Torsten: Verzicht auf das Recht zur Arglistanfechtung in AGB/AVB – zur Rechtsprechung des BGH, ZVersWiss 2013, 503 ff.

Sorge, Jan: Die Haftung faktischer Geschäftsleiter in der Krise der Gesellschaft, Baden-Baden 2012.

Spindler, Gerald / Stilz, Eberhard: Kommentar zum Aktiengesetz, Bd. 1: §§ 1–149, 3. Auflage, München 2015.

Stampe, E.: Urteilsanmerkung, JW 1922, 517 ff.

Stimpel, Walter: Durchgriffshaftung bei der GmbH: Tatbestände, Verlustausgleich, Ausfallhaftung, in: Havermann (Hrsg.), Bilanz- und Konzernrecht: Festschrift zum 65. Geburtstag von Dr. Dr. h. c. Reinhard Goerdeler, Düsseldorf 1987, S. 601 ff.

Staudinger, Julius, von: J. von Staudingers Kommentar zum Bürgerlichen Gesetzbuch: mit Einführungsgesetz und Nebengesetzen, Buch 1: §§ 21–79 (Allgemeiner Teil 2), Berlin 2005; Buch 1: §§ 139–163 (Allgemeiner Teil 4b), Berlin 2015; Buch 1: Buch 1: §§ 164–240 (Allgemeiner Teil 5), Berlin 2014.

Steffek, Felix: Durchgriff, in: Handwörterbuch des Europäischen Privatrechts, 2 Bände, Basedow/Hopt/Zimmermann (Hrsg.), Tübingen 2009, Bd. 1, S. 332 ff.

Stempel, Jeffrey: Principles of Insurance Law, LexisNexis, 2012.

Steindorff, Ernst: Politik des Gesetzes als Auslegungsmaßstab im Wirtschaftsrecht, in: Paulus (Hrsg.), Festschrift für Karl Larenz zum 70. Geburtstag, München 1973, S. 217 ff.

Steinkühler, Stefan: D&O: Ein Mehr an Deckungsschutz kann auch nachteilig sein, in: VW 2009, 94 ff.

Stevens, Robert Sproule: Handbook on the Law of Private Corporations, 2. Auflage, St. Paul 1949.

Stoffel, Leo: Die Zurechnung des guten und bösen Glaubens nach schweizerischem Privatrecht, Naters 1963.

Story, Joseph: Commentaries on the law of partnership, as a branch of commercial and maritime jurisprudence, with occasional illustrations from the civil and foreign law, Boston 1841.

Taupitz, Jochen: Wissenszurechnung nach englischem und deutschen Recht, in: Karlsruher Forum 1994 (1995), S. 16 ff.

Terbille, Michael / Höra, Knut: Münchener Anwaltshandbuch Versicherungsrecht, 3. Auflage, München 2013.

Thomas, Stefan: Die Haftungsfreistellung von Organmitgliedern, Tübingen 2010.

Thompson, Robert B.: Piercing the Corporate Veil: An Empirical Study, in: 76 Cornell L. Rev. 1036 ff. (1991).

–: The Limits of Liability in the New Limited Liability Entities, in: 32 Wake Forest L. Rev. 1 ff. (1997).

Tiedemann, Klaus: Strafgesetzbuch: Leipziger Kommentar, Bd. 9: §§ 263 bis 283d, Berlin 2012.

Timm, Wolfram: Einige Zweifelsfragen zum neuen Umwandlungsrecht, in: ZGR 1996, 247 ff.

Told, Julia: Die Wandlung vom rechtlichen Nichts zum rechtlichen Sein – Zur wechselnden Natur der Zweckgesellschaft bürgerlichen Rechts in

Deutschland, Österreich und der Schweiz, in: Kurzbein/Muster/Martin/Good/Hagi/Küffer/Sommer (Hrsg.), Metamorphose des Zivilrechts: Berner Tagung, 4.–7. September 2013; Jahrbuch Junger Zivilrechtswissenschaftler 2013, Stuttgart, 2014, S. 39 ff.

Tribe, Laurence H.: American Constitutional Law, 2. Auflage, Mineola 1988.

Triebel, Götz: Die Haftung des Betriebsrats und der Durchgriff auf seine Mitglieder, Berlin 2003.

Tröster, Heinz G., Die Einmann-GmbH: ein Beitrag zur Lehre von der Relativität der Rechtsfähigkeit, Erlangen-Nürnberg, 1971.

Ulmer, Peter: Gesellschafterhaftung in der Gesellschaft bürgerlichen Rechts – Durchbruch der Akzessorietätstheorie?, in: ZIP 1999, 554 ff.

Ulmer, Peter / Habersack, Mathias / Löbbe, Winter: Gesetz betreffend die Gesellschaften mit beschränkter Haftung: (GmbHG); Großkommentar, 2. Auflage, Tübingen 2013.

Vandekerckhove, Karen: Piercing The Corporate Veil, Alphen aan den Rijn 2007.

Vukowich, William T.: Insurable Interest: When It Must Exist in Property and Life Insurance, in: 7 Willamette L.J. 1 ff. (1971).

Wagner, Veronique: Die schuldhafte Herbeiführung des Versicherungsfalles in der Schadensversicherung nach der VVG-Reform 2008, Karlsruhe 2010.

Wandt, Manfred: Versicherungsrecht, 6. Auflage, Köln 2016.

Weber, Max: Wirtschaft und Gesellschaft, 3. Auflage, Tübingen 1947.

Weber-Grellet, Heinrich: Die Gesamthand – Ein Mysterienspiel?, in: AcP 182 (1982) 316 ff.

Wedemann, Frauke: Gesellschafterkonflikte in geschlossenen Kapitalgesellschaften, Tübingen 2013.

Werber, Manfred / Winter, Gerrit: Grundzüge des Versicherungsvertragsrechts, Heidelberg 1986.

Werner, Rüdiger: Aktuelle Probleme der Vertretung der Aktiengesellschaft durch den Aufsichtsrat nach § 112 BGB, Der Konzern 2008, 639, 641.

Wertenbruch, Johannes: Die Haftung von Gesellschaften und Gesellschaftsanteilen in der Zwangsvollstreckung, Köln 2000.

Wessels, Johannes / Hillenkamp, Thomas: Strafrecht Besonderer Teil 2: Straftaten gegen Vermögenswerte, 37. Auflage, Heidelberg, 2014.

Westerhoff, Ralph: Organ und (gesetzlicher) Vertreter – eine vergleichende Darstellung anhand der Wissens-, Besitz- und Haftungszurechnung, München 1993.

Westermann, Harm Peter / Erman, Walter / Aderholz, Lutz: Erman Bürgerliches Gesetzbuch: Handkommentar mit AGG, EGBGB (Auszug), ErbbauRG, HausratsVO, LPartG, ProdHaftG, UKlaG, VAHRG und WEG, Bd. 1, 16. Auflage, Köln 2020.

Westermann, Harm Peter: Vertragsfreiheit und Typengesetzlichkeit im Recht der Personengesellschaften, Berlin 1970.

Weyers, Hans-Leo: Versicherungsvertragsrecht, 2. Auflage, München 1995.

Wick, Markus: Der Durchgriff und das auf ihn anwendbare Recht gemäss IPRG, Zürich 1996.

Wiedemann, Herbert / Hirte, Heribert: Die Konkretisierung der Pflichten des herrschenden Unternehmens – Besprechung der Heumann-Ogilvy-Entscheidung BGHZ 89, 162, in: ZGR 1986, 163 ff.

Wiedemann, Herbert: Die Unternehmensgruppe im Privatrecht: methodische und sachliche Probleme des deutschen Konzernrechts, Tübingen 1988.

–: Ergänzende Vertragsauslegung – richterliche Vertragsergänzung, in: Heldrich (Hrsg.), Festschrift für Claus-Wilhelm Canaris, München 2007, S. 1281 ff.

–: Gesellschaftsrecht, 8. Auflage, München 2012.

–: Juristische Personen und Gesamthand als Sondervermögen, in: WM 1975 Sonderbeilage Nr. 4, S. 7 ff.

Wilhelm, Jan: Die Vermögensbindung bei der Aktiengesellschaft und der GmbH und das Problem der Unterkapitalisierung, in: Jakobs (Hrsg.) Festschrift für Werner Flume zum 70. Geburtstag, Köln 1978, S. 337 ff.

–: Kurzreferat, in: NJW 1977, 1887 f.

–: Rechtsform und Haftung bei der juristischen Person, Köln 1981.

–: Zurück zur Durchgriffshaftung – das „KBV"-Urteil des II. Zivilsenats des BGH vom 24. 6. 2002, in: NJW 2003, 175 ff.

Wilser, Otto: Der Durchgriff bei Kapitalgesellschaften im Steuerrecht, Heidelberg, 1960.

Wilsing, Hand-Ulrich: Der Einfluss professioneller Aktionäre steigt und steigt, in: Frankfurter Allgemeine Zeitung, 29.01.2014, S. 19.

Windbichler, Christine, Gesellschaftsrecht, 24. Auflage, München 2017.

Winter, Gerrit: Die Repräsentantenhaftung in Allgemeinen Versicherungsbedingungen, in: Hübner (Hrsg.), Recht und Ökonomie der Versicherung: Festschrift für Egon Lorenz zum 60. Geburtstag, Karlsruhe 1994, S. 723 ff.

Winterling, Anne / Harzenetter, Tobias: Vorvertragliche Anzeigepflichten in der D&O-Versicherung, in: VW 2007, 1792.

Witten, Keith: "Barn Burning" and what can be done to prevent it, in: 22 Torts&Ins. L. J. 511 ff. (1986–1987).

Wittgenstein, Ludwig: Philosophische Untersuchungen, Frankfurt am Main 1971.

Wolff, Martin: On the Nature of Legal Persons, in: 54 L.Q. Rev. 494 ff. (1938).

Wormser, Maurice: Disregard of the Corporate Fiction and Allied Corporation Problems, New York 1927.

–: Piercing the Veil of Corporate Entity, in: 12 Colum. L. Rev. 496 ff. (1912).

Wussow, Werner: Feuerversicherung: Kommentar zu d. AFB u. d. §§ 1127–1130 BGB, 97–107c VVG, 2. Auflage, Dornheim 1975.

Zweigert, Konrad/Kötz, Hein: Einführung in die Rechtsvergleichung auf dem Gebiete des Privatrechts, 3. Auflage, Tübingen 1996.

Ohne Autorenangabe: Corporations. Power of Corporation to Recover Where Full Benefit Would Accrue to Undeserving Stockholder, 32 Col.L.Rev. 1434 ff. (1932).

Ohne Autorenangabe: Harvard Law Review, Insurance. Insurance Interest. Shareholder's Interest in Corporate Property, 39 Harv. L. Rev. 126 ff. (1925).

Ohne Autorenangabe: Insurance. Insurable Interest of Stockholder in Specific Corporate Assets, 35 Yale L.J. 376 ff. (1926).

Ohne Autorenangabe: Piercing the Corporate Law Veil The Alter Ego Doctrine under Federal Common Law, 95 Harv. L. Rev. 853 ff.

Ohne Autorenangabe: Sozialistische Finanzwirtschaft, 19 (1965) 16.

Verzeichnis amerikanischer Gerichtsentscheidungen

A. Copeland Enterprises v. Pickett & Meador, Inc., 422 So. 2d 752 (Miss. 1982).

Aetna Fire Insurance Co. v. Kennedy to Use of Bogash, (1909) 161 Ala 600, 50 So 73.

Agency Management. Corp. v.Green Acres Realty, Inc., 286 So. 2d 465 (La. Ct. App. 1973), cert. denied, 289 So. 2d 155 (1974).

American Aviation & General Insurance Company v. Georgia Telco Credit Union, 5 Cir. 1955, 223 F. 2d 206.

American Casualty Co. of Reading, Pennsylvania. v.Schafer, 204 Ga. App. 906, 420 S.E.2d 820 (1992).

American Family Mutual Insurance Co. v. Enright, 334 Ill. App. 3d 1026, 1036, 269 Ill. Dec. 597, 606, 781 N.E.2d 394, 403, 19 I.E.R. Cas. (BNA) 905 (2d Dist. 2002).

American Indemnity. Co. v. Southern Missionary College, 195 Tenn. 513, 260 S.W. 2d 269 (Tenn. 1953).

American Mutual Liability Insurance Co. v. Condon, 280 Mass. 517, 522, 183 N.E. 106 (Mass. 932).

Baker v. Caravan Moving Corp., 561 F. Supp. 337, 340 (N.D. Ill. 1983).

Bangor Punta Operations, Inc. v. Bangor & Aroostook R. Co., 417 U.S. 703 (1974).

Bellman v.Home Ins. Co., 178 Wis. 349, 189 N.W. 1028 (Wis. Sup. Ct. 1922).

Bergeron v.Fontaine, 256 A. 2d 656, 658 (N.H. 1969).

Berkey v. Third Avenue Railway Co. Ry Co., 244. N.Y. 84, 95 (Ct. App. N.Y. 1926).

Boatmen's Nat. Bank of St. Louis v. Smith, 706 F. Supp. 30 (N.D. Ill. 1989).

Booker T. Washington Insurance Co. v. Transcontinental Insurance Co., 263 F. Supp. 1005 (N.D. Ala. 1966).

Booth v.Bunce, (1865) 33 N. Y. 139.

Brownfield Inv. Corp., N.V. v. U.S., 28 F.3d 105, 74 A.F.T.R.2d 94-5452 (9th Cir. 1994).

Bucyrus-Erie Co. v.Gen. Prods. Corp., 643 F.2d 413, 419 (6th Cir. 1981).

C.F. Trust, Inc. v.First Flight L.P., 266 Va. 3, 580 S.E.2d 806, 2 A.L.R.6th 719 (2003).

C.T. Lowndes & Co. v. Suburban Gas & Appliance Co., Inc., 307 S.C. 394, 415 S.E.2d 404 (S.C. App., 1991).

Cascade Energy & Metals Corporation, v. Jeffrey G. Banks, 896 F.2d 1557 (10th Cir. 1990).

Centraal Stikstof Verkoopkanter, NV v. Walsh Stevedoring Co., 5 Cir. 1967, 380 F.2d 523, 534.

Central Nat'l Bank & Trust Co. of Des Moines v. Wagener, 183 N.W.2d 678,682 (Iowa 1971).

Chrysler Ins. Co. v. Greenspoint Dodge of Houston, Inc., 297 S.W.3d 248 (Tex. 2009).

Columbia Ins. Co. of Alexandria v. Lawrence, 10 Peters 507 (1836).

Connecticut Light & Power Co. v. Westview Carlton Group LLC, 108 Conn. App. 633 (2008).

Continental Cas. Co. v.Pro Machine, 2007 PA Super 18, 916 A.2d 1111, 1120 (2007).

Continental Insurance Co. v. Gustav's Stable Club Inc., 211 Neb 1, 317 N.W.2d. 734 (1982).

Cora Pub Inc. v. Continental Casualty Co, 619 F2d 482 (5th Ci Fla 1980) reh den 629 F2d 1349 (5th Cir. 1980).

Cordius Trust v. Kummerfeld, 153 Fed. Appx. 761, 2005 U.S. App. (2d Cir. 2005).

Courts of the Phoenix v. Charter Oak Fire Insurance Co, 560 FSupp 858 (ND Ill 1983).

Crawford v. Aachen & Munich Fire Ins. Co., 100 Ill. App. 454 (1902) aff'd, 199 Ill. 367, 65 N.E. 134 (1902).

Crown Colony Distributors Inc v. United States Fire Insurance Co, 510 F 2d 544 (5th Cir Fl 1975).

D.I. Felsenthal Co. v.The Northern Assurance Co., Ltd., 284 Ill. 343, 120 N.E. 268 (1918).

Dahl v.Gardner, 583 F. Supp. 1262 (D. Utah 1984).

Danish Inn, Inc. v. Drake Ins. Co. of New York, 126 Mich. App. 349, 337 N.W.2d 63 (1983).

Dartmouth College v. Woodward, 17 U.S. (4 Wheat.) 518, 636 (1819).

Davis v.Alexander, 269 U.S. 114, 117 (1925).

Delk v. Markel American Ins. Co., 81 P.3d 629 (Okla. 2003).

Dolce v. Rhode Island Joint Reinsurance Association, 589 A.2d 313, 315.

Dole Food Co. v. Patrickson, 538 U.S. 468, 123 S. Ct. 1655, 155 L. Ed. 2d 643, 188 A.L.R. Fed. 661 (2003).

Earp v. Schmitz, 79 N.E.2d 637, 641 (Ill. App. Ct. 1948).

Erlin-Lawler Enterprises Inc v. Fire Insurance Exchange, 267 Cal App 2d 381, 73 Cal Rptr 182 (1968).

Fairfield Country Turnpike Co. v. Thorp 13 Conn. 173, 139 (1839).

Farmers Butter & Diary Coop. v. Farm Bureau Mut. Ins. Co., 196 N.W.2d 533 (Iowa 1972).

Ferrara v.Ins. Co. of N. Am., 521 N.Y.S.2d 668, 669 (N.Y. App. Div. 1987).

Firemen's Mut. Ins. Co. v. Aponaug Mfg. Co. (1945, CA5 Miss) 149 F2d 359.

First Nat. City Bank v. Banco Para El Comercio, 462 U.S. 611 (1983).

Floyd v.Internal Revenue Serv., 151 F.3d 1295, 1299 (10th Cir. 1998).

Flynn v.Hartford Fire Ins. Co., 146 N.J. Super. 484, 488–489, 370 A.2d 61, 64 (App. Div. 1977).

FPS, Inc. v. Continental Contractors, Inc., 537 So. 2d 831 (La. Ct. App. 5th Cir. 1989), writ denied, 540 So. 2d 328 (La. 1989).

Fraser v.Major League Soccer, LLC., 97 F. Supp. 2d 130, 135 (D. Mass. 2000).

General Electric Credit Corp. v. Aetna Cas. & Surety Co., 437 Pa. 463, 263 A.2d 448 (1970).

Georgia Cas. & Sur. Co. v. Bradshaw, 105 Ga. App. 416, 124 S.E.2d 657 (1962).

Goodwin v. Woodbridge Country Club, Inc., 170 Conn. 191, 197, 365 A.2d 1158, 1161 (1976).

Goya Foods, Inc. v. Unanue, 233 F.3d 38, 44 (1st Cir. 2000), cert. denied, 532 U.S. 1022 (2001).

Gratiot Furniture Mart, Inc. v. Mbpia, 406 N.W.2d 239, 243, 244 (159 Mich. Ct. App. 1987).

Great Neck Plaza, L.P. v. Le Peep Restaurants, LLC 37 P 3d 485 (Colo. App. 2001).

Greer v. United States, 408 F.2d 631 (6th Cir. 1969).

Guptill Holding Corp. v. State, 307 N.Y.S.2d 970, 973 (N.Y.App. Div. 1970).

Hall v.Sullivan-Dollars, Inc., 1970 OK 97, 471 P.2d 453 (Okla. 1970)

Hansen & Rowland, Inc. v. Fidelity & Deposit Co., 72 D.2d 151 (9th Cir. 1934).

Harris v. American Modern Home Ins. Co., 571 F. Supp. 2d 1066 (E.D. Mo. 2008).

Hartland v. Progressive County Mut. Ins. Co., 290 S.W.3d 318 (Tex. App. Houston 14th Dist. 2009).

Harvey v.Grey Wolf Drilling Co., 542 F. 3d 1077 (5th Cir. 2008).

Hedtcke v. Sentry Ins. Co., 326 N.W.2d 727, 738–739 (Wis. 1982).

Hogs Unlimited v. Farm Bureau Mut. Ins. Co., 401 N.W.2d 381, 384 (Minn. 1987).

Imperial Kosher Catering, Inc. v.Travelers Indem. Co. (1977) 73 Mich App 543, 252 NW2d 509.

In re Beck Indus., 479 F.2d 410, 418 (2d Cir. 1973).

In re Mass, 178 B.R. 626 (M.D. Pa. 1995).

In re Skillen, 2004 WL 764675 (Bankr. N.D. Iowa 2004).

Indovina v. Metropolitan Life Ins. Co., 334 Pa. 167, 5 A.2d 556 (1939).

International Union, United Auto., Aerospace & Agricultural Wkrs. of Am. (UAW) v. Aguirre, 410 F.3d 297 (6th Cir. 2005).

Interstate Indemnity Co. v. Ulven, 2009 WL 2208213 (D. Minn.).

J.J. McCaskill Co. v. United States, 216 U.S. 504 (1910).

Jurista v.Amerinox Processing, Inc., 492 B.R. 707 (D.N.J. 2013).

Kanada Constitution Ins. Co. of Can. v. Kosmopoulos, 34 D.L.R. 4th 208 (1987).

Kanada Guarantee Co. of N. Am. v. Aqua-Land Exploration Ltd., 54 D.L.R.2d 229 (1965).

Kanada Wandlyn Motels Ltd. v.Commerce Gen. Ins. Co., 1970 S.C.R. 992.

Kauai Scuba Center, Inc., Et Al., Plaintiffs, v. Lexington Insurance Co., 2012 WL 527845 (D.Hawai'i).

Kimball Ice Co. v. Hartford Fire Ins. Co., 18 F.2d 563 (1927) (4th Circ. Ct. of App.).

Kingston Dry Dock Co. v.Lake Champlain Transportation Co., 31 F.2d 265, 267 (2d Circ. 1929).

Kirkpatrick v.Allemania Fire Ins. Co. (1905) 102 App. Div. 327, 92 N. Y. Supp. 466, affirmed in 184 N. Y. 546, 76 N. E. 1098.

Kuennen v. Citizens Security Mutual Insurance Company, 330 N.W.2d 886 (Minn. 1983).

Lange v.Burke (1901) 69 Ark. 85, 88.

Laya v.Erin Homes, Inc. 352 S.E.2d 93, 98 (W.Va.1986).

LFC Mktg. Group, Inc. v. Loomis, 8 P.3d 841, 846–847 (Nev. 2000).

Liberty Mut. Ins. Co. v. Petroleum Venture Capital Corp., App. 1968, 216 So 2d. 925

Lightfoot v. Hartford Fire Ins. Co., 2012 WL 967086 (E.D.La.).

Litchfield Asset Management Corp. v.Howell, 70 Conn. App. 133, 799 A.2d 298 (2002).

Little v.Barry, 417 A.2d 966 (D.C. 1980).

Louisville, Cincinnati & Charleston R. R. Co. v. Letson (U.S. 1844) 2 How. 497, 558.

Lowendahl v. Baltimore & Ohio Railroad Co., 247 A.D. 144, 145 (N.Y. App. Div. 1936).

Lumbermens Mut. Ins. Co. v. Edmister, 412 F.2d 351 (8th Cir. 1969).

Mallard Automotive Group, Ltd. v.LeClair Management Corp., 153 F. Supp. 2d 1211, 87 A.F.T.R.2d 2001-1684 (D. Nev. 2001).

Manhattan Fire & Marine Ins. Co. v. Paul Tishman Co., 203, Misc. 452, 118 N.Y.S. 2d 511, 1953 N.Y. Misc. LEXIS 1462 (Sup. Ct. New York County 1953).

Markel Service, Inc. v. National Farm Lines, 426 F.2d 1123 (10th Cir. 1970).

McCauley Enters., Inc. v. New Hampshire Ins. Co., 716 F. Supp. 721.

Medlock v.Medlock, 263 Neb. 666, 642 N.W.2d 113 (2002).

Meily Co. v. London & L.F. Ins. Co. 142 Fed. 873, 79 C.C.A. 454, 148 Fed. 683 (1906) (3rd Cir. C.C.A.).

Merchants Ins. Co. v. Lilgeomont Ins., 84 Fed. 2.d. 685 (5th Cir. 1936).

Messick v.Moring, 514 So. 2d 892, 894 (Ala. 1987).

Messick v.PHD Trucking Serv., Inc., 678 P.2d 791, 794–95 (Utah 1984).

Midland Ins. Co. v. Universal Technology, Inc., 199 Conn. 518, 508 A.2d 427 (1986).

Miller & Dobrin Furniture Co. v. Camden Fire Ins. Co., 150 A.2d 276 (N.J. Superior Court 1959).

Miller v.Stuyvesant Ins. Co., 223 A.D., 227 N.Y.S. 326 (1st Dep't 1928).

Minich v.Gem State Developers, Inc., 591 P.2d 1078, 1083–1084 (Idaho 1979).

Minnesota Bon Ltd v. St Paul Mercury Insurance Co, 300 Or 85, 706 P2d 942 (1985).

Miramax Film Corp. v.Abraham, 2003 WL 22832384 (S.D. N.Y. 2003) (applying New York law).

Morris v.N.Y. State Dep't of Taxation & Fin., 82 N.Y.2d 135, 623 N.E.2d 1157 (1993).

Moss & Son Inc v. Continental Casualty Co, 629 F2d 1350 (5th Cir. 1980).

Mossman v. Millenbach Motor Sales, 284 Mich. 562, 280 N.W. 50, 53 (1938).

N. Y. Airbrake Co. v.International Steam Pump Co. (N. Y. 1909) 64 Misc. 347, 12o N. Y. Supp. 683.

National Grocery Co. v. Kotzebue Fur & Trading Co., 3 Wash. 2d 288, 100 P.2d 408 (1940).

Nationwide Mut. Fire Ins. Co. v. Rhee, 160 Ga. App. 468, 287 S.E.2d 257 (Ga. App., 1981).

Nelson v. New Hampshire Fire Ins. Co., 263 F.2d 586 (9th Cir. 1959).

Northern Assurance Co v. Rachlin Clothes Shop, Inc, 32 Del 406, 125 A 184 (1924).

Nye & Nissen, Inc. v. Central Sur. & Ins. Corp., 71 Cal. App. 2d 570, 163 P.2d 100 (1945).

Olen v.Phelps, 200 Wis. 2d 155, 546 N.W.2d 176 (Ct. App. 1996).

Owl & Turtle Inc. v. Travelers Indemnity Co., 554 F.2d 196 (5th Cir. 1977).

Pacific Development, Inc. v. U.S., 79-1 U.S. Tax Cas. (CCH) 9138, 43A.F.T.R.2d 79-421, 1979 WL 1283 (D.D.C. 1979), judgment aff'd on other grounds, 629 F.2d 162, 80-2 U.S. Tax Cas. (CCH) 9554, 46 A.F.T.R.2d 80-5424 (D.C. Cir. 1980).

Pacific Fire Ins. Co. v.John E. Morris Co., 12 S.W.2d 978 (Tex. Civ. App. 1929).

Patrevito v.Country Mut. Ins. Co., 118 Ill. App. 3d 573, 575, 74 Ill. Dec. 259, 261, 455 N.E.2d 289, 291 (3d Dist. 1983).

Pauley Petroleum Inc. v. Continental Oil Co, 43 Del. Ch. 366, 231 A. 2d 450 (1967).

People v. American Med. Ctrs. of Mich., Ltd., 118 Mich. App. 135, 324 N.W.2d 782, 793 (1982).

Philips v. Knox County Mut. Ins. Co., (1851) 20 Ohio 174.

Ponder v.Allstate Ins. Co., 729 F. Supp. 60, 61 (E.D. Mich. 1990).

Providence Washington Ins. Co. v. Stanley, 403 F.2d 844 (5th Cir. 1968), reh'g denied, 406 F.2d 735 (5th Cir. 1969).

Providence Washington Ins. Co. v. Stanley, 403 F.2d 844, 849 (5th Cir. 1968).

Rademacher v.INA., 330 N.W.2d 858 (Minn. 1983).

Richmond & I. Construction Co. v. Richmond R. R. Co. (895) 68 Fed. 105, 108, 15 C. C. A. 28.

Riggs v.Commercial Mut. Ins. Co., 125 N. Y. 7, 25 N. E. Io58 (1890).

Roepke v.Western Nat. Mut. Ins. Co., 302 NW2d 350 (Minn. 1981).

Ryan v. Royal Ins. Co., 916 F.2d 731, 739 (1st Cir. 1990).

Sales v. State Farm & Casualty Co., 849 F.2d 1383, 1385 (11th Circ. 1988).

Saphir v.Neustadt, 117 Conn. 191, 209–210, 413 A.2d 843 (1979).

Schlecht v.Equitable Builders, Inc., 535 P. 2d 86, 88 (Or. 1975).

Seaman v. Enterprise F. & M. Ins. Co., 18 F. 250 (C.C.D. Mo. 1883).

Select Creations, Inc. v. Paliafito America, Inc., 852 F. Supp. 740 (E.D. Wis. 1994).

Shamrock Oil & Gas Co. v. Ethridge, 159 F. Supp. 693, 698 (D. Colo. 1958).

Shapiro v.DiGuilio, 95 Ill. App. 2d 184, 192, 237 N.E.2d 771, 775 (1st Dist. 1968).

Shelby Ins. Co. v. Ford, 454 S.E.2d 464 (Ga. 1995).

Shelby Mut. Ins. Co. v.Dual State Constr. Co., (1985) 75 NC App 330, 330 SE2d 508, cert den 314 NC 669, 335 SE2d 496.

Simmons Creek Coal Co. v. Doran, 142 U.S. 417, 439–440 (1892) (12 S.Ct. 239).

Smith v.Edward M. Thompson Agency, Inc., 430 So. 2d 859 (Ala. 1983).

Southeastern Fid. Ins. Co. v. Gann, 340 So. 2d 429 (Miss. 1976).

St. Paul Fire & Marine Ins. Co. v. CEI Florida, Inc., 864 F. Supp. 656, E.D. Mich., 1994.

Steinwinder v.Aetna Cas. and Sur. Co., 742 So. 2d 1150, 1151 (Miss. 1999).

Sterling v.Ohio Cas. Ins. Co., 936 So. 2d 43, 47 (Fla. Dist. Ct. App. 2d Dist. 2006).

Sturdivant v.Chapman, 146 Ga. App. 26, 245 S.E.2d 311 (1978).

Sturkie v.Sifly, 280 S.C. 453, 313 S.E.2d 316 (Ct. App. 1984).

Sweeney, Cohn, Stahl & Vaccaro v. Kane, 6 A.D.3d 72, 773 N.Y.S.2d 420 (App Div. 2d Dep't 2004), leave to appeal dismissed (N.Y. Nov. 23, 2004).

Sweeny v.Franklin F. Ins. Co. (1853) 20 Pa 337.

Syndicate Ins. Co. v. Bohn (1894, CA8th Neb) 65 F 165, 27 LRA 614.

Teague v. Tennessee Farmers Mut. Ins. Co., 588 S.W.2d 888 (Tenn. Ct. App. 1979).

Terry v. Yancey, 344 F.2d 789, 790 (4th Cir. 1965).

Thilman & Co. v. Esposito, 87 Ill. App. 3d 289, 42 Ill. Dec. 305, 408 N.E.2d 1014 (1st Dist. 1980).

Towe Antique Ford Foundation v.I.R.S., 999 F.2d 1387, 93-2 U.S. Tax Cas. (CCH) 50430, 72 A.F.T.R.2d 93-5495 (9th Cir. 1993).

Trans-Continental Mut. Ins. Co. v. Harrison, 1955, 262 Ala. 373, 78 So.2d 917, 921.

Transition Healthcare Assocs., Inc. v. Tri-State Health Investores, 306 F.App'x 273, 280 (6th Cir. 2009).

Travelers Companies v. Wolfe, 838 S.W.2d 708 (Tex. App. Amarillo 1992).

Travelers Fire Ins. Co. v. Wright, Okl., 322 P.2d 417, 70 ALR 2d 1170, 1177).

Travelers Indem. Co. v. Israel, 354 F.2d 488 (2d Cir. 1965).

Trinity Universal Ins. Co. v.Robert P. Stapp, Inc., 1963, 278 Ala. 209, 177 So.2d 102, 104.

Turner v. Andrew, 413 S.W.3d 272, 277 (Ky. Nov. 21, 2013).

U.S. Gypsum Co. v.Mackey Wall Plaster Co., 199 P. 249, 252 (Mont. 1921).

U.S. v.Milwaukee Refrigerator Transit Co., 145 F. 1007 C.C.Wis. (1906).

U.S. v.Newman, 100 Fed. Appx. 958 (5th Cir. 2004).

United Gratiot Furniture Mart, Inc. v. Michigan Basic Property Insurance Association, 159 Mich. App. 94, 406 N.W.2d 239 (1987 Mich.).

United States v. Bank of Eng., N.A., 821 F.2d 844 (1st Cir. 1987).

United States v. Deveaux, 9 U.S. (5 Cranch) 61, 3 L.Ed. 38 (1809).

United States v. Milwaukee Refrigerator Transit Co., Cir. Wis., 142 F. 247 (1905).

United States v. Reading Co., 226 U.S. 324, 355–358 (1912).

Vance v. Pekin Ins. Co., 457 N.W. d 589, 592 (Iowa 1990).

Vicksburg Furniture Manufacturing Ltd. Aetna Casualty & Surety Co., 625, F2d 1167, 1170 (5th Circ. 1980).

Walkovszky v.Carlton, N.Y.App., 223 N.E.2d 6, 8 (N.Y. 1966).

Warren v.Davenport Fire Ins. Co., (1871) 31 Iowa 464, 7 Am Rep 160.

Waycross Airline R. R. Co. v. Offerman & W. R. R. Co., (1900) 109 Ga. 827.

Webb v.American Family Mut. Ins. Co., 493 N.W.2d 808, 812 (Iowa 1922).

Wegerer v. First Commodity Corp., 744 F.2d 719 (10th Cir. 1984).

Welch v.Northern Assur. Co., Limited, of London, 223 Ill. App. 77, 1921 WL1896 (1st Dist. 1921), cert. denied.

West Bend Mut. Ins. v. Allstate Ins., 776 N.W.2d 693 (Minn. 2009).

Winslett v.Smith, 449 So. 2d 1161 (La. Ct. App. 2d Cir. 1984).

Worldwide Carriers, Ltd. v. Aris S.S. Co., 301 F. Supp. 64 (S.D.N.Y. 1968).

Yant v.Bowker, 248 Ark. 826, 454 S.W.2d 84 (1970).

Zahra Spiritual Trust v.U.S., 910 F.2d 240, 90-2 U.S. Tax Cas. (CCH) 50473, 66 A.F.T.R.2d 90-5491 (5th Cir. 1990).

Zaist v. Olson, 154 Conn. 563, 573, 227 A.2d 552 (1967).

Zayed v.Arch Ins. Co., 932 F. Supp. 2d 956 (D. Minn. Mar. 20, 2013).

VERSICHERUNGSRECHTLICHE STUDIEN

Herausgegeben von Professor Dr. Gerrit Winter und Professor Dr. Robert Koch, LL.M.

Band	1	Maximilian Teichler: Berufshaftpflichtversicherungen. Eine Untersuchung der Berufshaftpflicht, ihrer Versicherung und deren Beziehung zueinander am Beispiel der Rechtsanwälte, Ärzte und Architekten in Deutschland. 1985.
Band	2	Burkhard Messerschmidt: Hinweis- und Belehrungspflichten des Versicherers. 1986.
Band	3	Chao-Kuo Chiang: Das Interesse im Seeversicherungsrecht. 1986.
Band	4	Michael Grebe: Die vorläufige Deckungszusage unter besonderer Berücksichtigung ihrer Handhabung in der Lebensversicherung. 1987.
Band	5	Harald Zeller: Die Deckung von Haftpflicht-Risiken im Rahmen der Seekasko-versicherung. 1987.
Band	6	Annemarie Bender: Die Rechtsproblematik der Wartezeiten in der Privatversicherung unter besonderer Berücksichtigung der Rechtsschutzversicherung. 1988.
Band	7	Gerd Kühborth: Die Obliegenheiten des Versicherungsnehmers in der Rechtsschutzversicherung beim und nach dem Eintritt eines Versicherungsfalles. 1988.
Band	8	Peter Caninenberg: Die Sportveranstaltungsausfallversicherung. 1988.
Band	9	Carsten Meyer: Der Rückkaufswert in der Lebensversicherung. Eine Untersuchung aktueller Kritik an dem Recht des Lebensversicherungsvertrages unter Berücksichtigung des AGB-Gesetzes und des Aufsichtsrechts. 1989.
Band	10	Heike Schwesinger: Versorgungsausgleich und berufsständische Versorgungswerke. 1989.
Band	11	Jens Fortmann: Die Investitionsgüterkreditversicherung. 1989.
Band	12	Hans Wille: Bedingungs- und satzungsgemäße Privilegien öffentlich-rechtlicher "Wettbewerbsanstalten" in der Gebäude-Feuerversicherung. Eine Untersuchung zum BGB, VVG, AGBG, GWB (UWG) und EWGV unter kritischer Berücksichtigung alter und neuer deutscher sowie supranationaler Judikatur. 1990.
Band	13	Ulrich Joseph: Lebensversicherung und Abtretung. 1990.
Band	14	Udo Hansen: Beweislast und Beweiswürdigung im Versicherungsrecht. 1990.
Band	15	Uwe Hamann: Die Rückdeckungsversicherung aus zivil-, versicherungs- und arbeitsrechtlicher Sicht. 1991.
Band	16	Hans-Eckhard Tribess: Die Leistungsfreiheit des Versicherers aus § 67 Abs. 1 Satz 3 VVG im Falle des Vorausverzichtes. 1991.

Band 17 Regina Testorf: Gewerbliche Schmuckversicherungen. 1991.

Band 18 Dieter Armbrust: Subsidiaritätsabreden in Versicherungsverträgen. 1991.

Band 19 Cornelia Thies: Die Auswirkungen von AIDS im Privatversicherungsrecht. Eine Untersuchung über AIDS-spezifische Probleme im Kranken-, Lebens- und Haftpflichtversicherungsrecht. 1991.

Band 20 Utz Meyer-Reim: Die Elektronik-Versicherung. Sachversicherung von Fernmelde- und sonstigen elektrotechnischen Anlagen. 1992.

Band 21 Thorsten Hinnekeuser: Der Versicherungsfall in der Bauleistungsversicherung. 1992.

Band 22 Christian Luckey: Mündliche Nebenabreden zu Allgemeinen Versicherungsbedingungen. 1992.

Band 23 Jürgen Möhle: Die Haftpflichtversicherung im Heilwesen. Eine Studie über die versicherungsrechtliche Deckung medizinischer Haftpflichtschäden. 1992.

Band 24 Torsten Busch: Genußkapital als Eigenmittel von Versicherungsunternehmen. 1992.

Band 25 Ulrich Möhrle: Verhaltensabhängige Risikobeschränkungen in der Gewässerschadenhaftpflichtversicherung. 1993.

Band 26 Paul Wollny: Die Directors' and Officers' Liability Insurance in den Vereinigten Staaten von Amerika (D&O-Versicherung). Vorbild für eine Aufsichtsratshaftpflichtversicherung in Deutschland? 1993.

Band 27 Jan Dreyer: Die Reiserücktrittskostenversicherung. 1993.

Band 28 Robert Nehrer: Entwendung und Entwendungsfolgeschäden in der Kraftfahrzeugkaskoversicherung. 1994.

Band 29 Jürgen Sackhoff: Die Anzeige-, Auskunfts- und Belegpflicht des Versicherungsnehmers nach Eintritt des Versicherungsfalles. Eine rechtsvergleichende Untersuchung unter besonderer Berücksichtigung des Richtlinienentwurfes zur Harmonisierung des Versicherungsvertragsrechts. Zugleich ein Beitrag zur Relevanzrechtsprechung des Bundesgerichtshofes. 1994.

Band 30 Anne Heidelbach: Der kleinere Versicherungsverein auf Gegenseitigkeit unter besonderer Berücksichtigung der gesellschaftsrechtlichen Probleme. 1994.

Band 31 Claudius Mann: Die zeitliche Beschränkung des Versicherungsschutzes in der Rechtsschutzversicherung. 1994.

Band 32 Martin Dietrich: Produktbeobachtungspflicht und Schadenverhütungspflicht der Produzenten. 1994.

Band	33	Barbara Halser: Die versicherte Gefahr und der Versicherungsfall in der Industrie-Straf-Rechtsschutzversicherung. 1994.
Band	34	Hans von Gehlen: Die Beeinflussung des Versicherungsfalls durch den Versicherungsnehmer in der Rechtsschutzversicherung. 1995.
Band	35	Thomas Adler: Das Tagegeld in der Krankenversicherung als Schadens- oder Summenversicherung. 1995.
Band	36	Achim Gmilkowsky: Die Produkthaftung für Umweltschäden und ihre Deckung durch die Produkthaftpflichtversicherung. 1995.
Band	37	Jens Hilgenhövel: Die gewohnheitsrechtliche Erfüllungshaftung des Versicherers für Auskünfte seiner Agenten. 1995.
Band	38	Wiebke Heinrich: Das Sachverständigenverfahren im Privatversicherungsrecht. 1996.
Band	39	Arnt Vespermann: Staatshaftung im Versicherungswesen. 1996.
Band	40	Hubertus W. Labes: Schiedsgerichtsvereinbarungen in Rückversicherungsverträgen. 1996.
Band	41	John Benjamin Schroeder: Die Kriegsgefahr im deutschen Versicherungsrecht. 1996.
Band	42	Hilke Wesselhöft: Datenschutz im Versicherungswesen. 1996.
Band	43	Klaus C. Kossen: Die Kautionsversicherung. 1996.
Band	44	Cord Imelmann: Versicherungsaufsichtsrechtliche Fragen der Allfinanzkonzeption. 1996.
Band	45	Marcus Lüpke: Versicherungsschutz bei behördlicher Inanspruchnahme zur Altlastsanierung. 1996.
Band	46	Bettina Kagelmacher: Die Beschränkungen der Privatversicherungsfreiheit im Hinblick auf das Allgemeininteresse sowie auf Rechte Dritter. Die Grenzen der Versicherbarkeit widerrechtlichen Verhaltens. 1997.
Band	47	Moritz Mittelbach: Die Verdienstausfallversicherung für See- und Binnenschiffe. 1997.
Band	48	Marc-Alexander Lüth: Rechtsberatung durch den Rechtsschutzversicherer. 1997.
Band	49	Ulf Liebelt-Westphal: Schadenverhütung und Versicherungsvertragsrecht. Schadenverhütung durch die Gestaltung des Versicherungsvertrages (Risikobeschreibung, Ausschluß von Risiken und Auferlegung von Obliegenheiten). 1997.
Band	50	Katrein Schneider: Die Feuer-Betriebsunterbrechungsversicherung. 1997.
Band	51	Hubertus Wegmann: Obliegenheiten in der Privaten Krankenversicherung. 1997.

Band	52	Sven Schubert: Das Sachverständigenverfahren im Seeversicherungsrecht. 1998.
Band	53	Horst Suhren: Alte und neue Informationspflichten des Rechtsschutzversicherers. 1998.
Band	54	Bianca Müller: Verbraucherschutz durch das Bundesaufsichtsamt für das Versicherungswesen. 1998.
Band	55	Thorsten Haeberlin: Der aktuelle Stand des Versicherungsnehmerschutzes im englischen und deutschen Versicherungsvertragsrecht vor dem Hintergrund der jüngsten EG-Rechtsentwicklung. 1998.
Band	56	Thorsten Meinert: Das Bereicherungsverbot im deutschen Seeversicherungsrecht. Mit einem Exkurs zum Entschädigungsprinzip im englischen Seeversicherungsrecht. 1998.
Band	57	Annette Wenckstern: Die Haftung bei der Arzneimittelprüfung und die Probandenversicherung. Haftungsersetzung durch Versicherungsschutz. 1999.
Band	58	Jan-Uwe Hungar: Die Rechtsstellung des Schiffshypothekengläubigers im Versicherungsfall. 1999.
Band	59	Torsten Stade: Die Kaskoversicherung für Luftfahrzeuge. 1999.
Band	60	Michael Rudolf Fischer: Versicherungsaufsichtsrecht und öffentliches Übernahmeangebot. 1999.
Band	61	Jill Bohnhorst: Gentechnologie in der Haftpflichtversicherung. 1999.
Band	62	Nils Abram: Die Berufshaftpflichtversicherung für Versicherungsvermittler. 2000.
Band	63	Carsten Hoppmann: Vorstandskontrolle im Versicherungsverein auf Gegenseitigkeit. 2000.
Band	64	Georg Lange: Die Reparaturkostenversicherung. 2000.
Band	65	Nikolas Streuf: Der Vertragsschluss mit einem englischen Versicherer via Internet. 2002.
Band	66	Jan Philipp Tietjen: Die Versicherungsdauer in der (See-)Güterversicherung nach den Grundsätzen der Haus-zu-Haus-Klausel. 2002.
Band	67	Axel Wehling: Schutz innovativer Versicherungsdienstleistungen. 2002.
Band	68	Alexander Wehowski: Die Zulassung ausländischer Versicherungsunternehmen in der Bundesrepublik Deutschland und den Vereinigten Staaten von Amerika. 2002.
Band	69	Marcus Hennies: Die Finanzaufsicht über Versicherungen in der Europäischen Gemeinschaft. Unter besonderer Berücksichtigung der Solvabilitätsvorschriften. 2003.

Band 70 Silke Riedel: Sicherungsschein und Sicherungsbestätigung in der Versicherungswirtschaft. 2004.

Band 71 Detlef A. Huber: Die Hagelversicherung. 2005.

Band 72 Frank-Hartmut Vogelsang: Die Berufshaftpflichtversicherung des Architekten. Deckungssummenbeschränkungen und Risikoausschlüsse. 2005.

Band 73 Inga Uhlenbrock: Die Lösungsrechte des Versicherers bei Verletzung der vorvertraglichen Anzeigepflicht durch den Versicherungsnehmer. Unter besonderer Betrachtung der Berufsunfähigkeitsversicherung. 2005.

Band 74 Hansjörg Heppe: Bedingungen in der Sportbootversicherung. 2005.

Band 75 Georg Herzog: Bausparkassenbedingungen und AGB-Kontrolle. 2006.

Band 76 Thomas Glitza: Aufräumungskosten bei Umweltschäden in den Sachversicherungszweigen. 2006.

Band 77 Carsten Maßmann: Die Taxe im Seeversicherungsrecht. 2007.

Band 78 Ingo Hollenborg: Berufsunfähigkeit Selbständiger im Rahmen der Berufsunfähigkeitsversicherung. Unter besonderer Berücksichtigung der Betriebsumorganisationspflicht. 2009.

Band 79 Boris Lau: Das Wettbewerbsverbot in Versicherungsagenturverträgen. Eine kartellrechtliche Untersuchung. 2010.

Band 80 Martin Greiser: Die Verbriefung von Versicherungsrisiken. 2010.

Band 81 Xiaofan Du: Liberalisierung der Dienstleistungen von Versicherern. Ein Vergleich des Versicherungsaufsichtsrechts für ausländische Versicherer zwischen China und Deutschland. 2010.

Band 82 Anne-Christine Seßinghaus: Die Kündigung von auf die Person eines Dritten genommenen privaten Krankheitskostenpflichtversicherungsverträgen. Rechte und Pflichten der Beteiligten im Spannungsfeld von Privatautonomie und sozialer Zielsetzung. 2020.

Band 83 Nikolaus Dickstein: Die Kostenanrechnungsklausel in der D&O-Versicherung. Eine Untersuchung der AGB-rechtlichen und dinglichen Wirksamkeit der formularmäßigen Kostenanrechnung. 2020.

Band 84 Kai Engelsberg: Versicherungsfall Insolvenzanfechtung. Versicherungsschutz gegen das Insolvenzanfechtungsrisiko für Lieferanten. 2020.

Band 85 Julian Plönsky : Notwendigkeit der Kodifikation des Seeversicherungsrechts in der Bundesrepublik Deutschland? 2022.

Band 86 Matthias von Kossak: Der Durchgriff auf Gesellschafter im Versicherungsrecht. 2022.

www.peterlang.de

www.ingramcontent.com/pod-product-compliance
Ingram Content Group UK Ltd.
Pitfield, Milton Keynes, MK11 3LW, UK
UKHW021842290926
8980IPUK00005B/597

9 783631 846803